中华人民共和国地方志·福建省上杭县

蛟洋镇志

《蛟洋镇志》编纂委员会　编

方志出版社
Publishing House of Local Records

图书在版编目(CIP)数据

蛟洋镇志 /《蛟洋镇志》编纂委员会编.--北京:方志出版社,2016.1

ISBN 978-7-5144-1931-3

Ⅰ.①蛟… Ⅱ.①蛟… Ⅲ.①乡镇-地方志-上杭县 Ⅳ.①K295.75

中国版本图书馆 CIP 数据核字(2016)第 027181 号

蛟洋镇志

编　　者:《蛟洋镇志》编纂委员会

责任编辑:李志瑜

出 版 人:冀祥德

出 版 者:方志出版社

地址　北京市朝阳区潘家园东里 9 号(国家方志馆 4 层)

邮编　100021

网址　http://www.fzph.org

发　　行:方志出版社发行中心

电话(010)67110500

经　　销:各地新华书店

印　　刷:龙岩市日升彩印有限公司

开　　本:889 × 1194　1/16

印　　张:39.2

字　　数:1140 千字

版　　次:2016 年 1 月第 1 版　2016 年 1 月第 1 次印刷

印　　数:0001~1500 册

ISBN 978-7-5144-1931-3　定价:288.00 元

《蛟洋镇志》编审人员名单

编纂委员会

主　　任　吕丁武

常务副主任　廖新强（2013年10月调离）

　　　　　丘小林（2013年10月任）

顾　　问　傅柒生（2015年1月任）

副 主 任　邹良辉　张进云　李禄明　李德善

　　　　　刘晓强（2013年10月调离）　罗前英（2013年10月任）

委　　员　丘炳洪　曾繁永　钟佰炜　郑　智　丘念明

　　　　　罗前英　张志强　张璐桢　傅寿南　袁步彤

　　　　　罗国森　张纪锦　张　毅

办公室主任　赖　媛

编纂人员

主　修　吕丁武　丘小林

总　纂　林汉扬

编　辑　张雄兴　张天福　傅　平

审查验收人员

上杭县人民政府办公室　张定卿

上杭县地方志编纂委员会　李兰香　蓝晓东

中共上杭县委宣传部　丘晓武

上杭县党史研究室　黄尔贤

上杭县保密局　张春华　李育元

序　一

“北回归荒漠带上的绿色翡翠”梅花山之西南一麓、玳瑁山之东南、上杭县之东北，有一个赫赫有名的乡镇，曰蛟洋，或寓蛟龙出汪洋之意。蛟洋，1950 年设乡，2012 年撤乡设镇，全镇面积 228 平方公里，有 25 个行政村，约 2.5 万人口，是上杭县面积最大和行政村最多的乡镇。

蛟洋，是一个物产富饶、交通便利、生机盎然的工业重镇。延绵千年的日出而作，日落而息，传统农业曾经哺育了一代又一代蛟洋人民，顺乎历史潮流和时代号召，蛟洋审时度势，乘风而上，依托交通区位优势，特别是利用蛟洋循环工业示范园区的建设契机，浴火重生，凤凰涅槃，茁壮成长为远近闻名的工业新城。

蛟洋，是一个典型纯粹、民风朴质、水秀山清的客家古镇。望得见山，看得见水，记得住乡愁。全镇除了两个自然村约 300 人是畲族居民外，其余人口均属客家居民——汉族之一民系，皆系从北方经多次辗转迁徙而逐渐定居于此，并逐渐形成了独特的文化和民俗风情，譬如被誉为中原古代官话“活化石”的古蛟话。

蛟洋是一个历史悠久、文物鼎盛、地杰人灵的文化名镇。“山川磅礴，代出瑰玮卓荦之士”，譬如，中国画坛一代宗师华喦、为政清廉的太平知县华时中。红色历史更是让蛟洋彰明卓著彪炳史册，毛泽东、朱德、陈毅、谭震林、张鼎丞、邓子恢等老一辈无产阶级革命家都在这里战斗生活过，并留下了许多光辉的业绩。1929 年 7 月，毛泽东与贺子珍、蔡协民、谭震林、江华、曾志等人一起，从龙岩来到蛟洋文昌阁指导召开了中共闽西第一次代表大会，选举产生了以邓子恢为书记的中共闽西特委，表决通过了毛泽东亲自修改的《中共闽西第一次代表大会之政治决议案》以及土地问题等重要决议案，科学制定了坚决地领导群众为实行闽西工农政权的割据而奋斗的总路线和各项具体方针政策，为闽西人民的革命斗争指明了胜利之路。中共闽西一大之后，土地革命在闽西大地上如火如荼地开展起来，闽西有 600 多个乡村进行了土地改革，80 万贫苦农民分到了梦寐以求的土地——土地是农民的生命之脉。

在轰轰烈烈的闽西革命斗争中，活跃着一个蛟洋英才的身影——毛泽东称之为“闽西傅先生”的党史军史传奇人物傅柏翠。傅柏翠一生经历了无数革命历史事件：早年留学日本，参加孙中山创办的同盟会，加入中华革命党，在日本参加了反对“二十一条”的斗争；留洋归来当律师，维护公平正义，又兴办民团保卫桑梓；大革命失败后面对白色恐怖，毅然加入中国共产党，领导蛟洋暴动，成为朱毛红军的纵队司令；

滞留家乡，建立古蛟“独立王国”的“世外桃源”；举率闽西起义，回到革命队伍，于九十岁高龄时重新加入共产党……

“蛟得雨云洋远拓，文光牛斗阁长辉。”如同巍然如故的“国宝”文昌阁一样，蛟洋流传着许许多多的人文故事，铸就着历史辉煌，当然也印住着艰辛苦难，回望昨天的蛟洋如烟往事，还是理应让今天记住，让明天依然可以传颂。

俄国思想家赫尔岑说过：“充分地理解过去，我们可以弄清楚现状；深刻认识过去的意义，我们可以揭示未来的意义；向后看，就是向前进。”

毛泽东也曾直截了当地指出：“我们看历史，就会看到前途”。“看它的过去，就可以知道它的现在；看它的过去和现在，就可以知道它的将来。”

提出中华民族伟大复兴中国梦的习近平则更加深刻地阐述：“历史就是历史，历史不能任意选择。”“一切向前看，都不能忘记走过的路；走得再远、走到再光辉的未来，也不能忘记走过的过去。”

勿忘历史，志以载之。文化沿绵，志载盛世。古人云：“治天下者以史为鉴，治郡国者以志为鉴”，又谓“盛世修史，明时修志”。

地方志，又称方志，修志起始于宋代，兴起于明代，大盛于清代，源远流长，连绵不衰。地方志与国史、家谱并重成为中华民族特有的文化基因，也是“最深厚的国家文化软实力”之一。正如刘延东指出：“地方志作为全面系统记述经济社会历史与现状的资料性文献，是传承中华文明的纽带，是展示当代中国的载体，是中华民族优秀文化的瑰宝。”

新中国建立以来，党和国家领导人对地方志工作高度重视，1958年3月，毛泽东在成都会议上倡议“全国各地要修地方志”。习近平多次强调，“要高度重视修史修志”。

2012年1月，经福建省人民政府批准，蛟洋乡和旧县乡同时撤乡建镇，这是蛟洋实现历史跨越书写崭新篇章的大好机遇。2013年3月，蛟洋镇党委、政府酝酿镇志编修工作，并立说立行，于当年7月成立《蛟洋镇志》编纂机构，党委书记吕丁武任主任，召开编修工作动员大会，启动镇志编修工作，明确目标任务，把握进程节奏，经过两年多的努力工作，完成了《蛟洋镇志》修改稿，共22章，约70万字。

术业有专攻。胡乔木曾指出：“过去修志是一些很有学问的人去做的，它本身是一项学术性的工作。”李铁映也曾指出，“地方志编纂工作是一种学术性劳动。”他还说，“每一部志书都是一部学术著作，都是一部精品，这是对新世纪修志工作最基本的要求。”为了修好《蛟洋镇志》，蛟洋镇政府专门聘请龙岩市方志委原主任林汉扬担纲总纂，还聘请张雄兴、张天福、傅平等对当地情况了如指掌并对修志态度热情的退休干部参加具体撰写，又邀请了市县各级专家学者多次齐聚商议研讨。可以说《蛟洋镇志》虽是乡镇一级的方志图书，却是一支专家修志队伍的智慧结晶，专家们严格遵循章法，规范志稿编写，至少体现在三个方面，一是遵循科学性、规范性、可操作性原则制定凡例。二是述而不作，寓论于述，重史料，摆事实，求规律。三是横排门类，纵述史实，做到条理清楚,脉络分明。因此，笔者以为，《蛟洋镇志》基本体现了资料的完整性、历史的真实性、史实的准确性、文字的可读性、编辑的科学性和特色的浓郁性，当然，由于时代久远、文献缺乏、传闻多样，加之编撰水平、认知能力和自身精力等局限以及时间限制等外部因素制约，《蛟洋镇志》并非无可挑剔，甚至也有不少缺陷和遗憾。何况志书怎么修？在业界就有不同的看法，有传承，更有创新。孔子在《论语·述而》中说："述而不作，信而好古"。明清修志界盛行着"据事直书"说。自清代以来，不断有人提出与"述而不作"相左的意见，即应是"述而有作"。

瑕不掩瑜。笔者以为，《蛟洋镇志》可以称道为当代地方志书的标本和标杆。

"一邑之典章文物，皆系于志。"《蛟洋镇志》横陈百业，纵贯古今，全面详细地记载反映了蛟洋的地理、自然、政治、经济、社会、文化等等状况。可谓是最全面、最翔实、最完备、高权威性、高可信度、大信息量的蛟洋地方文献，是蛟洋"一方之全史""一地之百科全书"，在很大程度上当被视作从事地方史研究乃至国史研究的珍贵史料，"补史之阙，参史之错，详史之略，续史之无"。

李铁映说过："修志为用。"李克强也提出："修志问道，以启未来。"经世致用应当是地方志作为地情书资治和教化作用的安身之所和活力之源。南宋时期，朱熹赴任江西，就留下了"下车问志"的美谈。1929 年，毛泽东在长汀就是从《汀州府志》《长汀县志》中了解掌握当地真实情况的。2006 年，习近平在苍南县考察台风灾后重建工作，调阅了《苍南县志》，告诫地方干部要以史为戒，提高科学决策和处置自然灾害的能力。习近平在担任上海市委书记期间，还专门要求报送《上海通志》，以备查阅。

地方志对于普通百姓来讲，更倾向于是了解家乡、热爱家乡、建设家乡的生动教材，是联系人们乡土情感的重要纽带。《蛟洋镇志》作为蛟洋的"百科全书"，讲述的是蛟洋本土的过去故事，传达蛟洋声音的话语体系，展示蛟洋形象的广告载体，体现蛟洋实力的宏伟蓝图，激发蛟洋能量的精神源泉。大量外出蛟洋乡贤可以通过家乡志书，寻根问祖，联络乡谊，投资兴业。

笔者是地地道道的蛟洋本乡本土人，蛟洋的好山好水养育滋润了我。早在 2002 年盛夏，笔者曾向时任蛟洋乡党委书记的傅龙翔建议编纂《蛟洋乡志》的设想，取得共识，而且磋商了先行编好《蛟洋村志》，后顺理成章扩编而成《蛟洋乡志》乃至《古蛟志》的想法；笔者撰写出《关于编纂〈蛟洋村志〉的设想》，提出篇目设置建议和编纂要求。但因傅龙翔书记工作调动，也因本人事务繁杂而终至搁置不前。日前不意翻看到当年自己提供的一纸《关于编纂〈蛟洋村志〉的设想》，觉得有点意思，本想奉献出来与大家共享，但总觉得似乎有所欠妥，日后有机会再与大家共同探讨。

承蒙蛟洋镇吕丁武书记、丘小林镇长抬爱，邀请我担任镇志顾问，我自知才疏学浅，自惭形秽，推辞再三，勉为其难，只好恭恭敬敬地边学习边顾问，认认真真地对全书进行了阅读校勘，根据自己的理解和认识提出了比较细致的修改意见和建议，供编写者参考。

经过两年多的艰辛努力，《蛟洋镇志》即将编就，付梓出版，大功告成，可喜可贺。蛟洋镇领导又嘱我写一篇序，我只好再滥竽充数一回，冒冒昧昧地记了一点顾问参编的心得，战战兢兢地写了几个词不达意的文字，权以为序。

傅柒生

2015年12月

（傅柒生，蛟洋村人，研究员、教授，现任中共龙岩市委宣传部副部长。参见本志第二十一章《人物》第二节《人物简介》）

序　二

首部《蛟洋镇志》出版问世，这是蛟洋人民的一件大喜事！

地方志是“一方之全史”，古人云“一邑之典章文物，皆系于志”。她通过横陈百科，纵述史实，具有“存史、育人、资政”的重要功能，与国史、家谱共同成为彰显和传承中华文明的三大载体；她保存了中华民族的精神追求和文明进步，传承着中华民族的历史记忆和文化基因。

蛟洋历史悠久。早在新石器时代，就有古越族人在境内农耕渔猎；唐宋以后，由于优越的地理位置，吸引众多客家先祖开基创业，繁衍生息。

蛟洋是闽西革命根据地的重要组成部分，毛泽东、朱德、陈毅、谭震林、罗瑞卿等老一辈革命家在这里进行了伟大的革命实践，在红军建军史、闽西革命根据地的发展史上具有重要的地位。“蛟洋暴动”是闽西四大暴动之一，它打响了上杭反对国民党反动统治的第一枪；根据毛泽东指示、由蛟洋农民武装整编而成的闽西红军第59团，是闽西第一支主力红军；蛟洋红军医院是闽西第一所红军医院，开创了军地、军民共建医疗卫生事业的先河，为红四军伤病员的治疗和康复发挥重要的作用，为红军医疗事业的发展做出重大贡献；在蛟洋文昌阁召开的中共闽西“一大”，制定了正确的路线、方针和政策，引导闽西革命不断走向胜利；蛟洋人民用鲜血和生命谱写了中国革命史上威武壮观、可歌可泣的英雄史诗！

蛟洋文化积淀深厚，是闻名遐迩的诗书画之乡，历代精英不乏其人。他们有的以文采出众扬名；有的施政一方、政绩卓著；有的身居斗室，在科教文卫体等领域成绩斐然；有的勤于车间、田头平凡岗位，为人民辛勤劳动、默默奉献；为经济社会发展做出积极贡献。诗书画“三绝”的伟大艺术家、中国画坛的一代宗师华嵒，党史军史奇人傅柏翠等文人雅士、武将英才，是其中杰出代表。

新中国成立后，特别是中共十一届三中全会之后，蛟洋经济社会不断发生深刻变化。1997年，人民生活实现由温饱到小康的历史性跨越；随着赣龙铁路、龙长高速、蛟上高速建成通车，蛟洋成为闽粤赣边的重要交通枢纽；循环经济园区的设立，工业经济快速壮大，蛟洋成为闽西新兴的工业重镇、上杭工业的“半壁江山”；2012年，实现了撤乡设镇。蛟洋，实现了新的崛起，正朝着“机制活、产业优、百姓富、生态美”的美丽蛟洋目标前进。盛世修志。全面记述蛟洋经济社会发展的历史和现状，是时代赋予的职责。

正当《蛟洋镇志》编修之际，2014年2月，习近平总书记在北京首都博物馆考察时明确指出要“高度重视修史修志”；4月，李克强总理对地方志工作批示，“地方志是传承中华文明、发掘历史智慧的重要载体，存史、育人、资政，做好编修工作十分重要”，“修志问道，以启未来”。镇党委、镇政府认真贯彻落实习近平总书记、李克强总理的重要指示精神，确立编修“精品佳作”的目标；编修人员亦以其为强大的精神动力，以饱满的热情、以务实的作风，执着守望、辛勤耕耘，存真求实、秉笔直书，朝着镇党委确立的目标而奋力拼搏。

《蛟洋镇志》共二十二章，一百余万言，述、记、志、传、图（照）、表、录多种体裁并用，翔实地记述蛟洋自然、政治、经济、文化的历史与现状，是蛟洋的百科全书。艰难困苦熬心志，玉汝于成终始然。值此志书出版之际，谨让我们代表蛟洋镇党委、镇政府，向不辱使命、不懈努力的编修人员致以崇高的敬意！向关心、支持编修工作的各级领导、专家、学者和广大乡贤表示衷心的感谢！

愿与蛟洋人民共同以史为鉴，同心同德、与时俱进、开拓创新，用勤劳和智慧创造更加美好的未来！

中共蛟洋镇委员会 书 记 吕丁武

蛟洋镇人民政府 镇 长 王小林

2015 年 10 月 10 日

凡　例

一、本志以中国特色社会主义理论为指导，运用辩证唯物主义和历史唯物主义的观点，实事求是、存真求实，全面系统地记述蛟洋镇自然、政治、经济、文化、社会的历史和现状，力求思想性、科学性和资料性相统一。

二、本志贯通古今。记述时限，上限尽可能追溯至事物发端，下讫2013年；卷首彩页和个别重大事项适当下延。记述内容遵循“详今略古、详近略远”的原则，以记述近现代、当代为重点。记述地域，以2013年蛟洋镇行政区域为准。

三、本志采用述、记、志、传、图、表、录等体裁，以志为主。卷首设概述，勾勒蛟洋经济社会发展变化概貌，总揽全志；大事记采用编年体和纪事本末体相结合，记述全镇大事、要事；主体分志力求按科学分类，并结合农村基层社会分工实际，横排门类，纵述史实，一般设章、节、目记述；设附录，以辑录重要文献；志末设编后记，叙本志纂修之脉络。

四、蛟洋为第二次国内革命战争时期中央苏区和闽西革命根据地的重要组成部分，毛泽东等老一辈无产阶级革命家在蛟洋进行了伟大的革命实践。本志设特记，简要记述毛泽东在蛟洋的革命实践活动；有关蛟洋暴动、苏维埃政府时期的主要事业，在各有关章（节）加以记述。

五、民国20年（1931年）夏至民国38年（1949年）秋，在特定的环境条件下，蛟洋和古田地区（时称古蛟区）实行地方自治。本志在记述这一时期的事物、事件时，称“古蛟自治”时期。

六、蛟洋，既是村名、大队名，又是区、乡、公社、镇名。本志中的“蛟洋”，泛指今蛟洋境域，作区、乡、公社、镇名使用；作为“村”使用时，一般称“蛟洋村”，以示区别。

七、为突出反映蛟洋“诗、书、画之乡”的特色，本志设艺文章，在传统艺文志内容的基础上，选录蛟洋人士诗文辞赋、美术书法、联对歌谣、故事传说等作品。

八、人物志由人物传、人物简介、人物表组成。坚持生不立传的原则，立传人物以对经济社会发展有重要作用或重大影响的已故蛟洋籍人士为主。人物简介主要记载在世人物，选录蛟洋籍任正处（团）级及以上职务人员、正高级专业技术职务（职称）人员、文化艺术优秀人才、获博士学位并已取得较高成就的人员、社会知名人士、著名企业家等。人物表列录蛟洋籍明清至民国时期担任县（团）级以上职务未立传人员，新中国成立后被县级及以上机关授予荣誉称号或表彰的人员，副科级以上干部，中级以上专业技术职务（职称）人员，获博士、硕士学位人员，革命烈士。

九、本志使用规范的现代语体文记述，行文力求严谨、朴实、简洁、流畅。记述事物、事件和人物，除概述和无题序外，一般据事直书、述而不论，寓观点于记述之中。为方便读者阅读，对部分民间文学作品中的方言，作必要注释。

十、本志纪年，中华民国以前的纪年，先书朝代年号纪年，括注公元纪年；中华民国纪年，以节和人物传主为单位，首次使用时括注公元纪年，其后从略；中华人民共和国成立后用公元纪年。志中所指的年代，凡未加界定者，均指20世纪的年代。本志在各种表格中涉及人物和事件的时间表述，从基层实际出发，采用通行表示法，如2013年12月表示为2013.12，2013年12月5日表示为2013.12.5。

十一、本志对各种组织、机构、法律法规、文件、会议等专有名称使用全称。使用简称的，在适当地方括注于全称之后。中华人民共和国成立（前）后，一般简称为新中国成立（前）后。

对不同时期的团体、机构、职务等名称，均用当时名称。

人物直书姓名，不冠褒贬词语，不在姓名后加身份词；必须说明身份的，首次出现时在姓名前冠以职务（职称）。

历史地名使用当时名称，必要时括注志书下限时名称。今地名使用上杭县人民政府审定的地名。

十二、数字、标点符号的使用等，按国家有关规定执行。新中国成立前计量单位一般照实记载，必要时括注法定计量单位；新中国成立后，一般使用法定计量单位；从读者对象实际出发，本志在记述面积、单位面积产量时，适当使用“亩”。

十三、本志中的经济社会发展数据，采用统计部门公布的法定数据；统计部门没有统计的，采用业务主管部门提供的数据。涉及人口、财政收入等数据，由于统计主体和口径不同可能引起误解的，注明出处。

十四、本志资料主要来自档案、志书、年鉴、报刊、回忆录等，部分资料来自族谱，经鉴别、考证后入志；必要时注明资料来源。图（照）资料除人物照及署名者外，由蛟洋镇综合办公室供稿。主要参考书目列于附录。

蛟 洋 镇 地 图

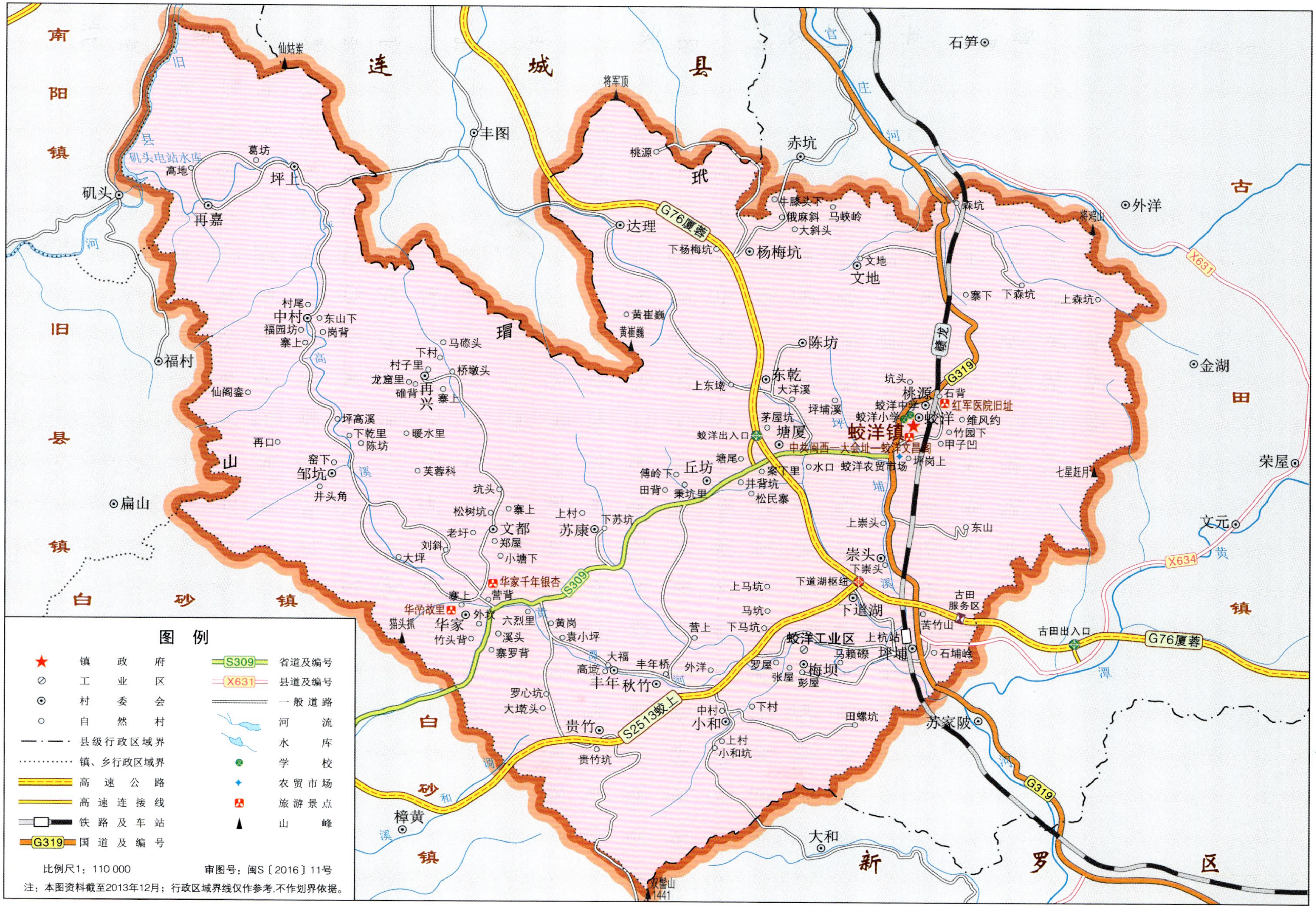

福建省制图院编制　2015年10月

自然与人文景观

蛟洋文昌阁

双髻山

坪埔华南虎石雕

蛟洋村古樟树

华家村千年银杏

小和村红豆杉

瓮福紫金化工股份有限公司

厂区一瞥

PPA

PPA装置

DAP小包装库房

净化磷酸罐装库房

产品展示

福建丰农食品股份有限公司

企业宗旨： 重质量、创品牌、丰农强国

经营理念： 诚信、务实、团结、发展

发展目标： 树国际品牌、办绿色工厂、做健康食品、造福全人类

公司资质

省级重点龙头企业

科技型企业

福建省著名商标

有机产品认证

发明专利证书

即食笋系列

有机食品基地

泰山石膏（福建）有限公司

泰山石膏(福建)有限公司

泰山石膏(龙岩)水泥缓凝剂有限公司

石膏板生产线

泰山牌纸面石膏板

泰山石膏办公楼

泰山石膏生活区宿舍楼

龙岩傲农饲料有限公司

销管室

品管部化验室

饲料装车平台

车间成品区

交　通

赣龙铁路上杭火车站

上杭冶炼厂铁路专用线通车

蛟龙晋京（傅瑞林 供稿）

紫金铁路货场全景图（上杭县交通局 供稿）

下道湖枢纽（蛟上高速与厦蓉高速）

位于蛟洋坪埔村的厦蓉高速“古田服务区”

高速公路出入口

宗教信仰

华家岖山庵

双髻山通宝寺

华家白云寺

小和崇泉寺

崇头天后宫

丘坊黄崔巍寺

镇志编修

《蛟洋镇志》评审会

镇党委书记吕丁武（中）、镇长丘小林（左三）、人大主席邹良辉（左二）、副镇长罗前英（右一）、与龙岩市委宣传部部长、镇志编修顾问傅柒生（左四）、总纂林汉扬（右四）、编辑张雄兴（右三）、张天福（右二）、傅平（左一）合影

镇领导与参与评审会的专家、学者等合影。前排右一为上杭县方志委主任袁秀芳、前排左二为上杭县党史研究室主任黄尔贤、左三为县方志委原主任唐鉴荣、二排中为新罗区方志委刘可明

2014年1月，镇党委书记吕丁武（左）为林汉扬颁发镇志总纂聘书

2015年5月，镇长丘小林（右）为傅柒生颁发镇志编委会顾问聘书

目　　录

概　述

蛟洋，闽西革命根据地的重要组成部分，闻名遐迩的诗书画之乡，闽粤赣边的交通枢纽，闽西新兴的工业重镇，生态型工贸新城。

（一）

蛟洋镇地处上杭县东北部，位于北纬25°7′58″—25°18′32″、东经116°33′37″—116°47′5″。东及东北与古田镇接壤，与苏家坡、上郭车、下郭车、文元、荣屋、金湖、外洋村相邻；南邻新罗区大池镇大和村，白砂镇；西与白砂镇樟黄、岭背、朋新村，旧县镇扁山村、福村毗邻；西北隔旧县河与南阳镇相望；北靠南阳镇，古田镇赤坑村、新生村，连城县庙前镇丰图村。总面积224.74平方公里。2013年12月，辖25个行政村，271个村民小组；全镇25148人，居民以汉族居多，畲族次之，操客家方言古蛟话；主要聚居姓氏29个，其中张、丘、傅、华、邹姓人口均在2000人以上。镇人民政府驻蛟洋村，位于北纬25°13′33″、东经116°44′1″；距上杭县城48公里（省道里程）；距龙岩市区51公里（国道里程）。

据古文化遗址考证，早在商周时期，蛟洋平岗尾、丘坊下科山、塘厦福利坊已有人类活动。古属闽越地，周时属“七闽”，秦属闽中郡，汉属晋安郡。西晋太康三年（282年）始，蛟洋境域先后属新罗县、晋平郡、龙溪县。唐宋以后，蛟洋由于地理位置优越，吸引众多客家先民开基立业，繁衍生息。唐上元元年(674年)，赖标统兵入闽剿“寇”，后敕镇坪埔，率眷而家，为有文字记载的最早居民。唐开元二十四年(736年）置汀州设长汀县后，辖境隶属长汀县。北宋淳化五年（994年）设上杭县后，蛟洋境域属上杭县管辖。宋代，分属上杭县鳖砂里、古田里。元沿宋制。宋元时期，境内有傅、丘、张、华、邹、林姓等客家先民迁入定居。明洪武十四年 (1381年)，分属古田里、白砂里。清初沿明制。清末，分属北路第三、四、五区。民国时期，先后分属北三区、北四区、北五区，隶古蛟区；其间，民国20年（1931年）夏至民国38年秋，傅柏翠凭借其特殊身份和领导才能，组织地方武装在古田、蛟洋地区（古蛟区）实行地方自治，实行“耕者有其田”，演绎一方传奇。新中国成立后，历属古蛟区、第七区，分设蛟洋乡、华兴乡,隶古田公社，分设蛟洋公社、华佳公社等频繁变更。1965—1984年，境域为蛟洋公社，1984年撤社设蛟洋乡。2012年1月9日，福建省人民政府批准撤销蛟洋乡设立蛟洋镇；同年10月26日，举行撤乡设镇授印揭牌仪式，蛟洋镇正式成立。

蛟洋自然条件优越，生态环境优良。地势略为西高东低、南高北低；海拔千米以上山峰6座，平均海拔667米，最高点双髻山海拔1441米，最低点坪上村海拔430米。地貌大致可分低山区、高丘陵区两个类型，以低山区为主。属亚热带季风气候，闽西高寒山区地带，其特点是四季分明，光照充足，春季微冷，夏季凉爽，秋季温和，冬季干冷。年平均温度16℃—17℃，无霜期262天，年均降水量1800毫米—1900毫米。境内东部属汀江水系黄潭河流域，西部属汀江水系旧县河流域。主要水系有坪埔溪，入黄潭河；坪高溪，入旧县河，后均汇入汀江。水力资源较丰富，可利用量为684.4万立方米，水能资源已开发2335千瓦。矿产资源主要有花岗岩、钨、高岭土、钾长石、石英矿、铜、锰、铅等。有国家级保护野生动物6种，省级重点保护野生动物10种；国家级保护植物有银杏、南方红豆杉等6种。2013年，境内有56株古树名木被列为保护树木。其中，被列为一级保护的有6株，二级保护的有7株，三级保护的有43株。由于地处山区，各项生态环境保护较好，2013年，全镇森林覆盖率达75.93%。2005年蛟洋工业区设立后，乡党委、政府进一步重视环境保护工作。2010年，以创造良好的人居环境为中心，以实现“生态型工贸新城”为目标，组织编制《蛟洋乡环境保护规划》。同年，乡党委、乡政府启动省级生态乡和省级、市级生态村的创建工作。2013年6月，镇党委、政府启动国家级生态乡镇创建工作。按照环保部关于生态乡镇建设、龙岩市关于生态村建设的基本条件和指标要求，加强领导，制订方案，细化任务，强化措施，明确责任，多方筹资，实施生态农业、生态林业、生态工业、生态家园、生态旅游建设。2012年，蛟洋镇被福建省环境保护厅授予“福建省生态乡镇”称号；崇头等7个村被授予“福建省生态村”称号。2012—2013年，蛟洋、达理、中村等13个村被龙岩市环境保护局授予“龙岩市生态村”称号。

（二）

蛟洋，闽西革命根据地的重要组成部分。上杭反对国民党统治的第一枪在这里打响；福建第一支红军教导队、闽西第一支主力红军在这里诞生，闽西第一家红军医院在这里创办；中国共产党闽西第一次代表大会在这里召开，中共闽西特委在这里正式产生。毛泽东、朱德、陈毅、谭震林、罗瑞卿等老一辈革命家在这里进行了伟大的革命实践。蛟洋，在红军建军史、闽西革命根据地的发展史上具有重要的地位。

民国17年（1928年）6月25日，郭柏屏、傅柏翠等人领导群众举行闽西四大暴动之一的“蛟洋暴动”，点燃闽西土地革命的烈火,揭开上杭武装革命的序幕。熊熊的革命烈火迅速燃遍上杭东北部，农民运动蓬勃发展，武装斗争如火如荼，红色政权先后建立，北四区成“赤色世界”。民国18年3月，建立北三区(华家)、北四区（蛟洋）苏维埃政府；蛟洋成为闽西最早的革命根据地之一，政权、武装、经济和文化建设蓬勃发展，出现“分田分地真忙”的喜人局面。民国18年5月，毛泽东、朱德率红四军第二次入闽后，在蛟洋开展一系列革命实践活动；5月26日，根据毛泽东和中共闽西临时特委的指示，傅柏翠等人在蛟洋文昌阁前，将由蛟洋农民武装改编成立的教导团整编为闽西红军第59团，这是闽西第一支主力红军。6月，根据毛泽东的指示，红四军在蛟洋石背傅氏宗祠创办闽西第一家红军医院。7月，毛泽东在蛟洋指导召开中共闽西“一大”，会上，毛泽东代表红四军发言，高度赞扬闽西人民的革命斗争，指出闽西党的组织此后的基本任务是要巩固和发展革命根据地；中共闽西临时特委书记邓子恢作工作报告。中共闽西“一大”的思想成为指导闽西20年革命取得胜利的保障。同月，红四军前委在蛟洋文昌阁召开紧急会议，研究部署粉碎闽粤赣国民党军对红军的“会剿”。红军主力长征后，中共上杭县委等党政组织和中国工农红军代英独立营等红军武装在双髻山建立游击根据地，谭震林、张鼎丞、邓子恢、伍洪祥等领导人民坚持艰苦卓绝的游击战争，双髻山成为南方三年游击战争的重要基地之一。第二次国内革命战争时期，蛟洋有3000多人参加红军和地方游击队、赤卫队，在争取民族独立、人民解放的伟大斗争中壮烈牺牲的革命烈士有220人，蛟洋儿女用鲜血和生命谱写了中国人民革命史上威武壮观、可歌可泣的英雄史诗，浩气长存，永垂青史。

（三）

早在新石器时代，已有古越族人在境内农耕渔猎。唐宋时期，南迁汉人渐次进入蛟洋，农业生产以种植水稻、小麦等粮食作物为主。明代，开始种植从海外引进的番薯。清代，随着人口的增长，人们开始大量开垦荒地，兴修水利，农业生产逐步发展。但在漫长的封建时代，由于受封建土地所有制的束缚，生产方式原始，耕作技术落后，生产力水平低下，农民始终无法摆脱贫困。民国18年（1929年），苏维埃政府实行土地革命，农民分到土地。“古蛟自治”时期，既采用苏维埃时期的政策，又吸收“计口授田”等办法对其进行一定改良，农民分得的土地被确定合法产权；至新中国成立，蛟洋一直保持土地革命的果实。新中国成立后，掀起互助组、初级社、高级社的农业合作化高潮，农业生产较快发展。1958年始，由于“大跃进”和人民公社化“左”的影响，出现瞎指挥、浮夸风和“共产风”，挫伤农民的生产积极性，加上严重的自然灾害，粮食生产连续三年歉收，造成农民生活困难。1962年后，经过调整，纠正错误，农业生产得到恢复和发展。1966年开始的“文化大革命”，农业生产再次受到严重影响。1972年后，贯彻中央《关于农村人民公社分配问题的指示》，农业生产逐步上升。1981年后，全面实行家庭联产承包责任制，极大地调动农民的积极性，生产迅速发展。1990年后，利用高海拔山区气候优势，发展反季节蔬菜，蛟洋成为龙岩市主要的蔬菜基地；建立以桃园、贵竹等毛竹专业村为中心的万亩丰产竹业基地；采取工厂化饲养模式，发展生猪、鸡、兔等家禽家畜养殖大户、专业户；农业结构优化，农业生产持续稳定地协调发展。2013年，全镇农牧渔业总产值34723万元，比1990年增长82.89倍，年平均增长21.25%（增长率和平均增长速度按可比价计算，下同）；林业总产值2484万元，比1989年增长94.4倍，年平均递增20.9%。

宋康定元年（1040年），文地村有建炉炼铁，为蛟洋有文字记载的最早工业。明代，邹坑开采瓷土矿生产陶瓷，产品曾畅销龙岩、连城、上杭等地，此后延续数百年，直至1992年消亡。境内毛竹资源丰富，手工制造土纸历史悠久。清代始，手工造纸业较为发达；民国20年，境内土纸生产厂家达800个，工人有4900人；生产的节包纸纸质优良，享誉中外，主要销往印度、印度尼西亚、新加坡、马来西亚等国家；土纸生产成为农村的支柱产业、农民的主要经济来源之一。民国时期，傅柏翠先后创办松香松节油厂、樟油樟脑厂、酒精厂等小型工业企业。红军北上抗日后，因交通受阻、出口受阻，地方工业逐渐衰落。新中国成立后至六七十年代，除手工造纸业外，其他工业也逐步发展。1970年3月，文地水电站建成，结束蛟洋无电的历史。1970—1980年，共建小水电站21座。中共十一届三中全会后，乡镇企业蓬勃发展。20世纪90年代，乡党委、乡政府采取外引内联，以独资、合资、股份合作等多种形式，先后办起蛟洋水泥厂、塘厦兴隆机砖厂等。2000年，全乡有各类企业1396家（含个体），职工3793人，产值2.49亿元。进入21世纪后，乡党委、乡政府发挥319国道与308省道交汇于蛟洋，赣龙铁路、龙岩至长汀高速公路（简称龙长高速）、蛟洋至上杭城关高速公路（简称蛟上高速）建成通车的交通优势，抓住上杭县人民政府设立蛟洋工业区的发展机遇，加大招商引资力度，实施项目带动战略，推进工业的迅速发展。蛟洋工业区按照建设“特色循环经济园区”的发展思路，以新中国成立后龙岩市最大的工业投资项目年产20万吨铜冶炼项目为龙头，以铜、金冶炼为中心，以就地消化其副产品硫酸及其下游产品加工为延伸，形成以铜、金等有色金属冶炼及硫、磷、氟、碘化工等完整的循环经济产业链。随着紫金铜业、瓮福紫金化工等一批规模以上工业企业落户，蛟洋从一个农业重镇向工业重镇转型，逐步形成明显的地方优势与特色。2013年，蛟洋镇有各类工业企业59家（不含个体），职工1395人，总投资27.96亿元，实现工业总产值141亿元，增加值30亿元。其中，工业园区规模以上工业企业实现产值135亿元，占全县规模以上工业总产值的48.5%。蛟洋，成为上杭工业的“半壁江山”。

由于种种原因，至20世纪80年代初，蛟洋仍为经济欠发达地区，人民群众的生活水平较低，一些地方尚有贫困现象。1985年，蛟洋乡被福建省定为龙岩地区45个贫困乡之一。此后，乡党委、乡政府认真贯彻执行龙岩地区、上杭县关于扶贫工作的决策部署，把脱贫致富工作作为一项中心任务。设立扶贫领导小组及其办事机构，制定扶贫规划，落实政策资金。1986—1987年，上杭县、福建省先后派出扶贫工作队进驻蛟洋乡，宣传贯彻党在农村的各项方针、政策，指导和协助开展扶贫工作。1994—1996年，乡党委、乡政府贯彻落实《龙岩地区扶贫攻坚规划》，按照上杭县委提出的“以扶贫攻坚奔小康统揽农村工作全局”的思路，制定切实可靠的规划，加大扶贫力度，加快贫困户脱贫致富奔小康步伐。1997年，全乡800户贫困户全部脱贫，小康建设经龙岩市复查验收，全乡20个村4169户达小康水平，分别占行政村和农户总数的

80%、81.8%，小康指标综合分值95.9分，基本实现小康。2002年后，贯彻落实《中国农村扶贫开发纲要(2001—2010年)》《关于上杭县新一轮扶贫开发意见》，进一步巩固扶贫成果、稳步推进新一轮扶贫开发。2002年，桃源村被列为省扶贫开发重点村，在福建日报报业集团挂钩帮扶和市、县政府的支持下，实施整体搬迁“造福工程”。2006年，桃源新村全面建成。一个交通便利、规划整齐、设施完善、卫生整洁的准城市化小区新村展现在人们面前。

2013年，蛟洋镇社会总产值148.88亿元；财政总收入3050.13万元，比1990年增长36.56倍，年平均递增17.1%，比2003年增长5.41倍；农民人均纯收入9615元，扣除物价增长因素，比1990年增长22.64倍，年平均递增14.8%。居民生活水平和质量不断提高，居住条件和居住环境明显改善；耐用消费品逐步升级换代，电视机、洗衣机、电冰箱、电脑等家用电器相当普及，小汽车逐渐“飞入寻常百姓家”；人民生活实现由温饱到基本小康再到宽裕型小康的历史性跨越，祖祖辈辈的小康梦终成现实。

(四)

境内峰峦叠嶂，古时交通不便。明嘉靖十九年（1540年）后，上杭至龙岩的驿道改经蛟洋，该驿道为蛟洋最重要古道之一；民间的乡村道与官方的驿道衔接，陆路交通逐步发展。清代，旧县河航道开通，再嘉至上杭水路成为蛟洋西部的交通要道之一。新中国成立后，人民政府重视交通事业的发展。1958年，经华家、丘坊、蛟洋的省道围禾线上杭—郭车段竣工通车，交通状况初步改善。1994年5月，1996年12月，319国道改线工程（经坪埔、蛟洋等村）竣工；1997年5月，省道308线改造工程竣工；其间，乡党委、乡政府把行政村“通路工程”列为为民办实事项目，1997年实现25个行政村村村通公路；交通状况得到很大改善。2005年4月通车的赣龙铁路途经蛟洋，并在坪埔设“上杭火车站”。2007年12月，龙长高速竣工通车，并在坪埔设“古田服务区”，在塘厦设“蛟洋出入口”。2012年12月，与龙长高速相接的蛟上高速建成通车。至此，蛟洋已形成乡村道与国道、省道、高速公路相连，公路与铁路相连，纵横交错的现代化交通网络，从而成为闽粤赣边交通枢纽，人流、物流、资金流、信息流聚集明显，对周边地区的吸纳、辐射能力大大增强，对经济社会发展产生积极的促进作用。

明清时期，邮驿制度逐步健全。明嘉靖十九年（1540年）后，境内设笙竹（贵竹）、丰年桥、小和坑等铺。清光绪三十二年（1906年）4月，蛟洋设邮政代办所和信柜。民国18年（1929年）红四军入闽后，毛泽东、朱德联合签署“保护邮局，照常传递”的手令，使苏区与国民党统治区能够通邮。民国19年，邮电通达各乡村。至民国27年，蛟洋安装电话40余部，成为当时中国农村电话网络最发达地区之一。新中国成立后，邮电事业不断发展。1995年开通程控电话；1998年开通移动电话；2003年接入互联网。2013年，已基本具备各种现代化通信手段。

交通促流通。清代，随着驿道和乡村道的开通，蛟洋村、黄土畲（今文都）形成圩场。民国时期，境域内有蛟洋、黄土畲、丰年桥、中和、共和等圩场。新中国成立后，新建丘坊圩场，黄土畲、丰年桥、中和、共和等圩场先后消亡。2001年，在蛟洋村国道319线和省道308线交汇处，新建蛟洋边贸市场。蛟洋边贸市场、丘坊市场成为重要的商贸窗口和物资集散地；住宿业、餐饮业和居民服务业等随交通、流通的发展不断发展。

明清时期，随着经济的不断发展，乡村建设具一定规模。从今仍保存完好的明代再兴复兴桥、云龙桥，清代的蛟洋文昌阁、回澜桥，华家万安桥、秋竹丰年桥、华家荫桥以及秋竹村“树德堂”、丘坊村“船形屋”、苏康村“大夫第”等古建筑可见一斑。民国31年，古蛟乡村建设委员会制定《三年建设计划纲要》。新中国成立后，随着居民生活水平提高，乡村建设进程加快。随着交通优势的凸显和蛟洋工业园区的设立，推动乡村建设层次不断提升。蛟洋乡党委、政府先后组织编制《上杭县蛟洋乡集镇总体规划（2008—2020

年)》《上杭县蛟洋新城总体规划(2010—2030年)》，加快推进城镇化进程。集镇规模不断扩大，面貌日新月异。因铁路建设、工业区建设需要而搬迁安置的坪埔、梅坝村民，建设坪埔新村、梅坝新村；因实施“造福工程”整体搬迁的桃源人建设桃源新村。2010—2013年，紫金铜业大酒店、瓮福紫金公寓楼、泰山(石膏)生活区宿舍楼等工业区生活设施先后建成，其中瓮福紫金4号、5号公寓楼高19层，为蛟洋最高建筑物。蛟洋，“生态型工贸新城”已具雏形。秀美的村镇、林立的厂房、崭新的民居、优美的环境，传递着蛟洋人发奋图强的节奏，展示着蛟洋人开拓进取的风采！

(五)

蛟洋人民崇文重教。清顺治十七年(1660年)，苏康张其集办“松山书屋”，为有文字记载的蛟洋私人办学之始。为祈求文化昌盛，乾隆六年(1741年)，建蛟洋“文昌阁”；丘坊、华家、再兴、秋竹、小和等村都先后建有文昌阁。道光十七年(1837年)，进士华时中创办“敬业书院”。至清末，私塾在蛟洋相对普及。民国时期，蛟洋教育事业发展较快。民国22年(1933年)，傅柏翠倡导成立农村教育社，负责兴办农村文化教育事业。民国27年春，傅柏翠倡导创办中学；民国28年秋，经福建省政府批准，正式设立“私立古蛟初级中学”；该中学的设立，对蛟洋教育发展有开拓之功，书写了蛟洋教育史上光辉的一页。新中国成立后，人民政府逐步接管教育。在大力发展基础教育的同时，继续开展以扫除青壮年文盲为中心的业余教育。1991年，开始实施小学义务教育。1991—1993年，接受福建省、龙岩地区实施义务教育“六项督导”(教育管理、事业发展、队伍建设、教育经费、校舍设备、德育工作)评估。1993年，实现小学“一无二有”(校无危房，班有教室，人人有课桌椅)。1994—2000年，接受省、市“两基”(基本普及九年义务教育，基本扫除青壮年文盲)评估验收。进入21世纪，蛟洋教育继续巩固“两基”成果，推进“双高普九”(高水平高质量普及九年义务教育)，教育事业协调发展。

蛟洋文化源远流长。已发掘面世的夏商时期网络格纹陶片，显示出古越族创造的古文化印记。宋元以后，随着客家人从中原南迁，中原文化与土著文化、畲族文化逐步融合。明清时期，随着教育的发展、科举制的推行，文人士子队伍不断壮大。清康熙至道光年间(1662—1850年)，蛟洋涌现文进士张国宝、华时中和一批举人秀才；华喦等乡民，不固守本乡本土，赴杭州、扬州等地拜师学艺；他们不断接受中原文化和江浙文化的熏陶，吸取中华文明的乳汁，取得很大成就，并为蛟洋的文明传播和文化发展起举足轻重的作用。其中，仅入私塾两年的华喦，“壮年苦读书”，博览经史，勤学苦练，终成诗、书、画“三绝”的伟大艺术家，中国画坛的一代宗师。华喦遗作被珍藏在国内各大博物院(馆)、美术馆和日本、美国、法国等外国美术馆，成为世界艺术珍宝；道光十六年，时任安徽省太平县知县的华喦裔孙华时中将华喦遗诗约600首校阅，刊行《离垢集》，成为中华文明宝库中的一颗璀璨明珠。清末至民国时期，蛟洋文风极盛，尤以诗风为最。民国33年由蓝溪举人丘复编辑的《古蛟诗选》中，有57位蛟洋籍诗人创作的669首诗入选。傅柏翠留学日本回乡后，重视文化事业的发展；他组建话剧团、恢复俱乐部、上演“文明戏”；结“鸡声诗社”，常与文人墨客相聚该社吟诗唱和，以文会友；曾与毛泽东在上杭临江楼畅谈“菊花诗”。新中国成立后，先后设立文化站，建立有线广播站，组建电影队，文化事业不断发展。中共十一届三中全会后，文化活动中心(站)、影剧院、歌舞厅、农村图书室、老年活动室、老年俱乐部等设施不断完善；红土地文化、客家文化、农村文化、校园文化全方位推进。艺术创作方兴未艾，新人辈出，呈现群芳斗妍的繁荣景象。连慧碧、华学文、邓志仁、丘宜寿等人的，书画作品多次参加全国性画展并获奖；袁松树、傅长盛等人的摄影作品，陈华杰等人的音乐作品具有较高水准；1999年，蛟洋中学文艺队创作的表演唱《一篮鸡蛋送红军》获龙岩市第三届校园文化艺术节会演一等奖；2001年，蛟洋中学创作的表演唱《悠悠山歌红土情》获福建省优秀节目奖。据上杭县文物普查资料，蛟洋镇有不可移动文物41处，其中夏、商、周时期古遗址3

处，宋代 1 处，明代 8 处，清代 23 处，近现代 6 处；这些历史遗迹，传递出令人遐思的文化气息。

明清时期，蛟洋医疗卫生事业落后，劳苦大众饱尝疾病折磨摧残之苦。清道光年间（1821—1850 年）始，再兴人张华五从医，“医传三代，周济乡邻”。民国 18 年，红四军在蛟洋石背“傅氏宗祠”设立“蛟洋红军医院”；民国 20 年初，闽西医院由龙岩小池迁往蛟洋小和坑，医治在革命战争中负伤的红军官兵。民国 28 年，古蛟地方协会理事会在蛟洋设医务所；民国 34 年 10 月，上杭县政府在蛟洋村的傅氏总祠设上杭县古蛟医院。医疗条件有了一定改善。新中国成立后，人民政府重视发展医疗卫生事业。贯彻“预防为主”的方针，坚持开展群众性爱国卫生运动。1955 年，以股份制方式成立国药商店、联合诊所。1958 年初，联合诊所改为保健站，华家等村成立保健室。1959 年，成立蛟洋人民公社保健院，各大队设有医疗室（站），逐步改变缺医少药的状况。1969 年，农村实行合作医疗制度。1992 年始，把初级卫生保健纳入乡经济社会发展规划，2000 年基本达到初级卫生保健标准。群众卫生保健水平进一步提高。主要传染病的发病率和病死率、孕产妇和婴儿死亡率大幅度下降。人口死亡率由 1975 年的 7.48‰降至 2011 年的 5.20‰；人均预期寿命由 1949 年的 52 岁延长到 2013 年 76 岁。

明清时期，蛟洋开展以武术、舞狮为主要内容的体育活动。民众投师学艺习武，蔚然成风。清乾隆十九年、乾隆三十一年，中村人张虎臣、张攀龙考中武进士。光绪年间（1875—1908 年），再兴武秀才张钟瑚开设武馆授徒。清末民初，学校始设体育课。新中国成立后，群众性的体育活动广泛开展。进入 21 世纪，体育设施不断完善，先后建成蛟洋中学、中心小学塑胶跑道、塘厦的室内羽毛球馆，崇头的旱冰场等，广场舞、健身操悄然兴起，各种形式的体育活动蔚然成风，农民健身活动深入开展。中小学参加上杭县举办的历届体育比赛，均获得好成绩。2011 年 9 月 22 日，上杭县第六届（东北）片区农民文化体育节在蛟洋举行，蛟洋代表队获团体总分第二名。

纵观古今，新中国成立前，社会发展较为缓慢。新中国建立后，在中国共产党领导下，蛟洋人民以自己的聪明才智和辛勤劳动，创造了令人瞩目的成就，社会面貌发生日新月异的变化，成效卓著。回顾过去，催人奋进，展望未来，任重道远。今天，蛟洋镇党委、镇政府正带领蛟洋人民在党中央“全面建成小康社会、全面深化改革、全面依法治国、全面从严治党”的战略布局下，振奋精神，开拓进取，进一步推进蛟洋经济社会科学发展、跨越发展。

蛟洋的明天一定会更加美好！

专 记

毛泽东在蛟洋的革命实践活动纪略

一、指示整编地方武装，发展壮大红军队伍

1929年5月，毛泽东、朱德率中国工农红军第四军（简称红四军）第二次入闽。5月21日，率部到达连城庙前的毛泽东从当地人那里了解到闽西地方武装重要领导人之一、上杭蛟洋的傅柏翠是留学回来的农民领袖，决定请傅柏翠前往协助红四军在闽西的活动。当日傍晚，傅柏翠接到毛泽东、朱德、刘安恭联名写的信："红四军已入闽到达庙前，请速来商酌有关事宜。"傅柏翠当即就和曾省吾一道赶往庙前。

在庙前孔清祠，毛泽东和傅柏翠一见如故："傅先生久闻大名。你是带头在自己家减租减息领导蛟洋暴动的留日学生，真不简单哟。"

毛泽东向傅柏翠细细询问闽西各地的革命斗争形势和敌我力量状况等问题，傅柏翠一一作了详尽的回答。毛泽东说："我们四军从井冈山下山后，转战于赣南闽西，敌军一直不停地对我们围追堵截。今天我们从长汀涂坊出发时，敌军李文彬部就紧跟我们屁股后面来了，估计很快会追到庙前来，敌情紧急啊。"毛泽东试探地问傅柏翠："傅先生，如果敌部尾随而来，你能不能组织你们地方武装阻击他们，并坚持四个小时以上，以使我们有足够的时间行军？"傅柏翠满怀信心："我们完全可以做到。我们蛟洋乱石峡一带地势险要，易守难攻，在这里布防，完全有把握拖住敌人四个小时以上。请毛党代表和朱军长放心。""很好！"毛泽东听罢，双掌一击从矮凳上站起来，转身与朱军长低声商量了好一阵，然后对傅柏翠说："我们准备明早就向龙岩进发，想请你帮助我们完成四项任务。一、敌人追来，你组织你的武装起码要阻击敌人四个小时以上；二、探听敌人消息，看他们继续追赶与否，并将消息及时送到龙岩县委转给我们；三、赶快将你们的地方武装整编为红59团，随我们红四军行动；四、你后天赶到龙岩与我们会面，接受新任务。"末了，毛泽东又征求傅柏翠的意见，问他有没有什么实际困难。"没有困难"。傅柏翠摆摆手，胸有成竹地回答。

傅柏翠和曾省吾欣然接受任务，当晚就提着马灯星夜赶回苎园（时属上杭北四区）。次日，傅柏翠组织了300多人在苎园路两旁举着小彩旗夹道欢送红四军。毛泽东背着灰色毯子，同政治部的同志一起步行，不时向欢迎的群众招手致意。朱德和刘安恭则和军部的同志一起步行，在一处高地，朱德停下来，向傅柏翠的教导团训话，一口气讲了十几分钟。傅柏翠等人出色完成毛泽东交办的任务。

5月26日，根据红四军前委和中共闽西临时特委的指示，傅柏翠等人在蛟洋文昌阁前，将由蛟洋农民武装改编成立的教导团整编为闽西红军第59团，傅柏翠任团长，曾省吾任党代表，罗瑞卿任参谋长。这是闽西第一支主力红军。

1929年6月2日红四军入闽第二次攻下龙岩城后，为了适应形势的需要，转战上杭时，红四军前委在旧县召开会议，决定将红59团等闽西地方武装改编为红四军第四纵队，经毛泽东提名，决定由傅柏翠担任纵队司令员。中旬，在连城新泉背头山大坪上召开的军人大会上，朱德传达宣布了红四军前委命令，任命傅柏翠为第四纵队司令员，张鼎丞为党代表，李力一（即李任于）任政治部主任兼纵委书记，龚楷为参谋

长，罗瑞卿任参谋主任。第四纵队共编有七、八两个支队。七支队由傅柏翠、罗瑞卿、曾省吾领导的59团、李云贵领导的连南十三乡工农革命武装、长汀赤卫团、永定部分游击队合编而成。红59团成为红四军第四纵队的骨干力量。

蛟洋，成为红军成长、锤炼、壮大的沃土。

二、倡议创办红军医院，真情关爱伤病人员

1929年6月2日红四军第二次攻下龙岩城后，毛泽东决定率红四军“吃掉”白砂守军钟铭清团。红四军在傅柏翠率领的红59团配合下，兵分三路向白砂进攻，只一个小时就干净利落地歼灭了钟铭清团，俘100多人，缴枪100多支。

白砂战斗结束后，毛泽东和傅柏翠在白砂下洋第三次见面。毛泽东和朱德等人研究决定把白砂战斗缴获的枪支都交给傅柏翠，毛泽东对傅柏翠说：“傅先生，这次战斗的战利品就赏给你们了，这些枪可以给你们地方武装好好装备一下了，算是我们好好犒劳你们一次。不过我们也有个条件，就是我们有近百个红军伤员，你得帮我们好好安排安排，你最好回你蛟洋老家办一所红军医院，我看你们蛟洋一带赤色根基比较牢固，地理位置也不错。”傅柏翠认识到毛泽东建议很有意义，答应尽量想办法。

傅柏翠回蛟洋后，与北四区区委书记傅希孟等人商议，并由傅希孟具体筹备办红军医院事宜。6月12日，红四军军部和中共闽西特委在蛟洋村石背的“傅氏宗祠”正式创办蛟洋红军医院。红四军领导机关派军部副官陈永林任医院院长，王俊恒任党代表。为了便于医院开展医务工作，北四区苏维埃政府派傅庆奎为医院事务长、傅锡奎为会计、李德民为传令兵、谢司斧为文书。医院本部有40多个房间，还有甲子凹、松源连四纸寮两个医疗点。

当日，毛泽东和邓子恢、傅柏翠等人参加了成立大会，并检查医院设施，了解伤病员思想情况。由于受当时条件的限制，医院设备简陋，没有病床，架起门板、木板，铺上稻草当病床；没有高压消毒锅，就以蒸笼替代；西药短缺，就多用中草药。医疗器械也只有手术刀、听诊器、针筒、剪刀、竹制镊子等，仅能做简单的小手术。针对有的伤员嫌医疗条件简陋，生活艰苦,毛泽东语重心长地说：“现在蛟洋红军后方医院办成了,这是一件大好事。蛟洋是红色基础巩固的地方，在这里办医院很安全，你们不要有顾虑。尤其蛟洋革命群众对办医院十分支持，他们腾房子、搞卫生、摊床铺、垫稻草、备粮食、送蔬菜、选医生、派干部,短短几天工夫就帮我们办起了这所医院，把沿途负伤染病的180多位伤病兵接运到这里医治，解了我们燃眉之急。”真是军民鱼水情，亲如一家人啊！毛泽东希望大家既要理解更要安心养病,争取早日康复回到队伍参加战斗。

1929年7月中旬，毛泽东第二次到蛟洋红军医院，发现在轻伤员病房的一块屏扇上写的墙板诗：

“我们是红军第四军第二纵队第三支队第八大队士兵，驻扎在此数十天，多蒙蛟洋列位同志恩泽招待我们，比兄弟手足好得多。

我是赣南宁都住，真正革命到这路。
军长下令要包围，一心打倒陈国辉。
走上马路连冲锋，反贼尽死江河中。
我军得胜希望大，陈贼全部都失败。
心在革命不在家，谁知龙岩带了花。
我伤非小不相当，副官吩咐到此坊。
总要共产到成功，我辈青年把田分。”

毛泽东边读边点头，连声说好，问是谁写的。经一位战士回答后，毛泽东立即走到诗作者面前问道：“小同志，你叫什么名字？哪里人?”“我叫姜立生，江西宁都人，原来的名字叫姜贤文，去年参加革命时，拿共产主义的‘产’字上下各一半拆开来，改名叫立生的。”姜立生回答后，毛泽东说这名字改得好，诗也

写得不错，鼓励他以后多写多宣传，并说“我们的红军就是应该这样，不要因为一时带花就沮丧，要提起精神，坚定共产主义信念。你们看我气色如何？其实我也是病魔缠身，我们可谓是‘同病相怜’，身体好当然重要，精神支柱更少不得的啊！”

1929年7月底，毛泽东第三次到红军医院慰问伤病员。他巡看病房出来，正欲往“医官处”了解情况，只见医官谢运原一手叉腰、一手指着一位姓姜的小战士大发雷霆。小姜被骂得低下头涨红着脸，眼泪“扑嗒扑嗒”地直往下掉。原来，当天清晨勤务员小姜到水井打水，不小心把口袋里的两块银圆掉到水井里。他急得像热锅上的蚂蚁，围着井台团团转：银圆是部队发给伤病员的特别营养费呀！他朝四周一看，见没有妇女来挑水，连忙脱下衣裤“扑通”一声跳下井去，把两块银圆捞了起来。庆幸之余，他没想到自己腿上刚敷上的药膏却把井水弄脏了。前来挑水的乡亲们看见水色不对劲，还闻到一股药味，便唧唧咕咕的议论开。谢医官认定小姜破坏了群众纪律，把他狠狠地骂了一顿。毛泽东把谢医官拉到一边，说：“战士违反纪律，应该严肃批评教育，可我们红军不同于国民党白军，不兴打骂，不可用骂娘代替思想教育。”接着，他俩又来到井水旁看了看。毛泽东转身对身旁的乡苏维埃政府主席傅燕兹说：“井水被战士弄脏了。影响乡亲们饮食卫生。我看，水井不深，井底淤泥也不少，我们叫几位警卫队战士把井水弄干，干脆清洗一番，好不好？”傅燕兹忙说：“还是我叫乡亲们来清洗”话还没说完，精灵的小姜却提来了水桶水瓢。毛泽东和几位战士立即卷起裤管下到井里掏淤泥，把水井清洗得干干净净。乡亲们称赞说：“朱毛红军纪律严明，军民一家亲啊！”毛泽东诙谐地说：“将功补过呗！”

1929年11月，毛泽东途经蛟洋时第四次到红军医院，深入到伤病员中调查了解情况。经毛泽东启发引导，伤病员畅所欲言。有的说：“冬天快到了，医院的御寒衣被太少了，‘金丝被’是挡不了寒的”。毛泽东一时不解其意，诧异地问“什么是‘金丝被’？”“‘金丝被’就是稻草呀”。大家哈哈大笑。有的说：“医院的伙食不够好。”还有的说：“医官有时看病比较马虎。”毛泽东一边听一边记录，然后整理成文。这次调查使毛泽东得到许多意外的收获。在12月底召开的红四军党的第九次代表大会即古田会议上，对蛟洋红军医院经验教训进行了总结。《古田会议决议案》的《优待伤病兵问题》中，对“蛟洋后方医院”的缺点，作为“伤病兵待遇不良”“伤病兵痛苦的现象”之一，进行详尽的分析，指出了带来的影响，要求“应该有计划去纠正”，并有针对性地提出了具体的解决办法。“医生少和药少的问题，要尽可能设法解决。对于医生应注意督促他们看病详细一点，不要马马虎虎”“伤病兵衣服被窝问题，除公家尽力置备外，应该在各部队官兵中发起募款，这不仅为了增加伤病兵的零用钱，而且是唤起全军互助济难精神的好办法”“应该在闽西工农群众中发起募捐（衣被、现款、粮食），以密切联系工农群众与红军”。大会之后，医院各方面条件渐有改进。该院先后共收治红四军伤病员200余人。

1930年1月5日，红四军转战江西前夕，毛泽东第五次到蛟洋红军医院慰问伤病员，并部署红军转移后对伤病员的安置工作。1月下旬，形势日趋恶化，为确保伤病员的安全，红军医院转移到古田吴地的“张家祠”。是年6月间，红四军收复龙岩，蛟洋红军医院迁往原基督教会医院——龙岩爱华医院院址（红军占领龙岩后，教会医院原有医生大多已离开医院），利用其设备，增加医生和看护员，组建为闽西医院（闽西红军医院一说），隶属闽西苏维埃政府和红十二军领导；蛟洋红军医院原党代表王俊恒任院长。闽西医院各方面条件较原先的蛟洋红军医院有较大改善。毛泽东夫人贺子珍曾在该院分娩，由原蛟洋红军医院医生江怀瑾接生。1932年3月，闽西医院改属福建省军区后方医院，由省军区卫生部直接领导。

蛟洋红军医院是闽西第一所红军医院，也是闽西规模最大、开办时间最长的红军医院之一。在红四军前委领导下，蛟洋红军医院开创了军地、军民共建医疗卫生事业的先河，为红四军伤病员的治疗和康复发挥了积极而重要的作用，为红军医疗事业的发展，乃至中国革命的胜利做出了重大贡献。

三、指导召开闽西“一大”，引导革命胜利发展

1929年6月22日，红四军召开了党的第七次代表大会，陈毅取代毛泽东当选为红四军前委书记，前委

委员有毛泽东、朱德、林彪、刘安恭、傅柏翠等13人。“七大”结束后，毛泽东隐隐约约感到红四军中存在着许多迫切需要解决的问题，而自己的主张又一时难以得到大多数人的支持认同，忧心忡忡，提出到地方上去作调查研究并指导工作的请求，得到批准。

7月8日，毛泽东偕贺子珍、黄琳（江华）、谭震林、蔡协民、曾志等人到蛟洋指导召开中国共产党闽西第一次代表大会（简称中共闽西“一大”）。

中共闽西“一大”原定于7月11日召开。7月10日，接到会议通知的代表们先后到达蛟洋。毛泽东在与代表们交谈时发现，他们并不十分了解闽西甚至于代表当地的实际，于是向中共闽西临时特委书记邓子恢提出建议，让代表们先回去作一个星期的调查研究，邓子恢觉得有理，便动员代表们回去。毛泽东还为代表们出好了调查研究的题目：土地、政治、党务、武装群众、政治组织、物价、洋货入侵与工农业破产等。毛泽东则留在蛟洋，他在邓子恢、傅柏翠及北四区区委同志的陪同下，到蛟洋合作社等处去作调查研究。

7月20日，中共闽西“一大”在文昌阁二楼正式开幕，代表有六七十人，代表全闽西2300位党员。中共闽西临时特委书记邓子恢首先在会上作工作报告，总结了两年多来闽西人民的革命斗争经验与教训，指出了巩固与发展闽西革命根据地的有利条件，重点总结了闽西地方党组织和地方武装的建设经验、存在问题和纠正的方法，总结了闽西部分县区土改分田的经验。邓子恢还代表中共闽西临时特委作了《政治决议案的报告》，这个报告由邓子恢起草，事先征求了毛泽东等人的意见，毛泽东看完后说：“写得很好”，还亲自动笔进行一些修改。邓子恢作完报告，请求红四军的代表毛泽东作指导发言。毛泽东高度赞扬了闽西人民的革命斗争，指出闽西党的组织此后的基本任务是要巩固和发展革命根据地，正当他高声纵论之际，忽然话锋一转，向代表们提了一个问题：“根据地能不能巩固？”“能！”代表们异口同声回答。“为什么？”代表们没有思想准备，面面相觑。毛泽东笑着与代表们对视了几分钟，见代表们一时回答不上来，便自我解答，转身在黑板上边写边说：“依我看，巩固和发展闽西革命根据地有六个有利条件，第一，闽西有80万发动起来了的革命群众。第二，各县有共产党组织。第三，各县建立了武装。第四，粮食可以自给。第五，地势险要，便于与敌作战。第六，敌人内部矛盾可以利用。”接着，他还提出了建立和发展革命根据地的三条基本方针：一、深入进行土地革命；二、彻底消灭民团土匪，发展工农武装，有阵地地波浪式地向外发展；三、发展党、建立政权，肃清反革命。代表们听罢，豁然开朗。毛泽东的讲话极大地鼓舞了与会代表的信心。

中共闽西“一大”，正确分析了自蒋桂战争以后国内的政治形势，集中讨论了政治问题和土地问题；系统总结了闽西斗争的历史经验；讨论并通过了《中共闽西第一次代表大会之政治决议案》和《苏维埃政权决议案》《土地问题决议案》《CY问题决议案》《妇女问题决议案》等重要文件，制定了明确的路线、方针和政策，引导闽西革命胜利地发展；会议选举了由15人组成的中共闽西特委，邓子恢为特委书记，蔡协民为组织科长，蓝鸿翔为宣传科长，张鼎丞为军事书记。

在大会通过的《土地问题决议案》中，正确阐明了土地革命的意义，明确指出，土地革命的主要目标，在于解放农民，提高生产力，发展农村经济，以解决全社会的生活问题。会议提出土地革命中，要依靠贫雇农，团结中农，区别对待大小地主与富农，“不打击富农”“团结全体农民集中攻击目标于地主”，保护大小商店；土地的分配方法，应以乡为单位，以原耕地为基础，实行“抽多补少”的原则，“不可重新瓜分妄想平均”，按人口数目，男女老幼平均分配；对地主亦“得酌量分与田地”。上述规定，不但体现了中共“六大”有关土地问题的基本政策和《井冈山土地法》《兴国土地法》的基本精神，而且正确总结了闽西地区土地革命的新经验，在一系列具体政策上有新的发展。这些新政策，对丰富、完善以至最终确立中国共产党关于依靠贫农、团结中农、限制富农、保护中小工商业和消灭地主阶级的正确土地革命路线做出重要贡献。

傅柏翠因在中共闽西“一大”上没有被选为特委委员，有些情绪。会后，毛泽东便约傅柏翠谈心。他说，“傅先生，这次闽西特委选举，你有些想法，我很能理解，但既然是民主选举，也不好强迫他人意志，再说你毕竟还是闽西地方和我们四军的领导同志之一，这是大家都认同的，你看，我现在不是没有当四军前委书记，和你一样只是四军前委一委员？没关系，一样闹革命嘛”“你曾崇拜过康有为、梁启超，还有洪秀全、孙中山，一度十分趋同‘改良思想’‘大同思想’，主张‘耕者有其田’‘天下大同’，我想你对这些思想还很有保留，但毕竟也慢慢脱离了这些旧思想的羁绊，开始寻找中国革命新道路，竟然敢在自家后院放火，说服你父亲带头减租减息闹革命，真不简单哟……”毛泽东的一席肺腑之言使傅柏翠心中疑云渐散。

中共闽西“一大”后，在文昌阁召开了红四军前委会议。会后，朱德和陈毅回到龙岩，毛泽东在蛟洋住了两天后，前往大洋坝。

四、动员傅柏翠随红四军行动

1930 年 1 月 5 日，毛泽东到红军医院探望伤病员，妥善安排红军撤离后对他们的安置工作后，到蛟洋乡苏维埃政府（简称乡苏）了解合作社等情况。毛泽东在蛟洋乡苏开了两个小时左右的小型会议，参加会议的都是入党时间较长的同志，傅兆勋、傅燕兹、傅增来、傅希孟、傅松辉、傅岩湘。

刚从乡苏开完会出来，毛泽东就遇到了从外地赶回来的傅柏翠，傅柏翠拉着毛泽东就往家里走，边走边抱歉地说：“我因事外出，有失远迎，甚感歉意。”“我们是老相识了，不必太客气，今天我来蛟洋也是临时决定的。”毛泽东爽朗地说，“不过，你没来参加四军‘九大’（指傅柏翠因故未出席红四军党的第九次代表大会即古田会议）可不行，应该挨批评。”“我也后悔没去参加开会呢。”傅柏翠说，“我听说这次会议开得非常不错，据说你写的会议决议案很全面、很具体、很实在，比如我听说决议案要取消枪毙逃兵、废止肉刑一项，我就举双手赞同，带兵打仗当然要严格，那要靠教育和关心，哪里可以随便打骂士兵搞肉刑，那是军阀作风。”

在傅柏翠家里，毛泽东谈到了红四军的行动问题，与傅柏翠商榷：“敌人已经逼拢来了，红四军为了打破国民党闽粤赣三省敌人的会剿，避敌锋芒，我们准备暂时离开闽西，向宁（化）清（流）归（化）方向一带发展，你意下如何？”傅柏翠仔细思索了一番后说：“宁清归方向敌人力量较薄弱，我军流动幅度也不大，可以互相联系，还算是比较安全稳妥的。”“傅先生，你跟我们一块行动吧。闽西有的同志对你有意见，说你态度消极，什么爱看旧书，什么爱垂钓消闲啦。你最好还是跟我们走，如果你不想带兵，可以不带，做些别的工作嘛，四军正好准备成立社会调查委员会，你来当主任合适。你爱看书，前委有一些缴获来的书，我们可以一块看，有伴。”一心想在家乡搞“社会主义新农村”试验的傅柏翠轻声回答：“你的好意我领了，但我这个人粗心浮躁，不惯做填表写报告一类的细致工作，我想在我家乡试弄一个‘农村共产团’，大家共生产、共消费，敌人来了，可以同群众一起打游击。”“你这个想法能实现当然好，不过呢，我还是主张你跟部队行动好，你再好好考虑考虑吧。”“去年（指农历）搞暴动，乡亲们被屠杀了那么多，房舍被烧毁了那么多，我心里很惭愧，觉得对不起家乡父老。我主意已定，还是留在家乡尽能力做一些事情。我相信，你们很快就会打回来的，你不是对我们闽西特委的人说，你们是‘离开闽西，发展闽西’吗？”毛泽东对此不言语，他知道傅柏翠性格有些倔强，不再强求，但还是感觉有些舍不得，摇了摇头，轻轻叹息了两声，转了话题。当晚，毛泽东留宿在傅柏翠家，两人促膝交谈到天欲破晓，次日凌晨，毛泽东返回古田。

1930 年 1 月 6 日，毛泽东派人把贺子珍送到蛟洋，并捎了一个公文箱和一封亲笔信给傅柏翠。信中说：“敌人已进至何家陂，部队明天就要出发，你若来跟部队一同行动，则在明早五点之前赶到古田。子珍要分娩了，不能随部队行军，如果她愿意住在你家，就同你家眷住一起，在你家分娩，如果她不愿意，就转送到特委去安置。洋油箱里有一些零星文件，请代转给特委。”

结果，傅柏翠没有听从毛泽东的好言相劝，未随红四军转战江西，执意留守家乡，毛泽东深感遗憾。

但是，毛泽东没有忘记蛟洋，没有忘记在闽西、在蛟洋的峥嵘岁月里与蛟洋人民、与傅柏翠结下的深情厚谊。

1930 年 2 月，毛泽东在转战江西途中所作《减字木兰花·广昌路上》，开篇直抒："漫天皆白，雪里行军无翠柏"（发表时原作"无翠柏"，人民文学出版社 1963 年 12 月版《毛主席诗词》改为"情更迫"），既表达了傅柏翠未能与他同行的遗憾，同时，对傅柏翠的挂念也跃然纸上。由于种种原因，1930 年年底，傅柏翠被开除中国共产党党籍。1931 年年初，闽西发生了肃清社会民主党事件，傅柏翠又被错误当作社会民主党的"罪魁"，蛟洋成为社会民主党的"巢穴"。林一株率红十二军攻打古田和蛟洋，迫使傅柏翠迅速脱离革命队伍，苦心经营古蛟"独立王国"。1931 年 11 月初，在中华苏维埃第一次全国代表大会上期间，毛泽东对参加会议的闽西代表张鼎丞和郭滴人询问闽西肃清社会民主党和傅柏翠的情况时说："对傅柏翠这样的同志，应该团结、尊重，决不能往外推，他留在闽西作用会很大的，可惜呀!"1950 年初春，毛泽东主席向福建省政府主席张鼎丞打电话，关切地问起傅柏翠的情况。张鼎丞向毛泽东报告傅柏翠于 1949 年 5 月领导了闽西起义、重新回到革命队伍的情况；毛泽东提议，请傅柏翠出来参加革命工作。1950 年后，傅柏翠前往福州参加新中国政权建设，先后担任福建省人民法院院长、省文史研究馆馆长、福建省人大常委会副主任等职。1985 年 5 月，中共福建省委为傅柏翠 1931 年被诬指为"闽西社会民主党首领"这个历史冤案平反，恢复名誉。1986 年1 月，傅柏翠 90 高龄重新加入中国共产党。

五、和人民心连心

（一）这叫我怎么睡得着啊

1929 年农历十二月，鹅毛大雪在铅色的天空飞舞，闽西山区蛟洋的天气显得格外寒冷。近山远树，全被一层厚厚的冰雪压得透不过气来，仿佛万物都凝固了似的。尤其是晚上，人们裹着厚厚的棉被还打战呢!

这天的傍晚时分，毛泽东突然从三十里外的古田来到蛟洋。事前，区委没有接到通知。毛泽东到后，就召开区干部会议。等到会散时，已经来不及再为他找地方住宿了。区委书记只好临时安排毛泽东住在乡苏政府。

蛟洋乡苏政府，坐落在村子的中心，前面有一口半圆形的大池塘，两旁是农户和小杂货店。这是一座典型的农村两层楼式小房子，除上下两个厅堂外，两旁各有四间小房。平常，这里只打一张小床，铺上一张席子和一条棉被，是专供乡苏政府工作人员值班睡的。今天，毛泽东来了，他们决定把床铺让出来。值班的同志在另一间闲房临时打了个地铺，加上一件棕衣当被盖。

谁知这一切都被毛泽东看在眼里，他不声不响地抱起席子、棉被放到值班同志的地铺上。

"不，不。山区天寒地冻，你千万别睡地铺，会冻病的。"值班人员恳切地要求毛泽东睡到床铺上去。

"不，你睡地板，我睡床铺，这叫我怎么睡得着啊!"

值班人员心想：如果两个人都往小床上挤，毛泽东那魁梧的身躯往哪里摆？在毛泽东的坚持下，两个人一起睡在地铺上。

这一晚，毛泽东和乡苏政府值班同志在地铺上亲切地交谈着，他们从革命讲到生产，讲到生活，一直谈到深夜……

毛委员的话语温暖着百姓的心身。

（二）我替你们牵马

毛泽东在蛟洋时，接到红四军前委来信，要他立即赶回部队去。区委书记傅希孟派了四位赤卫队员护送他。为了照顾毛泽东大病初愈的身体，区里还特地为他准备了一匹马供路上骑坐，并交给护送的同志一张便条，上面写明护送到新泉的桥头后，由红军总部派来的同志接应回去。

从蛟洋到新泉，大约有五十华里的山路。早饭后，一行人离开了村子直往新泉方向走去。前面就是当风岭了，百级石阶，又陡又窄。护送的赤卫队员们一齐请毛泽东上马。但是，毛泽东说什么也不肯。他说：

“要骑你们自己轮着骑吧，我替你们牵马。”

赤卫队员急了，说：“请你骑马是区委交给我们的任务呀。你不骑马，累坏了身子，我们回去怎么交代？”

“不要紧，我们一边走路一边谈话，不是更能忘掉劳累吗？再说我一个人骑马，你们跟着走路，这种架式，是地主、资本家出门的派头！我不做。至于你们回去交代任务嘛——”毛泽东诙谐地说，“到了新泉，我吩咐接应的同志给你们一张收条：收到此人！”逗得赤卫队员们开怀大笑。

这一路上，赤卫队们谈笑风生，不乏寓教于乐，革命道理像甘霖滋滋注入护送人员的心田。最后他还向赤卫队员讲解了“忠”字的意义。他说：“什么叫‘忠’呢？忠就是从口到心一直到底，也就是说，共产党、红军要忠于劳苦大众；劳苦大众参加革命，必须心口一致，要勇往直前，不怕困难，不怕牺牲。”

毛泽东的“心口一致闹革命”这句话，牢牢的印嵌在四个赤卫队员的心上。后来，他们又将这句话在革命队伍里传诵，传遍千家万户，赢得了闽西廿年红旗不倒的胜利。

（注：本专记由本志编辑人员参考龙岩市和上杭县党史、革命史资料，傅柒生《青松翠柏两相知》《毛泽东在蛟洋红军医院的故事》，黄兆荣《毛委员和人民心连心》，李瑞川、安士《将功补过》等编写，标题为编者所加）

大事记

唐

上元元年（674年），江西省宁都县人赖标（字元恺,值殿大将军），奉命统兵五路入闽剿“寇”，由浙江松阳经建宁追至上杭地界而平息，驻守蛟洋坪埔；圣谕敕其镇守闽疆，赖标遂偕眷而家，在坪埔开基。赖标为该支赖氏入闽始祖。

天宝十二年（753年），建岖山庵（今华家境域）。

宋

嘉定十二年（1219年），华京一郎之子华九郎携幼子二郎徙居上杭白砂仙阁峦（今蛟洋中村）开基。

宋朝中叶，丘三五郎四世孙丘寿山从合溪狗社里迁蛟洋崇源杉树下开基。九世孙丘三益从崇源杉树下迁丘坊油楻背（今新溪里）开基。

宋末，张化孙四世孙张霖上（号时雨，又名四四郎）迁再兴开基。

宋末元初，闽西傅氏始祖傅以南三世孙念七郎定居蛟洋傅凹头。

元

元初，邹氏自长汀县四堡双井（即今连城县四堡双泉）迁至上杭县三都古田里大吴地，再移居邹坑。

明

弘治十一年（1499年），僧人应祥募建华家白云寺。

嘉靖十九年（1540年）后，由于原设在上杭县胜运里小拔汤前（今溪口大丰）的平西驿移永定，上杭至龙岩的驿道由经茶地、石铭出县境至龙岩，改由经白砂、蛟洋、吊钟岩出县境至龙岩。该驿道经蛟洋的大坑隔、贵竹、秋竹、丰头桥、小和、田螺坑（梅坝）全长10余公里。

清

顺治十七年（1660年），苏康张其集办松山书屋。

乾隆六年（1741年），蛟洋村人为祈求文化昌盛，于村中心建文昌阁，乾隆十九年（1754年）竣工。

乾隆十九年（1754年），中村村人张虎臣登武进士，后官至参将、武翼都尉。

乾隆三十一年（1766年），中村村人张攀龙登武进士，钦点花翎侍卫，后官至湖北襄阳黄靳洑副将。

乾隆三十四年（1769年），中村村人张国宝登进士，后任浙江省乐清县知县。

乾隆年间（1736—1795年），华家村水口竖立永远禁碑，高0.8米，宽0.4米。碑刻楷书100多字，系“谕全乡各村民众，不得独自上山砍伐树木”的乡规民约。

道光三年(1823年)，华家村人华时中登进士，后任安徽太平县知县，候补知州。

道光十年（1830年），蛟洋村群众为保护村周围成林山场，立余坑禁山碑。

道光十六年（1836年），华时中刊行华嵒遗诗《离垢集》。

道光十七年（1837年），华时中在家乡华家创办敬业书院。

道光二十二年（1842年）七月二十五日，倾盆大雨，山体滑坡，山洪暴发，冲毁粮田，房屋倒塌；中村村公王坛石室被冲掉。被称为“壬寅洪灾”。

同治三年（1864年）十月十五日，太平军汪海洋部入境，焚烧民房。中村水口永丰宫被烧，夷为平地，群众损失大。被称为“甲子之祸”。

同治九年（1870年），暴雨，山洪暴发，华家水口外荫桥被洪水冲毁。

光绪十六年（1890年）四月十六日凌晨，暴雨，山洪暴发，溪水猛涨，崇源（今崇头）村崇文书院“传薪斋”被冲毁，在内宿读学生、老师七人因灾身亡。

光绪二十四年（1898年），再兴村秀才张钟敬等创办紫文书院。

光绪年间（1875—1908年），蛟洋村人创办崇文达书院。

宣统二年（1910年），地震，华家文昌阁被震毁三层。

中华民国

民国3年（1914年）

蛟洋村人傅柏翠东渡日本，就读于东京早稻田大学法政专科，民国6年毕业回国。

民国11年

基于军阀混战、地方不安宁的形势，为了乡亲安居乐业，在傅丹初的支持下，傅柏翠倡导组编蛟洋民团，实行“自带饭包，保卫家乡”，得到乡亲的拥护。民团组编后，傅柏翠从广东请来军事教官，进行训练，民团在乡间轮流巡逻放哨，维持治安。

民国16年

8月，傅柏翠在蛟洋经罗明和陈祖康介绍加入中国共产党，后与傅希孟、傅岩生、王则荣、袁国嘉、袁佐庭等中国共产党党员组建蛟洋最早的党小组。10月，成立中共蛟洋乡支部，首任支部书记傅柏翠，后改选傅希孟为支部书记。

冬，蛟洋农民协会在出售杉木的收益中拿出2000余元在义合祠创办蛟洋农民银行，曾发行木刻版纸币一元和一角币种，署名“上杭县蛟洋农民银行”。它是境内最早的金融组织，也是劳动人民自己掌握银行机器的一次尝试。蛟洋暴动受挫后，农民银行停办。

民国17年

年初，蛟洋民团改编为农民自卫军。

3月，中共上杭北四区委在蛟洋文昌阁成立，党员100多人，首任区委书记傅希孟，后中共上杭县委派罗寿春任区委书记，傅柏翠为组织部部长，傅希孟为宣传部部长。

6月25日，郭凤鸣调遣驻上杭的钟铭清两个营和连城的罗藻团，围攻蛟洋。蛟洋农民自卫军近千人在中共上杭县委书记郭柏屏和傅柏翠等领导下，奋起抵抗，举旗暴动，打响了上杭人民武装反抗国民党反动派的第一枪，揭开了上杭武装斗争的序幕。

8月，蛟洋暴动武装被编入工农革命军第七军第十九师第五十五团，团长傅柏翠（兼）、党代表陈锦辉。

是年，蛟洋暴动后，傅柏翠把地主的土地、自耕农的土地全部收归集体所有，组织“农村共产团”，实行“共生产，共消费”。

民国18年

年初，蛟洋农民武装改编为教导队。3月，中共福建省委派曾省吾、罗瑞卿到蛟洋，对教导队进行军事训练。

春，北四区（以蛟洋村为中心的周边各村）成立苏维埃政府，是上杭最早成立苏维埃政府的区域。

5月20日，傅柏翠、曾省吾、罗瑞卿等，接到红四军党代表毛泽东和军长朱德联名发出的紧急指示信，做好策应红四军军事行动各项准备工作，落实具体联络点。

5月21日晚，毛泽东和朱德在连城庙前约见上杭北四区地方武装负责人曾省吾、傅柏翠，详细了解当地革命斗争形势和敌情，决定部队乘敌不备，袭取龙岩。毛泽东要求傅柏翠将蛟洋地方武装整编为红59团

5月26日，北四区各村武装在蛟洋文昌阁前成立闽西红军第59团，团长傅柏翠，党代表曾省吾，参谋长罗瑞卿。这是闽西第一支主力红军。

6月12日，根据毛泽东的指示，红四军在闽西特委的支持下，在蛟洋村石背傅氏宗祠创办“蛟洋红军医院”，又称闽西红军后方医院。

6月中旬，红四军前委决定以上杭、龙岩、永定武装为基础，扩编为红四军第四纵队，纵队司令员傅柏翠，党代表张鼎丞。辖第七、第八支队。第七支队以北四区（蛟洋）的武装即第59团为基础。

6月22日，毛泽东率领谭震林、蔡协民、江华、曾志等到蛟洋指导闽西地方工作，同时养病(7月初开始在苏家陂、蛟洋等地养病)。

7月20日—29日，中共闽西第一次代表大会在蛟洋文昌阁召开。毛泽东、谭震林、江华、蔡协民、曾志等参加大会。会议一致通过《政治决议案》，制定“坚决地领导群众，为实现闽西工农政权的割据而奋斗”的总路线；并选举新的闽西特委，邓子恢任书记、张鼎丞任军委书记。

7月底，红四军前委在蛟洋文昌阁召开紧急会议，研究部署粉碎闽、粤、赣三省国民党军对红军的“会剿”。

8月后，蛟洋改用永定溪南里分田的做法，以村为单位按人口平均分配土地，由各户自行耕种。

10月，蛟洋建立全省第一个信用合作社。后因苏区遭受破坏而停办。

11月26日，毛泽东由福建巡视员谢汉秋陪同，经蛟洋赴汀州。

12月28日—29日，中共红四军第九次代表大会在古田举行，北四区的中共党员傅增来和袁国嘉出席会议。

民国 19 年

1 月初，毛泽东专程到蛟洋,先到红军医院探望伤病员,后在蛟洋乡苏维埃政府召开会议，了解合作社等情况，苏维埃政府的傅兆勋、傅燕兹、傅增来、傅希孟、傅松辉、傅岩湘等参加会议。

1 月 9 日，北四区群众在蛟洋圩上建蛟洋暴动纪念亭，亭内立有一块纪念碑，碑高 1.55 米，宽 0.45 米，碑上端阴刻楷书“纪念碑”，下刻 39 位烈士英名。

3 月，闽西苏维埃政府决定将闽西各县地方武装合编为工农红军第九军，下辖 6 个团，由上杭东路赤卫队改编的上杭赤卫团编为第二团，团长傅柏翠，政治委员黄华榕。

3 月，闽西苏维埃政府在苏家坡设立“闽西交通总局”，蛟洋境内开始有电话。至民国 27 年，蛟洋（北四区政府所在地）境内有交换机 4 部，安装电话 40 余部，成为当时中国农村电话网络发达地区之一。

秋，崇源村傅纬源经过下峡尾时，忽遇一头老虎从内侧林中跳到路上，后向溪边走去。

民国 20 年

3 月，闽西苏维埃政府及闽西肃反委员会贴出布告，指责傅柏翠为“社会民主党首领”，古（田）蛟（洋）地区为“社会民主党巢穴”。肃反委员会主席林一株带领新红十二军及赤卫队 2000 多人分途到蛟洋“讨伐”。

初夏，驻扎在龙岩城的国民党军第十九师旅长杨逢年趁傅柏翠迷茫之际，派人表示意欲收编其部队。傅柏翠为求生存，决定在“互不干涉对方政治”的前提下，与杨部建立军事、交通联系。古蛟农民自卫军改称国民政府(上）杭（龙）岩连（城）边界保安总队，傅柏翠任总队长，赖子炘任副总队长。

民国 21 年

4 月，傅柏翠携家眷离开蛟洋赴浙江途经福州时，被国民党福建省主席方声涛召见，接受其委任为龙岩县县长之职。

10 月，傅柏翠就任直属十九路军总指挥部领导的闽西善后委员会（后称善后处）委员。

民国 22 年

是年，傅柏翠参照十九路军的“计口授田”做法，对原来苏维埃时期的分田做法进行改良。

是年，国民党中央机关刊物《社会新闻》登载《闽西社会主义实验区护持者傅柏翠》一文。

民国 23 年

1 月底，“福建事变”失败后，国民党十九路军军长蔡廷锴到达蛟洋傅柏翠处，意欲联共反蒋抗日；并委托傅柏翠代其在蛟洋建一别墅，取名“避贤庐”（后蔡夫人将“避贤庐”赠送给傅柏翠）。

5 月 18 日，在蛟洋文昌阁处开设蛟洋邮电代办所。

年底，国民党政府强制实行保甲制度。以 10 户为甲，10 甲为保，若干保设联保办事处。民国 25 年，境内设秋竹、文都、蛟洋乡联保办事处。

民国 24 年

5 月，闽西南军政委员会军事部长谭震林到达双髻山，指导成立“杭代县军政委员会”，廖海涛任主席，张思垣、蓝荣玉、陈必亨任副主席。

民国 25 年

2 月，闽西南军政委员会副主席谭震林和杭代县军政委员副主席蓝荣玉，秘密到贵竹坑，召集接头户和其他有关人员开会，研究保卫土地斗争问题。

秋，经福建省政府主席陈仪许可，古蛟地区农民分得的土地列册呈报批准，确定合法产权。

民国 26 年

2 月 12 日，闽西南抗日讨蒋军第七支队等武装 200 多人在双髻山杀人崇歼灭国民党黄涛部 100 余人。

民国 27 年

1 月，新四军二支队奔赴苏皖抗日前线途经古蛟时，傅柏翠发动群众犒劳抗日将士，会见邓子恢、谭震林、王集成、陈茂辉等人，并赠送一笔钱支援北上抗日部队。

民国 29 年

古蛟地区武装被改编为保安十一团。

民国 30 年

8 月，在蛟洋村开办私立上杭县古蛟初级中学，招收新生 100 人，首任校长林念慈 (女)。

9 月 21 日下午 1 时 35 分，地震，震动 20 秒钟。

是年，中国银行先后在蛟洋设立办事处、简易储蓄处；民国 32 年 1 月，改为中国银行蛟洋办事分处；民国 33 年 5 月31 日停业。

民国 31 年

40 年代初，崇源村傅衍宗家猪栏遭老虎袭击。同期，老虎窜入傅衍忠屋后猪栏，爪伤大猪。

民国 32 年

正月，国民党军飞机在华家马连塘扔下炸弹 4 颗，引起村民恐慌。

民国 34 年

3 月，傅柏翠在古蛟发展地方工业，欲在共产党领导之外，独立走“农业社会主义道路”。连续搞了两年。

民国 35 年

12 月初，中共杭岩工作团在双髻山周围村庄开展工作。

是年始至次年，华家流行乙型脑炎，死亡数十人。

民国 36 年

5 月 8 日始，县颁发国民身份证 (良民证)。

6 月 15 日，暴雨，华洋乡冲毁耕地 1730 余亩，倒塌房屋 98 间，冲毁桥梁 89 座、道路 7350 米、坡堰 23 处。

民国 37 年

农历四五月间，暴风雨夹冰雹袭击蛟洋，导致蛟洋中学大礼堂倒塌；蛟洋小学学生张献忠先后被狂风卷至篮球架、旗杆，后被老师华启发救回。

民国 38 年（至 1949 年 9 月）

5 月 1 日，接替李汉冲任福建省第七行政督察区专员公署专员兼保安司令的练惕生，应李汉冲之约到上杭郭车傅柏翠住宅，会同傅柏翠秘密召集龙岩（由闽西日报社社长陈天祥代表）、上杭、永定、武平、连城县县长和省保安第 4 团团长开会（李汉冲、练惕生、傅柏翠、吴德贤、李致平、练平、丘师彦、张友明、赖作梁、陈天祥、温梓祥、修焕璜 12 人），商讨起义。

5 月 22 日，练惕生、李汉冲、傅柏翠等率保安第 4 团等部及上杭、武平、永定、龙岩 4 县县长等，在上杭通电起义，发表宣言，宣告和平解放，接受中国共产党领导。

5 月 23 日，练惕生等在上杭古蛟组织人民解放军闽西义勇军临时行动委员会，主任傅柏翠，副主任练惕生、李汉冲；并成立闽西义勇军司令部，司令员练惕生，副司令员林志光、李玉、赖作梁。

6月，闽西起义武装自行组成的闽西义勇军司令部，接受中国人民解放军闽粤赣边纵队及其闽西南临时联合司令部指挥领导。

9月17日，上杭县人民民主政府成立，辖13区，蛟洋隶古蛟区。

中华人民共和国

1949年

10月2日，古蛟区人民群众1万余人在蛟洋古蛟初级中学操场举行隆重集会，庆祝中华人民共和国成立；古蛟区区长林其禄主持庆祝仪式，傅柏翠作讲话；与会群众还即兴唱起山歌，表达对新中国成立的喜悦之情。

10月，废除保甲制，改设区、里、村。蛟洋境设蛟洋、塘下、文都、共和、丰年5个行政村。

1950年

2月，废除国民党的田赋制度，始征农业税 (公粮)。

5月，人民政府开始宣传、贯彻《中华人民共和国婚姻法》。

10月，全县各区以次序冠名，古蛟区为第七区，蛟洋隶第七区。

冬，各乡村开始办冬学和夜校。

1951年

1月中旬始，上杭县分批进行土地改革运动，蛟洋属于保持土地革命果实的地区，按《中国人民政治协商会议共同纲领》第二十七条“凡已实行土地改革的地区，必须保护农民已得土地的所有权”规定，仅进行必要的土地调整，确定地权。

1月，古蛟中学的部分学生，响应抗美援朝的号召，报名参加“军事干部学校”。

8月，设古蛟区（蛟洋）邮电所。

冬，丘坊村成立丘焕春互助组，为上杭县最早的互助组之一。

1952年

6月，成立蛟洋供销合作社，社址设在文都村新圩口。

11月，第七区所辖古田片成立第十三区，蛟洋为第七区，设再兴、华家、文都、蛟洋、丰年、中村、文地、塘厦、苦竹9个乡。

50年代初，老虎冲撞崇源村傅衍梅土楼大门，门下方留下虎爪破门的痕迹。

是年，县人民政府拨给老区经费为贵竹、小和革命基点村群众新建房屋。

1953年

年初，开展“查田定产”（即定产、定销、定购）“三定”工作。

3月，卞乃秀任中共第七区委员会书记。

7月，国家开展首次人口普查，以该月1日零时为标准时间。普查结果，蛟洋（第七区）总人口为13306人，其中男6442人、女6864人。

秋，古蛟初级中学由人民政府接管，改为公立中学，名为上杭三中，后称上杭四中，1961年9月改称古田中学。

11月22日—28日，上杭县召开区乡干部会议，宣传贯彻党在过渡时期的总路线和总任务。

11月，开始执行粮食统购统销政策。

1954年

4月，蛟洋供销社从文都村搬迁至丘坊村。

5月，蛟洋发生严重风灾，造成34户房屋受损、1人死亡、376亩粮食减产。

7月10日，成立中国人民银行上杭县支行蛟洋营业所。

9月15日，实行棉布计划供应，消费者凭证购布。

1955年

1月，始行义务兵役制。华上彪、华河仁等人首批参加义务兵。

4月，久晴不雨，气候干燥。

6月，开始为第二次国内革命战争时期定为“社会民主党”被误杀的干部、战士和群众平反昭雪。

5—7月，不雨，旱稻受旱。

11月26日，上杭县成立“上杭古蛟地区处理土改遗留问题临时工作委员会”。随后，对蛟洋等保留土地革命果实的区乡进行“民主革命补课”，重新划分阶级成分，至1956年6月中旬结束，错评一批地主、富农（1981年7月落实政策时根据中共福建省委文件规定，宣布其所划成分无效），一些干部群众遭批斗。

冬，宣传贯彻中共中央《关于农业合作化问题的决议》，大力发展农业互助合作组织。年底，全区有241个互助组，丘坊村丘焕春互助组、丰年村林德高互助组被评为龙岩专署先进典型。

1956年

春，掀起大办高级农业生产合作社热潮，大部分初级社合并成高级社。

年底止，全区办高级农业社16个。

是年，设立蛟洋农村信用合作社。

1957年

7月，反右派斗争开始，至1958年9月结束。由于反右派斗争严重扩大化，蛟洋部分干部和知识分子、爱国人士被划为“右派分子”。1959年开始分批摘帽，1980年6月全部改正。

10月15日，动工兴建上杭经丘坊至郭车公路。1958年5月1日正式通车。

1958年

1月，掀起大规模突击“除四害”（苍蝇、老鼠、蚊子、麻雀，后将麻雀改为臭虫）群众运动。

6月11日，开展学习宣传贯彻“鼓足干劲，力争上游，多快好省地建设社会主义”的总路线。

6月，撤区改设乡镇；境域设蛟洋乡、华兴乡。卞乃秀任蛟洋乡党委书记，傅庆福任乡长；丘乃荣任华兴乡党总支书记，郑德昌任乡长。

8月，福建省人民政府副省长、省监察厅厅长蓝荣玉专程到贵竹村，看望、慰问当年革命接头户和烈士亲属。

9月24日，一架军用飞机因机械故障坠毁在秋竹村一山窝，飞行员由于跳伞幸免于难（降落在梅坝村）。

9月始，掀起大搞“卫星田”“试验田”运动，移苗并坵，造成严重减产。11月，撤乡改公社，实行政社合一体制。蛟洋、华兴两乡合并为蛟洋人民公社。卞乃秀任公社党委书记，丘乃荣任社长。

1959年

年初，蛟洋公社改称上游公社。

5月6日—20日，贯彻上杭县召开的五级干部和群众代表会议，纠正人民公社无偿调用农民财物的错误。

7月，执行中共中央指示，按总耕地的5%分配给社员作自留地。

8月8日，开放农村集市贸易。

1960年

3月，上游公社、古田公社合并为古田公社；华家片的华家、再兴、文都、中村、坪上、礤下、秋竹、丰年、贵竹、小和等大队划归白砂公社管辖。

春荒严重，口粮实行低标准和“瓜菜代”（即用瓜菜代替粮食），群众甚至上山采野草、树叶等充饥，开始出现水肿病和人口非正常死亡。8月，开展以防治水肿病为中心的除害灭病工作。9月下旬开始，死亡率逐步下降。12月，水肿病得到控制。

1961年

6月11日，蛟洋片从古田公社分出设蛟洋公社，黄昌金任党委书记，邹文如任社长；华家片从白砂公社分出设华佳公社，刘广福任党委书记，傅占荣任社长。

6月，丘坊增设邮电代办所。

是年，中共闽西“一大”会址（蛟洋文昌阁）列为福建省第一批文物保护单位。

1963年

2月始，开展增产节约、反对资本主义、反对封建主义、反对铺张浪费的社会主义教育运动，历时2个月。

6月，响应毛泽东主席号召，开展学习雷锋的活动。

1964年

4月，县社会主义教育运动（简称社教）工作队进驻新庄、蛟洋、塘厦、丘坊、华家、文都等大队开展面上社教试点工作。

7月1日零时，为第二次全国人口普查标准时点。普查结果，华佳公社共有1555户、5833人，其中男2857人、女2976人；蛟洋公社共有1294户、5161人，其中男2622人、女2539人。

1965年

1月，开展宣传贯彻中共中央《农村社会主义教育运动中目前提出的一些问题》（即23条）活动，开始纠正某些“左”的倾向。

4月，撤销华佳公社，其所辖大队划入蛟洋公社。刘广福任蛟洋公社党委书记，蓝来喜任社长。

9月7日，龙岩地区专员公署批准新办古田中学，原设在蛟洋的古田中学改称蛟洋中学。

11月20日，社教工作队进驻蛟洋各大队，全公社铺开点上社教，开展清政治、清经济、清组织、清思想的“四清”运动。

是年，蛟洋成立市场管理委员会。

是年，蛟洋、丘坊邮电代办所改称蛟洋邮电所（设丘坊）。

1966年

5月21日始，按上杭县的部署，开展“文化大革命”。

5月，丘乾元任蛟洋公社社长。

9月，掀起所谓破“四旧”（即旧思想、旧文化、旧风俗、旧习惯）的狂浪，一些古建筑被毁，一些被改为具有革命意义、含政治色彩的“红色”新名。丘坊大队改为红坊大队，下到湖大队改为光明大队，陈坊（东乾）大队改为红星大队，苦竹（坪埔）大队改为红卫大队，华家大队改为卫东大队，邹坑大队改为红坑大队，杨梅坑大队改为大阳大队等。

10月15日始，全国各地的“红卫兵”相继到上杭串联，参观蛟洋文昌阁等。

冬，蛟洋村民集资购进首台五十四匹马力（约40千瓦）的“东方红”柴油机发电，从而结束千百年照明点松火、油灯，加工稻谷靠人工推磨、水碓的历史。

1967 年

上海“一月风暴”后，蛟洋公社成立“红色拥军指挥部”；造反派分成“红”“新”两大派组织。

1968 年

9 月始，深入开展“三忠于”(即忠于毛主席、忠于毛泽东思想、忠于毛主席无产阶级革命路线) 活动，大办毛泽东思想学习班，掀起“早请示、晚汇报”“天天读”“唱忠字歌”“跳忠字舞”热潮。

10 月 28 日，蛟洋公社革命委员会（简称革委会）成立。刘广福任革委会主任。

1969 年

9 月，农村小学下放到生产大队主办，各小学实行“五年一贯制”。

是年，蛟洋公社革委会成立“五七”领导小组，至次年 6 月，安置省、地、县及厦门市下放干部 54 人，大中专毕业生 25 人，接收从厦门、龙岩、上杭城关等地上山下乡知识青年 1123 人。

1970 年

3 月，文地水电站建成发电，结束蛟洋无电的历史。

6 月始，各生产大队建立合作医疗制度，办起合作医疗站。

10 月 4 日，开始执行星期日为全县统一圩期的规定。

10 月，实行贫下中农管理学校，中小学由贫下中农管理，至 1977 年撤销。

12 月，黄佳章任蛟洋公社党委书记，兼革委会主任。

1971 年

是年，农业生产推行“三改三化”措施，即单季改双季、高秆改矮秆、稀植改合理密植，种植品种矮秆良种化，育秧卷秧化，密植规格化。

1972 年

3 月，蛟洋公社成立电影队，购置一台 8.75 毫米电影放映机，放映人员 2 人。

7 月，李寿才任公社革委会主任。

7 月，开展农业学大寨，推行“政治评分”。

8 月，动工兴建连接省道至文昌阁的专用公路 1.14 公里，次年 2 月竣工。是年，建立公社林场，在邹坑陈坊至中村交界处营造杉木林 2400 多亩；1984 年由上杭县国营白砂林场接管。

1973 年

10 月，贯彻县委召开的四级干部会议精神，提出“鼓足干劲学大寨”等口号。

1974 年

12 月，动工兴建沈坊水库，该水库位于蛟洋村沈坊自然村。1977 年 1 月竣工。

是年，公社党委根据上级部署，开展“批林批孔、反击右倾翻案风”运动。

1975 年

5 月，李寿才任公社党委书记。

11 月中旬始，贯彻县委召开的三级干部会议精神，掀起平整耕地“大会战”热潮。

11 月，张秉英任公社党委书记、革委会主任。

12月13日，普降大雪，持续4天，大片竹木及多处输电通信线路被压断，交通受阻，17日始恢复。

1976年

1月8日，国务院总理周恩来逝世，干部、群众自发佩戴黑纱、白花，举行各种悼念活动。

9月9日，毛泽东主席逝世，各部门、各单位设置灵堂，敬献花圈，开展悼念活动。

10月，江东洲任蛟洋公社党委书记。

冬，大雪，积雪数十厘米，五六天方融化。

是年，蛟洋村在坪磜前建砖木结构大礼堂一座，1444个座位，属当时全县农村最大的影剧院。

1978年

1月，动工兴建邹坑水库，1980年3月竣工。

1979年

2月中旬始，贯彻县四级干部大会精神，把中国共产党的工作重点转移到社会主义现代化建设。

3月始，贯彻执行中央《关于地主、富农分子摘帽问题和地富子女成分问题的决定》。经群众评议，上杭县革命委员会批准，对原“地、富、反、坏”分子摘帽，并对其第二代、第三代重定成分。

7月，龚荣昌任蛟洋公社管委会主任。

1980年

12月，贯彻上杭县三级干部会议精神，开始落实中共中央《关于印发进一步加强和完善农业生产责任制的几个问题的通知》。

1981年

2月14日，县召开三级干部会，传达贯彻中央一、二号文件和省委会议精神，落实农业生产责任制。

3月，贵竹、坪上、再嘉、中村、东乾、下道湖、小和等部分生产队实行按户或按作业组包产、包干等办法。

3月始，广泛开展以“五讲四美”（讲文明、讲礼貌、讲卫生、讲秩序、讲道德，心灵美、语言美、行为美、环境美）为主要内容的文明礼貌活动。

6月，王灿荣任公社管委会代主任。

6月，动工兴建再兴水库，该水库位于再兴村，是一座以灌溉为主，兼顾水产养殖、发电等综合利用的小（二）型水库，总库容10万立方米。1984年8月竣工。

6月始，开展林业“三定”（稳定山林权，划定自留山，确定林业生产责任制）工作，至1983年结束。

7月，对1955年民主革命补课、1960—1961年整风整社、1965年“四清”运动中错划为剥削阶级成分的人员，宣布其所定成分一律无效，并发给“关于纠正家庭成分的通知书”。

是年，蛟洋市场管理委员会改为蛟洋工商所。

1982年

2月，开展第一个“文明礼貌月”活动。

7月1日零时，为第三次人口普查标准时点。普查结果，蛟洋乡共有3949户19398人，其中男9962人、女9436人。

1983年

3月，傅福标任公社管委会主任。

6月1日，暴雨，再兴村因山洪暴发冲毁多所民房，男女青年各1人遇难；华家村寨上民房倒塌，一对年轻夫妇遇难。

6月16日，受台风影响普降暴雨，蛟洋公社坪高溪水猛涨，洪水冲入中村、坪高等村庄，溺死10人，冲毁民房257间，损失耕牛15头、猪284头、粮食42吨多，漂走木材270立方米，损失大量被服用具。

是年，华家竹头背华彩发建土木结构住房，施工中泥墙倒塌，造成3人遇难。

是年，丘坊市场被评为龙岩地区文明市场。

1984年

5月，为加快宜林荒山绿化步伐，在再兴、中村、坪上、再嘉、文都等村进行飞机播种造林。

10月，贯彻中共中央和国务院《关于实行政社分开建立乡政府的通知》，蛟洋公社改为蛟洋乡人民政府；大队改为村，实行村民自治。

10月12日—13日，召开乡第四次党的代表大会（简称党代会），会议选举黄凤开为蛟洋乡党委书记；同时召开蛟洋乡第七届人民代表大会第一次会议，会议选举傅永成为蛟洋乡人民政府乡长。

是年，设立蛟洋乡财政所。

1985年

3月，贯彻上杭县人民政府决定，取消生猪派购。

8月始，开展“四有”（有理想、有道德、有文化、有纪律）教育、“五讲四美三热爱”（讲文明、讲礼貌、讲卫生、讲秩序、讲道德；心灵美、语言美、行为美、环境美；热爱祖国、热爱社会主义、热爱中国共产党）为主要内容的文明礼貌宣传和创建文明单位活动。

是年，在蛟洋村金笔山重建革命纪念亭。

1986年

春，联合国粮食及农业组织考察团一行5人，在林业部工作人员陪同下，到华家村考察古银杏树。

3月1日，出现罕见春雪。

秋旱严重，山泉枯竭，溪渠断流，山塘干涸，半数以上的中晚稻田受旱龟裂，部分绝收。

9月25日—26日，召开乡七届人大二次会议，会议补选傅洪盛为乡政府乡长。

1987年

3月，在双髻山建成龙岩地区第三座中型电视转播台。

9月，蛟洋乡设立电视差转台，向集镇周边村庄转播中央一套、中央二套节目和省台各有线电视节目。

10月23日—24日，召开蛟洋乡第八届人大第一次会议，会议选举邓立生为人大主席团常务主席，傅洪盛为乡政府乡长。

11月24日，召开乡第五次党代会，会议选举黄凤开为乡党委书记。

12月26日，经省民族事务委员会和龙岩地区行署批准，蛟洋乡的雷姓民众与居住在上杭县的蓝、雷、钟姓民众一起恢复畲族成分。

1988年

3月16日傍晚和17日早晨，蛟洋降冰雹，雹粒多为花生米大。

1989年

9月17日，因高压线断落引起丰年村与贵竹村交界处发生火烧山事件，过火面积约107公顷。

1990年

7月1日零时，为全国第四次人口普查标准时点。普查结果：蛟洋乡共有4814户、22183人，其中男11311人、女10872人。

11月17日—18日，召开乡第六次党代会，会议选举钟建生为乡党委书记。

12月19日—20日，召开乡九届人大会一次会议，会议选举傅元荣为人大主席团常务主席，李俊和为乡政府乡长。

1991 年

3 月 1 日，华家等村遭冰雹袭击，持续时间 20 多分钟，最大冰雹直径七八厘米。

27 日—29 日，降雨雪、冰粒，积雪 3 厘米—8 厘米。交通通信受阻，畜禽受冻伤亡严重，部分果树、林木严重冻伤。

1992 年

4 月 21 日—22 日，蛟洋出现雷雨、大风、冰雹，最大冰雹直径 2 厘米。

7 月 14 日，世界银行官员到坪埔村考察，对利用世界银行贷款进行小流域综合开发的项目予以核实评估。

7 月始，丰年村农户饲养的猪、牛多次发生以神经症状为主要特征的疾病，按常规治疗毫无效果，死亡大小猪 183 头、耕牛 4 头。后确诊为李氏杆菌病，经使用氨苄西林、先锋霉素、红霉素等药物进行治疗，疫病得到控制。

10 月，李俊和任乡党委书记。

11 月 30 日，召开乡九届人大三次会议，会议补选林文应为乡政府乡长。

是年，文地村民杨文辉从外地带回勾股兰进行试种，获得成功，以每公斤售价 20 元而走俏市场。1993 年后全村种植勾股兰面积逐步扩大。

1993 年

4 月，华家村寨上一户华姓人家发生住房倒塌事故，造成 3 人遇难。

11 月 19 日—20 日，召开乡第七次党代会，会议选举李俊和为乡党委书记。

12 月 18 日—19 日，召开乡十届人大一次会议，会议选举傅元荣为乡人大主席团常务主席，林文应为乡政府乡长。

1994 年

5 月 18 日，途经坪埔、崇头、蛟洋村的 319 国道吊钟岩至西山下新开线路在蛟洋村正式动工。

1995 年

1 月 18日，蛟洋开通 500 门程控电话。

是日，受上杭县政府委托，蛟洋乡政府协同县土地管理局，根据《中华人民共和国土地管理法》的有关规定，将蛟洋乡集镇建设规划区内的 13 块土地进行国有土地使用权公开拍卖。60 多位客户参加拍卖招标竞争。此次拍卖的 13 块土地，总面积为 1004.5 平方米，平均底价每平方米 280.14 元,平均中标价每平方米 382.48 元，中标总价达 38.42 万元。

4 月 20 日，上杭县发现清代著名画家华嵒中年时期的作品。

6 月，陈赛文、黄宁、傅柒生合著的中共党史传奇名人《傅柏翠》一书，由中国人事出版社出版发行。

是年，蛟洋乡实现农村社会总产值 12596 万元，首次跨入亿元乡（镇）行列。

1996 年

2 月 17 日—27 日，蛟洋乡遭受较为罕见的冻雨袭击，毛竹、林木遭受重大损失，部分电杆、电力线路毁坏。

4 月，林鉴琦任乡党委书记。

6 月 9 日下午，陈坊、文地、蛟洋、塘厦、杨梅坑等村受雷雨大风夹冰雹袭击，510 亩烤烟受损，其中 130 亩绝收。

10 月 8 日，召开乡第八次党代会，会议选举林鉴琦为乡党委书记。

12 月 22 日—24 日，召开乡十一届人大会一次会议，会议选举张炽林为乡人大主席团常务主席，刘振全为乡政府乡长。

12月28日，国道319线上杭路段改造通车典礼在蛟洋乡国省道交汇处举行。交通部原副部长郑光迪，福建省交通厅党组成员、省高速公路总指挥部副总指挥唐建辉，龙岩地区交通局局长张再坚，上杭县政府县长郑如占、县委副书记陈永炘等领导，上杭县交通、公路等有关部门代表，蛟洋、古田干部群众共5000多人参加庆典活动。

1997年

2月18日，中共上杭县委、上杭县人民政府发文表彰1996年度先进单位、先进个人。蛟洋乡获农业产业化先进单位称号；蛟洋中学获社会治安综合治理先进集体称号；蛟洋村获计划生育工作先进村称号。

3月，中国人民解放军32165部队62分队进驻蛟洋。2000年10月起，该部队代号改为73683部队54分队。

5月1日下午，上杭县委、县政府在蛟洋乡国省道交汇处隆重举行省道围禾线上杭路段改扩建工程竣工通车典礼。福建省委副书记林兆枢、省政协副主席林开钦，老同志伍洪祥、王直，省公路局局长悦胜利，龙岩市委书记赵觉荣、市长游宪生、市人大常委会主任林汝照，市交通局局长张再坚，上杭县委书记郑如占、县长张斯良等参加典礼。

5月7日，华家村村民华龙周保存的林则徐手书木刻对联一副（单联宽23厘米、高117厘米、厚3厘米，行书阴刻“山外淡烟无墨画，林间疏雨有声诗”）被征集，收藏在古田会议纪念馆。

8月19日，县长张斯良率交通局干部一行到中村、坪上村开展行政村“通路工程”攻坚调研。

11月，闽西丰农食品有限公司注册“FENGNONG”商标，为新中国成立后境内首个注册商标。

是年，全乡25个行政村实现村村通公路。

1998年

1月8日—15日，在福建省乡镇企业精品博览会上，蛟洋丰农食品厂生产的桔康红柿饼、原味上杭萝卜干和笋系列产品获得金奖。

2月19日12时—16时，蛟洋降冰雹，最大雹粒直径约10厘米，全乡300多户受灾。

4月29日，特大暴雨，山洪暴发，蛟洋村一名妇女不幸被洪水冲走溺亡。

6月23日，上杭县委宣传部、党史研究室联合举办蛟洋暴动学术讨论会，来自县内外论文作者30余人参加，共收到论文30篇，对蛟洋暴动的历史背景、地位作用等进行深入探讨。

6月24日上午，上杭县在蛟洋乡召开纪念蛟洋暴动70周年大会。中共福建省委原书记，政协福建省第四届、第五届委员会主席伍洪祥，龙岩市委副书记陈秀榕和市直有关部门领导出席大会。上杭县各套班子领导、老同志代表、古田会议纪念馆和县直有关部门负责人、参加学术讨论会的全体人员以及蛟洋乡党员、干部、群众、学生代表共1300余人参加大会。大会由县长张斯良主持，伍洪祥、陈秀榕和上杭县委书记郑如占、蛟洋乡党委书记以及青少年代表在大会上讲话。大会结束后,代表们参观中共闽西“一大”旧址蛟洋文昌阁。

8月24日下午3时—4时，蛟洋受强雷电大风和冰雹袭击，最大冰雹直径约3厘米。陈坊、文地、蛟洋3个自然村80户140多间房屋受损，损坏烤烟房6座；蛟洋中学和蛟洋小学的教学楼也有损坏；晚稻倒伏1100多亩。倒杆损线导致全乡25个行政村停电。

8月，蛟洋集镇水厂竣工投入使用。

9月，华家村修复华嵒壁画遗址——寅山祠。

10月1日上午，上杭县紫金公园流金湖畔举行清代著名画家华嵒塑像揭幕仪式。省、市、县领导罗开洪、杨金龙、林仁芳、陈紫明、黄日照、徐继武、郑如占、陈建寿、张斯良，来宾及上杭县书画界代表等100余人出席揭幕仪式。该塑像由上杭籍企业家、龙岩工程机械厂董事长李新炎夫妇捐资、厦门大学艺术学院副院长李维祀教授设计、惠安崇武精美艺术雕塑厂雕刻。

11月29日，铁道部第四勘察设计院赣龙铁路勘测队9分队70多名专家、员工进驻上杭，对赣龙铁路上杭境内（古田、蛟洋）线路进行初测。

12月，梅坝一号电站技改竣工并运行发电。该电站始建于1978年，原装机450千瓦。为充分利用水资源，1997年10月，蛟洋乡筹资111.5万元，对电站进行技改扩容。技改后电站装机为950千瓦，年发电量390.79万千瓦时。

是年，新建蛟洋、丘坊数字基站，蛟洋开通移动电话。

1999年

3月22日，设立蛟洋烟草专卖稽查中队。

3月，傅龙祥任乡党委书记。

7月，邓志仁的国画作品入选中国美术家协会主办的庆祝澳门回归书画大展。

10月8日，召开乡第九次党代会，会议选举傅龙祥为乡党委书记。

11月6日，蛟洋中学文艺队创作的反映老区妇女当年慰问、欢送红军的表演唱《一篮鸡蛋送红军》，参加上杭县首届校园文化艺术节，获演出一等奖。11月7日，该表演唱参加龙岩市第三届校园文化艺术节（上杭分场）演出，又获一等奖。

11月30日，省军区政委、少将陆凤彬，省军区政治部主任、少将马以芝一行60余人在市、县领导陪同下，参观蛟洋文昌阁。

12月16日—17日，召开蛟洋乡十二届人大一次会议，会议选举华伦龙为乡人大主席，张继弦为乡政府乡长。

12月30日，蛟洋希望小学举行奠基仪式。中国人民保险公司省、市分公司捐资20万元。

12月，坐落在蛟洋坪埔公路环岛的华南虎群雕落成。群雕总长8.5米、宽5米、高9米，有一公一母和4只小老虎。雄虎龇牙卷尾，威风八面，雌虎瞋目后蹬，盛气凌人，小虎或跑或坐，形象生动。群雕取名“唱大风”，取汉高祖刘邦《大风歌》意，由厦门大学美术系设计。市、县投资260万元。

2000年

8月23日—26日，受10号台风“碧利斯”影响，蛟洋出现连续暴雨、大暴雨，造成山洪暴发，山体滑坡。全乡51户房屋倒塌，100多户房屋受到不同程度的损坏，25个村交通受阻，1350多亩反季节蔬菜等大田经济作物遭受严重损失，水电站渠道崩塌21处。

8月27日，福建省委副书记赵学敏及省直有关部门负责人一行，深入国道319线蛟洋中心坑路段溜塌方现场，察看灾情，指导灾后自救工作；龙岩市委书记张燮飞、市长袁荣祥，上杭县委书记张斯良等陪同视察。

12月26日11时，梅坝村发生一起因开挖房屋地基违章操作造成山体塌方（承包挖基的黄某系南阳黄坑村人）、导致3人遇难的恶性事故。

11月1日零时，为全国第五次人口普查标准时间。普查结果：蛟洋乡共有5938户、21457人，其中男10393人、女11064人。

年底，再兴、中村、坪上、再嘉等4个边远山村开通程控电话，新安装电话232部。

是年，蛟洋中心幼儿园搬迁到蛟洋文昌阁旁。

2001年

5月7日傍晚，乡境遭受罕见的狂风暴雨夹带冰雹袭击。全乡烤烟受损面积4578亩，其中，梅坝、下道湖、秋竹、丰年、丘坊、再兴、华家、邹坑、苏康、贵竹主烟区受灾尤为严重，62座烤烟房损坏，导致全乡经济损失300万元。

“七一”前夕，蛟洋乡隆重举行纪念建党80周年大型文艺会演。市、县电视台拍摄制作电视新闻片《文昌阁畔颂党恩》，在省、市、县电视台播放。

8月8日，铁道部常务副部长孙永福察看赣龙铁路蛟洋隧道。福建省政府副省长贾锡太，龙岩市委书记张燮飞、市长袁荣祥和上杭县委书记陈建寿等陪同。

10月，傅柏翠家属向古田会议纪念馆捐赠文物和资料800多份（件）。捐赠的文物中有毛泽东签署的任命书，傅柏翠90岁高龄时重新入党的志愿书，蛟洋人民武装检阅照片，闽西革命斗争回忆录手稿等。

10月，华家村为纪念清代杰出画家华嵒，激励后辈继承和发扬客家文化，在省道旁兴建华嵒亭。该亭系钢筋混凝土立柱建筑，六角形结构，古色古香，典雅别致，具有浓郁的客家亭宇风韵。

12月3日，蛟洋中学创作、演出的文艺节目《悠悠山歌红土情》，被选调参加由省教育厅、文化厅联合举办的“乡土艺术进校园经验交流研讨会暨文艺调演”，并获优秀节目奖。

2002年

2月27日，铁道部副部长蔡庆华一行考察建设中的赣龙铁路蛟洋隧道。龙岩市委书记张燮飞、市长袁荣祥等陪同考察。

6月，丁荫豪任乡党委书记。

10月8日，蛟洋乡政府从丘坊村迁至蛟洋村。

10月25日，新建蛟洋农贸市场开业。该市场位于国道319线和省道306线交汇处，占地1000平方米.总投资100多万元；市场为钢架结构，拥有肉类、成衣、水产、百货等7类共480个标准摊位。

12月12日，召开乡十三届人大一次会议，会议选举邹良辉为乡人大主席，张继弦为乡政府乡长。

是年，坐落在蛟洋文昌阁园艺场的“闽西紫薇母本园”被省花卉协会确定为全省首家紫薇花母本园。该园占地12亩，由退休干部傅永成创办，有各类紫薇花苗木10多个品种18万余株。

2003年

1月6日，福建日报社副社长郑卫华、报社机关党委书记黄懋荣一行6人，到扶贫挂钩村桃源村慰问；把福建日报社和海峡都市报社全体员工捐助的5400元，赠送给5位濒临失学的贫困学生；给村里23户特困户送去生产启动资金每户1000元，慰问金每户200元。

1月13日，晋江鸿皮鞋业有限公司董事长陈新建为蛟洋中学捐资奖教奖学金4000元、旅游鞋1000双、图书1000册，总捐资达12万元。

年初，乡财投入5万元，成立一支由15人组成的摩托化专业扑火队，配备3台风力灭火机，每2人配置一辆二轮摩托车，一遇火情能迅速赶到现场扑救。

7月21日，福建日报社副社长郑卫华带领相关处室负责人到蛟洋乡进行桃源新村建设工作调研。

是年，蛟洋村获“省级民主法治示范村”称号。

是年，乡政府接入计算机互联网，开通政府网，中学和小学开通局域网（城乡教育网）。

是年，召开乡第十次党代会，会议选举丁荫豪为乡党委书记。

2004年

6月18日下午3时20分左右，蛟洋乡遭受罕见的冰雹袭击，袭击过程持续20多分钟，冰雹直径3—4厘米，丘坊、华家、苏康、塘厦、坪埔、文都、崇头村的群众财产遭受严重损失，其中房屋倒塌15间，猪圈、牛棚倒塌8间，瓦片打碎达2万多平方米，农田受灾面积1000余亩，直接和间接经济损失上百万元。

11月10日下午3时10分—30分，丘坊、苏康、塘厦等7个村出现短时冰雹，冰雹最大直径约4.5厘米。

2005年

4月1日，坐落蛟洋坪埔的赣龙铁路上杭火车站正式启用，货运列车开通。10月11日，客运正式运行。

5月13日，华嵒的诗集《离垢集》由上杭县地方志编纂委员会校点重印出版。《离垢集》收入华嵒的遗诗约600首。

6月，上杭县人民政府成立上杭县蛟洋工业区管理委员会。

8月，坪埔村发现1处宋代古墓，墓主为宋朝“守殿将军”赖五郎，墓地用石灰土建造，呈“凤”字形，迄今已有800多年的历史。

12月，蛟洋乡政府综合办公楼及附属工程竣工并投入使用。该办公大楼为6层钢筋混凝土框架结构，占地370平方米，建筑面积1910平方米，总投资600多万元。

2006年

1月12日，龙岩—北京特快首发列车“海西号”从龙岩火车站始发，途经蛟洋火车站时，来自周边乡镇群众和中小学生手举花环，欢庆这一激动人心的时刻。

13日，省委常委、宣传部部长、教育工委书记唐国忠一行到上杭调研慰问期间，在蛟洋乡参加联通公司希望小学助学工程启动仪式。

是月，上杭县医院蛟洋分院成立。该院由县医院托管，经营管理权归属县医院，其科室设置、管理方案、发展规划由县医院统一布局，并承担蛟洋乡所有公共卫生服务等农村卫生工作职能。

4月10日21时30分—22时左右，蛟洋等出现短时冰雹，冰雹最大直径约1厘米，持续时间一两分钟。

5月，蛟洋文昌阁被国务院列为第六批全国文物保护单位。

6月18日，召开乡第十一次党代会，会议选举张毓章为乡党委书记。

12月29日，蛟洋坪埔—古田会议会址的古田大道开工建设。大道全长17.13公里，按交通部颁发的二级公路标准设计。

2007年

1月17日，召开乡十四届人大一次会议，会议选举邹良辉为乡人大主席，丁焱志为乡政府乡长。

3月，蛟洋中心小学“联通希望大楼”落成并投入使用。该大楼由中国联通福建分公司捐赠50万元建造，建筑面积1200平方米，第一层为学生食堂，第二层设音乐室及教学多功能室，第三层为图书馆。

5月，蛟洋公路站站长陈文生获全国“五一劳动奖章”。

7月3日，华家村举行华嵒纪念馆奠基仪式。纪念馆建于该村东斜山顶，整个建筑按旧式文昌阁图样设计，阁内四层，外观六层呈八角形，集艺术、休闲、展览、陈列为一体，建筑面积600平方米，工程总造价60万元，主要由民间筹资。

12月25日，龙岩至长汀高速公路（简称龙长高速公路）龙长高速公路竣工通车。龙长高速于2003年12月动工，蛟洋境内18公里，在坪埔村地域设“古田服务区”，在塘厦村设“蛟洋出入口”。

12月，黄华凤任乡党委书记。

是年，围绕农村“管网通、沟渠通、道路通”和“集中收集垃圾、集中汇集污水、集中无害化处理”的要求，蛟洋作为全县3个试点乡镇之一，开展农村生活垃圾治理工作，并通过省检查组的验收。

2008年

4月16日21时22分—21时38分，受冷暖空气交汇影响，蛟洋出现局部强雷雨、大风、冰雹、飑线等强对流天气，部分村庄下小冰雹。

6月11日—14日，受西南暖湿气流和华南雨带稳定少动影响，蛟洋出现大雨到暴雨天气，其中6月12日出现大暴雨，雨量超过100毫米，出现洪涝、低洼地带积水、道路损毁、部分山区公路中断、农作物受淹、部分房屋倒塌等灾害。

6月20日，中国人民解放军总装备部后勤部原副政委、少将罗箭（国务院前副总理、解放军前总参谋长、大将罗瑞卿之子）一行到蛟洋文昌阁参观，缅怀其父亲在蛟洋的革命斗争生活，并采访傅柏翠家属。同年10月，罗箭到蛟洋。

6月25日，上杭县召开纪念蛟洋暴动80周年座谈会。老同志谢毕真、李朝和，市委副书记陈建寿，龙岩军分区政委史锋，上杭县和市直相关部门负责人等参加座谈。

8月12日，蛟洋村与崇头村交界处发生火烧山事件，过火面积约76公顷。

10月28日，蛟洋环境监察中队在蛟洋工业区成立。该监察中队主要任务是开展片区内白砂、蛟洋、古田、步云、溪口等5个乡镇的环保监察工作。

10月，落户蛟洋工业区的福建龙氟化工有限公司建成投产，总投资6012万元。

12月，经省科协组织检查验收评审，蛟洋乡荣获第二届福建省科普先进乡（镇）称号。

2009年

3月3日，省委副书记于广洲到蛟洋调研。

3月11日，紫金铜业有限公司创立大会暨20万吨铜冶炼项目开工仪式在蛟洋乡举行。该项目是2009年省重点项目，是新中国成立后龙岩市最大的工业投资项目，也是上杭县打造“百亿铜业”的骨干项目。项目一期建设规模为年产20万吨阴极铜，附产黄金约5吨、硫酸80万吨。

6月8日始，蛟洋等村先后发现部分儿童血铅含量超出正常值，疑因华强电池厂造成污染所致，一度引发群众的不安。事件发生后，乡党委、政府认真贯彻落实省、市、县领导批示精神和市、县处置意见，乡村干部进村入户做好宣传和安抚解释工作；市、县决定对电池厂实行无限期停产、限期搬迁。通过妥善处置，学校和社会秩序很快恢复正常。

6月19日，蛟洋乡受强对流天气影响，发生雷击事故，因雷击损坏房屋3间。

7月16日，交通运输部部长李盛霖一行到上杭县调研交通建设情况，其间，到蛟洋公路站看望慰问长期奋战在公路养护一线的干部职工。省长黄小晶、副省长张志南及省直有关部门负责人，市领导张健、饶作勋、郑如占、林康福，县领导赖继秋、刘清祥等陪同。

7月20日，由龙岩市委、市政府举办的纪念中共闽西“一大”80周年大会在蛟洋乡召开。市委书记张健出席会议并作重要讲话。黎梓元、林仁芳、陈建寿、江子华、杜乔元、黄海英、黄福清、朱建平、饶作勋等市各套班子领导出席会议。市委副书记陈建寿主持会议。张健说，中共闽西“一大”的精神，是闽西老区人民宝贵的政治财富。传承和弘扬中共闽西“一大”精神，是闽西老区人民神圣的政治责任。

11月2日，上杭县政府县长邱河清，县委常委、常务副县长刘清祥带领县直有关部门和部分乡镇负责人，专题调研蛟上高速公路建设进展情况。

11月，下道湖村等18户地质灾害户迁入集镇阳春小区。该小区占地面积6000多平方米，水、电、路等基础设施完善，与桃源、森坑“造福工程”新村连成一片。

12月，上杭县地方志编纂委员会编、唐鉴荣校注的华喦诗集《离垢集》，由福建美术出版社出版发行。校注后的《离垢集》在文字使用规范上更接近当代，便于读者利用与欣赏。

2010年

2月，王尧华任乡党委书记。

3月16日，召开乡十四届人大四次会议，会议补选廖新强为乡政府乡长。

4月23日，蛟洋公路站站长陈文生获“全国先进工作者”称号，晋京参加表彰大会。

7月18日，动工兴建竹背水库，该水库位于梅坝村，是一座为蛟洋工业区20万吨铜冶炼项目供水的小（一）型水库。2012年5月25日竣工；总库容555.65万立方米，日供水量为3.7万立方米。

8月起，贯彻上杭县政府的规定，对80周岁以上老年人按月发放200元生活补助。

8月18日，动工兴建田螺坑水库，该水库位于梅坝村田螺坑自然村，是一座为蛟洋工业区提供生活用水的小（二）型水库。2013年8月20日竣工；总库容62.07万立方米，日供水量为2500立方米。

8月30日，瓮福紫金化工股份有限公司年产20万吨磷铵和10万吨湿法净化磷酸项目在蛟洋工业区开工。该公司由贵州瓮福（集团）有限责任公司、紫金铜业有限公司、贵州山水物流有限公司合资组建。

10月，蛟洋乡政府组建治安联防队。联防队由各村、各片区挑选的退伍军人和优秀青年组成，主要承担乡政府所在地的街区、学校周边、工业开发区的治安巡逻任务。

11月1日零时，第六次全国人口普查标准时点。普查结果：蛟洋乡共7515户、20968人，其中男11661人、女9307人。

是年，蛟洋农村信用社更名为上杭县农村商业银行蛟洋支行。

是年，设立上杭县农村商业银行丘坊支行。

2011年

3月17日，在坪埔设立建设银行上杭古蛟支行。

4月8日上午，共青团龙岩市委书记肖华鑫一行到蛟洋乡调研小城镇建设。

6月3日，召开乡第十二次党代会，会议选举王尧华为乡党委书记。

6月20日，全省首家家庭式人口文化超市在蛟洋乡设立。该超市为当地提供宣传、生殖健康、科技服务、照料储蓄等综合性公共服务。

7月15日下午，上杭县政府县长谢海波、副县长温能全率县直有关部门负责人到蛟洋工业园区调研，并召开座谈会。谢海波指出，紫金铜业20万吨铜冶炼项目和瓮福紫金磷化工项目是省重点项目，企地之间要加强沟通，政府要加强工作督查，确保两个重点项目按期建成投产。

9月22日，上杭县第六届片区农民文化体育节在蛟洋乡举行。

11月15日，紫金铜业年产20万吨铜冶炼项目闪速炉点火试产。

11月23日，国家扶贫办培训中心副主任刘晓山、科技项目处处长常民等，率国家扶贫干部专题研修小组共134人到桃源新村参观考察“造福工程”建设情况。全国16个省级扶贫系统相关领导参加考察。刘晓山充分肯定桃源新村“造福工程”所取得的成绩，指出“造福工程”既要改善农民群众生活环境，更要转变村民思想观念；要解决农民群众搬迁后生产生活困难，更要谋求农村经济发展，确实增加农民经济收入，使农民实实在在地享受到“造福工程”的好处。

12月8日，福建省司法厅副厅长赵闽阳一行到蛟洋视察基层司法所办公用房建设情况。赵闽阳对司法楼建设工作给予充分肯定。龙岩市政法委副书记陈粤闽、司法局局长黄辉明，上杭县政法委书记阙春林、司法局局长伍启文等陪同视察。

12月29日，福建省政府副省长洪捷序到蛟洋乡华家村慰问少数民族贫困户。

12月30日，召开乡十五届人大一次会议，会议选举邹良辉为乡大主席，廖新强为乡政府乡长。

是年，蛟洋乡获龙岩市“造林绿化工作先进集体”称号。

2012年

1月9日，福建省人民政府发出《关于上杭县撤销蛟洋乡旧县乡设立蛟洋镇旧县镇的批复》（闽政文〔2012〕2号），同意撤销蛟洋乡，设立蛟洋镇，以原蛟洋乡的行政区域为蛟洋镇的行政区域，政府驻地不变。同年10月26日，蛟洋举行撤乡建镇授印揭牌仪式。省民政厅副厅长饶添发出席仪式并宣读《福建省人民政府关于上杭县撤销蛟洋乡设立蛟洋镇的批复》，市直有关部门、上杭县各套班子和古蛟新区党工委、管委会负责人出席仪式。

3月17日下午，福建省政府省长苏树林一行视察瓮福紫金公司磷酸磷铵项目工作。瓮福紫金公司总经理周仕飞向苏省长一行介绍了瓮福紫金公司组成结构、磷酸磷铵项目整体情况、下游配套项目情况以及循环经济发展模式。苏树林指出，瓮福紫金磷酸磷铵项目是福建省重点项目，应重视环保质量，走持续发展道路。龙岩市委书记黄晓炎、市长张兆民陪同视察。

5月28日，上杭县政府县长谢海波一行到瓮福紫金调研。谢海波一行察看瓮福紫金厂区、磷酸二铵装置现场，对瓮福紫金试车成功表示祝贺，对安全环保工作上的重视与投入给予充分肯定。紫金铜业公司董事长林泓富陪同调研。

5月，中国工商银行紫金山分理处在蛟洋坪埔设蛟洋分理处。2013年5月迁往古田。

6月16日下午，龙岩市经贸委主任林旭一行到瓮福紫金调研。紫金铜业董事长林泓富，瓮福紫金公司总经理周仕飞、副总经理何立陪同调研。

6月18日，崇头、桃源、再兴、苏康、坪上、杨梅坑、下道湖村被福建省环境保护厅授予“福建省生态村”称号。

7月18日，东乾、文都、再嘉、文地、丘坊、陈坊村被龙岩市环境保护局授予“龙岩市生态村”称号。

8月28日上午，最高人民检察院副检察长柯汉民参观中共闽西“一大”旧址——蛟洋文昌阁。龙岩市政府副市长赖继秋等领导陪同。

8月28日上午，上杭县委书记邓菊芳、县长谢海波一行到蛟洋镇调研。邓菊芳强调，要加强领导、科学谋划，积极做好村民委员会换届选举工作，确保其他工作顺利推进。

12月25日，2009年7月21日开工建设的蛟洋（下道湖）—上杭城关高速公路（简称蛟上高速）建成通车。蛟洋境内9公里，设置下道湖枢纽。

12月31日，蛟洋镇被福建省环境保护厅授予“福建省生态乡镇”称号。

是年，贵竹、小和、华家、邹坑等村大面积发生毛竹蝗虫，不少成片竹林竹叶被吃光。

2013年

1月15日，小和、塘厦、华家、丰年、蛟洋、达理、中村被龙岩市环境保护局授予“龙岩市生态村”称号。

1月25日，作为20万吨铜冶炼项目重要配套设施的上杭冶炼厂铁路专用线举行通车仪式。该项目于2011年6月16日开工，2012年12月竣工验收，总投资5.11亿元，其中主体工程投资3.5亿元。

1月28日，吕丁武任蛟洋镇党委书记。

3月26日，省委书记尤权一行到蛟洋工业区考察紫金铜业项目。

4月2日，交通运输部副部长翁孟勇一行看望慰问蛟洋公路站养路职工，并与职工代表亲切座谈。

5月20日—23日，暴雨，全镇倒塌房屋26间，严重损坏房屋26间，一般损坏房屋21间，防洪堤、水渠损坏350米，烤烟受灾180亩。

7月26日，上杭县政府县长谢海波一行到瓮福紫金调研，谢海波高度评价了瓮福紫金，认为来自贵州的瓮福集团，在红色老区已经成为新型工业化经济建设模式的示范和标杆。瓮福集团公司领导何浩明、何光亮、李其福、杨三可，贵州山水物流公司董事长邓剑江、瓮福紫金公司董事长陈少平等参加座谈会。

11月13日—14日，蛟洋工业区顺利通过“创建省级安全园区”验收，经福建省安全生产监督管理局公告，蛟洋工业区被评为“福建省安全园区”。

11月，秋竹、邹坑村被龙岩市环境保护局授予“龙岩市生态村”称号。

11月，再嘉（矶头）渡口“渡改桥”项目开工。

12月24日，龙岩市政府代市长池秋娜，市委常委、市政府常务副市长张天洲一行到蛟洋工业区调研。上杭县委书记邓菊芳、县长谢海波等陪同调研。

12月29日，全国政协常委刘晓榕到蛟洋视察紫金铜业20万吨铜冶炼项目、瓮福紫金化工有限公司、黄金冶炼厂。

12 月 20 日，召开蛟洋镇十五届人大三次会议，会议补选丘小林为镇政府镇长。

12 月，紫金铜业“铜冶炼炉渣选矿高效回收铜集成技术研究与应用”项目获龙岩市科学技术奖三等奖。

12 月，紫金铜业有限公司“活性胶脱硫”项目通过工业和信息化部、财政部审批，被评为 2013 年清洁生产示范项目，获 700 万元补贴资金。

12 月，蛟洋文昌阁图案入选《闽构华章》印花税票（1 角面值）。

是年，蛟洋镇华家村千年银杏荣登龙岩市第二届“银杏王”树王榜。该银杏王树龄达 1200 多年，为国家一级保护植物。

2014 年

5 月 22 日，中共中央政治局常委、全国人大常委会委员长张德江，出席指导上杭县委常委班子专题民主生活会后，深入蛟洋镇达理村，看望慰问困难群众，与镇村干部、群众代表亲切座谈，共同探讨如何脱贫致富。他希望大家充分利用党的富民政策，发挥生态资源优势，因地制宜发展特色产业，通过自己勤劳的双手改变家乡面貌，走上致富道路。中共福建省委书记尤权、上杭县委书记邓菊芳等陪同。

第一章　建　置

蛟洋古属闽越地，周时属“七闽”，秦属闽中郡，汉属晋安郡。西晋太康三年（282年）始，蛟洋境域隶属新罗县；南朝宋泰始四年（468年）新罗县废，辖境先后属晋平郡、南安郡龙溪县。唐开元二十四年（736年）置汀州，设长汀县，辖境隶属长汀县。北宋淳化五年（994年），升上杭场为上杭县，蛟洋境域属上杭县管辖，直至2013年。

第一节　位置　境域

一、位　置

蛟洋镇地处上杭县东北部，位于北纬25°7′58″（贵竹村与白砂镇交界处）—25°18′32″（再嘉村北部与南阳镇交界处），东经116°33′37″（再嘉村与南阳镇矶头村交界处）—116°47′5″（蛟洋村上森坑与古田镇金湖村交界处）。东及东北与古田镇接壤，与苏家坡、上郭车、下郭车、文元、荣屋、金湖、外洋村相邻；南邻新罗区大池镇大和村，白砂镇、溪口镇；西与白砂镇樟黄、岭背、朋新村，旧县镇扁山村、福村毗邻；西北隔旧县河与南阳镇相望；北靠南阳镇，古田镇赤坑村、新生村（原苎园村），连城县庙前镇丰图村。镇人民政府驻蛟洋村，位于北纬25°13′33″、东经116°44′1″；距上杭县城48公里（省道里程）；距龙岩市区51公里（国道里程）。

二、境　域

今蛟洋境域在较长的一段时间内未设立独立的行政建置。宋元明清时期，境域分属上杭县古田里、鳖沙里（后改为白砂里）。清末，分属上杭县北路第三、四、五区。民国时期，分属北三区、北四区、北五区，隶属古蛟区。民国25年（1936年），境域设蛟洋、秋竹、文都乡（联保处）。

新中国成立初，蛟洋属古蛟区，设蛟洋、塘下、文都、共和、丰年5个乡。后经区、公社、乡数次分合。1965年4月，撤销华佳公社，其所辖大队划入蛟洋公社。此后至2013年，境域稳定。

蛟洋镇东西最宽距离(直线,下同)约21.4公里,南北最长距离约20.1公里。总面积224.74平方公里。

第二节　建置沿革

宋代，蛟洋境分属鳖砂里、古田里。元沿宋制。明洪武十四年（1381年）上杭县改4乡2团为10里，蛟洋境分属白砂里、古田里。清初沿明制。属白砂里的村有载兴、黄土畲（有圩场)、华家亭、笙竹坑、秋竹坪、袁小坪、苏坑、小河坑、丘坊，属古田里的村有上松头、东乾、沈坊、桃源、黄地、塔里、陈坊、塘厦、下到湖、蛟洋（有圩场)、崇头。

清光绪二十四年（1898年）“戊戌政变”后，实行新法，改里为区。全县划分为5路24区，原白砂、古田里称北路，分5区。蛟洋境分属北路第三、四、五区。

民国5年 (1916年) 县分为5路23区，北路5个区。蛟洋境分属北路第三、四、五区。

民国10年，改为5路20区，北路为第十六、第十七、第十八、第十九、第二十区。

民国18年3月至9月，蛟洋境域先后成立区、乡苏维埃政府。北三区（华佳）苏维埃政府辖第一乡（小和、梅坝），第二乡（秋竹、营上、大福、郭屋、贵竹、罗辛坑），第三乡（华佳、黄岗、袁小坪、大坪），第四乡（苏坑、丘坊、文都）；再兴、邹坑、中村、坪高等乡村。北四区（蛟洋）苏维埃政府辖蛟洋、塘厦、坪埔、下到湖、崇头、石埔岭、东乾、陈坊等乡村。杨梅坑、达理、黄地、桃源隶属苎园乡苏维埃政府。

民国20年4月至12月，为适应战争形式，上杭、武平两县合并成立杭武县苏维埃政府；蛟洋境域隶属第四区苏维埃政府。

民国20年，为5路12区，北路为第十、第十一、第十二区。

民国21年冬，闽西善后委员会以古田、蛟洋地区情况特殊为由，将古田、蛟洋划为“古蛟特区”，设自治委员会。“古蛟”名称始于此。蛟洋隶古蛟自治委员会。

民国23年，古蛟自治委员会改组为古蛟区公所。蛟洋隶古蛟区公所。

民国24年1月，古蛟与白砂各乡并为第四区，蛟洋设办事处。蛟洋境设秋竹、文都、蛟洋联保办事处。秋竹乡联保办事处（驻秋竹坪）所辖乡村：秋竹坪、华家亭、袁小坪、笙竹坑、丰年桥、外洋、小河坑、梅子坝、马赖磜、郭屋。文都乡联保办事处（驻苏坑）所辖乡村：黄土畲、大坪、邹坑、陈坊、中村、坪上、葛坊、磜下、高地、磜头、苏坑、丘坊、营上、扁寮。蛟洋乡联保办事处所辖乡村：陈坊、塘夏、上半村、石背、蛟洋圩、东墘。下到湖、崇头、坪埔里、石铺岭隶郭车乡联保办事处（驻郭车）。黄地、杨梅坑、塔里隶苎园乡联保办事处（驻苎园）。

民国25年初，上杭改路为区，北路为第四区，蛟洋境属第四区。4月，改北路为第三区（驻白砂），蛟洋境属第三区，蛟洋设区署驻古蛟办事处。蛟洋境原3个联保办事处并为文都、蛟洋两个联保办事处。

民国27年秋，文都、蛟洋联保与古田联保合并为古蛟联保，设古蛟地方协会。蛟洋隶古蛟地方协会。

民国29年，联保改乡，蛟洋境设华洋乡（华佳、蛟洋）。

民国32年，裁并乡、保，华洋乡与云田乡（步云、古田）合并为古蛟乡；蛟洋隶古蛟乡。

民国36年5月，恢复华洋、云田乡建置，蛟洋境为华洋乡。

民国37年1月，蛟洋境隶古蛟乡。2月，蛟洋境为华洋乡。

民国38年5月，成立中国人民解放军闽西义勇军临时行动委员会上杭分会，上杭设1镇23支会，蛟洋境属华洋支会。

1949年9月17日，上杭县人民民主政府成立，辖13区126个行政村（里）。蛟洋属古蛟区，境域设蛟洋、塘下、文都、共和、丰年5个行政村。下到湖、崇头、坪埔隶郭车村，黄地、杨梅坑、达理隶福利村。

1950年9月，各区名称以次序冠名，古蛟区为第七区，蛟洋属第七区。

1952年11月，第七区所辖古田片成立第十三区，蛟洋为第七区。第七区设蛟洋、塘厦、苦竹、丰年、华家、文都、中村、再兴、文地乡。

1956年4月，第七区（蛟洋）和第十三区（古田）合并为古蛟区。丘坊、文地、蛟洋、塘厦、苦竹乡隶古蛟区。再兴、华家、丰年、中村、文都乡隶白砂区。

1958年6月，撤区改设乡镇；境域设蛟洋乡、华兴乡。11月，撤乡改社，实行政社合一，蛟洋、华兴两乡合并为蛟洋人民公社。

1959年初，蛟洋公社改称上游公社。1960年3月，上游公社、古田公社合并为古田公社；华家片的华家、再兴、文都、中村、坪上、磜下、秋竹、丰年、贵竹、小和等村划归白砂公社管辖。

1961年6月，原上游公社从古田公社分出设蛟洋公社，华家片设华佳公社。9月，华佳公社的福村大队划入旧县公社。

1965年4月，撤销华佳公社，其所辖大队划入蛟洋公社。蛟洋公社辖维新、石庄、蛟洋、崇源、塘下、东乾、丘坊、苏坑、坪埔、光明（今下道湖）、梅坝、文地、太阳（今杨梅坑）、达理、小和、秋竹、丰年、华家、文都、再兴、邹坑、中村、坪上、再嘉24个大队。

1966年，维新、石庄合并为新庄大队。

1972年，新庄、蛟洋合并为蛟洋大队。

1968年10月，成立蛟洋公社革命委员会。

1973年1月，苦竹划为坪埔、崇源2个大队；丰年划为丰年、秋竹、小河3个大队。

1975年，陈坊划为文地、陈坊、东乾3个大队。

1980年12月，丰年划为丰年、贵竹2个大队；达理划为达理、桃源2个大队；坪埔划为下道湖、坪埔2个大队；坪高划为坪上、磜佳2个大队。

1984年10月，县实行政、社分开，改社为乡镇，改大队为村。蛟洋公社改称蛟洋乡人民政府。辖下道湖、坪埔、崇源、蛟洋、塘下、东乾、陈坊、文地、杨梅坑、桃源、达理、丘坊、苏坑、梅坝、小和、秋竹、贵竹、丰年、华家、文都、再兴、邹坑、中村、坪上、再嘉25个行政村，271个村民小组。

2012年1月9日，福建省人民政府发出《关于上杭县撤销蛟洋乡旧县乡设立蛟洋镇旧县镇的批复》（闽政文〔2012〕2号）；3月6日，龙岩市人民政府发出《关于上杭县撤销蛟洋乡旧县乡设立蛟洋镇旧县镇的批复》（龙政综〔2012〕78号）。3月31日，上杭县人民政府根据福建省、龙岩市人民政府文件精神，发出《关于撤销蛟洋乡旧县乡设立蛟洋镇旧县镇的批复》，同意撤销蛟洋乡，设立蛟洋镇，以原蛟洋乡的行政区域为蛟洋镇的行政区域，政府驻地不变。

2012年10月26日，举行撤乡设镇授印揭牌仪式。

2013年12月，蛟洋镇辖25个行政村、271个村民小组。

第二章　环境　资源

蛟洋镇处于华南褶皱系,为晚加里东地槽褶皱系。地势略为西高东低、南高北低；地貌大致可分低山区、高丘陵区两个类型，以低山区为主。山脉海拔千米以上山峰6座，其中双髻山1441米，为境内最高峰。属亚热带季风气候，年平均温度16℃—17℃，无霜期262天，年均降水量1800毫米—1900毫米。据2013年土地变更调查资料，蛟洋土地总面积224.74平方公里。矿产资源主要有花岗岩、钨、高岭土、钾长石、石英矿、铜、锰、铅等；有国家级保护野生动物6种，省级重点保护野生动物9种；国家级保护植物6种。生态环境优良，2012年12月31日，蛟洋镇被福建省环境保护厅授予“福建省生态乡镇”称号。2012年6月18日，崇头等7个村被福建省环境保护厅授予“福建省生态村”称号。2012—2013年，小和等13个村被龙岩市环境保护局授予“龙岩市生态村”称号。

第一节　地质　地貌

一、地　质

蛟洋境内地层出露较大的有元古界前震旦系楼子坝群，岩性为灰绿色千枚岩、板岩为主与变质钙质砂岩互层；坪上一带为古生界泥盆系南靖群，上段为紫灰色薄层状泥质粉砂岩，下段为灰白一黄白色石英砾砂岩，夹少量中粒石英砂岩及紫灰色粉砂岩。侵入岩主要发生在燕山运动的晚期第一阶段；第二次侵入，岩性为中粒含黑云母花岗岩，分布在丘坊一带；第三次侵入，岩性为黑云母花岗岩。

二、地　貌

（一）类　型

全镇地貌属高丘、低山类型，以低山区为主。地势略为西高东低、南高北低，平均海拔667米，最高点双髻山海拔1441米，最低点坪上村海拔430米。

低山区　主要分布在坪埔、崇头、梅坝、下道湖、蛟洋、杨梅坑、桃源、文地、塘厦、东乾、陈坊、丘坊、苏康、秋竹、小和、华家、文都、贵竹、邹坑。海拔500米—800米，切割深度200米—500米，山体成群，峰峦重叠，山势陡峭，坡度一般在30度以上，构成低山地貌区。

高丘陵区　主要分布在丰年、再兴、达理、中村、坪上、再嘉。海拔430米—500米，切割深度50米—200米，坡度30度以上，岗丘起伏，坑垄交错，地形多样，构成高丘陵地貌区。

（二）山　岭

蛟洋山岭为玳瑁山脉延伸分支南岗山脉，呈北—西南和东北—西南走向，从连城县东郊入境。山脉四周群山绵延，丘陵起伏。全镇海拔千米以上山峰有6座，其中双髻山1441米，黄崔巍1141米，高寨头1085米，石片寨1055米，猎头寨（猫头抓）1049.6米，大眉岽1003.2米。

附：镇政府及行政村村部等地海拔高度

镇政府驻地（蛟洋村）：651米

丘坊677米　　　　苦竹590米　　　　小和坑670米

梅坝 650 米
中村 485 米
大坪 630 米
高地 480 米
下杨梅坑 620 米
大斜头 630 米
文都 710 米
石背 660 米
牛毛岭 590 米
坪埔 610 米
下崇头 630 米
朗星坑 730 米
再兴、丰年 430 米
上杨梅坑 690 米
营背 690 米
坪高（坪上）430 米
老君顶（山）650 米
苏康 670 米
邹坑 530 米
沈坊 680 米
上崇头 650 米
文昌阁 670 米
马赖磜 590 米
塘厦 600 米
陈坊 690 米
凹背 690 米
达理 485 米
仙姑崇（山）831.2 米
华家 690 米
东乾 660 米
上森坑 600 米
东山 760 米
下道湖 620 米
贵竹坑 720 米

第二节　土壤　植被

一、土　壤

（一）类　型

境内土壤分红壤、黄壤、草甸土、紫色土、潮土、水稻土 6 个土类，18 个亚类、39 个土属、32 个土种。

（二）分　布

土壤分布受地质、地貌、母岩母质、植被、气候和水文等条件影响，具有明显的垂直分布和区域性分布的特点。

1.垂直分布

海拔 600 米以下为红壤，600 米—900 米为黄红壤，系红壤向黄红壤过渡地带，900 米以上为黄壤。

2.区域性分布

丘陵区 主要分布在丰年、再兴、达理、中村、坪上、再嘉等地。其田由高到低依次序分布：黄泥沙田→灰黄泥沙田→灰泥田或黄泥骨田→黄泥田→灰黄泥田→灰泥田，山垅底部则为冷浸田或烂泥田。

低山区 主要分布在坪埔、崇头、梅坝、下道湖、蛟洋、杨梅坑、桃源、文地、塘厦、东乾、陈坊、丘坊、苏康、秋竹、小和、华家、文都、贵竹、邹坑。等地。多分布浸冬田。部分山排田分布着黄泥田、黄泥沙田，垄底为烂泥田。

据 1981—1983 年普查资料，蛟洋公社农业土壤 29190 亩，其中，平洋（河谷）田仅 837 亩，山垄田 13851 亩，梯田 13920 亩，坡地 582 亩；海拔 500 米以下仅 3649 亩，500 米—800 米为 25541 亩。

二、植　被

境内为低山丘陵地区，原生植被为中亚热带常绿阔叶林。但由于受人为活动的影响和生态环境的改变，原生植被逐步减少。今植被为常绿阔叶林，常绿针叶林和次生针阔叶混交林，还有少数次生落叶阔叶林、次生灌草丛。

常绿阔叶林 乔木层主要由壳斗科的米槠（俗称圆仔树）、甜槠、苦槠、栲树，山茶科的木荷（荷树），杜英科的猴欢喜等树种组成；灌木层主要由冬青、柃木、黄瑞木、杜鹃、狗骨柴、乌饭、黄杞、荚蒾（苦柴子）、山苍子等组成；草本层由狗脊、华里白、油莎草、芒箕骨、芒、淡竹叶、蕨类等组成；层外植物有鸡血藤、木通、土茯苓等。

常绿针叶林　主要由马尾松、杉木所组成的上层乔木。马尾松是蛟洋资源丰富的树种。灌木层常见檵木、柃木、黄瑞木、杜鹃、乌饭、木荷；草本层以芒箕骨占绝对优势，其次为白茅、野古草等。中低山地有人工杉木纯林。

竹　林　主要由毛竹、马尾松、杉木、米槠、木荷、枫香等组成乔木层，以毛竹居多；灌木层主要由黄瑞木、赤楠、乌饭、金樱子组成；草本层以芒箕骨为主。

灌木林　主要有黄瑞木、檵木、桃金娘、杜鹃、乌饭、柃木、胡枝子、毛冬青、老鼠刺、油茶、白松和一些藤本植物组成。

草丛植被　主要以芒箕骨为主，其次为管茅、五节茅白茅等禾本科草类。

栽培植物　主要有杉木、马尾松、油茶、茶叶、油桐、柑橘、桃、李、枇杷、板栗、梅、麻竹等。

1958年以前，大部分村均保留着原生植被。1958年全民“大炼钢铁”，大量砍伐树木烧炭，农村办公共食堂以松杂木作燃料，加上烧砖瓦、作柴火、建房子，植被遭严重破坏。

中共十一届三中全会后，贯彻落实《中华人民共和国森林法》及其实施条例等法律法规，实施林权制度改革，依法治林，植树造林，封山育林，植被逐步改善。1984—2013年，全镇共植树造林4800公顷。

2008年，启动省级生态乡、省市级生态村创建工作，促进生态环境建设。2010年春，公路养护站职工在辖区内的319国道沿线新植樟树2000余株，灌木1500多株，构筑绿色走廊。2012年12月31日，蛟洋镇被福建省环境保护厅授予“福建省生态乡镇”称号。2013年，全镇森林覆盖率达75.93%。

第三节　气候　水文

一、气　候

蛟洋属闽西高寒山区地带，其特点是四季分明，光照充足，无霜期长。春季微冷，夏季温热，秋季凉爽，冬季干冷。

(一) 气　温

1981—2010年，年平均气温16.5℃。全年最冷为1月，月平均气温7.0℃；其中，最低为1984年1月，月平均气温4.0℃；最高为2006年1月，月平均气温8.9℃；极端最低气温-3℃（1988年1月8日）。最热为7月，月平均气温24.4℃；其中，最低为1997年7月，月平均气温22.6℃；最高为2003年7月，月平均气温26.1℃；极端最高气温39℃（2009年7月15日）。无霜期年平均262天，最长288天，最短232天。0℃以上持续期350天。30年来气温总体呈变暖趋势。1981—1990年，年平均气温16.2℃；1991—2000年，年平均气温16.5℃；2001—2000年，年平均气温16.9℃；高温酷热天气增多，雷雨大风、冰雹等强对流天气增加。

1981—2010年蛟洋乡平均气温情况表

表2-1　　单位：℃

年份	1月	2月	3月	4月	5月	6月	7月	8月	9月	10月	11月	12月	年平均
1981	6.6	9.0	13.4	18.1	18.3	21.9	23.4	24.8	22.2	17.8	12.6	6.9	16.3
1982	8.4	7.9	12.6	16.7	19.9	21.5	24.1	23.8	22.3	19.4	14.0	5.9	16.3
1983	5.5	7.7	9.9	16.9	20.1	23.2	25.0	23.4	23.0	20.1	12.2	6.6	16.1
1984	4.0	5.9	11.8	15.6	19.2	22.8	24.5	23.9	21.5	17.6	13.7	7.0	15.6

续表 1

年份	1月	2月	3月	4月	5月	6月	7月	8月	9月	10月	11月	12月	年平均
1985	6.4	7.9	9.1	15.3	21.4	22.4	23.3	24.0	21.4	19.3	13.3	6.8	15.9
1986	6.6	6.1	10.6	18.2	20.4	22.5	23.8	24.8	21.9	18.3	12.8	9.0	16.3
1987	8.7	11.1	13.8	16.7	19.6	22.4	23.9	24.0	21.1	18.5	13.8	7.8	16.8
1988	8.3	7.3	9.1	14.5	20.9	23.7	25.3	23.6	21.4	19.0	12.1	8.0	16.1
1989	7.0	8.6	12.5	16.6	18.9	22.3	24.5	24.1	22.7	18.8	13.0	7.7	16.4
1990	7.8	9.3	13.2	15.3	19.4	23.1	24.7	23.9	22.0	18.0	14.2	9.5	16.7
1991	7.8	9.4	12.9	17.0	20.7	23.6	25.0	24.6	22.2	16.9	12.7	9.0	16.8
1992	6.5	7.2	10.3	17.3	19.6	22.1	23.9	24.1	23.2	17.0	12.2	10.8	16.2
1993	5.2	9.7	12.2	16.2	20.1	22.0	24.9	24.1	21.5	16.9	13.7	7.5	16.2
1994	8.4	8.8	9.8	18.6	20.8	22.4	23.9	24.4	21.2	17.3	14.6	10.5	16.6
1995	6.2	6.8	11.7	17.7	19.9	22.8	23.6	22.4	22.2	19.5	12.3	7.5	16.1
1996	6.6	6.2	11.4	14.0	19.8	23.1	24.6	21.9	21.7	18.7	15.1	8.3	16.1
1997	7.3	8.5	13.5	17.1	20.3	21.7	22.6	23.2	20.0	18.1	13.5	9.6	16.3
1998	6.8	9.1	12.8	19.1	21.1	22.4	24.8	24.8	22.0	19.6	14.7	10.7	17.3
1999	8.7	10.1	12.3	17.6	18.3	23.6	23.8	23.1	22.2	19.6	13.6	7.6	16.7
2000	7.5	7.5	12.7	16.6	20.8	22.6	24.1	23.2	21.5	19.5	13.0	9.7	16.7
2001	8.8	9.5	13.3	16.2	21.2	22.2	23.7	23.8	22.5	19.2	12.9	8.2	16.8
2002	7.8	11.0	15.0	18.4	21.4	23.8	24.1	23.4	21.1	17.2	12.9	8.9	17.1
2003	6.7	11.1	12.4	18.1	21.2	21.8	26.1	25.1	22.5	17.4	13.5	7.1	16.9
2004	6.4	9.9	11.5	17.7	20.3	23.4	23.9	24.2	21.8	16.6	14.1	8.4	16.5
2005	5.8	8.6	10.6	17.1	21.1	22.6	24.7	23.7	23.3	18.5	15.1	7.6	16.6
2006	8.9	10.0	11.7	17.1	19.3	22.3	24.9	24.3	21.2	20.7	14.7	8.5	17.0
2007	6.4	11.5	12.7	15.2	20.3	22.7	25.5	23.4	22.2	19.2	13.4	10.2	16.9
2008	5.8	5.3	13.5	17.8	20.0	22.0	24.4	24.1	23.8	20.4	13.5	8.0	16.6
2009	5.6	15.5	11.9	17.1	20.4	23.0	25.0	25.4	24.4	20.3	11.0	8.4	17.3
2010	8.4	10.7	13.4	14.7	20.5	21.6	25.3	24.8	23.3	18.1	13.8	8.1	16.9

注：据上杭气象资料按蛟洋修正值修正

（二）降　水

年平均降水量 1800 毫米—1900 毫米。通常上半年降水量逐月增多，2 月—3 月，月降水量为 100 毫米—180 毫米；4 月—6 月，月降水量为 210 毫米—280 毫米；7 月—9 月，月降水量 130 毫米—210 毫米；10 月—1 月，降水量为全年最少，月降水量 40 毫米—55 毫米。

（三）日　照

年平均日照时数约 1800 小时。2 月—4 月，月日照时数为 80 小时—90 小时；7 月—10 月，月日照时数为 180 小时—220 小时；1 月、5 月、6 月、11 月，月日照时数 120 小时—160 小时。

（四）自然灾害

主要自然灾害有洪涝、干旱、冰雹、寒害、风灾、雷击等。

1. 洪　涝

清道光二十二年（1842 年）七月二十五日，倾盆大雨，山体滑坡，山洪暴发，冲毁粮田，房屋倒塌；

中村公王坛石室被冲掉。

光绪十六年（1890年）二月大水，崇头乡水口文馆被洪水冲塌，教员及学生5人被溺死（据1993年版《上杭县志》。《上杭蛟洋傅氏盛公脉系谱》载，同年四月十六日凌晨，山洪暴发，崇文书院“传薪斋”被冲毁，在内宿读学生与老师七人遇难）。

民国19年（1930年）6月，普降暴雨，造成山洪暴发，山体滑坡。中村一片汪洋，房屋倒塌120间，百余人无家可归。

1962年5月18日—19日，暴雨，溪水猛涨，中村伐木场木材被洪水冲走800立方米。

1983年6月16日，受台风影响普降暴雨，坪高溪水猛涨，洪水冲入中村、坪高等村庄，10人因灾溺死。

2000年8月23日—26日，受10号台风“碧利斯影响”，蛟洋出现连续暴雨、大暴雨，造成山洪暴发，山体滑坡处，交通通讯、水利等基础设施损坏严重。

2008年6月11日—14日，连续5天出现区域性大雨到暴雨天气，其中6月12日出现大暴雨，雨量超过100毫米。

2. 寒　害

1975年12月13日—16日，境内普降暴雪，雪深10—15厘米，为历史罕见。

1996年2月17日—27日，蛟洋乡遭受较为罕见的冻雨袭击，毛竹、林木受损，部分电杆、电力线路毁坏。

3. 雹　灾

1988年3月16日傍晚和17日早晨，蛟洋降雹，雹粒多为花生米大。

1991年3月1日，华家等村遭冰雹袭击，持续时间20多分钟，最大冰雹直径七八厘米。

1992年4月21日—22日，出现雷雨、大风、冰雹，最大冰雹直径2厘米。

1996年6月9日下午，陈坊、文地、塘厦、杨梅坑等村受雷雨大风夹冰雹袭击。

1998年2月19日12时—16时，蛟洋降冰雹，最大雹粒直径10厘米；全乡300多户受灾。

1998年8月24日15时—16时，蛟洋降冰雹，最大冰雹直径3厘米。

2004年6月18日15时20分左右，蛟洋乡遭受罕见的冰雹袭击，袭击过程持续20多分钟，冰雹直径3—4厘米，冰雹灾害使丘坊、华家、苏康、塘厦、坪埔、文都、崇头等7个村的群众财产遭受严重损失，其中房屋倒塌15间，猪圈、牛棚倒塌8间，瓦片打碎达2万多平方米，农田受灾面积1000余亩，直接和间接经济损失上百万元。同年11月10日15时10分—30分，丘坊、苏康、塘厦等7个村出现短时冰雹，冰雹最大直径约4.5厘米。

2006年4月10日21时30分—22时左右，蛟洋出现短时冰雹，冰雹最大直径约1厘米，持续时间一两分钟。

2008年4月16日21时22分—21时38分，蛟洋部分村庄下小冰雹。

4. 雷　击

1993年夏，中村张焕奎之妻严氏在田中劳动回家路上被雷击身亡。

1996年6月，蛟洋村张焕选（入赘）在插中稻回家时被雷击身亡。

1999年7月，蛟洋村傅基隆在平整晚稻田回家时被雷击身亡。

5. 风　灾

风灾偶有发生。民国37年农历四五月间，暴风雨夹冰雹袭击蛟洋，蛟洋小学学生张献忠先后被狂风卷至篮球架、旗杆，后被老师华启发救回。民国38年5月，风灾造成34户房屋受损、1人死亡、376亩粮食减产。

二、水　文

境内东部属汀江水系黄潭河流域，西部属汀江水系旧县河流域。主要水系2条：坪埔溪集华家、秋竹、苏坑支流，汇合东乾、丘坊、下道湖及蛟洋、崇头小溪，流向古田苏家陂，入黄潭河。坪高溪自邹坑经中村、坪上、再嘉，流入旧县河，全长19.8公里。此外，再兴溪流经连城庙前后入旧县河。

（二）地下水

蛟洋村镇水亭旁的山泉，水质甚佳，每年冬至前后群众取此泉酿酒，味极佳。中村乾山祠旁的水井，水清甘洌，四时不竭。华家等村亦有地下水。

第四节　自然资源

一、土地资源

蛟洋多为山地，坡度在15—25度，土质松软、肥沃，宜耕宜牧、宜果宜林。据2005年土地利用变更调查结果，蛟洋乡土地面积22470.79公顷，其中，已利用土地面积22131.53公顷，土地利用率达98.49%。2013年，全镇土地面积22474.29公顷，其中，已利用土地面积22342.21公顷，土地利用率达99.33%。

（一）农用地

2005年，全乡农用地面积21670.43公顷，占土地总面积的96.44%。2013年，农用地面积21239.19公顷，占94.50%，比2005年减少431.24公顷。

耕　地　2005年，耕地面积2318.06公顷，占土地总面积的10.32%，以山垄田和梯田为主，大多分布于河谷盆地、山间盆地以及沿河的低丘陵和台地区。2013年，耕地面积2058.07公顷，比2005年减少259.99公顷。

园　地　2013年，面积321.44公顷。

林　地　2005年，面积18443.41公顷，占总土地总面积的82.08%。2013年，林地面积18209.54公顷，比2005年减少233.87公顷。

其他农用地　2013年，面积650.14公顷。

（二）建设用地

2005年，全乡建设用地面积461.11公顷，占土地总面积的2.05%。2013年，全镇建设用地面积1085.02公顷，比2005年增加623.91公顷，占土地总面积的4.83%。建设用地成倍增长表现为农村居民点用地、独立建设用地、公路用地、铁路用地、水库水面增加，主要原因是蛟洋工业区的建设和铁路、公路等建设。

城乡建设用地　2013年，城乡建设用地面积702.36公顷，比2005年增加477.43公顷，其中，农村居民点用地面积595.8公顷，比2005年增加382.86公顷。主要分布在坪埔、崇头、蛟洋、塘厦、丘坊、华家等村，沿交通线呈团块状分布。

交通水利用地及其他建设用地　2013年，面积382.66公顷。其中，铁路用地比2005年增加25.84公顷，公路用地比2005年增加100.82公顷。

（三）其他土地

2013年，全镇其他土地面积150.08公顷。其中，自然保留地180.46公顷，主要分布在低山、丘陵地带。

2005 年、2013 年蛟洋镇土地利用状况表

表 2–2

土地利用类型			面积（公顷）		占土地总面积比例（%）	
			2005 年	2013 年	2005 年	2013 年
农用地	合　计		21670.42	21239.19	96.44	94.50
	耕　地		2318.06	2058.07	10.32	9.15
	园　地		258.81	321.44	1.15	1.40
	林　地		18443.41	18209.54	82.08	81.00
	其他农用地		650.14	650.14	2.89	2.89
建设用地	合　计		461.12	1085.01	2.05	4.83
	城乡建设用地	小　计	224.94	702.36	1.00	3.13
		城镇用地	0.00	0.00	0.00	0.00
		农村居民点用地	212.94	595.80	0.95	2.65
		采矿用地	8.40	14.36	0.04	0.06
		其他独立建设用地	3.60	92.20	0.02	0.41
	交通水利用地	小　计	233.06	378.95	1.04	1.69
		铁路用地	34.62	60.46	0.15	0.27
		公路用地	181.18	282.00	0.81	1.25
		水库水面	17.23	33.84	0.08	0.15
		水工建筑用地	0.03	2.65	0.00	0.01
	其他建设用地	小　计	3.12	3.70	0.01	0.02
		风景名胜设施用地	1.49	2.07	0.01	0.01
		特殊用地	1.63	1.63	0.01	0.01
其他土地	合　计		339.26	150.07	1.51	0.67
	水　域		69.27	41.61	0.31	0.19
	自然保留地		269.99	108.46	1.20	0.48
土地总面积			22470.79	22474.29	100.00	100.00

注：由于四舍五入等原因，本表分数相加与总数略有差距

二、矿产资源

境内矿产资源主要为建筑用花岗岩，地质储量 0.67 亿立方米，可采储量为 0.07 亿立方米，集中分布在东南部山区一带。此外，境内发现钨、高岭土（坪高、邹坑）、钾长石、石英矿（庄下），铜（邹坑天宝寨、中村等地）、锰（麻地凹）、铅（观音亭）等多金属矿（处于普查阶段）。

三、水资源

水力资源较丰富。水资源可利用量为 684.4 万立方米。水能资源已开发 2335 千瓦，有 9 座小型水电站。

四、生物资源

（一）动　物

1. 无脊椎动物

境内无脊椎动物主要有变形虫、癞毛虫、松毛虫、草鞋鞭、萤火虫、软虫、蚜虫、蟑螂、螳螂、蝴蝶、水蛭、蚯蚓、沙蚕、田螺、石螺、蜗牛、蚂蚁、蟋蟀、蜻蜓、蚱蛄、牛蝇、牛虻、蜈蚣、灶鸡、蚊、蝇、蚤、虾、蚌等。

2. 脊椎动物

鸟　类　主要有白头鹞、角鸮、鹰（俗称鹞婆）、猫头鹰、啄木鸟、布谷鸟、长尾剑、白头翁、水鸭、白鹭、黄垦、鹧鸪、雉鸡、米鸡、山鸠、灰喜鹊、喜鹊、麻雀、翠鸟、蜂鸟、鹦鹉（俗称八哥）、家燕、画眉、乌鸦等。

兽　类　主要有虎、豹、豺、野猪、豪猪、山牛、山羊、黄猄、竹鼠、松鼠、野兔、狐狸、黄鼠狼、穿山甲、果子狸、田螺狗、水獭等。

20 世纪 30 年代至 50 年代，老虎活动常被乡人多次目睹，仅崇头就有 3 次。20 世纪 60 年代后，未见虎的活动。

爬行类　主要有蟒蛇、金环蛇、银环蛇、眼镜蛇、眼镜王蛇（俗称过山风）、南蛇、泥蛇、赤练蛇、青竹蛇（竹叶青）、壁虎、蜥蜴等。

两栖类　主要有青蛙、石蛙、蟾蜍、乌龟、甲鱼、雨蛙（俗称青界）、犁头蛙、虎纹蛙。

鱼　类　主要有黄鳝、泥鳅、鲢鱼、草鱼、鲫鱼、鲤鱼、塘鲺（胡子鲶）、石斑鱼、石蝎鱼、七星鱼、黄鱼（俗称黄鸭子）。

2013 年蛟洋镇国家级保护野生动物名录及分布情况表

表 2-3

序号	中文名	学　　名	保护级别	分　布
1	蟒　蛇	*Python molurus*	Ⅰ	各　村
2	穿山甲	*Manis pentadactyla*	Ⅱ	各　村
3	水　獭	*Lutra lutra*	Ⅱ	各　村
4	豺	*Cuon alpinus*	Ⅱ	各　村
5	虎纹蛙	*tiger frog*	Ⅱ	各　村
6	白头鹞	*Western Marsh-Harrier*	Ⅱ	各　村

2013 年蛟洋镇省级重点保护野生动物名录及分布情况表

表 2-4

序号	中文名	学　　名	分　布
1	眼镜蛇	*Naja*	各　村
2	眼镜王蛇	*Ophiophagushannah*	各　村
3	白　鹭	*Egretta garzetta*	各　村
4	普通秋沙鸭	*Common Merganser*	各　村
5	白额山鹧鸪	*Arborophila gingiva*	各　村
6	家　燕	*Hirundo rustica*	各　村
7	灰喜鹊	*Cyanopica cyanus*	各　村
8	喜　鹊	*Pica pica*	各　村
9	画　眉	*Garrulax canorus*	各　村

(二) 植 物

常绿阔叶树种 主要有壳斗科的米槠、甜槠、苦槠、朝栲、丝栗栲、罗浮栲、闽粤栲、华南栲、南岭栲、青田栎、石栎等；樟科的樟树、红楠、檫树、黄檀木、新木姜、厚壳桂、鸭公树、山苍子；蝶形花科的花榈木；山茶科的黄瑞木、柃木、木荷；杜英科的杜英、猴欢喜；胡桃科的黄杞；蔷薇科的光叶石楠、桃叶石楠、椤木石楠、江南楸、石斑木；木兰科的深山含笑、木莲等。楝科的香椿；杨梅科的杨梅；茜草科的黄栀子；忍冬科的荚蒾（苦柴子）；杜仲科的山杜仲；木犀科的桂花树；金缕梅科的细柄蕈树（别名细柄阿丁枫、细叶枫）等。

落叶阔叶树种 主要有银杏科的银杏；金缕梅科的枫树，半荷枫；野茉莉科的拟赤杨；漆树科的酸枣；壳斗科的锥栗；胡桃科的枫杨；玄参科的泡桐等。

常绿针叶树种 主要有松科的马尾松、黄山松、湿地松；杉科的杉木、柳杉；红豆松科的南方红豆杉；柏科的福建柏（扁杉）等。马尾松是蛟洋资源丰富的树种，多数为天然马尾松林。杉木树种仅次于马尾松。

竹 类 主要有毛竹、麻竹、绿竹、雷竹、石竹（篓竹）、苦竹、金竹、方竹等。

野生果树 主要有猕猴桃、豆梨、野柿、芭蕉、酸枣、锥栗、鸡爪梨、桃金娘、野生茶树等。

野生花卉 主要有杜鹃、紫薇、山兰花、山含笑、紫玉兰、毛瑞香等。

中药材 较大宗的主要有鸡血藤、木通、土茯苓、金银花、虎杖、金樱子、山苍子、淡竹叶、苍耳子、钩藤、白头翁、六棱菊（俗称羊耳三点）、车前草（俗称瓠杓草）、夏枯草、鱼腥草（俗称狗点耳）、败酱草（苦斋）、益母草、仙鹤草（毛草子）、鹅不食草（猪屎草）、异叶榕（奶子树根）、石菖蒲、龙鹅掌金星（鸭脚飞扬）、乌蕨（雉鸡尾）、血竭等。属省重点品种有女贞子、荆芥、巴戟天、射干、香附子、金线莲、银线莲等。还有黄连、乌梅、金银花、金狗脊、山枝子等。

2013 年蛟洋镇国家级保护植物名录及分布情况表

表 2-5

序号	中文名	学 名	保护级别		分 布
			林业	环保	
1	银 杏	*Ginkgo biloba L*	Ⅰ	Ⅰ	各 村
2	南方红豆杉	*Taxus chinensis var. mairei*	Ⅰ	Ⅱ	各 村
3	水 杉	*Metasequoia glyptostroboides Hu et Cheng*	Ⅰ		各 村
4	杜 仲	*Eucommia ulmoides*	Ⅱ	Ⅱ	各 村
5	野茶树	*Camelliasinensis*	Ⅱ		各 村
6	香 樟	*Cinnamomum?camphora*	Ⅱ		各 村

第五节 环境保护

蛟洋地处山区，各项生态环境保护较好，在水环境、大气环境、声环境等方面没有较大的污染源，但农药、化肥的使用，农业垃圾、生活垃圾的不断增加，对大气、水体、土壤仍有一定程度的污染。2005 年蛟洋工业集中区设立后，环境保护工作进一步得到重视。乡党委、乡政府贯彻可持续发展战略，坚持环境与发展综合决策，以创造良好的人居环境为中心，加强环境综合整治，改善环境质量，实现经济发展与环境保护“双赢”。

一、环境质量

（一）水环境质量

1. 地表水环境质量

2012 年 5 月，经上杭县环境监测站监测，蛟洋溪（监测点位：蛟洋中学门口）水质主要指标为：pH 值 7.62，溶解氧（DO）8.0,高锰酸盐指数（CODMn）1.6,五日生化需氧量（BOD5）1.3，氨氮（NH3–N）0.093，地表水环境质量达到《地表水环境质量标准》中Ⅲ类水标准。

2013 年 7 月，经上杭县环境监测站监测，蛟洋溪（监测点位：蛟洋中学门口）水质主要指标为：pH 值 7.86，溶解氧（DO）8.0,高锰酸盐指数（CODMn）1.9,五日生化需氧量（BOD5）1.3，氨氮（NH3–N）0.093，地表水环境质量达到《地表水环境质量标准》中Ⅲ类水标准。

2. 集中式饮用水水源地水质

2012 年 1 月，经上杭县环境监测站监测，蛟洋集中式饮用水水源地（蛟洋尖峰洞）水质主要指标为（单位：毫克/升）：pH 值 6.82，溶解氧（DO）8.4,高锰酸盐指数（CODMn）2.2,五日生化需氧量（BOD5）2.6，氨氮（NH3–N）0.069；水环境质量达到《地表水环境质量标准》中Ⅱ类水标准。

2013 年 7 月，经上杭县环境监测站监测，蛟洋集中式饮用水水源地（蛟洋尖峰洞）水质主要指标为（单位：毫克/升）：pH 值 6.48，溶解氧（DO）7.8,高锰酸盐指数（CODMn）1.36,五日生化需氧量（BOD5）1.2，氨氮（NH3–N）<0.025；水环境质量达到《地表水环境质量标准》中Ⅱ类水标准。

3. 农村饮用水水质

辖区内 25 个行政村均以村或自然村为单位集中供水，饮用水源为山泉水、水井水，水质良好。

2011 年 6 月至 2012 年 5 月，经上杭县疾病预防控制中心采样检测（采样地点：蛟洋自来水厂清水池出口、梅坝村张彭岗水库、再兴村燕子湖、丰年村、坪上村、杨梅坑村大斜组、再嘉村、华家村、文都村青苔凹、苏康村、陈坊村、塘厦村），各项指标均符合《生活饮用水卫生标准》。

2013 年 7 月，经上杭县疾病预防控制中心采样检测（采样地点：蛟洋村尖峰洞、阳割坑、竹坑，秋竹村庵脚里），各项指标均符合《生活饮用水卫生标准》。

（二）空气环境质量

2012 年 4 月 9 日至 15 日，经上杭县环境监测站监测（监测点位：乡政府），空气监测值为（单位：毫克/立方米；平均数。下同）：二氧化硫（SO_2）0.016，二氧化氮（NO_2）0.007，可吸入颗粒物（PM10）0.024，符合《环境空气质量标准》中的二级标准。

2013 年 7 月 22 日至 28 日，经上杭县环境监测站监测（监测点位：镇政府），空气监测值为：二氧化硫（SO_2）0.016，二氧化氮（NO_2）0.007，可吸入颗粒物（PM10）0.024，符合《环境空气质量标准》中的二级标准。

（三）声环境质量

2012 年 4 月 11 日，2013 年 7 月 11 日，经上杭县环境监测站监测（监测点位：镇政府、卫生院、文昌阁、中学、中心小学），蛟洋区域环境噪声平均等效声在 36.5 分贝（dB）—47.8 分贝，声环境质量达到功能区标准。

二、重点工业企业环境保护

（一）紫金铜业有限公司

1. 环境影响报告的编制与审批

该公司于 2008 年 1 月委托南昌有色冶金设计研究院编制《紫金矿业集团股份有限公司年产 20 万吨铜冶炼项目环境影响报告书》，同年 12 月 1 日经环保部批复。因废气治理措施调整（一是精矿干燥烟气改由高度为 47 米的烟囱单独排放；二是低压锅炉改用液化石油气为燃料；三是制酸尾气、阳极炉烟气和环境集烟改用活性焦脱硫工艺方案。)，该公司于2010年8月委托福建省环境科学研究院编制《紫金矿业集团股份有限公司年产20万吨铜冶炼项目脱硫工艺变更环境影响补充报告》，2011年10月20日获环保部批复。2012年1月5日取得《福建省环保厅关于紫金矿业集团股份有限公司年产20万吨铜冶炼项目配套环保设施试运行意见的函》，同意该项目试运行。

2. 主要环保措施建设

废气环保处理设施　环集烟气和制酸尾气均采用活性焦干法脱硫工艺进行脱硫处理。环境集烟烟气处理后经120米高烟囱排放，制酸尾气处理后经100米高烟囱排放，两套脱硫系统均设置在线监测系统，实时监测二氧化硫（SO_2）、氮氧化合物（NOX）排放情况；精矿干燥烟气经沉尘室和布袋收尘器处理后经47米高烟囱排放，主要污染物是烟尘。

废水环保处理设施　硫酸车间污水处理站采用石灰石–石灰两段中，经处理后全部回用于硫酸车间净化工序和渣缓冷场冷却水。生活污水处理站采用MBR膜工艺，经处理后回用于净水站。冷却循环水和纯水站除盐水设置单独管网排入末端经水质在线监测排出系统。

初雨分流和应急处理系统　设置一座有效容积为11000立方米应急事故调节池和处理能力4000立方米/天的应急污水处理系统，用于紧急事故状态下的废水处理。另外还设置有7.6万立方米的废水回用调节池，用于突发事故下的废水收集。厂区末端建设有水质内部在线监测系统，对末端总排水进行实时取样检测，监测项目包括铜、铅、砷、锌、pH、流量等6个指标。

固体废弃物处理系统　主要固体废物有铅滤饼、砷滤饼、白烟尘、渣选尾矿、石膏渣和中和渣均在厂内建有固废临时贮存中转场所。其中白烟尘采用自动包装机包装后密封存放；砷滤饼储存库存放；石膏渣、中和渣暂存在各自的储仓中。

防渗工程　在废水回用调节池、应急事故调节池、电解车间、滤饼库、中和渣场、石膏渣场、硫酸车间、渣堆场、渣缓冷场等场地采取人工防渗措施；在梅坝溪与厂界交界处以及厂区西北处设置两处垂直防渗帷幕。

(二) 瓮福紫金化工股份有限公司

1. 环境影响报告的编制与审批

瓮福紫金化工股份有限公司于2010年6月委托福建省环科院编制《瓮福紫金化工股份有限公司10万吨/年湿法磷酸、20万吨/年磷铵项目环境影响报告书》并于2010年8月31日经龙岩市环保局审批。因锅炉方案变更，该公司于2012年4月委托福建省环境科学研究院编制《瓮福紫金化工股份有限公司10万吨/年湿法磷酸、20万吨/年磷铵项目锅炉方案变更环境影响补充报告》，2012年5月17日获龙岩市环保局批复并于同日取得该项目试生产（2014年8月6日获龙岩市环保局验收）。

2. 主要环保措施建设情况

废水环保处理设施　已建设生产废水处理站并完成防腐和防渗工程，建设一座4个约7000立方米的事故应急池，生活污水建有埋地式处理系统，废水总排口安装在线监测系统，主要监测因子：pH、流量、总磷、氨氮、氟化物、化学需氧量（COD）。

废气环保处理设施　磷酸装置尾气建有文丘里洗涤器和两级洗涤塔处理设施并建1个高度为100米的烟囱，安装在线监测系统，主要监测因子：流量、氟化物。磷铵装置建有文丘里洗涤器、氟洗涤器、旋风除尘器、尾气洗涤器等并建1个高度为100米的烟囱，安装在线监测系统，主要监测因子：流量、氨气。锅炉废气配套布袋除尘设施、氨法脱硝和氨法脱硫塔并建1个高度为100米的烟囱，安装在线监测系统，主要监测因子：流量、二氧化硫、氮氧化物。

罐　区　已建好磷酸贮罐、精矿浆贮罐、硫酸贮罐、氟硅酸贮罐等10个并做好围堰和地面防腐、防渗措施。

固体废弃物处理系统设施　已建好磷石膏暂时堆放场所有效库容858万立方米，外售给下游企业泰山石膏厂。

（三）福建龙氟化工有限公司

1. 项目审批

福建龙氟化工有限公司位于蛟洋镇坪埔工业区，成立于2007年12月，一期生产线年生产1.5万吨无水氟化氢及氟盐项目2007年11月经市环保局审批，2009年1月通过验收；二期4万吨/年无水氟化氢、2万吨/年干法氟化铝及10万吨/年硫酸镁扩建项目2011年4月经市环保局审批，其中第一条2万吨/年无水氟化氢生产线已建成，龙岩市环保局下发《市环保局关于福建龙氟化工有限公司年产2万吨/年无水氟化氢生产线试生产的意见》（龙环〔2012〕70号），于2012年3月9日开始投入试生产，2013年4月26日通过龙岩市环保局验收。

2. 主要环保措施建设

废水环保处理设施 安装有在线监控设备，监控的主要的污染因子为pH值，氨氮，氟化物。工艺尾气吸收用水（每天产生量为3.5立方米）用于生产副产品氟硅酸；制酸用水进入产品精制酸；煤气水封排水、设备检修水、地面冲洗水、除尘废水及冷却水，均集中到废水池，经污水处理后泵入山顶沉淀池，经沉淀后循环利用。配套建设1个800立方米的事故应急池。

废气环保处理设施 安装有在线监控设备，监控的主要污染因子为二氧化硫，其余污染因子为氟化物，氮氧化物，粉尘。生产工艺氟化氢尾气采取的是四级尾气吸收装置，循环吸收尾气中残余气体，使之变成副产品——氟硅酸出售；废渣中残余氟化氢气体利用三级渣气回收系统吸收残余气体后达标排放；锅炉燃煤烟气经水膜除尘处理后，SO_2和烟尘均能达标排放；萤石粉粉尘采用布袋除尘器收集并回收利用。

（四）瓮福蓝天氟化工股份有限公司

1. 环境影响报告的编制与审批

该公司2012年6月委托环境保护部南京环境科学研究所编制《湿法磷酸配套年产1万吨无水氟化氢项目环境影响报告书》，并于2012年8月1日获龙岩市环保局批复，2013年3月19日由龙岩市环保局同意投入试运行（2014年8月6日通过龙岩市环保局验收）。公司主要生产无水氟化氢（1万吨/年）、工业氢氟酸等下游产品。该公司原料、产品和中间产品涉及的危险化学品有：硫酸、氟硅酸、无水氟化氢、有水氢氟酸、二氧化硅等。

2. 主要环保措施建设

废气环保处理设施 AHF装置工艺废气主要污染物为氟化物，经过两级文丘里洗涤（水洗）和三级碱洗处理后从40米高的排气筒排放。碱洗循环槽出口安装有pH监测仪、排气筒末端装有废气在线监测装置。

废水环保处理设施 生产废水主要包括废气吸收洗涤废水、装置及地面冲洗水、化验室废水、初期雨水等排入瓮福紫金废水处理系统；清净雨水通过雨水系统外排；生活污水排入化粪池及生活污水排放管道系统进入瓮福紫金生活污水排水管道系统。配套建设1个400立方米的事故应急池。

（五）福建金山黄金冶炼有限公司

1. 环境影响报告的编制与审批

福建金山黄金冶炼有限公司200吨/天难选冶金精矿提金工程于2005年9月委托福建省环境科学研究院进行了项目环境影响评价，2006年7月龙岩市环保局以“岩环字〔2012〕167号”予以批复。2009年3月31日，龙岩市环保局同意通过竣工环境保护验收。2011年11月，新建含金碳末综合回收中试生产项目。2012年5月31日龙岩市环保局同意《福建金山黄金冶炼有限公司200t/d难选冶金精矿提金工程优化环境影响说明》。2012年6月8日通过清洁生产审核评估。

2. 主要环保设施建设

废水环保处理设施 生产废水（净下水）主要来自焙烧工段和制酸车间螺杆泵冷却水、水封、地面冲洗水以及厂区道路地面冲洗水，此部分水采用收集池收集后回用，基本没有外排；生产污水主要来自铜萃取电积车间（主要污染物为硫酸、SS、铜）、陶瓷过滤机过滤工段（主要污染物为氰化物、SS、pH）、制酸车间（主要污染物为硫酸、SS）所产生的废水以及地面冲洗水。此废水主要采用石灰中和调节 pH 值：“二氧化硫-空气”氧化消毒氰根，硫酸亚铁除砷等工艺处理方法进行处理，达标后大部分返回共工段调浆配矿使用，其余经废水在线监测后排入蛟洋溪；生活污水产生量约为 46 立方米/天，主要污染物为 SS、化学需氧量（COD）、氨氮。生活污水经化粪池处理后排入厂区下游下道湖溪。

废气环保处理设施 ⑴制酸系统尾气 精矿焙烧烟气经冷却回收白砷，含有二氧化硫的烟气进入制酸工段经制酸后，尾气经二吸收塔顶纤维除雾器除沫、除雾以及氢氧化钠碱液吸收达标后，由引风机通过烟囱排入大气。主要污染物为：二氧化硫、酸雾。⑵银熔炼炉废气、金银泥硝酸溶解废气 主要来自精炼车间精炼金锭、银锭所产生的废气，该部分的废气采用布袋除尘器以及氢氧化钠碱液吸收装置进行尾气吸收达标后由引风机排出。主要污染物颗粒物、氮氧化物。

固体废物环保处理设施 ⑴焙砂氰化浸出渣 氰化浸出工段的浸出渣，主要成分为二氧化硅、氧化铁、氧化铝、砷酸铁、硫酸钙以及精矿中残存的未挥发砷化合物等。产生量约为 80 吨/天，临时堆放于堆场，然后出售给水泥厂。⑵污水处理渣 污水处理渣主要成分为二氧化硅、氧化铁、氧化铝、砷酸铁、硫酸钙以及精矿中残存的未挥发砷化合物等。⑶转化工段废触煤 制酸车间转化工段触煤，每次使用量约 20 吨，使用周期约 6 年。触煤污染物主要为五氧化二钒，含量 7.5%—8.5%，废触煤由厂家回收再利用。

三、养殖业污染治理

1996 年后，由于生猪价格持续高位运行，生猪养殖发展快，存栏量不断增加。2000 年，全乡生猪出栏 38952 头，存栏 22354 头，分别比 1995 年增长 129%、45%。此后至 2008 年，生猪出栏保持在 36000 头—46000 头，存栏保持在 24000 头—31000 头。生猪养殖发展的同时，养殖废水直排、治理不达标等问题突出。

2009 年，上杭县人民政府先后发出《关于严禁新建扩建养猪场、加强养猪场监管工作的紧急通知》《关于生猪养殖“三区”划定及治理意见》。10 月，蛟洋乡人民政府制订《蛟洋乡生猪养殖业污染综合整治工作方案》，成立以乡长丁焱志任组长、副乡长丘念明任副组长的蛟洋乡生猪养殖业污染整治工作领导小组。养殖业污染综合治理以科学发展观为指导，坚持发展与规划并重、生产与环保并举，坚持“减量化、资源化、无害化、谁污染、谁治理、谁缴费”的原则，坚持饮用水源保护、依法综合治理原则，确保各养猪场废水实现稳定达标排放或零排放，促进生猪生产发展与资源环境的协调可持续发展，实现经济效益、生态效益、社会效益有机结合。实行“一拆、二控、三治、四转、五征”。“拆”即拆除在“禁养区”内的养猪场（指常年存栏 50 头以上的养猪场，下同）；“控”即严禁新（扩）建养猪场，严控养猪规模；“治”即按生猪标准化要求完善治污设施，实现达标或零排放；“转”即引导养猪业主转移从事无污染的产业；“征”即依法征收排污费。大力推行养猪场干湿分离，在规模场内兴建储粪池、动物无害华处理池等设施，按生猪标准化场建设要求兴建沼气池、生化塘、种植果树或采取生物垫料发酵技术，坚决断污、截污，确保养殖废水不外排到河流、沟渠。至 2011 年，已拆除禁养区内养殖场和禁养区外治理不能达标排放的养殖场 13 家、面积 4725 平方米；关闭禁养区内和禁养区外治理不能达标排放的养殖场 12 家，面积 2320 平方米。完成 12 生猪养殖场治理，治理面积 13000 平方米；新建储粪池 8 座、2080 立方米，沼气池 15 口、2000 立方米，储液池 5000 立方米，生化塘 9500 平方米，铺设浇灌管网 16 公里，新增吸污泵 15 台，固液分离机 2 台，兴建化尸池 120 立方米，有 2 个行政村兴建 50 立方米以上的畜禽无害化处理池 2 座。

2012 年 3 月，为认真贯彻落实龙岩市、上杭县人民政府关于加强养殖业污染治理与减排工作的文件精神，蛟洋镇人民政府下发《关于进一步加强 2012 年养殖业污染治理与减排工作的通知》，成立以镇长、镇党委副书记廖新强为组长、副镇长丘念明为副组长的蛟洋镇养殖业污染治理与减排工作领导小组，实行“主要领导亲自抓、分管领导具体抓、干部包村包场”的工作机制，把养殖业污染治理与减排工作任务分解落实到村、到养殖场，推进养殖业污染治理与减排工作，按照“三区”划定要求，严格生猪养殖场审批制度，开展养殖污染治理专项整治，防止生猪养殖无序发展，保护和改善农村生态环境。纳入减排的肉鸡规模养殖场，均采取垫草垫料养殖方式，垫料用于农业或生产有机肥。对禁养区外未纳入减排及关闭拆除名单的生猪养殖场，选用环保饲料、进行雨污分离改造、实行干清粪，按照存栏每头生猪建造储粪池0.1立方米、沼气池0.4立方米、储液池0.6立方米、生化塘6平方米的要求，安装沼液抽灌设备，配足粪污消纳地(每头存栏生猪0.2亩)，实现达标排放或零排放。推进有机肥厂建设，充分发挥有机肥厂对粪污进行集中处理的作用，解决养殖场干清粪便与沼渣的出路。

四、黄潭河流域综合整治

2013年4月始，为提高黄潭河流域水环境质量，增强流域境内可持续发展能力，推进农村生态文明建设，推动国家级生态乡镇创建步伐，建设美丽蛟洋，分三年实施黄潭河流域水环境综合整治工。9月26日，为贯彻《上杭县黄潭河流域水环境综合整治工作实施方案（试行)》，蛟洋镇党委、镇政府下发《关于切实加快推进黄潭河流域养殖业污染整治工作的通知》；11月，成立黄潭河流域水环境综合整治工作领导小组、养殖业污染整治组；推进黄潭河流域养殖业污染整治工作的落实。2013年，依法关闭一批产能落后、无证照、环保不稳定达标的企业，其中，关闭造纸厂2家，塑料米厂1家；共拆除猪场9家，面积1.6万平方米；黄潭河整治以后，行政村生活垃圾采取分类、村收集、镇转运处理“模式”，共建垃圾填埋场5座、垃圾池37个，购买垃圾桶810个，集镇采用保洁公司承保管理模式，进行市场化运作。通过对河道整治，共治理6处沙场。对企业的监管，环境保护监察中队加强对工业企业的监管，对重点企业实行“实时监检”，督促企业做好环保。通过治理，企业基本达标排放，河道采沙规范运行，养殖业通过拆除或环保治理，减少了对水体的污染；生活垃圾通过治理得到按时清理或填埋、焚烧处理。经水质检测证明，蛟洋水质得到好转，坪埔交接段面水质从治理前的劣五类、五类改善至治理后的四类、三类水质。

五、环境保护规划编制

2010年，蛟洋乡为了在谋求国民经济快速发展的同时把合理开发利用自然资源与保持区域生态平衡、改善和创造优美的生产生活环境，在整体上获得最大的社会、经济、环境综合效益，实现“生态工贸新城”的目标，组织编制《蛟洋乡环境保护规划》。

该规划以乡社会经济环境现状调查监测数据为基础，根据当地生态环境特点和社会经济发展趋势预测，从贯彻可持续发展战略角度，提出环境规划目标和环境功能区划以及为实现环境目标实施的环境保护控制措施、生态建设等。该规划内容包括14个方面：概述、编制依据、规划的指导思想和基本原则、引用标准、规划范围和期限、规划目标与指标体系、技术线路、自然环境与社会经济概况、城镇建设发展规划、环境功能区划、环境问题分析、环境保护控制措施、生态产业建设、环境保护规划的实施保证。

经上杭县组织县环保局、城乡规划建设局、农业局、林业局、水利局等部门和有关专家进行评审，认为该规划内容全面、资料丰富、技术路线与方法适合、主要指标阐明清楚、措施方案可行、编制符合技术要求。

2011年3月，经上杭县人民政府研究批复，原则同意该规划。

第六节　生态乡村建设

2010年，乡党委、乡政府启动省级生态乡和省级、市级生态村的创建工作。乡成立创建工作领导小组，按照环保部关于生态乡镇建设5项基本条件、15项指标要求和龙岩市生态村建设4项基本条件、10项指标要求，制定详细的实施方案，细化工作任务，强化措施，明确责任，并多方筹集生态建设专项资金，实施生态农业、生态林业、生态工业、生态家园、生态旅游建设。改善生态环境，增强生态发展优势，着力解决农村发展、环境污染治理和生态保护问题。

2012年6月，崇头、桃源、再兴、苏康、坪上、杨梅坑、下道湖7个村被福建省环境保护厅授予“福建省生态村”称号。

2012年7月，东乾、文都、再嘉、文地、丘坊、陈坊村，被龙岩市环境保护局授予“龙岩市生态村”称号。

2012年12月，蛟洋镇被福建省环境保护厅授予“福建省生态乡镇”称号。

2013年1月，小和、塘厦、华家、丰年、蛟洋、达理、中村村被龙岩市环境保护局授予“龙岩市生态村”称号。

2013年11月，秋竹、邹坑村被龙岩市环境保护局授予“龙岩市生态村”称号。

2013年6月，镇党委、镇政府启动国家级生态乡镇创建工作。

一、生态农业建设

至2013年，基本形成“龙头企业+协会+基地+农户”的生态农业产业化模式，形成高山反季节蔬菜、毛竹、状元豆等优势产业（产品）。以绿色有机农产品为主导的生态农业模式成为全镇农业生产的主流。竹林3564.6公顷。

加强畜禽养殖污染防治，大力推进健康养殖，建设生态养殖场，通过发展生产回收能源沼气、生产有机肥和无害化畜禽粪便还田等综合利用方式，实现养殖废弃物的减量化、资源化、无害化。2012年，按县要求完成12家不达标养殖场整治，建立示范场3家，完成列入重点减排场4家。

二、生态林业建设

按照全省实施生态公益林建设的要求，明确林业在生态建设中的重新定位，不再把林业单纯地看作是提供木材的产业，而是维系生态安全，保障经济社会可持续发展的公益性事业和基础产业。严格落实福建省生态公益林资金补偿制度，对纳入公益林范围的山林落实货币补偿，落实专职护林员制度，调动保护公益林建设的积极性。完善林业二轮承包工作，进一步明确林权和各类经营主体，保护林农的生产积极性，促进生态公益林建设。2013年，全镇生态公益林达2672.5公顷，封山育林面积约2400公顷，森林覆盖率达76.93%。

三、生态工业建设

工业园区经济由“招商引资”改为“招商选资”。遵循经济效益、社会效益、环境效益三统一原则，加强管理与治理工作，积极建设标准化生态工业区。成立镇节能减排工作领导小组，负责对企业的督导督察，正确引导企业做好节能减排工作，发现问题及时督促企业整改和治理。全镇所有排污企业全部与污水处理厂签订委托处理协议。推行循环经济，节约利用资源。坚持工业区“科技含量高、经济效益好、资源消耗低、环境污染少”的生态工业发展方向。

四、生态家园建设

在蛟洋、崇头、坪埔、塘厦等村开展“绿色村庄”创建活动，建设绿化带绿地20000平方米，在村道、河道、沟渠绿地植树10000株，美化绿化村庄。以“营造绿色家园”为主题，实施“家园清洁行动”，推进农村环境综合整治。加强污染源头管理，按照“门前三包、集中分拣、综合利用、无公害处理”的要求，实施农村垃圾集中分类处理。投资45万元兴建垃圾填埋场和垃圾焚烧炉，建立一支10人的保洁员队伍，配备1辆保洁车，建设5个垃圾集中堆放池，购置垃圾箱10个，垃圾桶60个，对集镇垃圾分片区定点清运。24个村建立专职保洁员制度，配备专职保洁员40人。推广沼气等新型能源、清洁能源。在生态示范村建设“四位一体”工程，即一间房、一猪舍、一卫生间、一沼气池，有地下网管连为一体。人畜粪便进入沼气池发酵，实行综合利用；沼气新型能源的使用，减轻农户生活能源对薪炭材的依赖，促进森林保护和生态功能的进一步优化。2012年，新（改）装镇村道路太阳能节能灯近千盏，户用节能灯近万盏。投资30多万元实施黄潭河流域综合整治，涉及蛟洋、崇头、塘厦等17个行政村。

五、生态旅游建设

镇党委、镇政府重视双髻山、蛟洋文昌阁、华家千年银杏、清代著名画家华嵒故里等特色旅游资源的开发，加强旅游景点基础设施建设力度，完善旅游景点景区基本功能；完善与景区配套的道路、停车场、游客服务中心等基础设施，增强景区的可进入性。开发坪埔千亩生态观光园等，发展生态旅游。

第三章　人　口

据古文化遗址考证，早在商、周时期，蛟洋平岗尾、丘坊下科山、塘厦福利坑已有人类活动。唐代以前境内的人类活动无文字记载。蛟洋由于自然地理环境优越，唐宋以后，吸引众多客家先民在这里开基立业，繁衍生息。唐上元元年（674年），赖标统兵入闽剿“寇”，后敕镇古田里坪埔，率眷而家。宋元时期，境内有傅、丘、张、华、邹、林姓等客家先民定居。

1950—1959年，境内人口缓慢增长。60年代中期后，人口出生率、自然增长率总体呈上升趋势，80年代末达到高峰。人口出生率，1989年达29.60‰，1990年达29.49‰；自然增长率，1989年达23.50‰,1990年达23.14‰。1990年，蛟洋人口达22244人。人口增长过快，制约经济和社会的发展。

1971—2013年，蛟洋历届党委、政府认真贯彻国家的人口政策，贯彻落实上杭县的计划生育措施，以行政手段为主，经济和法律手段为辅，建立利益导向与社会制约相结合，宣传教育、综合服务、科学管理相统一的计划生育工作机制，逐步实现控制人口数量、提高人口质量、促进人口与经济社会协调发展的目标。1991年后，人口出生率、自然增长率总体呈下降趋势，人口增长过快的势头得到有效控制。

2013年，蛟洋人口25148人，人口出生率21.7‰，自然增长率16.5‰。

第一节　人口总量与分布

一、人口总量

宋元时期，迁入闽粤赣边的北方汉族移民及其后裔逐渐移居蛟洋，蛟洋人口逐步增加。境内有傅、丘、张、华、邹、赖、林等客家和雷姓畲族先民定居。清雍正元年（1723年）开始推行“摊丁入亩”等政策，人口增加较快。人口数无考。

民国初期，人口较为稳定。第二次国内革命战争时期，国民党对共产党创建的苏维埃地区发动反革命围剿，蛟洋牺牲的烈士220人，被迫害和饥饿致死的数百人，造成人口下降。抗日战争期间，日本军队于1939年6月侵占广东潮州、汕头地区，疯狂掠夺，民不聊生，揭阳、潮汕一带妇女儿童两三百人入蛟洋避难定居。民国30年（1941年）12月，华洋乡19保248甲3161户，14119人。

新中国成立初，境内人口缓慢增长。1953年8月，上杭县第七区（蛟洋）人口达13306人；其中，再兴乡1251人，华家乡1103人，文都乡1852人，蛟洋乡2289人，丰年乡1383人，中村乡1915人，文地乡1259人，塘厦乡1123人，苦竹乡1131人。

1960年，由于受“大跃进”、人民公社化浮夸风、瞎指挥和自然灾害的影响，粮食减产，人口非正常死亡增加。1965年，蛟洋公社人口13570人。总户数3324户，女性人口数6808人，出生人数624人，死亡人数158人。

1969年，1123名知识青年响应党中央、毛泽东主席“上山下乡”的号召，从厦门等地到蛟洋公社各村插队落户，“接受贫下中农再教育”。

20 世纪 60 年代中期后，人口逐步出现高增长。1982 年，人口出生率达 20.45‰；1985 年，全乡人口达 20172 人，比 1965 年净增 6602 人；1989 年，人口出生率高达 29.60‰，自然增长率高达 23.50 ‰，均为历史最高年份。1990 年，蛟洋人口达 22244 人。

1991 年后，人口出生率、自然增长率总体呈下降趋势，人口增长过快的势头得到有效控制。

2013 年，蛟洋镇人口 6982 户、25148 人。

1980—2013 年蛟洋人口情况表

表 3–1

年份	总户数（户）	总人口（人）	#女性	出生（人）	男	女	人口出生率（‰）	死亡（人）	人口死亡率（‰）	人口自然增长率（‰）
1980	3943	19111	9272	305	—	—	16.00	118	6.20	9.80
1981	3930	19294	9368	331	—	—	17.24	88	5.83	10.42
1982	3979	19531	9492	397	—	—	20.45	126	6.49	13.96
1983	4011	19737	—	375	—	—	19.10	132	6.72	12.38
1984	4095	19995	9775	403	—	—	20.03	73	0.46	18.01
1985	4159	20172	9873	401	—	—	—	—	—	—
1986	4297	20408	—	355	—	—	17.50	128	6.31	11.19
1987	4388	20652	—	407	—	—	19.82	115	5.60	14.22
1988	4597	20985	10254	358	—	—	17.20	110	5.28	11.91
1989	4657	21771	10619	632	—	—	29.60	130	6.10	23.50
1990	4877	22244	10849	655	—	—	29.49	141	6.35	23.14
1991	5026	22577	10955	498	—	—	22.20	123	5.48	16.73
1992	5166	22775	11033	396	—	—	17.46	146	6.44	11.64
1993	5223	23098	11060	254	—	—	13.82	107	5.82	10.99
1994	5271	23121	11179	266	—	—	11.51	150	6.49	5.02
1995	5298	23401	11232	521	—	—	22.49	137	5.89	16.60
1996	5332	23449	11239	275	—	—	11.74	122	5.21	6.53
1997	5540	23478	11243	303	—	—	12.91	156	6.65	6.26
1998	5570	23544	11285	260	—	—	11.06	150	6.38	4.68
1999	5473	23580	11329	243	—	—	10.31	157	6.66	3.65
2000	6070	23638	11351	319	—	—	13.51	201	8.51	5.00
2001	6229	23645	11397	144	67	77	6.09	76	3.21	2.88
2002	6293	23677	11391	145	64	81	6.13	44	1.86	4.27
2003	6290	23630	11367	175	90	85	7.40	141	5.96	1.44
2004	6362	23602	11359	248	148	100	10.50	139	5.89	4.62
2005	6364	23668	11377	204	114	90	8.63	49	2.07	6.56
2006	6456	23846	11455	253	130	123	10.65	68	2.86	7.79
2007	6526	24044	11459	243	123	120	10.15	78	3.26	6.89
2008	6595	24371	11771	307	162	145	12.68	92	3.80	8.88
2009	6468	24648	11902	270	160	110	11.02	104	4.24	6.77
2010	—	—	—	—	—	—	—	—	—	—
2011	6684	24433	11768	249	148	101	10.19	829	33.93	–23.74
2012	6869	24735	11921	281	162	119	11.40	95	3.86	7.60
2013	6982	25148	12111	541	298	243	21.70	129	5.20	16.50

注：1.表内资料来自《上杭统计年鉴》。2.2005—2010 年，部分死亡者家属未及时到乡派出所申报注销死者户口，而集中在 2011 年注销，体现为 2011 年死亡人数大量增加；故该年份人口死亡率、人口自然增长率与其他年份无可比性。3.《2011 上杭统计年鉴》中，2010 年人口数据与 2009 年数据完全相同，疑有误，本志未采用

六次全国人口普查蛟洋人口情况表

表 3–2

普查次序（时间）		总户数（户）	总 人 口（人）		
			合计	男	女
第一次人口普查（1953 年 8 月）		—	13306	6442	6864
第二次人口普查（1964 年 7 月）		2849	10994	5479	5515
	华佳公社	1555	5833	2857	2976
	蛟洋公社	1294	5161	2622	2539
第三次人口普查（1982 年 7 月）		3949	19398	9962	9436
第四次人口普查（1990 年 7 月）		4814	22183	11311	10872
第五次人口普查（2000 年 11 月）		5938	21457	11064	10393
第六次人口普查（2010 年 11 月）		7515	20968	11661	9307

注：1952 年 11 月始，蛟洋为第七区，设再兴、华家、文都、蛟洋、丰年、中村、文地、塘厦、苦竹 9 个乡，1953 年的人口普查数据根据 9 个乡的人口数据汇总

二、人口分布

1953 年 8 月，上杭县第七区（蛟洋）人口 13306 人，分布在再兴、华家、文都、蛟洋、丰年、中村、文地、塘厦、苦竹 9 个乡。

1965 年，蛟洋公社总人口 13570 人，分布在维新、石庄、蛟洋、崇源、塘下、东干、丘坊、苏坑、坪埔、光明、梅坝、文地、太阳、达理、小和、秋竹、丰年、华家、文都、再兴、邹坑、中村、坪上、再嘉 24 个大队，每平方公里 60.80 人。1985 年，蛟洋乡总人口 20172 人，分布在下道湖、坪埔、崇源、蛟洋、塘下、东干、陈坊、文地、杨梅坑、桃源、达理、丘坊、苏坑、梅坝、小和、秋竹、贵竹、丰年、华家、文都、再兴、邹坑、中村、坪上、再嘉 25 个行政村，每平方公里 88.47 人。1990 年，全乡 22284 人，分布在 25 个行政村，每平方公里 97.74 人。2000 年，全乡 23638 人，分布在 25 个行政村，每平方公里 103.68 人。

2013 年年底，蛟洋镇 25148 人，分布在 25 个行政村，每平方公里 110.65 人；其中，居住 3000 人以上的村 1 个，为蛟洋村；2000 人以上 3000 人以下的村 1 个，为丘坊村；1000 人以上 2000 人以下的村 4 个，为华家、塘厦、中村、再兴村；其余 19 个村均居住 1000 人以下，人口最少的村为桃源（新）村，仅 327 人。

若干年份蛟洋乡人口分布情况表

表 3-3 单位：人

村别	1965 年	1980 年	1990 年	2000 年	2010 年	2013 年
全乡（镇）	13750	19111	22284	23628	26835	24589
蛟洋	853	2593	3008	3123	4148	3792
坪埔	309	856	656	677	883	857
崇头	366	568	661	658	823	762
梅坝	343	497	607	661	830	800
下道湖	—	—	297	310	393	379
杨梅坑	—	410	416	460	530	471
桃源	—	—	273	278	329	307
文地	229	365	427	427	492	444
塘厦	366	1448	1700	1723	2035	1847
东乾	534	438	522	523	595	540
陈坊	—	283	328	341	410	379
达理	536	750	565	559	647	600
丘坊	1054	1556	1868	1887	2225	2002
苏康	453	613	716	727	835	754
秋竹	466	683	766	834	962	880
小和	417	556	638	661	772	723
丰年	630	899	569	604	708	634
华家	1134	1516	1742	1730	2008	1817
再兴	864	1107	1257	1291	1470	1347
文都	477	734	794	826	935	827
贵竹	—	—	498	517	622	580
邹坑	439	630	717	769	894	823
中村	844	1222	1446	1567	1776	1609
坪上	450	—	683	698	778	706
再嘉	361	—	630	585	735	709
乡直	—	304	460	346	—	—

注：1. 1965 年，维新大队 566 人，石庄大队 515 人，光明大队 279 人，太阳大队 294 人。2. 1980 年坪高大队 1083 人。 3. 2013 年人口数，《上杭统计年鉴》2014 卷在《分乡镇人口情况》中为 25148 人，在《村级主要经济指标》中为 24589 人

第二节　人口构成

一、性别构成

民国时期，战事不断，男性死亡及流失过多，造成男性少于女性。民国30年（1941年）12月，华洋乡14119人，其中男6847人，女7272人，男女性别比为94.16:100。新中国成立后，男女比例渐趋正常。1954年3月，全区人口13307人，其中男6442人，女6864人，男女性别比为93.85:100。1965年性别比（女性为100）为99.30，1970年性别比为100.73。1990年后，性别比持续出现偏高趋势，其中，1995年为108.34，为最高年份；2013年，蛟洋人口性别比为107.65。

若干年份蛟洋人口性别比表

表3–4

年　份	总人口	男	女	性别比（女=100）
1953	13306	6442	6864	93.85
1965	13570	6761	6809	99.30
1970	17068	8565	8503	100.73
1980	19111	9838	9273	106.09
1990	22244	11395	10849	105.03
1995	23401	12169	11232	108.34
2005	23668	12291	11377	108.03
2010	24648	12746	11902	107.09
2013	25148	13037	12111	107.65

注：1953年为人口普查数据，其余据《上杭统计年鉴》数据计算

二、年龄构成

新中国成立前，无人口年龄资料。

1953年8月，第七区13306人，其中，0—14岁儿童3621人，占全区人口总数的27.21%；65岁及以上606人，占4.55%。

1964年，蛟洋公社、华佳公社0—14岁儿童共3738人，占两个公社人口总数10994的34.00%，65岁及以上共303人，占2.76%。

2003年，蛟洋乡23630人，其中18岁以下6918人，占人口总数的29.28%；18—35岁6847人，占28.98%；35—60岁6761人，占28.61%；60岁以上3104人，占13.13%。

2013年，蛟洋镇25148人，其中18岁以下4428人，占人口总数的17.61%；18—35岁7506人，占29.85%；35—60岁9296人，占36.97%；60岁以上3918人，占15.58%。

人口普查年份蛟洋人口年龄结构表

表 3-5　　单位：人

年份	总人口	年龄组（岁）								
		0—9	10—19	20—29	30—39	40—49	50—59	60—69	70—79	80 以上
1953	13306	2974	3102	1760	1804	1556	1171	614	290	35
1964	10739	2616	2091	2027	1348	1171	852	501	112	21
1982	19398	4223	5669	2424	2000	2209	1236	1035	498	104
1990	22183	4925	4555	4538	2444	1873	1931	1051	665	201
2000	21457	3098	4420	3057	3459	2299	1734	1693	723	304
2010	20968	2087	2089	2989	3812	4407	2273	1612	1266	433

注：1964 年 7 月第二次人口普查华佳公社人口总数为 5833 人，但人口年龄表中的分数相加为 5578 人，本表中依人口年龄表计算，故人口总数与表 3-2 不同

2003—2013 年蛟洋人口年龄结构表

表 3-6　　单位：人

年份	总人口	18 岁以下	18—35 岁	35—60 岁	60 岁以上
2003	23630	6918	6847	6761	3104
2004	23602	6259	6545	7439	3359
2005	23668	5867	6556	7737	3508
2006	23846	5579	6523	8106	3638
2007	24044	5078	6810	8403	3753
2008	24371	4680	7128	8699	3864
2009	24648	4319	7440	8885	4004
2010	—	—	—	—	—
2011	24433	4096	7584	9114	3639
2012	24735	4114	7569	9266	3786
2013	25148	4428	7506	9296	3918

注：据《上杭统计年鉴》。《2011 上杭统计年鉴》中，2010 年人口年龄结构数据与 2009 年数据完全相同，疑有误，本志未采用

三、民族构成

1964 年以前，蛟洋居民的民族成分均为汉族（雷姓民众未恢复畲族成分）。

1964 年人口普查时，蛟洋（含蛟洋公社、华佳公社）人口 10994 人，除满族 1 人外，均为汉族。

1987 年，华家、坪埔村雷姓民众恢复畲族成分。1992 年，畲族人口有华家 206 人、坪埔 27 人。

据人口普查数据，1990年全乡人口22183人，其中汉族21909，占全乡人口的98.76%；畲族214人，占0.96%；其他少数民族39人，占0.18%。其他少数民族为苗族16人，土家族14人，侗族4人，壮族3人，满族、瑶族各1人。2000年，全乡人口21457人，其中，汉族21219人，占全乡人口的98.89%；畲族200人，占0.93%；其他少数民族38人，占0.18%。2010年，全乡人口20968人，其中汉族20670人，占全乡人口的98.58%，畲族191人，占0.91%，其他少数民族107人，占0.51%。其他少数民族为土家族46人，苗族19人，彝族18人，壮族7人，白族4人，藏族、侗族各3人，蒙古族、回族、布依族、满族、哈尼族、黎族、土族各1人。

四、职业构成

明清至民国时期，蛟洋境内居民除以种田为主业外，亦从事造纸、泥水匠、木匠等其他副业。各村因自然条件的不同，所兼营的副业也有所不同；山区村主要从事造纸业。

新中国成立后至20世纪70年代，境内居民仍以种田为主业，并从事各种副业。但因资源问题和机器工业的发展，从事造纸的逐步减少。1982年，全社在业人口10010人，其中农、林、牧、渔、水利业从业人员9314人，占93.05%。

1990年，全乡在业人口12619人，其中农、林、牧、渔、水利业从业人员11819人，占93.66%。

1990—2013年，职业门类不断增加，涵盖建筑业、加工业（粮食、服务、鞋袜、竹木、电子等）、矿产业（黄金、水泥、轻钙）、运输业、房地产业、餐饮业等，劳动力职业构成发生较大变化，农业从业人员大幅度减少。

2013年，农业从业人员3619人，占乡村从业人员总数的27.04%。

第三节　人口姓氏

一、姓　氏

至民国时期，聚居蛟洋的姓氏35个（按姓氏笔画为序）：上官、马、毛、王、邓、丘、石、华、孙、朱、江、余、吴、张、李、杨、沈、苏、邹、陈、林、罗、侯、俞、胡、袁、郭、高、黄、傅、曾、谢、赖、廖、熊。其中，唐代至明代迁入的主要有赖、傅、丘、华、张、邹、王、邓、陈、林等姓氏。2013年，聚居蛟洋的主要姓氏29个（按姓氏笔画为序）：马、王、邓、丘、刘、华、孙、朱、江、严、吴、张、李、杨、沈、苏、邹、陈、林、罗、郑、袁、郭、黄、傅、彭、赖、雷、廖。张、丘、傅、华、邹姓人口均在2000人以上。

1979年实行改革开放的政策后，由于婚嫁、就业等原因，落户蛟洋的人口姓氏大量增加。2013年12月，蛟洋户籍人口姓氏达119个。其中，2000人以上的姓氏（按人口多少为序，下同）为：张、丘（邱）、傅、华、邹；1000人以下100人以上的姓氏为：邓、陈、杨、王、袁、朱、赖、黄、雷、郭、林、李、马、刘、罗、郑、廖；100人以下10人以上的为彭、江、吴、严、温、谢、钟、胡、曹、曾、孙、熊、阙、范；10人以下的姓氏有（按姓氏笔画为序）丁、于、孔、尹、方、韦、乐、代、卢、叶、左、田、申、石、龙、任、伍、向、吕、庄、江、池、汤、祁、纪、许、何、杜、肖（萧）、苏、连、陆、官、巫、易、练、郎、侯、俞、姚、段、洪、祝、赵、项、饶、骆、倪、凌、唐、夏、徐、涂、秦、翁、莫、高、常、康、梁、章、麻、龚、游、程、童、舒、董、蒋、韩、简、蒲、蓝（兰）、詹、翟、蔡、谭、滕、颜、黎、薛、戴、魏。

二、分　布

聚居蛟洋的29个主要姓氏中，张、丘、傅、华、邹姓人口分布较广。张姓分布在7个村，再兴、苏康村聚居姓氏为清一色张姓。丘姓、傅姓、华姓分别分布在5个村。邹姓分布在3个村。聚居姓氏最多的村是梅坝村（10个），其次为文都村（8个）、贵竹村（7个）。

蛟洋各村主要聚居姓氏表

表3–7

村别	主要聚居姓氏	曾居住过的姓氏
坪埔	袁、傅、雷、丘	赖
崇头	丘、傅	
梅坝	赖、罗、严、张、傅、李、彭、丘、李、华	
下道湖	邹、张	
蛟洋	傅、邹、陈、沈、孙	
杨梅坑	邓、邹、黄	
桃源	丘、杨	
文地	杨	罗
塘厦	邹	
东乾	邓、张	
陈坊	陈	
达理	丘	马、熊、黄、邹
丘坊	丘、杨	杨、罗、沈、上官、马、朱、侯、毛
苏康	张	
秋竹	华、张	
小和	华、周	杨、石、俞、林、吴、邹、胡
丰年	华、郭、袁、李	
华家	华、雷	陈、江、林、王、谢、罗、丘、袁、陆
再兴	张	杨、曾、余、陈、江、李、苏
文都	丘、郑、张、李、孙、黄、陈、江	
贵竹	华、林、张、邓、苏、廖、陈	
邹坑	张、马、黄、吴、吕、郭	陈、枫、江
中村	张、傅、林	丘、卓
坪上	王、赖、黄	
再嘉	赖、朱	

附：蛟洋主要聚居姓氏迁入情况

赖　氏　松阳郡。江西省宁都县赖仲方曾孙赖标（字允闾,值殿大将军），于唐上元元年（674年）奉命统兵五路入闽剿“寇”，由浙江松阳经建宁至上杭，一鼓而定，圣谕敕其镇守闽汀上杭蛟洋坪埔，遂偕眷而家（对赖标入闽时间，一说为乾符元年即公元874年）。赖标被称为该支赖氏入闽始祖。梅坝、坪上、再嘉赖氏为赖标后裔。

华 氏 据《闽汀武陵华氏族谱》，宋绍定间（1131—1162年），祖居江苏无锡武陵街的华京一郎，入连城东溪乡，卜居姑田乡龙坑村开基，为该支华氏入闽始祖。华京一郎子华九郎，宋嘉定十二年（1219年）携幼子二郎徙居上杭白砂仙阁峦（今蛟洋中村）开基。四至七世祖先后在小河坑、华家亭等地开基创业。明朝中期，华小二郎、小三郎自连城姑田迁贵竹。

傅 氏 清河郡。傅以南（讳天植，又名一郎），南宋咸淳间（1265—1274年）从宿州灵璧县偕眷避乱入闽，抵宁化县石壁村，被称为闽西傅氏始祖。其三子侍郎，名正先，号仰斋，由宁化石壁迁长汀县宣豪里杉树坑、大岭背坑（今连城县宣和乡傅家墙）。正先七子念七郎，从傅家墙先迁居江西，后转徙上杭太拔增坑，13世纪后期定居蛟洋傅凹头，为蛟洋开基祖。明代，八世傅盛迁上崇源开基。清乾隆间（1736—1796年），傅李宗自白砂迁中村。

丘 氏 河南郡。宋朝中叶，丘三五郎从宁化石壁迁上杭县胜运里太拔城前坝（今太拔乡太拔村）开基。丘三五郎三世孙万八郎移居合溪狗社里山塘背，四世孙丘寿山从狗社里山塘背迁蛟洋崇源杉树下开基；九世孙丘三益从崇源杉树下迁丘坊油楻背（今新溪里）开基；九世孙丘原一、丘善夫迁塔里（今达理）开基。

邹 氏 元初自长汀县四堡双井（即今连城县四堡双泉）迁至上杭县三都古田里大吴地，再移居邹坑，后与马姓人（居塘厦）互换居住地，邹姓人到塘厦居住。

邓 氏 约宋嘉泰至祥兴年间（1201—1280年），邓太一郎从连城庙前芷溪山门移居上杨梅坑；太二郎移居东乾村。民国9年（1921年）邓鸿金从连城丰图移居贵竹。

张 氏 清河郡。宋嘉泰四年（1204年），被尊称为“鄞江始祖”的张化孙迁居上杭北乡深坑尾西洋村（今白砂镇西洋村）。张化孙四世孙张霖上（号时雨）宋末迁再兴开基，十二世孙张三七郎自龙岩（今新罗区）大池北溪迁苏康开基；十三世孙张廷光自白砂迁贵竹村朗星（罗新坑）开基。明永乐年间（1403—1424年），张化孙十三世孙张六一、张有安自江西赣州安远县平阳苎皮村迁中村开基。中村部分张氏自连城县庙前丰图迁入。梅坝、下道湖张氏，上祖不明，开基祖张先俸。

林 氏 境内林氏属西河郡。南宋末年，闽西西河林氏始祖林文德之子林元寿（八郎）徙上杭县白砂塘丰村花园里开基。明朝中叶，林元寿八世孙林永生自白砂横岗头移居贵竹朗星开基。清代，林应广自武平县中堡悦洋迁中村。

袁 氏 汝南郡 宋末，袁昌贵（又名十七郎，一说七十郎）由汝南郡（今河南汝南县一带）经宁化石壁，辗转到上杭白砂郑坑竹子窝开基。明嘉靖年间（1522—1566年），袁昌贵六世孙袁璋自白砂迁坪埔开基。

苏 氏 武功郡 唐末，苏威五世孙苏益随王潮、王审知入闽，为芦山堂同安苏姓始祖。明朝中期，苏益裔孙苏九二郎自同安迁贵竹。

廖 氏 武威郡。北宋初年（一说宋中叶），廖实蕃（讳花）由延平顺昌迁居上杭郭坊（今兰溪镇觉坊村），廖花被其裔孙奉为闽粤赣一世祖。明初，廖花裔孙廖遐满自白砂长锦迁贵竹。

陈 氏，颍川郡。明末清初，陈文纪自宁化县迁贵竹。

杨 氏，明万历四十年（1612年），杨九三郎五世孙杨邱寿自连城芷溪迁丘坊井背坑开基。清初，杨九三郎八世孙杨春茂自丘坊迁桃源开基。清中期，杨九三郎十三世孙杨尚宝、杨尚秀自连城芷溪背园迁文地村开基。

雷 氏，冯翊郡。明洪武十五年（1382年）后，雷久征（字绍基，号八十郎）由清流迁至上杭胜运里曾坑，尔后迁崇厦村开基。雷久征六世孙千二郎约于明正德（1506—1521年）后自崇厦迁大坪（今属华家村）开基。

第四节　人口素质

一、寿　命

新中国成立后，医疗卫生事业不断发展，乡有卫生院，村有医疗所，群众的一般疾病医治不出乡，人民健康水平不断提高，平均预期寿命延长。1953 年 8 月，全区 70—79 岁 290 人，80—89 岁 34 人，90—99 岁 1 人，70 岁以上人口占总人口的 2.44%。1982 年后，70 岁以上人口占总人口的比重呈上升趋势。据人口普查数据，70 岁以上人口，1982 年占总人口的 3.10%；2000 年，占 4.79%；2010 年，占 8.10%。

人口普查年份蛟洋乡 70 岁以上人口情况表

表 3–8　　单位：人

年份	总人口	70—79 岁	80—89 岁	90—99 岁	70 岁以上人口占总人口的比重（%）
1953	13306	290	34	1	2.44
1964	10994	112	20	1	1.21
1982	19398	498	101	3	3.10
1990	22183	665	191	10	3.90
2000	21457	723	279	25	4.79
2010	20968	1266	373	60	8.10

二、文化素质

新中国成立前，6 岁以上人口中文盲、半文盲占绝大多数，识字者普遍文化程度不高，初中、高中毕业生屈指可数，大学毕业生凤毛麟角。

新中国成立后，人民政府大力发展教育事业，人口的文化素质逐步提高，文盲、半文盲人数逐年减少。

据人口普查数据，1964 年，蛟洋公社、华佳公社共有文盲、半文盲人口 4443 人，占总人口的 40.41%；小学以上文化程度 3761 人，占总人口的 34.21%，其中，小学 3106 人，初中 476 人，高中 172 人，大学 25 人；每千人中仅有大学文化程度 0.23 人。

1982 年，全公社文盲、半文盲人口占总人口的 38.71%；每千人中有大学文化程度 1.44 人，高中 48.81 人，初中 115.53 人，小学 406.54 人。

1990 年，全乡有小学以上文化程度 14126 人，占总人口数的 63.68%，占 6 岁以上人口的 75.19%，其中，小学 9601 人，初中 3235 人，高中 1069 人，中专 169 人，大学专科 44 人，本科 8 人；每千人中有大学文化程度 2.34 人。

2000 年，全乡有 6 岁及以上人口 20156 人，小学以上文化程度 16496 人，占 6 岁以上人口的 81.84%；其中，小学 9977 人，初中 5100 人，高中 1191 人，大学专科 195 人，本科 33 人；每千人中有大学文化程度 10.63 人。

2010 年，全乡有小学以上文化程度 19221 人，占 6 岁以上人口 19633 人的 97.90%；其中，小学 6874 人，初中 8094 人，高中 2963 人，大学专科 813 人，本科 465 人，研究生 12 人；每千人中有大学文化程度 65.7 人。

附：蛟洋百岁寿星名录

傅天益（生卒年不详），男，崇头村上崇源人，寿101岁，清嘉庆二十五年（1820年）树“人瑞坊”（载1846年版《蛟洋傅氏族谱》，转引自2005年版《上杭蛟洋傅氏盛公脉系谱》）

张宏三（生卒年不详），男，苏康村人，寿百岁，建坊于水口。

傅岳山妻邹氏（生卒年不详），蛟洋村人，寿105岁，清道光三年（1823年）建坊于乡。

邹奎光妻丘氏（生卒年不详），下道湖村人，寿103岁，建有坊表。

傅赞谟（1890—1995年），男，字际陶，号相甫，蛟洋村人。大学毕业，医生。

邹桂招（1901—2009年），女，文都村人。

杜赛娇（1902—2005年），女，丘坊村人。仁慈，饮食清淡，性情温和，儿孙孝顺，生活安定。

丘运招（1903—2009年），女，蛟洋村人。

傅娣娣（1904—2004年），女，丘坊村人。仁慈，性情好，爱劳作，爱卫生，不挑食。

张　妹（1905—2005年），女，丘坊村人。

第五节　婚姻与家庭

一、婚　姻

明清至民国时期，婚姻多为“父母之命、媒妁之言”的封建包办买卖婚姻；多数为一夫一妻，少数富裕人家则重婚纳妾；不少穷人抱童养媳，配等郎妹；亦有“转亲婚”“打合同”“一子承两房”等特殊婚姻。早婚现象普遍，女子未满18岁结婚的占大多数。以男娶女嫁为主导，上门入赘为少数，婚嫁对象一般在本地和周边乡（镇）选择。民国20年（1931年）12月、民国23年4月，中华苏维埃共和国中央执行委员会先后颁布《中华苏维埃共和国婚姻条例》《中华苏维埃共和国婚姻法》，规定实行男女婚姻自由自主，一夫一妻；废除一切封建婚姻制度；禁止买卖婚姻，重婚纳妾和养童养媳；婚龄为男20岁，女18岁；蛟洋苏区认真贯彻执行。20世纪40年代，日本占领广东后，潮州、汕头一带约300名女子（其中丘坊41人，有的携儿女）入境，与境内男子结合成家。

1950年，中央人民政府颁布第一部《中华人民共和国婚姻法》，规定男女婚姻自由，不得包办和买卖，实行一夫一妻制，重婚为犯罪等新的婚姻制度。结婚年龄为男20周岁，女18周岁。区利用各种形式，广泛宣传，使婚姻法家喻户晓。

1980年，国家颁布新婚姻法（1981年1月施行），除将结婚年龄改为男不得早于22周岁、女不得早于20周岁外，还提倡晚婚、晚育。1981年始，广西壮族自治区近50位女青年与蛟洋男青年结成夫妻。

2001年4月28日九届全国人大常委会第二十一次会议通过《关于修改〈中华人民共和国婚姻法〉的决定》，对1980年颁布的婚姻法作修正。其中“夫妻应当互相忠实，互相尊重；家庭成员间应当敬老爱幼，互相帮助，维护平等、和睦、文明的婚姻家庭关系”，结婚后“女方可以成为男方家庭的成员，男方可以成为女方家庭的成员”，“子女可以随父姓，可以随母姓”等，深受群众拥护。至2013年，上百名云南、贵州、四川、湖北等省的男青年落户蛟洋，与当地女青年结婚。

二、家　庭

宋、元、明时期，南迁的中原汉人陆续进入蛟洋，家庭规模较小。

清代至民国时期，人们崇尚“四代”“五代”同堂，有钱人娶妻纳妾，子女众多，家庭规模较大，十多个人一家的很平常，部分家庭多达二十几人。

新中国成立后，实行一夫一妻制，家庭观念发生变化。20世纪六七十年代后，国家实行计划生育政策，家庭规模随着发生变化。1990年后，家庭规模逐步缩小；四代五代同堂户型已不多见。全乡家庭平均人口，1990年为4.57人，2000年为4.32人；2011年为3.67人。

据人口普查数据，1990年，全乡家庭户4789户，全家四人及以下的共2332户，占48.69%；五人及以上的共2457户，占51.31%。其中一人户340户，占7.1%；二人户351户，占7.3%；三人户614户，占12.82%；四人户1027户，占21.44%；五人户1093户，占22.82%。单身316户，一对夫妇户107户，二代户2711户，三代户1169户，四代户79户，五代户1户。

2010年，全乡家庭户6869户，全家四人及以下的共6074户，占88.43%；五人及以上的共795户，占11.57%。其中一人户1436户，占20.91%；二人户1916户，占27.89%；三人户1617户，占23.54%；四人户1105户，占16.09%；五人户556户，占8.09%。一代户2948户，二代户2659户，三代户1202户，四代户60户，无五代同堂户。

附：旧时特殊婚姻

童养媳 旧时，婚娶费用高昂。平民家庭往往为幼子抱养别人的女婴或幼女，长到十五六岁时便择岁末圆房完婚。这种婚姻，礼仪简约，花费极少。但这种婚姻常常造成早婚早育，束缚婚姻自由，夫妻感情不好的现象极为常见。多数童养媳形同奴婢，遭受虐待。

等郎妹 旧时，夫妻数年未生儿子，即抱养别人女婴或幼女，名之“招娣”，即希望招来弟弟；等待弟弟长大后成婚或无子者招赘嗣祧。这种婚姻，大都老妇少夫，多无幸福可言。

再醮妇 旧时，妇女要恪守“三从四德”，寡妇改嫁被认为不贞不节。但蛟洋与闽西其他客家地区一样，寡妇再嫁现象较为普遍。一般由媒人、亲友介绍撮合，男女双方在集市村野幽会，再征得家长、族长同意后议亲。有子女者要商定子女的抚养问题，男孩一般不让随母，要留下由族人抚养。再嫁妇所收财物多归夫家所得，出嫁时不得吹打张扬，婚礼简朴。

一子承两房 旧时，兄弟中一人生子，一人未生，为延续“香火”，兄弟俩便各为该“子”（儿子、侄子）娶一妻，该“子”两妻所生儿女，分别归“兄”或“弟”（父或叔伯），称“一子承两房”。

“打合同” 旧时，无力娶妻者或错过最佳结婚年龄依然独身的男人，选有女孩或等郎妹的家庭，愿与其女孩或等郎妹结婚，但不入赘其家，所生子女各家一半，先期生下的归女方家，随女方家姓；后生的归男方，随男方姓。

转亲婚 旧时，嫂嫂或弟媳丈夫去世，因家境较好，相处和睦，女方不愿再嫁，经双方家族同意，而转嫁小叔子或大哥，嫂嫂转嫁小叔子谓“大转小”，弟媳转嫁哥哥谓“小转大”。

第六节 人口控制

一、生育政策

蛟洋乡执行国家、省、市（地区）、县制定的生育政策。

1973年前为“已经有3个孩子的不能再生”“两个最好、一个不少”。1973年后为“晚、稀、少”(生育晚一点、稀一点、少一点)。1979年后，“提倡一对夫妇生育一个孩子，严格控制二胎，坚决刹住三胎”。

1988年4月29日，福建省第七届人大常委会第2次会议通过《福建省计划生育条例》（1988年7月1日实施)；5月，上杭县委、县政府出台。同年7月1日起，依据《福建省计划生育条例》和《关于计划生育的若干政策规定》，农村执行“一胎半”生育政策,即：夫妻生育第一个是男孩的，应向乡（镇）人民政府申请领取“独生子女证”，享受相关的优待和奖励。若生育第一个是女孩的，间隔4年以后，且女方在25

周岁以上，经批准可以生育第二个子女，推行“一孩上节育环，二孩结扎”。境内少数民族（1987年，华家、坪埔村雷姓民众恢复畲族成分）执行计划生育优惠政策：允许符合上级政策规定的少数民族一对夫妇生育2胎。有下列情形之一的，由本人申请，乡审核，经县计划生育部门批准，可以有计划安排生育3个孩子；夫妇已有2个孩子，其中1个是非遗传性残疾，不能成为正常劳动力，夫妇都是独生子女的；再婚夫妇一方是初婚，新组成的家庭只有2个孩子的。

1990年，县第十届人大常委会第20次会议通过《上杭县贯彻〈福建省计划生育条例〉实施办法》，推行持证怀孕、凭证生育。

1993年，根据省七届人大常委会第22次会议修改通过的《福建省计划生育条例》，县第十一届人大常委会第17次会议通过修改后的《上杭县贯彻〈福建省计划生育条例〉实施办法》。

1994年，上杭县政府颁布《上杭县流动人口计划生育管理暂行规定》，对流动人口计划生育的管理提出政策要求。

2002年9月1日，《中华人民共和国人口与计划生育法》和《福建省人口与计划生育条例》正式实施。蛟洋执行国家和省制定的新的生育政策。

二、措　施

国家实行计划生育尤其是1982年将计划生育作为基本国策以来，为落实晚婚、晚育，少生、优生，从而有计划地控制人口，蛟洋历届党委、政府广泛深入地开展计划生育的宣传教育，逐步转变群众生育观念，采取切实可行的措施，推动计划生育工作的开展，人口增长过快的势头得到有效控制。

1963年5月上杭县成立计划生育领导小组、开展计划生育试点以后，蛟洋开始计划生育工作，但此时没有形成群众性的行动。1971年8月，公社成立领导小组，主要领导开始亲自抓计划生育工作。1974年以后，每年集中统一抓几次突击并把它与经常性工作相结合，计划生育工作开始深入到群众中去。

20世纪80年代，计划生育工作主要由乡组织乡村干部，每年进行4次突击活动，抓节育措施落实。对施行各种节育手术的对象实行奖励，对只生一个孩子并领取独生子女证的夫妇发给一定数额的奖励金，在就学、就医等方面给予照顾。1986年，人口出生率由1982年的20.45‰下降到17.50‰，人口自然增长率由1982年的13.96‰下降到11.19‰。但是，由于结婚生育高峰的冲击等原因，1989年、1990年，人口出生率自然增长率又大幅回升。人口出生率1989年达29.60‰，1990年达29.49‰；自然增长率1989年达23.50‰，1990年达23.14‰。

1990年后，把落实“三为主”（指计划生育要以宣传教育为主、避孕为主、经常性工作为主）方针作为计划生育工作的主线。全面推行人口与计划生育工作目标责任制，确定党政一把手亲自抓、负总责，分管领导具体抓，每年，乡领导与县签订责任状，把人口控制指标、计生率指标和计划外生育控制指标的完成情况作为考核的主要内容之一。1995年后大力推行“三结合”（计划生育与发展农村经济相结合，与农民脱贫致富奔小康相结合，与建立幸福文明家庭相结合）工作机制。计生“三户”(独生子女户、二女结扎户、批生二孩户) 凭计生“三结合”优惠证享受县、乡制定的优惠待遇。

1991年，开始推行持证怀孕、凭证生育制度，被批准生育的列入生育计划，发给“准生证”(2002年改为“生育证”)。对育妇的管理从孕后管理转为孕前服务，定期给予查环查孕，提高避孕节育有效率。

1993年起，对放环育妇要求定期查环，对持“生育证”孕妇要求定期查孕。

1994年，实行乡副科级以上干部 (1999年后改为乡干部) 挂钩村计生工作责任制。

1995年始，各行政村开展创“六好三无” (领导重视，队伍建设好；政策落实好；无早婚，无计划外生育；宣传教育好；技术服务好；无大月份引产；制度建立好；干群关系好) 计生合格村活动。1995年8月，根据上杭县部署，全面开展计划生育“五清理” (清理早婚、清理计划外怀孕，清理计划外生育，清理落实节育措施，清理奖惩兑现及清理1990年以后的人口出生漏报和育妇、已婚育妇漏管漏情况) 工作。清理出党员违反计生政策的15人，其中，给予党纪处理10人次，经济处罚13人次；村干部违反计生政策6人，均给予6人党纪处分。1996年，全乡“六好三无”合格村17个，基本合格村2个，合格村率73.18%。

1996年起，实行计划生育“一票否决”制。严把村级班子换届计生资格审查关，至2003年，否决违反计生政策村干部候选人53人。

1997年，县下拨专项资金1.5万元，以贴息借款形式，扶持“三结合”示范户，3户计生贫困户全部脱贫。1998年，乡开始实施“五个工程”（安居工程、成才工程、致富工程、服务工程、社会保障工程），当年有121户二女结扎户基本住上小康标准房；126户二女结扎户女儿上学共获减学杂费0.882万元，9名学生获助学金0.45万元；二女结扎户年均获得30元—500元不等的贷款贴息金发展生产。至2000年，县、乡共投入“三结合”资金14万元，共有5236户次获得一项以上资金或生产资料扶持。建立“三结合”示范村9个，建立种、养、加示范基地12个，有11户计生户成为各类专业示范户，计生户成为农村收入增长最快的群体。为386户二女结扎户每户办理500元养老保险金，为农村独生子女户1693人办理少儿平安保险或子女教育婚嫁备用保险。2001年，县、乡投入“三结合”资金2.1万元，有29户二女结扎户获得贷款贴息扶助。

1997年，所有行政村都建立计生村务公开监督栏，把计生政策、“生育证”发放、“双查”（查环、查孕）对象、出生人口、计划生育费征收进行公布，接受群众监督。

1998年起，把查环查孕时间一年4次改为3次，把“双查”变为“三查一治”（查环、查孕、查病、治妇科病）。

2000年，贯彻上杭县委、县政府下发的《关于全面实施计划生育村规民约，进一步推进计划生育民主管理的意见》，年底，全镇25个村均制订计划生育村规民约。

2000—2003年，县对计生问题较多的1个行政村实行单列管理。通过单列管理，使单列村加强自身作用，缩小后进面。2003年全镇有合格村（含基本合格村）22个，其中连续5年合格村有6个，合格村比例提高到88%。

2002年9月1日《中华人民共和国人口与计划生育法》《福建省人口与计划生育条例》颁布实施后，乡党委安排专题学习讲座，利用标语、黑板报、专刊墙报、广播、宣传车等形式，进行广泛宣传，并精心制作进村入户计生宣传品。2同年12月，贯彻上杭县《关于全面推行“信用计生户”信贷帮扶活动的实施意见》，为405户兑现优惠资金8.2万元，帮扶二女结扎户30户，资金4.5万元。金融系统为235户计生户优先发放贷款46万元。

2003年，全面启动“信用计生证”信贷帮扶活动，发放信用证450张，140余户优先得到贷款32万元，落实“小额信贷贴息”帮扶资金2.1万元。并且以办理独生子女成长金、短期意外伤害保险及附加意外伤害医疗费用保险形式，为178户独生子女兑现奖励费8.9万元。同年，乡成立计生突发事件处理工作小组，建立举报奖励制度。综合治理出生人口性别比升高问题，当年查处私自进行胎儿性别鉴定终止妊娠案件1起。

2011年6月20日，蛟洋乡设立家庭式人口文化超市。该“超市”提供计生宣传、生殖健康等综合性服务。

1991—2013年，人口出生率、自然增长率除个别年份有回升外总体呈大幅下降趋势，人口出生率有18个年份在14‰以下，其中最低为2001年的6.09‰；自然增长率有16个年份在 9‰以下，其中最低为 2003 年，仅 1.44‰；人口增长过快的势头得到有效控制。

三、社会抚养费征收

1985 年，开始对超计划生育和无证生育者给予处罚。1989 年，乡对超计划生育、无证生育等违反计划生育政策者征收一定数额的计划生育费。1995 年，实行计划外生育费“乡收县管，财政监督”的管理体制，使计划生育费的征收、管理、使用纳入依法管理的轨道。2002 年 9 月，计划生育费改称为社会抚养费。2003 年，上杭县计划生育局出台《社会抚养费征收、使用管理办法》规定，未婚生育 1 个子女的按当事人违法行为被查出的上一年乡人均纯收入的 60%至 1 倍征收；生育时已达到法定婚龄并在被告知征收后 3 个月内补办结婚登记的免予征收；多生育 1 个子女的按上一年乡人均纯收入的 2 倍至 3 倍征收；多生育 2 个子女的按上一年乡人均纯收入的 4 倍至 6 倍征收；多生育 3 个以上子女的从重征收；婚外生育 1 个子女的按上一年人均纯收入的 4 倍至 6 倍征收；婚外生育 2 个及以上子女的从重征收。县计划生育局委托乡(镇)计划生育办公室征收，使用全省统一的电子发票，将征收款全部上缴。

2001—2013 年蛟洋镇计划生育情况表

表 3–9

年份	政策符合率（%）	晚婚率（%）	领独生子女证（人）
2001	97.50	60.83	76
2002	97.41	54.96	57
2003	96.11	50.00	60
2004	93.86	44.44	77
2005	95.42	49.06	74
2006	96.33	46.75	113
2007	96.08	51.24	97
2008	96.83	47.98	85
2009	97.78	51.64	99
2010	96.73	52.82	96
2011	96.97	60.40	103
2012	94.99	63.03	123
2013	93.21	64.96	156

注：本表数据由蛟洋镇计划生育办公室提供

四、管理和服务机构

20 世纪 70 年代初，蛟洋公社成立计划生育领导小组，领导小组组长、副组长及成员随乡（公社）领导的调整而调整。

20 世纪 80 年代初，成立乡计划生育专干队。

1985 年，乡设立计划生育办公室（简称计生办）。2002 年，根据《中共上杭县委、上杭县人民政府关于县乡党政机构改革的实施意见》（杭委发〔2002〕7 号），蛟洋单独设置计划生育办公室，为正股级事业单位，设主任 1 人、副主任 2 人。2013 年，乡计生办干部职工共 12 人。

1989 年 9 月，蛟洋乡成立计划生育协会（简称计生协会）。协会协助政府贯彻落实人口与计划生育法和相关法律、法规和政策，宣传生殖保健、计划生育等科学知识，推进计划生育群众自治。

1991 年始，各行政村按每千人配备 1 名计生管理员，负责宣传计生法律法规，传授节育、优生优育等知识，督促落实节育措施等。2013 年，村级计生管理员 35 人。

1992 年 11 月，设立乡计划生育服务所，配备专职技术员，开展婚育知识培训、查环查孕、检查妇科疾病、宣传生殖保健和避孕知识等。2013 年，计生服务所工作人员 7 人。

第四章　农　业

蛟洋自然条件优越，农业资源丰富，农业生产历史悠久。早在新石器时代，已有古越族人在境内农耕渔猎。唐宋时期，南迁汉人渐次进入蛟洋，农业生产以种植水稻、小麦等粮食作物为主。明代，开始种植从海外引进的番薯。清代，随着人口的增长，人们开始大量开垦荒地，兴修水利，农业生产不断发展。但在漫长的封建时代，由于受封建土地所有制的束缚，农业生产方式原始，耕作技术落后，生产力水平低下，农民始终无法摆脱贫困。

民国18年（1929年），苏维埃政府实行土地革命，农民分到土地。民国22年始，蛟洋既采用苏维埃时期的政策，又吸收“计口授田”等办法对其进行一定改良，农民分得的土地被确定合法产权，从而形成独特的土地政策，直至新中国成立。其间，“耕者有其田”，农民积极性高涨，农业生产得到发展，农民生活水平提高。

新中国成立初，认定“古蛟地区和白砂等地在共产党的革命武装和当地农民共同奋斗、坚持斗争下保持了土地革命的果实。”1953年始，掀起互助组、初级社、高级社的农业合作化高潮，至1956年冬，全区高级农业生产合作社发展到16个，农业生产得到较快发展。1958年始，由于“大跃进”和人民公社化“左”的影响，出现瞎指挥、浮夸风和“共产风”，挫伤农民的生产积极性，加上严重的自然灾害，农业生产受到严重挫折，粮食生产连续三年歉收，造成农民生活困难。1962年后，经过调整，纠正错误，农业生产得到恢复和发展。1966年开始的“文化大革命”，农业生产再次受到严重影响。1972年后，贯彻中央《关于农村人民公社分配问题的指示》从各方面调动农民的生产积极性，农业生产逐步上升。

1981年后，全面实行家庭联产承包责任制，极大地调动农民的生产积极性，农业生产迅速发展。1990年后，继续深化农村体制改革，调整农业结构，增加农业投入，推广农业科技，改善生产条件，完善社会化服务体系，农业生产持续稳定地协调发展。

2013年，全镇农牧渔业总产值34723万元（当年价，下同），比1990年增长82.89倍，年平均增长21.25%（增长率和平均增长速度按可比价计算，下同）；其中，农业总产值15381万元，比1990年增长54倍，年平均增长19.05%；牧业总产值19113万元，比1990年增长144倍，年平均增长24.1%；渔业总产值229万元，比1990年增长74.6倍，年平均增长20.70%。

第一节　生产条件

一、耕　地

新中国成立后，人民政府鼓励农民开荒扩种，特别是土地改革后，农民垦荒积极性大为提高，至1965年蛟洋人民公社成立，全社有耕地20820亩，1981年，全乡耕地达29189亩，人均耕地1.49亩。1990年后，随着社会主义建设事业的发展，各村兴建公路、开挖水渠、集体建设、农户建房等占用部分耕地，土地面积逐年减少，2013年，全镇有耕地23051亩，人均耕地0.916亩。

据1981年土壤普查，境内耕地土壤基本属于酸性土壤，适宜农作物生长。全镇耕地土壤肥力可以分三个种类，第一种是黄泥田、乌沙田、灰泥田和灰紫田；第二种是青底灰泥田、黄泥田、灰沙田、灰黄泥田、紫泥田和黄泥沙田；第三种是黄泥田、黄泥骨田、黄泥沙田、砂质田、青泥田、浅脚烂泥田、深脚烂泥田、冷水田和锈水田。

随着农业耕作技术的不断改进，耕地的利用程度不断提高。2000年后，实行烟稻栽培模式，推广连作、套种等新技术，耕地的利用率提高。

若干年份蛟洋耕地面积、人均耕地情况表

表4–1

年份	耕地面积（亩）	人口（人）	人均耕地（亩/人）
1965	20820	13570	1.53
1970	23811	15462	1.54
1981	29189	19294	1.51
1985	28611	20172	1.41
1990	27629	22244	1.24
1995	26594	23401	1.17
2005	26685	23668	1.12
2012	23051	24735	0.93
2013	23051	25148	0.92

二、劳动力

1965年，全公社共有劳动力7186个，每个劳动力负担耕地2.89亩。此后劳动力随人口的迅速增长而相应增长。1989年，全乡共有劳动力9716个，每个劳动力负担耕地2.94亩。2002年，有劳动力11835个，每个劳动力负担耕地2.33亩。随着劳动力负担耕地的不断减少，富余劳动力通过技能培训开始向第二、第三产业转移。2013年，全镇劳动力13321人，每个劳动力负担耕地1.47亩，同年从事农、林、牧、渔业的劳动力仅占劳动力总数23%，从事工业、建筑业、交通运输业、商贸服务业以及其他行业的占77%。

若干年份蛟洋镇劳动力及其负担耕地情况表

表4–2

年份	耕地面积（亩）	劳力（人）	每个劳力负担耕地（亩）
1981	29186	7735	3.77
1985	28611	8650	3.30
1990	28629	9847	2.90
1995	28594	11086	2.57
2002	27884	11842	2.35
2005	26685	13166	2.02
2010	23151	14810	1.55
2013	23051	13321	1.73

三、畜　力

耕牛是农业生产中的主要劳役力，被称为“农家之宝”。1953 年，全区从事劳役的耕牛有 660 头，平均每头役牛负担耕地 49 亩。实行合作化、人民公社化后，役牛归集体所有。1965 年，役牛增至 714 头，平均每头役牛负担耕地 45 亩。随着手扶拖拉机的逐步进村，役牛的负担有所减轻。1978 年，全公社有役牛 996 头，平均每头役牛负担耕地 32 亩。1981 年实行家庭联产承包责任制后，集体耕牛折价归农户所有，耕牛数量增加。1990 年，全乡养牛 1160 头，其中能从事劳役的耕牛 732 头。1995 年起，随着农业机械化的发展，机耕面积逐年扩大，役牛负担逐年减轻，其数量也随之减少。2000 年后，许多农民改变多次翻耕土壤的传统耕作方式，耕牛再次大幅减少。2013 年，全镇仅有役牛 955 头，每个村平均 38 头，每头役牛负担耕地不到 24 亩。

四、农田水利

蛟洋兴修水利历史悠久，人们在开发土地资源的同时也利用自然条件兴修水利设施，筑陂圳引水灌溉农田，也有依山谷筑山塘蓄水灌溉等。但大部分是依溪制作土堰，所用材料为土石木，属土木结构，容易被洪水冲毁，需要经常重修。70 年代后，改用水泥、钢筋混凝土、石块筑陂堰，比土木堰美观、牢固。

新中国成立后，人民政府重视水利建设，群众也充分认识到水利是农业的命脉和“有收无收在于水，收多收少在于肥”的道理，将水利放在农业的主要位置，大力修复和新建引水、提水、蓄水等各类工程。

（一）引水工程

明末清初，再兴村修建游鱼坝陂，渠长约 1 公里，灌溉农田 200 亩。民国时期，修坪埔洋里塘陂，渠道长 2.5 公里，受益面积 400 亩。民国时期修的还有秋竹村的丰头桥陂和华家村的竹头背陂。

新中国成立后，新建坪埔黄次塘陂、沈坊水口陂、塘厦大洋溪陂、丰年桥陂、苏康竹下陂。

90 年代始，为提高水的利用系数，对历年已建成的渠道（圳）进行改造，应用混凝土 U 型槽等，新建标准化渠道，主要有陈坊村岭脚下水渠，文都上、下连塘陂圳，蛟洋陂下泵站引水渠，再兴陈坊水渠，崇头村东山松陂圳，东乾村林坑陂圳，贵竹村半山坡圳，华家村长塘里陂圳，梅坝村白石下陂圳，坪上村葛坊陂圳，丘坊村饶二坑陂圳，秋竹村庵脚里陂圳，塘厦村陈山陂圳等 33 处。

2013 年蛟洋镇部分引水工程情况表

表 4–3

渠道名称	所在村	渠道长（米）	灌溉面积（亩）	建成时间	渠道名称	所在村	渠道长（米）	灌溉面积（亩）	建成时间
赤利坑	崇头	500	400	2005	段　上	文地	600	180	2009
丁　坑	崇头	2300	280	2012	梅士林	华家	1000	300	2009
沈　坊	蛟洋	1800	400	2008	塘子屋	华家	1000	100	2012
坑尾头	蛟洋	3200	300	2008	甲方门口	丰年	2000	250	2008
坑　头	蛟洋	2500	150	2009	阿坑里	丰年	2500	120	2009
莲塘里	蛟洋	1000	150	2010	过水塘	丰年	2000	200	2012
坑　头	蛟洋	200	150	2012	郭屋上圳	丰年	2500	400	2013
小　坑	蛟洋	2000	300	2013	石坪里	秋竹	1500	300	2005
陈山陂	塘厦	2800	300	2010	丰头桥	秋竹	800	130	2007
马屋溪头	塘厦	2000	80	2011	大片里	秋竹	1500	150	2013

续表 4–3

渠道名称	所在村	渠道长（米）	灌溉面积（亩）	建成时间	渠道名称	所在村	渠道长（米）	灌溉面积（亩）	建成时间
东洋岗	塘厦	2000	700	2012	山背坑	文都	1800	80	2011
矮东耳	塘厦	1200	150	2013	焦坑里	文都	1000	100	2012
茅屋坑	丘坊	800	200	2004	连塘背	文都	2500	130	2013
罗生下	丘坊	1400	180	2005	岗　背	中村	3000	300	2012
龙　坑	丘坊	1000	130	2009	大营里	陈坊	1300	120	2013
田坑里	丘坊	1500	200	2012	村口上下段	再兴	2200	150	2011
七里峡	丘坊	3500	400	2013	林　坑	东乾	3000	220	2010
大陂头	苏康	1800	200	2006	石子坑	贵竹	1500	100	2010
石下里	苏康	1000	100	2008	村　口	再嘉	1000	150	2009

（二）提水工程

新中国成立前，境内未建提水工程。

20 世纪 60 年代，农村小电站发展迅速，水轮泵站相继建立，1965 年和 1966 年两年时间内，境内相继建起 10 座水轮泵站。1974 年后，水轮泵又逐渐淘汰，由电灌站、机灌站所取代。

1975 年蛟洋公社水轮泵站工程情况表

表 4–4

工程名称	所在村	水轮泵		水头（米）	扬程（米）	效　益		建设年份
		型号	台数			设计（亩）	实有（亩）	
和尚陂水轮泵站	蛟洋	20–6	1	1.0	2	60	40	1966
陂下水轮泵站	蛟洋	20–6	1	4.5	18	50	40	1966
庵背坑水轮泵站	蛟洋	20–6	1	4.0	40	20	20	1970
再下水轮泵站	坪上	20–6	1	3.0	13	60	60	1963
猪槽水轮泵站	小和	20–6	1	0.5	6	20	20	1965
梅坝水轮泵站	梅坝	20–6	1	4.0	24	239	15	1965
水墩坝水轮泵站	苏康	20–4	1	1.0	3	12	12	1966
苦竹山水轮泵站	坪埔	20–4	1	0.8	3	20	17	1966
蛟洋水口水轮泵站	崇源	20–8	1	0.8	2	40	40	1966
村门口水轮泵站	梅坝	20–6	1	4.0	24	239	15	1965
公社牧场水轮泵站	秋竹	20–6	1	—	15	100	66	1975

（三）蓄水工程

1974年12月动工兴建沈坊水库，该水库位于蛟洋村沈坊自然村。1977年1月竣工，该水库是一座以灌溉为主，兼顾水产养殖、发电等综合利用的小（二）型水库。水库控制流域面积4平方公里，水库大坝为石砌拱坝，坝高10.4米，坝顶长50.6米，坝顶宽2米，水库总库容12万立方米，有效灌溉面积860亩，实灌面积750亩。

1978年1月动工兴建邹坑水库，该水库位于蛟洋镇邹坑村，1980年3月竣工。该水库是一座以灌溉为主的小（二）型水库，有效灌溉面积380亩，实灌面积280亩，水库控制流域面积3.2平方公里，大坝为石砌拱坝，坝高15米，坝顶长40米，坝顶宽1.2米，水库总库容10.2万立方米。

1981年6月动工兴建再兴水库，该水库位于蛟洋镇再兴村，1984年8月竣工，该水库是一座以灌溉为主，兼顾水产养殖、发电等综合利用的小（二）型水库，水库控制流域面积2.6平方公里，水库大坝为石砌重力坝，坝高15.5米，坝顶长72.3米，坝顶宽1.2米，水库总库容10万立方米，有效灌溉面积400亩，实灌面积250亩。

中村山塘位于蛟洋镇中村村，1978年2月动工兴建，1979年10月竣工。集雨面积18.6平方公里，坝高7.5米，长32米，坝顶宽1.2米，总库容量为5万立方米，有效灌溉面积200亩。

竹背水库位于蛟洋镇梅坝村，处于黄潭河上游梅坝溪。2010年7月18日动工兴建，2012年6月竣工。集雨面积63.92平方公里，水库总库容555.65万立方米。坝高43.7米，大坝为砼砌石双曲拱坝。坝长154.2米，坝顶宽度为3米。

田螺坑水库位于蛟洋镇梅坝村田螺坑自然村，水库坝址位于田螺坑溪中游，集雨面积1.44平方公里。2010年8月动工兴建，2013年8月竣工。坝高24米，坝长120米，坝顶宽5米，总库容62.07万立方米。

田螺坑水库

2013 年蛟洋镇水库基本情况表

表 4–5

水库名称	类型	所在村	集水面积（平方公里）	坝高（米）	总库容（万立方米）	渠道长度（公里）	灌溉面积（亩）		工程投资（万元）			竣工时间
							设计	实灌	合计	国家	自筹	
沈坊水库	小（二）	蛟洋	4.00	10.4	12.00	20.80	800	500	4.32	4.05	0.27	1977.11
邹坑水库	小（二）	邹坑	3.20	15.0	10.20	2.94	380	750	5.50	3.16	2.38	1984.3
中村山塘	小（二）	中村	18.60	7.5	5.00	1.20	300	280	—	—	—	—
再兴水库	小（一）	再兴	—	13.0	10.30	1.20	430	200	6.05	4.00	2.05	1984.0
竹背水库	小（一）	梅坝	63.92	593.0	555.65	—	—	430	—	4686.00	—	2012.5
田螺坑水库	小（二）	梅坝	1.44	688.5	62.07	—	—	—	—	—	—	2013.8

注：竹背水库为蛟洋工业区 20 万吨铜冶炼工业供水工程，日供水量为 3.7 万立方米；田螺坑水库为工业区生活用水水库，日供水量为 2500 立方米

五、农机具

（一）耕作机具

新中国成立前，农业生产只有传统的旧式农具，如锄头、铁锹、铁鍾、犁、铁耙、辘轴、钉齿耙、镰刀、田耙等，生产效率低。新中国成立后，农业合作化期间，推广应用新式农具，发展了一批农业机具。70 年代是农业机具应用和发展较快的阶段。80 年代，大中型农机具进入个体农户家中。2000 年后，耕作机器迅速发展，农民的劳动强度大大减轻。2013 年，农用手扶拖拉机发展到 133 台，农田机具 136 台。全镇除一部分山耕田和深水田外大部分耕地实行耕作机械化。

（二）脱粒农机具

长期以来稻谷脱粒沿用传统的木制斗房打谷（脱粒）。60 年代，开始推广由县农械厂生产的双人脱粒机（俗称打谷机）；70 年代全面普及，每个生产队至少有 3 台脚踏双人脱粒机。1981 年后，每户 1 台脚踏双人或单人脱粒机。2000 年后，许多农户购置电动脱粒机。2013 年，已有 90%的以上农户使用电动脱粒机。

（三）植保机具

50 年代初，农民只能用手工拨洒农药的方式除虫去害。1956 年开始，推广使用单减压缩式喷雾器和手摇喷雾器，但大面积防治病虫害主要依靠人工撒、匀泼施药。1970 年后，植保机具种类和数量逐渐增多，全公社有背式喷雾器 365 台，药械防治病虫害已普及。1981 后，喷雾器迅速增长。2013 年，每一农户拥有一台以上喷雾器。

（四）运输机具

长期以来境内运输主要靠肩挑手提。1958 年，杭郭公路开通后，运输工具迅速发展。70 年代后，拖拉机是主要的运输工具。2013 年，全镇农用运输车增至 160 台。

(五) 农产品加工机械

境内传统农产品加工机械有砻、碓（含水碓）和石磨等。80 年代后，家用碾米机、磨浆机、饲料粉碎机、打面机等广泛应用。2005 年后，加工机具遍布每个村，2013 年，全镇有农产品加工机具 412 台。

1989—2013 年蛟洋农业机械情况表

表 4–6 单位：千瓦

年份	农业机械总动力	其中			小型拖拉机		农用运输车		农用排灌加工机械	农用排灌电动机（台）	实际机耕面积（亩）
		柴油机动力	汽油机动力	电动机动力	数量（台）	动力	数量（台）	动力			
1989	2808	1887	308	613	143	1262	510	—	3/24	—	1000
1990	2660	1763	184	713	136	1200	324	—	3/24	—	4000
1991	2791	1754	184	853	134	1182	324	—	6/37	4/19	—
1992	3234	2011	184	1039	137	1208	554	—	6/37	—	4130
1993	5741	4268	184	1289	140	1237	119	2514	6/37	—	3540
1994	6474	4831	184	1459	145	1281	140	3094	6/37	—	2107
1995	6638	4831	184	1623	140	1237		1237	6/37	—	4380
1996	7141	5172	—	1969	177	1558	144	3177	6/37	—	3690
1997	6343	5179	—	1164	49	1558	50	3453	6/37	81	4200
1998	7285	5408	—	1877	120	1256	224	3273	7/55	82	3840
1999	7305	5428	—	1877	172	1786	122	1786	7/56	85	5450
2000	7074	5030	—	2044	144	1270	140	3089	7156	—	3910
2001	5401	3357	—	2044	144	1270	40	1300	7/56	—	3900
2002	5439	3357	—	2082	175	1716	40	1300	9/77	—	4010
2003	6318	4182	—	2136	148	1302	55	1907	12/94	—	3900
2004	6155	4020	—	2135	148	1302	60	2200	10/75	—	—
2005	6525	4301	—	2224	153	1346	71	2604	10/75	—	3980
2006	7064	4928	—	2136	148	1302	71	2004	10/75	—	—
2007	8528	6000	—	2528	148	1302	40	1300	10	76	—
2008	8916	6330	—	2586	148	1302	40	1300	12/94	10	13900
2009	7856	3874	—	3982	220	1857	160	3680	12/94	10	15600
2010	8809	6039	250	2520	115	1495	198	4800	86	12	14500
2011	8926	6145	261	2520	116	1276	148	2960	86	12	9600
2012	6896	5284	296	1316	125	1375	167	4008	95	26	13600
2013	7451	5797	295	1359	133	1445	160	3747	106	27	10760

六、农田改造

农业合作化时期，集体组织过局部性整地。1975 年冬，掀起平整土地大搞农业基本建设热潮，全公社 25 个大队全面开花，社直单位职工、学校师生一起上阵，高潮时上场人数达 2 万余人，动工面积 6000 多亩。杭郭公路沿线大队平整出成片的方块规格田，部分还配备机耕大道，开挖排冷水、锈水的沟渠。1981 年后，多数机耕道路已不复存在。

1995年，县农业开发办投入大量资金，对蛟洋、丘坊、塘厦、苏康、华家、坪埔等村的部分中低产田时行改造，在蛟洋村五维、庵前、余坑，华家村寨脚下、东斜、外坎，塘厦村塘尾、大庵前、清水塘，文都村上、下连塘，文都垅等地新建排洪、排锈沟。在苏康村赤岭、赤角坪、枫树头进行土地平整。

2012年，县农业开发办投资850万元在华家、文都、邹坑、中村、坪上、再嘉等村实施标准化农田和粮食产能项目建设。

2013年，省农办投资181万元在邹坑村陈坊组新建一条长690米，宽1.2米的排泄渠。

70年代农田基本建设场面

第二节 农业体制

一、封建生产关系

民国17年（1928年）前，境内为封建土地所有制。蛟洋地区农民绝大多数是佃农或半自耕农，各乡土地由少数地主占有，其中一部分土地被连城芷溪大地主黄永滋等人占有，还有一些田地归公堂、会季，其分配权操纵在土豪、劣绅、房族头子的手里，田租多用于祭神、祀鬼、醮会，并从中牟利侵吞。广大佃农除了负担官府的徭役赋税外，还受到地主高田租、高利贷的盘剥以及乡村绅棍、房族长外地的奸商、惯匪、衙门胥役的剥削和欺凌

地主阶级剥削农民的方式主要有地租、雇工和高利贷。地租主要是定额租，把田分为上、中、下三等，上等田定额为2石（1石谷为75公斤），中等田定额为1.5石，下等田定额1石，扣除成本后，收获量六四分成。农民因土地少或缺耕牛农具，不得不受雇于地主当长工或短工，长工每年受雇期间从事耕种、收获等农事操作外，还得伺候地主起居及负担其家务劳动。贫苦农民向地主借贷货币或实物，一般要立字据，以田产、房屋做抵押，到期不还，利上加利。不少农民因借高利贷弄得倾家荡产、离乡背井。

二、民国时期的土地制度

民国17年6月蛟洋暴动后，傅柏翠把地主的土地、公堂、会季土地，自耕农的土地全部收归集体所有，组织"农村共产团"，实行"共生产，共消费"。民国18年7月，在中共闽西"一大"会议上，上述做法遭受批评。此后,傅柏翠改用永定溪南里分田的做法,以村为单位按人口平均分配土地,由各户自行耕种。

民国22年，傅柏翠参照十九路军的"计口授田"（"计口"即农村不分男女老少，无论什么人，有一个人就算一口；"授田"，由政府没收所有的土地，自上而下分给所有的人）的做法，对原来苏维埃时期的分田做法作改良。首先调查人口，印刷户口调查表，然后分五步进行：第一步划分乡村界线，以村为单位按人平均分配；第二步丈量土地，估计产量，自报公议，张榜公布；第三步划分土地等级，分成甲乙丙丁戊五等，也像苏维埃时期分田那样，以原耕地为基础，抽多补少，抽肥补瘦，远田搭近田，好田配差田，按估计产量分配。第四步，召开群众评议会，除了分配给各户的土地数外，留一部分土地作公田，由村农会（后来是办事处）派工耕种，收得的粮食照顾本村的鳏寡孤独、残废及无劳力的男女。第五步发给"授田证"。后来，这种分田制度三五年调整一次，抽死补生，并规定禁止土地出租和买卖。蛟洋的土地制度既采用苏维埃时期土地革命的政策，又吸收十九路军"计口授田"的政策，逐渐完备，形成独有的土地制度，

受到群众的欢迎。

民国25年秋，经福建省政府主席陈仪许可，农民分得的土地列册呈报批准，确定合法产权。这一土地制度一直延续至新中国成立。

三、农业合作化

（一）互助组

1951年1月中旬始，贯彻《中华人民共和国土地改革法》，上杭县分批进行土地改革。蛟洋属保留土地革命果实的地区，仅进行必要的土地调整。

1951年夏，农村土地改革基本结束，完成了土地分配和调整工作，彻底废除了封建土地所有制，无地或少地的农民分得了土地，生产积极性高涨。贵竹村互助组组长林志康为克服耕牛少的困难，晚上把灯笼挂在牛角上犁地，成为美谈。但因广大农民家底甚薄，不少农户耕畜、农具短缺或因耕地多、劳力少，耕种不能及时，若遭灾害袭击，生活又陷困境，甚至出现变卖土地现象。

1953年，农民在“组织起来”的方针指引下，在“自愿互利”的基础上组织起互助组，实行组内劳力、耕牛、农具的季节互助或常年互助。农业生产互助组经历了由季节互助向常年互助的发展过程。初期是由一批翻身农民、土改积极分子、党团员为骨干，本着“贫苦农民是一家”的阶级感情，以四五户或七八户自愿结合组织起来开展互助的。1955年，全区有241个互助组，丘坊村丘焕春互助组、丰年村林德高互助组被评为龙岩专署先进典型。

（二）初级社

1955年冬，贯彻中共中央农村工作第四次互助合作会议精神，条件较好的互助组转为初级农业合作社，1956年大部分互助组转为初级社。初级社实行土地入股，耕牛、农资、农具折价入社，由社统一安排生产劳动，社员按劳力强弱、技术高低评工计分。在分配上，按规定完成征购任务，上交粮及留足种子外，其余的收获产品和现金，以入股土地、劳动工分各占一定比例分配。

（三）高级社

1956年秋，上杭县掀起初级社并社转高级农业生产合作社高潮，蛟洋亦按政府要求由初级社向高级社过渡。高级社实行土地归集体、取消土地分红，耕牛、农具全部折价归社作为投资，由高级社分年偿还收益。社内设脱产或半脱产正副社长、主任、会计、出纳、保管等人员。下设作业队（组），实行统一经营，分级管理。年终收益分配以社为核算单位，在扣除公粮和提取5%公积金、公益金后，其余按劳动工分分配，多劳多得。

1956年底，全区高级社发展到16个。土地私有制转变为社会主义集体所有制，有效地促进了农业生产的发展。

四、人民公社

1958年，贯彻中共中央《关于农村建立公社问题的决议》，11月成立蛟洋人民公社。1961年，华佳公社成立，辖华家、中村、再兴、丰年等10个大队，隶属上杭县白砂工委。人民公社实行“政社合一”，工农商学兵“五位一体”，山林、土地、耕牛、农具等生产资料为社集体所有，统一经营农、林、牧、副、渔业。劳动管理实行军事化，公社把劳力组建成村民兵团，下设营、连、排、班。生活实行集体化，大办公共食堂统一开膳。农业生产大搞“移苗并坵”“创高产”，产量放“卫星”（即搞浮夸），号称一亩地产粮数千公斤。“大跃进”急于求成，忽视客观规律，出现高指标、高征购、瞎指挥、浮夸风和“共产风”，加上严重的自然灾害，造成粮食连续三年减产。1960—1962年，由于口粮不足，糠菜替粮，人们体质下降，水肿病大量发生，每个村庄均发生因饥饿死人的事件。

1961年，贯彻中央关于国民经济“调整、巩固、充实、提高”的八字方针和《农村人民公社工作条例》。1962年，贯彻自留地政策，划出少许耕地作为社员自留地，核算单位下放至生产队，粮食除按规定缴交征粮、购粮外，按劳动工分、肥料投资和人口比例分配社员口粮。“文化大革命”期间，狠抓“阶级斗争”，强调“以粮为纲”，限制发展多种经营，不准搞家庭副业。1973年，推行“大寨式”劳动管理制度，搞“标准公分”（基本工分，男全劳力10分，女全劳力8分）自报公议，一年一评。结果是群众生产积极性受挫，严重阻碍经济发展。1979年，贯彻《中共中央关于加快农业发展若干问题的决议（草案）》，尊重生产队自主权，放宽对自留地家庭副业和集市贸易的限制，发展商品生产，使农村形势有了根本好转。

1984，实行政社分设，结束人民公社体制。

五、家庭联产承包责任制

1980年9月中共中央发出《关于进一步加快和完善农业生产责任制的几个问题》的通知。1981年3月，贵竹、坪上、再嘉、中村、东乾、下道湖、小和等部分生产队实行按户或按作业组包产、包干等办法。但由于受“左”的思想束缚，对此强行“纠正”。1982年春，贯彻中共中央《全国农村工作会议纪要》后，全社各生产队全面实行家庭联产承包责任制，土地所有权仍归集体所有，联产承包给农民经营，不得买卖，生产队耕牛、农具、仓库等生产资料折价给农民使用。国家征购任务和上调社队任务合理分摊到各农户承担。收益交足国家和集体的，剩下都是承包农户自己的，真正实行按劳分配原则，使农民有了经营自主权，从而激发了农民的生产积极性，促进农业的生产大发展，粮食产量得以快速提高。1983年，全社粮食总产量达11204吨，比1981年增长17.5%；亩产提高17.7%。

1984年，中央明确规定土地承包期一般应在15年以上，使农民吃了“定心丸”，家庭联产承包责任制得到延续稳定和完善。1991年，根据大多数农户的意愿，在“大稳定”、“小调整”的前提下，结合完善责任田承包合同，进行承包耕地调整。1997年8月中共中央办公厅、国务院办公厅颁发《关于进一步稳定和完善农村土地承包关系的通知》，要求进一步稳定和完善农村土地承包关系，强调要在第一轮土地承包的基础上坚持“大稳定”“小调整”，土地承包期再延长30年。1999年3月，蛟洋乡开展第二轮土地承包工作，乡统一印制“农村集体土地承包经营权证”。2000年3月，完成全乡5473户农户、27828亩耕地的新一轮土地承包合同的签订。承包期至2000年3月1日至2030年3月1日止。

2002年11月后，贯彻中共中央《关于做好农户承包地使用权流转工作的通知》，遵循依法、自愿、有偿、规范的原则引导和规范农户进行承包地使用权流转。流转主体主要向种植大户流转；流转的方式主要为出租。承包地使用权流转促进以商品生产为主的专业户，重点户和联合体的产生和发展。

2003年3月后，贯彻九届全国人大常委会第十九次会议通过的《中华人民共和国农村土地承包法》，农民有了长期而有保障的农村土地承包经营权。

第三节　种植业

一、粮食作物

蛟洋种植的粮食作物主要是水稻，水稻有早、中、晚稻，又以中稻为主，其次是甘薯、大豆、杂粮等。甘薯有早晚甘薯，以晚甘薯为主，大豆多与甘薯套种，以秋大豆为主。

（一）水　稻

1. 耕作制度

蛟洋种植水稻，初以单季稻种植为主，后来在种植水稻后的田地里复种地瓜、大豆、小麦等杂粮。

20世纪50年代初，仍以单季稻种植为主，部分早稻向作晚稻为两熟制。垟田是稻-杂（甘薯、大豆）两熟制，部分增加冬种油菜、小麦为三熟制。1956年试行“单季改双季、间作改连作”的耕作制度。1958年后，在蛟洋、丘坊、塘厦、华家等公路沿线的村庄推广连作双季稻，在中村，达理、东乾、文地等村易旱地区仍以稻-杂（薯、豆）两熟制为主。

60年代，引进矮秆早、中熟良种，大力推广连作双季稻。20世纪70年代，实行“三改三化”（即单季改双季、高秆改矮秆、稀植改合理密植。种植品种矮秆化、育秧卷秧化、密植规格化）的水稻耕作制度。

80年代后，烤烟生产得到发展，稻田耕作制度以连作双季稻-冬种一年三熟制为主，其次是烟-稻一年两熟制。1987年试验栽培再生稻，1988年蛟洋乡沿用“早稻—晚稻”一年两熟制种植类型,冬季农田休闲。

1992—1994年，进一步优化种植结构。1996年，变粮食和经济作物二元结构为粮食、经济作物和饲料三元结构。2000年，调减早籼稻种植面积，推广高产抗病优质稻。

2000年始，早稻种植面积呈下降趋势。2006年，全乡早稻面积减少到59亩。此后至2013年，早稻种植面积均在百亩以内；中稻种植面积扩大。

2. 品种改良

稻谷有籼、粳、糯三种，以籼稻为主。新中国成立前，传统品种：籼稻，早稻，有细谷子、落坑乌、冇广粘、粄禾子、赤米稻等。中稻：八月粘；晚稻：铁脚禾、糯稻。早季有红秆糯、白脚粘；晚稻有大冬糯、野猪糯等。

新中国成立后，水稻品种经历了由高秆稻改矮秆稻，常规稻改杂交稻，杂交稻改超级杂交稻、优质稻三个阶段的改良。

第一阶段：60年代,容易倒伏的高秆稻逐渐被矮秆稻代替,主要品种有珍珠矮、矮南特、广场13号等。

第二阶段：70年代后期，人们开始选用抗病力强、产量高的杂交稻，常规稻种逐渐淘汰。主要品种有闽优、威优、汕优等系列。2004年，塘厦村试种10亩航天育种超级杂交水稻，新组合“特优航1号”和“II优航1号”获得成功，适合中晚稻推广种植。

第三阶段：2009年后，超级杂交稻在全乡推广，主要品种有：早稻品种T优07、T78、金山优3182、中优2155、金优2689、红莲优2155；中晚稻品种有：宜优99、宜优693、泰丰优3301、花工优3301、中渐优8号。

3. 栽培技术

(1) 育　秧

新中国成立初期，沿袭传统的育秧方式，种子不经处理，用圳水或塘水、溪水浸种，谷箩稻草温水催芽，秧田不分畦沟，全坵播种，以脚印或树枝隔开品种，播后长期淹水以防鸟害和保温。1950—1969年，多采用温汤淋种，增温催芽。1970年起，推广温室蒸气催芽，5406菌肥拌种催芽。1959年，提倡合式秧田育秧，后推广湿润育秧、烤水秧、薄膜育秧。1970—1974年，推广卷秧、温室蒸气育秧。1975年起，改为育铲、二段育秧。其中以烤水秧、湿润育秧、薄膜育秧方式较好，一直普遍应用。播种时稀播，匀播，播后土杂肥盖种，注意防鸟、防霜冻、防洪水、防晒裂、防病虫害。秧田施肥掌握施足基肥，施好种肥、壮苗肥、送嫁肥，提倡低氮、高磷、钾。管水则芽期晴天满沟水，雨天排干水，三叶期后不断水。

(2) 插秧　密植

农民的传统习惯为大丛稀植。1955年始，推广适当密植。1958年，脱离客观实际，强调越密越好，还推广移苗并坵，把几十亩的禾苗并成一亩，搞所谓“创高产”，致使粮食大减产。1965年，引种矮秆稻，提倡合理密植，采取拉绳定植方法，保证密植质量。1976年始，推行小株密植。1981年实行家庭联产承包责任制后，密植度一般在18—20厘米。

(3) 施　肥

50年代，广泛使用农家肥（人粪尿、畜禽肥）、绿肥、稻草回田、草木灰、火烧土、土杂肥、饼肥，此外还有骨粉、毛发、石灰等。50年代末，曾提倡青草沤肥，圈肥、稻草回田等。以增加土壤有机质。60年代起，化肥施用量逐年增多，出现忽视有机肥倾向，特别是土杂肥，野生绿肥的积造大为减少，绿肥种植面积亦逐年缩小。

60年代，大拆大换旧房，用老墙土回田，大抓养猪积肥，割青草、嫩树叶下田，桃塘泥、河泥下田改土增肥。70年代还大造5406等细菌肥，化肥以施用氨水为主，大造氨水池。

70年代后，施肥方法推广“三结合”“三为主”，即有机肥料和化学肥料相结合，以农家肥为主，基肥和追肥相结合，以前期追肥为主。技术上掌握“五看”（即看天，看土，看肥，看品种，看苗），根据不同情况，灵活施用。

80年代，推广微肥、磷酸二氢钾、硼砂、铜肥、锌肥等作根外施肥，但化肥施用量明显增加，产量虽随之提高，土地肥力却下降。

水稻还曾推广“攻头、保尾、控中间”和甘薯施用夹边肥的方法。水稻还推广分层施肥，配方施肥和营养诊断施肥的方法。

(4) 灌　溉

深水满灌、串灌是农民传统的水稻灌溉方法，后改为寸水保苗，浅水勤灌。1965年种植矮秆稻后，逐步改串灌为轮灌，并推广采用浅水插秧，寸水保苗，薄水促蘖，够苗烤田，烤后复水保润，寸水孕穗扬花结实的方法。杂交水稻采用浅水插秧，寸水还青，浅水促蘖，搁田控苗，间歇灌溉保水养穗结实的方法。今沿用此法。

(5) 病虫害防治

主要病虫害　水稻主要病害有稻瘟、纹枯病、白叶枯病、稻曲病（谷菌）、细条病等，主要虫害有螟虫、稻飞虱、稻叶蝉、稻纵卷叶螟、稻苞虫、稻瘿蚊、稻蝗等。

人工防治　1952年前，尚无化学农药。病虫害发生后，人民政府动员农民开展人工防治，如拔除被螟虫食蛀的航行，摘除虫苞、点灯诱蛾等。1970年后，农村逐步普及农业科学技术知识，采取“以防为主、综合防治”的方针，推行“治早、治少、治了”的办法。

农药防治　使用广、销量大的杀虫剂，1952—1969年，为六六粉，滴滴涕、乐果、敌敌畏、敌百虫；1970年后，有杀虫脒、甲胺磷、叶蝉散、杀虫双等；1984年后，引进二嗪农、水胺硫磷、氧化乐果、菊酯杀虫剂等。杀菌剂：1953—1969年有西刀生；1970—1983年，有稻瘟净、克瘟散、异稻瘟净、托布津、井冈霉素、稻脚青等。1984年后，引进三环唑、霜疫灵、甲维盐、毒死蜱、异丙威、扑虱灵氯氰氰菊酯等。此外，1959年和1972年曾推广土农药茶枯、硫黄、石灰粉、辣蓼草、雷公藤、闹羊花、断肠草、石蒜、松针、烟脊、煤油、肥皂、白碱等防治病虫害。

农业防治　早冬翻土溶田，消灭超乎螟虫和捞除菌核，压低病虫基数；实行轮作换茬；严格种子消毒，减少菌源；选用抗病品种，培育壮秧，增强抗力；增施磷钾肥，不施过量氮肥；适时烤田，搁田，减少病虫滋生条件。

综合防治　80年代初，从农田生态平衡出发，本着安全、有效、经济、简便的原则全面推广协调应用农业的、生物的、化学的防治的综合防治措施。

(6) 杂草防除

农田常见杂草有稗草、鸭舌草、三棱草、野荸荠等。传统的除草方法，水稻田主要靠中耕拔除，旱地主要靠锄头铲除和人工拔除。新中国成立后，除沿用传统办法外，还结合种子过筛，药物浸种等处理除掉杂草种子。改善生产条件，大搞农田基本建设，提早溶田。2000年后，人们大量使用除草剂除草，以减轻杂草危害。2010年后，因残留药量加剧，影响农作物生长，除草剂使用量下降。

(二) 番　薯

明万历年间（1573—1620年），番薯（地瓜）由国外引入福建种植，不久即传入蛟洋地区种植，面积、产量仅次于水稻。番薯种植对增加粮食产量、促进养殖业发展起着积极的作用。番薯的主要品种有岩薯73、木薯、红心薯、紫甘薯等。1981年后，实行家庭联产承包责任制，随着人们生活条件的不断改善，劳力外出，水利条件的不断改善，农田种植番薯的面积大大减少，主要利用农杂地和山地种植。但1991年始，番薯种植面积又呈扩大趋势，当年种植 1671 亩，比 1990 年增加 2 倍。此后至 2006 年，种植面积在 2000—6000 亩；其中 2003 年种植 6389 亩，为最高年份。2012 年，全乡种植 2823 亩；2013 年，种植 2640 亩

（三）大　豆

大豆有黄、黑两种，分春、秋两季种植。春大豆传统品种有六月泡、五月乌、花面豆等，多在山坡地上种植；秋大豆有蚁公包、青皮豆、白毛豆、黄豆、乌豆等地方品种，多与番薯一起套种；落实责任制后很少在大田种植大豆，多在田塍上种植。1997 年始，大豆种植面积大幅增加，当年种植 1327 亩，比 1996 年增 1/3。2004 年，大豆种植 2503 亩，为最多年份。2010 年后，大豆种植面积减少。2012 年，全镇种植大豆 964 亩，总产量 128 吨。2013 年，全镇种植大豆 973 亩，总产量 129 吨。

（四）麦

麦有大麦、小麦两种，以小麦为主。传统小麦有长汀赤科、无须白壳麦、有须白壳麦、赤壳有芒麦等。1950—1979 年，各村均有种植。1980 年后种植面积锐减。2000 年后已不再种植。

（五）玉　米

1980 年后，玉米种植面积逐年扩大。1987 年，全乡玉米种植面积 716 亩，总产量 122 吨。2011—2013 年，累计玉米种植面积 1839 亩，累计产量 570 吨。

（六）杂　粮

新中国成立后，高粱、粟子等杂粮主要种植于山坡、沟垄等旱地上，有的也与番薯套种。2012 年，全镇种植杂粮 644 亩，总产量 201 吨。

1981—2013 年蛟洋镇粮食作物生产情况表（一）

表 4-7

年 份	播种面积（亩）	总产量（吨）	亩产（公斤）	稻 谷					
				播种面积（亩）	总产量（吨）	亩产（公斤）	早 稻		
							播种面积（亩）	总产量（吨）	亩产（公斤）
1981	39754	9533	240	39144	9477	242	11900	2843	239
1982	39764	10688	269	39263	10644	271	11750	3240	276
1983	39687	11205	283	39035	11111	285	11407	3045	267
1984	39191	9691	247	38526	9605	250	10991	3042	277
1985	37852	9327	247	37004	9221	249	9017	2536	282
1986	38268	9076	237	37768	9022	239	9597	2880	300
1987	38907	9340	240	37859	9155	242	9088	2874	297
1988	38737	9745	252	37977	9708	256	9562	3063	320
1989	38645	11151	289	38001	11120	293	9602	3009	313
1990	38908	11577	298	38236	11544	302	9776	3110	318
1991	39252	11797	301	37103	11668	314	9695	3111	321
1992	38898	11848	305	35583	11508	323	7950	2676	337
1993	37219	11701	314	32105	11018	343	4465	1524	341
1994	40970	12719	310	36103	12008	333	8634	3091	358
1995	42263	13556	321	36834	12642	343	9574	3484	364
1996	43158	13604	315	35989	12248	340	8927	3288	368
1997	44107	14923	338	35734	12889	361	8912	3395	381
1998	45295	15609	345	36444	13374	367	9745	3782	388
1999	46292	15808	341	36709	13412	355	9862	3809	386
2000	35271	12360	350	24919	9762	392	7997	3143	397
2001	35341	12502	—	—		—	—	—	—
2002	36134	12699	351	—	—	—	—	—	—
2003	35653	12511	351	24215	9596	396	5816	2300	395
2004	34123	11925	349	22659	9029	398	4695	1859	396
2005	33412	11664	349	22076	8821	400	4514	1794	397
2006	28861	10542	365	17588	7740	440	59	23	390
2007	19669	7770	395	14074	6106	434	—	—	—
2008	21029	8532	406	15136	6978	461	—	—	—
2009	17026	7060	415	11096	5605	505	79	28	354
2010	17888	7795	436	11867	6280	529	74	28	378
2011	19337	8635	447	13313	7077	532	78	31	397
2012	19296	8780	455	13434	7276	542	79	31	392
2013	20317	9382	462	14700	7961	542	81	32	395

1981—2013年蛟洋镇粮食作物生产情况表（二）

表4-7

年份	稻谷						番薯		
	中稻			晚稻					
	播种面积（亩）	总产量（吨）	亩产（公斤）	播种面积（亩）	总产量（吨）	亩产（公斤）	播种面积（亩）	总产量（吨）	亩产（公斤）
1981	15929	4792	301	11315	1841	163	610	56	91
1982	11565	5275	331	11565	2129	184	501	44	88
1983	16041	5621	351	11587	2445	211	642	92	143
1984	6107	4658	289	11428	1904	167	665	86	130
1985	18283	5187	284	9704	1497	155	848	106	125
1986	10723	4858	278	10723	1284	120	500	54	108
1987	10441	4818	272	10441	1463	140	332	63	190
1988	18079	5048	279	10336	1597	155	350	17	49
1989	18043	5874	326	10356	2237	216	441	24	54
1990	180196	6278	347	10364	2156	208	542	29	54
1991	17137	6287	357	10271	2270	221	1671	105	63
1992	18688	6922	370	8945	1910	214	2274	232	102
1993	21957	8124	370	1370	1370	241	4080	612	150
1994	18169	6731	370	9300	2186	235	3898	567	145
1995	17630	6682	379	9630	2476	257	4352	736	169
1996	17289	6620	383	9773	2340	239	5525	1100	199
1997	17890	7171	401	8932	2323	260	5960	1698	285
1998	16949	6952	410	9750	2640	271	6050	1853	306
1999	16848	6857	407	9999	2746	275	6150	1920	312
2000	12884	5460	424	4038	1129	280	6218	1988	320
2001	—	—	—	—	—	—	—	—	—
2002	—	—	—	—	—	—	—	—	—
2003	8083	3454	427	4178	1210	290	6389	2090	327
2004	13929	5988	431	4035	1182	293	6228	2049	329
2005	13636	5873	431	3926	1154	294	6121	2009	328
2006	12060	5311	440	5469	2406	305	6084	1967	323
2007	10798	5466	465	3276	1250	457	1923	955	497
2008	5220	2057	394	6682	2688	409	556	179	322
2009	10877	5522	516	1442	653	453	3160	1007	319
2010	10278	5551	540	1515	701	403	3081	973	316
2011	11433	6212	543	1802	834	400	3035	998	329
2012	11576	6419	555	1779	826	398	2823	936	332
2013	12897	7123	552	1722	806	407	2640	882	334

1981—2013年蛟洋镇粮食作物生产情况表（三）

表4-7

年份	马铃薯			玉米			大豆		
	播种面积（亩）	总产量（吨）	亩产（公斤）	播种面积（亩）	总产量（吨）	亩产（公斤）	播种面积（亩）	总产量（吨）	亩产（公斤）
1981	—	—	—	—	—	—	207	6	31
1982	—	—	—	—	—	—	308	15	48
1983	—	—	—	2	150	300	289	12	41
1984	—	—	—	—	—	—	402	16	39
1985	—	—	—	—	—	—	237	14.3	61
1986	—	—	—	—	—	—	173	64	11
1987	—	—	—	716	122	170	188	8.6	46
1988	—	—	—	410	20	49	173	11	64
1989	—	—	—	203	7	34	140	8	57
1990	—	—	—	130	4	31	325	24	74
1991	—	—	—	110	2	18	368	22	60
1992	130	50	385	158	5	32	648	45	69
1993	65	3	46	180	5	28	789	63	80
1994	120	60	500	88	16	182	761	68	89
1995	150	73	487	157	31	197	770	74	96
1996	170	84	494	252	49	194	996	97	97
1997	186	56	301	440	88	200	1327	130	98
1998	233	70	300	316	63	199	1411	142	101
1999	339	101	298	345	69	200	1698	170	100
2000	743	220	296	174	35	201	2270	228	100
2001	—	—	—	—	—	—	—	—	—
2002	—	—	—	—	—	—	—	—	—
2003	1154	292	253	291	76	261	2456	319	130
2004	1194	264	221	324	89	275	2503	341	136
2005	1250	277	222	332	91	274	2412	315	131
2006	1240	275	222	353	97	275	2388	312	131
2007	665	153	230	246	67	272	1191	154	129
2008	553	126	228	243	66	272	1128	150	133
2009	568	120	211	266	77	289	1106	143	129
2010	576	128	222	586	180	307	948	126	133
2011	571	128	224	642	199	310	943	125	133
2012	581	129	222	644	201	31211	964	128	133
2013	592	130	220	553	170	307	973	129	133

二、经济作物

（一）烤　烟

蛟洋气候、土壤等条件适宜烟草生长。20世纪80年代始，有部分农民在山坡地里种植烟草，供销社开展收购烟草。1982年，公社在丘坊设立烤烟收购点。1984年后，乡人民政府开始重视发展烤烟生产，并把它作为发展农村经济、增加农民收入的主导产业，以“计划种植、主攻质量、提高单产”为指导方针，采取品种良种化、种植区域化、栽培规范化等一系列措施，引导农户多种烟、种好烟，在资金上予以扶持，生产上予以指导。1990年起，蛟洋狠抓品种良种化，种植区域化、栽培规范化，采取供应平价肥料，烟叶收购扶助奖励等措施发展烤烟生产。1993年，全乡烤烟种植12834亩，为烤烟种植面积最大的年份，总产1262吨。1995年全乡种植6955亩，总产1050吨，上等烟占56.9%。

1995年，苏康村积极引导农民改变种植结构，发展高优农业。将单季稻田全部改为“烟—稻”栽培模式，当年种植烤烟700亩，生产烟叶7万公斤，产值70多万元。全村166户、731人户均种烟收入4200多元；人均烤烟收入1000元，张维进、张善科等9户村民，户均烤烟收入超万元。苏康村被誉为“全乡种烟第一村”。

2005年始，烟草主管部门在蛟洋实施烟田水利、道路等基础设施建设项目（简称“烟基”工程）。至2013年，共投入资金4797.17万元，实施烟田水利、道路项目91项，兴建密集式烤房204座，受益烟田面积5513亩，受益农户3426户，烤烟生产条件改善，受到烟农好评。

2009年后，烤烟种植面积减少，但上等烟比例提高。

2013年，全镇种植烤烟1467亩，收购烟叶114吨，上等烟比例达69.17%。

1989—2013年蛟洋镇烤烟生产收购情况表

表4-8

年　份	种植面积（亩）	总产量（吨）	收购量（吨）	上等烟比例（%）
1989	3678	299	—	—
1990	5350	377	—	—
1991	7621	545	—	—
1992	8226	917	—	—
1993	12834	1262	—	—
1994	9596	949	—	—
1995	6955	1050	974	56.90
1996	7315	903	841	32.60
1997	11600	1384	1055	10.50
1998	7880	883	286	19.33
1999	7066	707	590	18.60
2000	7443	744	581	13.62
2001	7058	706	395	30.90
2002	4145	509	455	22.20
2003	6138	675	473	29.00
2004	5040	526	526	41.40

续表 4-8

年　份	种植面积（亩）	总产量（吨）	收购量（吨）	上等烟比例（%）
2005	6252	670	426	39.94
2006	6317	671	418	35.24
2007	5556	622	174	48.42
2008	4412	471	246	52.60
2009	1899	221	94	56.64
2010	1298	148	72	60.51
2011	1592	188	98	65.88
2012	499	77	48	62.83
2013	1467	168	114	69.17

2005—2013 年蛟洋镇“烟基”工程建设情况表

表 4-9

年　份	投入资金总额（万元）	受益烟田面积（亩）	受益农户（户）	数量（项）	建设资金（万元）	密集式烤房（座）	烤房建设补贴资金（万元）
2005	1246.40	865	719	32	316.4	37	51.6
2006	776.20	326	271	17	113.2	24	37.4
2007	514.40	672	561	13	276.7	18	26.1
2008	372.10	490	350	5	217.9	39	68.7
2010	1441.70	463	300	10	1146.0	21	31.0
2011	47.70	240	150	2	96.0	16	53.6
2012	252.17	2037	870	10	147.4	27	93.5
2013	146.50	420	2065	2	57.0	22	77.0
合计	4797.17	5513	5286	91	2370.6	204	438.9

（二）芋

蛟洋几乎每户都种植一些芋头以作杂粮之用。品种有槟榔芋、莲花芋、石堆子芋、六月泡子等。2006 年，龙岩客商租佃华家村 120 亩农田种植芋头，获得较好的经济效益。随后华家、文都、丰年、秋竹村农户争相种植。2009 年，全乡种植 600 亩。2010 年扩至 960 亩，亩产芋头 3000 余斤，按每公斤 2 元计算，每亩产值达 6000 余元。

（三）小米椒

蛟洋小米椒（朝天椒）个大味辣，备受客商青睐，各村均有种植。农户利用空闲杂地荒地种植。

（四）蔬　菜

农民多以房前屋后空闲地、农杂地种植，自给自足，商品率低。新中国成立后，芥菜和萝卜为农村的主菜，冬春鲜用，并加工腌制、晒干瓮藏，作常年食用。其他品种主要有：根菜类的有白萝卜、红萝卜、大头菜；白菜类有小白菜、大白菜、三月青和花菜；绿叶类有空心菜、芹菜、苋菜、菠菜、艾菜、芥蓝菜；

茄果类有西红柿、紫茄、甜椒、牛角椒；瓜类有苦瓜、香瓜、冬瓜、丝瓜、南瓜；豆类有扁豆、四月豆、六月豆、状元豆；葱蒜类有细香葱、月月葱、大蒜、韭菜、姜；薯类有马铃薯、大薯、药薯（淮山）、荞子、芋子；水生类有莲藕；多年生菜类有冬笋、麻笋、芦笋、石笋、黄花菜等。

“文化大革命”期间，一度收回自留地，限制社员种菜，不准蔬菜自由上市，挫伤了社员种菜积极性。“文化大革命”结束后，由于非农业人口的增多，蔬菜的需求量增大，农村蔬菜种植面积逐年扩大，菜贩也逐年增多。

1990 年始，利用高海拔山区气候优势，发展反季节蔬菜。其中，状元豆种植快速发展。1997 年，梅坝村率先利用大田大面积种植状元豆，被称为“状元豆”村，村委会组织农户种植销售一条龙。2010 年，全乡种植状元豆 1100 亩；2011 年种植 935 亩；2012 年种植 1100 亩，总产量 1650 吨，总产值 1073 万元；2013 年种植 1090 亩，总产值 806.6 万元。

1998 年，在苏康村首次推行“烟—菜—菜”栽培模式，亩种 1 季烟、2 季菜，产值 6800 元，比原烟后稻亩增 1 季 2000 元。建立连片 10 亩烟后反季节蔬菜栽培示范、春种一季烤烟、夏秋两季种夏阳大白菜，白菜亩产 2356 公斤、产值 3000 余元。当年，蔬菜种植面积 9228 亩，比 1997 年增加 50%。

2000 年，在崇头村建立“蔬菜新品种园”506 亩，推广种植中甘、甘蓝等优良菜种。蔬菜种植面积扩大到 1400 亩（含复种，下同），成为全县主要的蔬菜基地。

2002 年，蔬菜种植面积扩大到 25836 亩，主要品种有状元豆、白扁豆、大白菜、花椰菜、甘蓝、苦瓜、甜椒、西红柿、茄子等。部分菜农薄膜遮阳网覆盖栽培及塑料薄膜大棚栽培。此后至 2013 年，蔬菜种植面积保持在 26000—29000 亩之间。

2009 年，苏康村全村种植蔬菜 950 亩（含复种），年产值 1000 余万元，仅此一项菜农人均收入 3000 多元。被评为“一村一品”蔬菜生产专业村。

2013 年，全镇蔬菜种植面积 28553 亩，总产量 50114 吨。所产蔬菜数量多，品种多，质量好，远销广东、厦门等地。

（五）食用菌

蛟洋生产食用菌历史悠久，早在明末清初时期就有生产香菇，但多为民间自产自销，产量不稳。随着绿色食品兴起，香菇畅销广东、香港等地区和东南亚各国。1995 年始，蛟洋乡把食用菌生产列为农业主要产业之一。中村、再嘉、邹坑、贵竹、丰年、秋竹、文都、再兴、桃源、达理等村大力发展食用菌生产，以香菇、木耳为主。1998 年始，蛟洋乡推广香菇覆土栽培技术，每年栽培量达 200 万—250 万袋。推广的食用菌菌株有南山 1 号高温型菌株 CR04、DR66。2013 年，全镇食用菌产量 139 吨。

（六）生　姜

生姜可作药用和食用，种植历史悠久。过去人们都利用房前屋后的空闲地种植生姜，种植面积小。2000 年始，蛟洋境内利用大田种植生姜，种植面积逐年扩大。2010 年，种植面积 1100 亩，亩产值 4760 元，产值 523.6 万元；2011 年种植 825 亩；2012 年，种植 2085 亩，总产 3774 吨，产值 760 万元；2013 年，种植 1200 亩，总产值 870 万元。

生姜种植

1995—2013年蛟洋镇蔬菜生产情况表

表4-10

年　份	种植面积(亩)	总产量(吨)	亩产(公斤)	年　份	种植面积(亩)	总产量(吨)	亩产(公斤)
1995	5359	5359	1000	2005	27335	47481	1737
1996	5629	5629	1000	2006	27911	48523	1738
1997	6318	6318	1000	2007	28456	53328	1874
1998	9228	9198	—	2008	27081	47835	1766
1999	9802	9802	1000	2009	28355	49896	1760
2000	—	—	—	2010	29012	51083	1761
2001	—	—	—	2011	28631	50384	1759
2002	25836	32049	1240	2012	29141	51311	1761
2003	26500	44107	1664	2013	28553	50114	1755
2004	26500	44107	1664				

1997—2013年蛟洋镇食用菌生产情况表

表4-11　　单位：吨

年　份	总产量	蘑　菇	香　菇	黑木耳	白木耳
1997	37	—	36	1	—
1998	159	91	68	—	—
1999	174	72	93	9	—
2000	182	35	127	20	—
2001	55	—	49	6	—
2002	181	—	157	24	—
2003	164	—	139	25	—
2004	124	—	107	17	—
2005	82	—	66	16	—
2006	59	—	59	—	—
2007	175	—	62	113	—
2008	178	—	33	145	—
2009	176	29	—	—	—
2010	184	49	—	—	—
2011	159	—	50	—	—
2012	148	—	59	—	—
2013	139	—	139	—	—

（五）水　果

农户利用山坡、荒地种植果树。传统水果品种主要有梨、柿子、李、长柑（柚子）、梅、桃等，20世纪60年代蛟洋塘厦村柿子最为著名，家家户户的房前屋后都种植柿树、不仅产量高而且质量好。80年代后，水果种植品种增加、面积扩大。品种增加蜜柑、西瓜、枇杷、柰李、水蜜桃、沙田柚、杨梅、黄花梨、葡萄、香蕉等。2000年，蛟洋乡种植桃树113.33公顷，占全县种桃总面积27.33%；产量465吨，占全县总产量30.92%。2012年，全镇种植水果约3035亩，总产量约1307吨。

三、其他农作物

蕉　芋　要在房前屋后空闲地，山坡地种植。20世纪六七十年代，种植面积较大。蕉芋可以制作粉皮、粉条，成为人们的重要副食。2000年后，蕉芋制粉销售成为农户的经济收入之一。2012年，全镇蕉芋种植面积2974亩，产量2715吨。

茶　叶　主要在房前屋后空闲地种植，零星分散种植。2012年，全镇种植1068亩，产量153吨。

木　薯　多以山坡、荒地种植。2012年，全镇种植677亩，产量361吨。

花　生　20世纪90年代前零星种植。90年代后种植面积扩大，1995年全乡种植花生289亩，产量52吨。2013年，全镇种植花生443亩，总产量122吨。

第四节　畜牧水产

一、家畜养殖

（一）猪

猪是农民饲养的主要家畜，亦是家庭经济主要来源之一。民国时期农民租种地主的土地耕作，粮食少养不起猪。新中国成立后，政府重视生猪生产。1958年，人民公社限制社员养猪，把社员家庭饲养的生猪折价归集体饲养。1959年，集体养猪猛增，由于猪舍少、饲料缺，加上连续三年粮食歉收，生猪出栏数迅速下降。后来贯彻“公养和私养并举，以私养为主”的方针，加上粮食形势好转，国家又提高生猪收购价格，养猪业逐步发展。

1981年农村生产责任制落实后，农民手中有了充足的粮食，养猪积极性迅速提高，家家户户都养猪，多的养十几头、几十头。

90年代，政府扶持养猪业的发展，把发展生锈作为主导产业来抓。生猪养殖迅速发展，出现一批养殖专业户、大户。1995年，生猪出栏16991头，存栏15401头，分别比1990年增长99%、17%。2000年，生猪出栏38952头，存栏22354头，分别比1995年增长129%、45%。2001—2013年，生猪生产持续发展，其间年出栏生猪36000头—48000头，存栏18000头—24000头。2013年，全镇共有95家存栏250头以上的生猪养殖场，其中标准化养殖场13家。在养猪业发展过程中，政府重视养殖业污染防治，引导养殖企业、农户采取猪—沼—作物能源生态模式，沼气工程为主的能源环保模式，微生物发酵订零排放模式等，达到发展生猪生产与保护环境相统一。

蛟洋村沈坊养猪专业户陈杭生夫妇，自2008年开办养猪场已有5年，养猪规模不断扩大，2013年年末，存栏965头，猪场实行标准化建设，实行沼气工程为主的能源环保模式。生产的沼气免费供应沈坊村农户使用，深受村民的好评。

（二）牛

牛是“农家之宝”，养牛为农民的传统，新中国成立后，贫苦农民分得了土地，牛的饲养量逐年增加，政府也十分重视发展养牛事业，向农民发放耕牛贷款。1953年，全区发放耕牛贷款10万元。1981年实行家庭联产承包责任制后，每家每户都养牛，并且出现部分养牛专业户。1985年，全乡有耕牛1058头，1990年，全乡养牛1216头。1995年后，随着农业机械化的推进，机耕逐步代替牛耕，牛的数量也逐渐减少。2013年，全镇牛存栏1467头，其中役牛955头。

桃源村村民丘永成利用桃源山地广、草地多的特点，发展养牛，养羊业。2013年，养黄牛（肉牛）15头，养羊125只，年收入可达50万元。

（三）羊

1981年后，农民养羊事业逐步得到发展，其主要原因一是羊肉价格不菲，二是境内山地草场资源丰富。1995年，全乡养羊的存栏数达750。2000年后出现养羊专业户34户，有8户规模较大，养羊90只以上；规模最大的达120只；其中，中村有养羊专业户17户，较大规模的有5户。2012年，肉羊存栏2629只。2013年，肉羊存栏2710只。

（四）狗

蛟洋农户多数有养狗的习惯，主要用于看守门户及肉食。亦有少数猎户养猎狗，用来打猎时寻找野兽。狗的品种有黄狗、白狗、黑狗、狼狗、狮子狗、哈巴狗等。由于养狗易发生狂犬病，政府曾也明令限制养狗，2000年后，家庭养狗逐渐减少。

（五）兔

兔的饲养历史悠久，以家庭主妇饲养为主。20世纪70年代，全公社一度出现饲养长毛兔（又称剪毛兔）热，几乎每家每户都饲养这种兔，剪下的毛供国家收购。至80年代中期，不再养长毛兔。90年代，养兔业不断发展；1999年，全乡兔存栏达141683只，比1990年增长4.3倍。进入21世纪，养兔业较为稳定，全乡兔存栏在40000只—60000只，2002年达140167只。其间，出现不少养兔专业户，主要饲养“通贤乌兔”，规模较大的有11户，其中，规模1000只以上的约5户，规模最大的为塘厦村邹辉良户，达5300只。

（六）鹿　麝

1992年，乡籍医师华星在秋竹村外洋坪小平原上办起养鹿场。事前，华星与乡长李俊和到江西省弋阳奎丰鹿场和吉林省长春市农业大学等地学习考察。养鹿场从两地引进梅花鹿14只（其中雌性3只，雄性11只）进行饲养（中途死亡4只）。通过科学养鹿和精心管理，梅花鹿开始繁殖小鹿，至1994年年底已繁殖小鹿14只，总存栏达24只。产鹿茸5公斤，经省有关部门检验合格，投放市场。该场北鹿南养成功，属县境内首家。

1998年10月，该场争取省科委的支持，并报省林业厅批准，投资8万元，从甘肃兰州养麝场引进6只马麝（其中公麝3只，母麝3只）作为种源试养。2002年，国家发展计划委员会《关于福建华杭麝业科技发展有限公司人工养麝技术产业示范工程项目可行性研究报告的批复》（计高技〔2002〕2144号），同意将蛟洋乡人工养麝项目列入2002年国家高技术产业发展项目计划，规定该项目主要目标和任务是采用温控、祛湿法和中草药喂养技术，采用电子监控设备等现代化装备，实现麝的科学繁育和规模饲养，促进生态保护和中药产业的发展。同年11月，蛟洋乡人工养麝项目获得国家发展计划委员会立项补助该项目经费300万元。2008年，麝的养殖迁往上杭。2012年，小和村华陈生接管养鹿场。2013年，养鹿均存栏25只，其中公鹿12只，母鹿13只。

1989—2013年蛟洋镇畜牧业生产情况表

表4-12

年份	猪			牛			兔		家禽		禽蛋产量（吨）	肉类总产量（吨）
	当年出栏(头)	存栏（头）	猪肉产量(吨)	当年出栏(头)	存栏（头）	牛肉产量(吨)	存栏（只）	兔肉产量(吨)	存栏（只）	禽蛋肉产量（吨）		
1989	5568	12000	506	154	1125	14	22500	15	54300	26	22	668
1990	8530	13189	684	257	1160	16	26690	33	58300	66	24	802
1991	10198	14015	803	281	1216	31	30800	80	82550	94	42	978
1992	11451	14380	916	213	1318	24	33460	61	82640	121	48	1122
1993	13338	13870	1059	314	1259	31	34940	66	92000	127	84	1283
1994	15904	14700	1272	410	63	41	37520	53	101500	184	147	1513
1995	16991	15401	1359	454	63	45	37580	82	101440	184	185	1670
1996	20748	16507	1658	843	1587	61	39670	84	121850	200	197	2003
1997	27550	17470	2204	635	1804	59	40170	110	213200	242	246	2505
1998	29965	17980	2397	610	1873	61	40170	110	139400	254	379	2837
1999	31824	18389	2546	631	1885	63	141683	270	42235	270	430	3002
2000	38952	22354	2727	808	1879	81	52561	125	89100	278	475	3217
2001	41458	24156	2902	889	1990	88	59925	146	91283	307	498	3451
2002	46109	24072	3212	920	1705	92	140167	154	234026	779	490	4249
2003	43582	25205	3051	719	1724	71	57574	157	237047	1211	477	4516
2004	43582	25205	3865	744	1724	74	43812	146	367723	1675	475	3243
2005	36316	31393	2474	410	826	43	43830	152	279115	1219	388	3942
2006	43582	25205	3051	719	1724	71	59574	157	237047	1210	477	4515
2007	38835	31661	2835	368	824	50	43812	146	301283	1040	403	4169
2008	36316	31393	2474	410	826	43	43830	152	279115	1219	388	3942
2009	44596	33001	3300	384	1238	36	49268	155	462174	1359	348	4338
2010	39668	27756	2992	261	1166	26	65074	137	444882	1276	532	4521
2011	43888	29897	3359	357	920	36	61318	126	295288	1258	564	4859
2012	48544	32694	3715	397	1466	40	62469	127	306151	1841	572	5831
2013	40872	32224	4046	397	1467	41	62475	131	789087	4193	489	8539

二、家禽养殖

鸡、鸭、鹅等家禽饲养极为普遍，以地方品种为主。尤其是鸡，几乎每家每户均有饲养，多数农户饲养为了自给，以供过年过节接待亲朋等之需，商品率极低。20世纪60年代初，由于粮食困难，家禽饲养少。“文化大革命”期间，由于“左”的影响，在“鸡头鸭头不得超过人头”的口号下，家禽饲养处于低谷。1981年后，随着党的农村政策的落实，家禽饲养量迅速增加，1994年，家禽存栏达101500只，首次突破10万只。21世纪初，随着森宝（龙岩）实业有限公司的投产，蛟洋部分村成为该公司的肉鸡生产基地，采取工厂化饲养模式，养鸡规模扩大，全乡出现饲养家禽专业户32户。其中，年出栏10万只以上的11户，规模最大为蛟洋村傅志刚户，年出栏36万只，其次再兴村张龙户，年出栏35.1万只，蛟洋村傅钦文户，年出栏34.65万只。2013年，全镇存笼家禽789087只。

三、水产养殖

（一）池塘养鱼

境内农家有池塘养鱼的习惯，房前屋后建鱼塘多半用来蓄水和养鱼。1981年实行家庭联产承包责任制后，部分农民开始挖塘养鱼，或利用自家承包的农田进行稻田养鱼，养鱼面积逐年增加，1998年，全乡有养鱼户148户，池塘养鱼面积达78亩。2013年，养鱼户217户，池塘养鱼面积122亩。

（二）水库养鱼

1977年11月蛟洋村沈坊水库竣工，1978年开始放养鱼苗1万多尾，1983年由蛟洋村民傅国钧承包。邹坑水库、再兴水库亦曾养鱼。中村山塘和中村溪流、蛟洋村中溪流都放养鱼。2013年全镇水库养鱼98亩。

（三）牛蛙养殖

2011年始，境内牛蛙养殖不断发展。2013年，养牛蛙340亩，按每亩成本10万元计算，共投资3400万元，销售价每公斤7元计算，每亩产值约25万元。

（四）捕　捞

境内溪流纵横，20世纪五六十年代，溪中游鱼随处可见。中村、华家、梅坝、蛟洋、崇头、坪埔等村中溪流时有捕鱼人员出现。每年可捕溪鱼5吨左右。70年代后，由于大量使用农药、化肥，溪水受到污染，溪涧鱼虾几乎绝迹。2012年后，中村溪、蛟洋溪放送鱼苗20万尾，村委会告示村民保护，禁止捕捞。

四、其他养殖

（一）养　蜂

蜜蜂在蛟洋山林中随处可见，许多村民历来就有收养蜜蜂的爱好。春暖花开时节，蜜蜂分群时，正是进行建箱收养的好时机，每到秋天就可以采收蜂蜜出售。2013年，全镇养蜂400余箱，都分布在较为边远的村落，如再嘉、中村、坪上、再兴、贵竹等村。

（二）豪　猪

2013年，文都村村民华晓平饲养豪猪24头，年末存栏24头。

豪猪养殖

1989—2013 年蛟洋镇渔业生产情况表

表 4–13

年份	淡水养殖面积（亩）			水产品产量（吨）		
		池塘养殖	水库养殖		捕捞	养殖
1989	275	275	—	23	21	2
1990	298	265	33	29	2	27
1991	267	234	33	34	3	31
1992	285	252	33	34	4	30
1993	302	261	41	46	5	41
1994	352	311	41	52	4	48
1995	357	316	41	86	7	79
1996	396	355	41	110	11	99
1997	456	391	65	142	11	131
1998	431	366	65	156	14	142
1999	456	391	65	172	16	156
2000	451	386	65	175	17	158
2001	453	383	70	181	18	163
2002	321	233	88	164	20	144
2003	321	233	88	164	20	144
2004	321	233	88	186	20	166
2005	321	233	88	190	10	180
2006	321	233	88	140	10	130
2007	321	231	88	82	9	73
2008	367	27	340	111	10	101
2009	367	27	340	117	17	100
2010	367	27	340	92	7	85
2011	112	60	52	125	62	63
2012	112	60	52	141	62	79
2013	112	60	52	109	10	99

1989—2013 年蛟洋镇农业产值表

表 4-13　　单位：万元

年份	农牧渔业总产值		农业产值		牧业产值		渔业产值	
	当年价	不变价	当年价	不变价	当年价	不变价	当年价	不变价
1989	1348	515	683	403	365	109	12	3
1990	1504	1358	1015	894	478	455	11	9
1991	1776	1610	1217	1010	543	586	16	14
1992	2072	1774	1399	1118	655	642	18	14
1993	3889	1785	2731	1486	1129	280	29	19
1994	4582	2527	2976	1537	1548	962	58	28
1995	6375	2315	4099	1773	2193	1107	83	35
1996	7851	3319	4973	2010	2760	1262	118	47
1997	8878	3858	5181	2246	3553	1548	144	64
1998	9539	4290	5541	2393	3832	1830	166	67
1999	10027	4561	5987	2559	3955	1928	185	74
2000	10990	4721	6763	2710	4038	1936	189	75
2001	11278	4787	6911	2724	4206	1983	161	80
2002	11984	5442	7738	3422	4071	1946	175	74
2003	11991	4745	7563	3523	4259	2142	169	80
2004	13447	7881	7684	3366	5540	2435	223	80
2005	19401	5782	13156	3074	6139	2654	106	54
2006	13823	5795	8705	2880	5051	2882	67	33
2007	18078	7087	9943	3387	8080	3673	55	27
2008	19121	16812	9753	8966	9152	7642	216	204
2009	20832	21964	11204	10836	9418	10917	210	211
2010	23277	21660	13480	11679	9522	9748	275	233
2011	28492	25513	16195	15262	12025	10013	272	238
2012	30895	30207	16712	15498	13878	14413	305	296
2013	34723	33473	15381	14796	19113	18449	229	228

注：1.据《上杭县统计年鉴》。2.不变价中，1989—1990 年，使用 1980 年不变价，1991 年始，使用 1990 年不变价

第五节　机构与管理

一、农技站

1975年蛟洋农业技术推广站（简称农技站）成立。2013年设站长1人，有农业技术干部8人，其中农艺师5人，初级职称3人，高级职称1人，并配备村级农民技术员25人。蛟洋农技站主要对“作物栽培”“土壤肥料”“经济作物”“农业技术推广”和“业务经营”等方面进行管理，建立农业新产品、新技术试验示范基地和农业服务部，及时地为农民提供产前、产中、产后技术服务，促进农业新技术的推广、应用，确保农民粮食生产丰收。

二、农机站

1979年1月1日蛟洋农业机械管理站成立（简称农机站），设站长1人，副站长1人，职工1人。1987年设站长1人。农机站主要对境内操作技术培训，农业机械维修、使用、推广、抗灾救灾、安全监督等方面的管理。

三、畜牧兽医站

1974年1月，成立蛟洋畜牧兽医管理协会。1987年改称蛟洋畜牧兽医工作站。该站设站长1人，工作人员1人。畜牧兽医工作机构负责对家禽家畜进行定期防疫。2005年，为防禽流感的发生，乡畜牧兽医站统一安排兽医人员入村上门为农民禽兽免费注射疫苗。其后每年春、秋两季进村入户给禽畜打针预防，确保境内禽畜的健康。2012年和2013年，全镇养殖专业户迅猛增加，畜牧兽医站定期下村巡视，及时为养殖专业户作禽畜病情调查，深得农民群众的好评。

四、水利工作站

1994年，蛟洋公社水利工作机构。负责对全社农民水利建设进行规划和管理。1981年成立蛟洋公社水利电力技术公作站，负责全公社各个村的水利建设规划、勘查、落实、修建，对境内小型水电站的管理和水源污染等方面管理。

五、烟草站

1987年，县烟草公司在蛟洋乡设烟草收购站。2013年，设站长1人，仓管1人，技术指导5人。蛟洋烟草站实施对烤烟生产种植面积、品种、栽培技术、采摘、烘烤等技术环节生产管理，订立产购合同，规范收购，扶持奖励等收购管理。

蛟洋镇农业管理机构负责人名表

表 4–15

机　构	姓　名	职　务	任职时间
农技站	傅美铭	站　长	1975.3—1979.2
	罗金昌	站　长	1979.3—1984.2
	袁永贵	站　长	1984.3—1988.5
	温其清	站　长	1988.6—1991.9
	傅海龙	站　长	1991.10—1997.2
	丘念明	站　长	1997.3—2000.8
	谢文芳	站　长	2000.9—2003.9
	丘岳忠	站　长	2003.10—
农机站	傅李荣	站　长	1979.1—2011.1
	陈振明	站　长	2011.1—
畜牧兽医站	陈思华	站　长	1974—1979
	丘宇裘	站　长	1979—1990
	邓进荣	站　长	1990—1997
	熊伯立	站　长	1997—
水利工作站	李占顺	站　长	1994—
	伍传熙	副站长	2011—2013.2
烟草站	丘启发	站　长	1987.5—1987.12
	兰汉田	站　长	1987.12—1989.9
	黎　刚	站　长	1989.9—1999.9
	朱益祥	站　长	1999.9—2002.9
	张恒大	站　长	2002.9—2004.10
	赖美优	站　长	2004.10—2007.11
	林　贵	站　长	2007.11—2010.10
	江建昌	站　长	2010.10—2013.10
	陈　钰	站　长	2013.10—

第五章　林　业

蛟洋地处上杭、连城、龙岩（今新罗区）三县的结合部，处于闽西的中心位置。境内崇山遍布、丘陵河谷交错、地形复杂，便于屯兵和游击战争，是易守难攻的兵家要地。

蛟洋地处山区，山峦叠嶂，森林资源丰富。清代，木材的销售曾通过旧县河、黄潭河外运；以毛竹为原料的土纸生产兴盛。同时重视林业资源保护。华家村、蛟洋村分别于乾隆年间（1736—1795年）、道光十年（1830年）立禁山碑，严禁村民随意砍伐竹木。民国时期，傅柏翠号召群众开展春季植树造林，区农会制订颁布护林公约，为蛟洋青山常在发挥重要作用。

新中国成立后，政府重视林业工作，林业生产得到发展。但是，1958年为“大炼钢铁”上山烧炭，农村办大食堂以松杂木作燃料，毁林现象严重。由于人口的迅速增长，森林资源消耗多，增长少。1981年后，实施林权制度改革，贯彻落实《中华人民共和国森林法》等法律法规，依法治林，植树造林，封山育林，蛟洋的林业得到较快发展。林业建设逐步转向生态优先、生态建设与产业发展并举；林业经营逐步转向林地租赁，林木产权转让到户经营为主。林业在建设生态家园和发展绿色产业中发挥着不可代替的作用。

2013年，全镇有林业用地18653.2公顷，占土地总面积的81.34%，活立木蓄积量1165876立方米；森林覆盖率达76.93%；全镇林业总产值2484万元（当年价），比1989年增长94.4倍，年平均递增20.9%(按可比价计算)。

第一节　森林资源

一、面积　蓄积

1987年，蛟洋乡有林业用地17072公顷（256085亩），人均林业用地12.4亩，人均面积居全县第三位；活立木蓄积量413040立方米，人均20立方米。据蛟洋镇2013年林业资源信息调查数据，全镇有林业用地18653.2公顷，其中国有林地面积2489.9公顷，集体林地面积16163.2公顷。林业用地占全镇土地总面积的81.34%。林业用地中，有林地面积占17413.8公顷，竹林面积3467公顷，灌木林地面积672公顷，宜林荒山面积3.2公顷，有林地面积占全镇土地总面积的75.93%，占林业用地面积的93.36%；林业用地人均占有量0.74公顷。2013年，全镇活立木蓄积量1165876立方米，人均50.69立方米。

2013 年蛟洋镇森林资源分布情况表

表 5–1

村 别	有林地（亩）	森林覆盖率（%）	活立木蓄积量（立方米）	生态林面积（亩）
蛟 洋	37621	71	166640	6414
丘 坊	14426	74	75826	596
塘 厦	8632	58	30784	109
再 兴	18760	87	153075	6565
文 都	7087	70	49133	—
邹 坑	14067	84	95604	1366
坪 上	10012	87	75891	1176
再 嘉	16597	86	153132	6176
中 村	20934	87	153560	4372
华 家	15228	70	49822	—
丰 年	3368	65	14403	—
贵 竹	9939	83	29367	—
秋 竹	4641	57	21032	—
梅 坝	5767	57	20909	—
下道湖	3606	51	15356	—
坪 埔	7107	67	25818	117
崇 头	4324	72	21131	—
小 和	16558	92	54996	4361
文 地	5047	78	15405	—
杨梅坑	5219	81	16023	1919
达 理	11188	83	62549	5514
陈 坊	3605	72	19131	—
东 乾	8752	80	36822	3755
苏 康	5098	71	28333	—
桃 源	3625	73	19426	—

二、结 构

蛟洋镇的森林植物以常绿针叶林为主，松木、杉木、樟树（小叶樟、大叶樟、沉水樟）、栲属类约占 20%；落叶混交林及竹林约占 20%。覆盖以芒、芒萁为主。

林种结构：用材林 11022 公顷；生态公益林 2672.5 公顷；经济林 74.56 公顷，其中果树林 0.86 公顷，药材林 70 公顷，饮用林 3.7 公顷；竹林 3564.6 公顷。

三、古树名木

经林业部门调查鉴定，2013 年，境内有 56 株古树名木被列为保护树木，其中被列为一级保护的有 6

株，二级保护的有 7 株，三级保护的有 43 株。

银　杏　华家村中央有一株古银杏（白果），人称银杏王，高 31 米，胸径 3.86 米，冠幅 1600 平方米。此树枝繁叶茂，雌雄异株，雄株傲然挺拔，枝叶稀疏；雌株奇特古雅，留着雷击的痕迹；树身 3 米以下，雌雄株粘连一起，盘缠交错。经专家确认，树龄已逾千年。2013 年，华家村银杏树荣登龙岩市第二届“银杏王”榜。塘厦村鞍利背一株银杏，树龄 562 年。

南方红豆杉　华家村西山下、大坪水口连片生长 19 株，树龄 120 年—450 年。小和、下道湖、邹坑、文都、贵竹、苏康、崇头等村有零星分布。其中小和村祝福坝一株，树龄 680 年；村部旁一株，树龄 560 年。

香　樟　蛟洋村香樟亭旁一株古香樟树，树龄 560 年，高 23 米，胸围 4.44 米。坪上村树坝一株古香樟树，树龄 530 年，高 17 米，胸围 3.32 米。

杉　树　塘厦村钟字前山麓一株杉树，树龄 600 年，高 28.2 米，胸径 1.71 米，冠幅 15 米×10 米，顶端枯 4 米，余枝蓬勃向上。

柿　树　塘厦村一株柿树，树龄 360 年，高 15 米，胸围 3.6 米，冠幅 10×8 米。1981 年产果 1250 公斤。

乌　柏　崇头村上崇头一株乌柏，树龄 450 年。蛟洋文昌阁水旁、文都村水口亦生长数株，树龄在 105 年—260 年。

蛟洋古树名木情况表

表 5-2

中文名	别名	树龄(年)	树高(米)	胸围(地围)	冠幅(米)	具体生长位置	保护级别
	鸭爪树	110	13	198	14.0	文昌阁水旁	三级
乌柏		140	15	210	9.8	文昌阁水旁	三级
乌柏		105	14	155	8.5	文昌阁水旁	三级
乌柏		130	14	100	6.5	文昌阁水旁	三级
乌柏		130	9	132	2.5	文昌阁水旁	三级
乌柏		135	16	138	8.0	文昌阁水旁	三级
香樟		560	23	444	16.0	蛟洋村香樟亭旁	一级
银杏		562	15	315	12.5	塘厦村案利背	一级
杉木		600	16	410	9.0	塘厦村钟字前	一级
柿树		360	15	360	11.0	塘厦村塘尾	三级
红豆杉		200	14	310	7.5	华家村西山下	三级
红豆杉		350	13	260	5.5	华家村西山下	三级
红豆杉		250	9	175	5.5	华家村西山下	三级
红豆杉		250	10	233	8.5	华家村西山下	三级
红豆杉		260	10	205	6.0	华家村西山下	三级
红豆杉		260	10	265	5.5	华家村西山下	三级
红豆杉		210	13	215	7.5	华家村西山下	三级
红豆杉		140	12	140	3.5	大坪水口	三级
红豆杉		250	13	237	5.5	大坪水口	三级
红豆杉		150	12	150	6.0	大坪水口	三级
红豆杉		420	15	315	8.5	大坪水口	二级

续表 5-2

中文名	别名	树龄(年)	树高(米)	胸围(地围)	冠幅(米)	具体生长位置	保护级别
红豆杉		410	14	280	6.5	大坪水口	二级
红豆杉		340	13	140	7.0	大坪水口	二级
红豆杉		450	17	360	9.0	大坪水口	二级
红豆杉		360	16	320	9.0	大坪水口	二级
红豆杉		180	15	210	5.5	大坪水口	三级
红豆杉		270	17	290	8.5	大坪水口	三级
红豆杉		120	13	145	5.5	大坪水口	三级
红豆杉		320	17	330	7.5	大坪水口	三级
枫香		170	17	410	10.5	再兴村村里	三级
	栗树	450	14	228	10.5	坪上村树坝	二级
香樟		530	17	332	8.0	坪上村树坝	一级
红豆杉		280	19	160	7.5	邹坑村	三级
枫香		180	17	480	10.5	文都水口	三级
红豆杉		350	16	207	8.5	文都水口	三级
乌桕		240	17	360	6.5	文都水口	三级
乌桕		180	16	290	4.5	文都水口	三级
乌桕		260	16	380	7.5	文都水口	三级
红豆杉		350	13	245	3.5	贵竹朗星坑水口	二级
牛英檀树		120	12	360	6.0	贵竹朗星坑水口	三级
桂花树		320	7	207	9.0	小和坑祝福坝	二级
红豆杉		680	16	380	8.5	小和坑祝福坝	一级
紫荆花		510	11	183	3.5	小和坑祝福坝	一级
红豆杉		560	10	350	11.5	小和坑祝福坝	一级
	秦子树	220	15	230	7.5	坪埔苦竹山	三级
	小板栗	130	16	365	12.0	文地村水口	三级
	小板栗	110	15	230	8.5	文地村水口	三级
	小板栗	120	19	290	12.5	文地村水口	三级
	小板栗	160	14	388	10.0	文地村水口	三级
	小板栗	120	15	300	6.5	文地村水口	三级
	小板栗	130	15	330	9.5	文地村水口	三级
	小板栗	120	10	270	3.5	文地村水口	三级
	小板栗	120	13	320	8.5	文地村水口	三级
	小板栗	110	14	186	8.5	文地村水口	三级
枫香		130	19	418	11.0	杨梅坑下村水口	三级
乌桕		450	15	270	7.5	崇头村上崇头	二级

注：本表由蛟洋林业站提供

第二节 山林权属

民国以前，蛟洋境内的山林基本上属于私有，集体所有的只是小面积的公尝山或会山。第二次国内革命战争时期，苏维埃政府把竹山分配给农民，属农民所有。“古蛟自治”时期，蛟洋的山林除部分竹山分给农民经营土纸生产外，绝大部分归区（乡）公共所有。

新中国成立后，随着农业合作化、成立人民公社，农户所有的林木折价入社，除一小部分国有林外，统归集体所有。1981—1983 年，开展林业“三定”（稳定山林权，划定自留山，确定林业生产责任制）工作，确定林木所有权的归属，初步界定了森林资源资产主体。1993—1995 年，进一步完善林业生产责任制，进行明晰所有权、落实经营权、确保收益权的集体林权制度的改革探索。2003—2005 年，开展进一步明晰集体林木所有权和林地所有权，放活经营权，落实处置权，确保收益权的集体林权制度改革，并对使用权明晰的林地和所有权明晰的林木开展林权登记，发放统一式样的林权证。

2013 年，蛟洋镇国有林地面积 2489.9 公顷，占林业用地面积的 13.35%，分布在中村、蛟洋、华家、丘坊、贵竹、崇头等村；集体林地面积 16163.2 公顷，占林业用地面积的 86.65%。

第三节 造林 育林

民国以前，蛟洋境内没有计划地组织繁育苗木，植树造林，森林多处于自生自灭的自然生长状态。民国 21 年（1932 年）后，傅柏翠号召群众开展春季植树造林，受到群众拥护，每当春天来临，群众纷纷上山种树，形成家家植树、户户造林的良好风尚。春季植树造林，成为蛟洋约定俗成的乡规民约。

新中国成立后，人民政府将林业纳入国民经济计划，贯彻“以营林为基础，普遍护林，大力造林，采育结合，永续利用”的方针，促进林业发展。但由于受到 1958 年“大炼钢铁”和 80 年代初中期乱砍滥伐的严重影响，1989 年，蛟洋仍有 4000 公顷以上的宜林荒山。1984—2013 年，全镇共植树造林 4800 公顷。2011 年，蛟洋乡荣获“全市造林绿化工作先进集体”称号。

一、造 林

（一）苗木繁育

1984 年始，蛟洋林业站以繁育杉木，马尾松等主要乡土树种为主，所繁育的苗木除满足当地造林所需外，还外调他乡。1988 年，福建省委，省政府发出实施“三五七”造林绿化工程（三年消灭宜林荒山，五年绿化，七年成林）的号召，蛟洋充分发动群众、聚集社会力量，大力创办苗木繁育基地。1991 年，全乡育苗 1300 亩，共繁育苗木 403 万株。1993 年，林业站繁育杉木、马尾松等苗木 1400 亩，约 210 万株。苗木繁育基地的建立，为营造速生丰产林和完成“三五七”绿化造林工程提供了优质种苗。

塘厦苗木基地一角

90 年代中期始，为适应生态环境建设的的需要，园林绿化树种苗木繁育逐步发展。2013 年，全镇有大小苗木繁育场 11 个，分布在华家、贵竹、邹坑、坪上、秋竹、塘厦等村，育苗 4600 亩，约 800 万株。其中规模较大的有塘厦村邹辉元于2010年创办的“辉园苑实业有限公司”苗木基地，种植面积2000亩，种植品种有红豆杉、桂花、含笑、罗汉松、红枫等，苗木数量约208万株，每年销售60万侏；梅坝村傅增标于2012年独资创办省级骨干苗圃“上杭县蛟洋富强绿化苗木基地”，育苗面积200亩，大小苗木200万株，主要品种有桂花、竹柏、香樟、含笑等苗木。该基地每年销售各种苗木50万株，年创利润80万元。

（二）林场造林

1972年，在“造好一片林，留下一批人，办好一个场”和“大办杉木、油茶两大基地”的口号推动下，蛟洋人民公社建立公社林场，在邹坑陈坊至中村交界处营造杉木林160公顷，1984年由上杭县国营白砂林场接管。

（三）飞机播种造林

1984年5月，为了加快边远地带、荒山的大面积绿化的步伐，在蛟洋的再兴、中村、坪上、再嘉、文都等村进行飞机播种造林。飞播后实行封山育林，确保种子发芽生长成林。

（四）“三五七”造林

1989—1991年，蛟洋乡实施省、地、县“三五七”造林绿化工程（即全省九地市分别在三年、五年中完成宜林荒山造林和疏林地封育、改造任务，在七年内实现绿化八闽大地）。造林主要以马尾松、杉木为主要树种，全乡造林约3933公顷。1992年，“三五七”造林绿化通过省级验收。

（五）世界银行货款造林

1993年，在丘坊村“七里峡”，苏康村“水口”等山场，利用世界银行贷款造林220公顷。2012年，将林权转让给国有白砂林场。

（六）种植果、茶、竹造林

1994年，蛟洋乡认真落实林业责任制，从资金扶持、技术服务上入手，大力发展毛竹生产，全乡毛竹林发展到2666.6公顷；坪埔开发标准果园380亩，全部种上柿树，成活率达95%以上。1997年新辟果园52公顷，全乡果园发展到332.7公顷。

（七）银杏种植

1996年，蛟洋乡按“统一规划，规模开发，分户承包，定额上交，一步到位”的山地开发模式，实施开发千亩银杏基地。6月，塘厦、华家、崇头、蛟洋、苏康等村群众劈草炼山，打平台；国省道两旁也有200多农户在自己的房前屋后整地挖穴，发展银杏为主的庭院经济。全乡已打好平台73.3公顷，千亩银杏基地初具规模，苗木以华家村2公顷银杏为母本园，再引进外地优质银杏苗木进行嫁接，按每亩25株—30株进行栽培种植。

附：公路绿化

2010年春，全国先进工作者陈文生带领养护站职工在辖区内的319国道沿线，新植樟树2000余株，灌木1500多株，整治绿化场地5000多平方米，并对沿线所有公路沿线原有绿化树进行辟架、防护，构筑绿色走廊。

二、育　林

（一）幼林 成林抚育

幼林抚育包括间伐、劈草、封山等。1989—2000年，蛟洋乡共抚育幼林2674公顷，其中1992年抚育幼林884公顷。对幼林抚育由农户自行决定，有的实行全封山，有的实行半封山，也有的实行轮流封山或间伐。2002—2012年，共抚育幼林1940公顷。2013年，抚育幼林543公顷。

1998—2000年，成林抚育130公顷。2002—2006年，成林抚育349公顷。2008年，成林抚育1339公顷，为历年最多年份。2013年，成林抚育1210公顷。

（二）竹林垦复

1995年，垦复抚育毛竹林2866.6公顷。1996年，全乡垦复竹林2866.6公顷，建立苦竹笋基地13.3公顷。2011年，蛟洋乡利用地理气候优势，以桃园、贵竹等毛竹专业村为中心，建立万亩丰产竹业基地。蛟洋丰农食品厂采取“公司+农户”形式，建立苦竹笋基地200公顷，就地收购、加工苦竹笋系列产品，带动当地农民发展苦竹笋生产，全乡有600公顷苦竹林，经垦复、改进，亩出笋率提高30%，崇头村东山自然村傅绍基管护自家老竹林13.3公顷，年年冬垦，获得好收成。

1989—2013年蛟洋镇营林生产情况表

表5-3

年　份	造林面积	迹地更新面积	封山育林面积	零星植树（万株）	育苗面积	幼林抚育面积	成林抚育面积
1989	2929	445	—	1.5	15.5	6640	—
1990	9707	—	—	11.7	90.6	607	—
1991	9453	2616	71000	6.9	1300.0	2616	—
1992	1110	118	132000	4.8	2.6	13257	—
1993	3345	3134	24000	5.0	—	—	—
1994	—	—	13200	5.0	—	1212	—
1995	103	—	71100	4.0	1.0	4000	—
1996	131	—	88100	4.0	—	3260	—
1997	254	—	61382	4.0		719	—
1998	890	730	61380	3.0	1.0	2048	743
1999	1166	417	105839	5.0	—	2243	1000
2000	192	1410	105839	4.0	—	3508	212
2001	—	—	—	—	—	—	—
2002	143	—	80062	4.0	—	3280	806
2003	—	60	80062	4.0	—	3241	624
2004	151	1080	4612	4.0	—	3500	1600
2005	—	2400	5200	3.0	—	2000	500
2006	—	1144	3566	23.0	25	3300	1700
2007	736	—	3566	12.0	—	—	—
2008	296	396	2107	0.1	5	736	20080
2009	—	70	200	0.3	—	—	—
2010	—	2788	36016	0.4	—	825	—
2011	7252	6691	36218	2.1	—	6832	—
2012	381	84	—	0.3	—	5384	8300
2013	3418	221	—	1.5	58	8151	18151

第四节 森林保护

一、封山育林

明清时期，蛟洋境内木材和造纸业得到迅速发展，民间有自发的封山育林行为。人们为保护竹木资源，每年的冬至前后的这段时间，各村都会贴出告示，禁止人们上山挖笋。有些地方还派护林员在入山交通要道、村水口看守。禁止人们入山砍伐竹木。村村保保订立村规民约，严禁乱砍滥伐竹木。清乾隆年间（1736—1795年）立华家村水口“永远禁山碑”，谕“全乡各村民众，不得独自上山砍伐树木”。清道光十年（1830年），蛟洋村群众为保护村周围十块成林的山场，在余坑口立“余坑禁山碑”一块，严禁村民采伐竹木。

保存完好的余坑禁山碑

民国时期，为了封山育林，傅柏翠发动群众制订护林公约，由区农会颁布执行，并带头模范遵守。

20世纪80年代，境内开展大规模封山育林，严厉打击破坏山林、乱砍滥伐的犯罪活动，对公路两旁和村庄周围一重山进行封山育林。每村聘请1人—2人担任护林员，加强封山区保护。1991年，按照上杭县部署，开展“封山育林年”活动，推行“改燃节柴”“改灶节柴”，开展禁止上山“乱采脂、乱打枝、乱砍滥伐”的治理活动。当年封山育林4733公顷。1992年，封山育林8800公顷。1995—2003年，封山育林面积保持在4000公顷—7000公顷。2004—2009年，封山育林面积减少。2010年起，封山育林面积保持在2400公顷左右。

二、森林防火

境内群众过去有烧田坎、扫墓烧纸放鞭炮、上山烧灰积肥的习惯，常引起火灾。1989年9月17日，丰年村与贵竹村交界处，因高压线断落引起烧山事件，过火面积约107公顷；2008年8月12日，蛟洋村与崇源村交界处发生火烧山事件，过火面积约76公顷。1987年年初蛟洋林业站防火办公室成立，并组织起一支“召之即来、来之能战、战之能胜”的护林防火队，进行护林防火宣传和案件的查处。以及森林火灾的扑救。林业站设立森林防火值日制度，由站长具体安排人员日夜值班，各村护林防火人员与站值班人员保持24小时电话联系。

2003年初，乡财政投入5万元成立一支由15人组成的专业扑火队，并配备了三台风力灭火机，每两人配置一辆二轮摩托车，有火情迅速出击。同年7月，双髻山顶发生火情，接警后15分钟内扑火队员整装出发，40分钟到达远在25公里外、海拔1400米高的火场，30分钟扑灭山火，减少火灾损失。2013年，有扑火队员21人，风力灭火器15台。

三、森林病虫害防治

新中国成立初，森林病虫害防治主要靠人工捕捉和喷洒“六六六”粉，80年代始用白僵菌等防治。90年代后，蛟洋曾经有不同程度的森林病虫害发生。2012年，贵竹、小和、华家、邹坑等村大面积发生毛竹蝗虫，成片竹林竹叶全被吃光，林业站及时做好植物检疫和预测预报，保护“天敌”，有效地控制病虫害的蔓延。

第五节　林产品

一、木　材

新中国成立后，木材采伐由上级政府核准年度采伐限额，林业部门下达采伐指标，再由当地林业站指导木材生产采伐地点，核定进行采伐。国有林实行伐木场规划采伐。1990 年，蛟洋乡生产木材 3500 立方米。1991—2006 年，年生产 3000 立方米—8000 立方米。2007 年后，木材产量增加，其中，2011 年达 13304 立方米，为最高年份。2013 年，生产木材 12562 立方米。

二、竹　材

竹林权属在集体所有制以前（1953 年前）毛竹由竹林主自由砍伐，集体所有制时，竹林采伐由集体向林业主管部门申请，林业主管部门发给采伐许可证，后凭证采伐。实行自留山、林权改革后，竹林采伐由责任人自由砍伐。1992 年，生产竹材 10000 根。1997 年后，竹材产量大幅增长，当年达 30 万根。2004 年达 111 万根。（2005—2013 年无确切统计数据）

三、松　脂

蛟洋镇松木资源丰富。20 世纪 50 年代，就有脂农进入林区开沟采脂。蛟洋市场专门设有松香收购站，收购站有工作人员 2 人—3 人，不但收购蛟洋境内的松香，还收购古田郭车、连城庙前等周边乡村的松脂；但蛟洋镇内华家、中村、再兴、坪上等村的松香也会外运到白砂、旧县一带的松香收购站。1989 年，产松脂 250 吨，为最多年份。1990—2012 年，年产松脂保持在 90 吨—170 吨。其间，2000 年后松香站停止收购，改由私人下乡收购。2013 年，产松脂 95 吨。

四、笋　干

境内竹林资源丰富，每年春天，竹农有选择地采挖竹笋，制成笋干。1996 年始，由于竹林发展快，笋干产量大幅度增长。当年生产笋干 50 吨，比 1990 年增长 24 倍。2003 年，笋干产量达 102 吨。此后至 2012 年，每年笋干 100 吨左右。2013 年，全镇生产竹笋干 135 吨。

五、山苍子

蛟洋林区生长有大量山苍子树。80 年代，供销社大量收购山苍子。贵竹村大坑岭、冻背等地山苍子树生长非常茂盛。采摘季节，全村男女老少齐上阵，每天采摘山苍子 1500 公斤左右。华家设立了山苍子收购站，每天能收山苍子 5000 公斤左右。2011 年，蛟洋乡产山苍子 120 吨。

六、红　菇

小和、中村、丰年、贵竹等村林区生长着一种稀少的菌类植物——红菇，品质好，价格高。每年的夏末秋初为红菇生长季。双髻山一带的干红菇市场价每公斤 500 元—600 元。

七、板　栗

华家、塘厦、蛟洋、崇头、坪埔等村都有种植板栗的历史。蛟洋板栗品质优良，粒大，肉质香甜，平均每年产板栗 10 吨以上，每年的中秋节后进入市场。

中村村民采摘的红菇

八、油桐子

蛟洋油桐种植历史悠久，“家有千株桐，一世不受穷”为当地俗语。50年代在农家房前屋后，路边渠旁，都可看到种植有高大的油桐树，年产油桐籽10吨以上。但90年代后，因价格低，油桐生产未再发展。

九、油茶子

蛟洋油茶栽培历史悠久，60年代全公社大量种植油茶，种植面积达6000多亩，但由于重种轻管，到90年代茶树枯死，荡然无存。21世纪初，油茶种植再度在蛟洋的华家村兴起，建有百亩茶苗基地，苗木除了供应本镇外，还外销其他乡镇。

1989—2013年蛟洋镇主要林产品生产情况表

表5–4

年份	木材（立方米）	竹材（万根）	松脂	竹笋干	油桐子	山苍子
1989	3050	1	250	2	2	5
1990	3500	—	130	2	2	—
1991	3670	—	90	3	2	—
1992	4874	1	91	4	3	—
1993	2967	6	114	—	3	12
1994	5746	13	138	21	2	—
1995	8488	8	160	—	1	—
1996	4000	15	110	50	3	—
1997	4145	30	170	62		—
1998	4426	44	133	74	5	—
1999	4451	50	118	82	6	—
2000	4434	55	104	83	7	—
2001	—	—	—	—	—	—
2002	4491	57	99	89		5
2003	4522	64	98	102	7	—
2004	6116	111	103	126	8	10
2005	5620	—	—	106	103	—
2006	6015	—	105	—	—	—
2007	9909	—	118	110	—	—
2008	9708	—	112	96	—	—
2009	10983	—	106	112	—	—
2010	12397	—	107	115	—	—
2011	13304	—	107	—	—	120
2012	12826	—	99	132	—	—
2013	12562	—	95	135	—	—

注：据《上杭县统计年鉴》。2005年始，该年鉴将竹材的计量单位由万根改为立方米，2005至2013年，竹材分别为128、102、9909、110、30、31、33、33、33立方米。编者对竹材使用立方米作计量单位存疑；同时，对2005至2013年的竹材数量存疑；故本志未将其列入表内

1989—2013 年蛟洋镇林业总产值表

表 5-5 ⊖　单位：万元

年份	当年价	不变价	年份	当年价	不变价	年份	当年价	不变价
1989	107	46	1998	734	593	2007	1892	706
1990	154	255	1999	895	719	2008	2431	2110
1991	221	309	2000	1064	860	2009	1366	1350
1992	158	274	2001	713	468	2010	1668	1549
1993	211	245	2002	743	486	2011	2370	2095
1994	435	351	2003	1620	713	2012	1951	1908
1995	570	472	2004	1570	764	2013	2484	2263
1996	341	334	2005	1464	738	—	—	—
1997	484	446	2006	1452	561	—	—	—

第六节　管理机构

1968 年，蛟洋公社设林业站，受上杭林业局和蛟洋公社（乡）的双重领导，担负着林政管理、营林生产、护林防火等职责。林业站设在丘坊。70 年代，蛟洋林业站设站长 1 人，副站长 1 人，林业管理人员 1 人；2013 年设站长 1 人，副站长 2 人，林政管理人员 2 人，业务员 1 人。

若干年份蛟洋林业站站长名表

表 5-6

姓　名	任职时间	姓　名	任职时间
黄能先	1986—1991.4.	傅　源	1997.8—1998.10
孔祥练	1991.4—1991.11	邱苏华	1998.10—2001.6
黄能先	1991.11—1995.3	何文仁	2001.6—2006.2
梁顺兴	1995.3—1996.4	张传龄	2006.2—2011.3
邓文新	1996.4—1997.8	阙雄剑	2011.3—2014.9

第六章　工　业

宋康定元年（1040 年），文地村有建炉炼铁，为有文字记载的蛟洋工业之始。明代，邹坑曾开采瓷土矿生产陶瓷。清代，蛟洋手工造纸业较为发达，生产的节包纸纸质优良，享誉中外。其他手工业处于零星分散状态。民国 18 年（1929 年），区苏维埃政府对工业实行保护和扶持政策，境内土纸生产迅速发展。民国时期，傅柏翠亦根据本地资源，先后创办松香松节油厂、樟油樟脑厂、酒精厂等小型工业企业，集股创办土纸、铁器、泥木匠等生产合作社。红军北上抗日后，因交通受阻、出口受阻、价格下跌，造成地方工业逐渐衰落。

新中国成立后至 20 世纪六七十年代，除手工造纸业外，蛟洋其他工业逐步发展。1970 年 3 月，文地水电站建成，结束蛟洋无电的历史。1970—1980 年，共建小水电站 21 座。中共十一届三中全会实行改革开放政策后，建材、采矿、水电等乡镇企业蓬勃发展。90 年代，蛟洋乡党委政府采取外引内联，以独资、合资、股份合作等多种形式，先后办起蛟洋水泥厂、塘厦兴隆机砖厂等。319 国道改建经蛟洋后，促进工业经济发展。2000 年，全乡有各类企业 1396 家（含个体），职工 3793 人，产值 2.49 亿元。

进入 21 世纪后，蛟洋乡党委政府发挥 319 国道与 308 省道交汇于蛟洋，赣龙铁路、龙长高速公路建成通车的交通区位优势，抓住上杭县人民政府建设蛟洋工业区的发展机遇，推进蛟洋工业的迅速发展。随着紫金铜业有限公司、瓮福紫金化工有限公司等一批规模以上工业企业落户，蛟洋从一个农业重镇向工业重镇转型。

2013 年，蛟洋镇有各类工业企业 59 家（不含个体），职工 1395 人，总投资 27.96 亿元，实现工业总产值 141 亿元，工业增加值 30 亿元。其中，工业园区规模以上工业企业实现产值 135 亿元，占全县规模以上工业总产值的 48.5%。蛟洋，成为上杭工业的“半壁江山”。

第一节　主要工业门类

一、铜及贵金属冶炼

2009 年，紫金铜业有限公司在蛟洋工业区循环经济示范园区全资兴建 20 万吨铜冶炼项目，原料来源目前主要依赖进口，自给率部分主要依托紫金山铜矿的规模化开发。项目占地面积 67 万平方米，固定资产投资 35 亿，总投资约 65 亿元。项目采用国际先进的蒸汽干燥十闪速熔炼+PS–转炉吹炼+阳极炉火法精炼+电解精炼、冶炼烟气制酸、冶炼炉渣选矿处理的工艺流程。采用先进的工艺技术及装备，在安全、节能、环保等方面达到国际先进水平，环保投入为 6.98 亿元，占固定资产的 20%。

2013 年，产铜 20 万吨，硫酸 71 万吨，黄金 1101 公斤，白银 33.6 吨，产值 110.3 亿元，税收 2029 万元。

二、化学原料和化学制品制造

蛟洋化学工业始于蛟洋工业区设立之后。园区主要化工企业有瓮福紫金化工、福建龙氟化工、瓮福蓝天、德尔科技等。

瓮福紫金化工项目以紫金铜业年产 20 万吨铜冶炼装置副产硫酸以及瓮福的磷矿资源为原料生产湿法磷酸，再将湿法磷酸加工成净化磷酸，同时利用磷酸净化装置产生的萃余酸生产磷酸二铵，利用磷酸装置副产氟硅酸盐，最后将磷酸装置产生的磷石膏进行综合利用，提供给下游项目山东泰山石膏生产建材行业的水泥缓凝剂和纸面石膏板，全厂无工业废渣排放，是一个典型的资源综合利用的循环经济项目。项目总投资 16.3 亿元，生产规模：年产工业级食品级磷酸（PPA）10 万吨，磷酸二铵（DAP）20 万吨，氟磷酸盐 1 万吨。2012 年 5 月 18 日，开始试投产。2013 年，累计生产磷酸 11.74 万吨，磷酸铵 18.81 万吨，工业级食品级磷酸 4.16 万吨，粗碘 7.3 吨，销售收入 9.74 亿元。

福建龙氟化工利用紫金铜业黄金冶炼厂的副产品硫酸和当地丰富的萤石资源生产无水氟化氢盐。主要产品有“龙氟牌”无水氟化氢、工业氢氟酸、氟化氢铵、氟石膏等。年销售收入 28028 万元，年均上缴增值税 1375.18 万元，年平均创利润 3989.59 万元。

山东泰山石膏公司则利用瓮福紫金化工生产磷肥产生的磷石膏生产纸面石膏板，年产 5000 平方米纸面石膏板、2 万吨轻钢龙骨，800 万平方米纸面石膏板。年销售收入 2.8 亿元，年利润总额 7745.89 万元。年产水泥缓凝剂 100 万吨，年销售收入 6000 万元，年利税总额 509.4 万元。纸面石膏板和水泥缓凝剂项目的建设，将彻底改变磷化工企业磷石膏渣无法处理的世界性难题，为蛟洋循环经济园区实现“资源回收利用、吃干榨尽”的目标奠定基础。

三、黑色金属冶炼和压延加工

宋康定元年（1040 年），黄地（今文地）村有建炉炼铁。

民国 15 年（1926 年），傅柏翠在上巫坑办炼铁厂，所制刀矛用以支持“蛟洋暴动”；在龙岩投资创办铸铁锅厂。后因纸币贬值，炼铁厂倒闭。

1958 年，在大炼钢铁的形势下，蛟洋公社和部分生产大队建高炉、炼钢铁，因原料不足，每户只留一口锅煮饭，其余入炉炼铁。蛟洋中学师生也停课“大炼钢铁”，初三年级学生负责建高炉、烧高炉；初一、二年级学生上天池塘挑铁矿石。终因技术和原料等问题，许多小高炉流不出铁水而报废。到 1960 年，“钢铁厂”“冶炼厂”关门停办。

60 年代中期后，华家村创办钢铁厂，生产一些铸件、钢球和钢锭等产品。

1979 年，文都村开办铸造厂，冶炼生铁浇铸铁锅，还铸造犁头、犁壁、铁沙子等。

2008 年，上杭杭泰铸造有限公司落户蛟洋工业区华强小区。该公司是一家专业制造集装箱角件的中外合资企业，拥有国内先进的铸造机加工生产设备和国际上先进的检测设备，拥有高级管理人才以及高素质的熟练技术工人。公司占地面积 2.13 公顷，厂房 10000 平方米，办公、宿舍生活设施 3000 平方米；固定资产投资 3200 万元，建成年产 20 万套的集装箱角件生产线。2009 年开始生产。2011 年产值 10141 万元。2012 年，因市场原因，企业处于半停产状态，产值仅 1413 万元；2013 年，产值 2017 万元。

2010 年 5 月 2 日，落户于蛟洋工业园区华强小区的上杭鸿运机械有限公司试产成功。该公司固定资产 4000 万元，总投资 5000 万元，建设规模为年产 6000 吨机械设备铸件。该公司是溪口镇政府的“飞地工业”项目。

2010 年落户于华强小区的福建上杭东升机械制造有限公司，是集研制、开发、生产、销售铸造产品为一体的规模企业，主要产品有集装箱角件，工程机械类、阀门类铸件，固定资产投资 3800 万元，建成年产 15 万套集装箱角件及年产 5000 吨精铸产品生产线。

四、造　纸

境内毛竹资源丰富，手工制造土纸的历史悠久。土纸为蛟洋传统的主要出口商品，成为蛟洋的一大品牌产品。

土纸本地称草纸，品种很多，蛟洋境内主要产品是中包纸和节包纸，其中蛟洋、再兴、中村、大坪、邹坑村中包纸最为有名。造纸的工场工具设备，名目繁多，固定的有纸槽、湖塘、石灰寮、焙笼四大项；工具约有六十余种，一般分为铁、竹、木、棕四大类。土纸的生产原料就是用当年生长的嫩毛竹（俗称竹麻）。砍伐竹麻季节性强，加工玉扣纸的竹麻，要求在谷雨后到立夏前砍伐结束；加工节包纸的竹麻，要求在立夏后到小满前结束。辅助材料主要有石灰、黄麻、桐油、黄豆、鸡蛋、生漆、胡丝、胶汁、线等。竹麻经过一系列的加工制作（原料加工和成品制作）而成土纸。主要工序：竹麻经湖塘完全腌熟后，再经剥竹麻 (又称剥料)、踏竹麻 (也称踏料，即人工打浆)、做纸扛尾 (俗称抄纸、捞纸) 、干纸 (焙纸) 等。

明清和民国时期，造纸业得到较大发展。民国 16 年（1937 年），蛟洋境内有土纸槽房（俗称纸寮）1000 多间，大部分分布在水资源充足的深山幽谷山村之中。民国 18 年，区苏维埃政府对工业实行保护和扶持政策，土纸生产迅速发展。据不完全统计，民国 20 年，蛟洋境内土纸生产厂家达 800 个，工人有 4900 人，年产纸 1000 万担（毛边纸每担 8 刀，每刀 180 张；玉扣纸每担 10 刀，每刀 200 张；粗包纸每担 4 片，每片 20 刀，每刀 42 张）。中村、再兴、邹坑、桃源、杨梅坑等村基本上每户建有纸槽，人人都会造纸工艺。土纸生产成为农村的支柱产业，成为农民主要经济来源。蛟洋生产的土纸除当地群众使用外，主要销往印度、印尼、新加坡、马来西亚等信奉佛教的国家。中村商人张子昭每年在当地收购土纸 4000 多担，雇人工挑到旧县下湖山，再由水路运往上杭、潮州、汕头等地，再销往东南亚国家。红军主力北上抗日后，革命根据地遭受摧残，造纸业因交通受阻、出口受阻，价格下跌，大批纸槽停业，造纸业走向低谷。

新中国成立后，土纸生产得到恢复和发展。政府贷款扶持纸农恢复生产，1962 年实行土纸收购奖售政策，每收购土纸 1 吨，奖原粮 162.5 公斤，对管山、砍青备料、做纸、出售等生产过程实行预借款 50%，奖售食粮 25 公斤，布票 1 米。20 世纪六七十年代，土纸由国家外贸站收购，按等级收购，每年还发放预约定金。1979 年，蛟洋公社被县政府定为土纸生产基地社。1980 年，地区下拨土纸生产基地专用贷款 15 万元。1982 年，县外贸局发放土纸贷款 11 万元，垦复竹林补助款 10.68 万元。1986 年，县发放贷款 (包括担保) 13.34 万元，扶持土纸生产。

80 年代，造纸技术提高，有了一帘三张的大纸槽，工效提高，一人做纸要二人焙纸。

90 年代后，随着机器造纸快速发展，手工造纸逐渐消亡。

五、电　力

(一) 发　电

1970 年 3 月，由村民投工投劳，上级补助资金，建设文地水电站。电站坐落文地村水口，水头 52 米，流量 0.06 立方米每秒。该水电站的建成结束蛟洋无电的历史，方便农户照明、农副产品加工、农田引水灌溉，促进乡镇企业发展。1970—1980 年，共建小水电站 21 座。其中，桃源大队在县水利电力局支持下，1977 年 11 月办起全县第一个 5.5 千瓦微型电站，结束长期使用松竹火把照明的历史。

1970—1980 年蛟洋小水电站情况表

表 6–1

所在村	工程名称	落差（米）	流量(立方米每秒)	发电机（台）	投产日期
文　地	文地电站	52	0.06	1/12	1970.3
下道湖	下道湖电站	4	0.25	1/5	1970.3
达　理	达理电站	4	0.25	1/10	1971.12
崇　头	下崇头电站	4	0.25	1/5	1972.1
再　兴	再兴电站	14	0.18	1/12	1973.1

续表 6-1

所在村	工程名称	落差（米）	流量(立方米每秒)	发电机（台）	投产日期
东 乾	东乾电站	20	0.05	1/10	1973.4
坪 埔	砺丰下电站	16	0.25	1/40	1973.1
陈 坊	陈坊电站	15	0.05	1/10	1974.1
蛟 洋	沈坊电站	19	0.05	1/10	1974.2
小 和	小和电站	6	0.17	1/10	1974.5
中 村	中村电站	4	0.30	1/10	1974.6
邹 坑	陈洋电站	19	0.05	1/10	1974.9
苏 康	苏坑电站	15	0.12	1/12	1975.1
再 嘉	再嘉电站	6	0.40	1/12	1975.1
坪 上	葛坊电站	4	0.22	1/10	1977.1
邹 坑	邹坑电站	17	0.08	1/10	1977.2
蛟 洋	森坑电站	14	0.06	1/5	1978.1
桃 源	桃源电站	27	0.04	1/5.5	1978.1
蛟 洋	外洋电站	5	0.05	1/3.5	1978.1
梅 坝	梅坝电站 1	38	1.44	1/450	1978.6

1980 年后，兴建水电站 9 座，分别是中心坑水电站，再兴村一级站，中村电站，文地电站，再兴二级站，宏兴电站，杨梅坑电站，小和电站。

梅坝电站 坐落蛟洋镇梅坝村梅坝溪下游。1978 年由蛟洋公社投资兴建，亦称蛟洋公社水电站，属集体所有制企业。设计落差 38 米，集水面积 59.7 平方公里，原装机容量为 450 千瓦。1997 年 10 月，乡政府筹资 111.5 万元进行技改扩容，1998 年 12 月，技改竣工并运行发电，技改后电站装机容量 950 千瓦，年发电量为 390.7 万千瓦时，装机年利用小时为 409.2 小时，增加年发电量 190 万千瓦时。1999 年，梅坝电站实行股份制改造，由县电力公司和蛟洋乡经济委员会共同管理。2008 年，蛟洋工业区开发，该电站被征用拆除。

再兴一级电站 坐落再兴村桥墩头，1987 年 6 月动工兴建，1989 年 1 月建成发电，装机容量为 50 千瓦，年发电量 7.1 万千瓦时。

中村电站 坐落中村村，1988 年 4 月动工兴建，1989 年 10 月建成发电，装机容量为 125 千瓦，年发电量为 75 万千瓦时。

中心坑电站 坐落蛟洋村中心坑，1989 年 5 月动工兴建，1991 年 1 月建成发电，装机容量为 225 千瓦，年发电量 95 万千瓦时。

嘉利电站 坐落再嘉村，1998 年 4 月建成发电，装机容量为 800 千瓦，年发电量为 150 万千瓦时。

文地电站 坐落文地村，2000 年动工兴建，2002 年 4 月建成发电，装机容量为 125 千瓦，年发电量为 15 万千瓦时。

再兴二级电站 坐落再兴村下村，2003 年 2 月建成发电，发电一年后，因产权纠纷而停产。

宏兴电站 坐落达理村，2003 年 6 月建成发电，装机容量为 250 千瓦，年发电量为 126 万千瓦时。

杨梅坑电站 坐落杨梅坑村，2004年7月建成发电，装机容量为125千瓦，年发电量为32万千瓦时。

小和电站 坐落在小和村，2005年3月建成发电，装机容量为235千瓦，年发电量为41万千瓦时。

2013年仍能正常发电的电站有蛟洋中心坑电站、再兴电站、小和坑电站、宏兴电站、文地电站、嘉利电站、杨梅坑电站，总装机容量为1935千瓦.

（二）供　电

70年代，小水电因没有并网条件，都是属自发自供模式。蛟洋镇的小水电都是在1979年以后才开始发展。

80年代，小水电挂在农村10千伏公用线路上网。当时蛟洋同古田、溪口三个乡镇小水电进行并网。1994年，郭车变电站投运后，小水电并入大电网。蛟洋由大电网供电。

2000年，为了实现“两改一同价”（改造农村电网、改革农村电力管理体制、实现城乡用电“同网同价”），蛟洋乡开始实施第一期农村电网改造，改造新建25个行政村65个台区，改造10千伏线路和0.4千伏线路，主要解决低压电网老旧、线路“卡脖子”的问题，实现偏远地区户户通电工程。

塘厦220千伏变电站一角

2002年，蛟洋乡在319国道和205线省道交汇处建设一座35千伏蛟洋变电站，总投资310万元。

2011年10月，在塘厦村蛟洋高速路口建设一座220千伏变电站一座，占地面积33153平方米，总投资1.5亿元。220千伏变电站主要供给坪埔工业区20万吨铜冶炼和瓮福紫金以及下游循环经济企业用电。

由于第一期农网建设与改造标准较低，安全性较差，随着人民生活水平的大幅度提高，用电量大幅度增长，农村电网仍不能满足农村生产生活需求。2012年，蛟洋镇实施第二期农网升级改造。主要内容是，提升农村供电设施绝缘化水平，由第一期改造的裸导线改成绝缘导线，并且进行线路优化；解决供电“卡脖子”“低电压”等突出问题，提升用电服务满意工程。

2013年，境内有35千伏线路2条，其中35千伏郭车至蛟洋线于2002年投入运行，线路长6.4公里，主要供给35千伏蛟洋变电站所用负荷，另一条35千伏郭车至金湖于2009年投入运行，线路长8.4公里，主要供应海西铜业和龙氟化工负荷。有10千伏线路128.4公里，0.4千伏线路131.8公里。蛟洋镇公专变121台，合计容量12兆瓦。

（三）用电管理

1982年，梅坝一号电站建成发电，为自己发电自己收费，管理站就设在梅坝电站内，管理站派驻丘坊市场外线班负责丘坊市场及其周边村落的线路维修，电费收取工作。1999年，实行体制改革，撤销隶属乡的电力管理站，成立蛟洋供电所，各村设农电收费员。是年，理清产供双方的职责权限、债权债务。2000年，蛟洋供电所与原梅坝电站分离，专使供电，同年实现同网同价，统一更新用户电表，并改各村农电员收费为供电所人员直接下村收费。农网改造前，每千瓦时电价1元，1个电表上浮1千瓦时；农网改造后，每千瓦时收费0.55元，农民得到实惠。2010年，上杭县电力公司投资2000万元在319国道和308省道交汇处建了一栋占地面积1664平方米，建筑面积640平方米的供电所综合大楼。

六、农副食品加工　食品制造

民国33年，蛟洋、塘厦、陈坊设有油坊，生产食用油（茶油、菜籽油等）和桐油。70年代停产。

20 世纪 70 年代后，蛟洋公社在丘坊市场、蛟洋市场和华家村办有粮食加工厂、主要为群众碾米。1975 年，丘坊市场办有粉干厂、面粉加工厂、日加工大米 200 公斤左右、加工面粉 300 公斤，属社办企业。80 年代后，各村有经济能力的农户都自置碾米机、粉碎机，粮食、饲料加工更为便捷；同期，使用制茶机加工精制茶。2013 年，除农户自行加工外，蛟洋镇有粮食加工厂 2 家，制茶厂 1 家。

1998 年 3 月，成立闽西丰农食品有限公司，是一家专业生产加工农副产品的民营企业。2007 年，迁蛟洋工业区余坑小区。2012 年 12 月，该公司成功改制为福建丰农食品股份有限公司。现有厂房占地 0.8 公顷，建筑面积 13000 平方米，已建三条生产线，可以生产果蔬罐头、肉制品、豆制品、食用菌干货等系列产品，主要有不加防腐剂的健康即食笋系列和闽西八大干系列产品、龙岩花生、天然食用菌等。食笋系列采用纯铝箔袋真空包装，高温高压热力杀菌，杀菌效果达到 120，满足美国 FDA 对于低酸罐头的要求，产品不加任何防腐剂和化学色素，在常温下保质期长达 1 年以上。果蔬罐头、肉制品、非发酵性豆制品等三大系列产品获得国家食品质量安全 QS 认证；“丰农”商标于 2010 年被认定为“福建省著名商标”。丰农清水笋，2012 年被评为“福建省名牌农产品”“第十届中国国际农产品交易会金奖”，2013 年，被认定为有机食品。产品主要在沿海及长江以北大型连锁超市销售。

2012 年，福建优创油脂有限公司在蛟洋工业区余坑小区落户，总投资 5385 万元。该公司引进符合“欧盟食品卫生标准”全不锈钢的生产线一条，年生产规模：2000 吨精制茶油、1000 吨高档茶油产品，产值 3000 万元。2013 年 1 月正式投产，当年生产精制茶油 220 多吨，实现产值 3034.11 万元，上缴税收 86 万元；产品主要销往国内各大中城市的高端食用市场，部分销往东南亚和中国台湾、香港等地。公司为体现当地企业解民忧、带民富的社会责任，充分发挥农业龙头企业的示范带头作用，于 2013 年 5 月投入 1000 多万元资金，建设一条年产 5000 吨腌渍生姜生产线，并在当年实现收购当地生姜 2500 多吨，为当地生姜种植户增收 1000 多万元。生姜生产线的建设，一定程度上解决龙岩生姜主产区蛟洋、古田、步云等乡镇常因生姜销售价格不稳定、姜农增产不增收问题，保障农户收入，促进生产发展。

2013 年，双胞胎饲料厂和傲农饲料厂入驻蛟洋工业区，总投资 20050 万元。年生产量为 40 万吨，年产值 30000 万元。

七、非金属矿物制品

（一）陶　瓷

明代，邹坑村就地开采瓷土矿制作陶器、瓷器。瓷窑集中在村口的碗子窑下，私人建造。陶瓷生产大部分为家族式，工人多为自家人，也有请外地人做工。新中国成立后，实行社会主义改造，手工业者按自愿原则组织生产合作社（组），组建陶瓷厂，成为集体所有制企业。陶瓷技术不断进步，产品品种增多，质量提高，畅销龙岩大池小池，连城新泉、芷溪，上杭旧县、白砂等地。

20 世纪 80 年代后，随着化学工业的兴起，塑料制品逐渐替代陶瓷制品，手工陶瓷产品滞销。1987 年，由黄富兴承包小龙窑生产一些土瓷碗、碗头等，后因产品未更新，产品滞销而停产。1990 年，邹坑生产日用陶瓷 1750 件；1991 年，生产 800 件；1992 年，邹坑陶瓷业消亡。

（二）砖　瓦

明清时期，蛟洋即有手工砖瓦生产。民国 33 年，丘坊、塘厦、营上等地都办有以柴草为燃料的烧青砖青瓦的砖瓦厂，早期生产的瓦片一块约有 0.5 公斤，遮盖面积约 0.06 平方米，年产瓦片约 200 万片，年生产青砖约 30 万块以上，能满足当地群众所需。后期生产的瓦片逐渐变小变薄。1980 年后，随着建筑结构向钢筋混凝土转化，瓦房大幅减少，烧瓦业逐渐萎缩，青砖也为红砖替代。

1995 年，塘厦村邹光明、邹开炎分别在大洋溪和 308 省道旁办起二家大型机制红砖厂，随后陆续增建。2013 年，全镇有机制红砖厂 9 家，属个体或股份合作企业。

（三）石　材

明清时期蛟洋境内零星生产的石材，主要用于打碑石（路碑、墓碑等），其中以再兴村谷龙寨所产出的石最有名，名再投石，洁白坚致，所制成的牌坊门楼、门楣、门框、檐阶等，远望如白玉砌成的一样，再兴磨石远销外县、外省。新中国成立后，开始有了石材厂，如再兴石材厂、丘坊七里甲石材厂、蛟洋中心坑石材厂等。主要开采山石，大部分用于建筑房屋，打基石、砌陂堰、砌石墙等。2000年后石材厂生产条石、磨光石，用于建筑装饰等行业。

2005年后，由于建设的需要，蛟洋境内兴建了几家大型石场，主要有塘厦村大坪源采石场，蛟洋森坑采石场，蛟洋岭头采石场，蛟洋中心坑采石场（2013年已关闭）。2013年，塘厦华厦石材厂开业。

（四）水　沙

1980年后，蛟洋境内民房建筑迅速发展，建筑结构向钢筋混凝土转化，青瓦平房逐渐淘汰。水泥、沙、石等建筑材料供不应求，境内集体、个人沙石场迅速兴建，梅坝溪、蛟洋溪、中村溪等溪流两岸纷纷建起掏沙场。据不完全统计，2013年，蛟洋境内有沙场18个。

（五）水　泥

1992年4月，动工兴建蛟洋水泥厂，1994年7月建成并试机生产成功。设计年生产能力20万吨，有员工100多人，其中助理工程师、技术员2人。属乡办集体所有制企业。该厂拥有固定资产投资10154万元，年产值4036万元，上缴税利120万元。1994年该厂承包给黄联勋经营。1999年3月8日，蛟洋水泥厂改制为股份制企业，合股方为蛟洋乡经济委员会，股东代表为黄联勋。后因水泥价下跌、资金周转困难等问题而停产。

（六）钢化玻璃

2009年，龙岩旗乾玻璃公司落户蛟洋工业区华强小区。该公司主要生产钢化玻璃、防弹玻璃、中空玻璃、夹层玻璃，防火玻璃、艺术玻璃、节能中空玻璃及各种工艺玻璃，兼营批发零售5毫米—19毫米玻璃，专业承接大厦娱乐场所的玻璃工程。总投资6000万元，年生产各种玻璃达30万平方米。2011年，旗乾玻璃产值380万元，2012年240万元，2013年2082万元。

八、非金属矿采选

1981年，上杭县矿管站与蛟洋乡合作，在蛟洋大山头开采铅锌矿，其后由林某、傅某等个体户继续采掘，采出矿石数十吨。

1984年，蛟洋乡在蛟洋村相公岭开采锰矿，由于经营不善，1986年停产。

1985年，由蛟洋乡政府牵头在蛟洋村相公岭开采稀土矿，并在丘坊、坪埔等村试探稀土含量。后由于环保等原因而停产。

1986年，傅增平在文都村两个点开采钾长石矿，该矿属于硅石矿的伴生矿，矿脉小，且延伸不长，经打矿洞开采一年多后，因产量少而停产。

1987年，傅增平在华家村大坪开办一矿点开采硅石，硅石含硅量较高，质量较好，因储量少，开采一年多后停产。

1987年，坪埔村发现瓷土矿，该瓷土白度高、含铅量大，质量较好。产品销往晋江等地，但因储量少，开发后在铁路建设中被覆盖而停产。华家矿点因瓷土质量较差，含铁量较高、含铝量偏低没有开采价值而废。

2007年，傅增平创办宏达钾长石矿公司，在蛟洋村森坑口开采钠长石矿，该矿点钾长石质量中等，还用作陶瓷等配料，年产量5万吨，主要销往晋江等地。

2013年，傅增平在蛟洋余坑小区兴建亿嵘宏达矿业公司，是一家以非金属矿钠长石开采、精深加工、销售为一体的企业。该公司投资的年产20万吨长石精矿生产线项目，建设用地约6.53公顷，总投资11000

万元，一期投资 4520 万元，建设内容主要有生产车间、原辅材料库、成品库、业务综合楼、宿舍楼。2011 年 8 月底建成（未投产）。

九、木竹制品业

蛟洋境内竹木资源丰富，生产生活用具许多都用木材加工而成，如生活用品有桌椅、板凳、床柜、水桶、木勺、木楻，竹篮、竹筷、谷笪、谷箩、竹椅、竹床、簸箕、筛子、畚斗等。生产用具有风车、谷斗、粮包、水车、水碓等。多为手工作坊式生产。1976 年，贵竹村朗星组请福清师傅开办机械制造杂木铁锤柄流水生产线，有工人 20 多人，技术员 1 人，年生产量为十万把铁锤柄，年产值 20 万元。生产出来的铁锤柄需用烤房烘干，生产两年后因烤房失火而停产。1999 年，贵竹村朗星组廖琼南引进竹凉席生产线，兼生产竹筷，竹凉席厂开办二年后因产品销售不畅而停办。2000 年，再兴村张德忠兴办一家竹器加工厂，主要生产竹凉席半成品（竹胚）。2011 年，中村创办竹制品厂，工人 7 人—8 人，主要生产竹席半成品（拉丝），每天需用原竹 7 吨—8 吨，每月产值约 15 万元。

2009 年，上杭福龙诚家居制品有限公司落户蛟洋工业区华强小区。该公司是以专业生产销售木制家具、木制宠物屋为主导产品，集设计、生产、销售于一体，涵盖零售、批发、出口等多方面客户渠道的民营企业。公司创办人谢培彬。

公司投资 1000 万元建成占地 0.8 公顷的一期工程，于 2010 年 2 月正式建成投产。拥有员工 60 人，月出货 12—15 个货柜，年产值达 3600 万元，税利达 900 万元。公司 75%以上的产品销往日本、欧美等国家。2013 年，因市场和资金原因倒闭。

十、电气机械和器材

（一）坤华电器设备公司

2007 年 4 月 3 日成立，注册资金 600 万元，是一家专业生产低压成套开关设备的企业，主要生产经营“坤威”牌高压柜、配电箱、计量器、照明箱、母线槽、电缆桥架等产品。2010 年 4 月，公司与闽西职业技术学院开展校企合作，4 月 10 日在蛟洋工业区举行校企合作签约暨揭牌仪式。首次校企合作的项目为新一代无涌流、免维护低压交流无功补偿装置技术。2011 年，公司产值 917 万元，2012 年产值 650 万元，2013 年产值 269 万元。

（二）华强电池有限公司

2005 年 7 月，上杭华强电池有限公司迁入蛟洋，成为蛟洋工业区首家落户的投资项目。2005 年完成厂址平基工作后，开始厂房及生产、生活办公等设施的建设，并于 2006 年 10 月竣工试产。公司占地 18.67 公顷，标准化厂房面积 35000 平方米，配套的办公楼、工人宿舍、工人生活区 17000 多平方米，总投资 1.2 亿元，注册资金 5000 万元。该公司是以专业生产、销售各类免维护铅酸蓄电池及铅钙极板为主导产品的工业企业，拥有福建省内最先进的摩托车、汽车电池自动化生产线。时有员工 800 多人，其中管理人员 60 人，技术人员 24 人。生产能力：可日产 100 吨铅钙合金极板。2008 年扩产后，年产 5 万吨电池极板和 10 万只各类商品铅酸蓄电池产品。

华强电池有限公司生产过程中有含铅的烟尘和废水产生。2009 年 6—9 月，蛟洋发生部分儿童血液铅含量超出正常值事件。9 月 11 日起，华强电池有限公司实行无限期停产。后搬出蛟洋工业区。

十一、农具　农产品加工机械

民国 33 年，蛟洋、文都、塘厦等村有手工打铁店。新中国成立后，手工打铁业逐步发展，除了文都、塘厦老打铁店外，新增丰年桥、蛟洋、丘坊等打铁店十多处。打铁店一般打制农具如锄头、铁耙，柴刀、铁钉、门扣等。70 年代后，随着农业生产的发展，手工打铁业不能满足农民对农业机械的需求。1972 年，在原公社办公地点丘坊古琳公房内设立蛟洋公社农械厂，属社办企业，丘森轩任厂长，有职工二三十人。

初期，农械厂为小农具修配，尚无机械产品生产。1975年，公社自筹资金为农械厂进行设备更新和技术改造，从过去零星修配和小农具的制作转向机械化产品和零部件生产，开始生产水锤泵、粉碎机、碾米机、打谷机等半机械化产品，经济效益有所提高。1984年7月，厂长丘森轩调离，随之农械厂由于产品滞后而停产。

十二、纺织　服装　鞋业

纺　织　2012年4月，好运星纺织有限公司在蛟洋工业区落户，总投资0.4亿元，年生产5500万副劳保手套，年产值1.2亿元。

服　装　明清和民国时期，蛟洋境内只有零星分散的裁缝师傅，在各村或在市场上开设裁缝店，接受来料加工。偶尔也有裁缝师傅走村串户到农舍为村民缝制衣服或承接业务。1955年社会主义改造时期，裁缝师傅一度按自愿原则组织成立缝纫小组。1958年缝衣组解散。“文化大革命”时期又成立缝衣组。1980年后，缝衣组再次解散，成为个体户。2000年后，服装工业的发展使缝衣业逐渐衰落。2013年，圩市还有少数补衣缝衣店。

鞋　业　1994年龙岩小池廖秋生在丘坊308省道旁边创办顺发鞋厂，生产各式皮鞋、童鞋和运动鞋。2013年，蛟洋有鞋厂4家。

十三、仪器仪表制造

2008年，福建鼎鑫自动化仪表有限公司落户蛟洋工业区余坑小区，占地面积50亩，项目总投资6197万元，其中固定资产投资2097万元。建设一栋5460余平方米的标准厂房，分金工、电子、烤漆、氩氟焊和配送等车间。2008年8月16日开始生产；2011年产值3691万元，2012年产值654万元。2012年，由于债务原因，企业破产。

十四、其他工业

纸品厂　1992年，蛟洋乡曾注册过蛟洋乡纸箱厂，但因投资资金不到位未开办。1994年，雷国华在蛟洋坪埔村创办蛟洋乡畲山纸品厂，后因经营不善而停产。

燃料（煤球厂）　1980年，丘坊井背坑生产队集体创办蜂窝煤球厂，向公社经委缴交管理费，年产煤球60万个，销路广，年产值30万元。此后，蛟洋相继开办煤球厂10家。2000年后，由于电、气取代煤球，煤球厂逐渐消亡。

制　氧　1999年，赖宗明在坪埔村319国道旁创办光明制氧厂。主要产品有工业用氧气和药用氧气，年产10万瓶。至2013年，生产正常。

动物药品　2013年，福建希望生物科技有限公司生产销售畜禽用药，消毒剂、饲料添加剂等各种动物药品，产值8.6万元。

塑料制品　2013年10月，闽源塑料制品有限公司建成投产。生产规模：年产2万吨改性塑料及1万吨塑料编织布。

日用杂品　80年代前，蛟洋有少数人从事棕制品如蓑衣、棕垫、棕索，草制品如草席、草笠等生产。华家村华雷生有编织藤椅的技艺，每月编造十多张出售。

1990–2013 年蛟洋工业总产值表

表 6–2　单位：万元

年　份	总产值	年　份	总产值	年　份	总产值
1990	306	1998	5201	2006	9213
1991	261	1999	12135	2007	10318
1992	487	2000	4578	2008	119194
1993	1202	2001	5164	2009	135000
1994	3752	2002	5933	2010	152468
1995	3914	2003	6057	2011	238000
1996	2858	2004	7450	2012	856000
1997	3720	2005	7789	2013	1410000

第二节　上杭县蛟洋工业区

一、园区概况

上杭县蛟洋工业园区于 2005 年 6 月成立。工业区总规划面积约 7.56 平方公里，其中一类工业用地 68 公顷,二类工业用地 120 公顷，三类工业用地 568 公顷。区内按组团式规划，分为循环经济示范园区（坪埔小区）、电子仪表及农产品加工园区（余坑小区）、机械及铜加工小区（华强小区）三大工业板块，形成“一园带三区”的组团式园区，其中以循环经济示范园区为核心。

循环经济示范区板块　位于秋竹和梅坝，该板块是蛟洋工业区的精髓，是有色金属加工板块，该板块工业用地面积 578 公顷，其中二类工业用地 23.6 公顷，三类工业用地 554.4 公顷。

机械、电子及农产品加工板块　位于蛟洋集镇的北部，主要布置机械、电子及农产品加工产业。该板块工业用地面积 120.0 公顷，全部为二类工业用地。

高新技术园区板块　位于蛟洋集镇西部的华强小区，该小区距集镇较近，现状主要是二、三类工业，规划近期保留现状，中远期逐步置换为没有污染或轻微污染的一类工业，发展高新技术产业。该板块工业用地面积 68 公顷，全部为一类工业用地。

二、企业落户情况

截至 2013 年 12 月底，园区正式入驻企业 39 家（其中已建成并正式投产生产性企业 17 家，已运行的物流企业 1 家），总投资规模达 118.9 亿元。

其中，落户循环经济园区的企业有紫金铜业、瓮福紫金化工、福建金山黄金冶炼、福建龙氟化工、紫泰化工、瓮福蓝天化工、泰山石膏（水泥缓凝剂）、泰山石膏（福建）（纸面石膏板）。总投资规模约 98.32 亿元。2009 年 3 月 11 日，总投资 65 亿元的紫金铜业公司年产 20 万吨铜冶炼项目正式创立，并落户蛟洋循环经济园区。该公司是循环经济的龙头、核心项目，是 2012 年上杭铜产业成为全龙岩市第二个“破百亿”产业的主力企业，为打造“海西铜都”奠定的坚实基础。

落户华强小区的企业有上杭坤华电气设备有限公司、旗乾钢化玻璃有限公司、上杭杭泰铸造有限公司、上杭鸿运机械设备制造有限公司、龙岩傲农饲料有限公司、福建上杭闽源塑料制品有限公司、龙岩市好运星纺织有限公司、上杭富康饲料有限公司、上杭县东昇机械有限公司、福建上杭大光明集团有限公司、福建环球建材有限公司、上杭县金三角机械有限公司、希望生物科技有限公司、福建海西铜业股份有限公司、龙岩市呈威塑料有限公司

落户余坑小区的企业有福建优创油脂有限公司、福建闽西丰农食品股份有限公司、上杭双胞胎饲料有限公司、福建优创农业发展有限公司、福建鼎鑫仪表有限公司、福建亿嵘宏达矿业有限公司

三、循环经济示范园区

循环经济园区平面布局规划以主次干道、山体河流为界线，依照产业结构功能规划为有色金属加工区、化工加工区、建材加工区三个功能分区。

蛟洋工业区按照建设“特色循环经济园区”和“生态型工贸新城”的发展思路，以年产20万吨铜冶炼项目为龙头，以“铜、金”冶炼为中心、以就地消化其副产品硫酸及其下游新产品加工为延伸，形成以铜、金等有色金属冶炼及硫、磷、氟、碘化工等完整的循环经济产业链，并可继续向铜金银精深加工及硫、磷、氟、碘等精细化工方向发展。

2010年，委托中国科学院城市环境研究所完成《福建省上杭县蛟洋循环经济示范区建设规划》的编制。2011年11月，蛟洋工业区被列为福建省“十二五”循环经济示范点园区。2013年，被福建省政府安委办命名为“福建省安全园区”。

循环经济园区初步形成以铜、金等有色金属冶炼及硫、磷、氟化工等相配套的完整循环经济产业链，基本实现企业环环相扣，废液、废渣、废气“吃干榨尽”。

（一）循环经济区的四条产业链

1. 铜精矿→阳极铜→阴极铜→铜材料加工产业链

紫金铜业公司的原料——铜精矿目前主要从国外进口，部分来自国内采购和上杭紫金山，长远自给必须依靠该紫金山铜矿的规模化开发，通过厦门现代码头，经火车和汽车运输至上杭冶炼厂铁路专用线货场公司原料库，通过输送带送至厂区，冶炼成阳极铜，再电解生成阴极铜和阳极泥，阴极铜主要销往广东，部分直接销给上杭县工业园区金艺铜业、太阳铜业等企业进行精深加工，制成铜杆、铜板、铜管、铜带、铜箔等铜系列产品，实现增值。

2. 铜精矿→阳极铜→阳极泥→金、银、硒等稀贵金属产业链

阳极铜经过电解生成阴极铜，其余金银等贵金属在池底沉淀形成阳极泥，阳极泥处理后可提取金、银、硒、铂、钯等贵重金属。园区阳极泥项目已于2013年4月建成投产，达产后每年可处理阳极泥2000吨，回收黄金5吨、白银126吨、粗硒78吨，实现资源的充分综合利用。

3. 铜精矿→烟气→浓硫酸→湿法磷酸（添加磷精矿）→磷酸、磷酸二铵、碘等化工产业链

20万吨铜冶炼每年将产生副产品浓硫酸80万—100万吨。硫酸是一种危化品，为了解决这些副产品，

蛟洋循环经济园区鸟瞰图

上杭县引进瓮福紫金化工股份有限公司，采用科技手段对硫酸进行全部利用，加工成净化磷酸（工业级、食品级）、碘、磷酸二铵、氟硅酸盐等。

4. 矿石→磷精矿→磷石膏渣→水泥添加剂、纸面石膏板等产业链

磷石膏渣加工成纸面石膏板，用于建筑装修装饰用材料（如室内吊顶、罗马柱及其他石膏制品），或者制作成水泥缓凝剂，供应省内外水泥企业，代替石膏。

（二）循环经济区对废弃物的循环利用

园区按照“资源节约型、环境友好型”思路进行环保设计，对废水、废气和废渣予以综合回收利用，变废为宝，最大限度减少“三废”排放。

1. 废渣的循环利用

20 万吨铜冶炼项目每年约产生 100 万吨的矿渣、20 万吨的辅料废渣，园区通过下游配套水泥企业将这些矿渣完全消化，可为企业节省约 1.2 亿元炉渣处理灰坝建设费和每年 500 万元的炉渣运输费及大量的土地，同时也为水泥企业每年节约成本 1500 万元。为了充分消化瓮福紫金公司副产品磷石膏渣，采用以下方式：一是做成纸面石膏板，用于建筑装修装饰用材料（如室内吊顶、罗马柱及其他石膏制品）；二是制作水泥缓凝剂，供应省内外水泥企业，代替石膏。

2. 废水的循环利用

园区企业采取有效措施，将工业废水和生活污水进行综合回收利用。紫金铜业公司建了四个集中处理工业用水和生活污水的水池，产生的工业废水除少部分经处理后达标排放外，大部分进行回收利用，工业用水循环利用率达 97.76%，高于铜冶炼行业 95%的标准，生活污水经处理达标后用于生产和绿化；瓮福紫金化工股份有限公司的工业废水采取循环使用方式经专用输送管道送至铁路货场，作为磷精矿稀释用水和管道输送磷精矿的动力介质（稀释后的磷精矿便于泵压至公司）。

3. 废气的循环利用

园区企业以先进工艺和科学技术为支撑，构建清洁生产机制。将粉尘中的化学物质充分吸收再利用，在最大限度减少废气排放的同时提高经济效益。20 万吨铜冶炼项目闪速熔炼炉和转炉产出的烟气首先送入余热锅炉，回收烟气中热量及沉降部分烟尘，再经过旋风除尘器、电收尘器收尘净化，总收尘效率达 99.85%。转炉吹炼产生的烟气总收尘效率为 97.3%。同时，对中间环节产生的废气，改变石灰水处理二氧化硫的传统方法，采用焦炭吸附烟气制酸，减少约 6000 吨二氧化硫的排放。这三部分净化处理后的烟气全部送到制酸系统。瓮福紫金化工股份有限公司利用自主技术从稀磷酸中回收提取粗碘，废气中碘排放标准只有同类企业的四分之一。

4. 余热的循环利用

20 万吨铜冶炼项目生产过程将产生大量余热。通过余热发电工程，年回收蒸汽 72 万吨、余热发电约 3500 万千瓦时；为企业自身及下游的化工企业提供生产用电，实现热电联产。余热发电工程项目年供电量占冶炼厂年用电量的 22.63%，年可节约标煤 60 万吨，相当于减少排放二氧化碳等温室气体 159.6 万吨、二氧化硫 960 吨。余热发电后的低压蒸汽还可用于园区外配套的瓮福紫金磷化工、泰山石膏等项目供汽。

2009—2013 年蛟洋工业区主要经济指标表

表 6-3 单位：万元

年 份	产 值	利 税	年 份	产 值	利 税
2009	100000	2000	2012	830000	5000
2010	80000	3000	2013	1360000	3665
2011	170000	3357			

2011—2013年蛟洋工业区企业主要经济指标表

表6-4 单位：万元

企业名称	2011年	2012年	2013年
紫金铜业有限公司	0	661467	1103300
瓮福紫金化工有限公司	0	32964	100008
福建金山黄金冶炼有限公司	132335	109551	115019
瓮福蓝天无水氟化氢有限公司	0	0	2300
龙氟化工有限公司	16244	18000	19176
泰山石膏（福建）有限公司	0	0	2791
泰山石膏（龙岩）水泥缓凝剂有限公司	0	0	456
上杭宇泰物流有限公司	—	—	780
星星物流有限公司	0	0	119
赣龙铁路开发有限公司	0	0	—
上杭坤华电气设备有限公司	917	650	269
旗乾钢化玻璃有限公司	380	240	2082
上杭杭泰铸造有限公司	10141	1413	2017
上杭鸿运机械设备制造有限公司	270	270	285
好运星纺织有限公司	0	0	30
上杭富康饲料有限公司	150	200	200
希望生物科技有限公司	0	800	8.6
东昇机械有限公司	1300	1648	0
闽西丰农食品厂	3496	5012	6513
福建优创油脂有限公司	0	0	3043

第三节　主要企业简介

一、紫金铜业有限公司年产20万吨铜冶炼项目

紫金铜业有限公司年产20万吨/年铜冶炼项目是由紫金矿业集团股份有限公司全资兴建的大型铜冶炼企业。是新中国成立后龙岩市最大的工业投资项目。项目位于蛟洋工业区循环经济示范园区，原料来源主要依赖进口解决，自给率部分主要是依托紫金山铜矿的规模化开发。项目占地面积67万平方米，固定资产投资35亿，总投资约65亿元。项目注册资金181830万元。项目于2009年3月10日进驻（成立），同年10月开工建设，2011年11月底竣工，2012年1月6日建成试投产。2013年，员工1180人。

项目采用国际先进的蒸汽干燥+闪速熔炼+PS–转炉吹炼+阳极炉火法精炼+电解精炼、冶炼烟气制酸、冶炼炉渣选矿处理的工艺流程。公司采用先进的工艺技术及装备，在安全、节能、环保等方面达到国内外同行业先进水平，环保投入为6.98亿元，占固定资产投资的20%。

2013年产铜20万吨、硫酸71万吨、黄金1101公斤、白银33.6吨、产值113亿元、税收2029万元。

紫金铜业点解车间

二、瓮福紫金化工股份有限公司

瓮福紫金化工股份有限公司于2010年5月成立，是由瓮福（集团〕有限责任公司、紫金铜业有限公司、贵州山水物流有限公司、日本全农公司合资组建的大型磷化工企业，注册资金5亿元人民币。厂房占地面积约44公顷。

本项目以紫金铜业有限公司20万吨/年铜冶炼装置副产硫酸以及瓮福（集团）有限责任公司的磷矿资源为原料生产湿法磷酸，再将湿法磷酸加工成净化磷酸，同时利用磷酸净化装置产生的萃余酸生产磷酸二铵，利用磷酸装置副产氟硅酸生产氟硅酸盐，最后将磷酸装置产生的磷石膏进行综合利用，提供给下游项目山东泰山石膏生产建材行业的水泥缓凝剂和纸面石膏板，全厂无工业废渣排放，是一个典型的资源综合利用的循环经济项目，是福建省重点建设项目。项目总投资16.3亿元，生产规模:年产工业级、食品级磷酸（PPA）10万吨，磷酸二铵（DAP）20万吨，氟硅酸盐1万吨。

2012年5月18日开始试产。2013年，累计生产磷酸11.74万吨、DAP18.81万吨，PPA4.16万吨粗碘7.3吨；销售DAP18.96万吨，销售PPA3.89万吨。销售收入9.74亿元。

三、泰山石膏（福建）有限公司

1. 纸面石膏板项目

泰山石膏（福建）有限公司年产纸面石膏板综合利用项目，利用瓮福紫金化工股份有限公司生产磷肥产生的磷石膏，年利用工业副产石膏50万吨，可就地消化40%以上的磷石膏。项目年产5000万平方米纸面石膏板、2万吨经钢龙骨、800万平方米纸面石膏板。总投资1.5亿元，产值6亿元，该项目2013年9月开工建设。

2. 水泥缓凝剂项目

本项目可就地消化瓮福紫金公司副产品磷石膏60%以上。该项目建成后可年产水泥缓凝剂100万吨，直接供应给周边水泥企业，代替石膏辅料。既有效地保护矿产资源，又实现变废为宝。该项目总投资6290.1万元，其中：固定资产投资5978.9万元，铺底流动资金60万元。项目于2013年9月开工建设（2014年7月21日建成试生产）。

以上两个项目的建设，解决了磷化工企业磷石膏渣无法处理的世界性难题，为蛟洋循环经济园区最终实现“资源综合回收利用、吃干炸尽”的目标奠定了基础。

四、福建龙氟化工有限公司

福建龙氟化工有限公司根据国家提倡的建立循环经济产业的指导思想，利用紫金矿业黄金冶炼厂的副产品硫酸和当地丰富的萤石资源，在上杭县蛟洋工业开发区，兴建年产五万吨无水氟化氢及氟盐生产线的氟化工工厂。

本公司地处福建省最大的水泥生产基地龙岩市。对公司的副产品氟石膏的利用，具有得天独厚的优势。加上紫金矿业的副产品硫酸。让公司成为当地响应国家环保经济、循环经济的企业表率。丰富的水电、煤炭、萤石资源也为企业的进一步发展，提供了充足的资源保障。

公司于2008年6月完成第一条生产线的建设，并一次试车投产成功。产品符合国家优等品标准的各项指标，完全能满足客户的使用标准。并于2009年1月6日通过市环保局建设项目竣工环保验收，2009年2月7日取得省安全生产监督管理局颁发的“安全生产许可证”；同年11月24日取得“全国工业产品生产许可证”。2009年12月通过ISO 9001和ISO 14001双体系的认证审核。

该公司现有产品“龙氟牌”无水氟化氢、工业氢氟酸、氟化氢铵、氟化铵、氟石膏等。拥有自营进出口权。公司现有员工98人，其中管理人员20人。氟化工专业技术人员30人。并具备开发研发新产品的能力。

2011年，实现产值16244万元，税收324万元；2012年，产值18000万元，税收1088万元；2013年，产值19176万元，税收1675万元。

五、福建丰农食品股份有限公司

1998年3月成立的闽西丰农食品有限公司，是一家专业生产加工农副产品的民营企业，坐落于上杭县蛟洋工业区余坑小区，于2012年12月成功改制为福建丰农食品股份有限公司，现有厂房占地0.8公顷，建筑面积13000平方米，已建三条生产线，可以生产果蔬罐头、肉制品、豆制品、食用菌干货等系列产品，主要有不加防腐剂的健康即食笋系列和闽西八大干系列产品、龙岩花生、天然食用菌等。

公司牢固树立“重质量、创品牌、丰农强国”的宗旨；认真实施品牌经营发展战略；实行传统工艺与现代科学加工方法相结合，致力于天然绿色健康食品的开发；以“树国际品牌、办绿色工厂、做健康食品、造福全人类”为发展目标；秉承“诚信、务实、团结、发展，资源共享、优势互补、合作共赢”的经营理念，建立“产加销一条龙，农工贸一体化”的现代企业运行管理机制。

公司注重科技兴企，建立了市级企业技术中心，拥有自主研发的九项发明专利产品，即食笋系列采用纯铝箔袋真空包装，高温高压热力杀菌，杀菌效果达到120，满足美国FDA对于低酸罐头的要求，产品不加任何防腐剂和化学色素，在常温下保质期长达1年以上。产品主要在沿海及其以北大型连锁超市销售。

公司于2005年通过ISO 9001国际质量管理体系认证；2010年通过ISO 22000国际食品安全管理体系认证；果蔬罐头、肉制品、非发酵性豆制品等三大系列产品获得了国家食品质量安全QS认证；“丰农”商标于2010年被认定为“福建省著名商标”，2011年11月，公司被认定为“省级农业产业化重点龙头企业”，丰农清水笋于2012年先后被评为“福建省名牌农产品”“第十届中国国际农产品交易会金奖”，2013年，被认定为有机食品。2013年，公司被龙岩市人民政府评为“守合同重信用企业”；被市知识产权局评为“龙岩市试点单位”；被市工商局评为“工商信用优异（AAA级）企业”；被认定为“诚信经营示范企业”。

六、福建优创油脂有限公司

福建优创油脂有限公司是一家以育苗、种植、茶油、生姜生产加工及相关产业链开发的综合性农业企业。项目总投资5385.3万元，占地31069平方米。

该公司2012年开始筹建,已投入4800多万元，建立了年产100万株良种油茶苗苗圃一个、333公顷的示范种植基地；建成22000平方米的现代化标准厂房3栋、3600平方米的综合楼1栋、380平方米的车间办公室1栋；引进符合“欧盟食品卫生标准”全不锈钢的生产线一条，年生产能力2000吨精制茶油、1000吨高档绿茶油产品。2013年1月正式投产，当年生产精制茶油220多吨，产品主要销往国内各大中城市的高端食用市场，部分借道销往东南亚国家和中国台湾、香港等地，实现产值3300多万元，上缴税收86万元。

上杭县蛟洋、古田、步云是龙岩市生姜主产区，但生姜销售价格极不稳定，常常使姜农增产不增收。

公司为体现当地企业解民忧、带民富的社会责任，充分发挥农业龙头企业的示范带头作用，于2013年5月投入1000多万元，建设一条年产5000吨腌渍生姜生产线，并在当年实现收购当地生姜2500多吨，生姜种植户增收1000多万元。生姜生产线的建设，提高了农户生产收入，保障农户利益，农民生产积极性提高。

第四节　管理机构

一、乡村工业企业管理机构

1985年以前，蛟洋公社设有企业管理办公室（简称企业办）。1990年以后，蛟洋乡设立经济委员会（简称乡经委），经济委员会由主任、会计、出纳组成，邹锡辉任主任；2005年经济委员会撤销。企业办、乡经委对蛟洋境内的工业企业进行管理，起指导、联络、协调、支持帮助的作用。

二、蛟洋工业区管委会

蛟洋工业区管委会成立于2005年6月，管委会主任由县领导兼任。工业区管委会办公室设主任1人，副主任3人，财务人员1人，出纳1人，现有工作人员30人。工业区管委会的主要职责是对工业区“六通一平”标准化厂房及基础设施、招商引资、项目报批、跟踪及工业区各项管理工作。

第七章　镇村建设

蛟洋地理位置、自然条件优越。早在商周时期，就有人类在境内繁衍生息。宋元时期，中原汉人陆续南迁入境，山区得到较好开发。明嘉靖十九年（1540年）后，随着上杭至龙岩的驿道改经蛟洋，乡村经济不断发展，蛟洋、丘坊、华家、再兴、中村、塘厦、苏康等村建设具一定规模。从今仍保存较好的明清时期建筑如明代的再兴复兴桥、云龙桥，清代的蛟洋回澜桥、华家万安桥、秋竹丰年桥、丘坊荫桥以及秋竹村“树德堂”、丘坊村“船形屋”、苏康村“大夫第”等古桥、古民居可见一斑。

民国18年（1929年），苏维埃政府实行土地革命。民国20年始，蛟洋既采用苏维埃时期的政策，又吸收“计口授田”等办法，“耕者有其田”。民国31年，傅柏翠及云田、华洋两乡负责人认为“乡村基层建设为当前要图之项”，成立古蛟乡村建设委员会，制定《三年建设计划纲要》，一定程度上促进蛟洋建设事业发展。

新中国成立后特别是1979年中共实行改革开放的方针政策后，居民生活水平提高，乡村建设进程加快。随着319国道改线、308省道改造工程竣工，赣龙铁路通车并在坪埔设上杭火车站，蛟洋工业园区的创办，龙长、蛟上高速公路相继建成通车，推动乡村建设层次不断提升。蛟洋乡党委政府把村镇建设纳入国民经济发展计划。2008年，编制《上杭县蛟洋乡集镇总体规划（2008—2020年）》；2010年，编制《上杭县蛟洋新城总体规划（2010—2030年）》。蛟洋城镇化进程加快推进，集镇规模不断扩大，面貌日新月异。四通八达的水泥路代替昔日的泥泞小路；宽阔的新街道取代狭窄的旧街道，繁华的市场取代简陋的圩场；公共和民用的高层建筑拔地而起。民居从注重房屋面积向重视房屋质量转变，住房由土木结构向砖木结构、钢筋混凝土结构转变，房屋设计向庭院式、别墅式转变；同时重视绿化、美化，创建生态乡（镇）村，开展美丽乡村、宜居环境建设等试点，村容村貌大为改观，人居环境改善。蛟洋，“生态型工贸新城”已见雏形。

第一节　集镇建设

一、政府驻地变迁

民国18年（1929年），境域设北四区，区公所驻蛟洋村庄背岭，是一座土木结构的二层楼房，占地面积约600平方米。此后，蛟洋村先后成为蛟洋乡、华洋乡、古蛟区（乡）、第七区驻地。

1958年11月，成立蛟洋人民公社，驻丘坊。

1961年6月，成立华佳公社，公社驻地设在华家村义学堂，是一座上下厅配二摆横屋土木结构的平房，占地面积约1500平方米。

1965年4月，华佳公社与蛟洋公社合并为蛟洋公社，公社驻地设在丘坊村古琳房仓库（公田收租仓库），是一座土木结构青瓦屋顶的平房，占地面积约1000平方米。

1972年10月，在丘坊市场旁边新建蛟洋公社办公楼、会议室、大礼堂、宿舍楼及其他配套设施，均为土木结构。公社机关迁出古琳房仓库。

2002年10月8日，蛟洋乡政府治所从丘坊村搬迁至蛟洋村319国道和308省道交汇处。办公楼是一栋砖木结构的二层楼房。

2005年12月，蛟洋乡政府在文昌阁东150米处建成钢筋混凝土框架结构的集办公、住宿于一体的六层综合大楼。该大楼占地面积370平方米，建筑面积1910平方米，总投资600多万元。

二、基础设施

（一）街道　桥梁

清末，蛟洋庄下建有一条长约150米、宽约6米的石砌街道。街道两侧建有店铺、酒坊，还有棚架摊点，直到新中国成立后才消失。1957年，省道308线开通后，县供销合作社在蛟洋老圩场，建一座供销合作社楼，随之设立圩场，铺设一条长约100米，宽约5米的石砌街道，两侧设有供摆摊设点的圩架子。直至2002年市场才搬迁至曹家乾农贸市场。1999年，蛟洋乡政府投资100万元，铺设了从国省道交汇口至蛟洋文昌阁长320米，宽7米的水泥主干道。两旁有商住楼房数十栋。

镇区桥梁，20世纪60年代都为木结构桥梁。2000年始，逐渐改建成钢筋水泥桥，相继建设了文昌桥、平岗桥、中学桥、小学桥、樟树1号桥等大小桥梁16座。

（二）供电　照明

1982年梅坝水电站建成后，蛟洋乡普遍实现电灯照明。2004年，蛟洋开始安装路灯，在集镇沿线500米的路段，安装路灯45盏；2010年，蛟洋三岔口至余坑工业小区安装路灯90盏；2011年，蛟洋集镇至坪埔公路沿线安装路灯180盏；2013年，蛟洋集镇有路灯200多盏。

（三）市场建设

清代，由于交通、地理位置、人口规模等原因，蛟洋村、黄土畲（今文都）形成圩场。民国时期，境域内有蛟洋、黄土畲、丰年桥、塘厦等圩场。集市普遍建造简陋。

1951年，建设丘坊集市，建有两排100多米长的圩架子，6栋瓦盖平房，占地面积3000多平方米，1954年开圩，每逢农历五、十日为圩期。2011年，丘坊市场重新规划、设计，拆除全部旧市场的瓦盖平房和原属供销合作社的旧房，建设一座六层的综合商品房，占地面积2000平方米，另建两栋大圩架，设横竖2条街道。

70年代初，以“民办公助”的方式把蛟洋市场改建成人字形骨架做屋顶的比较宽敞的市场。2001年，乡政府投资70万元，完成农贸市场改造。2002年10月25日，新建的蛟洋边贸市场开业。农贸市场为钢架结构，设410多个固定摊位。区内停车场、下水道及供水、供电、环卫等设施齐全，集贸易、餐饮、住宿、文化娱乐于一体，成为联通闽西各地的一个重要商贸窗口和物资集散地。

(参见本志商贸　服务业章)

（四）给排水　防洪

1. 给　水

蛟洋是黄潭河的发源地之一，集镇的居民住户、机关、商家历代都是从溪水中挑水作生活用水。

新中国成立之后，学校、政府机关，企事业单位依靠挖井，用水桶打水或用抽水机抽水。

随着新城镇建设和商贸新区的发展，蛟洋镇常住人口的不断增加，1998年，蛟洋乡把实施人饮工程当作为民办实事的重要举措，筹资47万元新建两个100立方米的清水池，并铺设管道6500米，1998年8月水厂各项设施全面竣工并投入使用，可供蛟洋集镇4000人饮用。

2. 排　水

20世纪六七十年代，由于市场商户少，生活废水大多由地面明沟向低洼地处排放。2000年后，随着市场的扩大，集镇人口的增加，排污问题凸显。2001年，开挖地下排水沟300米；2005年，完成文昌阁路旁排污沟清理、整治，优化周边环境。

3. 防　洪

流经蛟洋的黄潭河支流蛟溪，经常因洪水泛滥给蛟洋集镇造成威胁，给蛟洋人民带来灾难。1998 年，一场特大暴雨使蛟洋境内山洪暴发，100 多亩农田被淹，蛟洋村一名妇女不幸被洪水冲走。2000 年 8 月，蛟洋境内连续十天狂风暴雨，蛟洋集镇周边 100 多亩反季节蔬菜，大田经济作物受到严重损失，交通受阻，房屋倒塌。为防洪水泛滥，2000 年 10 月，蛟洋乡人民政府修筑文昌阁防洪堤 150 米；2005 年，砌筑防洪堤 500 米。

文昌阁防洪堤

（五）环境卫生

2009 年，蛟洋被列入为全市中心镇建设试点后，随着市场规模的不断扩大，集镇人口的不断增加，环境卫生工作更加凸显。2011 年，乡政府实施“家园清洁”活动，创新实施卫生保洁社会化运作模式，聘请两家保洁公司对蛟洋镇的卫生保洁工作进行专职运作管理，确保主要街区和主干道垃圾的日产日清。设立镇级垃圾填埋场 1 座，该垃圾填埋场位于蛟洋新城蛟洋片区，占地面积 30 亩，总投资 200 多万元，日处理垃圾 8 吨。建设一座集镇污水处理厂。污水处理厂位于蛟洋循环经济园区，占地 20 多亩，总投资 1 亿元，日处理污水 20000 立方米。并在崇头村建一个垃圾中转站，占地面积 3000 平方米，总投资 500 万元。

（六）园林　广场　绿化

2000 年后，政府重视集镇及周边地区的绿化工作。首先在 319 国道和 308 省道两旁种植防护树；在各街道、道路两旁、商铺门前、机关大院内部、前屋后的空闲地种树绿化。在集镇三角地带植树种花，建花圃，累计面积约 3000 平方米。2002 年，坐落在蛟洋文昌阁园艺场的“闽西紫薇花母本园”，被省花卉协会确定为全省首家紫薇花母本源园，该园占地 12 亩，由退休干部傅永成创办，有各类紫薇花木 10 多个品种，18 余万株。绿化的主要树种有桂花、罗汉松、香樟、松柏等。

2009 年，委托厦门瑞禾园林规划设计院设计建设文昌公园。该公园的形象定位：风起蛟腾，文化公园。功能定位为：蛟洋政治、文化、科技旅游中心。公园由 4 个广场和 1 个山地公园（文笔广场、文化广场、红色文化广场、后花园广场、生态休闲山地公园）组成。文笔广场通过特色文化地雕、文笔雕塑、历史长轴，展现文昌阁历史文化、起源；文化广场通过文化场景雕塑、名人文化广场的设计，表现蛟洋繁荣昌盛的文化教育，展现浓厚的人文气息，营造文化昌盛、教育繁荣的意境；红色文化广场则集文人文化、红色文化为一体；后花园广场通过景观小雕塑、景观树阵等使整个广场形成通透后花园空间美感。山地公园则利用近郊的山体开发公园，通过烈士墓、木栈道、石阶、木栈道平台形成一个休闲山体公园。2013 年，文昌公园基本建成，总占地面积 45000 平方米，总投资 3000 万元。文昌公园的建设，提高了蛟洋群众的生活品质，提升了蛟洋小城镇的档次。

三、公共建筑

镇政府大院　坐落在蛟洋集镇文昌阁畔。2005 年 12 月，建成钢筋混凝土框架结构的集办公、住宿于一体的六层综合大楼，该大楼占地面积 370 平方米，建筑面积 1910 平方米，总投资 600 多万元。此后，陆续建设计生服务中心、司法所、派出所和文化中心大楼等。整个镇政府大院占地面积约 8000 平方米。

蛟洋中学　2013 年，校园面积 33833 平方米，校舍面积 12999 平方米。

蛟洋中心小学　2013年，校园面积12286平方米，校舍面积5245平方米。

中心幼儿园　2000年，中心幼儿园从丘坊村搬至蛟洋村。新建幼儿园占地面积3000平方米，建筑面积960平方米。

敬老院　1996年建，占地面积350平方米，建筑面积600平方米，总投资31.5万元。

计生服务所　2008年建，占地面积840平方米，建筑面积3520平方米，总投资100万元。

汽车站　2008年建，占地面积1784平方米，建筑面积3778平方米，总投资360万元。

派出所　始建于2006年6月，占地面积1200平方米，建筑面积800平方米，总投资80万元。

司法所　2009年建，占地面积200平方米，建筑面积1000平方米，总投资120万元。

农贸市场　2001年建，占地面积2500平方米，总投资170多万元。

工商行政管理所　2001年建，占地面积210平方米，建筑面积840平方米。

国土所　2000年建，占地面积470平方米，建筑面积778平方米，总投资20万元。

邮政支局　2010年建，占地面积320平方米，建筑面积460平方米。

卫生院　2004年建，占地面积300平方米，建筑面积1000平方米。

烟草站　2001年建，占地面积1200平方米，建筑面积1600平方米，总投资300万元。

供电所　1996年建，占地面积600平方米，建筑面积1000平方米，总投资2000万元。

农商行　2010年建，占地面积700平方米，建筑面积1300平方米，总投资300万元。

农业银行　2013年建，占地面积800平方米，建筑面积2500平方米，总投资500万元。

文化中心　2009年建，占地面积445平方米，建筑面积1780平方米，总投资150万元。

第二节　村居建设

一、公共设施

（一）村　部

新中国成立后至人民公社时期，有的村（大队），利用祠堂、庙宇、民房或其他公共建筑作为办公场所。有些村没有公共建筑就依靠群众投工投劳自行建造村部（大队部）。

20世纪90年代，上级政府对新建村部进行经费补助1万元，凡被立项的村利用补助款和村财建立起砖混结构的村部。2010年，县委组织部对未建村部或村部破旧的村给予3万元的补助。在县委组织部的支持资助和各村村财的大量投入下，全镇25个行政村村村建立起了新村部。

（二）道　路

明清和民国时期，各村之间靠土路或少数的石砌路相连，乡村通道主要由官绅倡募、群众集资修筑。1958年5月上杭至郭车公路竣工通车后，华家、丘坊、蛟洋村始通公路。60年代后，各村靠群众投工投劳，修建供拖拉机和板车通行的机耕路。70年代始，各村先后修筑简易公路。1996年12月，国道319线改线（经坪埔、崇头、蛟洋村）竣工通车。乡村公路随干线公路的发展亦逐年增筑。1997年，全镇实现行政村村村通公路。1997—2005年，加强乡村道路硬化工程建设和村道拓宽改造工程。2005年，全镇25个行政村实现村村通水泥路。2013年，行政村村部到每个自然村的道路均为水泥路面。

（参见本志交通邮电章）

（三）供　电

1966年冬，蛟洋村村民集资购进首台54匹马力（约40千瓦）的“东方红”柴油机发电，结束无电的历史。1970年，文地、下道湖小水电站相继建成发电；1982年，梅坝水电站开始发电，使蛟洋大部分村用上电。

2002年，35千伏郭车至蛟洋线投入运行，使蛟洋由大电网供电。2009年，35千伏郭车至金湖线投入运行，主要供应海西铜业和龙氟化工负荷。2011年10月，塘厦220千伏变电站及输电线路建成，主要供给坪埔工业开发区20万吨铜冶炼和翁福紫金以及下游循环经济企业用电。蛟洋村民和企业用电有了保障。

(四) 供　水

蛟洋历代山村居民主要饮用溪水、山泉水和井水。1998年，蛟洋乡把实施人饮工程当作为民办实事的重要举措，发动各村群众自筹资金，实行政府补助和群众自筹的办法，全乡先后建立起自来水塔、水池，村民均饮用上了卫生的自来水。2013年，全镇25个行政村有人饮工程35处，自来水人口覆盖率100%。

(五) 其他公共设施

学　校　新中国成立后，蛟洋各村相继办起小学。1965年蛟洋人民公社成立后，每个村（大队）都开设完全小学，各大队纷纷依靠群众投工投劳兴建土木结构的教学楼和教室。90年代后，重新建造砖混结构的教室和教师宿舍，全乡各村学校面貌焕然一新。2000年后，教育体制改革，学校相对集中，许多村学校无生源而停办。2001年始，逐年进行撤点并校，2001—2013年，全镇撤并校点19个。2013年，全镇保留完全小学3所（蛟洋、丘坊、华家），6个教学点（坪埔、塘厦、中村、再兴、坪上、再嘉）及蛟洋中心幼儿园。

卫生所　蛟洋各村都有合作医疗卫生所，每村有1名—2名乡村医生（70年代称为赤脚医生）。

文化活动中心　各村都设立老年活动中心，有活动室、阅览室、农家书屋等。

农民公园　2010—2013年，坪埔、坪上、邹坑、中村、再兴等村先后兴建农民公园，有的公园里造了假山，建林喷水池，种了花草树木，有些还配置“双杠”“单杠”等体育活动器材，村民乐有所在。

二、民　居

(一) 普通民居

明清及民国时期，蛟洋乡民居多是土木结构青瓦屋顶的平房。其建筑模式以上下厅配横屋为主。上厅由厅面及左右厢房组成，“天子屏”有木质屏风，用以张贴对联或悬挂祖公画像，檐沿左右有小门通向横屋。下厅由厅面及左右回廊、厢房组成，回廊、厢房有的以土墙或木质屏风隔开独立成室，有的与厅面之间没有墙体相隔，浑然一体空旷宽敞；下厅有两根粗大的木柱，承载屋面重量；下厅正中设大门，门外为空坪，外筑围墙，围墙的适当位置建门楼。下厅地平面比上厅低。较为富有者，则墙体用三合土或砖（空心间）、石块砌筑，厚30厘米—40厘米，上、下厅及门楼屋脊作飞檐角之状，内外墙用石灰粉刷。这种房子地方上人们称之为“封火屋”。大部分民居门窗开得少，且尺寸小，屋内阴暗潮湿。为防匪盗，牛栏、猪舍也建在离人居住房屋很近的地方，有的甚至楼上住人，楼下拴牛关猪，极不卫生。家家户户都没有卫生间，厕所也非常简陋。

明清时期，也有用杉木建造整座房子的，其主要原因一是蛟洋木材多，就地取材方便，二是重量轻，地基不实的地方，也能建造。它的特点是抗震防水性能强，耐用（可使用几百年。俗语言，风吹万年杉，水泡千年松）。这种木质房屋多建于祠堂、众厅。但这种房子十分耗木，隔音隔热性能差，且一旦发生火灾后果严重。新中国成立后极少人再建造这种纯木料的房子。

清代全木结构民居

明清及民国时期，境内极为贫困的山区也有少数的茅草房和竹片屋，结构极其简单，易被风刮倒和火烧。

20世纪70年代后，乡村民居做一上厅配横屋的逐渐减少，取而代之的是一厅二室或一厅四式的二层土木结构房屋，靠边两端的前方建厨房。门窗尺寸放大，门安有气窗，窗户镶玻璃，屋内空气流通，光线充足。

1980年后，随着农民生活水平的提高和小康建设进程的深入，人民群众建房观念发生改变，从注重房屋面积向重视房屋质量转变，住房由土木结构向砖木结构、钢筋混凝土结构转变。房屋设计逐渐向楼房庭院式、别墅式过渡，屋内装饰参照城市住宅，卫生设施齐全，并基本实现“五通”（通水、通电、通路、通电话、通广播电视）和绿化、美化，基本做到人畜分开，排水通畅，道路平坦，环境卫生，村容村貌大为改观。1981—2013年，90%以上的民居由土木结构改造为砖混结构，全镇居民住房大为改观。

六七十年代民居

21世纪民居

（二）特色民居

1. 船形屋

清代和民国时期，蛟洋乡的丘坊村和苏康村的民居中有一种形状像船一样的“船形屋”。

丘坊村上段有一座清乾隆年间（1736—1795年）建造的古民居，叫官厅，因其外形像一条靠岸的船，人称“船形屋”，十里八乡都有些名气。该屋坐东北朝西南，依山而建，外围墙是石砌坎，整个围墙围成圆弧形，就像是船舷。屋外围砖砌到顶，叫“封火屋”，墙外失火，不会殃及屋内。进入大门走进内坪正中就是内大门，斗拱下是石柱、门框，上方有“双狮戏球”浮雕图景，门联题书“但得题门无凤字，敢云入室有兰香”，横联书“中峰绕瑞”，斗拱有“千金送子”“梅兰菊竹”等各式浮雕彩绘。

进入内大门，左右是“千金送子”和“猴古捅蜂”两幅木雕，中厅宽敞，可摆9席，虾梁上，圆柱石脚都有镂空雕刻，中厅上方高挂琉金匾，乾隆年间皇封“奉直大夫”褒奖王槐事迹两千余字；王槐夫人封为“诰命夫人”，厅堂左边有“严肃”“回避”等銮驾，右边有武士大刀等摆设。

丘坊村船形屋

上厅高悬“敦厚堂”金字堂匾，中央为祖宗牌位。厅两边过厢房正间又有两排横屋，整座房屋均成“三栋二摆”，“船头”就在整座房子靠右边的外围层二层小楼，从外面看，“船首”高昂，整座房子就像一条船。

2. 华氏家庙

坐落在华家村官庄前，建于清代，由华惟功建造，集居住、祭祖一体的徽式建筑，具有苏州园林风格，占地一千多平方米。屋内有九个厅堂十八个天井（称九厅十八井），天井周围有扶手座栏，房外建有祠堂、马房，室内牌匾高悬，其中“父子兄弟科甲”牌匾引人注目。厅中楹联甚多。条石砌筑的牌坊式大门，大门正中上方雕刻“家庙”两字，两边对联是“家风无改旧，庙貌有所新”。该建筑因年久失修于20世纪60年代逐渐破败倒塌。

3. 傅柏翠故居——避贤庐

民国23年1月（“福建事变”失败后），蔡廷锴（被称为领导十九路军在“一·二八”上海抗战中屡建奇功的爱国将领）到蛟洋，打算以古蛟为中心，留在闽西打游击，拿一笔钱委托傅柏翠代其在蛟洋建一别墅，应蔡的要求，傅柏翠为别墅取名“避贤庐”。未及建成，蔡廷锴便离开蛟洋前往广东。临行前，蔡夫人将“避贤庐”赠送给傅柏翠。

避贤庐

“避贤庐”坐落蛟洋村，占地约200平方米，前后两栋，坐北朝南，土木结构，四方形，青石阶，青屋瓦，整座房子样式不古也不洋。前栋有二层，楼下门前排列着4条砖砌方柱，左右房间各安装大窗2个，楼下左右两边也有砖砌方柱；楼上四周有走廊，楼层左右是房间，中间是楼厅，楼厅天子屏上挂着一块大牌匾，牌匾黑底金字，从右往左横写着“避贤庐”3个大字。楼厅里摆着茶几和许多椅子。后栋是4扇3间的平房。前后栋之间有天井，楼的左边有块可种果养花的闲地。当年，在四周老式民房的衬托下，“避贤庐”显得突出、雅致。

4. 大夫第

坐落苏康村，始建于清光绪二十三年（1897年），历时6年建成。房主张永元，清朝时任从四品知府、军功六品、诰封昭武都慰，通奉大夫，在其位上尽忠国事，勤勉为民，多次受到朝廷的嘉奖并被擢升。朝廷多次下旨褒奖并给予家族诰封为通奉大夫、中议大夫、中宪大夫等，“大夫第”即由此而得名。

苏康大夫第

“大夫第”建筑面积约1500平方米，门楼上石刻“阙北迎恩”，石刻楹联“宠命荣司马，家凤仰篆鱼”，意为对朝廷赐第建宅、皇恩浩荡的感激，同时表明家门显赫、文风鼎盛。房屋造型别具一格，集徽派建筑形制和客家传统建筑模式于一体。“大夫第”具有很高的历史、科学、文化艺术价值（参见本章第三节二目“古代典型建筑”）

5. 永仁楼

坐落在蛟洋镇崇头村，建于清康熙三十九年（1700年），是一栋方形三层土楼，土木结构，长宽各22米，土墙厚度下层1.2米，中层1.0米，上层0.8米。三层共计48个房间，5条扶梯；各层均有走廊，中置大天井。1949年，遭遇风暴袭击，土楼右侧墙体出现裂缝。1976年，右三层的两间房倒塌，随后，将土楼两侧与下厅拆毁，只留下土楼上厅一排三层15个房间，1996年，上厅一排也相继拆除，改建新屋。2013年，永仁楼仅剩部分残墙。

三、新村建设

（一）“造福工程”——桃源新村

桃源村（老村）是地处上杭、连城两县边界的一个偏远小山村，距乡政府25公里，60多户村民散居在被大山重重包围的3个自然村。长期以来，村民靠耕田、管山（造纸）为生。由于交通极为不便等原因，孩子读书难、病人就医难、村民出行难、接收信息难、青年娶亲难、寻找出路难等“六大难”严重困扰着村民的生产生活。截至2002年年底，低收入户、贫困户、救济户占全村的近一半，有些特别困难户甚至人畜共居一室；被列为省级扶贫开发重点村。

2002年，根据省委、省政府的安排，福建日报报业集团挂钩帮扶桃源村，并派出干部担任村党支部第一书记。集团党组根据该村生产生活条件极其恶劣的实际，经与上杭县、蛟洋乡党委、政府反复比较论证并征得村民同意，决定实施“造福工程”，将全村整体搬迁至蛟洋集镇附近，建设桃源新村，从根本上改变村民的生存环境。同年，该村开始组织实施整村搬迁“造福工程”。搬迁地点确定在距蛟洋集镇中心仅800米、距中心小学仅600米、位于319国道旁的马坪里。

2003年9月，桃源新村正式破土动工。桃源新村规划总用地面积2.1万平方米，建筑总占地面积6500平方米，总建筑面积16000平方米。新村建设包括征地、整基、人饮工程、电网（包括路灯）、排污及后山防洪沟、1.1公里长的村主道、总长约400米的挡墙、护坡等基础设施，村民住宅，村部综合大楼，标准室外篮球场、健身路径、中心花园等健身休闲设施建设等。项目共投入各项资金260多万元，主要包括省财政捆绑扶贫资金、挂钩帮扶资金、造福工程资金、社会各界和地方配套资金等；其中，福建日报报业集团挂钩帮扶出资85万元。

2004年12月，桃源新村路、水、电等设施基本完成，建成51座新居，第一期搬迁49户202人。

2005年，继续实施桃源新村建设，完成占地面积386平方米的村部基建工程，新建楼房21栋，新铺村道水泥路1.1公里，铺设人饮工程输水管道3500米，新增绿地设施300平方米，新建村部综合楼里设有学习室，会议室和农民文化活动中心。2005年11月29日，桃源村举行整体搬迁仪式。第二期搬迁21户，是年共有70户村民入住新居。搬新村时，新房的第一副对联，全是感谢党和政府的内容，如“扶贫感谢共产党，搬迁难忘报社情”等。村民丘庆河特地到连城庙前，请老先生书写大对联：“奎壁联辉乐造新村代代呈昌盛，福临大地喜建家园日日报佳音”，下联嵌入“福建日报”，表达对福建日报报业集团挂钩帮扶、建设桃源新村的感激之情。

2006年，桃源新村全面建成。一个交通便利、规划整齐、设施完善、卫生整洁的准城市化小区新村展现在人们面前。79栋崭新小洋楼格外引人注目，村民住宅全部采用别墅式设计，楼房井然有序，村道宽阔整洁，绿化设施优美。绿树、花丛、公园、广场各种配套设施一应俱全，新村公园绿化面积达1000多平方米，真像一个城市化小区。“世居深山里脱贫无计，搬迁国道旁致富有门”。实施整村搬迁“造福工程”，彻底打破制约桃源村发展的瓶颈，“六大难”迎刃而解。

（二）征地拆迁安置新村

1. 梅坝新村

梅坝村地处蛟洋镇西南部，原来由田螺坑、马赖寨、张彭屋岗、罗屋、连塘、上马坑、下马坑七个自然村组成。2006年，上杭县规划建设蛟洋工业区，梅坝村为工业区所在地，需要征用搬迁，全村村民由农业户转为居民户。2008—2009年，马赖寨拆迁安置户48户；2009—2010年，张彭屋岗拆迁安置54户；2011—2012年，罗屋拆迁安置43户；2012—2013年，连塘拆迁安置35户（2014年5月，上马坑和下马坑征地移民搬迁46户，全村搬迁完成）。梅坝新村安置小区为省重点建设工程，实施统一规划，统一设计；每户房屋前后水泥路通道，每2户一单元，三面采光；每户4层楼房。小区内设有绿化带，道路两旁安装有路灯，自来水、排污设施完善，基础设施、公共设施完善。梅坝新村建设新村部大楼一座，内设村“两委”办公室、农家书屋、计生服务室、老年活动室等。

2. 坪埔新村

2001年，因赣龙铁路及上杭火车站建设的需要，坪埔村部分村民住房须拆迁搬移。其间，由赣龙铁路建设办公室安排移民安置用地，于2001年择地、推土，并放样安排住房面积、安置面积，标准为三个人以内的，每户80平方米；4人—5人的，每户100平方米；6人以上的，每户120平方米。2002年，各户按地块安排陆续建房，至2004年共有48户搬迁入住。

2010年，因铁路货场及20万吨铜冶炼项目铁路专用线建设，坪埔村须整村征用拆迁，进行第二次搬移居住地。2010年春开始，近100户村民开始拆迁搬移。其时，由蛟洋镇人民政府会同上杭县有关部门及蛟洋工业区管委会，共同负责移民安置具体工作。移民安置地建房按县规划建设主管部门审定的规划图纸建设，建筑立面、层高、地面标高均按图纸标准建设即统一规划，统一设计，建筑风格标准中的斜屋顶及正面、侧面瓷砖，背面、正面的窗户及玻璃规划一致，每户占地100平方米。铁路货场安置规划审定建筑房屋三层半，每两户一单元，小区内设有绿化带、路灯。自来水、排污设施完善，房前屋后水泥路畅通。其中，一号安置地占地40500平方米，二号安置地（即坪埔铁路货场安置区）占地面积54000平方米（包括道路），可安置155户（其中店面43户，住房112户）内建中心公园，占地2530平方米。至2013年年底，已建（含在建）住房80栋。

（三）灾后重建移民新村

2009年11月，蛟洋乡下道湖村等18户地质灾害户迁入集镇阳春小区，该小区占地面积6000平方米，水、电、路等基础设施完善，与桃源新村连成一片。

四、蛟洋工业区主要生活设施建设

2005年6月蛟洋工业区成立后，随着福建金山黄金冶炼有限公司、紫金铜业有限公司、福建龙氟化工有限公司、瓮福紫金化工股份有限公司等企业先后落户，商住设施建设与园区基础设施、厂房建设同步进行。2010年7月，由紫金铜业有限公司建设的紫金铜业大酒店竣工；该酒店占地面积1690平方米，建筑面积16179平方米，高16层。同年12月，由八冶建设集团有限公司建设的瓮福紫金单身公寓楼竣工；该公寓占地面积1173平方米，建筑面积8212平方米，高7层。2012年1月，由八冶建设集团有限公司建设的瓮福紫金4号、5号公寓住宅楼竣工。其中，4号住宅楼占地面积627.6平方米，建筑面积10912.2平方米；5号住宅楼占地面积637.82平方米，建筑面积6620.9平方米；4号、5号住宅楼高均为19层（含地下1层），为蛟洋境最高建筑物。2013年9月，由泰山（石膏）福建有限公司建设的生活区宿舍楼竣工。该楼占地面积4000平方米，建筑面积7000平方米，楼高7层（6+1复式）。蛟洋工业集中区商住设施的建设，加快推进蛟洋城镇化进程。

第三节　建筑业

明清和民国时期，蛟洋境内有许多能工巧匠，大多是泥水木匠，施工技艺代代相传。

20 世纪 80 年代，建筑结构向钢筋混凝土转化，青瓦平房逐步淘汰，房屋的装饰装修也逐渐成为新兴工种。蛟洋有不少外出务工人员从事房屋装修，承揽建筑业务。2013 年，蛟洋从事建筑行业约 1500 人。

一、主要建筑企业

（一）蛟洋公社建筑队

1970 年 8 月，蛟洋公社建筑队成立，为集体所有制企业。建筑队人员是从各村泥水木匠中选拔出来的，建筑队设队长 1 人（华富发），会计 1 人（杨得清），出纳 1 人（丘兆林），技术员 1 人（刘步程），有工人二三十人。建筑队办公住所设在丘坊 308 省道旁，是一座砖木结构的二层楼房，占地面积 200 平方米，建筑面积 450 平方米。

建筑队成立后，坚持“开拓求实，优质实施”的宗旨，承建本公社范围内的集体建筑与民用建筑工程。1982 年，建筑队在取得资质证后，外出广东、深圳一带承揽建筑业务。年产值 80 万元，上缴公社税利 10 万元。

1991 年，因建筑队人员变动，技术员丘某发生安全事故，随后建筑队解散停业。

（二）蛟洋乡建筑工程公司

1992 年 4 月 18 日，成立蛟洋乡建筑工程公司，为集体所有制企业，法人代表邹锡辉，注册资金 100 万元。公司设在蛟洋乡丘坊村，是一栋砖木结构二层楼房，占地面积 250 平方米，建筑面积 450 平方米。公司管理机构设法人代表 1 人，财务人员 1 人，技术人员 5 人，有工人 50 人，主要承建本乡范围内的集体建筑和民用建筑工程，如蛟洋中学教学大楼宿舍楼等。2000 年 2 月 1 日，公司法人代表更换为刘文贵。2008 年，因资质和管理方面等原因而解散。

二、古代典型建筑

（一）蛟洋文昌阁

“文昌”是中国古代神话中主宰功名禄位的神灵，多为历代文人墨客所崇祀。“文昌阁”大多是为彪炳其显赫功名而建成的。明清时期，为了祈求文化昌盛，蛟洋、丘坊、华家、秋竹、小和等村都先后建有文昌阁。文昌阁的建筑成为蛟洋的一个独特建筑群体，其建筑风格相似，建筑结构基本相同。其中，保存完好的代表性建筑为蛟洋文昌阁。

蛟洋文昌阁坐落在蛟洋村，清乾隆六年（1741 年）始建，乾隆十九年竣工，工程共花 10 余万工，耗银数千两。阁的造型为宝塔式与宫殿式结合，采用“悬臂梁”砖木结构，抗震力强。阁高 38 米，占地 1500 平方米。阁外观六层，内实四层，地间二层为四方形，三层以上为八角、攒尖顶、穿斗木构架，葫芦刹，二层有回廊，三层八面开窗。在其二道正门两侧柱石上镌刻四字对联“蛟得雨云洋远拓，文光牛斗阁长辉”，横批是“凤起蛟腾”。大门为石拱门，两旁分列 6 根朱红大木柱。底层青砖粉墙衬红窗，作宫殿式厅堂；二层为神殿，四周有回廊；顶层八面开窗成阁，各层飞檐均饰以凤尾反翘，阁顶矗立红色大葫芦。主楼阁左翼为天后宫，右翼是五谷殿，后有镇水亭；左侧有镇龙桥，整个结构把厅、殿、阁组成一体，既巧妙优美，又严谨壮观。

文昌阁顶层中间仅有一根盈尺大柱，柱的顶端顶着阁顶及其上的大葫芦，上半端衔接着射向四方的横梁；应紧接楼板的柱脚，却没有接到楼板，而且还有 2 厘米多的空隙。新中国成立后，维修人员怀疑是经年累月地基下沉造成的，建议将空隙垫实，以免造成安全隐患。这一情况引起著名的古建筑专家、教授罗

哲文的关注，他从北京赶到蛟洋，经认真勘察分析，得出科学结论：不是地基下沉造成的，而是中国古建筑力学上著名的“中心柱悬梁结构”在蛟洋文昌阁的成功运用。

蛟洋文昌阁在清代为会试、祭祀等活动场所。一至三层分别安奉孔子、文昌帝君、文魁星的神像。新学兴起后，为广智小学和蛟洋中心小学校址。民国18年（1929年）7月下旬，中共闽西第一次代表大会在蛟洋文昌阁举行，毛泽东曾住于此指导大会的召开，并作政治报告；中共闽西“一大”的思想指导闽西革命取得伟大的胜利。蛟洋文昌阁已成为当地历史文化的象征，不仅具有伟大的革命历史意义，而且具有深远的教育、思想文化意义。

1961年，被列为省级第一批文物保护单位。2006年5月，被国务院列为第六批全国文物保护单位。它作为一处古建筑、名胜和革命纪念地，吸引着许多游客前往观光。

（二）华家廊桥

华家廊桥又名华家荫桥，坐落在华家村水口峡溪口，建于民国12年。全桥为两部分，一是石拱桥，由许多石条块砌成；二是瓦桥面，长30多米，由53根大木柱支撑屋面，桥廊上放置十八根粗大的圆杉木供过往行人歇息。2011年冬，靠公路的一端被重车撞坏，后局部重修。

（三）树德堂

树德堂坐落在秋竹村，建于清乾隆年间（1736—1795年），为华树材所建。占地约1500平方米，坐南朝北，面阔约100米，三栋四摆（左右为二排横屋），砖木结构，上、中、下三厅都为木结构。

天井三面带回廊，两侧有厢房，中厅带插屏，后厅进深五柱。两侧建有横屋共56开间，主座面前有雨坪、围墙，外大门坐东朝西。

树德堂上厅正中和中厅正中原悬挂着“树德堂”和“槐堂成荫”两块牌匾，“文化大革命”中相继被盗。

秋竹树德堂

（四）培荆堂

培荆堂坐落在华家村凹背，是一座府第式民居。建于清乾隆中期（约1750—1760年），占地面积2500平方米，坐西向东，正大门前原有池塘，一进大门便是铺三合土的内院，下厅正中原先悬挂着“培荆堂”牌匾，“文化大革命”中被毁。连接下厅有中厅和上厅，上厅左右正间有楼层，其余都是平房。在错落有致的上中下三厅的左右两侧，各有两排横屋。紧靠左边横屋，原先还有接客房和马厩。

培荆堂为砖木结构，外墙青砖，屋内天井全部是条块石板，厅堂地板和过道地板用三合土打平，雕梁画栋，飞檐翘角。所有屋柱都用花岗石柱基础。走进培荆堂，最为抢眼的是许许多多惟妙惟肖、栩栩如生的艺术雕刻和油漆饰画，这些雕刻饰画或在屏上，或在柱上，或在屋梁两头，圆实顶梁、精美斗拱，还有屋顶的拱形天棚更显得建筑工匠精湛的技艺。

（五）苏康“大夫第”

苏康“大夫第”是上杭县仅存的集徽派建筑形制和客家传统建筑模式于一体民居建筑的典型代表。

“大夫第”的特点可概述为皇宫式的气势，徽派建筑的型制，客家建筑的风格。苏康村“大夫第”落成之时，时人即赞之曰：青砖黑瓦马头墙，三堂四厅两横屋，石雕木雕灰做檐，牌匾楹联显文华。

徽派建筑特点明显。马头墙高低错落有致、形状变化多样，形成徽派建筑两大特点之一的“五岳朝天”。

布局紧凑通融。继承和运用客家传统建筑中的厅屋组合，以正厅和天井为中轴线，在两边各加建造横屋并通过天井、腋廊形成客家建筑中颇具代表性的“三堂两横式”布局格式。四周高墙围护，前后两面高墙从正面和后面堵住，其两侧山墙构成两坡面，不得由屋前脊池泄雨水，使雨水泄入天井明堂，形成风水学中所说的“四水归堂”，寓意为肥不流外人田、天降洪福等。

建筑结构奇巧多变。整座房屋以木结构为主，内部分隔也主要通过木板壁、木屏门、隔扇等进行。内部结构是进门即是前厅，中开天井后设厅堂，同时通过左右设立横屋连接而成多进堂，多单元的厅院结构，在每个天井中均有数量不等的房间，和自由开关的门通向外面，关起门来则是一个独立的空间。满足和体现了客家人聚族而居、讲究“亲亲”的思想，形成分家而不离家的特点。

建筑技术运用充分。采用特别青砖，粘砌采用石灰、糯米浆，使墙体坚固异常；在木结构中，梁柱采用传统的“肥梁胖柱”，梁枋比例适当、屋面举折合宜。在内部装饰结构中采用了民间建筑中较少见的斗拱、冬瓜梁、藻井等，使整个建筑通体显得恢宏。另外从禀条、斗拱到构件交际的斜掌、挂落等，均显得独具匠心。在地板装饰上利用传统的三合土由沙子、黄泥、石灰同时掺入红糖、糯米、蛋清等搅拌均匀后夯实而成，使地面坚固耐久，防潮耐磨，虽经百年风雨仍平整如新。在墙体方面运用徽式建筑的封火墙，有效解决木结构建筑中不利于防火的弊端。优美古朴的装饰使得整体上显得朴素简洁，同时配上各种的精美雕刻形成一种清丽高雅的艺术风格。石木灰雕艺术对于主体建筑的细部装饰可谓绚丽多姿，在屋脊马头翘角、山墙上等随处可见的精美灰雕工艺，这在客家民居建筑中是少见的，同时在门楼、梁架、立柱、隔扇、柱基、神龛以及室内家具等实物中，针对木材、石料等不同材料，分别采用圆雕、浮雕、透雕等多种技法。

建筑设计体现浓厚的民俗文化和时代气息。把精神依托融于建筑之中，注重风水，人伦，礼教思想。厅分上堂、中堂、下堂；房分正房、偏房、厢房。体现上下有序的礼教等级；厅堂各级逐渐递升，使门楼、正厅屋脊、祖厅屋脊形成了3个高峰，体现出主人步步高升的愿望；而“五岳朝天”的马头墙形制，则显示着主人对读书做官的理想和追求。而“田水归堂”式的天井，地板上绘就的麒麟、仙鹤，门楣上书写的“万”字，屋檐下灰雕的蝙蝠、彩绘的八仙过海、喜鹊报喜等图案，都具有浓厚的传统文化气息。

建筑外观素雅淡秀。色调给人以平淡、自然而不失其威严之感。梁架、隔扇等木构件保持天然色泽、淡水墙不添加涂料，处处显示着质朴的自然美，体现出“道法自然”的文化意蕴，可见作为封建士大夫的房屋主人对于程朱礼学追求平淡自然之美的充分理解。

室内陈设讲究。在正厅太师壁上曾悬挂时任云贵总督署理军机、大学士王文韶题写的“张崇正堂”金字匾额，此外，在厅堂及诸多柱面上均挂有名人题写的楹联，如民国时期云南都督唐继尧题写的楹联等，可惜在“文化大革命”中悉遭破坏。屋内现存的佛龛、条案、太师椅等陈设均体现主人不趋时势、笃守古制、信守传统、崇文尚儒的客家文化精神。

（六）其他古建筑

蛟洋境内古代建筑还有华家万安桥、蛟洋水口桥、达理石拱桥、秋竹丰年桥、塘厦祠堂庵、贵竹宝圣殿、双髻山石窟寺、明代塘厦龙归屋等。

第四节 乡村建设管理

一、建设规划编制

（一）《上杭县蛟洋工业集中区总体规划》编制

2006年，由福建省城乡规划设计研究院完成《上杭县蛟洋工业集中区总体规划》。蛟洋工业集中区包括蛟洋乡的镇区和丘坊、营上、坪埔等村以及古田的郭车村，规划面积约20.1平方公里。蛟洋工业集中区性质：闽西、粤北、赣南重要交通枢纽，上杭县工业集中区。规划结构：蛟洋工业集中区采用环绿心呈带状多组团结构，具体可概括为“一环两带五组团”。“一环”即沿国道319线和省道308线以及从上杭火车站南侧向西连接省道308线的连接线，形成一个环，该环北部与龙长高速公路的塘厦互通相接，南部与郭车互通相接，是联系各个组团和对外交通的主要通道。“两带”即指规划区北部的丘坊-蛟洋带和规划区南部的营上-坪埔-郭车带。“五组团”：即蛟洋（镇区）组团、丘坊组团、营上组团、坪埔组团和郭车组团。规划期限：近期至2010年，中期至2015年，远期至2020年。该规划得到上杭县委县政府的肯定，使蛟洋乡逐步由农业型乡镇向工业型强镇转化。

（二）《上杭县蛟洋集镇总体规划》编制

2008年，蛟洋乡政府委托上杭紫金城乡规划设计院编制《上杭县蛟洋集镇总体规划（2008—2020年）》。该规划共十二章，分别为总则、镇域发展规划、镇区性质与规模、镇区规划结构、规划用地布局、道路交通规划、绿地系统规划、公用工程设施规划附则、防灾减灾规划、历史文化保护规划、近期建设规划、规划的实施与管理。

该规划确定蛟洋镇区性质为：上杭县工业重镇，交通枢纽型工贸集镇，蛟洋乡政治、经济、文化、科技中心。

镇村体系空间布局结构概括为“一核、一带、一区”。整体空间格局形成以镇区为核心，沿319国道、308省道呈“T”字展开的轴向布局。一核：蛟洋镇区为核心区。一带：为依托沿线南北向的319国道和东西向的308省道综合发展带，北连庙前，南至大池，西至白砂。一区：工业开发区，分为丘坊、坪埔一营上两个片区。丘坊片区，作为北部工业区，带动丘坊、塘厦，沿308省道两侧布局，规划将其设置为光电及其配套产业园区，使其功能与蛟洋集镇的西片区相接，形成一个完整的光电及其配套产业园区。坪埔一营上片区，作为南部工业区，规划结合国家粮食储备库建设和紫金矿业第二黄金冶炼厂建设，东、北片区设置为食品加工为主的产业园区；西片区则设置为金、铜冶炼及其配套产业园区，物流中心。

镇区空间布局结构为：“一个中心，两个片区”。一个中心：在文昌阁、乡政府附近形成行政、商贸、旅游中心。沿主要生活干道布置商业和其他公共服务设施，形成完整的公共服务设施布局系统。两个片区：镇区东片在319国道主要有两个入口进入东片生活区，镇区西片布置工业区。

镇村体系规模等级结构：Ⅰ级——中心镇2个，中心镇为蛟洋镇区,规划人口20000人.次中心为坪埔。Ⅱ级——中心村2个，为丘坊、华家。Ⅲ级——基层村21个，邹坑、小和、东乾等。

镇村体系职能体系结构：镇区：蛟洋乡的行政、文化、经济、商贸中心，中心镇。坪埔：蛟洋乡的附中心，规划结合国家粮食储备库设置为食品加工及矿产冶炼、建材加工为主，及其配套产业园区形成较完整的产业链的产业园区，物流集散中心。丘坊：中心村。北部工业区，带动丘坊、塘厦，沿308省道两侧布局，规划将其设置为光电及其配套产业园区，使其功能与蛟洋集镇的西片区相接，形成一个完整的光电及其配套产业园区。华家：中心村。该村位于经济区西南部，处在镇域东西向发展轴上。华家中心村服务范围包括文都、苏坑。主要发展产品加工业、物流业及贸易。其他村：主要发展高山生态型农业等，为基层村。

2008 年 11 月 18 日，上杭县城乡规划建设局主持召开《上杭县蛟洋集镇总体规划》技术评审会，市城乡规划局特邀专家和县直有关部门领导参加了会议。经过对规划成果的认真审查，专家组认为，规划方案较深入细致，规划目标较合理，乡域“一核、一带、一区”和集镇“一个中心，两个片区”的空间布局结构较清晰，注意了自然生态环境和文昌阁历史文化古迹的保护，规划内容完整，规划成果基本达到国家有关村镇规划编制的深度要求。专家组原则同意该规划方案。

（三）《上杭县蛟洋新城总体规划》编制

2010 年，上杭县城乡规划建设局委托福建省城乡规划设计研究院编制《上杭县蛟洋新城总体规划（2010—2030 年）》，该规划共 13 章，分为总则、发展目标和战略、功能定位与城市规模、镇村体系规划、中心城区总体布局、道路交通规划、绿地系统规划、空间景观规划与城市设计引导、给水排水工程规划、电力通信工程规划、环境保护与环卫规划、抗震防灾规划、城市空间管制规划、用地控制管理规划。

该规划确定蛟洋镇村体系规划范围；整个蛟洋乡行政区面积 228 平方千米。蛟洋新城规划范围包括蛟洋乡的集镇区和丘坊、塘厦、崇头、秋竹、梅坝、坪埔、下道湖、小和、丰年等村以及古田镇的上、下郭车村。规划控制区面积约 70 平方千米。

规划主要依据《中华人民共和国城乡规划法》，建设部《城乡规划编制办法》和其他相关规范标准，《龙岩市中心城市总体规划修编纲要（2008—2030 年）》《上杭县蛟洋乡集镇总体规划（2008—2020 年）》等相关规划。

蛟洋集镇总体规划为：到 2020 年蛟洋集镇人口 2.0 万人，用地规模 2.4 平方公里；布局结构“一个中心，两个片区”即在文昌阁、镇政府附近形成行政、商贸、旅游中心，以 319 国道为入口的东片生活区和两片工业区。考虑镇区的可持续发展在用地、生态、环境、容量上都预留一定的发展余地，使镇区能够有序地发展并逐渐向城市转化，有可拓展空间。依托现有物质、经济基础，充分发挥资源和交通优势，高起点，高标准，高层次，高水平规划，以“高附加值、高利润、高税收、低污染、低能耗”的技术密集型和资金密集型产业为主导，规划期内逐步实现撤乡建镇，并纳入龙岩中心城区卫星城镇——古蛟片区。加速城镇化进程，增强城市对农村的辐射带动作用，推进新农村建设，统筹城乡建设，形成城乡互动融合、协调发展的新格局。落实龙岩市“工业强市战略”，深化上杭县“以项目促发展”战略，抓住国家实行扩大内需的积极财政政策和有利时机，依托现有产业基础大力推进基础设施建设。加快发展工业的同时，发展现代化服务业，以诚信建设为目标，大力优化法制环境，服务环境，融资环境和人文环境。是蛟洋成为闽西、粤北、赣南的重要交通枢纽，成为龙岩中心城区工贸新城之一。至规划期末（2030 年）镇域总人口达 7.8 万人，蛟洋新城人口达 8.0 万人（其中含蛟洋的镇区、坪埔片区和丘坊片区合计 6.5 万人，古田境内的郭车片区 1.5 万人），城镇化水平 83.3%。镇域以蛟洋新城（扣除郭车片区）为核心，沿 319 国道和 308 省道轴向展开，形成“一核+两轴”的空间结构，“一核”是指蛟洋新城（扣除郭车片区），“两轴”是指沿 319 国道和 308 省道发展轴。

蛟洋镇村体系等级结构划分为三级：中心城市、中心村和基层村。一级——中心城市 1 个，人口规模 65000 人，即蛟洋新城（扣除郭车片区），含丘坊、塘厦、崇头、秋竹、坪埔、下道湖、小和、丰年等村；二级——中心村 2 个，规划人口 2000 人，分别为华家和中村；三级——基层村 13 个规划人口 300—1500 人，即其余行政村、分别为坪上、邹坑、东乾、陈坊、文地、再嘉、达理、桃源、苏康、文都、杨梅坑、再兴、贵竹。

蛟洋新城（扣除郭车片区）是闽西、粤北、赣南的重要交通枢纽；是龙岩市中心城区工贸新城之一；镇域经济、政治、文化中心，也是金融、商贸、科技、教育、文化中心。

二、建设用地管理

新中国成立前，土地属私人所有，用地由私人自由支配。

新中国成立初，集体、私人建设用地很少，政府也没有专门管理制度，只要不妨碍农业生产，没有民事纠纷，用地给乡、区政府同意即可。1970年后凡征用农地，由征用单位与生产队协商同意后补给3年产量计算；5亩以下由县政府审批，5亩以上由龙岩地区行署审批。1980年后，如经批准使用的农田，按占用面积年产量3至5倍折算收费。由个人申请，大队审查，公社审批。

民宅建设不准使用农田，只用荒山杂地。1970年后，私人建房用地由个人申请，大队审批，报公社批准。1987年1月《中华人民共和国土地管理法》实施后，由个人填写“建房用地申请表”，经村民小组村委会审查签署意见后，送乡土地管理站（简称土管站），土管站派员到实地勘查绘图，了解群众意见，如无合理异议，报乡政府审核，上杭县政府审批。2000年始，依据《福建省实施〈中华人民共和国土地管理法〉办法》，农村居民每户建宅用地面积限额80—120平方米，但3口以下的家庭每户不超过80平方米，6口以上的，每户不超过120平方米；利用荒坡地，村内空闲地建房或者对原旧住宅进行翻建的，可以适当增加面积，但增加的面积不得超过30平方米，超过用地限额指标的不予审批。

三、违章建设查处

1986年1月土地管理法实施后，个人、单位建设用地实行大清理、补办手续，强制拆除违法用地建的房屋及建筑物。至1999年10月，处理违章案件30起，拆除非法占地建房79座，1140平方米。2000年后，加大违法用地查处力度，坪埔、再兴、丰年、梅坝分别有3户违法建筑被县、乡土地管理部门依法强制拆除。2000—2013年，全镇查处违章建筑用地56640平方米。

四、管理机构

20世纪六七十年代，蛟洋公社管理委员会设立市场建设、市场规划领导小组，负责全公社的土地利用、乡村规划等工作；村民建房审批由公社文书负责。

1987年，蛟洋成立土地管理站。1995年始，土地管理系统实行垂直管理，改为蛟洋土地管理所，受上杭县土地管理局和蛟洋乡双重领导。土地管理所负责办理乡村各项建设用地的征用审查审批，参与土地调查、登记、统计工作，建立地籍档案和核发土地证书；依法调解土地纠纷及查处土地违法案件；做好经常性土地监察、检查工作；落实编制（村）乡土地利用、规划方案及做好各项土地税费的征收和管理工作。

蛟洋镇国土资源管理所历任负责人名表

表7-1

姓　名	职　务	任职时间	姓　名	职　务	任职时间
张友祥	站　长	1987.1—1997.12	傅毅华	所　长	2004.1—2011.12
黄根太	所　长	1998.1—2000.12	傅增汉	负责人	2012.1—2013.12
曾繁坤	所　长	2001.1—2003.12	郑晓明	所　长	2014.1—

第八章　交通　邮电

第一节　交　通

蛟洋境内峰峦叠嶂，古时交通不便。明嘉靖十九年（1540年）后，随着平西驿移永定，上杭至龙岩的驿道由经茶地、溪口改经白砂、蛟洋，该驿道为蛟洋最重要古道之一；民间的乡村道与官方的驿道衔接，陆路交通逐步发展。清代，旧县河航道开通，再嘉至上杭水路成为蛟洋西部的交通要道之一。

新中国成立后，人民政府重视交通事业的发展。1958年，经华家、丘坊、蛟洋的省道围禾线上杭—郭车段竣工通车，蛟洋的交通状况初步改善。1994年5月，319国道改线经坪埔、蛟洋等村，并按国家山岭重丘二级公路标准实施建设；围禾线亦进行二级路改造，分别于1996年12月和1997年5月竣工。其间，乡党委、政府把行政村“通路工程”列为为民办实事项目，1997年实现全乡25个行政村村村通公路，蛟洋的交通状况得到了很大的改善。2005年4月通车的赣龙铁路途经蛟洋，并在坪埔设“上杭火车站”。2007年12月竣工通车的龙岩至长汀高速公路（简称龙长高速）在坪埔境内设“古田服务区”，在塘厦设“蛟洋出入口”（收费站）。2009年7月，上杭县人民政府动工兴建与龙长高速相接的蛟洋（下道湖）至上杭城关高速公路（简称蛟上高速），2012年12月建成通车。至此，蛟洋已形成乡村道与国道省道、高速公路相连，公路与铁路相连，纵横交错的现代化交通网络，成为闽粤赣边交通枢纽镇，从而对蛟洋乃至上杭县的经济社会发展产生积极的促进作用。

一、古　道

蛟洋境辖区位于闽西的中心。古代，为传送官方文书，便于民间联系，境内逐步修建古道。

明嘉靖十九年（1540年）后，由于平西驿（原设上杭县胜运里小拔汤前，今溪口大丰）移永定，上杭至龙岩的驿道由经茶地、石铭出上杭境至龙岩，改由经白砂、蛟洋、吊钟岩出县境至龙岩。该驿道经蛟洋的大坑隔、贵竹、秋竹、丰头桥、小和、田螺坑（梅坝），全长10余公里。

明清时期，为便于民间商贸交流和群众生产、生活的需要，官绅倡募、群众集资修筑民间乡村通道。清末，蛟洋境内通往外县、外乡的主要古道有9条：

东路，从连城庙前入境，经桃排（中心坝）、苎园（鱿鱼坝）、邓坑岭（路亭）、百一岭、油草坪、石背、蛟洋（回澜桥）、崇头、苦竹山、石埔岭（坪埔）出境往城头坪（大池）、龙岩，境内约30里。

东路通古田、步云，经甲子凹、维风约、大成岭、牛角坑口、相公岭、赤水坑水口7.5公里。赤水坑水口往上出境竹下

蛟洋村古道

(老圩)去步云；往乌石岭出境去荣屋八甲（新圩）至古田。

西路，从蛟洋经中和圩（塘厦）、井背坑、丘坊、白石凹、山碓坑岭、再兴、芋卵窠、吉坑岭、岗背(中村)、坪上、再嘉出境往矶头（旧县），境内约30公里。

西路通上杭，从蛟洋经塘厦（中和圩）、井背坑、丘坊、苏康水口、华家、麻公凹头出境岭背（白砂）往上杭，境内约11公里。

西北路，从连城庙前（板寮）入境，经竹头岭、再兴、柞树背、张家凹、文都（黄土畲圩）、华家往岭背岭出境经白砂往上杭，境内约15.5公里。

西南路，从华家、凹背、大坪、陈坊（邹坑）、中村、坪上、葛坊（再嘉）、高地出境往矶头（旧县）。

南路，从丘坊（乾里上）、林坑、上马坑、连塘里（梅子坝）、张彭屋、马赖际、田螺坑、吊钟岩出境城头坪往龙岩。

北路，从华家、六烈里、苏坑、丘坊凹头、茅屋里、井背坑、塘尾、上东乾、风水凹岭、达理、少林岭、圆畲出境往连城丰图、芷溪。

上述古道，途中一般建有路亭（茶亭），施茶水，供行人歇息。

民国19年（1930年）冬至民国23年10月，国民党军对中央苏区发动五次军事“围剿”，切断通往苏维埃地区交通线，妄图实行经济封锁。苏维埃政府一方面组织军民开展生产自救，一方面千方百计疏通苏维埃地区与国民党统治区域的贸易往来渠道，密切苏维埃中央（江西瑞金）与上海中共中央的联系，组织建立秘密交通线。其间，蛟洋境域的秘密交通线主要有古田—蛟洋—高地—矶头—南阳，丘坊—中和圩(塘厦)—蛟洋—坪埔—苏家陂，溪口—莲塘里（梅坝）—双髻山（贵竹）—白砂，吊中岩—苏家坡—蛟洋—古田等。

二、公 路

蛟洋境内公路分国道、省道、高速公路、县道、乡村道和专用道。

(一) 国 道

国道319线原为龙汀线（民国23年1月始建，当年10月完工通车），新中国成立后改称厦隘线（厦门至长汀与江西交界的隘岭），1954年改称厦成线（厦门至成都）。319国道（上杭段）原从吊钟岩经过郭车、古田、苎园往连城新泉。

1993年实施“先行工程”、加快干线公路建设时，319国道改由吊钟岩经坪埔、崇头、蛟洋、苎园往连城新泉。按部颁山岭重丘二级公路标准改造成水泥路面。路基宽12米，水泥路面宽9米，路面全线硬化。国道319线上杭段改建工程，穿过崇山峻岭的中心坑大山，耗资1.26亿元，改线工程缩短通车里程11公里，大大改善交通条件。1996年12月28日，国道319线上杭县境内27公里改线竣工通车。

2004年6月10日，被省交通厅确定为全省安全保障工程试验路段的319线吊钟岩至蛟洋中心坑19.6公里路段改造工程开始，8月18日完成。20日，全省国、省道干线安全保障示范工程观摩座谈会与会人员参观了该路段。

(二) 省 道

省道围禾线（晋江围头至武平与江西交界的禾仓坑）修筑时称杭郭公路（后称围禾线、郭山线、308线、金上线），连接国道319线。蛟洋境内途经坪埔、崇头、蛟洋、塘厦、丘坊、苏康、华家7个行政村，境内长度13公里。1957年10月，上杭县人民政府成立地方公路修建委员会，成立杭郭公路工程指挥部，动员组织民工5970人修建，除个别地段外，基本按六级技术标准设计施工，1958年4月竣工，5月1日正式通车。1966年进行道路改扩建，变单车道为双车道。1982年，全线铺上沥青黑色路面。1993年1月，蛟洋境内配合319国道改线对省道围禾线蛟洋段1.8公里路段改造拓宽为路基12—14米，主车道砼路面宽9米，年底完成1公里。1995年，按部颁山岭重丘二级公路标准改造成水泥路面。1997年5月1日，改造工程竣工。

（三）高速公路

1. 龙长高速公路

龙岩至长汀高速公路为国家重点公路干线厦蓉（厦门至成都）高速公路的路段之一。其中蛟洋境内 18 公里；在坪埔村地域设“古田服务区”，占地面积 5 公顷多；在塘厦村设“蛟洋出入口”。龙长高速于 2003 年 12 月动工，全线采用双向 4 车道、全封闭、全立交、时速 80 公里设计，路基宽 24.5 米，桥涵与路基同宽，设计荷载汽–20，挂车–120；路面采用沥青砼路面及结构组合方案。2007 年 12 月 25 日，龙长高速公路竣工通车。

2. 蛟上高速公路

蛟洋至上杭城关高速公路，起于蛟洋下道湖接龙长高速，经梅坝、秋竹、贵竹 4 个村，终于临城镇古石背村接永（安）武（平）高速。全线按双向四车道标准建设，采用组合柔性基层路面结构，设计时速 100 公里/小时。蛟上高速是全省首条由县级政府投资兴建的高速公路。2009 年 7 月 21 日，蛟上高速开工建设。2012 年 12 月 25 日，蛟洋—城关高速公路全线建成通车。蛟洋境内 9 公里，设置下道湖枢纽（预留蛟洋工业区互通），为国家高速公路网厦成线龙长高速公路与长深线永武高速公路之间搭起一条便捷线路。

（四）县　道

蛟步线（代号为 X634），蛟洋坪埔至步云马坊公路，1978 年开通。2006 年 12 月 29 日，蛟洋坪埔—古田会议会址公路改建工程开工，2007 年 11 月竣工。

（五）专用公路

1964 年 12 月，政府投资修筑福利伐木场至森坑 6.24 公里的林业公路。

1966 年，建设蛟洋圩往文昌阁 1.14 公里公路，采用“民办公助”形式，群众筹资 17791 元，政府补助 16655 元。1973 年 2 月，政府投资 4.5 万元改建。

（六）乡村公路

随着干线公路的发展，蛟洋镇乡村公路亦逐年增筑，除政府拨一点修建涵洞桥梁经费外，大都是“民工建勤”。1979 年后，改革开放的大好形势，激发人们修建公路、发展交通事业的积极性。1997 年年底实现全乡 25 个行政村村村通公路。

1974 年 10 月，蛟洋大队“以林换路”（林地面积 628 公顷，木材蓄积量 20700 立方米），福利伐木场与蛟洋大队在上杭县革委会生产指挥处签订“森林资源荒山拨交协议书”，达成“以林换路”由林业部门为蛟洋大队兴建约 4 公里公路。

1975 年，政府投资 3 万元，修筑丘坊至丰年 6 公里简易公路。

1976 年，修筑延伸文昌阁至石背岭头 3 公里乡村简易公路。

1978 年，上级拨款修筑从省道围禾线 365 公里处的华家经丰年、朗星至贵竹的简易公路，尔后，地区电视局又接通至双髻山电视转播台的简易公路通道，双髻山公路全长 12.7 公里，总投资 37 万元。同年，全乡采取“以林换路”，兴建路基 4.5 米、路面 3 米的简易乡村公路 5 条 61.777 公里：华家至坪高 16.78 公里（4 个大队 52 个生产队受益），丘坊至小和 8.59 公里（3 个大队 23 个生产队受益），华家至再兴 5.0 公里（3 大队 34 个生产队受益），塘厦至文地 8.1 公里（4 个大队 19 个生产队受益），丰年至坪埔 13.0 公里（4 个大队 22 个生产队受益），塘厦至达理（3 个大队 16 个生产队受益）。

1981 年冬，政府拨款 24.2 万元，扩修华家至中村全长 15 公里的路基工程。至 1985 年 6 月止，蛟洋可通汽车的村达 9 个行政村 125 个村民小组。1986 年 10 月 6 日，延伸中村至矶头（再嘉）5 公里道路。

华家大坪自然村为畲族村，300 多人，离村 4 公里，数百年来爬山越岭仍靠肩挑步行生活。1992 年 5 月，乡政府向上级争取资金。1993 年，开通华家至大坪 4 公里简易公路。

1995 年始，实施行政村“通路工程”。乡党委、政府把它列为为民办实事项目，充分调动群众积极性，开展“民工建勤”，采取“上级补一点、部门补一点、乡村出一点、群众捐一点、银行贷一点”的方法解决资金缺口。至1997年8月，全乡通公路行政村23个，占92%。1997年8月19日，县长张斯良率交通局干部一行到中村、坪上村开展“通路工程”攻坚调研。采取县、乡、村、群众各出一点的集资方法，筹措资金50多万元，并发动群众投工投劳，动工兴建中村—坪上—再嘉全长11.3公里、宽4.5米的公路；当年底，路基路面工程全部竣工。至此，全乡25个行政村实现村村通公路。

1998年始，加强乡村道路硬化工程建设和村道拓宽改造工程。

2004年，蛟洋乡投资1200多万元，先后铺设华家—大坪、中村，塘厦—陈坊，丘坊—小和，华家—秋竹，文都—再兴，以及文地、贵竹、小和坑、邹坑、蛟洋森坑自然村等10条村际通道的水泥路面，全长51公里，连通13个行政村。

2010年5月28日，兴建坪上至连城庙前丰图村公路5.5公里，乡村自筹10万元，政府补助70万元，2012年开通，2013年坪上地段已硬化水泥路面2公里。

2011年6月22日，硬化水泥路面，其中，苎杨线（苎园至杨梅坑）全长6.537公里，丘小线（丘坊至小和坑）全长8公里，坪矶线（坪上、再嘉至矶头渡口）全长4公里。

2013年，全镇主要乡村公路里程达68.82公里。

三、铁 路

（一）赣龙铁路

赣龙铁路（江西赣州至福建龙岩）是上杭境内第一条铁路，蛟洋段全长10公里，其中蛟洋隧道6970米，是赣龙铁路线上最长的隧道。蛟洋群众积极支持赣龙铁路建设，配合政府做好铁路施工用地征地拆迁工作，累计征（租）用土地50.31公顷（754.7亩）。2001年12月8日，赣龙铁路开工建设，2004年12月30日竣工。

2005年4月1日，赣龙铁路全线开通货运列车，同年10月11日，开通客运列车。2006年1月12日，龙岩—北京首发特快列车“海西号”从龙岩火车站始发，途经上杭火车站（坪埔）时，蛟洋群众和中小学生及来自周边乡（镇）的人们手举花环，欢庆这一激动人心的时刻。

2009年12月31日，赣龙铁路扩能工程（又称动车线）开工。蛟洋镇党委、镇政府积极配合做好该工程蛟洋境施工用地勘测与征地报批工作。

（二）上杭火车站

赣龙铁路上杭火车站坐落于蛟洋坪埔，占地面积8.8公顷。2003年年底，火车站建设完成“三通一平”，2005年底竣工并投入使用。旅客站房按最高旅客聚集人数1000人，3500余平方米设计建设，年旅客发送量50万人次。

车站建筑设计采用网架式结构建设，建筑3层，房顶置波浪曲线形状，立面上半部分采用反辐射玻璃幕墙，下半部分采用花岗岩板材贴面，底层内部功能主要有第一普通候车室630平方米、大厅173.4平方米、售票厅114.78平方米，底层设有小卖部、洗手间、行包房、办公室、值班室、服务室、通讯工区等设施，二层主要有第二普通候车室501.61平方米和火车站办公室，三楼为会议室，站房后面设400米×6米、400米×9米基本站台和中间站台各1座，并设200米长的雨棚。设计旅客站台和货运站台各1座。车站中心里程为赣龙线自赣州东站起259公里+006米处，隶属南昌铁路局龙岩车务段管辖。按技术性质为中间站，按业务性质为客货运站，主要办理旅客到发、货物发送及到达、列车接发工作，车站等级为四等站。有职工36名。货运设有4条到发线、1条货物线（主要办理河沙到达、硫铁矿、二铵、铜渣发送）。站前广场紧接旅客站房，与319国道相衔接，建筑面积2.9万平方米，绿化面积1.5万平方米。站前广场由雕塑、龙灯柱、花坛、绿地及大理石铺地组成；广场周围设计为大面积绿地，局部点缀假山、石景。车站及站前广场于2005年年初完成建设，总投资近1000万元。2005年4月1日正式启用。

（三）铁路专用线

2010年7月，铁道部批准上杭20万吨铜冶炼专用线（坪埔工业区）接轨行政许可，南昌铁路局审查通过专用线初步设计；该铁路专用线占地31.53公顷，工程总投资5.11亿元。

该铁路专用线除承担紫金铜业有限公司年产20万吨铜冶炼项目和翁福紫金化工股份有限公司原辅材料、半成品的运输外，还通过铁路专用线衔接赣龙铁路，沟通全国铁路路网，利用铁路大运力，低成本、速度快等优势，形成企业外部运输通道。

2011年5月，铁路专用线铜兴大桥建成，8月交付使用。该桥全长62.08米，桥面宽18米，由南昌铁路局龙岩工务段承建，工程总投资850万元。

2011年6月，经铁道部批准，由上杭县铁路公司出资兴建，共建设线路12条，其中到发线2条，磷精矿库装卸线1条，硫酸存罐线5条，牵引线1条。该铁路线主要服务于铜冶炼项目和瓮福紫金化工项目原辅材料和半成品的运输，铺轨长度12.7千米，设计年运输量180万吨；其中发送70万吨，以硫酸和磷肥为主；到达110万吨，以精铜矿和磷矿石为主。专用线11条股道，其中Z3道主要办理瓮福紫金到达磷精矿（包括集装箱、设有2台36吨门吊），Z4道主要办理铜业公司铜精矿到达（集装箱、设有2台40吨门吊）。2013年1月25日，上杭冶炼厂铁路专用线竣工通车。

四、桥　梁

（一）古　桥

明清时期，境内桥梁一部分以松木为柱、梁，桥面采用方木加栓铺设；用杉木分节做好后，有二节、三节再连接架造；桥基多采用石墩建造，有的利用磐石或松木凿孔，有的用木马立于溪中；小和村至今仍有十五六座小桥。另一部分为石拱桥、石板桥。境内不少村庄的水口建有的“亭阁桥”，在桥面上加盖亭阁，亭内祀神，亦供行人憩息。蛟洋村石背水口和甲子凹都建有回廊荫桥（毁于“文化大革命”)。古桥多为乡民客商和社会名流捐建，有的还置山林田地，收入作桥梁维修费用。蛟洋境内现存有建于明代的再兴复兴桥、云龙桥；建于清代的蛟洋回澜桥、镇龙桥，再兴安澜桥，华家万安桥、荫桥、祝龄桥、跪炉桥，秋竹丰（枫）年桥，小和下村石拱桥，丘坊荫桥，东乾拱桥，达理石拱桥等。其中比较有名的有：

云龙桥　位于再兴村桥墩头与下村自然村的交界处，该桥建于明代，为单孔石拱桥，长7.4米，宽4.2米，高4.5米。

复兴桥　位于再兴村中心桥墩头开灯菩萨西侧，始建于明代。民国18年夏，一场特大洪水把石拱桥及临溪一条街十余间店面一起冲走；同年秋，村人筹资修复；该桥为石拱桥，桥长8.2米，宽4.7米，高3.3米。

云龙桥

复兴桥

万安桥　位于华家凹背通往文都的近道，清道光年间（1821—1850年），贡生华宏邦七十寿辰捐建，全部石板铺砌，桥高10米，护以石栏。

回澜桥　位于蛟洋村下峡尾水口，全部用石块砌成，桥

万安桥

回澜桥

头引桥桥梁保存完好，“迴澜桥”三字至今清晰，桥宽6米，高8米，长20米。

华家荫桥

华家荫桥 位于华家水口，是古时上杭通往龙岩的必经之桥，据传华嵒年轻时曾在此吟诗作画。原桥长34米，宽5.7米，高6米，石砌桥台，单孔，跨径8米，系华家村华姓村民捐资建筑，清嘉庆二十四年（1819年）重修；民国12年改木桥为石拱桥，桥面上用大杉木柱53根，加盖亭阁；1958年修建杭郭公路时，靠左侧削去一端亭阁，现实际桥长30米，木柱48根。1985年，由村民自发重新翻修屋面亭阁，荫桥至今保存完好，现为蛟洋境内唯一的廊桥建筑。

丰（枫）头桥

丰（枫）头桥 位于秋竹村水口，为上杭通龙岩驿道上的一座桥，乾隆年间（1736—1795年）乡人捐建，原上复以瓦，光绪年间（1875—1908年），改筑石板，至今保存完好。

（二）铁路桥

森坑一号特大桥 全长408米，最高处离地面100米以上，坐落在蛟洋村森坑自然村地界。

铜兴大桥 2011年5月，由南昌铁路局龙岩工务段承建，蛟洋20万吨铜冶炼铁路专用线上的“铜兴大桥”竣工，8月交付使用。该桥全长62.08米，桥面宽18米，总投资850万元。

（三）公路桥

至2013年，蛟洋境内经过的有龙长高速公路、蛟上高速公路，其中龙长高速公路境内长18公里，有桥梁6座；蛟上高速公路境内长9公里，有桥梁6座；319国道境内长25.77公里，有桥梁9座；308省道境内长4.1公里，有桥梁1座。农村公路15条，约70公里，有大小桥梁121座。

2013年蛟洋镇主要乡村公路情况表

表8-1

线路名称	线路编码	线路行政等级	里程	通达建制村名称
华贵线	Y021350823	乡 道	4.000	华家—贵竹
塘陈线	C028350823	乡 道	2.094	
蛟文线	Y016350823	乡 道	1.988	
崇下线	Y094350823	乡 道	2.477	
坪矶线	Y096350823	乡 道	2.580	
中文线	Y097350823	乡 道	3.379	
华秋线	Y098350823	乡 道	3.167	
下梅线	Y099350823	乡 道	3.969	
水苏线	Y100350823	乡 道	0.848	
苎杨线	Y101350823	乡 道	2.871	
丘小线	Y20530823	乡 道	7.658	
塘达线	Y235350823	乡 道	10.307	
文再线	Y293350823	乡 道	6.831	
华坪线	Z016350823	乡 道	16.651	
合 计	乡道4公里；村道64 .82公里			

2013 年蛟洋镇农村道路桥梁情况表

表 8-2　单位：米

线　路	桥梁名称	桥位桩号	桥长	桥面总宽	车行道宽	桥下净高
华贵线	丰年桥	0K+700	6.3	5.4	4.5	2.1
	光荣桥	1K+100	20	4.5	4.0	5.5
	幸福桥	3K+50	12	4.6	4.2	6.7
	光荣桥	3K+750	12	5.0	4.5	3.6
	连发桥	3K+790	9	5.8	5.2	2.7
丘小线	营上桥 1	2.9K+50	9	4.5	3.5	1.0
	营上桥 2	3K+100	11	4.5	3.5	3.2
	秋竹桥	2K+900	9.6	4.7	3.8	2.0
	丰头桥	5K+150	19	4.5	4.3	5.1
	东天桥	6K+600	22	4.6	4.2	4.6
	中村桥	7K+200	17	3.8	3.5	3.6
小梅线	五谷店桥	0K+300	13.2	2.6	2.6	3.8
	水口桥	0K+700	18	5.0	4.6	5.8
下梅线	铜兴大桥	0K+100	57.2	19.1	17.9	14.8
	坪埔大桥	0K+700	120	12.3	9.0	26.4
	竹背桥	1K+50	183	12.6	9.9	12.3
	梅坝 1 桥	5K+100	22	6.5	6.0	0.2
	梅坝 2 桥	5K+350	14	2.9	2.9	0.9
坪矶线	再嘉桥	2K+00	26	4.1	3.6	18.4
崇下线	光明桥	2K+400	147.2	4.5	4.2	3.3
	下道湖桥	2K+350	13.5	4.2	3.7	3.0
	平安桥	2K+300	17	3.1	2.7	4.2
坪下线	甲溪大桥	0K+600	27.5	12.7	9.2	25.4
塘达线	塘厦桥	0K+200	12.7	6.6	5.1	1.0
	东乾 1 桥	2K+100	9.6	5.6	5.2	1.2
	东乾 2 桥	2K+600	10.5	4.4	4.4	1.8
	达理 1 桥	9K+200	8.0	5.0	4.5	1.6
	达理 2 桥	10K+100	7.0	4.6	4.6	2.7
	水口 1 桥	—	—	3.2	3.2	2.6
	水口 2 桥	—	—	2.2	2.2	1.5
	水口 3 桥	—	—	2.3	2.3	1.6
	安里背	—	—	4.0	4.0	1.2

续表 8–2

线 路	桥梁名称	桥位桩号	桥长	桥面总宽	车行道宽	桥下净高
塘达线	大洋溪 1#	—	—	3.5	3.5	1.5
	大洋溪 2#	—	—	2.1	2.1	1.8
	大洋溪 3#	—	—	3.1	3.1	1.7
蛟文线	文昌桥	0K+200	21.5	18.0	15.0	5.0
	庄下桥	0K+500	5.6	18.4	17.6	1.6
	维园桥	0K+850	5.6	3.7	3.7	2.3
	通信桥	—	5.0	3.9	3.6	2.1
	纸厂桥	—	22	5.4	5.0	2.3
	森坑桥	1K+400	6.8	3.5	3.5	2.1
	森坑桥 1	2K+200	7.0	5.2	4.8	
	森坑桥 2	1K+600	6.0	3.5	3.5	8.0
	电站桥	2K+00	6.0	2.5	2.5	
	石背桥	—	17	5.0	4.5	2.2
	文昌 1 桥	—	10	4.5	4.0	1.2
	文昌 2 桥	—	16.3	1.5	1.3	3.4
	文昌 3 桥	—	4.5	6.0	5.5	1.8
	安全桥	—	9.0	4.8	4.8	1.6
	樟树桥 1	—	23.3	4.5	4.1	2.6
	樟树桥 2	—	18	4.5	4.1	2.8
	沈坊桥 1	—	6.0	3.5	3.1	1.8
	沈坊桥 2	—	13	2.5	2.5	1.0
	平岗桥 1	—	12.8	4.0	4.0	3.9
	平岗桥 2	—	12	2.5	2.4	3.9
	中学桥	—	14.2	5.3	4.5	1.5
	小学桥	—	9.4	3.0	2.8	2.0
	庄 1 桥	—	5.6	5.0	3.7	2.2
	庄 2 桥	—	10.3	4.4	4.2	2.0
华坪线	小坪桥	5K+600	15	5.3	4.5	4.4
	陈坊大桥	6K+100	32.5	5.8	5.1	5.8
	水口桥	7K+50	13	8.3	4.5	4.9
	新风桥	9K+100	10.5	5.3	4.9	3.7
	邹坑桥	9K+800	14.5	5.2	4.0	4.2
	中村桥 1	11K+200	41.7	5.5	5.1	4.8
	中村桥 2	12K+100	25.5	5.8	5.0	4.0

续表 8-2

线　路	桥梁名称	桥位桩号	桥长	桥面总宽	车行道宽	桥下净高
华坪线	坪上水口	12K+500	25	4.7	4.1	5.0
	坪上 1 桥	13K+150	23	4.5	4.3	2.1
	坪上 2 桥	13K+400	23	5.0	4.0	5.1
	葛坊桥	16K+0	19	4.7	4.0	3.4
中文线	文地桥	3K+400	5.3	8.6	6.0	1.3
	石桥头	3K+300	7.5	3.5	3.5	1.2
坪古线		0K+200	4.5	13.7	13.7	1.0
文再线	南兴桥	2K+00	7.0	7.2	7.0	2.6
	同文桥	5K+700	18.3	4.5	4.1	3.8
	云龙桥	6K+200	11.5	4.3	3.5	3.1
	石安桥	6K+800	12	3.7	3.7	1.8
	泰安桥	6K+00	9.8	4.7	4.1	2.5
	东坑桥	5K+900	6.3	2.5	2.5	2.0
	学堂桥	5K+850	6.0	5.8	5.0	4.0
	东安桥	5K+700	12.8	3.9	3.3	1.0
	复兴桥	—	7.0	3.5	3.5	2.1
	复兴新桥	—	6.5	5.3	5.3	2.7
	田背 1 桥	—	7.5	2.0	2.0	1.2
	田背 2 桥	—	7.0	1.3	1.3	1.2
	南溪桥	—	6.0	2.1	2.1	2.0
	先农桥	—	6.8	2.2	2.2	1.5
	牛坪 1 桥	—	9.0	1.6	1.6	1.2
	牛坪 2 桥	—	9.0	3.0	3.0	1.7
	牛坪 3 桥	—	8.0	1.5	1.5	1.6
	牛坪 4 桥	—	7.0	1.4	1.4	0.8
	圳头 1 桥	—	8.5	3.0	3.0	1.8
	圳头 2 桥	—	11	3.6	3.6	2.2
	安澜桥	—	18	2.1	2.1	1.9
	万安 1 桥	—	8.6	3.8	3.8	2.4
	万安 2 桥	—	8.6	1.5	1.5	1.4
水苏线	苏康桥	0K+700	5.8	5.2	5.2	1.0
苎杨线	东坑桥	0K+20	19.5	4.2	4.2	3.9
		0K+150	13.5	4.6	4.6	10.3
	过坑桥	1K+50	15	4.7	4.2	4.5

五、渡 口

再嘉（矶头）渡口，古称观音潭渡口，地处蛟洋中村溪流与旧县河交汇处，北岸是南阳镇矶头村，南岸是蛟洋镇再嘉村。该渡口是再嘉村以及邻近的中村、坪上、邹坑等村与外界联系最为重要的通道。清代，中村溪流域各村出产的木材、土纸等都经再嘉渡口由旧县河水路入汀江往上杭直至广东潮汕地区。

2000 年，再嘉渡口由木船换成机动船，船运效率提高；划了几百年的渡船，退出历史舞台。2007 年，再嘉村硬化了通往渡口的道路。2013 年 11 月，“渡改桥”项目开工。

六、铁路隧道

起于坪埔村苦竹自然村，止于蛟洋村中心坑，全长 6970 米，为赣龙铁路第一长隧道。2001 年 12 月 8 日动工，2004 年 7 月隧道全线贯通。

七、运 输

（一）公路运输

1958 年 5 月，杭郭公路竣工，开通上杭经华家、丘坊、蛟洋、坪埔至龙岩客运班车。使蛟洋境内 13 公里途经 7 个行政村的近万人口能在家门口坐上汽车。1959 年，公社成立民间运输管理站和搬运装卸站。1987 年，丘坊设立汽车代办站；并在公路沿线华家、蛟洋等公路沿线居民聚居地增设停靠站。公路货运、客运，因汽车站为区间站，货物装卸运输不成规模，丘坊代办站附设搬运站，为民间个体组织，搬运工人亦工亦农，工人工资按件计酬。

70 年代初期，蛟洋公社开始有拖拉机，8 月，公社农械厂成立后，购置一台方向盘式拖拉机。此后，由大队或生产队以农耕为主申请购置小型拖拉机，农闲时辅以小量短途运输。1972 年始，公路沿线的蛟洋、塘厦、崇头、丘坊、苏康、华家等大队陆续购置（指标）小型手扶拖拉机；蛟洋大队一次分到指标 6 部。1974 年蛟洋大队购进中型方向盘式拖拉机。农村实行联产承包责任制后，集体的拖拉机先后折价转让给个体农户，拖拉机逐步由农田耕作转为城乡短途运输为主。至 1989 年，全乡手扶拖拉机（小型拖车）143 辆，拖拉机驾驶员 175 人，农机经营总收入 80 万元，农机作业收入占 78.9 万元，其中运输收入 52 万元。

80 年代，全民（集体）单位和个人纷纷购置机动车辆，投入社会运营。蛟洋傅和平、傅骏腾购买解放牌载重汽车；丰年郭坤福，苏康张志朋，邹坑吕贵堂等购买龙马牌运输车。1989 年，蛟洋傅永庆购置一部 12 座中型客车，用于蛟洋—白砂—上杭，蛟洋—古田—新泉—旧县—上杭的短途载客运输。1989 年，全乡有汽车 4 部，农用运输车 19 部。

90 年代中期始，随着国道省道改造工程竣工以及乡村道路的完善，交通运输业不断发展。2005 年 1 月 13—15 日，全省农村客运网络化建设试点工作座谈会在上杭县召开，与会者到蛟洋等乡镇实地考察了上杭开展农村客运网络化建设试点工作的情况。至 2005 年，全乡交通运输业从业人员 235 人，运输总产值 3061 万元。

2005 年 6 月上杭县蛟洋工业园区成立后，适应入驻企业生产发展的需要，物流企业应运而生。同年，上杭宇泰物流有限公司成立，是蛟洋工业区最早成立的物流公司。该公司总投资 4500 万元，占地面积 1.33 公顷，拥有大型货车 50 部、槽罐车 10 部、牵引车 8 部。可根据客户需要，将运输、储存、装卸、搬运、包装、流通加工、配送、信息处理等功能有机结合来实现用户的要求。

2012 年 2 月，紫金铜业有限公司所在地（坪埔、梅坝）失地农民合资兴办福建省星星物流公司。公司注册资金为人民币 1000 万元，占地面积约 4.67 公顷，其中可供租用仓储、办公面积约 30000 平方米，是上杭县重点扶持发展的物流运输企业。公司营运车辆 24 台，有福建三明、南平顺昌、江西、广东、厦门、漳州、三明永安、三明将乐、三明明溪等多条物流路线。

2013 年，蛟洋交通运输业总产值 8869 万元。

（二）铁路运输

客　运　2005 年 4 月 1 日，赣龙铁路上杭站（设在坪埔）正式启用；10 月 11 日，客运开始运营。当时在上杭站有上下客的线路 2 对：厦门—吉安、漳平—赣州。2006 年 1 月 12 日调整为：厦门—九江、厦门—贵阳、厦门—南昌（南昌—厦门时上杭站不停）。2013 年，在上杭站有上下客的线路 2 对半：福州—吉安、泉州东—赣州、厦门—太原（太原—厦门时上杭站不停）。2008—2013 年，上杭火车站发送旅客分别为 18256、27163、32560、36390、32991、38682 人次。

货　运　2005 年 4 月 1 日，赣龙铁路上杭站货运列车开通，直达京九线，铁路货运全面加入全国、全省的大流动，带来上杭发展新机遇。以铜冶炼为主的新的工业园区在火车站附近形成。2013 年 5 月 28 日，中国铁路总公司批准，同意赣龙铁路投资开发有限公司办理铁路货物运输业务，20 万吨铜冶炼专用线及货场正式运营。其中，紫金铜业有限公司年产 20 万吨铜冶炼项目及瓮福紫金化工股份有限公司的原辅材料、半成品的运输，成为上杭站铁路货运的主要构成部分。

2008—2013 年上杭站铁路货运统计表

表 8–3

年份	发送（吨）	到达（车）	年份	发送（吨）	到达（车）
2008	23533	1518	2011	24993	1670
2009	28787	1264	2012	109654	3294
2010	25400	696	2013	188926	9907

（三）蛟洋汽车站

2005 年 6 月，蛟洋乡政府鉴于国道改线途经蛟洋，拟新建蛟洋汽车客运站，上杭县计委以杭计〔2005〕084 号文）批复立项，但未实施。2008 年 7 月 28 日，上杭县发改局发出《关于上杭县蛟洋乡汽车站项目重新立项的批复》（杭发改〔2008〕097 号），同意新建蛟洋汽车客运站。汽车客运站占地面积 1786 平方米，主要建设候车室、停车场、综合服务楼一栋，五层框架结构，建筑面积 3778 平方米，项目总投资 260 万元，自筹 210 万元，上级补助 50 万元。2010 年建成。

八、管　理

（一）管理机构

1. 铁　路

上杭火车站属南昌铁路局龙岩车务段管辖，现有职工 36 人，铁路由南昌铁路局龙岩工务段上杭巡养段维护。

2. 高速公路

龙长高速（蛟洋段）属龙岩高速公路管理分公司新泉养护站管理维护，职工 19 人。蛟上高速（蛟洋段）属龙岩高速公路管理分公司白砂养护站管理维护，职工 5 人。

3. 交通安全

1996 年 12 月 27 日，成立蛟洋交警中队，人员为 6 人。2012 年实行警务体制改革，“三警合一”（民警、巡警、交警)；2013年，派出所人员配备民警11人，协警10人（详见公安《交通管理》章节）。

4. 交通运输

1969年9月，成立蛟洋民间运输管理站。1995年1月，因319国道线改经蛟洋，在蛟洋村征地700平方米，新建站房3层600平方米。1997年1月，原郭车交管站搬迁蛟洋，成立蛟洋交通运输管理站（辖步云、古田、蛟洋、白砂、泮境5个乡镇）；负责征收片区农用运输车养路费、营运费，客货运输、汽车、拖拉机维修行业等管理费用；历任站长丘胜州（1997.1—1997.12），郭济辉（1998.1—2001），王贵潮（2001—2004），雷日鹏（2005—2008）。2009年1月，机构撤销，人员收归县交通局。

（二）国省道养护

1958年，省道308线（时称杭郭公路）开通，设立蛟洋、丘坊、华家养路班。车辆少，养路工具简单，板车、锄头、洋镐、铁锹、扫把、沙耙、水桶、畚箕加扁担；租（借）群众房屋，没有机械车辆。70年代末期，先后在蛟洋、华家新建养路班房屋。改革开放后，养路班配上拖拉机等施工机械，人员相对集中，拆除蛟洋道班合并到郭车养路班，华家道班合并到白砂养路班。

2002年，国道319线改经蛟洋，原郭车、西山下2个养路班合并成立蛟洋公路站，现有职工10人，其中党员4人，配备养护车、洒水车、挖掘机、装载机、压路机、破冰机等抢险抢修设备和割草机、灌缝机等小型养护机械，以及防冰灾等抢险物资设备专用仓库。担负着国道319线233公里+692米—259公里+464米、省道金上线389公里+900米—394公里+00米共30公里的管养任务。近年来，蛟洋公路站坚持以“养好公路、保障畅通”为己任，大力弘扬“团结、爱路、创新、奉献”的闽西公路精神，全站职工以路为业，以站为家，紧紧围绕“畅、安、舒、美”的目标要求，加强养护管理，提升养护质量，积极实施“绿色长廊和谐公路”建设工程，确保公路安全畅通、舒适美观，干线公路优良率达95%以上。同时注重文明班站建设，在上级主管部门的重视和支持下，实现了“站房别墅化、庭院园林化、居室宾馆化、管理微机化”的目标，树立了良好的社会形象。连续多年荣获省、市“先进班站”“文明班站”称号；2005年被福建省公路管理局授予“先进班组”称号；2006年荣获“福建省模范职工小家”称号；2009年被省公路局评为省级文明班站；荣获“全国交通运输系统先进集体”称号；2010年荣获“全国模范职工小家”称号；2011年被市公路局评为先进班站，荣获交通运输部“工人先锋号”称号；2012年被市公路局评为先进班站。站长陈文生2007年3月获得全国绿化奖章，5月获得全国“五一劳动奖章”，2010年，获得全国先进工作者荣誉称号，4月28日晋京参加表彰大会。

蛟洋公路站

（三）乡村公路养护

1997年1月，成立“乡村道路养护管理领导小组”，各行政村建立“乡村道路养护基金会”；负责乡村公路建设、维修、管理工作。基金来源采取“四个一点”，即群众捐献一点（募捐、赞助）、村财投入一点、乡财政配套一点、交通部门支持一点。

2001年7月，乡交通管理站改为农村公路养护管理所，主要行使农村公路建设、养护、管理和水上交通安全等管理职能；实行县交通部门与乡政府双重领导，负责管理全乡镇的乡村公路建设、养护、管理和交通安全工作。

2007年，乡成立农村公路养护管理领导小组，村成立农村公路养护管理理事会；建立养护市场多元化的农村公路管养机制：对农村公路养护采取养路队或公开招投标方式确认个人承包养护，个别村采取农忙时个人养护与农闲时村民突击相结合的方式。2001 年，成立农村公路养护管理站，各行政村也相应聘用农村公路养护协管员 1 人。蛟洋交通运输管理站站长陈建宝（2001—2005.9），刘明达（2005.9—至今）。

第二节　邮　电

明清时期，邮驿制度逐步健全。明嘉靖十九年（1540 年）后，随着平西驿移永定，上杭至龙岩的驿道改经白砂、蛟洋往龙岩，蛟洋境内有笙竹（贵竹）、丰年桥、小和坑等 9 铺。清代，设笙竹（贵竹）、丰年桥等 23 铺。清光绪三十二年（1906 年）4 月，蛟洋设邮政代办所和信柜。蛟洋是原中央苏区的重要组成部分之一，民国 19 年（1930 年）3 月，闽西苏维埃政府设立"闽西交通总局"，邮电通信通达蛟洋各乡村。民国 23 年，开设邮电代办所（今蛟洋文昌阁处），至民国 27 年，蛟洋（北四区政府所在地）境内有交换机 4 座，安装电话 40 余部，成为当时中国农村电话网络最发达地区之一。

新中国成立后，蛟洋邮电事业不断发展，机构不断完善，业务不断拓展。1951 年 8 月，设古蛟区（蛟洋）邮电营业处。60 年代，初步实现大队通电话；1995 年开通程控电话；1998 年开通移动电话；2003 年接入互联网。邮政业务除函件、汇兑、报刊发行等，陆续开办邮政快递、邮政储蓄。

2013 年，全镇固定电话用户 3889 户，移动电话用户 21417 户，宽带 4071 终端。

一、机　构

明嘉靖十九年（1540 年），设笙竹（贵竹）、丰年桥、小和坑等 9 铺。清光绪三十二年（1906 年），蛟洋设信柜。民国 23 年 5 月 18 日，开设邮电代办所（今蛟洋文昌阁处）。民国 30 年 7 月，蛟洋邮电代办所划归龙岩邮局管辖。

新中国成立初，邮电机构基本维持原状。1951 年 8 月，设古蛟区（蛟洋）邮电所。1961 年 6 月，丘坊增设邮电代办所。1965 年，蛟洋、华家两公社合并成立蛟洋公社，代办所改称蛟洋邮电所（设丘坊）。1970 年电信业务下放经营管理为社办企业，改称丘坊邮电所。1996 年，电信收归国有，丘坊邮政与社办电信合设为丘坊邮电所，后改称丘坊邮电支局。1998 年 10 月后，邮电分营，分设丘坊邮政、电信支局。2002 年 5 月，邮政、电信营业从丘坊搬迁蛟洋集镇。

2013 年，蛟洋邮政支局工作人员 7 人，电信支局工作人员 7 人，移动通信专营店 10 人，联通营业窗口 6 人。

二、邮　政

（一）邮　路

明清时期，境内邮路属过境邮路。明嘉靖十九年（1540 年）后，上杭至龙岩的驿道改由县城出东门，由白砂里入境，经大坑隔（笙竹）、丰年桥、小和坑、田螺坑（梅坝），再往大池去龙岩，境内邮路里程计有 10 多公里。境内的华家、贵竹、丰年、邹坑、再兴、中村、坪上等乡村属白砂里管辖，信件经白砂转接；而蛟洋、塘厦、东乾、陈坊、文地、崇源、坪埔、下道湖等乡村属古田里管辖，信件经古田、郭车转接。

蛟洋山区，道路崎岖，旧邮路全是步班，乡邮员靠肩挑步行。清光绪三十一年（1905 年），龙岩至上杭隔日班步班邮路，途经丰年桥、贵竹坑等地。同年 9 月 4 日开设古田讯（今古田，采用古田讯是避免与福州附近的古田县混同）建邮政代办所，蛟洋邮件从古田转接。民国元年 2 月在下郭车设邮政代办所，蛟洋、塘厦、东乾、陈坊、文地、崇头、坪埔、下道湖等乡村邮件改由龙岩—大池—下郭车转接。民国3年，上杭至龙岩邮路仍为隔日班；民国10年，上杭至龙岩邮路裁撤、调整；蛟洋邮件经龙岩至长汀在古田交接，后改在下郭车（北四区）交接。民国18年红四军入闽，毛泽东、朱德联合签署“保护邮局，照常传递”的手令，给古蛟区的乡邮员写下“所有书报信件业经检查，沿途友军准予通过为荷”的手令。区内每2.5公里设有交通站，负责传递信报，并有兼售邮票。规定苏区境内信件贴苏区的赤色邮票，苏区寄国民党统治区邮件贴中华邮政邮票；苏区邮局兼售中华邮政邮票，使苏区与国民党统治区能够通邮。民国23年5月18日，开设蛟洋邮政代办所（蛟洋文昌阁处）。为了解决群众通信的困难，古蛟区政府随后在各村也办起“邮政代办点”，由区财管会出钱雇佣邮差。同年起国民党东路军第九师修筑龙岩至长汀公路后，蛟洋邮件由龙岩汽车到郭车转发至蛟洋。民国30年7月，蛟洋邮政代办所划归龙岩邮局管辖；此后蛟洋邮件报纸经由小池、彩眉岭、古田转接，有时邮件十天半个月无法收到。民国37年7月10日，龙岩二等邮局局长何传福回复傅柏翠，并及时调整大池、郭车邮路，蛟洋一带信件由“郭车柜”转递，蛟洋邮件从此快捷、方便。

1951年，增辟上杭至龙岩逐日班90公里邮路，白砂至蛟洋的乡邮线路三条达49公里。1961年1月，开通龙岩—上杭—梅县汽车邮路。1962年4月，丘坊设邮电代办所。1987年步班邮路：丘坊—营上（秋竹、丰年、梅坝）30公里/3日班，丘坊—再兴（文都、邹坑）32公里/3日班，丘坊—达理（东乾、陈坊、文地、杨梅坑）27公里/3日班，再兴—中村9公里/3日步班，坪上、再嘉等村自行到中村取件；丘坊—塘厦、蛟洋、崇头、坪埔，丘坊—苏康、华家为单车班/逐日班邮线。

1996年，蛟洋境内有2个报刊发行站，32个报刊接转点，4个邮票代售处，11个信箱、信筒，职工6人。1997年，全乡邮路基本上为自行车投递线路。2013年，全镇邮路达87公里，村级投递日期为周二班，集镇、镇直单位为每日班。

（二）设 施

民国23年5月18日，开设蛟洋邮电代办所；民国30年7月，蛟洋邮电代办所划归龙岩邮局管辖。邮政业务仍以手工操作为主，沿用日戳、夹钳、公斤称、邮袋、铁柜、专用保险柜、铁皮柜等。

1961年6月，设丘坊邮电代办所，购置一座43平方米民房。1985年，旧房倒塌改建。1996年，扩建一楼营业厅，报刊、邮件分拣室，总机室，厨房，膳厅计680平方米，二、三楼员工宿舍156平方米生活用房。

1999年6月，在蛟洋征地1000平方米，2001年8月，建筑面积1750平方米，造价997396.31元的邮电大楼竣工。2002年5月，电信1088门程控机房开通装机。同年，邮政、电信迁蛟洋营业。

（三）业 务

1. 传统业务

新中国成立后，邮政业务不断扩大。1955年后，能邮寄公债票据等有价证券。

1961年，丘坊邮电所可以收投国际、国内各类普通包裹、邮件，办理有保价信函、人民币汇兑等业务。

1958年，要求社社（公社）有《人民日报》《福建日报》和《红旗》，队队（大队）有《福建日报》《闽西报》《上杭人民报》和《红旗》，报纸杂志送到队，发行数量可观。

1981年，蛟洋邮电所服务覆盖面积224.30平方公里，人口23449人，25个村，267个居民点，中学1所，小学25所，1个工矿企业。职工6人，办理除邮储、特快、机要、集邮外的邮政、电信各项业务，业务年收入仅0.37万元。

1984年11月1日起，开办电汇业务。

1988年5月，开办国内快件业务。

1988年起，部分报刊由报社和出版社自办发行。

1990年，邮政部门开始兼营报刊的零售业务。

1991年，开办邮政贺年（有奖）明信片和商业信函（即广告信函）业务。蛟洋邮电所年业务收入达到

2.82 万元。

1996 年，业务收入达到 29.30 万元。

2010—2012 年，邮政业务总量分别完成 83 万元、123 万元、153 万元。

2013 年，邮政业务总量完成 146 万元。

2. 邮政快递

1997 年 1 月 1 日，蛟洋邮政开办特快专递代收货款业务，为了适应广大人民群众用邮需要，邮政快递从单一的信函型快递到点对点物品型快递、文化型快递转变，收寄方式从单一的窗口收寄到上门收寄、电话预约收寄转变，业务量及业务收入不断增加。

3. 邮政储蓄

2010 年起，蛟洋开办邮政储蓄（简称邮储）业务，除一般的存款和结算业务外，还开办小额信贷和烟农贷款业务；当年业务总量完成 600 万元，邮储年末余额 485.68 万元。

2011 年，邮储年末余额 1610.72 万元。

2012 年，邮储年末余额 1901.47 万元。

2013 年，邮储年末余额 1871.81 万元。

4. 其他业务

2007 年起，蛟洋邮政坚持以邮政业务为基础外，兼营服务“三农”（即农业、农村、农民）业务，销售农民急需的谷种、化肥、农药等其他农资产品，在全乡建立村级三农服务点 8 个，在一定程度上方便了农民。

2011—2013 年蛟洋邮政业务情况表

表 8–4

业务种类	2011 年		2012 年		2013 年	
	出口量	进口量	出口量	进口量	出口量	进口量
函件(件)	1353.00	25753.00	1635.00	11855.00	1555.00	11712.00
包裹(件)	477.00	878.00	468.00	546.00	576.00	806.00
特快(件)	1819.00	11505.00	1487.00	2682.00	1332.00	14281.00
报刊(万元)	—	7.66	—	9.92	—	12.11

三、电 信

（一）电 报

20 世纪 60 年代后，蛟洋（丘坊）邮电所陆续开办电报业务，有国内电报，国际及港、澳、台地区电报，用户电报和传真电报，汇款电报及天气预报、水情电报等。1989 年 7 月，开办礼仪电报业务。1995 年，开办真迹传真业务。1995 年后，随着程控、移动电话的发展、普及，电报业务锐减。2007 年后，电报业务基本退出市场。

（二）固定电话

民国 19 年 3 月，闽西苏维埃政府在苏家坡设立“闽西交通总局”，电话线路长达 600 多公里；蛟洋境内开始有电话。随后在整个古蛟地区架设电话线路，境内有交换机 4 座，每个大村都安装了电话机，共 40 多架。电信事业的兴办与发达，对于发展古蛟经济、维持社会秩序起了很好的作用。民国 30 年 7 月，蛟洋邮电代办所划归龙岩邮局管辖。

1953 年，上杭县邮电局接管地方电话，蛟洋电信代办所有交换机 1 门，容量为 20 门。

1958年“大跃进”中，县级拨款，公社自筹部分资金和电杆，要求社社（公社）队队（大队）通电话。蛟洋电信一直为社乡办企业，发展缓慢，虽村村（大队）有通电话，但许多是一根铁线上通上两三部电话；如丘坊总机通蛟洋供销社、蛟洋大队、蛟洋中学的电话是一条线，分别以铃声一长一短、一长二短、一长三短来区分。1965年，华佳、蛟洋两公社合并成立蛟洋公社后，电信划归公社经营管理，丘坊设交换总机容量为20门。70年代后，电话通信线路单线改为双线，电话通信质量大有改善。1978年，蛟洋（丘坊）社办交换机容量更新改为60门交换机。

1994年，蛟洋乡政府和县电信局关于集资建设程控电话模块，筹资230万元（乡财筹资43万元）开通500门光缆程控模块电话，1995年5月18日设于丘坊邮电所的程控电话开通，首批有4个村安装145部程控电话。1997年，蛟洋村的光环接入128门程控开通，蛟洋的电信收归国有划归县局管理。1999年，新建蛟洋邮电大楼，同年12月18日，蛟洋程控新增模块588门开通，全乡程控电话容量达到1088门。2000年，程控模块扩容量到4410门，22个村安装了1440部程控电话。2002年5月，蛟洋程控母局机房建设完善。2003年6月，全镇25个行政村村通电话，电话机总数达到3499部，每百人话机普及率达14.81%。

2013年，蛟洋镇程控电话模块扩容达6500门；安装电信固定电话达到4300部，电信宽带数2829终端。移动固话用户数500户，移动宽带数达613户。联通固话用户数达339户，联通宽带数达629户。

1996—2013年蛟洋镇固定电话情况表

表8-5

年 份	容 量(门)	行政村总数(个)	通话村数(个)	话机到达数(部)	电话普及率(部/百人)
1996	500	25	4	145	0.62
1998	1088	25	18	557	2.37
1999	1696	25	18	857	3.63
2000	4410	25	22	1440	6.09
2003	—	25	25	3499	14.81
2012	6150	25	25	4025	—
2013	6500	25	25	4300	—

（三）无线通信

1994年，开通无线寻呼业务，传呼机（又称BB机）也成了乡村年轻人的身份。

1998年，新建蛟洋、丘坊数字基站。移动电话进入蛟洋，时称“大哥大”。

1999年，建立乡镇移动通信发射平台，改进传输网络，开通第4期GSM工程，模拟网移动通信电话第三阶段进入蛟洋，并覆盖全乡。

2000年，第5、第6期GSM（数字移动通信）工程施工进入蛟洋，设立营业窗口，办理移动通信业务。同年底，联通开通在蛟洋的GSM基站系统。电信、移动和联通公司在蛟洋安装了十几座基站，模拟移动电话、小灵通逐步普及，不少人用上了数字移动电话。

2001年，新增华家移动通信基站，坪埔直放站；蛟洋、丘坊移动基站扩容；联通新建华家、坪埔、丘坊数字GSM直放站，蛟洋CDMA基站，增设丘坊、华家CDMA直放站，扩容蛟洋GSM基站；无线寻呼新增二频点信号，解决了蛟洋及其沿线无二频点信号的空缺，蛟洋新增七频点信号，使蛟洋的联通移动信号覆盖率达到80%，寻呼信号达到99%。

2003年，乡政府接入计算机互联网，开通政府网，中学和小学开通局域网（城乡教育网）。至2013年年底，全镇电信宽带端口达2829个，宽带用户2829户。

2009 年，蛟洋移动 GSM 基站达到 20 个。联通移动基站 10 个。

2011 年，蛟洋电信天翼基站 3G 信号覆盖到行政村；移动通信网络覆盖点达到 37 个；联通通信网络覆盖点达到 25 个。

2013 年，全镇电信移动基站 23 个，天翼手机用户数达 3750 户。移动通信 2G 基站 39 个，3G 基站 7 个，移动手机用户数达 1.51 万户。联通通信 2G 基站 23 个，3G 基站 8 个，联通手机用户数达 2567 户。

（四）国防通信

1990 年 10 月，永（安）厦（门）二级 12 芯通信光缆线路穿村经过蛟洋，1991 年 9 月蛟洋至上杭二级通信光缆线路开工建设；1997 年 10 月，国家沪、金、南、穗 48 芯一级通信光缆开工建设，部队一级通信光缆同沟埋设施工，1998 年 11 月开通运营，经过蛟洋的国家一级通信光缆线路 26 公里 ，二级通信光缆线路 27 公里。地方一级通信光缆经过蛟洋后，1995 年，新建“龙岩邮电局蛟洋通信站”，占地面积 100 平方米，建筑面积 160 平方米的门面、站房，历任维护站站长易春东（1996—1998 年 4 月），谢桂兴（1998 年 4 月—至今）。

1997 年，部队一级通信光缆线路途经蛟洋，在蛟洋村设立通信线路维护站，负责维护朋口—龙岩 147.6 公里部队一级通信光缆线路，其中蛟洋境内 26 公里。 通信线路维护站现有维护人员 12 人。

1978—2013 年蛟洋邮政支局（邮电所）负责人名表

表 8–6

姓　名	职　务	任职时间	姓　名	职　务	任职时间
王文均	所　长	—1978	张锦奇	支局长	2005—2006
雷胜堂	所　长	1978—1991	傅建明	支局长	2006—2009
谢荐湖	所　长	1991—1993	张锦奇	支局长	2009—2012.4
温祝生	所　长	1993—1996	袁庶榕	支局长	2012.5—2013.12
谢　卫	支局长	1996—2005			

2004—2013 年蛟洋移动营销中心负责人名表

表 8–7

姓　名	职　务	任职时间	姓　名	职　务	任职时间
华杭斌	营业厅经理	2004.3—2005.3	李怀徽	营销中心经理	2010.8—2012.4
李　铿	营业厅经理	2005.4—2006.3	刘艳文	营销中心经理	2012.5—2012.8
林剑发	营销中心经理	2006.3—2010.8	钟富云	营销中心经理	2012.8—2013.12

第九章　商贸　服务业

清代，由于交通、地理位置、人口规模等原因，蛟洋村、黄土畲（今文都）、形成圩场。民国时期，境域内有蛟洋、黄土畲、丰年桥、塘厦等圩场。集市上，有少数经营布匹、土纸、食盐、药品等的个体私营商户。新中国成立前夕，蛟洋有个体私营商户约40家，从业人员约50人。新中国成立后，新建丘坊圩场，黄土畲、丰年桥、塘厦等圩场先后消亡。2001年，在蛟洋村国道319线和省道308线交汇处，新建蛟洋边贸市场；2002年10月竣工开业。蛟洋边贸市场、丘坊市场成为重要的商贸窗口和物资集散地，对满足人们生产生活需要、发展农村经济起积极作用。

民国18年（1929年），苏维埃政府创建消费合作社。1952年6月，在文都村新圩口成立蛟洋供销合作社；在离供销社较远的村设立分销处或供应点，分散的自然村设代销店。供销合作社从事食盐、食糖、煤油、烟、酒、棉布、针棉织品等生活资料供应，粮食、土纸、烤烟、生猪等农副产品收购，毛竹、食用菌、药材等生产扶持，肥料、农药、中小农具等生产资料供应，成为流通的主渠道。1980年后，流通领域由供销社独家经营的局面被打破，个体商户不断涌现。到2013年年底，全镇登记的个体商户445户、641人，经营品种主要有百货、棉布及针织品、食品、副食品、家用电器、建筑材料、家具、药品等，经营方式大部分为零售。

粮油贸易经历个体私营、合作社经营、国有经营、多种经济成分并存市场化经营等方式。2013年，蛟洋有个体粮商75家，主要经营大米、食油，兼营粉干、面干等粮食复制品。

清代至民国时期，随着交通、流通的发展，为方便往来客商，主要圩场设有“客栈”。新中国成立后，住宿业、餐饮业和居民服务业逐步发展。1996年319国道改线经蛟洋、2005年赣龙铁路通车并在坪埔设上杭火车站、2007年蛟洋工业集中区的设立，促进蛟洋商贸服务业的快速发展。2013年，蛟洋有宾馆（旅社）21家，床位400多张；饮食业48家。机动车维修企业规模扩大、数量增加；计算机应用服务、学生“家政”服务等新兴服务产业逐步发展。

第一节　集市贸易

一、集　市

宋淳化五年（994年）上杭由场升县后，集市交易逐渐兴起，集场逐渐形成。

清初，境内有黄土畲（今文都村）、蛟洋圩场，五日为一圩。黄土畲圩逢农历四、九为圩期，蛟洋圩逢农历五、十为圩期。清代，华家亦有圩场，设天后宫后面，名“鸿门圩”，逢农历四、九为圩期。集市普遍建造简陋，中间是一条约100米长的石砌大道，大道两旁是约10多间土木结构或全木结构的低矮青瓦平房商铺。

民国20年（1931年），区苏维埃政府在辖区内设有蛟洋、黄土畲、丰年桥、邹坑（共和）、塘厦（中和）等处集市。

蛟洋圩是由几间简陋低矮的瓦房组成，一条石砌的道路供人们来往，中间是“圩架子”，生意人把货物摆在“圩架子”内供人们选购，甚至有些人就在石砌路上摆摊设点，出售农副产品。圩场的另一块开阔地指定为出卖小猪及中猪的专门场所，称“猪仔行”，蛟洋圩五日为一圩，逢农历五、十为圩期。70年代初，以“民办公助”的方式把蛟洋市场原来低矮的圩架子拆掉，改建成人字形骨架做屋顶的比较宽敞的市场，县供销社也在圩场建设供销社大楼。省道308改线后，蛟洋圩场改在村口溪岸边。2001年乡政府投资70万元，完成农贸市场地面硬化后和摊位铺设，改造后的市场面积达2500平方米。2001年，新建蛟洋边贸市场。该市场位于蛟洋村蛟洋国道319线和省道308线交汇处，面积2500平方米；农贸市场为钢架结构，设410个固定摊位；2002年10月25日（农历九月二十）开业（开圩）。由于位置优越，交通便捷，加上2002年蛟洋乡人民政府治所从丘坊村迁至蛟洋村、2005年赣龙铁路通车并在坪埔设上杭火车站、2007年蛟洋工业集中区的设立等因素的影响，蛟洋集市繁荣，成为上杭县重要的商贸窗口和物资集散地。

1951年，建设丘坊集市，建有两排100多米长的圩架子，1954年开圩，逢农历五、十为圩期。丘坊因地处蛟洋的中心地带，周边有20多个村庄；省道围禾线开通后横贯东西；1958—2002年，丘坊为蛟洋公社（乡）驻地；除当地村民外，连城庙前、新泉，龙岩大池、小池，上杭古田、步云、白砂等四面八方的客商、群众涌向丘坊市场，进行各种物资交流、商品交换，市场繁荣。2002年，蛟洋乡人民政府治所从丘坊村迁至蛟洋村，丘坊市场受到一定影响。2011年，丘坊市场重新规划、设计，拆除全部老市场的六栋砖木结构的瓦盖平房和原属供销合作社的旧房，建设一座六层的综合商住楼，占地面积2000平方米，底层是高6米、宽12米的市场购物中心。另建两栋大圩架，制作摊板140个，设纵横2条街道，供客商摆摊设点等。

二、新中国成立前的集市贸易

明清时期，经济不发达，集市贸易主要是生活必需品和农副土特产品等交换。清中期后，随着蛟洋土纸生产的发展，集市成为土纸的集散地和中转站。

民国时期，区苏维埃政府设黄土畲（文都）、丰年桥、邹坑（共和）、蛟洋集市；这些集市成为闽西苏区各县纸、烟、茶、米、笋干等农副土特产品的集散地和中转站。古蛟“自治”时期，为了促进物资交流与商品流通，傅柏翠重视发展市场经济，保护私人商业和贸易自由，繁荣地方经济和增加税收。蛟洋、文都、丰年桥圩对于促进古蛟地区农副产品的销售，扩大商品流通起重要作用。

三、新中国成立后的集市贸易

新中国成立初，生产不断发展，人们生活水平逐步提高，上市交易品种多。每逢圩天，当地群众和外来商贩就把农副土特产品摆在石道两边出卖。集市有专门的耕牛、小猪交易场所。小猪交易场所俗称“猪子行”。耕牛大都由外省、外县调入到境内市场，也有当地人饲养母牛而产牛仔上市交易的，每个圩场都有专门从事做牛贩生意的牙人（介绍人）促成牛生意的成交。集贸市场对满足人民生产、生活需要、恢复和发展国民经济起积极作用。

1953年，对主要农副产品逐步实行统购派购，圩日上市交易品种减少，主要有牛、生猪、猪肉、禽蛋等，基本无粮上市，“猪子行”生意比较好，蛟洋圩、黄土畲、丰年桥圩每圩成交小猪400余头。

1956年，完成派购任务的二类农副产品和三类产品可上市自由买卖，上市产品增加，价格下降。

1958年“人民公社化”后，家庭副业和自留地被取消，农副产品上市量减少，供应紧张，价格上涨。1960—1962年，国民经济暂时困难，上市商品短缺，价格昂贵。

1962年后，农副产品准予上市，集贸市场开始繁荣。蛟洋市场开始设立猪肉、仔猪、牛鸡、鸭、蔬菜、饮食、竹木器等几大类，每大类都在固定的地点进行营业，约定俗成，便于群众购销，如圩架子下卖猪肉、柿树头下卖小猪等，这种营业形式一直延续至20世纪80年代。

“文化大革命”期间受到“左”的错误路线影响，农民正当的家庭副业被当作“资本主义尾巴”，商贩正常的商品流通被当作“长途贩运”“投机倒把”加以限制和打击，集市受到冲击，圩场萧条。1975年11

月，贯彻上杭县作出的“十条决议”，对市场进行全面整顿，所有上市的农副产品包括蔬菜、柴炭、猪牛肉、鲜鱼、水果、烟叶、茶叶、铁竹木制农具、家具、陶瓷制品一律由国营商业和供销合作社经营，统一收购、统一销售，不准私人上市自由交易。集市圩期亦由五天一圩改为七天一圩，统一星期日为圩天。群众生产、生活受到严重影响。

1980年后，国家重新肯定集市贸易在国民经济中的地位和作用，恢复传统圩期，集市贸易得到恢复和发展。上市品种逐步放开，在原有的农副产品，土特产品基础上增加小五金、小百货、小食杂等商品，农贸市场日见兴旺，成交额不断上升。工商管理部门还在农贸市场上设立农贸服务部，备公平秤等设施，为群众代称、代算；有的还开展代购、代销、代储、代运、代开发票等便民措施。1983年，蛟洋工商所丘坊市场被评为龙岩地区文明市场。1984年后，政策进一步放宽。允许批量销售和批零兼营，增设小商品专业市场。市场商品增加，价格稳定，群众买难卖难矛盾得以缓解，集市贸易起到拾遗补阙、货畅其流的作用。

2002—2013年，蛟洋集市呈繁荣景象。蛟洋农贸市场周围从原来10多家商铺增加到40多家店铺。丘坊集市从事各种商品交易的大小店铺60多，从业人员100多人。逢圩天，蛟洋、丘坊均有300多个摊位，特别是每年农历十二月的最后几个圩，公路两边临时搭建的货架摊位就有一二百个。同时，集市贸易由传统的农副产品向多样化、规模化、综合配套方向发展，大宗商品有粮油食品、副食品、蔬菜水果、猪牛羊肉、鸡鸭狗兔、服装鞋袜、农业生产资料、竹木制品、建筑材料、家用电器、厨房餐桌用具等；亦有少数古玩。

第二节　个体私营商业

清末和民国时期境域内私营商店不多，只在黄土畲圩、丰年桥圩、蛟洋圩这几个集市上有经营布匹、土纸、食盐、药品、文化用品等三四十间店铺。偶尔有货郎担走村串户卖些小商品。

民国时期土纸是蛟洋的一大特产，生意十分红火。中村商人张子昭专营土纸生意，他将在本地和各圩场收购的土纸按级别打扎封好盖上章号，然后雇人肩挑跨越扁山崇到旧县河东下湖山，再雇船运经永定峰市，潮州汕头直至海外。每年销售约4000担（1担等于50公斤）。民国元年（1912年），华家村华氏宗族组合的“裕源公司”，在种植茶、桐时，收购桐籽。

新中国成立前夕，蛟洋有个体私营商户约40家，从业人员约50人，其中从事棉布、百货、农具、服装等约10家、从事食品、京果行业的约有10家；从事副食、餐饮行业的约有10家；药铺（医药兼营）有“同仁堂”“德元堂”“来苏堂”“永生堂”“全生堂”。蛟洋籍外出经商户主要商铺有永定峰市傅吉梅的“过驳行”，上杭县城华猷卿的“义福昌”、华敦庭的“聚福兰”、华萱恕的“品美丰”等，主要经营棉布、百货、京果、药品等。

新中国成立后，国家对私营商业实行利用、限制、改造的政策。1952—1955年，个体私营商业与供销合作商业并存。个体私营商业涵盖食品、百货、棉布、副食、食品加工（酿酒、作豆腐、做粉干等）土纸、京果、缝衣、打铁、镶牙补齿、银器加工等行业。1956年大部分私营商业改造完成，除少数商户由资产折股吸收到供销合作社或组成公私合营商店、合作商店外，大部分个体私营业主歇业或转业。1978年蛟洋个体私营商业仅10多户。

1979年后，流通领域允许多种经济成分并存，个体商业恢复发展较快，从业人员增加，经营范围扩大，经济实力增强，经营方式也发生较大变化。1981—1990年，蛟洋个体商户达20户，注册资金达20万元。经营品种主要有百货、棉布及针织品；食品，副食品；电视机、电风扇等家用电器；水泥、钢材、石棉瓦等建筑材料；现代家具；药品等。经营方式大部分为零售。

1990—2000年，发展批发、批零兼营，新增移动电话，摩托车，电冰箱，金银首饰，化妆品及汽油、柴油等品种。2000年全镇登记的个体商户42户，56人，注册资金74万元，平均每户1.76万元。

2000年后，发展综合经营，超市经营；大宗买卖根据顾客订单送货上门。新增电脑、石板材、电磁炉、屋面防水材料，不锈钢、铝合金门窗等。交易手段逐步向先进化、科学化发展。部分个体户销售通过因特网发布信息，购物通过网上购物。

2003年8月6日，蛟洋华康药店开业。2006年4月18日，大药房开业。2008年7月10日，蛟洋阳光医药平价超市开业；药店主要经营中成药，西药，保健品等。2010年，新开摩托车、小汽车专卖店7家。

至2013年，全镇登记的个体商户445户，641人，注册资金5137万元，平均每户11.54万元。个体商户中，经营食品、副食品75户；服装、针织品36户；烟花爆竹专卖7户；水果经营1户；药品经营5户(除村级卫生室)；饲料经营18户；家具经营8户；茶叶经营12户；农资农药经营10户；化妆品及卫生用品经营7户；土特产品经营4户；电视机、电风扇家用电器经营19户；图书、文具经营6户；建筑装饰材料经营24户（其中水泥4户，钢材5户，不锈钢、铝合金门窗12户)；通信器材经营16户；摩托车经营8户；花卉经营1户。

第三节　供销合作商业

民国18年（1929年）6月，蛟洋苏维埃政府成立消费合作社，合作社以自愿为原则，吸收会员参加入股，每股20元（银圆)。民国22年，傅柏翠在创办土纸、铁器、缝衣、泥水、木匠等生产合作社的同时，还创办消费合作社，采取由区财管会财政拨款作基金，发动群众投资入股、盈利分红的经营方法，免受商人剥削，保护群众利益。傅柏翠参照当时苏维埃政府颁发的《合作社讲授大纲》的基本原则，规定合作社是群众自愿组织起来的经济团体，不是政府的经济机关，必须以增进社员的经济利益为目的，而不以营利为目的。

新中国成立后，人民政府扶持发展供销合作事业。1952年，区人民政府发动农民参股成立供销合作社。供销合作社围绕党的中心任务，积极开展业务活动，对于稳定物价、发展生产、活跃农村经济起积极作用。至20世纪90年代初，供销合作商业为流通的主渠道。

本节主要记述新中国成立后的供销合作商业。

一、机构与网点

1952年6月，成立蛟洋供销合作社（简称供销社)，社址设在文都村新圩口，为一栋土木结构的三间二层楼房，楼上三间作供销社办公用，楼下开设棉布百货、粮油食品、生产资料三间门市部。合作社设理事会主任1人，会计1人，采购员1人。供销社的管理机构是理事会和监事会，理事会、监事会的成员由社员大会或社员代表合议民主选举产生。第一次社员代表会选举张树华为首任副主任，主持供销社日常工作(主任由区长担任)。

1952年6月—1954年4月，从发展经济、保障供给、方便群众着想，在离供销社较远的蛟洋、中村和华家村设分销处，各自然村设代销店。蛟洋供销社设蛟洋、丘坊、华家三个分销处，各村设立代销店。供销社职工约20人。

1954年4月，蛟洋供销社从文都村搬迁至丘坊村。是年，调整供销社管理机构人员，丘焕启任供销社党支部书记、张家松任供销社主任。

1956年，在国家对私营工商业实行社会主义改造的过程中，蛟洋供销社共接纳过渡商人13人，过渡资金0.4万元。未过渡到供销社的组成合作商店，合作商店只能从供销合作社批发货物。

1958年4月，上杭县供销合作社与商业局合并，蛟洋供销社改称上杭县供销合作总社蛟洋营业所，受蛟洋乡和商业局的双重领导，购销业务统一由商业局管理。

1961年6月，县商业局与供销社分开，恢复供销社体制，以公社为单位建立供销社。蛟洋供销社分为华家供销社和蛟洋供销社，华家供销社改在华家，新建一栋土木结构二层楼房，楼上供办公，楼下开设门市部。另建一栋土木结构平房为供销社农副土特产品收购站。设中村、文都两个分销处；蛟洋供销社仍设在丘坊，在蛟洋村设分销处。

1965年4月，随着华家公社与蛟洋公社合并为蛟洋公社，华家供销社与蛟洋供销社合并为蛟洋供销社，社址仍设在丘坊。

“文化大革命”期间，蛟洋供销社并入公社财贸服务站。1976年1月，恢复供销合作社原有体制，蛟洋供销社退出财贸服务站，恢复为独立核算的企业单位。蛟洋供销社贯彻为农业生产服务，为群众服务的办社宗旨，积极为社员广开生产门路，及时收购农副产品，组织货郎担下乡，方便群众购销，增加农民收入，促进农业生产的发展。

1985年，蛟洋供销社职工发展到60人，15个门市部，36个代销店。2000年后，供销社系统全面推进社有企业改制和基层供销社改造，蛟洋供销合作社按“因企施策，因事设岗，留住骨干”的原则，整顿职工队伍，理顺劳动关系，实行职工身份置换。

1952年蛟洋供销社网点分布情况表

表9-1

所在地	网点	所在地	网点
文都市场	棉布百货门市部	中村分销处	邹坑村代销店
	副食品门市部		坪上村代销店
	生产资料门市部		再嘉村代销店
丰年桥分销处	小和村代销店		葛坊村代销店
	贵竹村代销店	华家分销处	再兴村代销店
	郭屋代销店		大坪村代销店
蛟洋分销处	坪埔代销店		凹背村代销店
	下道湖代销店		竹头背村代销店
	庄下代销店		黄岗村代销店
	东乾代销店		
	陈坊代销店		
	文地代销店		
丘坊分销处	塘下代销店		
	苏康代销店		
	杨梅坑代销店		
	达理代销店		
	梅坝代销店		
	井背坑代销店		
	茅屋里代销店		

1985年蛟洋供销社网点分布情况表

表9-2

所在地	网　　点	所在地	网　　点
丘坊市场	棉布门市部	陈坊村	下村代销店
	百货门市部	东乾村	下东乾代销店
	副食品门市部	文地村	文地村代销店
	五金门市部	杨梅坑村	上村代销店
	生产资料门部		下村代销店
	文化用品门市部	达理村	桃源村代销店
	针织品门市部		达理代销店
	旅社（1个）	苏康村	苏康村代销店
	收购站	塘厦村	塘厦村代销店
	建筑门市部		茅屋里代销店
	饮食店（1个）		大洋溪代销店
坪埔村	坪埔村代销店	梅坝村	彭屋代销店
	下道湖代销店		上马坑代销店
	苦竹山代销店		马赖寨代销店
崇源村	下崇头代销店	小和村	小和村代销店
	上崇头代销店	秋竹村	秋竹村代销店
	东山代销店		营上代销店
蛟洋村	庄下代销店	丰年村	贵竹村代销店
	余坑口代销店		袁小坪代销店
	坪寨前代销店		罗心坑代销店
	沈坊代销店		郭屋代销店
	石背代销店	华家村	凹背村代销店
坪上村	坪上村代销店		新圩上代销店
	再嘉代销店		大坪代销店
	葛坊代销店	中村村	中村代销店
文都村	文都村代销店	再兴村	桥墩头代销店
邹坑村	邹坑村代销店		下村代销店
	陈坊代销店		

二、经营管理体制

（一）1952—1991年的经营管理体制

1.社员

1952年6月成立蛟洋供销合作社时，农民以户为单位参股（1股1人，1户1股，少数1户2股或3股，每股2元），参股农民即为供销社社员，发给社员证。社员入社自愿，退社自由，不论股金多少，社员都有选举权和表决权。供销合作社的重大事项都由社员大会或社员代表大会决定。供销社的社员在供销社购物时可享受优惠价。

2.股金分红

1955年后，取消社员优惠价待遇，实行按社员股金分红。蛟洋供销社将税后赢利的20%按股金总数分配。蛟洋供销社共分红3次。1961年第一次分红，以货代息（以货物发放代分红款，如火柴、肥皂等）；1984年第二次分红，以息代股（以分红款增加股金）；1991年第三次分红，股息返还（退回股金及分红款，凭供销合作社入股证）。

3.理事会

供销合作社的理事会由社员大会或社员代表大会民主选举产生，作为社员大会或社员代表大会闭会期间的执行机构。理事会向社员代表大会负责，按时向社员报告工作、公布账目，接受社员群众监督。建社初期，理事会的作用发挥较好，1954—1990年，蛟洋供销社召开了3次社员大会，真正按供销社章程办事。1958年后，由于受"左"倾错误的影响，加上人员变动频繁，供销社的重大事项由行政合议讨论决定，理事会的职能未能很好发挥。1983年，蛟洋供销社召开社员代表会议，会议民主选举产生理事会，理事会的作用有所发挥，但由于人员变动大，规章制度执行不够严格，到1990年均未再召开社员代表大会。

4.监事会

供销合作社的监事会，也由社员大会或社员代表大会民主选举产生，作为社员大会或社员代表大会闭会期间的监察机构，负责对供销合作社执行党和国家的方针政策、社员代表大会决议的执行情况进行监察。蛟洋供销合作社配备专职副主任1人，以加强监察工作。

（二）1991—2013年的经营管理体制

中共十一届三中全会实行改革开放的政策后，个体商户不断涌现，计划经济时代由供销社独家经营的局面被打破。为了适应形势,1992年蛟洋供销社对集体经营的建材、百货、棉织、副食、农副产品收购、饭店、旅社、五金门市部实行经营承包责任制。对原供销社经营的门店资金实行抽底经营，落实门店责任制。门店分期收回给企业。农业生产资料门市部继续由供销社集体经营，落实门店责任制。2000年6月，蛟洋供销社根据上级对企业减员的有关政策，对21名合同制工人实行裁员，按政府核定的最低工资标准给予每人工作一年一个月的补助，最长补助期限为24个月。供销社19名正式干部职工与企业解除劳动关系，按裁员补偿标准给置换身份，把身份置换金转入企业作为股份，与企业重新订立劳动合同，确定劳动关系，从而形成新的供销社资本构成。2002年12月起，置换后的企业开始运行，员工17人，理事会成员3人，设主任1人。

三、生活资料供应

（一）食盐 火柴

新中国成立初，食盐是供销合作社经营的主要生活资料之一。在盐业公司上杭支公司的统一调拨下，按每人每月0.5公斤的定量数供应给群众，每公斤0.34元。

1952—1959年，火柴供应货源充足。1960—1964年，火柴实行凭票供应，户月均3盒，每盒0.02元。1980年后，放开供应每盒0.05元。

（二）棉布 针棉织品

新中国成立初，蛟洋市场的棉布品种单调，只有"石口乌""乌斜"、士林洋、白洋布等。1954年9月起，棉布实行凭票供应，国家干部职工年人均8.33米，农业人口年均5.66米。絮棉也纳入计划供应范围。1955年，对卫生衫裤，春秋衫裤、线毯、毛巾等主要针织品，纳入布票范围，凭票供应。1960年开始，纯棉线绒制品，袜子、手帕、背心、枕芯、枕套、床单等针织品均凭票供应。1960—1964年，民用定量布票减至年人均0.83米。1965年，民用定量布票提高到年人均1.67米，蚊帐布、豆腐布等的收票标准放宽，毛巾、线袜等一些针织小商品取消凭票供应。

1983年，针棉织品、棉布、絮棉先后取消凭票供应。

1986年，上级为困难户提供“两棉”（棉布、棉絮）赊销，由供销社负责实施；赊销主要品种有棉布、棉被、蚊帐、棉衣等，蛟洋供销社共计赊销金额数万元。

（三）烟　酒

50年代卷烟供应困难，卷烟实行定量供应。1961年，卷烟实行凭证供应，月供量人均3包。1963年起，卷烟货源有所增加，采取发证、定量、平价供应与高价敞开供应相结合的办法。1981年，卷烟调高价格后，取消烟票。

散装酒无须凭票，瓶装酒，如“四特酒”等，只供应特定人群。

（四）食　糖

1954年开始，食糖按人口发票定期定量供应。供应量每季人均0.15公斤。1960—1962年，平时除对产妇、水肿病人有少量食糖供应外，无食糖供应，只在春节期间发票供应。人均0.25公斤。1963—1964年，食糖货源有所好转。1965年1月起，红糖免票供应。1987年又恢复食糖凭票供应。1988年取消糖票。此后，未再发糖票。

（五）煤　油

1955年，煤油实行按户凭购油证限量供应，户月均供应0.25公斤。1963年后，户均月供应0.5公斤，1973年后，煤油放开供应，取消凭证。

四、农业生产资料供应

（一）肥　料

60年代，蛟洋供销社供应给生产队的肥料有过磷酸钙、碳酸铵、钙镁磷肥等。由于当时货源紧缺，化肥供应按计划进行，由县农业局根据各公社农作物播种面积下达供肥指标，然后公社逐级下达到生产队，再报供销社按计划供应。1970年后，为了满足农业生产需要，供销社寻找第二货源地以高价购进化肥，再以议价卖给生产队。70年代，每年从上杭县化肥厂调进氨水，供应各生产队。

80年代至90年代，化肥仍由供销社发票到农户，凭票供应。供应的肥料有磷酸铵、磷肥、尿素、氯化钾、进口复合肥等。1998年后，化肥市场放开，计划供应逐步取消，个体商户亦经营农业生产资料。

（二）农药　农药器械

新中国成立初，农药属统一平价物资，实行指令性计划管理，由供销社专营。主要经营的农药有六六粉、滴滴涕、杀虫醚等。

1970年后，农药品种增加乐果、敌敌畏、杀虫双、克瘟散、稻瘟净、异稻瘟净、多菌灵、稻瘟灵、三环唑、扑虱灵等。供销社切实做好农药储存、使农作物发生病虫害时能确保随时供应。1985年前，农药较紧缺、需凭票供应。1990年后，农药放开供应，增加农药有杀虫剂、杀菌剂、除草剂、杀鼠剂等50多个品种。

2000年后，蛟洋供销社大量采购喷雾器，喷粉器等农药器械，以满足方方面面农户种植农作物期间的防治病虫害的需要。

（三）中小农具及其他生产资料

新中国成立初，蛟洋供销社供应的主要农具有犁、耙、镢头、铁錘，也供应斗笠、蓑衣、风车、谷箩、谷箕等。

1970年，增加双人打谷机、单人打谷机等，1976年后，增加供应农用薄膜、塑料农具等。

五、扶持专项生产

60年代，蛟洋供销社每年拨出5万—7万元资金扶持竹林地区社员对竹林进行垦复，促进竹业生产。每建一个土纸槽房供销社给予200元的扶持资金。

60年代初，蛟洋供销社从外地调进紫云英、茗子、苜蓿等种子3—4吨扶持生产队种植绿肥。1980年后停止调进。

1971年10月，为储存上杭县化肥厂调进的氨水，蛟洋供销社在丘坊村308省道旁建3个大氨水池外，出资扶持各生产队建储量为3吨左右的小型氨水池，每个氨水池给予150元补助。

1978—1980年，蛟洋供销扶持生产队和社会个人建水车碓加工木粉，每个水车碓扶持资金200元。

1978—1980年蛟洋供销社自行生产香菇、茯苓、黑木耳等菌种支持生产队种植，累计生产各种菌种10000瓶。

六、农副产品收购

粮　食　新中国成立初期，国家粮食征购由供销社代为收购，每年收购粮食约500吨。

烤　烟　70年代，蛟洋供销社开始收购烤烟，随着蛟洋烤烟种植面积的扩大，收购量逐年增加，1979年收购烤烟22吨，1984年蛟洋烟草站成立，供销社终止收购。

土　纸　蛟洋供销社从1953年开始收购境域内土纸。1953—1980年，收购量100—150吨，其中竹林“大年”时可收购150吨纸，“小年”时可收购100吨。1985年6月，蛟洋成立外贸站，开展土纸购销，平均每年收购150吨以上，1989年后停止收购土纸。

生　猪　60年代初，生猪实行派购，任务分配到各生产队，供销社负责收购，收购数量按上级下达的收购数。1985年1月取消生猪派购。

桐　子　1952—1980年，每年收购桐子30吨以上，供销社体制改革后，桐子由个体户收购。

樟　油　1965年开始收购樟油，每年收购樟油10吨—15吨，1980年后停止收购。

桐　油　1971年开始收购桐油，每年收10吨以上，1980年后停止收购。

其　他　蛟洋供销社曾收购过竹麻叶壳、山苍子、谷皮、长毛兔的兔毛、鱼骨柴,鸡血藤、金樱子、废铜烂铁、旧币破布等。1980年后停止收购。

七、其他经营

蛟洋供销社开设新华书店门市部，经营中小学教材，农业科普书籍等。“文化大革命”期间，大量经销毛泽东著作。1995年前，中小学的教材全由新华书店门市部经营。门市部兼营笔墨、纸张、信封等文化用品。1975年6月，蛟洋供销社医药门市部开业，经营中成药，西药等。

蛟洋供销社历任理事会主任名表

表9-3

姓　名	职　务	任职时间	附　注
张树华	副主任	1952.6—1954.4	主持工作
张家松	主　任	1954.4—1961	
傅必兴	主　任	1961—1964	
丘炳勲	主　任	1964—1970	
谢渊明	主　任	1970—1972	
曹友文	副主任	1972—1975	主持工作
邹松泽	副主任	1975—1977	主持工作
华宜森	主　任	1977—1981	
谢渊明	主　任	1981—1995	
华春明	主　任	1995—1997	
曹友文	主　任	1997—2002	

第四节　粮油贸易

粮油贸易经历个体私营、合作社经营、国有经营、多种经济成分并存市场化经营等方式，本节主要记述国有粮食部门经营，略记个体私营、供销合作社的粮油贸易方式。

一、流通体制

明清和民国时期，黄土畲圩、丰年桥圩、蛟洋圩设有粮油商店，价格由商贩操控。

民国18年（1929年）10月，区苏维埃政府开创粮食合作社，是工农群众为抵制商人、地主、富农“低进高出”的剥削，支援红军和改善人民生活而由群众集资筹办和民办的粮食组织。民国20年，区苏维埃政府成立“贩米合作社”。苏维埃时期，北四区苏维埃政府设立粮食调剂局，调剂局定期向粮食合作社购买红军及政府需要的粮食，使新谷上市时，谷价不至于跌得过低，在青黄不接时，谷价不至于涨得太高，起到平抑市价和组织粮食流通、促进工农联盟的作用。

新中国成立初期，实行粮油自由贸易。1953年始，国家实行粮食统购统销，规定农民应按国家规定的收购粮种，收购价格和分配数量，将余粮卖给国家。农民在完成征购任务后的余粮，可以在国家设立的粮食市场进行交易，不准私商经营粮食。蛟洋供销社负责粮食收购、供应业务。

1965年始，蛟洋中心粮食管理站（简称蛟洋粮站）经营粮油议购议销。1966年下半年取消。

1979年始，实行计划管理与市场调节相结合的“双轨制”，蛟洋粮站恢复经营议购议销业务。1985年后，粮油购销形成以国营为主，集体和个体并存的多渠道经营模式。

1993年，省政府决定除农业税征收实物外，取消指令性的粮油定购任务。粮食收购根据市场需求和以销定购的原则，由收购经营单位与农民签订经济合同，实行市场议购。1994年，因粮价上涨，重新恢复购粮的收购，并以省定价格挂牌平抑市场粮价。

1996年1月1日起，根据上级指示精神，蛟洋粮站实行政策性业务和商务性经营两条线运行。

1998年6月后，完善粮食价格机制，实行政企分开，中央与地方责任分开，储备与经营分开，新老财务账目分开（简称“四分开一完善”）。粮食工作实行行政首长负责制，乡与县签订责任状，既要保证粮食流通体制改革方针政策落实，又要确保粮食安全，稳定粮食市场。

2001年7月后，国家实行粮食购销市场化改革，全面放开粮食零售市场，常年开放粮食集贸市场，鼓励农民自产自销粮食，实行粮食经营主体多元化，粮食加工、调运全由个体经营，粮油经营全面放开，实行多渠道经营。

二、粮食市场

（一）自由贸易

明清至民国时期，蛟洋农民勤耕垦荒，粮食自给有余。除官府征收粮税外，粮食在市场上流通，蛟洋一带粮食大多流往龙岩。黄土畲、丰年桥、蛟洋圩设有粮油商店，价格由商贩操控，变动频繁，涨落幅度大。民国18年夏收后，蛟洋米价大跌，由1元1.5斗跌至3斗以下。

新中国成立后，人民政府重视粮食生产，千方百计改善农业生产条件，农民手中粮食不断增加，农户将余粮上市交易，蛟洋市场的个体粮商较为活跃。1952年市场粮价：稻谷每50公斤最高12元，最低为6元，大米每50公斤最高17元，最低为8元。

1953年12月实行粮食统购统销后，在粮食统购入库期间，禁止粮油上市。1960年经济困难时期，允许少量粮食在当地市场交易，但在粮食收购期间，仍予以关闭。“文化大革命”期间，自由贸易被当作“资本主义尾巴”割除。

1979年后，除粮食征购入库期间控制粮食上市自由交易外，基本开放粮食市场。1985年起，粮油购销形成以国有为主，集体和个体并存的多渠道经营模式。

2001年，国家开放粮食市场，实行粮食市场经营主体多元化，凡按规定取得经营资格的单位，集体和个体均可参与粮食购销经营，全面开放粮食零售市场，鼓励农民自产自销粮食。同时放开粮食购销价格，由市场供求规律确定价格，自主经营，自负盈亏。

2006年，全乡有经工商部门注册登记的个体粮商5家。2013年，个体粮商75家，经营大米、食油，兼营粉干、面干等粮食复制品。

若干年份蛟洋粮食交易市场价格表

表9–4 单位：元/50公斤

年份	1952	1960	1985	1995	2000	2005	2009	2010	2011	2013
稻谷	12	18	25	70	85	87	105	125	135	150
大米	17	22	37	105	120	120	150	180	200	200

（二）议购议销

1965年前，粮油议购议销由供销系统兼营。1965年7月，蛟洋粮站经营粮油议购议销，1966年下半年，在“左”的影响下，粮油议购议销被视为“资本主义经营方式”而被取消。1979年后，粮油议购议销恢复，以随行就市、略低于市场价、因地制宜、有涨有落为原则。1984年4月，中央批准平价粮转议销，以相当于或略高于起购价的优惠价供应。2001年，实现粮食购销自由化，价格市场化。

三、粮食征购

历代官府征收田赋，时而征收粮食，时而折征银钱。

新中国成立初，改民国时期的田赋征收为农业粮（俗称公粮）。由供销合作社代收。

1953年12月起，国家实行粮食统购统销政策，采取自报公议、民主协商办法，根据县下达的统购指标，逐户落实统购数量。由蛟洋供销社负责粮食收购。1954年实行以产量为基准，扣抑除公粮和口粮免购额（每人140公斤）后，“余粮多者多购，余粮少者少购，无余粮不购”的原则，在执行中，由于评定产量和购粮任务政策掌握不一，向部分农户购了过头粮。

1955年12月，贯彻粮食“三定”（定产、定购、定销）政策。1956年全区粮食总产量4172吨，以此来核定征购粮数。1958年粮食征购实行包干办法，即在“三定”的基础上，参照历年粮食和此后的潜力加以确定，三年不变，由于当时浮夸风盛行，出现高估产、高征购问题，1958年，全社实收粮食4728吨，上报时数字上浮，征购任务按上浮数字核定，结果无法完成任务。

1961年，以生产队为单位核定粮食征购，实行粮食征购“一定三年”的做法，全社征购任务为156吨。1971年开始，实行粮食征购“一定五年”。但从1972年起加价粮逐年增加，1975年增加到51吨，由于人口增长，粮食亩产基本不增长，社员人均口粮在150公斤—200公斤。

1976年，将“一定五年”再延长三年，1978年在征购基数359吨不变的前提下，加价粮增加到176吨。是年完成征购加价粮753吨。

1979年，全社征购任务由1978年的359吨减为321吨，但加价粮由176吨提高到289吨，合计757吨，粮食收购价提高20%，加价粮粮储在此基础上上调30%。

1980年，蛟洋公社按上级文件对农民征收统筹粮，用于水利、教育、优抚、军训、五保等，每个分田人口每年收20公斤，直至2005年取消。

1982年，随着农村家庭联产承包责任制的落实，粮食征购由队为单位改为计算到户。征购加价任务按1979年核定数“一定五年”不变。

1984年，调减革命老区粮食征购任务。县、乡两级分配的机动粮数同时调减。调减后的加价粮征购任务为466吨。

1985年，粮食征购改为合同定购，合同定购的品种为稻谷、小麦、大豆。县核定蛟洋乡征定购任务为916吨，完成合同定购任务后的粮食和其他品种可自由贸易，实行多渠道经营。是年全乡完成征定购973吨，农业人口每人平均口粮250公斤。

1986年全乡完成合同定购任务的95.5%。1987年完成征定购122.5吨。

2001年，进行粮食市场购销市场化改革，取消粮食定购、保护价收购和定购粮的挂钩政策。蛟洋粮站收购任务主要是农业税征粮任务142吨和订单收购486吨。是年征粮实行收实物和折代金双轨制至2003年。

2004年取消农业税征收任务。同年始，以粮食储备订单收购合同形式收购粮食，并执行每50公斤直补4元，良种补贴1元；2008年始，直补10元。

1974—1984年蛟洋公社粮食征购情况表

表9-5　单位：吨

年份	征粮	购粮	加价粮	合计	年份	征粮	购粮	加价粮	合计
1974	311.6	189.3	54.2	575.1	1980	281.7	54.6	412.3	748.6
1975	347.1	198.6	67.7	613.4	1981	276.4	53.2	417.7	747.3
1976	349.6	198.6	84.2	632.4	1982	281.6	51.7	402.6	735.9
1977	356.4	201.3	99.3	657.0	1983	273.4	58.3	447.1	778.8
1978	359.7	217.3	176.6	753.6	1984	284.7	59.6	466.5	810.8
1979	321.3	146.7	289.4	757.4					

1992—2003年蛟洋乡粮食征购情况表

表9-6　单位：吨

年　份	征　粮	购　粮	公益事业粮	水利粮	合　计
1992	374.4	326.8	248.5	196.7	1146.4
1993	391.7	298.1	266.7	187.5	1144.0
1994	402.3	287.6	263.1	181.4	1134.4
1995	381.6	277.4	267.4	179.3	1105.7
1996	372.4	281.3	258.3	172.4	1084.4
1997	351.8	279.6	379.6	170.3	1181.3
1998	342.3	274.3	388.9	164.4	1169.9
1999	314.6	264.9	412.4	168.9	1160.8
2000	311.4	259.7	418.7	171.3	1161.1
2001	296.6	—	459.8	158.6	915.0
2002	284.7	—	461.9	151.3	897.9
2003	311.6	—	474.5	148.9	935.0

四、粮油统销

（一）非农业人口粮油供应

新中国成立初，人民政府对地方军政人员实行供给制。1953 年 12 月，执行粮食统购统销政策后，党、政、军机关工作人员，以及学校、工厂、企事业单位和城镇居民按规定标准实行粮油计划供应。粮食部门根据核定数发给购粮证，凭证定点按月供应粮油。1955 年，执行省人民政府《福建省市粮食定量供应实施细则》，根据劳动强度、年龄大小及不同地区划分为 9 个等级，随人口增减、年龄增大、办理变更手续。1959 年后，粮食发生困难。1960 年 9 月，开始压缩市镇人口，降低市镇人口粮油供应标准。此后，1963 年、1974 年、1980 年对粮油供应标准作调整。

1993 年起，城镇居民粮油在市场自由购买。1998 年后，粮站不再填发粮油证，干部职工，城镇居民粮油供应市场化。

若干年份市镇人口粮油供应等级标准表

表 9-7

	1956 年		1960 年		1963 年		1974 年		1980 年	
	粮(公斤)	油(克)	粮(公斤)	油(克)	粮(公斤)	油(克)	粮(公斤)	油(克)	粮(公斤)	油(克)
特重体力劳动者	22.5—27.5	250	22.5	250	26.0	250	27.5	250	27.5	250
重体力劳动者	17.5—22.0	250	15.0—17.5	250	22.5	250	20.0	200	22.0	250
轻体力劳动者	13.0—17.0	150	14.0—14.5	150	17.0	200	14.0	150	17.0	250
干部职工及脑力劳动者	12.0—14.5	63	11.0—12.0	62	15.0	200	14.0	150	14.0	250
中学生	13.0—16.5	63	11.5—12.0	62	14.0	200	14.0	150	14.0	250
居民及十岁以上儿童	11.0—13.0	63	10.5	62	11.5	200	11.5	150	12.0	250
六岁以上儿童	9.5—10.0	63	8.5—10.0	62	11.5	200	11.5	150	11.5	250
三岁以上儿童	5.5—7.5	63	6.5—8.5	62	9.5	200	9.5	150	9.5	250
不足三岁儿童	3.0—5.5	63	3.5—5.5	62	9.5	200	6.5	150	6.5	250

注：粮食为成品粮每人每月供应量；油为每人每月供应量

（二）回销粮供应

1958 年“大跃进”后造成三年经济困难，粮食供应紧张，出现人口非正常死亡。1960—1961 年上半年，上级下拨回销粮，供应给困难群众，回销粮按人口分配到户。1974—1980 年，对部分缺粮村烈军属困难户、五保户、因天灾人祸的困难户等，实行“一年一定”安排回销粮。

1974—1980 年蛟洋公社回销粮供应情况表

表 9-8　单位：公斤

队别	1974 年	1975 年	1976 年	1977 年	1978 年	1979 年	1980 年
合计	752108	734247	734870	758102	694850	450834	320764
蛟洋	53828	51346	49133	53167	46475	21746	17218
塘厦	41676	43214	47167	51268	49186	23487	18169
丘坊	47218	45178	48176	47417	45147	21694	17144
华家	48321	44656	49154	44186	40489	31785	21876
再兴	52167	49725	51263	52189	49143	34367	22468
中村	51462	50437	53468	54147	51248	31728	21340
坪上	24768	21248	19176	20212	19187	11267	8175
再嘉	19967	18176	17147	19176	17164	13189	9642
邹坑	17428	16425	18144	20248	18546	13268	8647
文都	13297	14683	15174	14164	13127	9769	7642
苏坑	36785	29467	31246	28874	27654	14563	9186
丰年	26424	27128	29143	27163	25136	19173	11241
贵竹	19168	18144	17654	16146	15178	9876	7678
秋竹	31876	32167	38428	39277	33179	21375	19143
小和	33424	35178	36134	37143	32164	21248	17164
梅坝	29164	30143	32176	29186	27186	19176	11247
坪埔	27624	26247	24281	25144	23143	18979	12349
下道湖	21645	22364	21247	23185	21237	15164	10176
崇源	23361	25178	23189	21212	19186	11285	9760
东乾	24726	23145	19163	20397	18174	13247	10342
陈坊	19178	20133	22416	21239	19247	12648	9780
文地	29244	28146	29137	27164	23212	19167	11367
杨梅坑	18467	19174	18144	20234	19189	13218	8987
达理	21247	22356	1267	24318	21286	18169	10246
桃源	19643	20189	23243	21246	19967	11246	9777

五、储　运

（一）仓　库

民国 30 年 12 月，因赋改征实物后，蛟洋区公所分别在蛟洋、丘坊、华家天后宫设木合仓 5 个，其余各保也设木合仓 1 个以上，每个木合仓可储粮 10 吨—15 吨。

新中国成立后，各保木合仓不再存储稻谷，由各乡设仓存储，华丰乡集中到华家天后宫存储，丘坊、塘厦、蛟洋等乡集中到蛟洋 储存坪埔、下道湖、梅坝集中到坪埔存储。1953 年 12 月实行统购统销后，储粮增多，仓容紧张，蛟洋区公所分别在华家、蛟洋、丘坊、丰年、中村扩设木合仓5个储粮。1963年后，分别在华家、丘坊、蛟洋建造房式仓3座。每座可储粮200吨—300吨，共计仓容1000吨，2008年，蛟洋粮食储备800吨，2010年，华家、蛟洋仓库被拆除。

2012年，上杭县在蛟洋坪埔建成一座占地面积46000平方米，建筑面积2200平方米的储粮仓库，总储粮60万吨。

（二）保 管

1955年起，粮站开展创“四无”（无害虫、无霉变、无鼠害、无事故）粮仓活动。贯彻“以防为主，综合防治”的保粮方针，落实粮食管理标准和各类储备粮的管理要求；不断完善和健全各项规章制度。严格入库管理制度，定期进行仓查和站查。每半年开展“一符四无”（账实相符、无虫害、无霉变、无鼠害、无事故）活动；应用科学保粮新技术，确保储粮的安全与质量。从未出现因保管人员失职而发生的 事故。

（三）调 拨

1953年12月实行粮食统购统销后，粮油调拨严格执行国家计划，坚决执行“先中央、后地方”和“保证重点、照顾一般”“好粮外调”的原则，做到不合规格的粮及虫粮不调，定量不标准的不调。1994年实行市场调剂粮油，自由调拨。定购粮的购销平衡调拨，按县政府规定执行至2000年年底。2001年，粮站实行机构改革，粮油实行“购销包干，各站自负”的管理制度，所购粮食全部外运。

（四）运 输

民国以前，蛟洋粮食的输入输出全靠雇用挑夫，上连城下大池走的都是石砌路。民国初期，田赋多折收银元，征收的少量粮食供地方官员食用。民国30年（1941年）12月，田赋改征实物后，都用木合仓存储。

新中国成立后，所征公粮储存在各乡设立的仓房。1958年308省道开通后，设立公粮收购点，除了仓储外，用汽车运往大池、龙岩。

六、管 理

（一）机 构

民国18年10月，北四区（蛟洋）苏维埃政府及各乡苏维埃设粮食委员会。次年8月后，各区苏维埃、乡苏维埃设立粮食调剂局，建立粮食合作社，每个粮食合作社设委员5人，主任1人（常驻）。民国36年8月，古蛟区各乡设有仓管员1人，直至1949年9月。

新中国成立后，1949年10月古蛟区人民政府设立财粮委员会，各乡（村）设立财粮委员。负责征收公粮支前和储运粮供应党政军人员和学校的给养。

1952年11月，古蛟区设公粮分支库，蛟洋供销社负责粮食征购等业务。

1953年12月，实行粮食统购统销后，粮食工作任务日益繁重，管理机构随之发展，人员逐渐增加，蛟洋供销社粮食收购点由3个增加到5个。

1954年，古蛟区设立区财政委员会管理财粮，由区一位主要干部负责。

1966年，蛟洋公社在公社所在地丘坊建立粮站，设站长1人，业务人员1人，仓管1人。1970年5月，蛟洋公社设立财贸服务站，但业务仍分开办理，1972年7月恢复蛟洋公社粮食管理站，设站长1人，指导员1人，干部职工3人—5人。

1978年，蛟洋公社粮食管理站更名为上杭县粮食局蛟洋粮站。

1984年，蛟洋粮站有干部职工20人，其中正式职工12人，临时工2人，计件工3人，季节性计工3人，下设5个分仓，4个门市部，1个作坊，1个加工厂。

1988年，蛟洋粮站更名为蛟洋乡粮食购销站，一直延续至2013年，2013年有干部2人。

（二）票证管理

粮　证　1953年12月，实行粮食统购统销后，对居民粮食供应进行核定数量，凭证定点供应。1955年后，始用“市镇居民粮油供应证”和“农村粮油供应证”两种。蛟洋粮站对所辖居民和单位每年更换一次购粮证，每季核证一次，并定期成不定期对人口变动、工种等级用粮进行检查，及时填塞漏洞。供应农村粮食，按供应对象分别使用“回销粮证”和“周转粮证”。60年代使用过“借粮证”“代管粮证”。对工商行业使用粮油和饲养单位的饲料粮，专用“工商粮油供应证”和“饲料粮证”。1993年，根据国务院《关于粮食流通体制改革的通知》，全面废止定量供应粮油的政策，同年4月1日起，城镇居民的粮油供应证改发“粮籍证”。

粮　票　在境域内流通的有“全国通用粮票”“福建省地方粮票”“华侨粮油票”。1984年用过“福建省流动粮票”，规定流动人口实行证票合一使用。1960—1984年收购农副产品，使用过“福建省奖售粮票”(原粮票)。1993年4月起，取消粮票。

（三）业务管理

1958年6月，蛟洋粮站实行独立核算。1960年起，粮食购销调存实行费用包干。

1981年，粮食购、销、调差额大包干，推行定额考核，指标责任到仓，对平价销售进行压缩，扩大议价经营范围。

1985年起，试行粮食体制改革，粮油计划管理实行“购销包干、差额管理、财务包干、钱跟粮走、一年一定、少购多销、盈亏自负”的管理制度。

2001年后精简人员，转换经营机制，发挥属地优势与粮食收购市场竞争，突破“就地购销”的僵化经营模式，开展“即购即销”“内购内销”“外购外销”“联营购销”等业务，扩大经营范围，提高效益。

已知蛟洋粮食购销站（粮站）站长名表

表9-9

姓　名	职　务	任职时间	姓　名	职　务	任职时间
郑树桥	站　长	1977—1980	李火阳	站　长	1992—1995
张荣椿	副站长	1980—1984	丘新球	站　长	1996—1998
杨保椿	站　长	1984—1987	郭建元	站　长	1999—2000
张荣椿	站　长	1987—1991	马天生	站　长	2001—2013

第五节　住宿业　餐饮业　其他服务业

一、住宿业

清末时期，上杭通往龙岩的驿道经过境内丰年桥圩，为方便往来于龙岩、上杭的客商，丰年桥圩建有“客栈”。为方便连城庙前、等地的客商，在黄土畲圩也建有“客栈”。这些“客栈”都为全木结构和土木结构的二层楼房。

新中国成立初，在黄土畲、丘坊、蛟洋集市建有土木结构二层楼房的旅店，每个旅店设有十多张床位，供过往客商住宿，设备简陋。

1965年，丘坊成为公社所在地，丘坊市场逐步繁荣，蛟洋供销社开设旅社，入住旅社的人大多是龙岩、连城、上杭方向的客商，年入住旅客2000人次左右。80年代后旅社由供销社职工承包，2000年后停办。

2002年，蛟洋乡政府治所从丘坊迁至蛟洋后，新建蛟龙大酒店，集饮食、住宿为一体，新建兴龙宾馆和富民宾馆，设单人间、标准间、内设卫生间、配有沙发、空调、电视机、热水器等。

2005年赣龙铁路通车并在坪埔设上杭火车站、2007年蛟洋工业区的设立，促进蛟洋住宿业快速发展。2013年，蛟洋有宾馆（旅社）21家，床位400多张；其中，坪埔有宾馆（旅社）9家，规模较大的有“紫金铜业大酒店”“家天下酒店式公寓”等。

二、餐饮业

20世纪70年代，丘坊、蛟洋集市创办饮食店，圩天为满足赴圩群众的需要，清汤面敞开供应（每碗收粮票2两，0.2元），平时有馒头、包子供应过往群众。90年代后停办。

20世纪80年代后，个体、私营饮食摊点蓬勃兴起，传统小吃油炸糕、糍粑、蒸年糕等得以恢复和发展。

20世纪90年代后，酒店、宾馆不断涌现。经营的花色品种除了具有地方特色的名菜外，鲍鱼、花蛤、鱿鱼等海产品逐渐成为宴席上的常菜。沙县小吃、杭州风味也开始在蛟洋出现，馄饨、饺子、油条、鱼粄、烧馒等风味食品成为人们的喜爱。

1996年319国道改线经蛟洋，特别是2002年蛟洋乡治所从丘坊村迁至蛟洋村，新建蛟洋农贸市场后，蛟洋集镇饮食业发展较快。各家酒店承揽大型宴会，为婚嫁、乔迁等喜庆提供服务。除传统饮食外，洋快餐如“戈麦司”亦落户蛟洋。在蛟洋大道、文昌阁畔，每到下午四五点时就有煎饼、油炸糕、荷包蛋、豆浆、豆腐花等风味小吃摊点摆卖，供过往人们选购。人民群众多层次消费日益方便。

2005年赣龙铁路通车并在坪埔设上杭火车站、2007年蛟洋工业区的设立，促进蛟洋餐饮业快速发展。仅坪埔村就兴办饭店、酒家10余家。

2013年，蛟洋镇共有饮食业48家。

三、其他服务业

（一）理　发

新中国成立初，农村个体理发师称为剃头师傅，个体理发师没有固定店铺，都是走村串户，熟悉以后，按时间、按地点，一月一次轮流，理发工资除了用钱外还有用稻谷计算。20世纪70年代后，逐渐在各圩场设有理发店。

20世纪90年代后，随着人民生活水平的提高，为适应各层次的消费需求，理发行业也引进、设计新颖时尚的男女发型，增设烫发、染发、修眉、修脸、新娘化妆等服务项目，初步融美发美容为一体。2000年后，服务项目增设焗油、拉直、干洗等，传统的理发行业逐步发展为现代美容美发业。

2013年，蛟洋镇有理发、美容美发店12家。

（二）日用品修理

新中国成立初，境内有挑着简单工具走村串户为群众开展修理服务的修理工，主要修理钟表、雨伞、电筒、门锁、鞋和补锅、补缸等。各圩场也开有修理店，一般逢圩天开展业务。

20世纪70年代后，主要修理手表、收音机、黑白电视机、自行车及其他日常用品等。

20世纪90年代后，主要修理彩色电视机、电冰箱、电磁炉、空调等高档家用电器，摩托车、汽车修理业快速发展。

2013年，蛟洋镇有家用电器等日用品修理店14家。

（三）镶牙补齿

20世纪70年代，丘坊、蛟洋有龙岩人和本地人在圩场开设镶牙补齿店，也有在逢圩日摆摊设点开展镶牙补齿业务的。

（四）照 相

20 世纪 70 年代，蛟洋村傅祥寰在自己家里开设照相馆，承揽群众学生的毕业照。“文化大革命”后，照相业务逐步发展，照相技术、照相器材不断改进，逐步引进彩色摄影、数码照相技术等，适应新的消费需求。

2013 年，蛟洋有照相馆 4 家。

（五）计算机应用服务

20 世纪 90 年代后，国家机关、企事业单位计算机应用逐步普及，并进入部分农民家庭。计算机应用服务业逐步发展。

（六）娱乐服务

2000 年后，蛟洋酒店、宾馆设歌舞厅，供爱好者娱乐。

（七）文印 洗车

2013 年，蛟洋镇有文印（打字）店 3 家；洗车服务 3 家。

（八）汽车修理

随着交通事业的发展，汽车维修量越来越大。2013 年，全镇有汽车维修店铺 11 家。

（九）“学生家政”服务

2000 年后，随着教育体制的改革，撤并教学点，未设学校（教学点）的村，大部分学生进入蛟洋中心小学就读，学生年纪较小，许多家长放心不下，于是“学生家政”服务应运而生。2013 年，蛟洋集镇从事“学生家政”服务的有 7 家，主要负责提供食宿、负责学生的生活起居和作业辅导等。

第十章　工商　税务　金融　财政

第一节　工商行政管理

清光绪三十四年（1908 年）蛟洋设商务分会，采取行政管理与业务经营相结合的办法，主管商人的经济活动。民国 19 年（1930 年），商务分会改为商会，兼工商行政管理工作。第二次国内革命战争时期，蛟洋苏维埃政府负责发展工商业，加强市场管理，打击奸商、稳定物价工作，粉碎国民党统治区对苏区的经济封锁。主力红军长征后，由蛟洋乡公所行使工商行政管理职能。

1951 年，区人民政府成立了工商业联合会，负责对辖区内的工商业进行管理，引导商户诚信守法经营。1953 年开始逐步实行对工业、手工业和资本主义工商业的社会主义改造，至 1956 年年底基本完成对全区私营工商业的社会主义改造。

1965 年，成立蛟洋公社市场管理委员会（简称市管会）。1981 年，撤销市管会，成立蛟洋工商行政管理所（简称工商所），履行“保护合法经营，打击非法行为，促进经济发展，维护消费者利益”的职能。中共十一届三中全会后，充实加强工商行政管理机构，加强集市贸易管理，整顿市场秩序，同时逐步加强物价、标准管理工作，充实人员机构，完善管理制度，促进经济繁荣。

一、市场管理

明清时期，在集市上进行交易，必须经“牙人”（中间人）进行“评议市价”。

民国时期，交易管理主要靠交易所、牙行进行。

民国 19 年，区苏维埃政府执行《上杭县第一次工农兵代表会议的提案》，加强对粮食市场的管理，对繁荣苏区市场起积极作用。民国 21 年，苏维埃政府在秋竹丰年桥设立检查站，检查过往物资的证件和出口证明、严防逃税漏税、贩卖金银等不法行为。

新中国成立之后，区人民政府执行“发展经济，保障供给”的方针，保护合法经营、保护生产消费，消费各方利益，稳定市场秩序。1953 年，贯彻执行政务院《关于实行粮食计划收购和计划供给的命令》和《粮食市场管理暂行办法》，米谷、食油等统一由国家经营，不准私人自由买卖，其时，蛟洋供销合作社代行粮油经营业务。

1958 年，在“人民公社化”运动中，自留地收归集体，砍掉家庭副业，集市贸易被取消。

1960 年 11 月以后，有计划地恢复农村集市，被关闭的“自由市场”逐步开放。公社市场的管理委员会、加征对一、二类物资、开放三类物资、取缔无照经营、制止弃农经商，限制长途贩运。

1962—1966 年，不准一、二类物资进入初级市场，不准商贩投机贩运；生产队生产的一、二类物资不准自由上市。

1965 年，蛟洋成立市场管理委员会，主要职责是：宣传建立社会主义文明市场，敦促商户合法经商；打击不法经商；管理市场秩序和治安卫生；向个体商户收取市场管理费。

1966 年下半年以后，工商行政管理部门受“文化大革命”冲击，处于瘫痪状态。1968 年，公社成立打击投机倒把办公室，加强市场管理，以保证国家收购任务的完成。

中共十一届三中全会后，国家相继发布《集市贸易管理办法》《中华人民共和国食品卫生法》等法律法规；1981年成立蛟洋工商行政管理所，市场管理逐步走上法制轨道。

2007年，蛟洋乡建立12315消费维权服务站，在行政村设立12315消费服务点。

2008年9月1日始，蛟洋工商所停征工商市场管理费和个体工商管理费。

2010年，蛟洋工商行政管理部门查处案件41件，罚款11.29万元；2011年，查处案件49件，罚款12.39万元；2012年，查处案件59件，罚款5.05万元；2013年，查处案件53件，罚款25.46万元。

二、企业登记管理

（一）企业登记

1965年蛟洋市管会成立后，着手对个体商户进行登记和颁发“营业许可证”工作。

“文化大革命”期间，工商行政管理处于停顿状态，登记发证工作中断，企业更名、歇业、合并、转产均无须办理注册登记。

1978年，恢复企业登记工作。

1980年后，个体工商户和各种企业增长速度加快。登记发证的个体工商户和企业数也大幅上升，涉及商业、照相、镶牙、饮食、雕刻、修理等行业。

1981年，蛟洋市管会改为蛟洋工商所。蛟洋工商所开展商业、饮食业、服务业、交通运输业普查登记工作，从资金、人员、设备、生产、经营范围等方面审查复核，重新核发或换取营业执照。

2000年，全乡登记的个体工商户8户，8人，注册资金14万元。企业5个，投资人2人，雇工54人，注册资金10万元。

2013年，全镇登记的个体商户115户、194人，注册资金2138万元，企业29个、投资人44人，注册资金9806万元。

（二）监督管理

民国19年，区苏维埃政府对个体经济实行保护和封锁政策；保护依法照章纳税的商人，允许其自由贸易。

新中国成立后，区人民政府成立工商联合分会，负责管理全区私营工商企事业，个体工商户按政策开展生产经营活动。

1953年开始的对私营工商业社会主义改造，采取“利用、限制、改造”和“赎买”政策，将蛟洋的个体商户过渡到蛟洋供销社和合作商户。过渡到供销社的有2户、4人，过渡资金7400元，组成合作商店的有6户。

1958年，在“大跃进”“人民公社化”运动中，农村合作商店过渡为供销社门市部，手工业社（组）划入公社管委会，“统一核算”，实行“供给制”。工商管理机构亦合并在商业局，企业登记管理处于停顿状态。

1962年，贯彻执行《上杭县商贩管理暂行规则》。

1981年，蛟洋工商所成立后，大力支持和恢复发展个体经济，加强对个体经济生产经营的监督管理。

1983年6月，成立蛟洋个体劳动者协会，有会员23人，占登记发照个体户的100%。同年始，放宽对个体经济的政策界限，放宽经营范围和经营方式，允许个体手工业使用机动工具加工、生产。个体运输业可以根据当地实际的具体情况，允许使用机动车承揽客、货运输；个体工商业户经批准可以从事长途贩运，批量销售。

1986年，加强对机动车辆运输管理，凡参加营运的汽车，大、中、小型拖拉机均颁发执照，照章纳税、交费。

1987年，积极支持、稳定发展各类经济联合企业，并从经营范围、经营方式、审批手续等方面适当放宽。

1990—1993年，贯彻落实上杭县工商局制定的支持工商企业发展的5条措施，清理各类许可证和专项审批制度，放宽资金，名称限制，对次要文件暂缺的允许先办照后办手续；放宽经营方式，对外地到蛟洋乡投资办企业的给予优先办照；认真查处违章违法行为；积极为企业服务，做好管理、服务一体化，促进工商企业的发展。

1994年，宣传贯彻《中华人民共和国公司法》，促使企业进一步转换经营机制，有计划、有组织、有步骤地推行现代企业制度试点工作，使得全乡工商企业发展比较平稳，投资规模加大，企业经济实力增强、工业、建筑业商业发展较快。

2009—2013年，蛟洋工商所针对蛟洋是全市生姜主产区、但年年生姜销售价格不稳定、常常使得姜农增产不增收的问题，开展为民解忧活动，对蛟洋腌渍生姜生产企业实施行政指导，指导蛟洋优创油脂生产企业与农户和生姜种植大户客户签订产销合同。2013年，全镇350户农户和45户生姜种植大户成为指导对象，规范生姜收购合同850份，涉及生姜种植面积4500多亩，推动蛟洋地方产业快速健康发展。

三、商标管理

明末清初，蛟洋境内纸商经营土纸曾使用过商标。

1997年11月，闽西丰农食品有限公司（2012年12月改制为福建丰农食品股份有限公司）注册“FENGNONG”商标。

2001年《中华人民共和国商标法》颁布实施后，企业商标意识增强，运用商标开拓市场，提高产品知名度。同时，重视培育蛟洋品牌，走品牌化道路。2009—2013年，注册26个商标。使用商品除工业企业产品外，还涉及花生、木耳、豆腐；茶、茶饮料、蜂蜜、米、豆浆；广告设计、广告策划、广告宣传；流动饮食供应、自助餐厅等。其中，福建丰农食品股份有限公司就注册“丰农”“绿林客”“山尊逸品”等商标；2010年，“丰农”商标被认定为“福建省著名商标”。

1997—2013年蛟洋镇注册商标情况表

表10-1

商标名称	申请人	注册时间	使用商品
FENGNONG	福建丰农食品股份有限公司	1997.11.7	笋干、地瓜干、柿饼、萝卜干、香菇
梅花山	福建上杭县蛟洋连发坑（坪埔村）	2002.1.28	医用氧气、浴用氧气
红 蛋	张善能（蛟洋乡苏康村）	2009.7.21	广告设计、广告策划、广告宣传等
丰 农	福建丰农食品股份有限公司	2009.11.28	鱼皮花生、冰淇淋、饼干、酱油等
丰 农	福建丰农食品股份有限公司	2009.11.28	果汁、矿泉水、蔬菜汁（饮料）等
铁齿铜芽	福建省上杭县坪埔村苦竹山12号	2009.12.7	茶、茶饮料、蜂蜜、米、豆浆等
坤 威	龙岩市坤华电气设备有限公司	2009.12.7	铝、铜、五金、器具、金属管道等
一品金汤	丘美兰（蛟洋坪埔村）	2010.1.7	茶、茶叶代用品、茶饮料、豆浆、食用芳香剂等
坤 威	龙岩市坤华电气设备有限公司	2010.2.14	电缆、电线、变压器（电）、电源材料等
丰 农	福建丰农食品股份有限公司	2010.3.21	笋干、鱼肉干、果冻、蔬菜色拉、蛋等

续表 10–1

商标名称	申请人	注册时间	使用商品
青皇酸奶茶	丘小懿（蛟洋坪埔村）	2010.3.28	茶、茶饮料、咖啡、茶叶代用品等
皇　钻	丘小懿（蛟洋坪埔村）	2010.3.28	茶、茶饮料、茶叶代用品、面包、馅饼等
丰　农	福建丰农食品股份有限公司	2010.4.28	医用营养食物、乳、净化剂等
满盛雪蛤	丘满生（蛟洋乡坪埔村苦竹山）	2010.6.21	流动饮食供应、自助餐厅等
龙氟化工	福建龙氟化工有限公司	2010.7.14	氢氟酸、氟硅酸钾
东　悦	邱松海	2010.7.14	茶、咖啡、茶叶代用品、糖、糕点、馅饼等
丰　农	福建丰农食品股份有限公司	2010.7.21	动物食品、饲料、糠、稻草（饲料）等
皇　鑫	张秋鸿（蛟洋苏康村）	2010.11.28	帘子布、布棚、弹性布料、无纺布等
丘坊红	丘国焕	2012.10.28	茶、咖啡、茶叶代用品、茶饮料、糕点等
丰　农	福建丰农食品股份有限公司	2012.11.14	可可制品、糖、麦芽糖、饼干、冰淇淋等
FENGNONG	福建丰农食品股份有限公司	2012.11.14	柿饼、以果蔬为主的零售小吃等
茂　强	上杭县茂强粮食专业合作社	2012.11.28	米、米粉、生糯粉、谷类制品、豆类粗粉等
辉　园	龙岩市辉园保洁服务有限公司	2012.12.21	人造花、人造盆景
CAMASATA	福建优创油脂有限公司	2013.7.28	食用油脂、黄油、花生、木耳、豆腐等
绿林客	福建丰农食品股份有限公司	2013.10.7	食用油、精制坚果仁
蛟　塘	上杭县金塘种猪有限公司	2013.10.7	树木、谷、植物、蔬菜、酿酒麦芽等
亿嵘宏达	福建亿嵘宏达矿业有限公司	2013.10.21	工业用白云石、稀土、铝土矿、高岭土等
山尊逸品	福建丰农食品股份有限公司	2013.10.28	蜂蜜、谷类制品、食用芳香剂

四、管理机构

1965 年，蛟洋成立市场管理委员会。1970 年至 1971 年 6 月，蛟洋市管会由县工商局统一管理。1971 年 6 月后，蛟洋市管会直接受县工商局领导，所收的管理费上交县工商局。1981 年，蛟洋市管会改为蛟洋工商所，为县工商局派出机构，业务、人事、财会工作由县工商局直接领导管理，行政上接受当地党政领导。

2003 年 8 月，蛟洋工商所改为蛟洋工商分局，管辖步云乡、古田镇、蛟洋乡、白砂镇、泮境乡。

2004 年 5 月，蛟洋工商分局升格为副科级的蛟洋工商所。2007 年 10 月，古田工商所恢复设立，蛟洋工商所原辖的步云乡、古田镇划归古田工商所管辖。

1965—2013年蛟洋工商所（市管会）历任主要负责人名表

表10–2

姓　名	职　务	任职时间	附　注
丘善模	负责人	1965—1973	市场管理委员会
丘钦富	负责人	1973—1978	市场管理委员会
张其宾	负责人	1978—1981	市场管理委员会
黄涛元	所　长	1981—1984	蛟洋市管会改为蛟洋工商所
林洪源	所　长	1984—1987	
陈洪源	所　长	1987—1990	
陈炳汉	所　长	1990—1993	
严俊生	所　长	1993—1994	
马燕球	所　长	1994—1999	
廖志刚	所　长	1999—2000	
陈志林	所　长	2000—2001	
胡增明	所　长	2001—2002	
何发庭	分局长	2002—2003	2003年8月，蛟洋工商所改为蛟洋工商分局
廖志刚	分局长	2003—2004	
沈占辉	所　长	2004—2005	
刘文辉	副所长	2005—2006	主持工作
丘燕峰	所　长	2006—2013	
袁庶斌	所　长	2013.2—	

第二节　税　务

一、工商税

明清时期，蛟洋主要有货物税、门摊税、印花税、盐税、屋铺税、路捐等税种。

民国时期增开征契税、屠宰税、烟酒营业税、改厘金为营业税，屠宰税增加教育附加税三成等税，还实行使用过牌照税、房捐、筵席税及娱乐税等。

民国18年（1929年），苏维埃政府开征的税种有农业税、山林税、园地税、摊子税、店房地基税、营业所得税等。

民国35年，傅柏翠为独立发展家乡经济，重视组织财政税收；为举办公益事业专门设立公益税和公益捐；规定举办各类合作社（生产、消费、信用）应上缴利润。所有税收统归为区财管会管理。由于当时的历史条件，古蛟地区不再向国民党政府交纳一切苛捐杂税和军饷摊派。驻上杭城军阀卢新铭和国民党县政府也不敢向古蛟地区征收公粮和各类税收。

新中国成立后，废除苛捐杂税，立足生产、流通，开辟税源，税收成为积累社会主义建设资金、调节经济的重要手段。

根据政务院1950年1月公布的《全国税收实施条例》，开征14种税。蛟洋境内实际征收的主要有货物税、门摊税、屠宰税、利息税、印花税、牲畜税等税种。1953年，修改税制，一度将货物税部分应税品种及营业税、印花税合并试行商品流通税。1958年简化税制，又将税种合并为3种，即工商统一税、工商所得税和盐税。70年代，增收教育附加费。1983年后，调整、健全、完善税制，强调集中统一，增开税种，至1987年，工商税种有产品税、营业税、增值税、所得税和盐税5种。

1994年，实行分税制财政体制改革，建立中央税收体系和地方税收体系。税收收入按税种划分为中央税、地方税及中央和地方共享税，其中关税、消费税为中央税；增值税、所得税、资源税为共享税，其他为地方税。税务部门实行机构分设，成立国家税务局和地方税务局。前者征收的税种包括增值税、消费税、中央企业和外商投资企业所得税等中央税及中央和地方共享税；后者征收的主要税种主要是营业税、企业税、个人税、城建税、房产税、土地使用税、车船使用（牌照）税、印花税、土地增值税、资源税、屠宰税等。其中耕地占用税、契税、农业税、牧业税等“农业四税”由农税征管。新税制对税种进行调整，将原个人所得税、个人收入调节税、城乡个体工商户所得税合并，建立统一的个人所得税。对企业所得税实行统一的内资企业所得税制度。取消产品税，把原由产品税、增值税、营业税组成的流转税改为由增值税、消费税、资源税和营业税组成，统一适用于内资企业，取消对外资企业征收的工商统一税。对商品的生产、批发、零售和进口普遍征收增值税，并选择部分消费品交叉征收消费税，对不实行增值税的劳务交易和第三产业征收营业税。

1991—2013年蛟洋工商税完成情况表

表10-3　　单位：万元

年份	国税征收	地税征收	企业所得税	营业税	个人所得税	屠宰税	车船牌照税	房产税	印花税	城市维护建设税	合计
1991	—	14.09	1.20	11.20	0.31	1.11	0.27	—	—	—	14.09
1992	—	12.58	—	10.64	0.32	1.36	0.26	—	—	—	12.58
1993	—	23.89	0.18	20.57	0.07	2.90	0.17	—	—	—	23.89
1994	—	23.03	—	16.77	4.10	1.63	—	—	—	0.53	23.03
1995	34.27	18.25	—	8.68	4.84	3.29	0.31	—	0.65	0.48	52.52
1996	48.39	21.78	—	7.97	9.08	2.97	0.42	—	0.70	0.64	70.17
1997	43.60	26.54	—	8.12	12.43	3.46	0.82	—	0.94	0.77	70.14
1998	74.78	28.60	—	4.34	15.71	5.65	0.61	—	1.45	0.84	103.38
1999	136.12	30.66	—	5.80	18.81	4.83	0.65	—	0.25	0.32	166.78
2000	144.63	45.79	—	9.78	27.63	6.04	1.31	—	0.81	0.22	190.42
2001	137.18	40.72	—	11.46	28.07	—	—	—	0.41	0.78	177.90
2002	149.47	50.16	0.26	13.20	34.83	—	—	—	0.39	1.48	199.63
2003	258.36	42.41	0.61	12.61	26.47	—	—	—	0.24	2.48	300.77
2004	361.33	42.51	0.50	18.46	19.82	—	—	—	0.99	2.74	403.84
2005	641.61	45.77	3.58	16.28	24.96	—	—	—	0.36	0.59	687.38
2006	775.44	113.66	16.87	51.82	42.96	—	—	—	0.95	1.06	889.10

续表 10–3

年份	国税征收	地税征收	企业所得税	营业税	个人所得税	屠宰税	车船牌照税	房产税	印花税	城市维护建设税	合计
2007	789.34	381.92	28.85	213.75	112.58	—	—	—	20.30	6.44	1171.26
2008	816.40	1045.71	30.95	107.91	840.10	—	—	—	53.27	13.48	1862.11
2009	928.76	593.27	58.87	305.17	149.26	—	—	0.46	65.76	13.75	1522.03
2010	1932.08	1638.70	101.34	1069.09	361.03	—	—	—	86.72	20.52	3570.78
2011	2893.39	4049.87	307.85	2599.75	866.36	—	—	—	236.70	39.21	6943.26
2012	2053.62	4414.50	579.72	2494.98	840.63	—	—	1.50	356.44	141.73	6468.12
2013	1481.27	4412.76	465.89	2692.88	652.20	—	—	30.57	377.35	193.87	5894.03

二、农业税

宋至清，历代税收没有统一制度。宋征地丁、粮米。明洪武十四年（1381 年）丈量田地、分官、民二等。清代官田分 4 等 5 则，民田分 3 等杂田分 7 等；雍正二年（1724 年）摊丁入亩，地丁、粮米合并征收。

民国元年，地丁改称田赋；民国 30 年起，田赋改征实物（稻谷），全部归中央收入。此后每年征粮任务有增无减，民国 35 年后改征代金。

苏维埃政府时期，农业税只征收主要生产（谷麦）的税，副产不征税，红军家属按照红军优先条例免税；雇农和分得田地的工人一律免税，贫农收入已达开始征收的税额，但仍不能维持其一家人生活的，由乡苏维埃规定个别减税或免税；对于过去富农的征税，要较重些；遇有水旱灾等灾，或遭受白匪摧残的区域，按照灾情轻重，免税或减税。此后，傅柏翠为筹集资金办古蛟中学，专门增加一项秧地税。

新中国成立后，农业税（称公粮）征实物，采取计定常年产量，依率计征，一定几年，保持稳定负担，增产不增税。1956 年，改按农户核算征收为集体核算征收。1958 年，执行《农业税条例》，为鼓励增产，实行增产不增税政策，并废除累进税制，改为地区差别的比例税制。1981 年后，农村实行家庭联产承包责任制，国家为减轻革命老区、边寨山村和贫困乡村负担，实行农业税起征点办法，凡每人年均口粮 100 公斤以下、收入 50 元以下的免征。

2004 年起，国家取消延续中国社会 2600 多年的“皇粮”“国税”，农民免交农业税。

三、特产税

苏维埃政府时期曾开征“山林税”；对山林出产所征收的税主要包括竹麻税、木梓税、茶叶税、果子税四种；山林税只收现金，不收实物，按实物最高市价折算为“苏维埃国币”，实行累进征收办法，对新垦荒山免税。

新中国成立后，对茶叶、水果、竹木、烤烟及其他特产等开征农林特产税，按固定税率 6%计征。1991 年，全乡烤烟特产税收入 16.93 万元，占全年税收总收入的 48.7%。1992—1998 年，全乡共征收各种特产税 60.91 万元。1992—2002 年，全乡共征收烤烟特产税 294.47 万元；原木特产税 113.01 万元；其他特产税 27.1 万元。2003 年国家进行农村税费改革，当年起免除烟叶、原木收购环节特产税外的其他特产税。2003—2007 年，全乡共征收烤烟特产税 618.02 万元。2008 年开始，停征各种特产税。

1991—2007 年蛟洋乡农业税、特产税完成情况表

表 10–4　　单位：万元

年份	农业税	特产税				合计
			烤烟税	原木税	其他特产税	
1991	17.80	16.93	16.93	—	—	34.73
1992	16.87	1.62	1.62	—	—	18.49
1993	22.06	0.90	0.90	—	—	22.96
1994	38.12	0.47	0.47	—	—	38.59
1995	38.11	1.29	1.29	—	—	39.40
1996	55.25	11.97	11.97	—	—	67.22
1997	47.18	44.74	22.37	17.61	4.76	91.92
1998	61.43	45.18	22.59	19.42	3.17	106.61
1999	74.16	70.88	39.17	26.11	5.60	145.04
2000	81.47	78.12	41.25	27.46	9.41	159.59
2001	98.54	90.00	63.43	22.41	4.16	188.54
2002	137.10	89.41	89.41	—	—	226.51
2003	136.87	92.14	92.14	—	—	229.01
2004	—	117.61	117.61	—	—	117.01
2005	—	187.35	187.35	—	—	187.35
2006	—	174.15	174.15	—	—	174.15
2007	—	146.77	146.77	—	—	146.77

四、税务管理

宋初，县以下为乡里，以里正负责催赋税之责；熙宁年间（1068—1085 年）改革乡制，推行保甲制度，设甲头负责督催赋税苗役。

明代，乡制为里甲制，十户为一里，百户为甲，里甲之职在催征赋粮、解收田赋者为粮长。

清代，税收征收由保甲长负责。咸丰、同治年间（1851—1874 年），创设厘金。

民国初期，农村均实行当地豪绅承包的包税制。苏维埃时期，区政府设税务科，并成立区政府税收委员会，配备专职或兼职的税务干部，受同级财政和上级税务局的双重领导。区苏维埃政府及其税务机关在艰苦的岁月里，积极探索实践，积累了较为丰富的税收征管经验，建立了一整套适应战争环境的税收征管制度和工作方法，主要包括大力开展税收政策法令的宣传，在纳税申报、税收登记与调查、税收检查、税源监控、税收会计、税收票证等方面严格把关，保证了苏区各项税收工作的顺利进行。为支援革命战争、恢复发展活跃苏区经济、打破国民党经济封锁做出重要的贡献。民国 24 年春，傅柏翠组织古蛟财务委员会，清理一切公有款产，接收管理并办理出纳会计事务。民国 25 年，古蛟财务委员会改组为古蛟地方公有款产管理委员会，内设主任、会计、保管、总督员、督征员等若干人，参照苏维埃时期形成的统一财政制度，制订了税收条例；所有税收统归为区财管会管理，用于支付工作人员工资，办公用费，地方武装乡村、警察的给养，举办教育，卫生医疗设施，修筑乡村道路、桥梁、路亭架设电话线路和邮政代办所等。各村分别设立村公有款产管理处，办理该村财政收支事宜。

新中国成立后，实行“统一领导，分级管理”体制，税法、税率、税种统一由中央政府制订并颁布施行。蛟洋税务所具体负责日常征收业务，除负责日常征收管理工作外，还利用各种形式开展税务宣传，做到家喻户晓、人人自觉照章纳税。1986年国务院发布《税收征收管理条例》，进一步充实完善税收管理制度，使税收管理工作制度化、规范化。1987年，根据国务院“严肃税收法纪，加强税收工作”的规定，实行多种减免和照顾，国营粮站的平价粮油，医院的医疗保健收入等免征营业税；矿山、建筑工作的资金不征奖励税；免征乡企业产品税等。1988年，继续执行1984年国家制定的第二步利改税和工商税制改革的体制。共有23个税种统一由县税务局征收。1993年，随着《中华人民共和国税收征收管理法》的颁布实施，所征税种增加到26个。税收征管实行纳税登记、纳税鉴定、纳税辅导、纳税检查、发票管理等一整套征管与查管分离的征收管理制度。

1988—1994年，每年开展税收大检查，选抓个体户、租赁承包户、私营企业、发货票等的专项检查，然后全面铺开。

1995—1999年，税务所执行国家税务总局提出的“以明确组织收入为中心，实现工作重心向征管转移，向基层转移”的要求，建立新的征管模式，严格实行申报纳税制度，保证税款及时、足额入库，年纳税申报率达100%。1996年，通过重点稽查和专项检查，对个别纳税户有意拖欠税款的，提请上杭县人民法院强制执行，严肃了税收法纪。

2000—2013年，加强税法宣传、组织人员在各圩场举行“税法咨询日”活动，制作“依法治税，共建美好家园”的大型广告，保证税收工作规范运作。

蛟洋税务所历任主要负责人名表

表10–5

姓　名	职　务	任职时间	姓　名	职　务	任职时间
林雄庆	所　长	1981—1988	罗常春	所　长	1997.2—2000.12
傅长煌	所　长	1988—1990	王世才	所　长	2001.1-2003.12
温学群	所　长	1990—1993	雷永强	分局长	2004.1—2008.1
张焕林	所　长	1993—1996	廖如升	分局长	2008.1—2012.9
赖日文	所　长	1996—1997.1	黄华标	分局长	2012.10—2015.1

注：2004年始，蛟洋地税所归属古田税务分局统一管理，但保留了上杭县地方税局蛟洋税务所工作机构

第三节　金　融

明清时期，境内交易媒介主要为金属货币，乡村资金融通主要靠民间借贷。民国初期，金融活动逐渐扩大，始有银行纸币流通。民国16年（1927年）蛟洋农民协会开办蛟洋农民银行，首办农民生活免息贷款；它是境内最早的金融组织，也是劳动人民自己掌握银行机器的一次尝试。民国18年，上杭县苏区蛟洋信用合作社曾办理放款业务。民国20年至23年，行用苏维埃货币，人民群众积极参股苏维埃工农银行。

新中国成立后，社会主义金融事业逐步发展。1954年7月10日，成立中国人民银行上杭县支行蛟洋营业所。1956年设立蛟洋信用合作社。从此，金融机构逐步成为蛟洋境内的信贷、结算和现金出纳中心，支持、促进国民经济的恢复和发展。1958年，在“大跃进”“人民公社化”中，受“左”倾错误的影响，金

融机构盲目放款支持“大跃进”中办的企业，造成资金浪费。1961年始，严格控制依货支出和货币投放，金融业务得以正常发展，对促进国民经济调整起重要作用。

“文化大革命”期间，金融事业一度遭受挫折。1979年后，金融机构深化改革，加强监管、改善服务、扩大存款宣传，优化信贷结构、扩大信贷范围、支持服务“三农”（农业、农村、农民），经济效益逐步提高。

2013年，全镇各项存款余额12579万元，比1989年增长105倍，各项贷款余额7100万元，比1989年增长12.6倍。

一、机　构

（一）蛟洋农民银行

民国16年冬，蛟洋农民协会组织群众砍伐杉木出售，从卖得款项中抽出2000余元开办蛟洋农民银行。行址“义合祠”。曾印发流通券、发放农民生活免息贷款。后因革命斗争失败，创办不到一年便停办。

蛟洋农民银行旧址

（二）信用合作社

民国18年10月，区苏维埃政府曾组建蛟洋信用合作社，后因苏区遭受破坏而停办。

1956年，设立蛟洋农村信用合作社。

（三）中国银行蛟洋办事处

民国30年，中国银行在蛟洋设立办事处，直属中国银行龙岩支行管辖；民国30年8月22日，设立中国银行蛟洋简易储蓄处，开办存款业务。民国32年1月，改为中国银行蛟洋办事分处；民国33年5月31日停业；同年11月22日复设临时通讯处。民国34年9月5日撤销。

（四）中国农业（人民）银行蛟洋营业所

1954年7月10日，成立中国人民银行上杭县支行蛟洋营业所。1959年上半年，营业所曾一度下放人民公社管理。1964年3月，因农业银行分设，改设11个集镇办事处，与农业银行营业所合署办公。1965年9月，人民银行、农业银行合并后复改为营业所。1996年行社分离，中国人民银行上杭县支行蛟洋营业所更名为中国农业银行上杭县支行蛟洋营业所（简称农行蛟洋营业所）。2005年，由于机构改革，将农行蛟洋营业所更名上杭县农业银行蛟洋分理处。

2013年，农行蛟洋分理处有职工9人，其中行长1人，员工8人，员工中大学本科9人，经济师4人，助理经济师3人。

（五）上杭农村商业银行蛟洋支行

2010年6月，经国家银监会批准，上杭县农村信用合作社联整体改制成地方股份制银行——福建上杭农村商业银行股份有限公司。上杭县农村信用合作联社

蛟洋信用社更名为上杭县农村商业银行蛟洋支行（简称农商行蛟洋支行）。

2013年，农商行蛟洋支行有职工7人，其中行长1人，员工6人，职工中大学本科7人，经济师2人，助理经济师2人。

（六）上杭农村商业银行丘坊支行

2010年改制设立。2013年，上杭农商行丘坊支行有职工4人，其中行长1人，员工3人；职工中，大学本科0人，大专3人，中专1人；经济师0人，助理经济师4人。

（七）建设银行上杭古蛟支行

2011年3月17日，中国建设银行股份有限公司在上杭蛟洋镇坪埔工业小区设立建设银行上杭古蛟支行。

2013年，上杭县建设银行古蛟支行有职工10人，其中行长1人，副行长1人，员工8人，员工中大学本科6人，经济师1人，助理经济师3人。

（八）中国工商银行蛟洋分理处

2012年5月，中国工商银行紫金山分理处在蛟洋坪埔设立中国工商银行蛟洋分理处。2013年5月，迁往古田镇，蛟洋保留一台柜员机。

蛟洋金融机构历任主要负责人名表

表10–6

名　称	姓　名	职　务	任职时间	附　注
农行蛟洋营业所	丘发祥	主　任	1988—1991	
	傅福芳	主　任	1992—1994	
	张秋进	主　任	1995—1998	
	丘尚文	主　任	1998—2000	
	蓝小红	主　任	2002—2005	
	李兴福	主　任	2006—2009	
	吴亮明	主　任	2010—2013	
农商行蛟洋支行	傅金水	主　任	1996.1—1998.12	
	傅振松	主　任	1999.1—2005.12	
	丘建辉	副主任	2006.1—2010.6	主持工作
	丘建辉	行　长	2010.7—2013.12	
农商行丘坊分理处	华庆云	主　任	1986—1989	
	傅金水	主　任	1989—1996	
	傅振松	主　任	1996—2000	
	丘建辉	主　任	2000—2003	
	曾广平	主　任	2003—2010	
	傅炳峰	主　任	2010—	
建行上杭古蛟支行	赖咏群	主　任	2011—	

二、流通币种

（一）宋代至民国时期流通币种

1. 金属货币

宋代，使用铜钱，一枚铜钱称一文，一千文为一贯。

元代，沿用铜钱

明代，通用银锭和铜钱

清代，通用银锭、铜钱。光绪十三年（1887 年）后，陆续使用银元、银角（俗称银毫、毫子），光绪三十年（1904 年）起，始用铜圆（俗称铜板、铜片）。

民国时期，混用银圆（俗称“光洋”“花边”），银角、铜钱。民国 21 年 7 月始，使用中华苏维埃共和国国家发行的 2 角银币和 1 分、5 分的铜币；红军主力长征后停止使用。民国 24 年 11 月，民国政府实行法币政策，禁止银、铜币流通。

民国 38 年 2 月，纸币急剧贬值，商民拒用，复用银圆、银角、铜圆。

2. 纸　币

南宋昭兴三十年（1160 年），始用纸纱，称“会子”，与铜钱并行。

元至元十四年（1277 年）始，通用元朝“中统元宝交钞”。

明洪武八年（1375 年）后，通用“大明宝钞”。嘉靖元年（1522 年）政府明令停用宝钞。

清咸丰年间（1851—1861 年），行用清政府发行的“户部官票”（银票）和“大清宝钞”（钱票）。

民国 10 年起，开始有中国银行，中央银行和中南银行等“兑换券”与银圆同值流通。

民国 16 年 12 月，傅柏翠为了搞活蛟洋农村经济，促进商品流通，创办了福建省第一家“农民银行”，曾发行流通券，木刻版纸币一元和一角币种，名曰“上杭县蛟洋农民银行”。流通券在北四区、北五区（古田）北三区（华家亭）及连城县与蛟洋交界地发行。后由于蛟洋暴动受挫，农民自卫军被迫上山打游击，农民银行也随之结束。

民国 18 年冬，蛟洋信用合作社发行小面额纸币，在当地境内行用，也曾通行于龙岩大池、小池等地。

苏维埃时期，先后使用中华苏维埃共和国国家银行发行的“银币券”、闽西工农银行发行的银票，红军长征后停止使用。

民国 31 年 4 月始，使用中央银行发行的“关金券”。民国 34 年 11 月，国民政府废止银本位制，以中央、中国、交通三行（后加中国农民银行）的纸币为法币。民国 37 年 8 月，国民政府发行“金圆券”。次年 7 月 1 日，国民政府又恢复银本位制，改用中央银行的“银圆券”。

（二）新中国成立后流通币种

1950 年 1 月禁止银铜币流通。1951 年冬，已普遍使用人民币。

1955 年 3 月 1 日起，流通中国人民银行发行的第二套人民币。

1962 年 4 月 20 日起，流通第三套人民币。

1987 年 4 月 27 日始，流通第四套人民币；与第三套相比，增加了 50 元、100 元大面额人民币。

1999 年 10 月 1 日后，流通第五套人民币。

2013 年，流通的人民币为第四套和第五套人民币，以第五套为主。

三、金融业务

（一）民间借贷

明清至民国时期，蛟洋境内民间借贷的主要形式有借钱、借谷、卖青苗、凑会、典当等，由互通有无、低利融通发展为高利贷。新中国成立前，贫苦农民遇到难以抗拒的天灾人祸或青黄不接，借贷无门之时卖青苗，将还未成熟的稻谷贱价卖出。粮食借贷一般春借夏还，也有春借钱秋还谷。利息少则加三，重者加二倍的；当年还不清，利上滚利。有的要用家产抵押，没有按时归还，押品不退。在高利贷的盘剥下，贫苦农民饥贫交困。

新中国成立后，人民政府坚决打击高利贷活动，鼓励民间自由正当借贷，提倡借贷自由，利息双方协商自定，保障债权。1954 年后，民间借贷逐步消失。1981 年后实行经济体制改革，个体工商户逐步发展，自由借贷被作为 银行信贷的补充而复起。形式有仿照银行利率、互借“人情”款；有邀凑钱会、谷会、老人会等。凑会确定额度，按月、按年或 1 年 2 次抽标，当众拆看，以所标利息最高者获中。也有不计利息的，按抽签顺序归还。

2000—2013 年，民间借贷逐渐活跃，借贷双方商妥借金、借期、利息等；利息凭用途而定，一般商业借贷利息要高于生活借贷利息，付息形式有到期本息一同付清，亦有按月或按季付息、到期还清的。

（二）金融机构业务

1. 蛟洋农民银行

民国 17 年，蛟洋农民银行为了帮助农民发展生产，对本地特别困难户发放贷款，数额在 5 元（大洋）以下的不计利息以示扶助。当年青黄不接时，曾向农民发放每户 5 元（光洋）的无息贷款，深受贫苦农民的欢迎。

2. 蛟洋信用社

民国 18 年，苏维埃政府时期蛟洋信用合作社曾开办存放款业务。民国 25 年起，信用合作社不办存款业务，只向银行借款转放贷款，从中收取利差。

1956 年设立蛟洋农村信用合作社后，主要业务有存款、储蓄、结算和代理等。信用社干部走村串户，为群众办理存款业务。

1979 年起，随着改革开放的深入，信用社大力吸收个人储蓄和单位存款，增放贷款。1981 年，信用社各项存款年末余额 16.14 万元，社队集体存款年末余额 9.36 万元，社员存款年末余额 6.78 万元。同年，社队贷款放出 30.06 万元，收回 21.01 万元，年末余额 20.96 万元，社员贷款放出 9.53 万元，收回 5.84 万元，年末余额 6.3 万元。1982 年信用社各项存款年末余额 22.99 万元，社队集体存款 14.76 万元，社员储蓄 8.23 万元。社队集体农业贷款累放 0.08 万元，累收 6.67 万元，余额 14.38 万元；社队企业贷款累放 9.92 万元，累收 9.22 万元，余额 0.7 万元，社员贷款累放 27.19 万元，累收 13.99 万元，余额 19.5 万元。全年累计贷款 37.19 万元，收回 29.88 万元，余额 37.57 万元。

1983 年落实农业生产责任制后，信用社实行多存多放、多收多贷、利率浮动、逾期贷款加息；贷款支持承包户，为其排忧解难，农民丰收后主动送还到期贷款，收贷率达 99%。同年，蛟洋信用社就全年存款总计 20.72 万元（其中社队存款 10.75 万元，社员储蓄 4.97 万元，其他存款 5 万元）。全年农业分项目贷款：社队集体农业贷款累收 2.14 万元、余额 12.24 万元；社队企业贷款累放 8.96 万元，累收 7.28 万元，余额 2.37 万元，社员贷款累放 34.72 万元，累收 25.39 万元，余额 28.83 万元。

1984 年，蛟洋信用社全年各项存款总计 16.86 万元（其中社队存款 4.32 万元，社员储蓄 4.32 万元）。农业分项目贷款：集体农业贷款累放 1.32 万元，累收 1.84 万元，余额 27.54 万元；乡镇企业贷款累放 1.12 万元，累收 0.26 万元，余额 4.22 万元；小水电贷款累放 24.61 万元，累收 7.16 万元，余额 36.08 万元；支持信用社贷款累放 37.2 万元，累收 18.7 万元，余额 43.5 万元。

1985 年，信用社各项存款余额 9.05 万元，其中准备金 7.18 万元，贷款 16 万元，累收 13.5 万元，余额 46 万元。

2000 年，蛟洋信用社各项贷款余额 1400 万元，各项存款余额 1100 万元。

2009 年，蛟洋信用社各项贷款余额 13775 万元，各项存款余额 9856 万元。

1981—2009 年蛟洋信用社年末存贷余额表

表 10-7　单位：万元

年份	各项存款		各项贷款	年份	各项存款		各项贷款
	合计	其中储蓄			合计	其中储蓄	
1981	350	350	300	1996	1300	1300	1000
1982	410	410	320	1997	1300	1300	1000
1983	550	550	420	1998	1300	1300	1000
1984	600	600	450	1999	1400	1400	1100
1985	700	700	500	2000	1400	1400	1100
1986	700	700	500	2001	1400	1400	1100
1987	900	900	600	2002	1068	375	—
1988	900	900	600	2003	1454	594	965
1989	1000	1000	700	2004	1944	1821	1570
1990	1000	1000	700	2005	2862	2570	2096
1991	1000	1000	700	2006	4044	3206	2716
1992	1200	1200	900	2007	11218	6866	5663
1993	1200	1200	900	2008	11926	8241	8427
1994	1200	1200	900	2009	13775	9573	9856
1995	1200	1200	1000				

3.中国农业（人民）银行蛟洋营业所

主要业务有人民币存取款、单位及个人贷款和委托收款等。

1981 年，蛟洋营业所全年各项存款累计 12.38 万元，其中农村存款 2.39 万元，集镇储蓄 4.45 万元，企业机关存款 5.54 万元。

1982 年，各项存款累计 16.53 万元，其中农村存款 3.35 万元，集镇储蓄 4.72 万元，企业机关存款 8.46 万元。

1983 年，各项存款总计 25.63 万元，其中农村存款 4.58 万元，集镇储蓄 5.92 万元，企业机关存款 15.13 万元，其他存款 0.01 万元。

1984 年，各项存款总计 31.26 万元，其中农村存款 16.03 万元，集镇储蓄 9.04 万元，企业机关存款 6.01 万元，其他存款 1.8 万元。1985 年，农业贷款中乡镇企业贷款累计 18.85 万元，余额 37.83 万元。小水电贷款 32.44 万元。工商贷款中，粮食贷款余额 24 万元，供销社贷款余额 27 万元，收购农副产品贷款 27.5 万元。各项存款中、农业企事业余额 15.81 万元，工商企业余额 11.7 万元，其中粮站 9 万元，供销社 8.14 万元，其中定期 14.29 万元，县级机关团体 10.42 万元。

1990 年，各项贷款累计 529.5752 万元，分别为商业贷款 358.89 万元，农业贷款 151.6852 万元（其中农户贷款 13.4 万元），乡镇企业贷款 19 万元。

1991 年，各项贷款累计 285.5 万元，分别为商业贷款 161.2 万元，农业贷款 106.2 万元，乡镇企业贷款 16.5 万元。

1995 年，各项贷款累计 472.2 万元，分别为商业贷款 8.87 万元，农业贷款 132.2 万元，乡镇企业贷款 8

万元。

2002年，各项贷款累计2512万元，分别为商业贷款486万元，农业贷款1930万元，乡镇企业贷款96万元。

2003年，各项贷款累计4267万元，分别为商业贷款1418万元，农业贷款2468万元，乡镇企业贷款381万元。

2005年，各项贷款累计14232万元，分别为商业贷款11609.4万元，农业贷款2495万元，乡镇企业贷款49.2万元。

1981—2013年农行蛟洋营业所年末存贷款余额表

表10-8 单位：万元

年份	存款		贷款	年份	存款		贷款
	合计	其中储蓄			合计	其中储蓄	
1981	12.38	4.45	—	1998	459	459	605
1982	16.53	4.72	—	1999	858	858	225
1983	25.63	5.92	—	2000	—	—	—
1984	31.26	9.04	—	2001	—	—	—
1985	67.25	20.27	55.32	2002	1482	—	695
1986	—	—	124.82	2003	1260	925	810
1987	—	—	122.87	2004	1316	1013	920
1988	—	—	—	2005	1509	1129	1310
1989	—	—	—	2006	1938	1207	1420
1990	75.10	75.10	374.19	2007	2051	1635	1820
1991	212.80	212.80	285.50	2008	2487	1943	3093
1992	249.82	249.82	206.65	2009	2953	2317	3425
1993	137.19	137.19	270.66	2010	4525	3856	4316
1994	238.00	238.00	477.00	2011	5943	5131	4743
1995	251.20	251.20	472.20	2012	8135	7475	6107
1996	360.50	360.50	250.75	2013	9871	8978	6245
1997	399.00	399.00	542.00				

4. 上杭县农村商业银行蛟洋支行

2010—2013年，农商行蛟洋支行贯彻金融方针政策，严格执行各项规章制度，狠抓经营管理，业务不断发展。2010年，年末存款余额18818.47万元，贷款余额13832.35万元；2011年，年末存款余额18747.50万元，贷款余额11131.45万元；2012年，年末存款余额22312.91万元，贷款余额23817.95万元。

2013年，农商行蛟洋支行有职工7人，其中行长1人，员工6人；职工中大学本科7人，大专0人，中专0人；经济师2人，助理经济师2人。

5. 上杭县农村商业银行丘坊支行

2010年，年末存款余额2900万元，贷款余额2800万元；2011年，年末存款余额3200万元，贷款余额 3500 万元；2012 年，年末存款余额 4000 万元，贷款余额 3200 万元；2013 年，年末存款余额 6000 万元，贷款余额 4800 万元。

6. 建设银行上杭古蛟支行

2011 年 3 月，设立建设银行上杭古蛟支行，当年末存款余额 4500 万元，贷款余额 1600 万元。2012 年，存款余额 12650 万元，贷款余额 160 万元。2013 年，存款余额 8800 万元，贷款余额 1600 万元。

7. 邮政储蓄

2010 年，蛟洋邮电所开始办理邮政储蓄（简称邮储）业务，当年总量完成 600 万元，邮储年末余额 485.68 万元。此后，邮储业务不断发展。2011 年、2012 年，邮储年末余额分别为 1610.72 万元 、1901.47 万元。

2013 年，邮储年末余额 1871.81 万元。

第四节　财　政

苏维埃时期，蛟洋在中国共产党的领导下，建立区、乡苏维埃政权和人民税收机构，征收农业税、商业税等，发售苏区公债，对保卫红色政权、发展革命根据地和保障红军给养等方面起重要的作用。民国 24 年（1935 年）春，傅柏翠为独立发展家乡经济，参照苏维埃时期形成的统一财政制度，重视组织财政税收，借以维持他理想中的“农业社会主义”。区农会（后来为自治局）专门设立财管会，内设主任、会计、保管、总督员，督征员等若干人。税收统归为区财管会管理。乡地方财政收入方面，主要有田谷公益捐、公产损失赔偿收入、租金收入、利息收入、物品售价收入等；支出方面主要有地方建设事业经费（包括地方机关中学校等及一切建设保安救恤事业经费），乡保学校机关津贴费如职员养廉费、办公补助费等，出征官兵津贴费，缴县自治捐等。

新中国成立后至 1984 年，蛟洋未建立一级财政，乡（公社）只是上杭县财政的一个报账单位。所有收入上缴县财政，所需各项行政事业经费，根据县财政部门分配的预算指标控制使用。

1984 年，为适应农村经济发展的新形势，蛟洋设立财政所，此后，执行上杭县对乡（镇）财政实行的管理体制。蛟洋乡发挥财政筹集资金、调节经济、监督管理的职能作用，讲究生财、聚财、用财之道，培植新兴财源，财政收入得到较快增长。1990 年，全乡财政总收入 81.21 万元；2000 年，全乡财政总收入 633 万元，比 1990 年增长 7.79 倍，年平均递增 8.72%。2013 年，全镇总收入 3050.13 万元，比 2003 年的 475.58 万元增长 6.41 倍，年平均递增 9.77%。财政实力的显著增强，有力地支持经济发展和社会事业进步。

本节重点记述蛟洋财政所成立后的财政。

一、财政体制

1985 年，执行上杭县对乡（镇）财政实行的“定收定支、定额补缴、增收分成”管理体制。1988 年，执行上杭县制定和实行的新一轮乡（镇）财政管理体制，即按“划分收支、核定收支、核定基数、定额缴补、增收分成（或全留）、分级包干、自求平衡”的原则，一定三年。划归蛟洋乡的预算收入有乡收入范围的农业税、特产税、工商税（烤烟产品税、个体产品税除外）；划归蛟洋乡的支出范围有乡本级的行政管理费，农业、畜牧水产、农机、水利事业费，文化广播、教育（除高中）卫生、计生、乡财政事业费，以前三年实际入库数为收入基数，以 1988 年县财政局下达的预算支出数为支出基数，收入基数大于支出基数则定为上缴，支出基数大于收入基数则定额补助。

1991 年，上杭县在 1988 年的基础上对乡（镇）财政体制作小调整：增收分成上把乡（镇）分为全留或留成 80%、70%、65%四个类型。蛟洋属留成 70%类型，且一定 3 年。

1994年，国家实行分税制改革后，执行上杭县制定的“划分收支、核定基数、收支挂钩、超收分成、短收扣支”的乡（镇）财政体制。蛟洋乡固定收入范围为扣除县以上固定收入后的工商税（增值税25%）、营业税、个人所得税、城建税、房产税、车船税、屠宰税、印花税、集体企业所得税、农业税、农业特产税（含烤烟、松脂）、其他收入；支出范围有乡级行政管理费、支持农村生产支出、农村水利部门事业费、文教事业费、卫生经费支出、乡财政干部经费、其他支出。超收实行上杭县、蛟洋乡三七分成。

1999—2001年，执行上杭县制定的“划分收支、核定基数、递增（减）缴补，超收分成、自求平衡、一定三年”的乡（镇）财政预算管理体制。

2002年，执行上杭县制定的乡（镇）财政预算管理体制。该体制按前3年平均数的一定折扣 核定收入基数、取消逐年递增10%的收入基数，加大乡（镇）超收分成比例，把中小学工资收归县管，加大县对乡（镇）转移支付补助力度。

2005年，执行上杭县乡（镇）财政管理体制。

2011—2013年，执行上杭县制定的“划分收支范围、核定收支基数、定额缴补、超收分成或全留、自求平衡、一定五年”的财政预算管理体制。

二、财政收入

1984年6月，成立蛟洋乡财政所，建立乡财政预算制度，实行“划分收支定额缴补、增收分成、分级包干”办法。1986年，乡财政收入24.38万元。此后，蛟洋乡财政收入情况：1991—1994年，乡财政收入617.34万元。1995年，乡财政三项资金收入共263.51万元，国税收入62万元，地税收入178.22万元，基本保证经济建设和社会各项事业的发展需求。

1996—1998年，乡财收入1799.18万元，其中一般预算内收入750.15万元，预算外收入869.33万元；2001—2005年，乡财总收入2643.49万元，其中预算内收入1034.28万元，预算外收入1609.21万元；2007—2012年，乡财政总收入8659.4万元，其中预算内收入4489.89万元，预算外收入4169.51万元。2013年，乡财政总收入3050.13万元，其中预算内收入1350.71万元，预算外资金收入1699.42万元。

三、财政支出

蛟洋财政所成立后，财政支出认真贯彻“取之于民、用之于民”的原则，坚持收支平衡、量力而行，重视对农业、文化、教育等公共事业的投入。

1991—1994年，乡财政总支出3793.15万元。

1995年，乡财政“三项”（教育、水利、优抚）资金支出结算数270.03万元，预算内支出244.17万元，预算外支出25.86万元；支付教育资金152.5万元。1996年乡财政支出结算数合计523.83万元，预算内支出258.17万元，预算外资金支出265.66万元；投入教育资金30.37万元，扶贫攻坚153户，脱贫144户。1997-1998年，乡财政总支出1230.52万元，其中预算内支出593.79万元，1998年，投入111.5万元完成梅坝电站技改扩容工程，投入50万元完成蛟洋坪埔开发区线路改造，投入47万元完成蛟洋水厂建设。1999-2000年，乡财政总支出1347.9万元，其中预算内支出566.27万元，预算外支出781.63万元，1999年，乡财政支付75万元教育资金，用于中小学基础设施建设，省水利厅下拨10万元（总造价13万元）的华家村人饮工程，投入100万元铺设宽7米、长320米的文昌大道。2000年，乡财政投入100多万元进行蛟洋集镇和市场建设，砌筑集镇防洪堤150米，开排污沟300米，建设边贸市场第一期工程。

2001—2005年，乡财政总支出2738.32万元，其中预算内支出1025.83万元，预算外支出1712.49万元。2001年，乡财政投入70万元完成蛟洋农贸市场地面硬化和摊位铺设。投入100万元开通中村、再兴、坪上、再嘉等4个边远行政村的程控电话、全乡农网改造全面铺开。

2006年，乡财政总支出641.2万元，其中预算内支出246.46万元，预算外支出394.74万元。乡财政投入31.08万元，完成78户受灾户重建家园，发放全乡479户低保户补助金41.7万元。2007—2012年，乡财政总支出 9715.08 万元，其中预算内支出 3557.52 万元，预算外支出 6157.56 万元。

2013 年，蛟洋镇财政总支出 1132.14 万元。

1991—2013 年蛟洋财政收入情况表

表 10-9　单位：万元

年份	总收入			年份	总收入		
		预算内收入	预算外收入			预算内收入	预算外收入
1991	88.34	81.21	7.13	2003	475.58	241.80	233.78
1992	112.89	112.89	—	2004	492.00	216.00	276.00
1993	195.83	180.88	14.95	2005	556.19	203.69	352.50
1994	220.28	200.70	19.58	2006	529.01	230.78	298.23
1995	263.51	240.22	23.29	2007	1089.95	403.07	686.88
1996	529.40	272.83	256.57	2008	1364.36	636.00	728.36
1997	572.51	279.57	292.94	2009	1368.88	508.22	860.66
1998	517.57	197.75	319.82	2010	1151.47	761.04	390.43
1999	525.58	324.40	201.18	2011	1526.32	1028.10	498.22
2000	633.00	230.00	403.00	2012	2158.42	1153.46	1004.96
2001	651.00	213.00	438.00	2013	3050.13	1350.71	1699.42
2002	468.72	159.79	308.93				

1991—2013 年蛟洋财政支出情况表

表 10-10　单位：万元

年份	总支出			年份	总支出		
		预算内支出	预算外支出			预算内支出	预算外支出
1991	99.22	91.89	7.33	2003	468.68	175.21	293.47
1992	133.49	133.49	—	2004	445.00	162.00	283.00
1993	183.47	173.74	9.73	2005	541.10	189.8	351.30
1994	228.56	211.28	17.28	2006	641.20	246.46	394.74
1995	270.03	244.17	25.86	2007	881.63	352.4	529.23
1996	523.83	258.17	265.66	2008	1518.22	548.05	970.17
1997	611.32	299.72	311.60	2009	1381.51	331.16	1050.35
1998	619.20	294.07	325.13	2010	1808.68	665.32	1143.36
1999	696.90	353.27	343.63	2011	1978.19	783.25	1194.94
2000	651.00	213.00	438.00	2012	2146.85	877.34	1269.51
2001	865.00	379.00	486.00	2013	2039.16	907.02	1132.14
2002	418.54	119.82	298.72				

注：财政收支数据由蛟洋镇财政所提供

四、财政管理

1984年成立蛟洋乡财政所，建立乡财政预决算制度，由财政所专职财务管理。财政资金的收支预算由乡政府根据收支范围的划分和经济发展计划编制建议指标，由乡人大会议审议批准执行。县对乡财政收支实行“定收定支、定额缴补、增收分成、分级包干”的管理体制，把农业税、农业特产税、畜牧交易税、车船使用税、屠宰税等下放乡镇、从而调动了乡政府组织收入和节约开支的积极性。

2001年5月17日，蛟洋乡政府为了加强对村级财务工作的领导，成立“村级财务管理工作领导小组”，制定《蛟洋乡村级财务管理暂行办法》，规范村级财务管理，乡财政所还深入各村进行检查指导。

2001—2005年，乡财政所加强预算内外资金管理，强化监督。乡财务全面实行“零户统管”制度，坚持三权（资产所有权、使用权、财务自主权）的原则，取消乡直单位银行账户。2003年后，蛟洋乡政府加强收入征管，整顿乡财收入秩序，乡财政运行步入良性缩环轨道。

2004年后，落实乡财政“一把手”工程，建立了健全目标考核责任制，不断扩大乡财政转移支付补助范围。

2009—2013年，进一步深化乡财政预算管理改革，推行预算内、外综合财政预算，继续落实乡财政“一把手”工程，明确划分乡财政收支范围，规范津贴补贴，健全目标考核责任制。

1984—2013年蛟洋财政所负责人名表

表10-11

姓　名	职　务	任职时间
张焕先	所　长	1984.6—1991.1
傅增楷	所　长	1991.1—1995.12
林正炎	所　长	1996.1—2009.12
傅键鹰	所　长	2009.12—

第十一章　政党　群团

蛟洋是上杭县较早建立中国共产党组织的地区之一。民国16年（1927年）8月，傅柏翠经中共闽南特委书记罗明、中共闽南特委委员陈祖康介绍加入中国共产党。此后，成立蛟洋党小组、中共蛟洋乡支部。民国17年3月，成立中共北四区委员会。在中国共产党的领导下，蛟洋人民的革命斗争进入一个新阶段。同年6月，郭柏屏、傅柏翠等人领导人民群众举行闽西四大暴动之一的“蛟洋暴动”，打响上杭反对国民党统治的第一枪，揭开上杭武装革命的序幕。农民运动蓬勃发展，武装斗争如火如荼，红色政权先后建立，北四区成“赤色世界”。民国18年5月毛泽东、朱德率红四军第二次入闽后，蛟洋暴动留下的武装队伍编成红军第59团，为闽西第一支主力红军。同年6月，红四军在蛟洋石背傅氏宗祠创办闽西第一家红军医院——“蛟洋红军医院”。7月，在毛泽东指导下，中国共产党闽西第一次代表大会在蛟洋文昌阁召开，正式产生中共闽西特委。蛟洋成为闽西最早的革命根据地，红四军的大本营。蛟洋的党组织和武装力量为创建闽西革命根据地做出积极贡献。令人遗憾的是，民国20年初，闽西苏区发生“肃清社会民主党”（简称肃社党）事件，古（田）蛟（洋）地区被诬为所谓的“社会民主党巢穴”，从而被军事“讨伐”，中国共产党蛟洋地方组织遭受严重破坏。

新中国成立后，境内共产党基层组织不断发展壮大。蛟洋地方党组织领导人民自力更生，艰苦奋斗，进行社会主义革命和社会主义建设。中共十一届三中全会后，党组织领导人民坚持以经济建设为中心，坚持四项基本原则，坚持改革开放，加快农村脱贫致富奔小康进程，经济和社会事业全面发展。90年代中期至2013年，乡（镇）党委充分发挥区位和交通优势，抓住设立蛟洋工业集中区的良好机遇，着力推进经济社会科学发展跨越发展，成效卓著，蛟洋的面貌发生日新月异的变化。

民国时期，蛟洋成立农会、共青团、妇女会、少先队、儿童团等组织。新中国成立后，工会、共青团、妇联等群众团体先后建立，并开展各种活动，发挥群众团体应有的作用。

第一节　中国共产党地方组织

一、新中国成立前党的组织和主要活动

（一）党的组织

民国16年（1927年）8月，蛟洋村留学日本回国的进步知识分子傅柏翠，由中共闽南特委书记罗明、中共闽南特委委员陈祖康介绍加入中国共产党。随后在家乡从事农民运动，发动群众，建立农会，在农会中吸收符合条件的会员入党，先后介绍傅希孟、傅岩生、王则荣、傅增来、袁国嘉、袁佐庭等人加入共产党，先后成立蛟洋党小组、中共蛟洋支部。蛟洋支部首任书记傅柏翠、后改选傅希孟为书记，好让傅柏翠腾出时间从事政权建设和军事斗争，但党支部仍以傅柏翠为核心。蛟洋成为上杭农村较早建立党组织的地区之一。随后的半年多时间里，蛟洋支部党员发展到100多名。民国17年3月，成立中共上杭县北四区委员会，首任区委书记傅希孟，傅柏翠任组织部部长。后中共上杭县委派罗寿春任区委书记，傅柏翠为组织

部长，傅希孟为宣传部部长。

（二）主要活动

中共蛟洋支部、中共上杭县北四区委员会成立后，蛟洋人民的革命斗争进入一个新阶段。

党组织宣传发动群众，开展农民运动，成立农民协会，农民争先恐后参加农民协会，一时会员发展到1000多人，成立了北四区农民协会。党组织提出实行“二五”减租的口号，首先在蛟洋乡推行；傅柏翠在家带头退租。派人筹款外出购置武器，请来广东师傅制造枪支，组织农民自卫军（其中敢死队员有800人），进行军事训练，准备开展武装斗争。民国17年5月间，傅柏翠在蛟洋乡创办平民学校和农民夜校，作为宣传革命思想、揭露封建剥削制度的罪恶、唤起民众觉醒的阵地。他填写《农民苦》歌词以“四川调”配曲，作为学校教唱的歌曲之一。这首歌，在平民学校和农民夜校迅速传开，全区农民争相传唱，深受欢迎，起极大的宣传鼓动作用。

民国17年6月25日（农历五月初八），在中共上杭临时县委和北四区委的领导下，举行蛟洋农民武装暴动。“蛟洋暴动”成为闽西四大暴动之一,点燃闽西土地革命的烈火,打响了上杭反对国民党统治的第一枪，揭开上杭武装革命的序幕。

至民国18年4月，蛟洋境域的北四区所属乡村先后成立苏维埃政府。北三区所辖的一、二、三、四乡民众在中共北四区委的宣传、发动、影响下，也相继成立苏维埃政府组织（如小和、梅坝时属北三区第一乡，乡苏维埃政府设在小和村文昌阁；第二乡辖秋竹、营上、大福、郭屋、贵竹、罗辛坑等村；第三乡辖华佳、黄岗、袁小坪、大坪；第四乡辖苏坑、丘坊、文都等乡村）。共产党组织领导各乡村苏维埃政府和农会，发动群众推翻封建土地所有制，打土豪、分田地，各地以乡为单位，以原耕地为基础，抽多补少，按人口平均分配土地。

民国18年5月，毛泽东率红四军第二次入闽后，由蛟洋农民自卫军组成的教导队整编为闽西红军第59团，为闽西第一支主力红军，后来成为红四军第四纵队的骨干力量。同年6月，在蛟洋石背傅氏宗祠创办闽西第一家红军医院。

蛟洋暴动后，蛟洋党组织率领蛟洋暴动后留下的武装力量展开游击活动，与入境的军阀、国民党军、境内土豪劣绅、民团进行斗争，瓦解了华家亭民团，铲除各乡村反动势力。率领红军教导队在丰年袭击军阀陈国辉部；在苎园方向的烂石峡伏击护送牛商经过的连城团匪官文炎；袭击军阀郭凤鸣的汤鹤铭营。率领红军五十九团配合毛泽东、朱德率领红四军二、三纵队进攻白砂，打垮钟铭清部主力。民国18年6月，傅柏翠率红四军第四纵队参加攻打龙岩的战斗，歼灭从城里逃出的陈国辉部。同年8月初、9月中旬，红四军第四纵队与红四军二、三纵队一起，两次攻打上杭城。

但是，这时期，王明“左”倾错误统治下的中央，工作出现重大失误。民国19年底，中共闽粤赣边区第一次党代会开除傅柏翠党籍。3月6日，闽西苏维埃政府宣布傅柏翠为闽西“社会民主党分子”（简称“社党分子”）首领，蛟洋是“社会民主党的巢穴”。7日，闽西肃反委员会主席林一株（1931年9月3日被闽西苏维埃政府枪决）率领红十二军第三十五师、独立八师及地方赤卫队计2000余兵力，前往古蛟（郭车、五龙、八甲等地）“讨伐”，逼使上杭最早暴动的古蛟地区3万群众脱离苏维埃政府。随后，凡是区乡干部与古蛟地区有联系的、成分不好的人都被说成是“社党分子”。“肃社党”事件，使蛟洋苏区党团组织、苏维埃政权受到严重的破坏，蛟洋村被杀害78人；导致古蛟地区近100人遇难，给人民群众造成深重的灾难。中共十一届三中全会后，中共福建省委确认闽西根据地在第二次国内革命战争期间根本不存在“社会民主党”组织，开展“肃社党”运动是完全错误的，它不是肃反扩大化，而是一起冤案。1983—1986年，福建省委先后两批为“肃社党”事件被冤杀的人员彻底平反昭雪，恢复名誉，并分别追认为烈士、革命军人、革命工作人员和革命群众。

附：中国共产党闽西第一次代表大会

1929年1月，为打破湘赣两省敌人对井冈山革命根据地的第三次“会剿”和解决部队给养问题，毛泽东、朱德、陈毅率领红四军主力进军赣南。3月，蒋桂战争爆发，红四军乘此时机挥师入闽，在闽西地方党组织和地方武装配合下，一举消灭当地敌军主力郭凤鸣部，建立闽西第一个红色政权--长汀县革委会。后因井冈山失守，红四军回师赣南。5月，利用粤桂军阀混战之时，红四军二次入闽，同地方革命力量一起，[illegible]龙岩、永定一带闽敌陈国辉、卢新铭部，先后建立了永定、龙岩等地红色政权，闽西地区的革命斗争和工农武装割据出现了大好局面。

[illegible]月，红四军在龙岩召开党的第七次代表大会。会议对井冈山斗争以来毛泽东倡导的一系列行之有效的建[illegible]军原则缺乏正确认识，削弱了党对红军的绝对领导，降低了政治思想工作的重要地位。会后，毛泽东离[illegible]了红四军领导岗位，被派到闽西蛟洋，帮助闽西特委召开闽西党的第一次代表大会。

[illegible]10日，与会代表按特委通知集中于闽西蛟洋学校。大会原定11日开幕，后因毛泽东指示大会代表先进[illegible]关土地、政治、党务、武装群众与政治组织、物价对比、洋物入侵与工农业破产等项实际调查，于7月[illegible]日方才开幕。大会开幕后，在毛泽东的指导下，会议就闽西党面临的形势和任务进行了“密切具体的讨[illegible]。由于毛泽东患病，遂把有关组织、宣传、工运等重要问题暂留，先就其他问题展开深入讨论。会议进[illegible]间，因得知敌军进入长汀，为应付敌人进剿，大会于29日提前闭幕。

闽[illegible]的“一大”集中讨论了政治问题和土地问题。会议讨论并通过了《中共闽西第一次代表大会之政治决议[illegible]和《苏维埃政权决议案》《土地问题决议案》《CY问题决议案》《妇女问题决议案》等重要文件，选[illegible]由15人组成的中共闽西特委，邓子恢为特委书记，蔡协民为组织科长，蓝鸿翔为宣传科长，[illegible]鼎丞为[illegible]书记。

大会[illegible]分析了自蒋桂战争以来国内的政治形势。军阀与军阀之间，资产阶级与买办地主阶级之间，[illegible]国主义与[illegible]国主义之间的矛盾越发尖锐了，国民党各派军阀统治下的全国政局“是一天一天更混乱，更[illegible]统一，更[illegible]法。”这种形势给了革命势力发展的很好机会。罢工潮流的高涨，各地农民游击战争的发展[illegible]苏维埃区[illegible]扩大，军阀士兵群众的怨恨加深与逃跑日多，土匪扰乱的遍于全国，商业小资产阶级对于[illegible]捐杂税剥[illegible]愤怒，学生小资产阶级的日益革命化，都表明革命潮流的逐渐发展。革命潮流的发展和统[illegible]阶级的混乱[illegible]不统一，无办法的形势相汇合，足以促进统治阶级崩溃的速度，而与工农阶级的革命政权，[illegible]益接近起来[illegible]会议还具体分析了闽西地区社会政治经济状况，特别是各阶级之间的相互关系和力量对比[illegible]及在革命中[illegible]地位。在此基础上，大会制定了闽西党的总路线：“坚决的领导群众，为实现闽西工农政权[illegible]割据而[illegible]。”为实现党的总路线，其主要任务是巩固并扩大党的组织；发动并组织广大群众；实行土地[illegible]立苏维埃政权；扩大工农武装。而实行土地革命使闽西广大的贫苦农民得到土地，建设斗争的坚实基础，尤其是闽西斗争的主要目标。

为了正确贯彻执行闽西党的总路线，完成党所面临的主要任务，大会系统总结了闽西斗争的历史经验，揭露了过去斗争中出现的右倾悲观特别是严重的“左”倾盲动主义的错误，制定了一系列正确的阶级政策和策略方针。

在大会通过的《土地问题决议案》中，正确阐明了土地革命的意义，明确指出，土地革命的主要目标，在于解放农民，提高生产力，发展农村经济，以解决全社会的生活问题。为达到此目的的根本“只有用革命的方法，没收一切地主阶级的土地，归于农民生产者，舍用这样痛快的方法，是决没有其他道路可走的”。农民得了土地，解除了一切封建束缚，开辟了农业资本主义生产的道路，表面上看来是要朝向资本主义那条道路跑的。但因为无产阶级在这民主革命当中建设了革命的领导权的缘故，最后的结果是要把农业引向社会主义的道路上发展的。

正是从上述正确认识出发，会议提出土地革命中，要依靠贫雇农，团结中农，区别对待大小地主与富农，“不打击富农”“团结全体农民集中攻击目标于地主”，保护大小商店；土地的分配方法，应以乡为单位，以原耕地为基础，实行“抽多补少”的原则，“不可重新瓜分妄想平均”，按人口数目，男女老幼平均分配；对在分的地主亦“得酌量分与田地”。上述规定，不但体现了党的六大有关土地问题的基本政策和井冈山土地法、兴国土地法的基本精神，而且正确总结了闽西地区土地革命的新经验，在一系列具体政策上有新的发展。这些新政策，对丰富、完善以至最终确立中国共产党关于依靠贫农、团结中农、限制富农，保护中小工商业和消灭地主阶级的正确土地革命路线做出重要贡献。

这次代表大会为闽西党和人民制定了明确的路线、方针和政策，引导闽西革命胜利地发展。

二、中共蛟洋镇（区、乡）委员会

（一）党员和党的组织

1. 党　员

新中国成立后，中共北三区、北四区、北五区委员会（蛟洋分属这三区）加强党的建设，领导人民通过医治战争创伤，重建家园，恢复和发展国民经济，抗美援朝及“三反”“五反”“土改补课”等运动考验，吸收一批优秀分子入党。

1955 年 2 月，第七区（蛟洋）辖 6 个支部，有正式党员 20 人，候补党员 18 人，其中女党员 2 人。年底，全区 11 个乡（蛟洋、塘厦、丘坊、华家、丰年、苦竹、文都、中村、再兴、文地、达理）党员发展到 124 人（男 111 人，女 13 人）；其中农村党员 89 人（男 83 人，女 6 人）。

1964—1966 年，党委着重在贫下中农中发展积极分子入党。“文化大革命”期间，广大党员被迫停止组织生活，各级党组织陷入瘫痪状态。1971 年，按照中共“九大”党章要求和毛泽东“五十字建党方针”(党组织应是无产阶级先进分子所组成，应能领导无产阶级和革命群众对于阶级敌人进行战斗的朝气蓬勃的先锋队组织)、“吐故纳新”的指示，全社开展整顿党的组织，主题是以阶级斗争为纲，形式是“开门整党”，着重对“四清”（清政治、清经济、清组织、清思想）运动中发展的党员进行教育。

1976 年后，党的组织建设走上正轨，公社对“文化大革命”期间发展的党员进行思想教育，还吸收一批积极分子入党。1979 年至 1984 年五年间，发展党员 83 人，至 1984 年有党员 624 人。1989 年，贯彻落实《中共中央关于加强党的建设的通知》，严格把好“入口关”，确保党员质量。1991 年，党员人数 667 人。

1992—1993 年，贯彻执行《中国共产党发展党员工作细则（试行）条例》，制定党员发展工作计划，重点抓好边远山区、多年不发展党员、党员党龄结构不合理的支部的党员发展工作。1995 年 7 月，贯彻《龙岩地区 1995—2000 年培养选拔女干部和发展女党员工作规划》，进一步在妇女中发展党员。1998 年，贯彻龙岩市委组织部《关于坚持标准，保证质量，进一步做好发展党员工作的通知》强调必须按照党章规定的标准吸收新党员，要求每个党支部每年发展 1 名以上新党员。2000 年，进一步严格入党手续，实行发展党员预审制度。2001 年后，乡党委及各基层党支部，坚持党员标准，本着“成熟一个发展一个”的原则，着重在文教科技界和有开拓精神的经济能人中发展一批积极分子入党。2003 年，全乡党员 876 人，其中女党员 175 人，大专文凭以上有 75 人，中专以上（含高中）有 292 人。

2013 年，全镇有党员 1060 人，其中女党员 214 人。

2. 区、公社、乡、镇党组织

新中国成立初，蛟洋境域隶属中共古蛟区委员会；区下建立乡（村）党支部。

1952 年 11 月，古蛟区分第 7 区（蛟洋）和增设第 13 区（古田），第 7 区下设 6 个乡（华家、文都、中村、塘厦、蛟洋、苦竹）党支部。

1958 年年初，第 7 区（蛟洋）和第 13 区（古田）合并改设为古蛟区。6 月，撤区设乡（全县 42 个乡镇），蛟洋乡设党委，华兴乡设党总支委员会。11 月，调整区乡体制，人民公社化，将蛟洋乡、华兴乡合并成立蛟洋公社，设中共蛟洋公社党委。1959 年年初，公社改称上游公社，设上游公社党委。1960 年 3 月，上游公社、古田公社合并为古田公社。华家片的 10 个村划归白砂公社管辖。

1961 年 6 月，根据《人民公社工作条例》（简称六十条）精神，调整公社体制，分地区设立“工委”作为县委派出机关。蛟洋（原上游公社）从古田公社分出设蛟洋公社，成立蛟洋公社党委（归属古田工委）；华家片的华家、再兴、文都、中村、坪上、磜下、秋竹、丰年、贵竹、小和等 10 个村设立华家公社，成立华家公社党委（归属白砂工委）。

1965 年 4 月，蛟洋、华家两个公社合并成立蛟洋人民公社，迁址丘坊村“古琳房”办公，设中共上杭县蛟洋人民公社委员会。

1966 年 6 月,因开展“文化大革命”，各级党组织受到极大的冲击，大批领导干部蒙受揪斗、批判，甚至人身遭受摧残迫害；公社党委处于瘫痪状态，党员组织生活被迫停止。

1968 年 10 月，成立“三结合”的蛟洋公社革命委员会，实行“一元化”领导，由革命委员会取代了党委。1970 年 12 月恢复党委。

1984 年 9 月，撤社建乡，10 月 12—13 日召开第四次党代会，建立中共上杭县蛟洋乡委员会。此后至 2012 年 10 月，乡级党组织均称蛟洋乡党委。

2012 年 1 月 9 日，福建省人民政府发出《关于上杭县撤销蛟洋乡旧县乡设立蛟洋镇旧县镇的批复》(闽政文〔2012〕2 号)；10 月 26 日，蛟洋正式撤乡设镇。中共上杭县蛟洋乡委员会相应更名为中共上杭县蛟洋镇委员会。

3. 村级、乡直单位党组织

1949 年 9 月，中共古蛟区委员会下设乡（村）党支部。

1953 年 12 月，设华家、文都、中村、塘厦、蛟洋、苦竹 6 个乡（村）党支部。

1961 年 6 月，华家片设立华家公社，设 10 个大队（华家、秋竹、文都、丰年、再兴、中村、再下、小和、邹坑、坪上）党支部。

1965 年 4 月，蛟洋公社党委辖 24 个大队（维新、石庄、蛟洋、坪埔、崇头、下道湖、塘下、东乾、文地、杨梅坑、达理、丘坊、苏坑、梅坝、丰年、小和、秋竹、华佳、文都、再兴、邹坑、中村、坪上、再嘉）党支部。

1966 年，维新、石庄 2 个大队合并为新庄大队，丰年、秋竹、小和 3 个大队合并为丰年大队，坪埔、下道湖、崇头 3 个大队合并为坪埔大队，全社辖 20 个大队（党支部）。

1970 年，蛟洋公社党委辖 17 个大队（新庄、蛟洋、红卫、塘下、红星、太阳、达理、红坊、苏康、梅坝、丰年、卫东、文都、再兴、红坑、中村、坪高）党支部。

1972 年 3 月 7 日，经龙岩地区革委会批准，蛟洋的新庄、蛟洋两个大队合并为蛟洋大队，成立党总支(为公社第一个村级党的总支委员会)，下设 4 个支部，设总支书记 1 人，副书记 3 人，委员 5 人。

1984 年，撤社建乡，大队党支部改称村党支部，全乡 25 个行政村，16 个社直单位设 9 个支部，全乡共 34 个党支部，党员 624 人。

2003 年，全乡设 31 个党支部。

2012 年 1 月 9 日，福建省人民政府发出《关于上杭县撤销蛟洋乡旧县乡设立蛟洋镇旧县镇的批复》，撤销蛟洋乡，设立蛟洋镇；10 月 26 日正式挂牌。中共上杭县蛟洋乡委员会更名为中共上杭县蛟洋镇委员会，

2013 年，全镇有基层党支部 31 个，其中农村支部 25 个，6 个镇直企业单位支部。党员 1060 人，其中，女党员 214 人，大专文化程度以上党员 185 人，高中、中技文化程度党员 510 人，初中以下党员 165 人；35 岁及以下党员 251 人，36 至 45 岁党员 293 人，46 至 54 岁党员 163 人，55 至 59 岁党员 196 人，60 岁及以上党员 158 人；任村民委员会主任的党员 23 人，村委会委员的党员 90 人。

若干年份蛟洋镇（区、社、乡）党的基层组和党员情况表

表 11–1

年份	党支部（个）	党员（人）
1955	4	124（男 111，女 13）
1984	34	624
1990	33	667
2003	31	876
2011	31	1061
2012	31	1059
2013	31	1060

中共蛟洋镇（区、乡、社）委员会历任书记、副书记名表

表 11–2

<table>
<tr><th>名 称</th><th>职 务</th><th>姓 名</th><th>任职时间</th><th>附 注</th></tr>
<tr><td rowspan="7">第七区委</td><td rowspan="4">书 记</td><td>陈学荣</td><td>1950.06—1951.11</td><td rowspan="12">1. 1950 年 6 月为第七区，1956 年隶属古蛟区。
2. 黄永权为原龙岩地区监委主任，1957 年 3 月下放任职</td></tr>
<tr><td>刘鹤树</td><td>1951.11—1952.11</td></tr>
<tr><td>卞乃秀</td><td>1953.03—1954.10</td></tr>
<tr><td>邓世均</td><td>1954.10—1955.05</td></tr>
<tr><td>副书记</td><td>邓世均</td><td>1953.09—1954.10</td></tr>
<tr><td>第一副书记</td><td>赖长勋</td><td>1955.04—1956.03</td></tr>
<tr><td>第二副书记</td><td>李开盛</td><td>1955.08—1956.05</td></tr>
<tr><td rowspan="5">古蛟区委</td><td rowspan="2">书 记</td><td>林攀阶</td><td>1956.04—1958.04</td></tr>
<tr><td>赖长勋</td><td>1956.08—1957.02</td></tr>
<tr><td rowspan="2">第一书记</td><td>黄永权</td><td>1957.03—</td></tr>
<tr><td>赖长勋</td><td>1956.04—1956.04</td></tr>
<tr><td>副书记</td><td>傅庆福</td><td>1956.08—1958.05</td></tr>
<tr><td>蛟洋乡基层党委</td><td>书 记</td><td>卞乃秀</td><td>1958.04—1958.09</td><td rowspan="2">1958 年 3 月撤区并乡，区建制全部撤销，设党的基层委员会</td></tr>
<tr><td>华兴乡党总支</td><td>书 记</td><td>丘乃荣</td><td>1958.04—1958.09</td></tr>
<tr><td rowspan="5">蛟洋公社党委</td><td>书 记</td><td>卞乃秀</td><td>1958.09—1960.03</td><td rowspan="5">1958 年 11 月，改称人民公社；1960 年 3 月至 1961 年 6 月，蛟洋境域分属古田公社和白砂公社</td></tr>
<tr><td rowspan="4">副书记</td><td>张绪先</td><td>1958.05—1960.03</td></tr>
<tr><td>丘钦鸿</td><td>1958.09—1960.12</td></tr>
<tr><td>傅庆福</td><td>1958.09—1959.04</td></tr>
<tr><td>傅占荣</td><td>1958.09—1959.04</td></tr>
<tr><td rowspan="2">蛟洋公社党委
（1961 年 6 月）</td><td>书 记</td><td>黄昌金</td><td>1961.06—1965.04</td><td rowspan="2"></td></tr>
<tr><td>副书记</td><td>王修福</td><td>1961.06—1965.04</td></tr>
<tr><td rowspan="2">华佳公社党委
（1961 年 6 月）</td><td>书 记</td><td>刘广福</td><td>1961.06—1965.04</td><td rowspan="2"></td></tr>
<tr><td>副书记</td><td>丘乾元</td><td>1961.06—1965.04</td></tr>
</table>

续表 11-2

名称	职务	姓名	任职时间	附注
蛟洋公社党委(1965 年 4 月)	书记	刘广福	1965.04—1968.10	
	副书记	丘乾元	1965.04—1968.10	
		郑林儒	1965.04—1968.10	
		龚荣昌	1965.04—1972.10	
		罗赠光	1966.06—1968.10	
蛟洋公社党委(1970 年 12 月重建)	书记	黄佳章	1970.12—1975.05	
		李寿才	1975.05—1975.11	
		张秉英	1975.11—1976.09	
	副书记	肖增元	1970.12—1973.07	
		丘乾元	1970.12—1972.11	
		李寿才	1972.07—1975.05	
		龚荣昌	1972.11—1976.09	
		张秉英	1973.02—1975.11	
		黄永奎	1975.11—1976.09	
		廖棣贤	1975.11—1976.09	
蛟洋公社党委(1976 年 10 月)	书记	张秉英	1976.10—1979.12	
		江东洲	1979.12—1984.09	
	副书记	龚荣昌	1976.10—1981.06	
		黄永奎	1976.10—1984.09	
		廖棣贤	1976.10—1980.10	
		丘启祥	1979.07—1981.04	
		王灿荣	1980.07—1993.08	
		傅　伟	1980.07—1984.01	
		邓立生	1982.02—1984.09	
		傅福标	1983.05—1984.09	
		黄凤开	1984.01—1984.09	
蛟洋乡党委(1984 年 9 月)	书记	黄凤开	1984.09—1990.08	
		邱凤先	1985.04—1985.08	代书记
		钟建生	1990.08—1992.10	
		李俊和	1992.10—1996.04	
		林鉴琦	1996.04—1999.03	
		傅龙祥	1999.03—2002.06	
		丁荫豪	2002.06—2006.05	
		张毓章	2006.05—2007.12	
		黄华凤	2007.12—2009.12	
		王尧华	2010.02—2012.09	

续表 11-2

名 称	职 务	姓 名	任职时间	附 注
蛟洋乡党委（1984 年 9 月）	副书记	邓立生	1984.09—1987.07	
		罗金昌	1984.09—1987.07	
		廖连璋	1986.01—1990.12	
		唐超祥	1986.05—1987.05	省扶贫工作队
		俞士明	1987.03—	省扶贫工作队
		钟建生	1987.07—1990.08	
		张炽林	1987.07—1993.06	
		李俊和	1990.07—1992.10	
		陈应才	1991.03—1993.06	
		林文应	1992.10—1996.04	
		邹贵钦	1993.08—1999.03	
		李梅良	1993.08—1996.04	
		袁耀天	1994.09—1996.05	
		刘振全	1996.04—1999.07	
		陈桂渊	1996.05—1999.07	
		华敦耀	1996.05—1999.07	
		郑国梁	1996.05—1999.07	
		刘洪伟	1999.07—2002.07	
		马壬生	1999.07—2006.12	
		王安琪	1999.07—2002.06	
		谢育山	1999.07—2002.08	
		张继铉	1999.07—2006.05	
		黄庆锋	2002.08—2007.12	
		林　雄	2002.08—2010.02	
		丘佳涛	2002.08—2006.05	
		丁焱志	2006.05—2010.02	
		刘桃英	2006.12—2009.01	
		张如春	2006.05—2007.12	
		廖新强	2009.01—2012.09	
		张进云	2009.01—2012.09	
		丘春生	2009.01—2012.04	
		蓝玉华	2010.02—2011.05	
		廖均兴	2010.02—2011.05	
		丘炳洪	2010.10—2012.09	挂职
		李禄明	2011.08—2012.09	

续表 11–2

名 称	职 务	姓 名	任职时间	附 注
蛟洋镇党委（2012 年 10 月）	书 记	王尧华	2012.10—2013.01	
		吕丁武	2013.01—	
	副书记	廖新强	2012.10—2013.10	
		丘小林	2013.10—	
		张进云	2012.10—	
		李禄明	2012.10—	
		丘炳洪	2012.10—	挂职
		李德善	2013.05—	挂职

注：本表 1987 年前任职人员据《中国共产党福建省上杭县组织史资料》整理；1988 年后任职人员据历年《上杭县年鉴》资料整理

（二）党的代表大会

1956 年，召开古蛟区第一次党员大会，4 个支部有共产党员 124 人（其中男 111 人，女 13 人）。

蛟洋第一至第三次党的代表大会，查无资料。

1984 年 10 月 12 日至 13 日，召开乡第四次党的代表大会（简称党代会），应到会代表 115 人，实到会代表 105 人；黄凤开作《立改革壮志　树开拓雄心　为开创农村各项社会主义建设事业而努力奋斗》的工作报告。会议选举乡党委书记 1 人，副书记 2 人；纪委书记 1 人，委员 2 人。选举出席上杭县第五次党代会代表 18 人。

1987 年 11 月 24 日，召开乡第五次党代会，应到会代表 115 人，实到会代表 105 人；黄凤开作《沿着十三大指引的道路前进　努力加快我乡经济建设的步伐》的工作报告，确立"发挥山区优势，立足当地资源，发挥经济效益，走以工致富，以工补农，发展工业的道路"的方针。会议选举乡党委书记 1 人，副书记 2 人（纪律检查委员会书记由一位副书记兼任）。选举出席上杭县第六次党代会代表 15 人。

1990 年 11 月 17 日至 18 日，召开乡第六次党代会，应到会代表 115 人，实到会代表 107 人；钟建生作《坚持党的基本路线　深化农村改革　加快我乡两个文明建设步伐》的工作报告，提出唱好"地方戏"，着力做好"田头""山头"文章，坚持以农业为基础，发展粮、烟、猪，大上林、果、竹的经济发展思路。会议选举乡党委书记 1 人，副书记 2 人，委员 4 人；纪委书记 1 人，委员 4 人。

1993 年 11 月 19 日至 20 日，召开乡第七次党代会，应到会代表 111 人，实到会代表 107 人；李俊和作《高举建设有中国特色社会主义的伟大旗帜，加快我乡改革开放和现代化建设》的工作报告；会议选举乡党委书记 1 人，副书记 2 人，委员 6 人；纪委书记 1 人，委员 4 人。

1996 年 10 月 8 日，召开乡第八次党代会，应到会代表 119 人，实到会代表 115 人；林鉴琦作《抓住机遇　夯实基础　着力推进我乡两个文明建设实现整体跨越》的工作报告。会议确定此后三年经济发展战略及指导思想：抓住机遇，搞好资源开发，做好三个区域文章，加快国省道沿线工贸小区开发，大力发展加工业、开发性农业、采矿业，开发"青、红、白"项目（竹木、红柿、银杏），开发水利、矿产、旅游资源。会议选举乡党委书记 1 人，副书记 2 人，综治副书记 1 人，计生副书记 1 人，委员 6 人；纪委书记 1 人、副书记 1 人，委员 11 人。

1999 年 10 月 8 日，召开乡第九次党代会，应到会代表 115 人，实到会代表 111 人；傅龙祥作《高举旗帜　开拓创新　为实现蛟洋跨世纪的宏伟目标而努力奋斗》的工作报告。会议确定 2000—2002 年经济社会发展思路：突出以增粮增收保供给、脱贫致富奔小康为主线，强化农业基础地位，逐步推进产业化进程，加快调整农业产业结构；加强乡镇企业改革，支持、引进、发展新兴产业，培育新的经济增长点，加强基础设施建设，促进经济可持续发展；建设一个繁荣、稳定、文明、开放的新蛟洋。会议选举乡党委书记1人，副书记3人，综治副书记1人，计生副书记1人，委员6人；选举乡纪委书记1人，委员11人。

2003年，召开乡第十次党代会；丁荫豪作《高举旗帜 开拓创新 为实现蛟洋跨世纪的宏伟目标而努力奋斗》的工作报告。会议选举乡党委书记1人，副书记5人，综治副书记1人，计生副书记1人，委员10人；纪委书记1人、副书记1人，委员3人。

2006年6月18日，召开乡第十一次党代会，应到会代表113人，实到会代表113人；张毓章作《求真务实开拓进取 推进社会主义新农村建设 为打造闽西明星乡镇、实现蛟洋经济社会新跨越而努力奋斗》的工作报告。会议确定此后五年经济社会发展的主要奋斗目标：以“发挥区位，提升品位，巩固地位，争先进位”作为重点，充分发挥交通优势，做大做强“沿路经济”；深入实施工业兴乡战略，加快蛟洋工业区发展步伐，全力做大蛟洋经济总量；完善行政村规划，整理、整治农村村容村貌，把集镇做新、做美、做大；力争进入全市经济强镇第一梯队，使蛟洋成为上杭的次中心、闽西的明星乡镇。会议选举乡党委书记1人，副书记3人，综治副书记1人，计生副书记1人，委员6人；纪委书记1人、副书记1人，委员5人。

2011年6月3日，召开乡第十二次党代会，应到会代表115人，实到会代表115人；王尧华作《只争朝夕谋发展 凝心聚力建新城 全力推进蛟洋科学发展 跨越发展》的工作报告。会议选举乡党委书记1人，副书记3人，综治副书记1人，计生副书记1人，委员6人；纪委书记1人、副书记1人，委员5人。

（三）党委主要活动纪略

1. 经济恢复和社会主义改造时期

新中国成立后，蛟洋各乡在古蛟区委的领导下，开展剿匪反霸、镇压反革命运动，肃清社会上的反动势力，巩固新生的人民政权，稳定社会秩序；另一方面领导人民发展生产，恢复经济，按“自愿结合，等价互利”的原则，建立农业生产互助合作社，全区10个乡4764户18144人，90%以上的农民都参加互助合作社。建立互助组。1950年7月，开展抗美援朝宣传发动，激发群众的爱国主义和国际主义热情。1952年11月中共上杭县第七区委员会成立后，在区党员、干部中开展“三反”（反贪污、反浪费、反官僚主义）、“五反”（反行贿、反偷税漏税、反盗骗国家资财、反偷工减料、反盗窃国家经济情报）运动。1953年，区党委贯彻党的过渡时期总路线，农业生产从互助组向合作化发展，对个体手工业和资本主义工商业进行社会主义改造。1954年冬，互助组逐步转为初级农业生产合作社（简称初级社）。

1955年冬至1956年春，蛟洋党组织执行上级“处理土改遗留问题”的指示，在保留土地革命果实的古蛟地区进行“民主革命补课”，重新划分阶级成分，错划一些地主、富农，造成不少冤假错案。蛟洋村当时全村总户数535户，被强加评为地主41户、富农30户、反动资本家4户、工商资本家4户，没收房屋197间。1981年，党委、政府给予纠正，落实政策，更改成分。

1956年秋，按县委要求，引导初级社并社，向高级农业生产合作社（简称高级社）过渡。同年冬，蛟洋参加初级社、高级社的农户占85%以上。同时，引导手工业者走集体化道路，按不同行业组织生产合作社。至1956年完成对生产资料私有制的社会主义改造，基本实现农业生产合作化。

2. 开始全面建设社会主义时期

1957年5月，蛟洋党组织根据上杭县委贯彻中央《关于整风运动的指示》精神，动员广大群众帮助党内开展反对官僚主义、宗派主义和主观主义的整风运动。7月始，整风运动转入“反右派”斗争，许多人被错划为“右派分子”，列入地、富、反、坏、右“五类分子”，实行无产阶级专政，长期蒙受冤屈，直至1980年6月才予以平反改正。1983年3月，乡政府贯彻执行中央、省、地、县《关于地富反坏四类分子问题的决定》文件精神，决定给予地、富、反、坏、右“五类分子”全部摘帽，重新评定家庭成分。

1958年，蛟洋党组织在开展反“三风”（官僚主义、宗派主义、主观主义）、“六气”（官气、暮气、阔气、骄气、娇气、邪气）的政治运动同时，贯彻执行“鼓足干劲、力争上游、多快好省地建设社会主义”

的总路线精神。同年6月，蛟洋乡成立党委，华兴乡设总支委员会。10月，开展撤乡建社，蛟洋、华兴两乡合并成立“上游人民公社”，实行“政社合一”体制。公社党委贯彻县委精神，急于求成，违背客观经济规律，各项事业追求高速度，搞“卫星田”“移苗并丘”，出现高指标、高征购、瞎指挥、浮夸风和“共产风”。开展“大炼钢铁”，连蛟洋中学师生也停课，负责建高炉、烧高炉、上天池塘挑铁矿石。终因技术和原料等问题，许多小高炉流不出铁水而报废。到1960年，“钢铁厂”“冶炼厂”关门停办。由于“大跃进”和人民公社化“左”的错误影响，粮食生产连续3年歉收，进入三年困难时期，出现人口非正常死亡的严重情况。

1961—1962年，蛟洋、华佳公社党委贯彻执行“调整、巩固、充实、提高”的国民经济方针，检查“大跃进”工作中的失误和教训，贯彻落实县四级干部会议精神，开展以肃清“五风”（共产风、浮夸风、强迫命令风、生产瞎指挥风和干部特殊化风）为主要内容的整风整社运动。贯彻《人民公社工作条例》(六十条)，重申“三级所有，队为基础”，调整人民公社体制，纠正“一平二调”（平均主义的供给制、食堂制，对生产队劳力、财物无偿调拨）错误，实行退赔兑现，按政策规定分给社员自留地，允许社员经营家庭副业，推行“三包一奖”（包工、包产、包投资，超产奖）“四固定”（土地、劳力、农具、牲畜固定）的责任制，迅速调动农民的生产积极性。

1963年，公社党委召开“三级干部”（公社、大队、生产队）会议，进一步学习贯彻《人民公社工作条例》（六十条）；贯彻中共中央《关于目前农村工作中若干问题的决定（草案)》（即前十条）和《关于农村社会主义教育运动中一些具体政策的规定（草案)》（即后十条)。

1964—1965年，党委组织干部群众学习毛泽东著作，开展“工业学大庆”“农业学大寨”、学雷锋、学焦裕禄等活动，使干部、群众焕发出建设社会主义的精神力量，推动工农业生产的发展。各行各业都以全心全意为人民服务为宗旨，不断改善服务态度，学雷锋做好事，公而忘私、助人为乐在社会上蔚然成风。1964年4月，县社会主义教育运动（简称社教）工作队进驻新庄、蛟洋、塘厦、丘坊、华家、文都等大队开展面上社教试点工作。1965年，全公社铺开点上社教，进一步开展“四清”（清政治、清经济、清组织、清思想）运动，至1966年6月，因“文化大革命”开始而结束。

3.“文化大革命”时期

1966年5月21日上杭县召开各公社负责人会议传达中共中央《五·一六通知》后，部署开展“文化大革命”，在全社掀起批判“三家村”“四家店”的运动。7月，蛟洋学区、各大队、企事业单位相继成立“红卫兵”“赤卫队”“战斗队”等“造反派”组织，揪斗所谓的“黑帮”“牛鬼蛇神”。公社、大队的党组织处于瘫痪状态。8月14日，县委“万人集会”宣传贯彻中共中央《关于无产阶级文化大革命的决定》后，全社迅速开展“破四旧”（即所谓旧思想、旧文化、旧风俗、旧习惯）和“立四新”（即所谓新思想、新文化、新风俗、新习惯）活动。随后，许多古建筑（宗祠、庙宇、亭阁）被毁，许多古书、字画、谱牒等珍贵文物被焚烧或盗窃。许多大队被改为具有革命意义的“红色”新名。丘坊大队改为红坊大队，下到湖大队改为光明大队，陈坊（东乾）大队改为红星大队，苦竹（坪埔）大队改为红卫大队，华家大队改为卫东大队，邹坑大队改为红坑大队，杨梅坑大队改为太阳大队等。

1967年，公社成立“红色拥军指挥部”。红卫兵和各种组织由于观点不同和利益的争夺，分成“红”“新”两大派，展开激烈的派性斗争，出现夺枪、武斗等行为，农业生产遭到严重破坏，社会秩序动荡不安；蛟洋一村民参加龙岩“12·14”战斗后，在回程途中被残酷活埋杀害。

1968年10月28日，蛟洋公社成立革命委员会，随后，各大队成立革命领导小组。1969年,开始“整党建党”工作，恢复大多数党员的组织生活。1970年，贯彻毛泽东“深挖洞、广积粮、不称霸”的指示，开展“农业备战备荒”。

1973年，开展“农业学大寨”运动，落实农村经济政策。1974年，公社党委根据上级部署开展“批林批孔、反击右倾翻案风”运动。

1976年9月9日毛泽东逝世，公社党委设灵堂举行吊唁仪式，数千名干部群众参加吊唁。“文化大革命”期间，蛟洋的广大群众仍然坚持生产第一线，致力于发展生产。

4. 社会主义现代化建设时期

1976年10月，“文化大革命”结束，蛟洋和各地一样进入新的历史发展时期。1978年冬中共十一届三中全会后，公社党委从思想、政治、经济、文化等方面进行拨乱反正，在狠抓平反冤假错案的同时，把工作重点转移到经济建设为中心的社会主义现代化建设上来。

1981年，公社党委贯彻落实中共中央印发《关于进一步加强完善农业生产责任制的几个问题》的通知，全面推行以家庭联产承包为主要形式的农业生产责任制，极大地调动农民的生产积极性，促进农业生产的发展。1982年，全社粮食亩产269公斤，比1980年亩增47.5公斤。

1984年，乡党委成立党校，分期分批轮训党员，注意培养和吸收知识分子和中青年积极分子入党，党员结构有较大变化，党组织有了新的发展。认真落实党的干部政策，起义人员政策，侨眷和台属的政策；对新中国成立以来历次运动中的冤、假、错案进行平反。为蒙受冤假错案平反的干部职工365人，书面平反96人，落实起义人员及侨眷、台属政策100多人；同时还为劳动改造30多年的338户地、富、反、坏摘掉帽子。

1985年，组织制订第七个五年计划（1986—1990年）。制定教育事业发展规划，普及九年义务教育。同年，蛟洋乡被福建省确定为龙岩地区45个贫困乡之一；乡党委、政府把脱贫致富工作作为一项中心任务摆上议事日程，设立扶贫领导小组及其办事机构，制定扶贫规划，落实政策奖金，逐步解决贫困户的温饱问题，提出争取实现福建省委“三年脱贫，五年摘帽，八年作贡献”的目标。1986—1987年，省、县委陆续派出二批扶贫工作队指导开展扶贫工作。1986年，蛟洋乡被县委、县政府评为“先进乡”；全乡涌现出“新长征突击手”50人，“三八”红旗手45人，五好家庭333户，文明村4个。

至1987年，全乡800户贫困户，脱贫400户，占50%。同年，乡党委根据中央《关于整党的决定》和县委《关于村级整党工作部署的通知》，成立了整党办公室，指导全乡各支部开展整党工作，进行党员登记，继续清除“左”的错误思想影响。乡党委根据县委部署，在全乡各支部开展民主评议党员活动。党委紧紧围绕党的基本路线和中心任务，加强村级党组织建设，为提供经济社会又好又快发展提供坚强保证。

1991—1993年，组织制订“八五”（1991—1995年）计划和“提前六年翻两番，提前两年达小康”的奋斗目标、实施方案，修订国民经济和社会发展的十年规划，提出“打基础，促农业，上工业”的发展思路。1991年，乡党委开展“忆传统、做贡献，争当新时期合格党员”活动。4月下旬，根据县委部署，对全乡任期届满的22个村党支部进行了换届选举。“七一”前后，乡党委组织全乡各基层党支部和广大党员广泛开展丰富多彩、形式多样的纪念活动，召开建党70周年纪念大会，举办专场文艺晚会，组织党的知识竞赛。1992年8月，引资兴办蛟洋水泥厂和梅花鹿养殖场。

1994—1996年，以“增粮增收保供给、脱贫致富奔小康”为农村工作主线，贯彻落实《龙岩地区扶贫攻坚规划》和县委“以扶贫攻坚奔小康统揽农村工作全局”的思路，加快农村贫困户脱贫致富奔小康步伐，改传统的分散救济式扶贫为开发式扶贫；乡党委、乡政府把实现行政村村村通公路列为为民办实事项目，开始实施行政村“通路工程”。1996年始，继续实施扶贫攻坚，并把它当作奔小康的重要内容，对全乡确定的贫困户、“攻坚户”，采取资金、政策、技术三管齐下的扶贫措施；制定“五包”（包建立扶贫台账、包项目的实施到户、包资金的发放和回收、包资金到位和技术服务到家）制度。调整农业结构，实施科教兴农和科教兴乡战略，夯实农业基础，争取世界银行贷款红壤二期开发项目，用于坪埔、丘坊、文都等村的红壤项目改造和农田低改工程建设。三年间，举办各种培训班38期，发展党员126人，结合村支部换届选举，整顿后进支部；涌现出优秀党务工作者和优秀党员203名。

1997—1999年，乡党委以319国道改线、省道308线二级路改造竣工，交通条件改善为契机，加快国省道沿线工贸小区开发，发展山区开放型区域经济；发展支柱产业、加工业、开发性农业、旅游业、采矿业等。1997 年，全乡 800 户贫困户全部脱贫；小康建设经龙岩市复查验收，全乡 20 个村 4169 户达小康水平，小康指标综合分值 95.9 分，确认基本实现小康。

2000 年 8 月，受 10 号台风“碧利斯”影响，蛟洋出现连续暴雨、大暴雨，造成山洪暴发，山体滑坡，成为全县 6 个重灾乡镇之一。党委、政府迅速组织抗灾自救，重建家园。至次年春节前，全乡 51 户重灾户全部搬进新居住上新房。

2000—2002 年，实施“小额信贷”扶贫到户工程，投入扶贫资金 20 万元，落实“小额贷款”260 万元，帮扶 500 户低收入家庭发展生产、脱贫致富。乡党委积极配合做好赣龙铁路蛟洋段征地拆迁工作。

2003 年，党委、政府以年初市委、市政府将蛟洋乡整合列入古田生态文化经济开发区规划、重点发展工业为契机，加快“中心集镇+工业园区”“新村+项目工程”。紧紧围绕加快农村经济发展主线，继续深化推进农业结构调整，加快农业产业化进程，努力实现农业增产、增效和农民增收的目标。蛟洋乡被市委、市政府授予“文明乡”称号。

2004 年，以县委、县政府提出“项目建设年”“招商引资年”为契机，立足实际，充分利用蛟洋的区位优势、交通优势和丰富的自然资源、人文资源、生态资源，新上工业项目 13 个，当年投资 2943 万元；已有 1000 多家乡镇企业、个体工商户落户蛟洋，其中上规模业务的如电力、造纸、建材、竹木加工、食品加工、医用氧气、梅花鹿养殖及花卉开发等 10 多家行业。12 月，桃源新村“造福工程”竣工。

2005 年，随着蛟洋成为闽粤赣边的交通枢纽，上杭县政府在蛟洋规划建设工业集中区。乡党委、政府站在建设“上杭次中心”的高度，以被列为“上杭第二工业区”为契机，致力于优化招商引资环境，营造“以项目促发展，以诚信促发展，以环境促发展”的良好氛围。2005 年后，镇党委以“发挥区位，提升品位，巩固地位，争先进位”作为战略工作重点，实施“五大联动”，立足工业区，服务工业区，全面推进社会主义新农村建设，加快工业区和小城镇建设步伐。

2007 年后，按照乡第十一次党代会的总体部署，主动服务工业集中区开发建设，充分发挥工业集中区带动作用，扎实推进工业化、城镇化和农业产业化进程，推进社会主义新农村建设，促进社会和谐，实现经济社会发展新跨越，着力把蛟洋打造成闽西具有较强经济实力、发展活力、产业竞争力和商住吸引力的“明星乡镇”。

2009 年，党委、政府积极做好省、市、县重点项目建设。3 月，总投资 65 亿元的紫金铜业公司年产 20 万吨铜冶炼项目落户蛟洋循环经济园区；该项目是省重点项目，也是新中国成立后龙岩市最大的工业项目。7 月 20 日，乡党委、政府积极配合市委、市政府举办纪念中共闽西“一大”召开 80 周年大会。配合市县妥善处置部分儿童血铅含量超标引发的群体性事件。完成乡镇总体规划和集镇控制性规划编制；第二次全国经济普查获省“先进集体”称号。

2010—2011 年，党委、政府深入学习贯彻胡锦涛总书记考察福建、上杭时的重要讲话精神。按照“强化规划，重在建设，科学管理，做强支撑”的工作要求，全力推进蛟洋工贸新城建设。2010 年，乡党委、政府启动省级生态乡和省级、市级生态村的创建工作，实施生态农业、生态林业、生态工业、生态家园、生态旅游建设；全年共签约 8 个项目，其中新开工项目 6 个，新竣工项目 2 个，总投资 3.43 亿元。保质保量完成工业区征地拆（搬）迁工作。2011 年 10 月 20 日，投资 1.36 亿元的塘厦 220 千伏变电站建成投产。蛟洋乡荣获“全市造林绿化工作先进集体”“规模工业总产值和工业园总产值双破百亿先进单位”。2011 年 11 月，蛟洋工业集中区被列为福建省“十二五”循环经济示范园区。

2012 年，党委、政府抓住撤乡设镇的契机，始终坚持科学发展、加快发展不动摇，突出重点，突破难点，围绕建设国家级循环经济园区的目标，大力实施项目带动战略，扎实推进蛟洋新城建设。生态乡村建设取得成效，6 月，崇头、桃源等 7 个村被福建省环境保护厅授予“福建省生态村”称号。7 月，东乾、文都等 6 个村被龙岩市环境保护局授予“龙岩市生态村”称号。12 月 31 日，蛟洋镇被福建省环境保护厅授予“福建省生态乡镇”称号。

2013年，党委、政府认真贯彻落实党的十八大精神，围绕建设生态工贸新城目标，突出经济发展和民生改善两条主线，加快推进新型工业化、新型城镇化、农业现代化，推动蛟洋经济社会持续稳定发展。项目带动战略成效显著，截至2013年12月底，工业园区正式入驻企业39家，总投资118.9亿元；工业园区规模以上工业企业实现产值135亿元，占全县规模以上工业总产值的48.5%。蛟洋，成为上杭工业的“半壁江山”。同年，工业园区被福建省政府安委办命名为“福建省安全园区”。6月，镇党委、政府启动国家级生态乡镇创建工作。7月，启动《蛟洋镇志》编纂工作。年内，蛟洋、小和等9个村被龙岩市环境保护局授予“龙岩市生态村”称号。

2013年，蛟洋镇社会总产值148.88亿元；财政总收入3050.13万元，比2003年增长5.41倍，比2010年增长1.65倍；农民人均纯收入9615元，比2003年增长1.8倍，比2010年增长67.25%。

（四）纪律检查

1984年，蛟洋乡成立纪律检查委员会（简称纪委），由一名副书记兼任纪委书记。之后，每次党委换届选举，纪律检查委员会也随之换届，选举出纪委委员5人—7人，纪委书记1人。1985年后，乡纪委加强对辖区内的党员干部进行党风廉政建设，认真查处少数党员违反计划生育、贪污挪用、占地盖房、封建迷信、买卖婚姻、滥砍滥伐、封建宗派等违纪案件，对党员领导干部进行廉洁自律教育。

1987—1990年，乡纪委配合组织、宣传部门办班21期达2351人次，其中党员1930人次，为了使党员教育多样化，建立15个播放点45场次受教育达二万人次；乡纪委配备5位纪检委员，全乡33个支部都配有1名纪检委员。三年中，共处置党内违纪案件4起，其中一起属生活作风重犯错误，问题严重而开除党籍；一起属违反计划生育而党内留党察看两年处分；一起属贪污挪用公款而党内严重警告；一起属乱砍滥伐竹林而党内警告。在评议党员中，按照《案件检查工作条例》《案件审理工作条例》要求，共处置党员19名，其中自动脱党1人，劝退1人，取消预备期1人，限期改正7人，党内严重警告1人，警告2人。累计有4名党员归还公款2935元，25人补交拖欠合同定购粮516公斤，落实计生措施13人，87名党员补交党费355.2元。

1990—1993年，查处违纪案件3起。其中一起属干部长期旷工受到行政记大过处分；一起因非法拘禁他人受到撤销支部书记职务；另一起为一位党员因喝酒误事而受到党内严重警告处分。

1994—1999年，乡纪委对蛟洋中学教学楼、学区办公楼、财政所办公楼等10余个重点工程项目提前介入，参与工程投标的有关监督。聘请人大代表、民主人士、离退休干部11人为行风监督员，对地税、工商、农技、交警等9个部门开展民主评议行风活动。组织乡村党组织播发《孔繁森》等电教片41场次，使3000多名党员、干部、群众受到了形象直观的教育，配合组织、宣传部门举办各类培训班16期，参训党员达1736人次。处理违法违纪案件16件，其中开除党籍6人，留党察看2人，严重警告处分5人，警告处分3人；乡纪委履行保护、惩处、监督、教育四项职能，为6名受到失实举报的同志澄清了事实。

2000—2006年，围绕社会、群众反映强烈的热点、难点问题，共立案查处违纪案件19起，其中开除党籍7人，留党察看3人，党内严重警告处分6人，党内警告处分3人。

2007—2010年，乡纪委认真贯彻落实《中国共产党党内监督条例（试行）》和《中国共产党纪律处分条例》，加强党风政风建设，着力解决损害群众利益的突出问题。共查处党员干部在经济、计划生育、侵害集体和群众利益、参与赌博、打架斗殴等方面的违纪案件20起，其中开除党籍6人，留党察看3人，党内严重警告处分8人，党内警告处分3人。

2011年，查处违纪案件5起，留党察看1人，党内警告处分4人。

2012年，配合党委抓好村务公开，镇成立“一办三中心”（“三资”管理办公室、农村财务服务中心、农村集体资产资源交易中心、集体工程招投标中心），25个行政村全面推行村级会计委托代理。查处违纪案件4起，其中党内严重警告处分1人，党内警告处分4人。

2013年，镇纪委结合中央开展的以“为民务实清廉”为主要内容的党的群众路线教育实践活动和县委提出的“作风建设年”活动，抓好农村党风廉政建设；查处违纪案件4起，其中开除党籍1人，留党察看1人，党内警告处分2人。

蛟洋镇（乡）纪律检查委员会书记名表

表11-3

姓 名	任职时间	姓 名	任职时间
张炽林	1988—1989.8	马壬生	2002.8—2006.12
林金庭	1989.8—1990.8	刘桃英	2006.12—2009.1
傅发富	1990.9—1996.5	廖新强	2009.1—2010.03
赖永生	1996.5—1999.7	廖均兴	2010.3—2011.5
陈桂英	1999.7—2002.8	李德善	2011.5—

（五）组织建设

1. 党员干部教育

新中国成立初期，党支部通过召开支部会、小组会，组织党员学习党的路线、方针、政策和党的基本知识，完成党交给的各项任务。1956年开始，村党支部建立定期的上党课制度，进行马列主义、毛泽东思想基本原理教育。1959年，公社建立党校，着重对农村党员进行年度培训，每年两次；主要内容是党性教育，社会主义教育和全心全意为人民服务教育。“文化大革命”期间，党员教育处于瘫痪状态。1972年后，支部建立“三会一课”（党支部大会、支委会、党小组会、上党课）制度。中共十一届三中全会后，公社党校活动逐步恢复。党委重视党员培训工作，每年都安排一批机关党员到县委党校培训；换届选举后，村党支部、村委班子主要成员中的党员干部亦参加县委党校培训；对农村党员，每年分期分批在乡党校进行培训。1984年，办党员培训班3期，参加学习党员605人，占党员总数95.8%。1995年选送8人到县党校学习培训，乡党校培训达890人；培养入党积极分子72名，发展新党员41名，其中农村党员33名。1998年，发展新党员23名。2012年，镇党委更加重视基层党员干部的教育培训工作，乡党委开创了“网络党校”“农村党员远程教育”等平台，分层分类抓好乡村干部业务培训。

党员干部教育的主要内容：80年代，主要是学习中共十一届三中全会精神、“一个中心、两个基本点”（即以经济建设为中心，坚持四项基本原则，坚持改革开放）的教育。90年代初，对党员进行中国特色社会主义理论教育。1996—1998年，在科级以上领导干部集中开展以讲学习、讲政治、讲正气（简称“三讲”）为主要内容的党性、党风教育活动，引导领导干部联系思想实际和工作实际，着重解决理想信念和思想作风方面存在的突出问题，提高党员干部思想政治素质。2001年，按照中央精神和上杭县委的部署，乡、村和基层站所深入开展“三个代表”重要思想学习教育活动，有效地提高基层党组织的凝聚力、战斗力和基层党员干部的思想素质。2005年，开展以“三个代表”重要思想为主要内容的“保持共产党员先进性教育”活动。2007—2010年，贯彻“科学发展观”，开展学习实践“科学发展观”活动。

2013年，深入贯彻落实中央“八项规定”，着力解决干部队伍中存在的“四风”（形式主义、官僚主义、享乐主义和奢靡之风）问题。认真落实党风廉政建设责任制。

2. 老干部、离退休人员工作

80年代始，蛟洋乡（镇）离退休干部活动，分片区（按退休人数或相邻村庄）组织起来，每月1至2次集中在一起学习党报、党刊，交流保健养生知识。如蛟洋大队离退休人员选出组长召集人，像走亲戚式的轮流到退休人员家中聚会。乡镇外围村离退休人员人数较少，如下崇头、坪埔、下到湖、梅坝等村设立一个小组；丰年、贵竹、小和、秋竹4个村合一小组；老干部们自愿轮流到各村组织活动学习。

2000年，蛟洋村在集市盖起一栋占地170平方米，建筑面积近800平方米的五层老年活动中心，活动场所配置乒乓球桌2副，电视、电脑，铁皮书柜藏书近3万册，订阅《闽西日报》《老年生活报》等10种报纸、杂志，还添设了多种乐器、音响。店铺、楼层房屋出租租金作为教育基金会作助学奖学金。老年活动时间利用每个圩天上午时间组织前来赴圩的老同志参加学习1—2小时（五天一次）。丘坊老干部活动始于1980年，随着退休干部的增加，几易场所，2009年新建村部，划出一层200平方米给老人活动中心，配置电视、电脑，健身器材，乐器，各种书籍1.5万余册；每日安排一人值班，村民、学生经常光顾活动中心，借阅书报，娱乐锻炼，人气旺盛。20世纪后，各行政村先后建立乡村退休干部活动室。中村2012年新建一座占地500平方米三层的砖混结构文化活动中心大楼，配有电视、影像设备及桌椅、棋牌室，供退休人员、村民文化娱乐活动。

2013年，全镇离退休干部职工238人，其中离休5人，副科以上干部8人，机关退休干部37人。全镇25个行政村级都建立了老年人协会（会员人数达175人）、老体协、关工委等组织，配备桌椅、电视、音响、茶具，订阅《闽西日报》《老年生活健康报》等报纸、杂志，购买科技书籍；制度落实，定期开展各项活动，设有活动场所，做到组织健全，制度落实，定期开展各项活动。紧紧围绕“六个老有”（老有所养、老有所医、老有所乐、老有所学、老有所为、老有所教）目标，组织、引导广大离退休干部在“三个文明”建设中发挥余热，积极支持镇村工作，热心公益事业教育、关心下一代，营造社会新风，创建平安、和谐蛟洋，积极促进当地经济和社会各项事业健康发展。

（六）宣传教育

新中国成立后，蛟洋党组织紧密配合党在各个时期的中心任务开展宣传教育工作，主要内容是宣传党的路线、方针、政策，宣传社会主义制度，宣传共产主义道德风尚和英雄模范人物的先进事迹等。

“文化大革命”期间，宣传工作陷入混乱状态。

中共十一届三中全会后，进行思想理论上的拨乱反正，紧紧把握正确的舆论导向。1981年始，开展以“五讲”（讲文明、讲礼貌、讲卫生、讲秩序、讲道德），“四美”（心灵美、语言美、行为美、环境美），“三热爱”（热爱祖国、热爱社会主义、热爱中国共产党）为主要内容的文明礼貌宣传活动；同时进行“四坚持”（坚持社会主义、坚持人民民主专政、坚持共产党的领导、坚持马列主义毛泽东思想），“三兼顾”（兼顾国家、集体、个人利益），“二反对”（反对走私贩私、反对封建迷信）为中心内容的社会主义和爱国主义宣传教育。1983年，配合宣讲中共十二大文件，开展贯彻四项基本原则和“改革、开放、搞活”方针的宣传教育。1985年，开展培养“四有”（有理想、有道德、有文化、有纪律）新人的教育。做好干部党员的宣传教育，组织党员学习党章，参加过好民主生活。

1993年至1996年，举办各类培训班19期，参训党员1810人次，乡村党组织还组织播放电教片《孔繁森》等41场次，参加活动6000多人次。1996年至1999年，配合组织、宣传部门举办各类培训班16期，参训党员1736人次。通过一系列的教育活动，增强了党员遵守党纪党规的自觉性，广大党员在救灾、扶贫攻坚、救死扶伤等方面捐款6万余元。

2003年，认真抓好全乡党员、干部的理论教育工作，学习宣传贯彻“三个代表”重要思想、“十六大”精神以及各类法律法规知识，乡党委组织干部进村入户宣传154场次，发放宣传材料21万份，出黑板报、宣传栏20期；同时还举办公民道德建设知识竞赛，下发试题200多份，使宣传教育工作层层深入，促进了党员及群众道德素质的提高。

2005年，全面贯彻《公民道德建设实施纲要》和公民道德“二十字”（即爱国守法、明礼诚信、团结友善、勤俭自强、敬业奉献）基本规范要求，全面提高人们的思想道德水准和政治素质。

2010—2011年，乡党委结合蛟洋实际，认真学习贯彻胡锦涛总书记到福建省、上杭县考察时的讲话精神和给古田镇五龙村党支部回信，开展“牢记嘱托、乘势而上、加快发展”活动；与理清经济社会发展思路结合起来，全力打造“生态福地、美丽蛟洋”。2011年，党委积极配合县委宣传部门编写《上杭90年》，搜集蛟洋在革命战争年代创下上杭的多个“第一”资料（农民银行、蛟洋暴动、红军队伍、苏维埃政府、闽西红军医院、保田斗争“计口授田”）。

2012年，党委积极开展县委提出的“下基层、解民忧、办实事、促发展”和“挂村帮户”活动，深入基层一线、深入田间地头、深入工业园区，驻村进户，到群众中去，访民情、解民忧、暖民心，与群众面对面交流、零距离沟通；深入25个行政村，开展调查研究，帮助找出存在问题、理清发展思路、落实发展举措，开展政策宣传、贫困帮扶、矛盾纠纷化解、先进典型培育、基层组织建设督导等工作，写出了有情况、有问题、有分析、有对策举措的25个村村情报告。

2013年，党委围绕学习党的十八大、十八届三中全会和习近平总书记系列重要讲话精神，深入宣传解读中国特色社会主义和“中国梦”，积极传递全镇上下建设“美丽蛟洋”正能量。华家村千年银杏荣登市第二届“银杏王”树王榜。蛟洋文昌阁以客家建筑图案列入《闽构华章》，被国家税务总局印刷为2013年印花税票发行200万张。

（七）统一战线工作

新中国成立后，蛟洋各级党组织广泛宣传、认真执行党的统一战线政策，鼓励各界爱国人士支持、参与人民政府工作。1966年开始的“文化大革命”，党的统一战线工作遭到破坏，一些民主人士受到冲击。

中共十一届三中全会后，恢复和加强了统一战线工作，蛟洋党组织配合县委、县政府做好拨乱反正，落实各项统战政策。公社调查落实全社被误杀的所谓“社会民主党”人士59人，追认为革命烈士。1980年，给错划为“右派分子”的人员进行复查改正，并给予妥善安置。1981年，把小商、小贩，小手工业者从错划工商业资本家中区别出来，恢复劳动者身份。

1984年，蛟洋乡配备统战干事1人，负责统战工作日常事务；宣传党在各个时期的对台方针政策以及对台属、台胞的政策。同年8月，乡第七届人代会第一次选出台属2户、侨属2户人员当选乡人大代表。乡党委、政府认真落实党的干部政策，起义人员政策，侨眷和台属的政策。对历次运动中受冤、假、错案进行了平反昭雪，为蒙受冤假错案平反的干部、职工365人，书面平反96人，落实起义人员及侨眷、台属政策的有100多人，收回使用28人。同时，还为劳动改造30多年的338户地、富、反、坏摘掉了帽子，退还抄查财物1872.28元，光洋7个，银毫78个，房屋13间。1988年，坪埔村去台人员袁国光首次回乡，看到家乡面貌一新，人民安居乐业，感到高兴、赞赏，为改善坪埔小学教学条件捐资1万元。1990年，乡党委设统战委员。随着组织的健全完善，统一战线工作走向正常化，旅台人员政策及民族宗教政策等得到落实。1991年1月2日，崇头村赴台人员傅纬源从台湾回乡探亲，6日上午回到阔别48年的家乡，在家乡度过52个日夜。东乾村去台人员邓延宾回乡后，多次捐资为村中修桥铺路，最后在家乡盖房定居。

2000年后，蛟洋每年对境内宗教活动场所、寺庙进行逐个造册登记，加强检查、重点监管；对未经县宗教部门批准乱建寺庙或利用宗教活动场所进行非法活动的，坚决给予取缔；对未登记注册的个别寺庙，除督促其办理相关手续外，纳入正常管理；同时，对佛教教徒加强政治思想工作，引导宗教与社会主义相适应。

2013年10月9日，蛟洋夫人宫寺庙主持释普旺联络来自官庄镇龙寺、南阳南禅寺等寺庙主持及一些善男信女前往镇敬老院开展“敬老助残献爱心宗教慈善活动”。2013年，全镇寺庙31处，规模较大、活动比较正常的有蛟洋夫人宫（佛灵寺），崇头妈祖庙，华家岖山庵修心寺、白云寺，贵竹双髻山通宝寺，小和岽前观音寺，塘厦崇明寨，丘坊文昌阁等，其中办证注册的寺庙6处。

（八）精神文明建设

中共十一届三中全会后，蛟洋乡在抓物质文明建设的同时，重视精神文明建设，开展以“五讲”“四美”“三热爱”为主要内容的文明礼貌宣传活动；开展社会主义和爱国主义宣传教育，以消除十年动乱在精神文明方面所造成的不良后果。1990年6月，成立蛟洋乡精神文明建设领导小组，开展群众性精神文明创建活动。1991—1993年，以创建文明示范路、文明单位、文明村为载体的群众性精神文明建设活动广泛深入开展，以职业道德和社会公德为主要内容的“四有”公民教育得到加强。1997年3月，成立由32人组成的蛟洋乡精神文明建设指导委员会，宣传贯彻《中共中央关于加强社会主义精神文明建设若干重要问题的决议》《上杭县“九五”期间社会主义精神文明建设规划》，推动精神文明建设迈出新的步伐；同年起，贯彻中共中央《公民道德建设实施纲要》，不断深化和拓展公民道德建设。开展“社会公德、职业道德、家庭美德”建设。1998—2002年，以贯彻《公民道德建设实施纲要》为契机，开展“移风易俗”“文明新风伴我行”“争当公民道德建设标兵”以及创建文明乡、文明村、文明户等活动，大力倡导“爱国守法、明礼诚信、团结友善、勤俭自强、敬业奉献”的基本道德规范。

2003—2005年，深入开展群众性精神文明创建活动，乡党委制订《创建文明乡竞赛活动实施方案》及精神文明创建三年规划；继续抓好文明示范村、示范户建设，引导农民群众树立“诚信光荣、失信可耻”，营造经济交往履约承诺，人与人之间真诚相处的道德氛围，形成“村村争创信用村，户户争当信用户，人人争做诚信公民”的农村诚信建设大格局，推动农村精神文明建设上新水平。

2006—2008年，开展群众性爱国主义教育活动，抓好文明礼仪知识普及，通过制作刊播公益广告、组织知识竞赛宣传教育活动。推进“家园清洁行动”，实施“美化、绿化、亮化”工程，在蛟洋、丘坊、华家等村开展农村环境卫生综合整治活动。集镇实行垃圾集中收集、集中搬运、集中处置。组建市场管理、保洁队伍，新配备垃圾专用车辆，建立较为完善的长效管理机制。

2009—2011年，开展“迎国庆、讲文明、树新风”活动，抓好文明村、文明户建设；蛟洋、丘坊集镇兴起广场舞；蛟洋村组建舞狮队，在节日和圩日为农民表演舞狮、拳术、演唱等节目180多场次，丰富农村文化生活。2011年，蛟洋中学被评为第十一届县级文明单位；蛟洋、崇头、再兴、桃源、塘厦、坪上等村被授予第十一届（2009—2011年度）县级文明村。傅岳和、丘庆镛等个体经营户被评为县级文明经营户。

2012年，运用广播电视、户外广告、电子显示屏、宣传栏、橱窗、墙报等宣传阵地开辟专栏深入宣传报道，开展宣传党的十八大精神和“五个一”（传唱一首优秀歌曲、举办一场庆祝十八大广场文艺演出活动、一场读书演讲比赛活动、举办一场庆祝十八大书画作品展、一次十八大精神知识竞赛活动）群众性文化宣传活动。同年10月，镇党委、政府举行“舞动新城喜迎十八大”广场舞大赛活动，有10个行政村代表队参加，蛟洋、再兴获得广场舞大赛活动第一名。

2013年，认真贯彻《县关于进一步加强和改进农村精神文明建设的意见》，广泛开展结对帮扶挂钩、文明单位、文明村、文明户创建活动；利用爱国主义教育基地蛟洋文昌阁的红色教育资源，在中小学开展“做一个有道德的人”为主题的“知荣辱、树新风、我行动”活动。社会事业协调发展，深化“平安蛟洋”创建活动，塘厦、陈坊等12个村被评为“平安和谐村”；全镇7个村被评为省级生态村，15个村评为市级生态村，镇获省级生态镇。全镇25个行政村继续被评为信用村，镇获信用乡（镇）。蛟洋中学、小学连续获得第11、12届（2009—2014年度）市级文明单位，蛟洋、坪上、桃源等村被评为第12届（2012—2014年度）市级文明村，蛟洋镇被评为第12届（2012—2014年度）县级文明乡（镇）。

第二节 群团组织

一、蛟洋农民协会

民国15年（1926年），蛟洋建立农民协会（简称农会），首任会长傅显仁（“蛟洋暴动”时被抓捕杀害）。民国17年，中共北四区委员会成立后，要求每一个共产党员要发展3至5个农会会员；每一个老会员要发展5至7个新会员；提出加入农会会员条件是要忠实可靠，勇敢斗争，严守秘密。农会组织逐步向蛟洋村的四邻发展，蛟洋毗邻乡村的农民纷纷踊跃加入农会，北四区农会会员发展到1000多人。参加“蛟洋暴动”的群众多达3000人，多数是农会会员。当时，蛟洋农民协会主要做了12件事：1.清算了土豪劣绅经营的地方公共财产账目；2.限止富农出售米谷的价格，不许涨价，并禁止米谷私运出境；3.禁止抽鸦片和赌博；4.推翻了封建宗族长的统治权，一切权力归农会；5.破除迷信，推倒菩萨，废除基督教，并没收教堂财产；6.接办公立学校，并创办平民学校和农民夜校；7.搜查富户的余粮办平粜，对隐藏余粮的富家，惩罚宰杀其肥猪，将猪肉分给群众；8.追缴地方民团及地主豪绅所持有的公私枪械，以武装农民自卫军；9.抗拒交纳国民党政府及反动军队的苛捐杂税和摊派的响款；10.清除劫持农民耕牛的土匪和反动军队；11.发动家家种树；12.实行“二五”减租和退租。

民国20年3月，农会演变为农民联合会，作为临时的地方自治机关。5月，农民联合会改为自治局，各村设村长。民国21年冬，十九路军推进闽西，驻闽绥靖公署闽西善后处以古蛟情况特殊为由，古蛟地区设自治委员会。

二、工　会

（一）组织机构

新中国成立后，成立中国教育工会古蛟区（蛟洋）基层委员会；供销、粮站、卫生院、金融（人民银行蛟洋营业所、信用社）等部门相继成立工会组织。“文化大革命”期间，工会组织陷于瘫痪状态，停止活动。1973年冬，开始恢复各级工会组织。1990年新的《中华人民共和国工会法》颁布后，执行新的工会法。1995年12月25日，乡直机关工会成立。随着经济体制改革的不断深入，为适应新的经济发展，1999年冬，建立蛟洋乡联合工会委员会，随后，在非公企业、部分村和个体劳动者中建立工会组织。2006年10月18日，乡第三届工会联合会改选，由乡党委副书记兼任工会主席，并设专职副主席，委员6人。同年，乡成立女职工委员会。

2011年底，全乡除学区、中学、医院等单位属县直属基层工会外，全乡已建立基层工会组织19个，其中非工企业工会7个，教育工会2个，村级工会12个，机关工会1个，工会会员1410人。

2013年，蛟洋镇全乡已建立基层工会组织22个，其中非工企业工会7个，村级工会12个，教育工会2个，机关工会1个，工会会员1797人。

（二）主要活动

20世纪五六十年代，工会活动主要由各行业工会组织活动。

“文化大革命”期间，工会组织停止活动。

1990年《中华人民共和国工会法》颁布后，工会工作逐步正常，组织不断发展。

2000年，乡工会联合会，认真贯彻《中华人民共和国工会法》和《中国工会章程》，按照“哪里有职工、哪里就有工会”组织的建会方针，凡是以工资性收入为主的从业人员属于“职工”范畴，都应吸收为中国工会会员的有关规定。无论在企业，还是在行政事业单位，工作时间满3个月以上的临时人员都要把他们吸收为会员，纳入工会组织中。努力做好行政村、非公企业和个体劳动者工会组织的组建和会员发展工作；抓好职工维权，做好职工与企业的劳动合同、工资协商合同的签订工作；建立“职工之家”，为职工办实事、办好事、送温暖。指导各基层工会组织职工学习党的路线、方针、政策，组织职工学习各种法律法规，增强法律意识，学会用法律来保护自己的合法权益；鼓励职工参加在职教育，通过自学、函授、参加技术培训班等形式不断提高技术水平，从而更好地服务社会，增强维护自身权益的意识。至2007年年底，全乡在企事业单位中建立了职代会（职工大会）制度，实行厂务、校务、院务、站务（所务）公开。建立困难职工档案，帮助困难职工尤其是困难农民工解决就业难、上学难、讨薪难、看病难等实际困难。

2010年，在蛟洋工业园区设立职工服务中心，创建省级示范职工书屋。蛟洋公路站荣获“全国模范职工小家”，站长陈文生被评为全国劳动模范。

2012年，镇工会联合会协助31家非公企业组织与职工签订工资集体协商协议。

2013年，镇工会联合会协助50家非公企业组织与职工签订工资集体协商协议。镇工会联合会协助基层工会组织，积极参加市在职在岗职工住院医疗互助活动。

三、青少年组织

（一）组织机构

民国17年（1928年）6月，蛟洋人民举行武装暴动后，蛟洋成立中国共产主义青年团组织，首任团支部书记傅善昌。民国18年7月，在蛟洋召开的中共闽西第一次代表大会上，作出了《关于CY问题决议案》。新中国成立后，蛟洋成立新民主主义青年团第七区（蛟洋）工委，各乡（村）相继成立团支部。

1950年7月，组织成立蛟洋共青团临时工作委员会，先后在蛟洋、丰年、文都等乡，结合中心工作发展团员；同时建立蛟洋直属支部，蛟洋中学支部，机关支部。同年9月，建立少年儿童队组织。

1952年7月，第七区（辖蛟洋、塘下、文地、苦竹、文都、丰年、再兴、中村、华家9个乡），组织成立区临时团委（中国新民主主义青年团）；先后建立直属、机关、中学和6个乡团支部组织。同年12月12—14日，召开首届区团代会，会期2天，出席代表77人；选举出席县团代会代表10名。

1953年4月，蛟洋有共青团支部8个（蛟洋、塘厦、苦竹、文都、丰年、中村），团员194人（男131人，女63人）；其中农村支部6个，团员154个（男94人，女60人）；学校支部1个，团员19人（男18人，女1人）；机关支部1个，团员21人（男19人，女2人）。

1956年7月，第七区（蛟洋）辖11个团支部（华家、丘坊、再兴、塘厦、达理、文都、蛟洋、丰年、中村、苦竹、文地），团员262人，占100%参加初级农业生产合作社组织，有103人占77.9%参加高级农业生产合作社。

1965年，蛟洋公社24个行政村及中学有团支部25个，全社青年总数2038人，团员人数383人，团员占青年的比例为5.32%。

“文化大革命”期间，少先队为“红小兵”所代替。1979年恢复少先队组织。1966年，全社少先队组织27个，少先队员644人，设总辅导员3人，中队辅导员30人。1976年，蛟洋中学学生数682人，参加红卫兵组织达420人。

1972年3月17日，召开蛟洋公社第8次团代会，到会代表85人，占团员620人总数的14%。选举书记1人，副书记2人，委员6人。

1978年11月12日，蛟洋公社召开第9次团代会，选举书记1人，副书记1人，委员9人。塘厦大队团支部被评为县先进支部，坪埔邹伟成、丘坊丘维新被评为县先进团支部书记。全社有团总支2个，团支部30个，团小组184个，团员804人，其中女团员228人。

1982年4月23日，召开蛟洋公社第10次团代会。全社30个团支部，团员764人，其中女团员302人；吸收181人新团员，其中女团员99人；超龄退团264人，在团员中发展入党2人。丘坊、华家大队被评为县先进团支部。丘天来、华品发、张善生、华春兰、华杭生等5人被评为县优秀团干。

1984年10月15日至16日，召开蛟洋乡第11次团代会，到会代表80人；华敦跃作《围绕改革努力进取为振兴蛟洋贡献青春》工作报告。选举华敦跃为团委书记，邹贵钦为副书记，委员7人。选举出席共青团上杭县第十一次代表大会代表17人。1984年,全乡团总支1个，团支部33个，团员1020人；吸收团员165人，其中女团员58人；占青年5789人总数的19%。崇源、再兴大队被评为县先进团支部。

1987年，召开蛟洋乡第12次团代会。

1990年8月24日，召开蛟洋乡第13次团代会，选举赖永生为团委副书记，委员8人。

1993年9月25日，召开蛟洋乡第14次团代会，选举丘生贤为团委副书记，委员8人。

1996年9月5日，召开蛟洋乡第15次团代会，选举刘洪伟任团委书记，谢永芹、丘剑任团委副书记，委员6人。

1999年10月，召开蛟洋乡第16次团代会，选举丘剑为团支部书记，谢永芹为团委副书记。

2002年10月，召开蛟洋乡第17次团代会，选举丘剑为团委书记，邱晓红任团委副书记。

2002年，全乡有27个团支部，83名支部成员学历都在初中文化以上；全乡共发展新团员33人，推选12名优秀团员加入党组织，有18名优秀团干当选村干部，其中有2名团支部书记入党后任村党支部书记，另有8名团支部书记兼任村两委职务。

2005年9月28日，召开蛟洋乡第18次团代会，参会代表45人。

2008年9月28日，召开蛟洋乡第19次团代会，应到代表47人，实到会代表43人；选举张吉平任团委书记，谢鸿科任团委副书记，委员3人。下属团支部26个，团员459人。

2011年9月28日，召开蛟洋乡第20次团代会，到会代表52人。选举张吉平为团委书记，谢鸿科、刘艳萍为团委副书记，委员7人。下属团支部26个，团员480人。

2013年，全镇有团支部26个，有团员506人；少先队员1204人，少先队总辅导员1人，少先队辅导员4人。

（二）主要活动

战争年代，蛟洋的共青团组织动员和带领青年参加红军、赤卫队，支援红军对敌作战，开展打土豪、分田地，保卫苏维埃政权。红军长征后，留在蛟洋的团员青年在党团组织的领导下，坚持游击战争；特别捍卫苏维埃政府土地政策，确保农民“耕者有其田”。

新中国成立以后，组织青少年进行爱祖国、爱人民、爱劳动、爱科学、爱护公共财物的“五爱”教育活动。1952年，配合形势开展“三要三不要”（要爱护公共财物、要生活朴素、要爱惜时间，不损公利私、不浪费、不贪小便宜偷窃别人东西）的教育。

在社会主义建设时期，蛟洋共青团、少先队组织得到党委、政府的重视。共青团、少先队组织根据青少年的特点和各个时期的中心工作开展活动。

1956年7月，第七区（蛟洋）辖11个团支部，团员262人。区团委动员青年、团员踊跃加入合作社组织，有占100%（262人）参加初级农业生产合作社组织，占77.9%（103人）参加高级农业生产合作社。区团委积极组织青年、团员参加农业生产劳动，组建青年突击队26个、青年生产队4个，参加人数814人，其中团员155人；成立扫盲小组40个，扫盲人数1391人；开荒459亩，积肥15013担，兴修水利(积水塘10个、水坡8处、水圳155处)，植树造林194亩。全区有图书室2个、青年俱乐部5个、业余剧团3个。

1963年，共青团组织青少年积极响应毛泽东号召，开展“向雷锋同志学习”等活动。

1972年，共青团龙岩地区召开首届代表大会，公社团委推选塘下、中村、丰年3个大队团支部，团支部书记邹长寿、张胜丕2人，以及团支部委员郭守扬等人参加大会，并在会上介绍了他们支部和个人的先进经验。

1979年，恢复少先队组织后，开展“儿童们团结起来，做新中国的新主人，做共产主义接班人”、开展“爱科学、爱劳动、学雷锋、树新风”和“五讲四美三热爱”等一系列活动。

中共十一届三中全会后，蛟洋乡共青团组织围绕培育有理想、有道德、有文化、有纪律的“四有”新人，把对青少年进行思想政治教育放在首要位置；进行生动活泼的爱国主义、集体主义、社会主义和革命传统教育，增强青少年的民族自尊心和自信心，树立正确的人生观、世界观和价值观，努力培养社会主义事业接班人。请老红军、老革命、老赤卫队员讲革命故事，进行革命传统教育；开展“五讲四美”“三热爱”为中心的文明礼貌活动；实施“青年科技工程”，组织团员青年参加实用技术培训，扶持科技致富户、勤劳致富户；开展“新长征突击手”活动，团员、青年以饱满的热忱投入到生产建设之中发挥经济建设的生力军作用；开展“敬老节”活动等。少先队组织开展争当“三好学生”“优秀少先队员”活动。

1981—1984年，公社团委共发展新团员378人（男221人、女157人）。再兴大队团支部在开展“文明月”活动中成绩突出，被共青团福建省委评为“文明月先进单位”，崇头、苏康、丘坊、华家、贵竹等大队团支部被上杭县委评为“文明月先进单位”。1988年，团组织配合学校，认真贯彻落实《小学生守则》和《中小学生日常行为规范》；开展《爱国主义教育实施纲要》、组织实施《公民道德建设实施纲要》等活动。1998年5月25日，蛟洋乡团委发出《关于在全乡广大团员青年中迅速掀起向傅云华同志学习热潮的通知》(〔1998〕08号)（傅云华，1994年8月毕业于龙岩师专中文系，分配在蛟洋中学任毕业班语文老师，1997年4月查出患胃癌直至中考结束，都坚持上完最后一节课）。

1998年6月1日，乡团委组织全乡34名受助学生及师生代表计48人参加龙岩团市委“希望工程救助学生座谈会”，使学生们亲身感受到党和政府对他们的关怀，同学们纷纷立志表示要好好学习，长大后报效党和人民。7月18日，乡团委联系龙岩市第一医院“120”团支部的医护人员在蛟洋卫生院举行了青年志愿者义诊服务活动，计诊疗各类病人近300人。乡团委配合有关部门参加“春蕾计划”献爱心等活动，扶持贫困学生41人，发放“希望工程款”5150元；1998年，乡团委被评为县先进团委。

2002年，乡团委按照“四个好”（班子建设好、主题活动好、支部建设好、活动阵地好）的要求，加强团委制度建设和各项工作的落实；按照“坚持标准、保证质量”的原则，发展新团员33人，推选12名优秀团员加入党组织，有18名优秀团干当选村干部，其中有2名团支部书记入党后任村党支部书记，邹坑村张明海被评为第七届“闽西十大杰出青年”。乡团委张吉平书记先后被龙岩市团委、上杭县团委授予“优秀共青团干部”。

2009年，乡团委牵头，组织中、小学联合举办“五四”运动90周年和中国少年先锋队建队60周年的纪念活动。

2010年8月，乡团委参与县团委慰问团，深入蛟洋20万吨铜冶炼建设工地和蛟上高速重点工程慰问高温作业的一线人员。乡团委被上杭县团委授予“五四红旗团委”。

2012年，乡团委在“五四”期间举办建团90周年、纪念“五四”运动93周年表彰大会暨“党旗辉映团旗红，献礼十八大我建功”活动，

2013年3月12日，镇团委组织青年团员到蛟洋集镇圩场，开展环保知识普及活动，普及环保知识，提高村民环保意识，保护农村生态环境。活动以“青春助力生态环保”为主题，以保护“蓝天、碧水、绿地、洁土”为主要内容，通过环保知识问答、分发宣传资料、张贴宣传画册等丰富多样的形式让群众参与其中，深入到每个人的生活中。镇团委协助符合条件的8家非公企业组建团支部。

四、妇女组织

（一）组织机构

1953年8月10日，第七区（蛟洋）建立妇女联合会（简称妇联），村设立妇女代表会（简称妇代会）；全区9个乡（蛟洋、塘厦、丘坊、苦竹、丰年、华家、文都、中村、再兴）都建立妇联组织，设主任、副主任18人，委员49人，妇女代表229人，代表6195妇女群众。妇女参政议政：妇女代表中有1人任副乡长，任乡农会副主席1人，任乡政委员1人，分会副主任28人，代表主任1人，乡人大代表58人，农会代表34人，青年团代表64人。

“文化大革命”期间，妇联组织也陷于瘫痪。1974年开始恢复公社妇联，1984年恢复乡村建置后，乡妇联设主席1人；村设妇代会，设主任1名。1996年，全乡辖25个村妇代会组织，妇女人口总数达11243人，妇女从业人员5477人。2003年，妇代会主任进村两委比例72%，全乡25个村新当选的村两委中有女性13人，其中女支委9人，女村委9人（其中4人既是村委又是支委）。2011年，全镇有25个村妇代会组织，妇女人口总数达11704人，妇女从业人员达6128人。

（二）主要活动

民国17年，蛟洋妇女积极响应苏区政府的号召，参加苏区革命斗争。组织妇救会、帮工队等，帮助红

军家属发展生产。

新中国成立后，蛟洋妇女在社会主义建设中，响应党和政府的号召，贯彻婚姻法，用各种形式帮助广大妇女提高认识，解放自己；参加农业合作化、落实农业生产责任制等农村改革实践活动，参与拥军优属、扫除文盲活动。妇联会配合党的中心工作，大力开展活动，特别是配合计划生育部门做了大量艰苦细致的工作，得到乡党委和政府的充分肯定。

蛟洋公社妇联一至四届代表会议缺资料。

1966 年 5 月，蛟洋公社召开妇联第五届委员代表会议,选举产生妇联主任 1 人、妇联干事 1 人。

1968 年，蛟洋公社召开妇联第六届委员代表会议,选举产生妇联主任 1 人、妇联干事 1 人。

1972 年，蛟洋公社召开妇联第七届委员代表会议,选举产生妇联主任 1 人、妇联干事 1 人。

1975 年，蛟洋公社召开妇联第八届委员代表会议,选举产生妇联主任 1 人、妇联干事 1 人。

1978 年 9 月 6 日，蛟洋公社召开妇联第九届委员代表会议,到会代表 183 人；选举产生妇联主任 1 人、副主任 3 人，委员 9 人。中共十一届三中全会后，妇女组织活动更加频繁、活跃。妇女们发挥聪明才智，投身“四有”（有理想、有道德、有文化、有纪律）教育和”双学双比”（学文化、学技术，比成绩、比贡献）及计划生育、维护妇女儿童合法权益等各项活动中，宣传《女工保护条例》《中华人民共和国妇女权益保障法》等法律法规，增强妇女儿童维权意识，提高维权能力。实施“春蕾计划”“爱心妈妈”等关爱行动。开展“五好”文明家庭活动，为创建平安蛟洋、生态乡镇做贡献。

1981 年 9 月，蛟洋公社召开妇联第十届委员代表会议,选举产生公社妇联主任 1 人、副主任 3 人，委员 12 人。

1984 年 10 月，蛟洋乡召开妇联第十一届委员代表会议，参会代表 110 人，选举产生乡妇联主任 1 人、副主任 1 人，委员 7 人。

1987 年 10 月，蛟洋乡召开妇联第十二届委员代表会议，参会代表 110 人，选举产生乡妇联主任 1 人、副主任 1 人，委员 7 人。

1990 年 8 月 23 日，蛟洋乡召开妇联第十三届委员代表会议，到会代表 65 人；选举产生乡妇联主任 1 人、副主任 1 人，委员 7 人。

1993 年 9 月 26 日，蛟洋乡召开妇联第十四届委员代表会议，到会代表 51 人；选举产生乡妇联主任 1 人、副主任 1 人，委员 7 人。

1996 年 8 月 20 日，蛟洋乡召开妇联第十五届委员代表会议，到会代表 51 人；选举产生乡妇联主任 1 人，委员 7 人。

1999 年 9 月 15 日，蛟洋乡召开妇联第十六届委员代表会议，到会代表 51 人；选举产生乡妇联主席 1 人、副主席 1 人，委员 7 人。

2002 年 9 月 15 日，蛟洋乡召开妇联第十七届委员代表会议，到会代表 46 人；选举产生乡妇联主席 1 人、副主席 1 人，委员 7 人。

2003 年，乡妇联组织 700 余名妇女，参加村举办的各类实用技术培训班 25 期；选送 3 名女能人分别参加省、市举办的养猪、毛竹加工技能培训班；鼓励妇女参加“农函大”学习，积极参与妇女维权活动，全乡发展女党员 10 人。

2006 年 7 月 6 日，蛟洋乡召开妇联第十八届委员代表会议，到会代表 46 人；选举产生乡妇联主席 1 人、副主席 1 人，委员 6 人。

2006—2011 年，乡妇联带领全乡广大妇女团结奋进、自强不息、建功立业，坚持科学发展，积极参与经济建设；妇女就业、创业有新突破。加强实用技术培训，组织专家送科技下乡，开展烟、状元豆、毛竹种植，乌兔养殖、平车技术、电子加工技术培训，五年间，举办各类实用技术培训班 12 期，受训妇女达 1200 多人。加大宣传维护妇女儿童合法权益，提高依法维权意识。充分利用村级换届、“五五”普法、

“三八”维权周和普法宣传月等活动，印发《中华人民共和国妇女权益保障法》《中华人民共和国未成年人合法权益保护法》《中华人民共和国预防未成年人犯罪法》等宣传资料2000多份。通过印发宣传资料、举办专题培训形式，引领妇女学法、守法、知法、懂法,不断提升妇女自我维权能力，认真受理妇女群众来信来访，在工作中,始终把维护妇女儿童合法权益作为工作的出发点和落脚点，对待群众来访热心接待，及时处理，为来访群众提供法律帮助。开展源头维权，推进社会化维权。25个行政村成立妇女之家，充分发挥以村妇代主任为主的妇女之家作用，及时受理妇女群众的投诉和制止已发生的家庭暴力案，依法处置家庭暴力行为，切实维护妇女儿童的教育权、健康权、劳动权。全乡适龄女童入学率达98%以上；组织1000多名妇女参加了妇科常见病免费检查，为农村妇女建立健康档案。带领妇女广泛参与群众性精神文明创建活动，发放“平安家庭创建活动倡议书”“五好文明家庭”“平安家庭”“特色家庭”等宣传材料1万多份；张贴刷写标语50多条，法制宣传栏15期。涌现出县“五好文明家庭”廖华清家、傅琴珍家，“巾帼文化中心户”华宝凤家等一批先进典型。2010年，在庆祝“三八”国际劳动妇女节100周年时，乡妇联召集全乡25个行政村支部书记、村主任的爱人，召开“庆三八、谋发展”贤内助座谈会；蛟洋村妇代会组织了300多名妇女在闽西“一大”旧址——蛟洋文昌阁前开展“踩气球”、跳绳、丢圈子等丰富多彩的活动，倡议全村妇女“姐妹齐动手，共建美家园”的清洁家园活动。全乡创建“平安家庭”户7085户，蛟洋、崇头、桃源、丘坊、华家等10个行政村被县评为“平安家庭”示范村。乡妇联积极组织各级妇联参与“巾帼建功”竞赛活动，蛟洋中心小学被县委、县府授“三八红旗集体”称号，蛟洋乡计生服务所被县委、县府授予“巾帼建功先进集体”。蛟洋中心幼儿园老师华敏参加“全国幼儿园优秀自制玩教具展评活动”，其制作的玩教具《竹偶》荣获三等奖，为龙岩市唯一入选并获奖的作品。蛟洋村妇代会2008年被福建省妇女联合会评为“先进妇代会”。蛟洋、华家、丘坊、再兴等村妇代会连续三年被评为市级先进妇代会。

乡妇联开展真情关爱留守儿童活动，成功为9位留守儿童结对“爱心妈妈”。同时获得李新炎基金会赞助10400元，帮助13位贫困儿童解决学费、生活费，圆了他（她）们的上学梦。开展“巾帼扶贫”小额贷款活动，为农村贫困妇女贴息13万元贷款发展种养业；支持妇女创业、就业小额担保贷款58.5万元。

2011年11月23日，蛟洋乡召开妇联第十九届委员代表会议，到会代表43人；选举产生乡妇联主席1人、副主席1人，执委员5人。

2013年，镇妇联认真做好关心弱势群体，关心留守妇女儿童工作。联系县妇幼保健医院对蛟洋镇395名妇女进行免费健康体检；对“两癌”重症妇女患者发放1200元慰问金；对7名有20年以上工龄的妇代主任发放离任补贴2800元；深入实施“春蕾计划”，为10名中小学生发放助学金2900元。继续推进妇女创业就业培训和解决创业困难，对44位妇女发放贴息贷款达26.4万元。

蛟洋镇（社、乡）妇联历任负责人名表

表11–4

姓　名	任职时间	姓　名	任职时间
郭招娣	1966.5—1974.12	华雪玉	2005.7—2011.10
周桃英	1975.1—1975.8	刘艳萍	2011.11—2013.7
黎菊英	1978.9—1993.8	赖小华	2013.8—
邹春华	1993.9—2005.6		

五、科学技术协会

（一）组织机构

1985年，蛟洋乡成立科学技术协会（简称科协）。1990年，配备科技副乡长后，科协主席由科技副乡长兼任，还配备1名专职干部。2008年7月，成立上杭县退休科技工作者协会蛟洋乡分会（简称“退科协”）。

（二）主要活动

1997年，蛟洋乡科技工作在“科技兴农”年活动中，依照“经济建设和社会发展必须依靠科学技术，科学技术工作必须面向经济建设和社会发展”的战略方针；加大宣传力度，充分利用黑板报、墙报、《蛟洋科技》、广播、录像等宣传工具，多形式、多渠道地宣传科普知识和科技成果，在全乡范围内形成学科学、讲科学、用科学、尊重科学的社会风气。全力抓好11月份科技宣传周的宣传工作。

1998年，农村示范网络建设得到加强，编写《农业科技简报》12期，共1200份下发各村，举办6期实用技术培训班，参加人数900余人次，利用黑板报、墙报等形式宣传农业科技140期次。

1998年10月，秋竹外洋坪养鹿场在省科委的支持下，投资8万元，从甘肃兰州引进马麝养殖成功；2002年，国家发展计划委员会《关于福建华杭麝业科技发展有限公司人工养麝技术产业示范工程项目可行性研究报告的批复》（计高技〔2002〕2144号）同意将蛟洋乡人工养麝项目列入2002年国家高技术产业发展项目计划，11月，蛟洋乡人工养麝项目获得国家发展计划委员会立项补助该项目经费300万元。

2000年，蛟洋乡食用菌协会，通过在丘坊村建立2万袋花菇生产示范基地，成功引导周边村民种植花菇及覆土反季节香菇45万袋，增添了村民的收入。

2002年，蛟洋乡科协发挥蔬菜协会作用，在蛟洋村与苏坑村建立200亩高优蔬菜科技示范园，统一培训县农函大专班学员，使之成为学员的教学试验示范基地。

2004年，科协参与在塘厦村试种10亩航天育种超级杂交水稻，水稻新组合品种“特优航1号”和“Ⅱ优航1号”获得成功，适合山区推广中晚稻种植。

2007年，配合县科协实施“科普惠农兴村计划”和农村科普“三个一”（在每个行政村建一个科普活动站，办一个科普宣传栏，选好一名科普宣传员）建设；在县科协、县农学会、水产学会、花卉协会等帮助下，组织农技专家、农业技术员深入农村，进行无偿的农业技术服务，把专家与农民、技术与需求紧密结合起来，及时为农民排忧解难；探索农技服务新途径，促进三农的增效、增产、增收；蛟洋乡获得福建省科普示范乡镇验收。2008年，蛟洋乡荣获“第二届福建省科普先进乡（镇）称号”。

2013年，镇科协积极开展科普“五进”（农村、农户、校园、企业、机关），全面提高全民科学素质；继续抓好《全面科学素质行动计划纲要》的宣传和落实，发放各种宣传材料近万份。举办、指导大棚蔬菜种植、毛竹丰产林、肉鸡饲养、油茶、生姜、食用菌培训班30余次。通过培训，促进农户科技水平的提高和蛟洋种养业的发展。在乡科协的技术指导下，全年新发展大棚蔬菜400多亩，生姜种植1500多亩；肉鸡养殖场36个，年出栏肉鸡320多万只，增加农民收入700多万元，还解决了部分人员就业难的问题。

六、计划生育协会

（一）组织机构

1971年8月，蛟洋公社成立计划生育领导小组。

1989年9月，蛟洋乡成立计划生育协会（简称计生协会），协会理事会设会长、常务副会长和秘书长，由乡分管计划生育工作的党委副书记任会长，热心于计生工作的科级干部任常务副会长，另指派一名青年干部担任秘书长。村级设计划生育协会小组，由德高望重的老同志担任协会会长。是年，全乡25个行政村都建立了计生协会小组。

1991年8月25日，为加强计生工作的顺利开展发挥计生民主监督作用，成立“乡计划生育协会领导小组”，由乡党委副书记任组长，党委宣传委员、计生办副主任任副组长，成员妇联、团委、司法等部门组成。同年9月，成立“乡人口婚育学校”，在乡政府计生服务所办班，规定“结婚登记日”（每逢农历初十、二十、三十日）为上课时间，校长由乡党委一名副书记担任，教员由政府、医院、计生、司法、民政等部门干部组成；教学形式以面对面的课堂教学为主。

1992年10月始，全乡开展计生协会会员登记发证工作。计生协会组织按乡党委换届时间同时改选。

1996年6月，调整乡计生协会成员组织，成立由退休干部、党委、纪检、人大、计生等12人组成计划生育协会。

2013年，设立蛟洋工业园区计生协会，流动人口管理站，配备3名工作人员；在蛟洋、坪埔等流动人口多的村，配备流动人口计生协管员。

（二）主要活动

蛟洋乡计生协会主要是协助乡政府开展计划生育法律法规、优生优育、生殖健康、科学知识和预防艾滋病等宣传教育，抓好镇（乡）村计生协会“三联创”活动，抓好“一流村”“合格村”计生协会的创建，开展计生“三结合”（即计生工作与发展农村经济相结合、与帮助农民勤劳致富奔小康相结合、与建设文明幸福家庭相结合）等，兑现计划生育扶助奖励政策，促进计生工作健康顺利开展。镇（乡）计生协会每年举行“5·29”全国会员活动日和“世界人口日”纪念活动。

2002年，《中华人民共和国人口与计划生育法》《福建省人口与计划生育条例》颁布实施后，乡计生协会按照党委、政府的安排，举办专题讲座，利用标语、黑板报、专刊、墙报、广播、宣传车等形式，进行广泛宣传，并精心制作进村入户计生宣传品。

2011年，开展“5·29”计生协会会员日活动，向群众散发计生宣传小折页，“预防艾滋病知识”等计生宣传材料；加强流动人口计生服务管理，建立流动人口“一站式”服务，设立“家庭式人口文化超市”；为群众提供计生宣传、生殖健康等综合性服务。

2012年，深入工业园区开展流动人口知识竞赛活动，有100多名育龄妇女参加竞赛；慰问贫困母亲及贫困儿童100多人，送去慰问金3万多元。

2013年，镇科协积极开展基层计生协会“三联创”（乡、村、组）活动，计生协参与县妇幼保健院为395名群众免费进行妇科检查。

七、关心下一代工作委员会

1996年10月14日，蛟洋乡重新调整“关心下一代工作委员会”，党委书记任名誉主席，一名党委副书记任主席，成员单位包括25个行政村、离退休干部、中小学、乡直单位等41人组成。2009—2011年，镇党委、政府每年召开一次专题会议研究关工委工作，充分发挥老干部、老党员、老村干、老教师、老模范的作用，同时把关工委工作向行政村延伸并同基层党组织建设联系融合，全乡25个村有18个村相应成立了关工委组织，由村书记兼任负责人，建立健全了覆盖乡村两级关工委网络，形成乡有组织、村有队伍的工作格局。

2008年下半年，乡关工委为进一步加强青少年的法制教育，组织6名离退休干部、2名派出所干警组成的法制报告团在中小学校宣讲4场，中小学生受教育率100%，采用以案说法，剖析犯罪原因，引导学生勤奋学习，立志成才，深受师生及家长的欢迎。蛟洋中学组织2000多名学生举行联名向网吧告别签字仪式。2009年，乡关工委组织农技、兽医技术人员为青年农民举办种茶、种菜、养鸡、养猪等技术培训班5期。为贫困孤儿、单亲儿童牵线搭桥，帮助华某某、陈某等13名同学争取到慈善基金每人800元的扶助金，解决他们就学困难。

2011年，乡关工委联系市工商联合会为华家雷某某、苏康张某某俩贫困女生（高中毕业）争取到每人3800元的扶助金；2012年，镇关工委为陈坊村贫困高中毕业生陈某某扶助金8000元，使她能继续进入大学读书。联系民营企业家雷先生为丘坊村品学兼优而又家庭贫困的丘某某每年3000元的扶助金，联系紫金矿业爱心人士徐女士为华家村孤儿每年800元的扶助金，联系李新炎慈善基金会为蛟洋中学优秀学生姐弟华某某（孤儿）每人每年800元的扶助金，镇“文昌奖教奖学基金会”为秋竹村贫困学子丘某某发放1000元的扶助金；以上举措极大缓解了部分贫困学子家庭的一些经济困难。关工委主动配合共青团、妇联、工会、司法部门，增强各行政村、各企事业单位和社会各界人士对关心下一代的认知、认同、支持和参与关工委工作的开展。2012年3月，全镇28个关工委组织，参加企业关心下一代工作人员总数达150人，其中有老同志90人参与。

八、残疾人联合会

1987年，蛟洋乡有残疾人185人（聋人53人、盲人25人、聋哑人34人、体残41人、精神病患者32人）；1990年，蛟洋乡成立残疾人协会（1994年改称残疾人联合会）。1997年，残疾人数达1009人，占全乡总人口数的4.7%。

2012年9月26日，召开蛟洋镇残联第五次代表大会，选出新一任乡残疾人联合会理事长；选聘1名残疾人联络员协助理事长开展工作。镇党委、政府按照“有专职人员、有办公场所、有联系网络、有服务载体”要求进行建设，建立残疾人服务协会和助残志愿者联络站。宣传贯彻《残疾人就业条例》，安排支持残疾人参加实用技术培训，全镇有35户残疾人无偿得到5000元的就业扶持金；28户残疾人家庭每人获得7000元的危房改造补助。

2013年，全镇残疾人有1527人办证，其中327位为一、二级残疾人，民政部门每月发给50元生活补助；被列为低保对象的残疾人420个。

附一：三民主义青年团上杭第三区队

民国29年（1940年）始，蛟洋建立三民主义青年团（简称“三青团”）组织，称三民主义青年团福建支部汀州分团上杭第三区队（古蛟）。民国30年吸收39人，31年吸收42人，32年1—7月吸收68人，三年间共发展团员149人。分为12个分队，其中蛟洋境域有蛟洋1个分队15人、古蛟中学3个分队39人、蛟洋小学1个分队9人、华洋小学1个分队13人、华家1个分队13人、文都1个分队15人。团员成分为：政府9人，军队2人，教师26人，农民52人，工人1人，商业3人，学生61人。“三青团”工作主要是开展文化服务，曾编制、印刷训字课本3000册，照原价发给各乡村文盲人员阅读；每年春秋两季由青年服务社为各中小学订阅国民学校教科书及报章杂志；辅导优秀青少年补习或帮助就业等。民国38年5月，在人民解放军强大的军事压力和政策震撼下，境内国民党军政人员通电起义，“三青团”组织自行解体。

附二：蛟洋乡教育基金会　文昌教育基金会

1985年3月，蛟洋乡成立乡教育基金会，由一位副乡长任理事长，推荐副理事长2人，理事6人。

1996年2月，蛟洋乡扶贫助学基金会成立，乡长任会长，有副会长2人，成员6人。

2011年8月，蛟洋乡成立文昌教育基金会，镇人大主席任基金会首任会长。首期获捐赠资金1649090元，基金会将每年的利润、利息近20万元用于奖励乐教善教有功老师，勤奋好学、品学兼优的学生，扶助贫困无助的学生，以及改善蛟洋教学教育环境。当年，基金会奖励优秀教育工作者37人，奖励优秀中小学生39人，扶助贫困学生3人。2012年奖励优秀教育工作者25000元，奖励优秀中小学生65000元，扶助贫困学生3人。2013年，奖励优秀教育工作者4人，中学、小学、幼儿园优秀教师45人，中学优秀学生34人（其中中学考入龙岩一中2人，上杭一中统招32人）；小学优秀学生34人，扶助贫困学生2人。

第十二章 政 权

今蛟洋境域在较长的一段时间内未设立完整独立的行政建置。宋元明清时期，境域分属上杭县古田里、鳖沙里（后改为白砂里）。清末，分属上杭县北路第三、四、五区。民国时期，分属北三区、北四区、北五区，隶属古蛟区。民国25年（1936年），境域设蛟洋、秋竹、文都乡（联保处）。民国18年3月后，蛟洋境先后成立北三区（华佳）、北四区（蛟洋）苏维埃政府，区下设乡苏维埃政府。民国20年夏至民国38年秋，在特定的环境条件下，蛟洋与古田（古蛟区）一起实行地方自治。

新中国成立后，实行人民代表大会制，各届政府通过人民代表大会民主选举产生，解放初期称人民政府，1955年改称人民委员会，1958年10月称人民公社，“文化大革命”中为革命委员会，1984年，撤社设乡称蛟洋乡人民政府。2012年10月26日，撤乡建镇，蛟洋乡人民政府改为蛟洋镇人民政府。

第一节 新中国成立前的基层政权

一、宋、元、明、清时期

宋元时期，蛟洋境域分属上杭县古田里、鳖砂里（后改为白砂里）。清光绪二十四年（1898年）“戊戌政变”后，分属上杭县北路第三、四、五区。乡村管理主要靠基层自治，元朝以“社”作为基层自治组织；明朝以“里甲制”与“里老制”作为基层自治的二元管理机制。清朝基层社会自治制度为“保甲制、族正制、乡约制”。康熙四十七年（1708年）后，保甲制作为治安、防盗、户籍等事务的管理机构进一步完善。

二、民国时期

民国5年（1916年）至民国18年，蛟洋分属北3区，北4区。苏维埃时期及红军北上抗日后，北3区、北4区、北5区称为“古蛟区”。民国25年，蛟洋境域分属秋竹、文都、苎园、蛟洋、郭车等5乡联保办事处。

民国18年3月至9月，蛟洋境先后成立区、乡苏维埃政府。华家、丰年、秋竹、小和、梅坝、丘坊、文都、再兴、中村、坪高属北三区（华佳）苏维埃政府。蛟洋、崇源、下道湖、坪埔里、石埔岭、塘厦、东乾、陈坊、文地、杨梅坑、达理属北四区（蛟洋）苏维埃政府，苏维埃政府主席傅岩湘（1928年1月任）、黄玉史（1930年12月任）。小和、梅坝村时属北三区第一乡，乡苏维埃政府设在小和文昌阁；秋竹、营上、大福、郭屋、贵竹、罗辛坑为第二乡；华佳、黄岗、袁小坪、大坪为第三乡；苏坑、丘坊、文都为第四乡；杨梅坑、达理、桃源时属苎园乡苏维埃政府。

民国20年初，闽西苏区发生“肃清社会民主党”事件，古（田）蛟（洋）地区被军事“讨伐”后，“逼使上杭最早暴动的古蛟地区3万群众脱离苏维埃政府”（1993年版《上杭县志》第497页），蛟洋苏维埃政权终止。

民国20年夏至民国38年秋，在特定的环境条件下，蛟洋与古田（古蛟区）实行地方自治。其间，傅柏翠凭借其特殊的条件，依照自己的设想，希图走一条既不归共产党领导也不属国民党领导、介于国共两党之间的第三条道路，实行“农民独立革命”，走“社会主义”道路。在傅柏翠实际领导下，古蛟区把苏维埃时期实行的方针政策加以改造，进行政治、经济、文化教育、卫生、社会福利、武装和治安等各方面事业的建设。（参见本志相关章）

民国 35 年 12 月，古蛟乡召开第二届乡民代表大会，出席 30 人。会议内容：宣读县长训词，改选保长，配发救济物资，调解民事案件；仓储积谷接管及追收情况，配募各项捐款，组织民众自卫队，财管经费收支报告，催缴猪、牛屠税及被欠数目，增加书报印刷费，增设民意机关书记员等。

1932—1949 年华洋乡主要负责人名表

表 12-1

乡（区）名	职　务	姓　名	任职时间
华洋乡	乡　长	傅柏芬	1932.1—
	乡　长	林淇禄	—1941.03
	乡　长	邹石松	1941.03—
	乡　长	廖乃章	1942.10—
	乡　长	廖广渊	1943.06—
	副乡长	傅焕魁	1943.06—
	乡　长	傅庆澜	1945.04—
	主　席	傅柏芬	1946.12—
	主　席	华元亮	1947.02—
	乡　长	王则荣	1948.05—
华洋乡支会	主　任	王则荣	1949.05—

第二节　地方人民代表大会

一、代　表

1951 年 5 月，蛟洋召开各乡村人民代表会议，推荐人民代表出席第七区人民代表大会会议，选举产生区（里）长和区政府委员。区各界人民代表会议代表任期 1 年，各选区（乡、村）的代表推举代表主任 1 人，在区人民政府的领导下，联系代表开展各项工作。

1953 年，区、乡成立选举委员会，开展基层普选活动。乡人民代表候选人确定后，按选区由选民以举手（或投豆）方式直接选举。

1958 年 10 月后，由公社的人民代表大会（亦称社员代表大会）选举社长、副社长。公社管委会委员由党委指派工人、农民、青年、妇女、武装等方面的代表组成。后来，代表大会为公社、大队、生产队三级干部扩大会取代。

“文化大革命”开始后，公社人民代表大会（简称人代会）被“三代会”（工人代表、贫下中农代表、红卫兵代表大会）所代替，选举工作中断。

1980 年 6 月，选举出席蛟洋公社第六届人代会代表 120 人，其中农民代表 83 人，占地 3.9%，干部代

表22人，占16.93%，工人代表3人，占2.3%，退休干部代表1人，占0.77%，归侨侨眷代表1人，占1.5%，烈军属、退伍军人代表16人，占12.3%，知识分子代表3人，占2.3%。代表中妇女代表18人，占13.8%，非党代表47人，占26.15%，中青年代表113人，占先6.92%，老年代表17人，占13.08%。选举出席县人代会代表22名。

1984年9月，恢复乡（镇）人民代表大会制度。乡（镇）人民代表大会代表，按照选举法的规定，并按照上杭县人大常委会的具体部署，由乡党委提出候选人，按选区划分，在全体选民中投票选举产生。

2011年12月，全乡20270位选民，有17605人参加县人大代表8个选区、乡人大代表32个选区的投票选举，参选率达99.1%，选举产生县16届人大代表10人，乡15届人大代表59人。

二、代表大会

1951年5月，第七区人民政府召开各界人民代表会议，规定区政府会议每3个月召开1次，特殊情况下召开临时代表会议。10天召开1次区政委员会议，检查工作执行情况，开展批评和自我批评。15天召开1次各委员会会议，除检查工作外，还收集群众对区政府的要求和意见。

1953年，区召开首届人民代表大会，听取区政府工作报告，审议财政收支，还对辖区内工农业生产、政法、文教卫生以及群众生活等问题提出议案、建议。会议以无记名投票方式选举区长、副区长。

1980年6月26日至27日，召开蛟洋公社第六届人民代表大会第一次会议，到会代表187人（正式代表149人、列席代表32人、特邀代表6人）；龚荣昌作《团结一心搞四化，加快建设新蛟洋》的政府工作报告；选举公社管委会主任1人，副主任5人，委员16人；人民陪审员6人。会议期间，收到代表议案、建议36份105条。

1984年10月12日至13日，召开蛟洋乡第七届人民代表大会第一次会议，到会代表128人；傅永成作《治穷致富 振兴蛟洋》的政府工作报告；选举乡长1人，副乡长2人，大会收到代表议案、建议65条。选举产生出席上杭县第九届人民代表大会代表20人。

1986年9月25日至26日，召开蛟洋乡七届人大二次会议，到会代表125人；傅洪盛作《落实政策 深入改革 推动农村经济持续稳定协调发展》的政府工作报告，补选乡长1人。

1987年10月23日至24日，召开蛟洋乡第八届人民代表大会第一次会议，到会代表67人；傅洪盛作《改革开放 勇于开拓 治穷致富 振兴蛟洋》的政府工作报告；邓立生作人大工作报告；选举乡人大主席团常务主席1人，选举乡长1人、副乡长2人。会议期间收到代表议案、建议64份72条；其中关于发展农业生产，搞好多种经营，振兴蛟洋经济的42条；关于财贸、商业和人民生活福利的12条；科技、文教、卫生方面15条；加强党政领导、改进工作作风方面的3条。

1990年12月19日至20日，召开蛟洋乡第九届人民代表大会第一次会议，到会代表66人；李俊和作《振奋精神，团结奋斗，把我乡社会主义现代化建设推向前进》的政府工作报告；傅元荣作《人大工作报告》；选举乡人大主席团常务主席1人，乡长1人，副乡长3人，科技副乡长1人。

1992年11月30日，召开蛟洋乡第九届人民代表大会第三次次会议，林文应作乡政府工作报告；傅元荣作《人大工作报告》；选举乡长1人。

1993年12月18日至19日，召开蛟洋乡第十届人民代表大会第一次会议，到会代表68人；林文应作《解放思想，鼓劲实干，推动我乡经济建设和社会各项事业跃上新台阶》的政府工作报告；傅元荣作《人大工作报告》；选举乡人大主席团常务主席1人，乡长1人，副乡长2人，科技副乡长1人。会议期间收到代表议案、建议32件33条。

1996年12月22日至24日，召开蛟洋乡第十一届人民代表大会第一次会议，到会代表59人；刘振全作《振奋精神 抓住机遇 为蛟洋之崛起而扎实工作》政府工作报告；张炽林作第十届《人大工作报告》；选举乡人大主席1人、乡长1人、副乡长2人、科技副乡长1人。通过林鉴琦等9人的主席团组成人员名单，选举人民陪审员5人。

1998年7月20日，召开蛟洋乡第十一届人民代表大会第三次会议，到会代表59人，特邀代表8人，列席4人；刘振全乡长作《政府工作报告》；张炽林作人大工作报告；增选副乡长1人。

1999年12月16日至17日，召开蛟洋乡第十二届人民代表大会第一次会议；张继弦作《政府工作报告》；华伦龙作《人大工作报告》；选举乡人大主席1人、乡长1人、副乡长2人、科技副乡长1人。

2002年12月12日，召开蛟洋乡第十三届人民代表大会第一次会议，到会代表59人；张继弦作《政府工作报告》；邹良辉作人大工作报告；选举乡人大主席1人、乡长1人、副乡长2人、科技副乡长1人。

2007年1月17日，召开蛟洋乡第十四届人民代表大会第一次会议，到会代表59人；丁焱志作《政府工作报告》；邹良辉作《人大工作报告》；选举乡人大主席1人、乡长1人、副乡长2人、科技副乡长1人。

2010年3月16日，召开蛟洋乡第十四届人民代表大会第四次会议，到会代表53人；收到代表议案、建议19件；表彰优秀人大代表6人；廖新强作《政府工作报告》，补选乡长1人，副乡长1人。

2011年2月15日，召开蛟洋乡第十四届人民代表大会第五次会议，到会代表59人；廖新强作《政府工作报告》，邹良辉作《人大工作报告》。会议审议通过《上杭县蛟洋新城总体规划（2010—2030）》。

2011年12月30日，召开蛟洋乡第十五届人民代表大会第一次会议，到会代表59人；廖新强作《解放思想，转变观念，加快发展、科学发展、和谐发展，以服务重点项目为抓手，以提高群众生活水平为总目标，开拓进取，一心一意谋发展，聚精会神干事业，为把蛟洋建设成为生态工贸新城而努力奋斗》的政府工作报告；邹良辉作《人大工作报告》；选举乡人大主席1人、乡长1人、副乡长3人、科技副乡长1人。会议期间，收到代表议案、建议23条，内容涉及基础设施建设、烤烟生产、乡村公路管护、林政管理、整顿部分村委会财务管理等。

2013年1月6日，召开蛟洋镇第十五届人民代表大会第二次会议，到会代表55人；廖新强作《政府工作报告》；邹良辉作《人大工作报告》。补选镇人民政府副镇长1人。会议期间收到代表议案、建议9件（其中农林水电方面3件、交通方面1件、教育方面2件、基础设施方面3件），表彰优秀人大代表6人。

2013年12月20日，召开蛟洋镇第十五届人民代表大会第三次会议，到会代表54人；丘小林作《政府工作报告》；邹良辉作《人大工作报告》。补选镇人民代表大会主席团成员2人，补选镇人民政府镇长1人，副镇长1人。会议期间收到代表议案、建议19件（其中农林水电方面6件、交通方面5件、基础设施方面5件、其他方面3件）；表彰优秀人大代表6人。

三、人大及其主席团的主要活动

（一）机　构

1987年下半年，根据上杭县选举委员会《关于乡镇人民代表大会设主席团的意见》，乡设立人大主席团，为常设机构，配备专职常务主席。1996年，根据修改后的《中华人民共和国地方各级人民代表大会和地方各级人民政府组织法》规定，乡人大主席团常务主席更名为乡人大主席，乡人大主席由乡人民代表大会从代表中选出，任期与乡人民代表大会每届任期相同。人大主席团常务主席和人大主席的人选，由县级组织考核认定后提出候选人，乡人民代表大会选举产生。

（二）主要活动

蛟洋镇（乡）人大及其主席团按照《中华人民共和国地方各级人民代表大会和地方各级人民政府组织法》的规定，在镇（乡）党委的领导下和县人大的指导下开展工作。

主席团每年负责筹备召开蛟洋镇（乡）人民代表大会，组织蛟洋镇（乡）的县人大代表参加上杭县人民代表大会。闭会期间，对镇（乡）政府实施法律监督和工作监督，开展行风监督和民主评议工作；决定辖区内的经济、文化和公共事业的重大事项；保证宪法、法律、行政法规和上级人民代表及其常务委员会的决议、决定在本镇（乡）的贯彻执行，做好法律法规的宣传工作；认真办理镇（乡）人大代表提交的批评、建议或议案，办理人民群众的来信来访；每季度召开一次主席团会议，根据各时期各阶段要求不定期组织县、乡（镇）人大代表进行学习、执法检查和视察等方面活动；组织县人大代表向县有关部门提出批评建议和议案；在每届县人大代表或镇（乡）人大代表届满时，有计划、有组织、有步骤地依法开展县、镇（乡）人大代表的选举工作，依法选举镇（乡）人大主席、镇（乡）长、副镇（乡）长。

1991—1993 年，乡人大主席团建立人大代表议政室，聘请 9 位乡代表为代表联络组联络员。组织县、乡人大代表对政府和基层所站评议 43 次，收集批评、建议、意见共 9 大类 147 条，并及时提出整改意见、建议。

2001 年 6 月，组织全乡人大代表对乡民政办、司法所、广电站等单位评议，提出各种建议、整改意见 10 条。

2010 年，乡人大主席团充分发挥代表的桥梁作用，并接受选民的监督，采取两项措施加强代表联系选民工作：一是实行代表形象公示制，二是实行代表联络员制度，确定每位县人大代表联系 10 名、乡人大代表联系 5 名群众作为选民联络员。保持经常联系，听取群众对政府工作的意见，及时收集整理，并将人民群众反映强烈的问题反馈人大，督促政府落实解决，将督办结果在公示栏公示。

2011 年 9 月,乡人大主席团组织部分县、乡人大代表视察全乡新农保试点工作进展情况，代表们通过走访部分村庄群众、听取乡劳动保障所工作情况汇报等形式，深入了解乡新农保工作的开展情况。

2012 年，组织人大代表积极投身到招商引资、经济建设中，联系有价值、意向信息 10 条，建设性意见、建议 10 条。59 名人大代表划分为 8 个小组。

2013 年，组织人大代表围绕建设国家级循环经济园区、建设生态型工贸新城的目标，突出经济发展和民生改善两条主线，加快推进新型工业化、新型城镇化、农业现代化开展调查研究，为推动蛟洋经济社会跨越式发展献计献策。

蛟洋镇（乡）第八届至第十五届人大主席团常务主席、主席名表

表 12–2

届　别	职　务	姓　名	任职时间
第 8 届	常务主席	邓立生	1987.10—1990.12
第 9 届	常务主席	傅元荣	1990.12—1993.12
第 10 届	常务主席	张炽林	1993.12—1996.12
第 11 届	人大主席	张炽林	1996.12—1999.12
第 12 届	人大主席	华伦龙	1999.12—2002.12
第 13—15 届	人大主席	邹良辉	2002.12—

附：蛟洋镇（乡）出席省、市、县人大代表名录

福建省第五届人大代表：林凤招（女）

龙岩市人大代表：

第一届：邹春华（女）、傅延辉

第四届：罗发昌、王尧华

上杭县人大代表：（以姓氏笔画为序）

第一届：邓仰淮、邓莲娣（女）、邓崇英、丘焕春、华绍文、张树华、张维煊、陈雨林、袁梅招（女）、傅庆福

第二届：卞乃秀、丘泳昌、丘善余、华发生、邹文如、陈加文、张愧生、袁梅招(女)、傅庆福、傅延生

第三届：卞乃秀、张树华、张愧生、廖诚、廖金仁、廖兆丰、赖菊英（女）、李振兴、郑德昌、朱寿山、邹文如、邹扑章、袁梅招（女）、傅庆福、傅延生

第四届：邹文如、丘钦鸿、张愧生、郭永和

第五届：丘庭镜、华喜英（女）、张秉英、邹文如、张愧生、华荣萱、刘广福、傅占荣、袁客娇（女）、张春兰（女）、张铭文

第六届：（因"文化大革命"，代表未正式选举产生）

第七届：马陌仁、王谦进、邓汉周、邓金金（女）、丘小英（女）、丘师增、华丁良、华尚钦、华洁明、严贵松、张冬荣（女）、张发富、张连连（女）、张连金（女）、张林芬、邹文进、林凤招（女）、郑德昌、龚荣昌、龚晓春、傅必兴、傅坤标、傅堂基

第八届：马占熊、邓长寿、丘松基、丘淑卿（女）、华成文、华呈祥、华耀铭、江兆柏、张冬荣（女）、张崇坤、张维进、张赞鑫、邹林保、邹培允、陈庆先、官松生、林凤招（女）、林述贤、罗作舟、罗和文、罗庚凤、袁锡河、曹福清（女）、黄 滔、黄杰成、龚荣昌、傅坤标、傅茂雄、傅翔亚、傅福标、蓝美英（女）

第九届：王秋招（女）、邓海钦、丘石生、华成文、华洁明、华桂连（女）、华裕成、张为进、张冬荣（女）、张炎才、张昭煌、张显中、邹应增、林锦昆、袁祥辉、傅永成、傅吉庆、傅坤标、傅秋连（女）、傅翔亚

第十届：马翠英（女）、邓立生、丘史才、华贵勋、华敦祥、张冬荣（女）、张宗海、张显忠、张翠英（女）、李鉴清、邹仁成、傅坤标、傅翔乾

第十一届：邓细连（女）、丘庆梧、丘维新、刘广福、华淑英（女）、华喜发、张小斌、张兰娇（女）、张玉莲、张焕良、李俊和、邹承荣、邹景荣、郭守光、傅元荣、雷树森

第十二届：王谦进、邓在明、邓延春、丘才生、丘维新、华成文、华喜发、张玉莲（女）、张寿林、张松明、张柏鑫、张炽林、张维进、邹景荣、陈富斌、林文应、黄冬娇（女）、傅小玉（女）、傅秋连（女）、傅清源、傅耀章

第十三届：刘振全、华品发、华清招（女）、张月荣（女）、张玉连（女）、邱国辉、邹良辉、邹景荣、傅庆辉

第十四届：丁荫豪、丘启文、华才招（女）、华永生、郑必兴、张长材、张能贵、陈明生、邹开炎、邹良辉

第十五届：王尧华、华永生、朱碧钦、邹开炎、邹良辉、张毓章、张如春、罗发昌、郑必兴、傅举梁、蓝玉华（女）

第十六届：王尧华、丘必胜、丘林祥、吕丁武、华永生、张善星、张富财、邹小明、邹良辉、陈明生、罗发昌

第三节 地方人民政府

一、组织机构

1949年10月1日，在蛟洋文昌阁召开数千人大会，宣布古蛟区人民政府正式成立，辖10个村；区政府驻蛟洋村庄背岭。蛟洋境域部分属古蛟区（时为蛟洋、塘下、文都、共和、丰年5个行政村）。

1950年6月，改称第七区人民政府（1955年12月，改称区公所）。

1952年11月，蛟洋为第七区，设蛟洋、塘厦、苦竹、丰年、华佳、文都、中村、再兴、文地乡。

1953年12月，撤区设乡，境域设蛟洋、塘厦、苦竹、华佳、文都、中村6个乡。

1958年初，调整区乡体制，蛟洋（第7区）和古田（13区）合并为“古蛟区”。6月撤区设乡；境域设蛟洋乡、华兴乡；部分村隶属郭车乡、福利乡；11月撤乡改社，蛟洋乡、华兴乡合并成立蛟洋人民公社。

1959年初，蛟洋人民公社改称“上游公社”。

1960年3月，上游公社、古田公社合并为古田公社。

1961年6月，原上游公社从古田公社分出设蛟洋公社，华佳片设华佳公社。

1965年4月，撤销华佳公社，其所辖大队划入蛟洋公社。蛟洋公社辖：维新、石庄、蛟洋、崇源、塘下、东乾、丘坊、苏坑、坪埔、光明、梅坝、文地、太阳、达理、小和、秋竹、丰年、华家、文都、再兴、邹坑、中村、坪上、再嘉24个大队。

1968年10月，成立蛟洋公社革命委员会（简称革委会）。

1980年6月，撤销革委会，恢复蛟洋公社管委会。

1984年10月，撤社设乡，建立蛟洋乡人民政府，改大队为村。

2012年10月26日，撤乡建镇正式挂牌，成立蛟洋镇人民政府。

蛟洋镇（区、公社、乡、镇）人民政府历任负责人名表

表12-3

名 称	职 务	姓 名	任职时间	附 注
古蛟区政府（第七区）	区 长	林其禄	1949.09—1950.05	1949年9月至1952年10月，蛟洋境隶古蛟区、第七区；1952年11月为第七区；1956年4月隶古蛟区
		陈学荣	1950.05—1950.09	
		廖弼臣	1950.09—1951.06	
		卞乃秀	1951.06—1953.03	
	副区长	郭南勋	1949.09—1949.11	
		廖弼臣	1949.09—1950.09	
		郑祖球	1950.09—1950.11	
		袁永珍	1952.10—1953.03	
蛟洋区公所(第七区)	区 长	邓仰淮	1955.03—1956.11	
	副区长	傅海潭	1953.03—1955.05	
		傅庆福	1954.12—1956.08	
古蛟区公所	区 长	卞乃秀	1957.03—1958.05	
	副区长	傅庆福	1956.04—1956.08	

续表 12–3

名　称	职　务	姓　名	任职时间	附　注
古蛟区公所	副区长	廖顺忠	1956.04—1958.04	
		张清盛	1956.10—1958.04	
蛟洋乡人民委员会	乡　长	傅庆福	1958.05—1958.09	
	副乡长	丘钦鸿	1958.05—1958.09	
		邹文河	1958.05—1958.09	兼文书
华兴乡人民委员会	乡　长	郑德昌	1958.05—1958.09	
	副乡长	华　腾	1958.05—1958.09	兼文书
		张家松	1958.05—1958.09	兼治安
蛟洋乡人民政府	乡　长	丘乃荣	1958.09—1958.10	
	副乡长	邹文河	1958.09—1958.10	
		张维先	1958.09—1958.10	
		华树勋	1958.09—1958.10	半脱产
蛟洋公社	社　长	丘乃荣	1959.04—1960.03	
	副社长	王修福	1959.04—1960.03	
		邹文河	1959.04—1960.03	
古田公社(古田、蛟洋两个公社合并)	社　长	丘乃荣	1960.03—1961.06	
	副社长	温雪辉	1960.03—1960.05	
		邹文河	1960.07—1961.05	
		王修福	1950.03—1961.05	
		傅占荣	1960.03—1960.04	
蛟洋公社管委会	社　长	邹文如	1961.06—1965.04	
	副社长	傅庆珊	1961.06—1965.04	
		傅占荣	1964.04—1964.07	
华佳公社管委会	社　长	傅占荣	1961.06—1965.04	
	副社长	谢喜宝	1961.06—1962.07	
		王文进	1963.01—1965.04	
蛟洋公社管委会	社　长	蓝来喜	1965.04—1966.05	
		丘乾元	1966.05—1968.10	
	副社长	傅占荣	1965.04—1965.09	
		袁勤章	1965.04—1968.10	
蛟洋公社革委会(1968 年 10 月成立)	主　任	刘广福	1968.10—1970.11	1969 年 6 月任核心组长
		黄佳章	1970.12—1972.02	
		李寿才	1972.07—1975.11	
		张秉英	1975.11—1979.07	

续表 12–3

名 称	职 务	姓 名	任职时间	附 注
蛟洋公社革委会(1968 年 10 月成立)	副主任	温 钰	1968.10—1971.01	
		傅福生	1968.10	不脱产
		肖增元	1970.07—1973.07	
		林德修	1970.02—1970.06	1970 年 5 月兼任核心组副组长
		丘乾元	1970.11—1972.11	
		林毕华	1971.05—1972.11	
		卓乃生	1972.11—1976.01	
		龚荣昌	1972.12—1979.07	
		张秉英	1973.02—1975.11	
		马美琼	1973.03—1979.08	
		黄永奎	1975.11—	
		廖棣贤	1975.11—	
		林际章	1976.01—1980.12	
蛟洋公社管委会	主 任	张秉英	—1979.07	
		龚荣昌	1979.07—1981.06	
		王灿荣	1981.06—1983.03	代
		傅福标	1983.03—1984.09	
	副主任	马美琼	1973.02—1979.08	
		林际章	1973.02—1980.12	
		邹文如	1977.12—1979.08	
		袁梓辉	1977.12—1979.01	
		华开燕	1978.01—1984.09	
		赖忠祥	1979.07—1984.09	
		蓝启发	1979.07—1982.03	
		温锡林	1980.06—1982.11	
		陈必台	1980.06—1982.03	
		罗金昌	1982.02—1984.09	
		黎菊英	1982.05—1984.09	
		傅元荣	1983.04—1984.09	
蛟洋乡人民政府(1984 年 9 月撤社建乡)	乡 长	傅永成	1984.09—1987.11	
		傅洪盛	1986.07—1987.10	代理乡长
		傅洪盛	1987.11—1989.05	
		钟建生	1989.05—1990.08	
		李俊和	1990.08—1992.10	

续表 12-3

名　称	职　务	姓　名	任职时间	附　注
蛟洋乡人民政府（1984 年 9 月撤社建乡）	乡　长	林文应	1992.10—1996.04	
		刘振全	1996.04—1999.03	
		张继铉	1999.03—2006.05	
		丁焱志	2006.05—2010.02	
		廖新强	2010.02—2012.10	
	副乡长	黄树良	1984.09—1987.11	
		华开燕	1984.09—1987.11	
		陈元俊	1987.11—1990.12	
		袁永贵	1987.11—1993.08	
		华敦耀	1990.12—1996.05	
		江新来	1990.12—1996.05	
		袁镇康	1990.12—1996.05	科技副乡长
		陈桂元	1996.05—1997.08	
		黄庆锋	1996.05—2002.08	
		林超强	1996.11—1999.11	地派
		丘加宏	1998.03—1999.07	
		傅寿南	1999.07—2012.04	
		丘念明	2000.07—2002.08	科技副乡长
		丘灿贤	1996.05—2006.05	
		丘念明	2002.09—2012.10	
		袁步彤	2002.09—2006.05	科技副乡长
		张进云	2006.12—2009.01	
		钟杭星	2006.12—2011.05	科技副乡长
		巫旺明	2009.01—2012.04	
		章　宁	2010.03—2012.10	市派科技副乡长
		罗前英	2011.11—2012.10	挂职
		张志强	2012.08—2012.10	跟踪考察期 1 年
蛟洋镇人民政府（2012 年 10 月改为镇建制）	镇　长	廖新强	2012.10—2013.10	
		丘小林	2013.10—	
	副镇长	丘念明	2012.10—	
		章　宁	2012.10—2013.03	市派科技副镇长
		张志强	2012.10—	
		罗前英	2012.10—	
		张璐桢	2013.05—	市派科技副镇长

注：本表 1987 年以前任职人员据《中国共产党福建省上杭县组织史资料》整理；1988 年后任职人员据历年《上杭县年鉴》资料整理

二、政务纪略

（一）经济恢复和社会主义改造时期

1949年9月,第七区人民政府成立后,进入经济恢复和社会主义改造时期。

1950年冬，区政府组织土改工作队组织农民进行土地改革，蛟洋因属于保留土地革命果实地区，只进行个别土地调整，确定地权；1951年3月10日，蛟洋举行土改成功庆祝大会。至年底，各乡村成立农民协会组织，乡农民协会设主席、副主席、宣传、民兵、生产委员等6人—7人；自然村设农协分会主任1人，小村设小组长1人。丰年乡农会1950年8月成立（辖华兴、华新、秋竹、小和、梅坝5个分会），有会员2573人。蛟洋乡农会475户，会员1903人。共和乡农会（辖坪上、高地、再嘉、福村、中村、再兴、复兴、陈洋、邹坑、大坪），有会员162人。

1950年始，为贵竹、小和、桃源等革命基点村发放救济粮、救济款和衣服等，帮助群众恢复生产、重建家园；组织全民办夜校、学文化、开展扫除青壮年文盲活动；开展拥军优属活动，组织群众为军属优抚代耕；宣传贯彻《中华人民共和国婚姻法》，废除封建婚姻制度。

1952年春，区政府根据中央“组织起来，发展生产”的方针，以“自愿结合、等价互利”的原则，组织农业生产互助组。蛟洋村227户893人，组成14个互助合作组，土地2144.5亩；至年底，全区普遍成立季节性互助组和常年性互助组组织。区政府根据过渡时期总路线的要求，引导手工业者走集体化道路，按不同行业组织生产合作社；条件较好的互助组转为初级农业生产合作社（简称初级社）。

1955年春始，按上杭县人民政府要求，将初级社并为高级农业生产合作社（简称高级社）。蛟洋村原有7个初级社（蛟崇、平洋、庄洋、石林、崇源、前洋、维新）合并为蛟洋高级社；社员总数达2255人。

1955年11月至1956年6月，对古田、蛟洋等保留土地革命果实地区，进行“民主革命补课”，补划地主、富农成分。当时的蛟洋村（包括上崇源）补划地主41户，富农30户，反动资本家4户，工商资本家4户，伪官吏1户，债利生活者2户，宗教迷信职业者3户，小土地出租者3户，合计88户；占全村总户数（535户）的16.49%。没收、征收房屋197间（不包括粪寮、厕所等），除留5间乡政府之用外，分给31户贫农计187间，中农1户5间。1981年7月，根据中共福建省委文件规定，宣布其所划成分无效。

（二）开始全面建设社会主义时期

1958年，贯彻执行中共八届二中全会通过的“鼓足干劲，力争上游，多快好省地建设社会主义”的总路线，激发蛟洋人民在农业生产建设中发挥社会主义积极性和创造性。11月后，实行人民公社化，按组织军事化、生活集体化和行动战斗化的要求，“统一领导、统一管理、统一核算”，公社把劳力组建成民兵团，大村设营、连，小队设排、班；实行大兵团作战。生活上实行“集体化”，大办公共食堂；提出“放开肚皮吃饱饭，鼓足干劲多生产”。公社贯彻执行中共八届二中全会通过的社会主义总路线，大办农业、大办工业、大办交通运输、大搞技术革新。抽调大批劳动力大炼钢铁，忽视农业及其他副业生产，造成粮食的大幅减产；为完成炼铁任务，消耗大量木炭，森林遭到毁灭性的破坏；农业生产为达到上级“社社创三千斤队，队队创亩产万斤粮”等指标，实行“移苗并坵”和所谓的“合理密植”（晚稻每亩不得少于35000丛，每丛不得少于10株；地瓜实行双行密植，每亩插藤不少于5000株）等不切实际的做法，竟放高产“卫星”（1亩地产上千公斤粮食）。在“大跃进”、办人民公社过程中，由于急于求成，出现高指标、瞎指挥、浮夸风、“共产风”和无偿平调集体、个人资金、物资的现象，造成人力、物力的巨大浪费。由于这些“左”倾错误的延续和当时的自然灾害影响，使农村经济发生严重困难，粮食生产连年减少，导致1960年出现严重水肿病、人口非正常死亡、人口外流等问题。

1961年后，贯彻“调整、巩固、充实、提高”的方针政策，开展以纠正“五风”（共产风、浮夸风、强迫命令风、生产瞎指挥风、干部特殊作风）为主要内容的整风整社运动。贯彻《人民公社工作条例》（六十条），推行“三包一奖”（包工、包产、包投资，超产奖）、“四固定”（土地、劳力、农具、牲畜）

的责任制；重申“三级所有、队为基础”，取消公社统一核算，改生产队为核算单位；调动人民群众的积极性，经济逐渐恢复。

1964年春始，蛟洋公社、华佳公社开展点上、面上社会主义教育运动，以“四清”（清政治、清思想、清经济、清组织）为主要内容。

（三）“文化大革命”时期

1966年开始的“文化大革命”，实行所谓的政治挂帅，严重影响工农业生产；使全社经受了一场大灾难，各项事业遭受到严重的挫折和损失。1968年10月，公社成立革命委员会，“抓革命、促生产”。1969年，蛟洋公社革委会成立“五七”领导小组，至次年6月止，共接待、安置省、地、县、厦门下放干部54人，大中专毕业生25人，接收从厦门、龙岩、上杭城关等地上山下乡的知识青年1123人，其中高中生213人（男135人，女78人），初中生910人（男491人，女419人）。1969—1970年，贯彻县农业工作会议精神，组织开展“农业学大寨”，兴修水利，改造低产田等。

1970年春，文地等大队率先兴建小型水电站，随后十年间全乡兴建小水电站达21座，解决农村照明及加工用电困难。1971年春，动工修建革命基点村杨梅乾经贵竹坑到罗辛坑至华家约9公里简易公路。1972年8月，连接省道至文昌阁专用公路动工，次年2月竣工。1973年，“农业学大寨”，大搞农田水利建设，改造低产田，开荒造田，扩大耕地面积，推广矮秆良种，卷秧、密植，间作改连作。

至1975年，修通蛟洋至森坑12公里公路。1975年，在国家支持下开始兴建沈坊水库、邹坑水库和再兴水库；其中沈坊水库于1977年竣工，农业生产条件改善。

（四）社会主义现代化建设时期

1976年10月,粉碎江青反革命集团，宣告“文化大革命”结束。之后的两年中，政府工作在徘徊中前进。1978年12月中共十一届三中全会召开后，蛟洋公社管委会认真贯彻落实全会精神，把工作重点转移到经济建设上来。1978年由投资兴建蛟洋公社水电站（梅坝电站）。1979年，全社粮食总产达8445吨，比1968年总产3155吨增长167.5%；平均亩产由1968年的96公斤提高到296.15公斤。

1980年，公社认真贯彻“以粮为纲，全面发展，因地制宜，适当集中”和“调整、改革、整顿”的方针，对山、水、田、林、路进行综合治理，改革耕作制度，开展种养结合，调整农业内部结构，提高劳动生产率。1981年，公社贯彻落实中共中央《关于进一步加强完善农业生产责任制的几个问题》的通知精神，各大队、生产队全面实行家庭联产承包为主要形式的责任制，调动了农民的积极性。农、工、商、林、牧、渔各业并进，尤其是粮食生产迅速发展。1983年，全社粮食总产量达11205吨，比1979年增加2760吨，增长32.68%；社员人均占有粮食500公斤，比1978年增加200公斤，增长66.67%。

1984—1986年，乡政府认真贯彻中共中央“一号文件”精神，调整农村产业结构，大力发展多种经营。1986年，农业总产值667万元，比1984年增长2.6%（按1980年不变价计算）；完成造林40206亩（其中飞机播种35000亩）；松脂收购179吨，比1984年增加74吨；稻田养鱼620亩，放养鱼苗38万尾；种植果园2000亩，茶园525亩；垦复竹林15000亩，生产土纸9万片；桃源村44户村民养牛118头，成为全县户均养牛最多的村之一。

1987—1990年，乡政府把脱贫致富工作作为一项中心任务，摆上重要议事日程。完善基础设施，开通华家至坪高、丘坊至小和公路，先后动工兴建再兴一级电站、中村电站、中心坑电站，总装机容量为400千瓦。1990年，全乡粮食总产达11577吨，比1986年增加2501吨，增长27.56%。

1991—1993年，制订“八五”（1991—1995）计划，修订国民经济和社会发展的十年规划，认真实施乡党委“提前六年翻两番，提前两年达小康”的目标、方案和“打基础，促农业、上工业”的发展思路。贯彻落实县政府《关于鼓励和支持个体私营经济发展的若干规定》，个体私营经济蓬勃发展。乡政府引导农民调整种植结构，突出“发展粮、烟、猪，大种林、果、竹”，加速发展乡村企业。狠抓粮食作物品种良种化、种植区域化，将单季稻田改为“烟—稻—菜”栽培模式。1993年，全乡种植烤烟达12834亩，烟叶总产1262吨；交售给国家优质烟叶1000吨，成为福建省主料烟基地之一。采取独资、合资、股份制等多种形式办企业，先后办起机砖厂、梅花鹿养殖场、养羊场等。1992年4月，动工兴建蛟洋水泥厂，1994年7月建成并试机生产成功，年产值4036万元，年上缴税收120万元。1994年，乡工业总产值、农业总产值、乡镇企业总产值从1988年的220万元、1720万元、342万元分别增加到3983万元、2878万元、4529万元；农民人均纯收入从1988年的386元增加到1994年的1173元。

1994—1996年，随着国省道改建经过蛟洋，乡政府修改、调整蛟洋新区开发蓝图。1995年1月，乡政府协同县土管局，首次拍卖蛟洋新区13块1004.5平方米的国有土地。坪埔村利用世行贷款进行小流域综合开发，从1992年获省政府立项至1994年，工程已开发标准果园380亩，开通3000米果园林区公路，小流域内进行造林绿化和封山育林，发挥小流域内农林牧渔商多种经营同步发展的整体效益。投资80万元对蛟洋、丘坊、苏坑、华家等村的中低产田进行改造，新建排洪、排锈沟，平整土地。个体运输业蓬勃兴起，农用车、手扶拖拉机达285辆；全乡经济总量不断增加，乡镇企业总产值5104万元。投资50多万元的丘坊卫生院门诊大楼年底落成开业，乡政府获县1995年度“党政目标管理综合评比一等奖”。

1997年，继续推进扶贫开发和小康建设，加大扶贫力度，对全乡确定的贫困户、“攻坚户”，采取资金、政策、技术三管齐下的扶贫措施，实现从救济型扶贫向开发型扶贫的转变。进一步扶持乡、村企业和个私经济发展，第三产业从业人员达2695人，全年总产值1.14亿元，其中个体私营经济产值8095万元。全乡25个行政村实现村村通公路、通电；农民人均纯收入达2675元；有20个村4169户达小康水平；蛟洋乡经市政府复查验收为基本实现小康乡。

1998—2000年，乡政府以“乡镇企业、个私经济发展年”为契机，营造良好投资环境。投资50万元的蛟洋水厂完工供水运营；丘坊邮电模块开通数字移动电话，全乡程控电话装机突破550门，25个行政村实现村村通电话。规范丘坊市场秩序，兴建1200平方米的仔猪和禽畜市场。实施科技兴乡战略，抓好农函大、农情快报、科技信息的宣传工作，投资30多万元兴建乡农民职业培训技术中心大楼。投资3500万元，装机5000千瓦的再嘉电站被县列为1998年重点建设项目。华家、小和、贵竹等村饮用水工程竣工投入使用。全乡着手建设8个新村，完成新改建160户，坪埔、崇头、丘坊等3个重点新村实行统一规划、统一立面设计、统一拆迁、统一兴建。12月，技改筹资111.5万元，装机容量950千瓦的梅坝电站竣工发电。邮电通信大楼、烟草站、土管所、敬老院等单位相继建成并搬迁使用。

2001—2002年，共筹集资金1200多万元，实施华家至大坪、中村，塘厦至陈坊，丘坊至小和，华家至秋竹，文都至再兴，以及蛟洋、崇头、丘坊、塘厦、文地、贵竹、小和、文都、邹坑、再嘉、达理、杨梅坑、梅坝、蛟洋森坑自然村等乡村道路硬化和村道拓宽工程，全长达86公里，连通18个行政村，进一步改善边远山村的交通状况，基本实现行政村通水泥路的目标。2002年10月8日，蛟洋乡政府从丘坊村搬至蛟洋村，投入400万元，在文昌阁东建成钢筋混凝土框架结构的集办公、住宿于一体的政府综合大楼；并于2005年年底投入使用。10月，新建设有410个固定摊位的蛟洋边贸市场开业。

2003年，紧紧围绕加快农村经济发展这条主线，继续深化推进农业结构调整。建立烤烟病虫害综合防治基地，无公害西红柿基地和紫薇花母本园基地，全年种植烤烟5000亩，反季节蔬菜1.4万亩，花卉130亩。福建日报报业集团挂钩帮扶的桃源村整体搬迁“造福工程”破土动工。

2004年，以乡被列为市重点扶持建设乡镇为契机，在调整农业种植结构的同时，依靠科技，大力推广新技术、新品种，发展高优农业、绿色农业。完成工业园区的规划设计调整，做好蛟洋、崇头、坪埔、塘厦和下道湖5个村的征地工作，完成坪埔61户移民新村的建设；继续实施桃源村“造福工程”。完成蛟洋卫生院综合门诊楼建设，并成功地将蛟洋卫生院改制成为上杭县医院蛟洋分院，农村医疗卫生条件改善。

2005年，加快蛟洋工业开发区建设，征用各类土地2059.06亩。继续加强招商引资工作，先后有6家企业落户蛟洋，总投资3.9亿元。乡镇企业总产值35917万元，增长3.8%；完成工业总产值7798万元，增长15%；工业增加值8476万元，增长3.2%。工农业产值从2002年的2.1亿元，发展到2005年的2.8亿元；第三产业总产值从2002年的8419万元发展到1.56亿元；到2005年，全乡种植烤烟稳定在6500亩以上，反季节蔬菜13000亩，总产值1300万元。农民人均纯收入增加到3481元。4月1日，坐落蛟洋坪埔的赣龙铁路上杭火车站正式启用；客运货运列车先后开通运行。年底，蛟洋工业区总规划面积7.56平方公里，乡镇企业（含个私）达到1197家。11月29日，桃源村举行整体搬迁仪式。

2006年，委托福建省城乡规划设计研究院编制完成《上杭县蛟洋工业集中区总体规划》；该规划得到上杭县委县政府的肯定。投入160万元，完成蛟洋集镇总体规划及控制性详细规划编制。协助上杭县做好蛟洋工业区规划建设，全力服务工业区建设，扎实抓好梅坝村土地征用、拆迁安置等工作。做好招商引资工作。实施“工业兴乡，种养富民”思路，培育发展无公害蔬菜及花卉、食用菌等高优农业，精心打造“蛟洋万亩高山反季节蔬菜”品牌。实施“一村一品”工程，因地制宜重点扶持家禽、反季节蔬菜、毛竹林等三大产业。继续做好扶贫救灾重建家园工作。全年共发放救灾款31.08万元。78户重建家园户搬入新居。桃源新村全面建成；一个交通便利、规划整齐、设施完善、卫生整洁的准城市化小区新村展现在人们面前。有479户困难户被列入农村低保，发放低保补助金41.7万元。新建杨梅坑、苏康、秋竹、下道湖、再兴、丰年、陈坊、坪埔、坪上、文地、贵竹、邹坑、丘坊、塘厦等村部。

2007年，乡政府以全力打造“特色生态、和谐蛟洋”为载体，实施项目带动战略，推进农业产业化和新农村建设。加大扶持发展高山农业基地，投入260万元实施3600亩农业综合开发，重点培育梅坝、秋竹、丰年、苏康3000亩优质烤烟基地，苏康、秋竹、丰年、华家、丘坊、塘厦连片5000亩反季节蔬菜基地，丘坊、坪埔、丰年茶叶种植加工示范基地，梅坝状元豆基地及贵竹、华家连片毛竹基地。

2008年，蛟洋乡政府委托上杭紫金城乡规划设计院编制《上杭县蛟洋集镇总体规划（2008—2020年)》。10月，在工业集中开发区建立环境监察中队。扩建自来水厂，解决集镇4000人的饮水安全；中心坑垃圾填埋场投入使用，农村环境进一步优化美化。

2009年，积极抓好省、市重点工业项目工程建设，完成坪埔工业区两座水库278.3亩征地，蛟上高速等征地1366.88亩；完成蛟洋国家中心粮库综合物流园区和余坑小区一期交地，移交已征未用地6780亩至县国有林场管理。完成梅坝村移民搬迁70户，坪埔村158户。县重点工业项目—龙氟化工有限公司干法氟化氢铵生产线顺利竣工投产；投资500万元的汽车站、310万元的镇宣传文化中心和计生服务大楼改建工程相继竣工投入使用，投资160多万元的蛟洋卫生院综合病房大楼投入使用。完成省级造福工程搬迁，杨梅坑、桃源、森坑连片造福新村被列为省级造福工程示范点，安置搬迁152户532人。2009年11月，下道湖村等18户地质灾害户迁入集镇阳春小区，与桃源新村连成一片。

2010年，委托福建省城乡规划设计研究院编制《上杭县蛟洋新城总体规划（2010—2030年)》。继续抓好粮食、烤烟、蔬菜三大产业；组建成立状元蔬菜专业合作社，高山茶专业合作社，粮食专业合作社。建立塘厦乌兔养殖场等“一村一品”种植养殖业。2010年，农林牧渔业总产值2.9万元。

2011年，坚持以农业增收、农民增收为着力点，调整农业产业布局。全乡烟业收购量达118.4吨，比增19.58%。加大畜禽疫病防控力度，免疫率达90%，新增标准化生猪养殖示范场2家，出栏生猪4.5万头。建立蛟洋、丘坊、华家、塘厦村等专业化示范乌兔养殖场，全乡养兔16.4万多只，兔肉产量153吨，成为全县第三大养兔基地。利用紧靠梅花山的地理气候优势，发展种植养养殖业，建立以丘坊为中心的万亩高山蔬菜基地；流转土地种植烤烟900亩；以桃源、贵竹等毛竹专业村为中心，建立万亩丰产竹业基地；利用山沟、田垅养殖山鸡，年出笼山鸡10多万羽。继续扶持发展农产品加工企业，丰农食品厂被评为省农业龙头企业，“丰农”商标被评为省著名商标。加强农村农业基础设施建设，完成文地、丘坊、小和、文都等4个村新建沼气池140座。新开农田机耕路23公里，建设农村标准化农田水利渠道4公里。2011年10月，总投资1.36亿元的塘厦220千伏变电站建成投产。乡政府荣获“信用乡（镇)”“全市造林绿化工作先进集体”“规模工业总产值和工业园总产值双破百亿先进单位”称号。

2012年，抓住撤乡设镇的契机，扎实推进蛟洋新城建设。抓住工业区开发建设的机遇，围绕建设国家级循环经济园区的目标，大力实施项目带动战略，全力服务工业区建设；完成20万吨铜冶炼、瓮福紫金磷化工、蛟上高速、“西气东输”、坪埔铁路货场、铜兴大桥、国家中心粮库、赣龙铁路扩能工程、田螺坑水库、竹背水库等15个项目征地工程。投资340万元完成21个村小型农田水利建设。投资780万元实施改造中小学等21处人饮工程，完成全镇25个行政村老年活动中心建设，新建蛟洋等10个村农民健身活动场所，改建再嘉等5个行政村农家书屋。2012年，全镇25个行政村被县评为信用村，镇政府被县评为信用乡镇。深化“平安蛟洋”创建活动，文都、再兴、丰年、小和、塘厦、陈坊等21个行政村被评为“平安和谐村”。蛟洋镇被福建省环境保护厅授予“福建省生态乡镇”称号；崇头等7个村被评为省级生态村，东乾等6个村被评为市级生态村。9月22日，蛟洋主办上杭县第六届（东北）片区农民文化体育节，并获得团体总分第二名。

2013年，镇政府围绕建设生态工贸新城目标，突出经济发展和民生改善两条主线，加快推进新型工业化、新型城镇化、农业现代化三大战略，推动蛟洋经济社会持续稳定发展。截至年底，工业园区入驻企业39家，总投资规模达118.9亿元；被评为省级“安全园区”。按《蛟洋新城总体规划》实施集镇建设，建设文昌公园、山体公园，完成坪埔保障性住房和集镇环城路及防洪堤建设，兴建坪埔小学综合楼，完成蛟洋中学、华家小学、丘坊小学运动场改造。全镇推广杂交水稻及超级稻良种11.8吨，粮食播种面积2.03万亩，粮食总产9382吨。全镇参加城乡合作医疗2.22万人，参合率为96%，参保率为94.5%；实现“三农”综合保险全覆盖。创建“平安蛟洋”，12个村被评为“平安和谐村”；全镇25个村被评为信用村。加强文化建设，蛟洋中学被评为2013年龙岩市初中“四率”评估先进学校，蛟洋中心小学成为教育部“十二五”规划课题实验校。

2013年，全镇实现社会总产值1488766.79万元，工业总产值1410000万元；其中，农林牧渔总产值37208.79万元；财政总收入3050万元，农民人均纯收入9615元。

第十三章　政　法

民国 18 年 (1929 年) 10 月,古蛟区 (治所蛟洋) 苏维埃政府内设裁肃委员会，负责公安司法工作；设调解委员会，负责调解民间纠纷。“古蛟自治”时期，区乡组织乡村警察所，维持社会秩序，严禁赌博、偷窃等行为；设立戒烟所，宣传抽鸦片的危害，严禁抽鸦片；组织夜间巡逻队打更，防止袭击村民事故的发生；区农会召开代表会制订治安条例，严明法纪和乡规民约。

新中国成立后，区乡设公安特派员。1984 年，成立蛟洋派出所。1994 年 5 月，因 319 国道改线，郭车交警中队迁到蛟洋，更名为蛟洋交警中队。2012 年，实行警务体制改革，派出所民警、巡警、交警“三警合一”。

1984 年，设立蛟洋乡司法办；1997 年 7 月，成立蛟洋乡司法所；2002 年，明确乡司法所为县司法局派出机构；2003 年 1 月，蛟洋司法所收编归县司法局管理；2011 年，更名上杭县司法局蛟洋司法所。

第一节　公　安

一、机　构

1949 年 10 月，古蛟区政府配备公安助理员（1953 年公安助理员改称公安特派员）。1950 年 9 月，古蛟区更名为第七区，区政府委员中设公安委员。1958 年，公社配备公安特派员。1967 年间，公安机关实行军事管制，蛟洋公社设立保卫组，后取消保卫组，恢复公安特派员制。

1984 年，蛟洋派出所成立。2006 年升格为副科级单位，2008 年评为二级派出所。2012 年，实行警务体制改革，派出所民警、巡警、交警“三警合一”，蛟洋交警中队的职能归蛟洋派出所。2013 年，派出所有民警 11 人，协警 10 人。

二、惩治反革命

镇反　剿匪　新中国成立初，匪患严重，影响社会治安，古蛟区（蛟洋）政府根据《惩治反革命条例》和“镇压与宽大相结合”“坦白从宽、抗拒从严”“首恶必办、胁从不问、立功赎罪、立大功受奖”政策，全面开展镇压反革命活动，打击作恶多端、民愤极大、坚持反动立场的土匪、恶霸和反动党团骨干等。1955 年冬，古蛟区重新进行土改补课及三期“镇反”运动，共逮捕一批反革命分子，其中有反动党团骨干、土匪、原国民党军政宪警人员、现行反革命、反动道会门等。

打击现行反革命 1953年，侦破“中国自由军指挥部”反革命集团组织1个，抓获以“中国自由军”连长张正兴为首的14名成员；迫使其他主要成员主动投案自首，交代了苦心经营3年，并在上杭、连城2县4个乡、村发展的组织系统及破坏活动事实，缴获已制作的全部反动证件。1956年,古蛟区（蛟洋）在打击现行反革命活动中，累计缴获长枪8枝，长枪子弹97发；短枪子弹45发，电话机一架，各种刀矛鸟铳工具23件，以及反动证书、证件、证章等73件。

三、打击刑事犯罪

1962年，华佳、蛟洋公社分别成立打击刑事犯罪指挥机构——对敌委员会，加强社会治安工作。

1983年，遵照中共中央《关于严厉打击严重刑事犯罪活动的决定》，政法机关利用法律武器，在蛟洋范围内开展严厉打击严重刑事犯罪斗争，实行“从重从快”“一网打尽”的方针，逮捕和收审一批刑事犯罪分子。

1986年起，继续坚持严打方针，严厉打击各类刑事犯罪，并适时开展专项打击统一行动，着力解决群众反映较为强烈的“两抢”（抢劫、抢夺）、“两盗”（入室盗窃、盗窃机动车）治安热点问题。

1994年，开展严打治乱斗争。5月，蛟洋派出所在县刑警队的协助下，侦破了4月1日在蛟洋村发生的一起特大盗窃案（被盗密码箱内装现金15万元），及时在漳平火车站将潜逃中的杨某某等3名青少年犯罪嫌疑人缉获归案，追回被盗现金。

1996年上半年，以“打抢劫、摧团伙、抓逃犯”为重点，侦破严重暴力案件、重大抢劫、盗窃案件，特别是入室抢劫和车匪路霸案件以及盗抢机动车辆案件。从4月23日至7月31日，共抓获各类犯罪嫌疑人21人，其中刑拘4人，收审9人，治安拘留8人，破获各类刑事案件10起，抓获逃犯2人。

2000年，派出所积极参与配合，破获“3·24”投毒杀人案。配合森林公安对部分村民盗砍滥伐阔叶林烧炭及非法收购木炭等进行综合整治，破获中村部分群众砍伐天然阔叶林烧炭（市森林公安局挂牌督办）的案件。

2003年，全乡共发生刑事案件31起，破23起，破案率为75%；发生治安案件37起，查处率97%，打击处理各类违法犯罪64人，缴获赃物手机一部、人民币3000余元，追捕逃犯1人。

2005年，开展“平安二号”行动，积极配合抓好为期6个月的省市综治委重点整治乡镇的治安整治工作。在坪埔村（上杭火车站所在地）组建7人组成的蛟洋乡铁路联防队伍，组织公安、工商、铁路、护路联防小组对境内铁路沿线从事废旧物品收购、修理、冶炼、旅馆的流动人口进行清查，共查处2家违规收购点，取缔无证经营收购点1家，有效维护火车站及周边地区和铁路沿线的治安秩序。全乡发生刑事案件23起，破案15起，破案率65.2%。其中提请批准逮捕1人，刑事拘留1人。

2012年11月27日，在市、县公安局，烟草专卖局的统一部署指挥下，派出所破获、捣毁境内一个以罗某龙为首的制假窝点，当场查获包装机2台，YJ12–22卷接机1台套，假冒卷烟318件及一大批制假原辅材料，案值达150万元，逮捕犯罪嫌疑人员7名（均已判刑）。

2006—2013年蛟洋镇破获、处理各类案件情况表

表13-1　单位：起

年份	刑事	治安	赌博	卖淫嫖娼	治安拘留	罚款	收缴枪支（支）
2006	107	50	5	—	23	12	7(鸟铳5支、气枪2支)
2007	166	63	10	—	31	20	4(鸟铳)
2008	139	49	12	—	40	23	3(鸟铳)
2009	190	75	26	—	56	29	6(鸟铳4支、气枪2支)
2010	162	235	35	—	63	31	5(鸟铳)
2011	212	206	36	—	98	46	4(鸟铳)
2012	167	177	23	1	58	30	3(鸟铳)
2013	154	257	27	—	62	29	6(鸟铳)
合计	1297	1112	174	1	431	220	38

四、户政管理

（一）户口登记管理

民国21年（1932年）冬，古蛟特区自治委员会（驻蛟洋）开展办理户籍登记；民国23年，自治委员会改称为古蛟区公所，重新编查户口健全保甲组织。民国29年，古蛟联保协会改称乡，分设云田、华洋两个乡，华洋乡（华佳、蛟洋）设19保250甲，有3276户、14657口。

1950年，第七区（古蛟区）政府着手加强户政管理工作，核实农村人口进行逐户造册登记。1958年1月《户口登记条例》颁布后，实行常住、出生、死亡、迁入、迁出、变更和暂住七项申报登记制度；在农村除暂住外，亦实行申报制度，使户口管理走向正规化、制度化。1985年，农村以户为单位发给户口簿，城镇户口分集体户、居民户立册。1986年后，为适应改革开放需要，户口管理实行以治安管理为中心、户口管理为基础的方法。

1988年，户籍管理由原乡政府办公室管理转为派出所专管。派出所开展暂住人口的清查、登记和发证工作；进一步建立和健全流动人口管理机制，建立流动人口服务站，加强对暂住人口的管理服务；充分调动各村治保委、治安中心户、调解会在加强流动人口管理中的作用，确保流动人口来有登记、去有注销，做到底数清、情况明。

1995年10月，派出所根据“一户一籍、一村一册、一村一员、一户一牌”的农村户口城市化管理要求，对全乡户口登记项目全面进行清理整顿，确保登记内容准确无误，确保户口底册与户口簿、村级户口册和实际人数相一致。年末，全乡25个行政村农业人口5223户、22693人。

1998年6月，派出所户籍、人口信息实行计算机管理。

2002年5月1日起，实行户籍制度改革，取消农业人口与非农业人口的户口性质划分，统一登记为居民户口。

2003—2006年，派出所建立外来人口委托管理、失控漏管责任倒查等制度，推进户籍制度改革，抓好重点人口的管理。

2005年始，进一步放宽户口准入条件，简化审批程序，实行县内迁移由迁入地派出所“一所式”直接办理，取消准迁证和迁移证。加强重点人口及工作对象排查清理登记工作。

2007—2010年，开展以“通过人口管理服务预防犯罪、遏制犯罪”为主题的流动人口管理服务专项活动，做好暂住人口的登记工作。全乡平时流动人口约万余人，最多时流动人口有21369人，登记的暂住人

口达 1200 余人。派出所针对大量外来流动人口涌入蛟洋，进入工业园区，为加强流动人口管理，采取三项措施：一是与用工单位签订流动人口管理责任状，强化责任意识，积极主动做好外来流动人口的教育和管理，从源头上消除管理漏洞，确保流动人口管理不失控、不漏管。二是组织民警深入各工业区的工厂、工程公司、工程队、工地、工棚等流动人口聚集场所，逐一摸排核实情况，对流动人口身份进行核实，主动为符合条件的外来人员办理居住证；开通短信 QQ 申报流动人口登记制度，方便工业园区企业及时申报流动人口管理制度；据统计，自工业区设立以后，派出所为外来务工人员办理暂住证达 15000 份。三是加大对流动人口的管理宣传教育力度，讲解有关法律法规知识，增强其法律意识、安全意识和自我保护意识，使外来人员知法、懂法、守法、用法，从源头上减少和避免各类矛盾纠纷的发生。

2012—2013 年，派出所为外来务工人员上门办理暂住证 3900 余份，为流动人口送暂住证 1600 余份。2013 年，派出所登记在册的暂住人口 1200 余人。

（二）年终人口统计

1988 年，户籍转为派出所专管，初为人工统计。1998 年，派出所实现人口信息计算机管理。2013 年末，全镇 25 个行政村，285 个村民小组，6978 户，总人口 25089 人（其中男性 13012 人，女性 12077 人）。

（三）颁发居民身份证

1986 年 7 月，开始颁发居民身份证准备工作，1988 年上半年开始颁发身份证，次年全面铺开。2005 年 10 月，开始换发第二代居民身份证。

五、治安管理

（一）查禁社会丑恶现象

1. 禁　毒

民国 17 年，北四区（蛟洋）农民协会组织成立，明确规定“禁烟”（禁鸦片、海洛因等）。土地革命后至新中国成立，鸦片根绝。新中国成立后，人民政府多次发出布告，严厉打击制毒、贩毒、吸毒行为。

2013 年，抓获、拘留外地逗留蛟洋的吸毒人 1 名。10 月 17 日，境内破获丘某、熊某制作冰毒案，查获拟定晶体 1500 多克，麻黄素 19 克，收缴化学药品、器械等材料。

2. 禁　赌

土地革命前，蛟洋赌风盛行，不少赌徒倾家荡产，造成社会秩序混乱。民国 17 年，北四区苏维埃政府成立后，明确规定严禁赌博。

新中国成立后，北四区（后古蛟区）人民政府多次发出布告严禁赌博。此后几十年没有出现公开赌博现象。由于交通、经济发展等原因，赌博之风死灰复燃，有的甚至在公共场所聚众赌博。2005—2012 年破获赌博刑事案件 6 起，2008—2013 年端掉赌博窝点 31 个，抓获赌徒 176 人；分别给予不同行政处罚、处理。

2000 年前后，利用“六合彩”开奖码进行赌博的非法活动从外地传入蛟洋，并迅速蔓延，参赌人数众多，影响面大，严重扰乱社会秩序。对此，乡党委、乡政府高度重视，强化组织领导，落实工作责任制，公安机关紧紧围绕“打头断线、摧毁网络、端窝查点、彻底根除”的工作目标。按照重点整治、依法推进的原则，依法打击整治游戏机赌博和六合彩赌博活动。

2003 年，全乡抓获参与“六合彩”活动者 4 人，其中 2 人被治安拘留。

2005 年，查处“六合彩”等赌博治安案件 11 起，其中刑事案件 2 起；处罚 44 人，其中逮捕 1 人，刑拘 1 人，罚款 42 人。查处党员干部参赌 2 人，治安拘留 2 人，收容教养 1 人，治安罚款 6 人。

2006 年 3 月 15 日至 4 月 15 日，开展一个月的专项整治活动，集中捣毁一批游戏机赌博窝点，缴获赌博游戏机 108 台；挖出一批六合彩违法犯罪活动的庄家、赌头及六合彩宣传材料的印制窝点，破获六合彩团伙犯罪 29 件，严惩一批赌博的组织策划者和其他骨干分子，打掉“六合彩”赌博地下组织 13 个。

2006—2013 年，派出所查处各类赌博案件 174 起，其中 2008 年 12 起，2009 年 24 起，2010 年 39 起，2011 年 41 起，2012 年 18 起，2013 年 24 起。

（二）公共秩序、特种行业和文化市场管理

1988—1994 年，根据“全党动员、部门配合、齐抓共管、群防群治”的方针，乡政府围绕“打击、防范、管理、建设、教育、改造”等主要内容，全面推行“谁主管谁负责”原则，动员和组织社会各方面力量，把社会治安综合治理工作（简称综治工作）各项措施落实到基层，从而减少犯罪，保持全乡政治安定和社会稳定。公安机关对公共场所、特种行业进行清理整顿。

2000 年，开展加强娱乐服务场所管理，严厉打击卖淫嫖娼、赌博、吸毒、贩毒等社会丑恶现象专项行动。

2012—2013 年，派出所对辖区内的 20 家旅馆、2 家 KTV、4 家网吧等特种行业、娱乐场所，每季度召开一次业主人员会议；通报上一季度治安情况，强化行业场所管理，及时做好流动人口申报登记工作，加强内部管理，严防“黄、赌、毒”案件发生。查禁黄色书刊、黄色录像，加强文化市场管理；开展打击卖淫嫖娼、拐卖妇女儿童、聚众赌博等“六害”活动，扫除社会丑恶现象，净化社会环境；建立健全暂住人口管理机构，强化厂矿、建筑施工单位外来人口管理；加强消防和交通安全管理。

（三）枪支和民用爆炸物品管理

1. 缉　枪

民国 31 年至 1949 年 10 月，华洋乡（蛟洋）分 2 次上缴交县政府长短枪支计 341 枝。

1951 年，根据公安部《枪支管理暂行办法》，按县公安局部署开展收缴民间枪支弹药工作，对具备配枪人员进行登记，实行发证管理。

1966 年“文化大革命”开始后，公安机关受到冲击，法制遭到破坏，社会秩序出现混乱，尤其是在 1967—1968 年间，派性斗争加剧，武斗升级，枪支管理混乱，因派性斗争被杀害 1 人。“文化大革命”后期，对枪支弹药进行多次清查和收缴。

1997 年 8—9 月，开展收枪治爆专项斗争，在中村取缔一个非法制造、贩卖鸟铳窝点，收缴鸟铳 4 支。

2000 年后，派出所重视收缴非法枪支、管制刀具，民警进村入户宣传，逐户签订告知书，宣传刑法有关知识，强化治安行政管理和安全防范工作。据不完全统计，2006—2013 年，累计收缴各类非法枪支 38 支；其中 2006 年收缴鸟铳 5 支、气枪 2 支，2007 年收缴鸟铳 4 支，2008 年收缴鸟铳 3 支，2009 年收缴鸟铳 4 支、气枪 2 支，2010 年收缴鸟铳 5 支，2011 年收缴鸟铳 4 支，2012 年收缴鸟铳 3 支，2013 年收缴鸟铳 6 支，基本消除安全隐患。

2. 民用爆炸物品管理

1957 年，根据《中华人民共和国民用爆炸物品管理条例》，对起爆器材和各种爆炸物品的生产、储存、购买、运输和使用，实行统一管理，严禁私人经营。蛟洋境内矿产资源丰富，特别是石料贮藏量大，有 3 处大型石场。对民用爆炸器材，各类炸药、雷管、导火线、非电导爆系列等实行严格管理。

1985 年后，派出所积极协助配合县民用爆炸物品管理站对全乡专业爆破人员进行审查，开展爆破员、监炮员、采购押运员和仓库管理员的安全业务培训工作，严格民爆物品的生产、购买和运输的审批手续。1997 年八九月间，在中村缴获土炮弹 70 颗。2004 年 5 月，开展为期一个月的缉枪治爆专项行动。

2013 年，派出所加大对安全生产等法律法规及各种安全常识的宣传教育力度，利用圩天 2 次上街宣传，累计发放宣传资料 1600 多份，接待群众咨询 200 余人次；派出所联合镇安监站等部门对辖区内的 6 家液化气供应点、35 家烟花爆竹经营点、2 家加油站、3 家其他危险品经营企业进行安全检查，督促建立各项管理措施和管理台账；取缔关闭 3 家无证非法采矿点。

六、监督改造

1955年冬至1956年春季，第七区（蛟洋）政府土改补课后，贯彻省公安厅《关于整顿管制工作指示》文件，对土改补课中划定的地主、富农和坏分子（注：其中蛟洋村补划的地主41户、富农30户、资本家8户等“四类分子”有88户，占全村总户数的16.49%）实行管制。1981年7月，根据中共福建省委文件规定，宣布时所划成分无效。1956年，执行《全国农业发展纲要》的有关规定，根据“四类分子”的表现好坏，经群众评议、政策审批，表现好的改变为农业社社员，表现一般的为候补社员，表现差的继续管制。1958年后，经几次政治运动，列为监督改造的“四类分子”人数有所增加。1960年补划地主2人。1963年，结合社会主义教育运动，对“四类分子”进行评审，有自觉改造、悔改表现的，经评议批准，可摘掉管制分子帽子，恢复公民权。1979年，贯彻中共中央《关于地主、富农分子摘帽问题和地、富子女成分问题的决定》，对“四类分子”逐个进行评审，经群众评议、县革命委员会批准，大多数给予摘帽，定为公社社员。地主、富农家庭出身的子女一律定为公社社员。1983年，根据有关规定，给“四类分子”摘帽。

七、治保会建设

1951年始，第七区逐步建立治安保卫委员会（简称治保会）。次年8月，各乡（村）设不脱产公安员1人，副公安员1人—4人。1956年农业生产合作社后，以合作社为单位设立治保会。1958年公社化后，以生产大队为单位设立治保会。“文化大革命”期间，治保会受到冲击。1978年，治保会逐步恢复。1980年，根据公安部通知，对治保会进行整顿。

1987年，结合村委会换届选举，充实治保会，25个行政村都建立治保会，治保人员报酬亦逐步得到解决。1994年，县委加强国、省道沿线乡镇公安派出所警力，加强基层治保、调解组织建设，落实治保主任的报酬。

2000年后，治保会协助党政帮教失足青少年。同年9月，乡政府在村级换届选举中积极做好治保主任、治保委员和调解主任、调解委员人选审核工作。2007年，治保主任、综治协管员和调解主任实行“三结合”。

八、失足青年帮教

2010年前，“失足青年”帮教工作为派出所管理。2008—2010年，蛟洋派出所分别建立帮教小组12、13、8个，组织帮教力量12、13、8人，帮教失足青年12、13、8人，帮教对象中全部停止犯罪活动半年以上。

九、交通管理

1994年5月，因319国道改线，1990年设立的郭车交警中队搬迁到蛟洋，改为蛟洋交警中队。1995年8月24日，在蛟洋村征地1800平方米建造“交警中队综合楼房”，同年10月，增加征地1560平方米，加建交警中队厨房、车库等附属设施。1997年1月10日，举行挂牌仪式；交警中队营房占地面积达3300多平方米，建筑面积3600平方米，停车场、篮球场等“五小工程”配套完善，能基本满足民警工作生活需要。办公设施实现与全市交通管理计算机联网，提高信息快速查询上报能力，及时妥善处置和上报突发交通治安情况，中队管理实现正规化、规范化。蛟洋中队负责古田、步云、蛟洋、溪口4个乡（镇）辖区的道路交通管理工作和交通安全，疏导交通，查纠交通违法行为，处理“一般”以下交通事故，打击车匪路霸，维护公路治安秩序。

蛟洋交警中队成立后，先后开展“远学济南交警、近学漳州110”“民主评议行风”“争创人民满意交警队、争当人民满意交通警”，创建“县级文明单位”和“平安大道”等活动。根据不同道路的交通环境，认真开展交通安全知识宣传，努力提高交通参与人的安全意识和法律意识，打击超载、超速、无证驾车、酒后驾车、无牌无证等严重交通违法行为，预防和减少道路交通事故，保障道路安全、畅通和有序。全力以赴开展道路交通安全保卫工作，发扬“辛苦我一人、幸福千万家”的奉献精神创建“平安大道”。

1999 年 10 月始，蛟洋交警中队围绕“交通安全畅通、治安秩序良好、执法公正，文明道路保障有力、人民群众满意”的目标；深入开展创建“平安大道”工作。一是加强宣传工作。在国道公路沿线设立 20 块大型醒目交通安全警示牌，8 块醒目平安大道宣传标语牌，公路两侧书写 7 条永久性宣传标语，沿线行政村的公共场所设立 6 个交通安全宣传栏，年出宣传栏 24 期，张挂跨路宣传标语 84 幅；在村集镇所在地开展图片展 31 场次，文艺演出 4 场次，举办交通安全讲座 36 场次；在中小学举办“我与交通安全”“少年儿童平安回家”征文竞赛 6 场次，受教育师生 4420 人；分发交通安全公约 8000 份，受教育人数达 24000 多人；利用电视、报刊等新闻媒体扩大宣传效果，在省、市、县电视节目中报道 29 次，报刊报道 38 次。二是依靠群众力量。在蛟洋村成立“老人义务交通宣传队”，中小学成立“小黄旗义务交通劝导队”，聘请 13 名村、校交通安全协管员；与公路沿线 6 个行政村、7 所中小学校签订“交通安全村（校）共建协议书”；与公路沿线 176 家单位和 3240 户店铺、住户签订“交通安全公约”。三是防事故、保安全，努力创造良好的交通安全环境。加强对危险路段巡视，特别是加强夜间 12 小时不间断的巡逻监控；2002 年 5 月，中队筹集资金近 30 万元，在中心坑危险路段增加设立 3 块大型警示标志牌、4 盏太阳能红黄闪烁警示灯、6 面醒目反光减速标志牌和 20 面用于夜间提示道路线型的弯道导向标志，完善和刷新了原有的交通安全设施、标志标线、警告标志和防护措施，构筑 100 米安全防撞墙。中队实行“五定”（定路段、定人员、定时间、定任务、定责任）目标责任制，提高民警的“上路率”“管事率”，打击严重超载、超速、疲劳驾驶、强行超车、非客运车辆载客、无证、假牌、假证等一系列严重交通违章专项整治行动，并加强与公路、交通、工商等部门的协作，对施工路段、圩天乱摆摊设点、占道为市等违章进行综合治理，确保道路交通安全畅通。四是加大出警能力。民警下村 826 人次，出动警力 9408 人次，检查车辆 48842 辆次、纠正违章 14726 辆次、暂扣证件 693 本、拘留 8 人；处置治安案件 10 起，抓获犯罪嫌疑人 3 人，缴获赃车 5 辆；受理案件 46 起、涉车案件 18 起，当场调解 6 起、移送 22 起。查处超载客车 275 辆、货车 532 辆、卸客 830 人，卸货 325 吨，拆除非法改装装置车辆 10 辆；查处无牌证机动车 972 辆，假牌假证车 127 辆，报废车 30 辆，非法拼装车 10 辆；查处无证驾车 2160 人次，违章超车 135 起，超速行驶 120 起；处罚违章人员 10584 次，吊扣驾驶证 1062 本，治安拘留 13 人。

国道 319 线蛟洋中心坑路段的紧急停车道

2001 年，蛟洋交警中队被公安部评为“创建‘平安大道’先进集体”。

交警中队还针对农村摩托车多的情况，重点整治摩托车无牌无证及不戴安全头盔等违章行为。仅 2002 年 4—7 月，就查扣无牌摩托车 237 辆，查处无证驾驶违章 152 起，未戴安全头盔违章 2215 起；强制摩托车上牌 206 辆，强制违章人员参加培训 143 人。因查扣力度加大，摩托车挂牌办证人数明显增加，群众的安全意识有了显著提高，涉及摩托车的交通事故得到明显下降。为方便群众办理摩托车驾驶证，中队联合大众、阳光摩托车培训公司，为辖区群众举办摩托车报名、培训及考试和安全学习班。2012 年 10 月、2013 年 4 月，两次就近在辖区为 2000 多名群众办理培训、考试、办证工作。

2012 年，实行“三警合一”警务体制改革，交警中队的职能划归蛟洋派出所。2013 年，蛟洋派出所强化路面监控，安排警力上路执勤，三警合一联勤制度，严厉查处严重交通违法行为，其中查处超载 305 起，无证驾驶 359 起，涉牌 335 起，查处严重交通违法 3077 次。

蛟洋镇（社、乡）公安负责人名表

表 13-2

名　称	姓　名	职　务	任职时间	附　注
华佳公社	张其德	特派员	1960—1965	
蛟洋公社	邹扑章	特派员	1960—1974	
	邱献银	特派员	1974.9—1981.7	
	邓立生	特派员	1981.7—1982	
	邓海鹰	特派员	1982—1984	
蛟洋派出所	陈桂渊	特派员	1984—1985	
	张紫明	所　长	1985—1991	
	陈桂渊	所　长	1991—1994.7	
	江华富	所　长	1994.7—1997.10	
	黄炎坤	所　长	1997.10—2000.1	
	张和梅	指导员	1996.5—2003.2	
	王碧辉	副所长	2000.1—2003.3	
	梁建昌	教导员	2003.3—2005.4	
	王碧辉	所　长	2003.3—2009.6	主持工作
	康宝富	教导员	2007.12—	
	张元铭	所　长	2009.6—	
交警中队	陈德元	中队长	1996.12—2003.9	
	赖喜勤	中队长	2003.10—2012.2	
	陈晓勇	中队长	2012.2—	

蛟洋交警中队获县级以上表彰情况表

表 13-3

荣誉称号	授奖机关	获奖年月
1998 年度文明单位	上杭县委、县政府	1999.6
人民满意派出所	福建省公安厅、人事厅	2000.2
创建“平安大道”先进集体	龙岩市公安局	2000.4
创建“平安大道”先进集体	公安部	2001.12
龙岩市第八届（2000—2002 年度）“创文明行业建满意窗口”竞赛行业先进单位	龙岩市委、市政府	2003.9
上杭县严打整治斗争先进集体	上杭县委、县政府	2003.8
2002—2003 年度福建省优秀公安科所队	福建省公安厅	2004.3
集体三等功	龙岩市公安局	2005.7
2004—2005 年度福建省优秀公安科所队	福建省公安厅	2006.3
龙岩市第四届（2003—2005 年度）创建文明行业工作先进单位	龙岩市委、市政府	2007.1
2006 年度全省公安交警部门“三基”工程建设先进基层单位	福建省公安厅交警总队	2007.1
第十届（2006—2008 年度）文明窗口单位	上杭县委、县政府	2010.1
示范公路交警中队	福建省公安厅交警总队	2012

第二节 司法行政

一、机 构

民国时期，民间纠纷由当事人一方邀请村中长辈和社会贤达从中说合，若说合不成，则向县长申诉解决。民国18年（1929年）颁布《乡镇调解委员会组织规程》后，华洋乡设立了调解委员会，调解委员会由乡民代表选举产生。10月，县苏维埃政府根据《苏维埃政府组织法》在北三区、北四区苏维埃政府内设立裁肃委员会，负责公安司法工作。

民国38年4月15日，华洋乡成立乡调解委员会，设任主任委员1人，委员6人。

1984年，成立蛟洋乡司法办公室，配备专职司法助理员，人员、经费由乡自行解决，业务受县司法行政机关指导与监督，司法办的业务工作为普及法律常识，管理、指导基层调解委员会工作，调解疑难的民间纠纷和简易的生产经营性经济纠纷；开展公证联络，开展部分律师业务和扶助工作，应聘担任乡镇企业及村（居）委会的常年法律顾问，参与社会治安综合治理，促进两个文明建设。

1990年1月5日，成立蛟洋乡政法领导小组（初为9人，9月调整为7人），理顺、协调公安派出所、人民法庭、司法办之间的关系，以及他们同村治保、调解组织之间的关系；及时处理社会治安工作中的重大疑难问题；协助党委、政府做好社会治安综合治理的组织、联系和推动工作，促进综合治理各项措施的落实。

1991年5月3日，成立乡社会治安综合治理委员会，乡党委副书记任主任，派出所、司法所负责人任副主任，在司法办设立办公室。

1997年7月，根据司法部和省、市司法部门关于组建乡镇司法所的精神，理顺司法所与县司法局、乡人民政府的关系，成立蛟洋乡司法所，配备工作人员。

2002年，根据司法部《关于进一步加强基层司法所建设的意见》和省编委办公室《关于重新核定全省乡（镇）、街道司法助理员司法专项编制的通知》精神，明确司法所为县司法局的派出机构。

2003年，乡司法所人员、工资、经费上收县司法局管理。2004年，乡司法所建立首席人民调解员制度，聘请30名首席调解员。

2011年10月，占地面积200平方米，建筑面积947平方米，投资114万元的五层蛟洋司法所办公大楼竣工。

2013年2月，蛟洋司法所被福建省司法厅命名为“2012年度福建省规范化司法所”。

二、人民调解

中华人民共和国成立后，把调解组织列入政权建设之中，视调解工作为政法工作的第一道防线。1952年11月，第七区（辖蛟洋、苦竹、塘下、华佳、丰年、文都、再兴、中村、文地9个乡）乡、村均设立调解委员会。1958年11月，成立上游人民公社（后改蛟洋公社），公社和大队设调解委员会组织机构。1960

年，人民调解组织通过发动群众制订和实施爱国公约，及时和妥善处理了不少民间纠纷。“文化大革命”期间，人民调解组织被诬为“阶级调和的修正主义工具”，受到错误批判。1976年后，对乡、村调解组织进行整顿，人员、制度、任务和报酬得到落实。1978年5月，公社贯彻“依靠群众、调查研究、调解为主、就地解决”的民事方针，各大队整顿或重新成立新的调解委员会组织（一般由5人—7人组成），每个生产队至少应设一名调解委员。1984年5月，蛟洋乡司法所成立不久，协助审理调解一起跨省的乡企经济纠纷案件；事由是蛟洋乡经委与江苏省江都县农业生产资料公司签订的一份《杂木锄头柄购销合同》，当甲方（蛟洋）将250立方米锄头柄运至江都县时，乙方拒收，引起合同纠纷；诉至法院，经审理查明是因合同不完善，手续不齐全，属双方均有过错的合同；最后经协商，乙方（江都县生产资料公司）同意补偿甲方损失，达成调解协议。

2003年4月1日，成立蛟洋乡人民调解委员会，由乡党委副书记任主任，司法所所长任副主任，成员单位有派出所、法庭、综治办、妇联等单位的负责人。同年，组建村级人民调解委员会。在党委、政府的统一领导下，理顺关系、规范工作机制，进一步加大人民调解组织和人民调解工作的指导力度，积极开展民间纠纷，特别是疑难纠纷的排查调处力度，努力把各类矛盾纠纷消除在基层，消灭在萌芽状态。2003年上半年，全乡共调解处理各类民间纠纷128件，村调解委处理99件，乡调解委处理5件，司法所协助调解24件。2011年1月1日《中华人民共和国人民调解法》颁布实施后，为规范人民调解活动，及时解决民间纠纷，维护社会和谐稳定；坚持“以法喻人”“以理服人”“以情动人”；践行以人为本，服务民生理念，实现人民调解工作结果合法、合理、合情，实现人民调解工作结果获得当事人和社会的认同；把矛盾纠纷化解在萌芽状态，力争做到“小事不出村，大事不出镇”。

1990—2013年，全乡发生各类矛盾纠纷1645余起，调解成功1602起。

2013年，蛟洋司法所被评省司法厅评为“2012年度福建省人民调解先进集体”。

附：调解成功典型案例选

1. 合理调解手指被割起争执案

2012年8月21日上午9时左右，黎某爱在镇的某木材厂上班锯木头时，不慎右手无名指被锯掉，经龙岩市博爱医院治疗于2012年9月5日出院，后经闽西司法鉴定为“工伤”六级、交通“八级”，因赔付问题黎某家属曾到木材厂采取私自限电、堵门等过急行为。司法所多次进行调解，抓住双方心理特点，晓之以理，动之以情，劝说双方以和为贵。2013年1月5日，双方终达成一致协议：1.木材厂已支付黎某爱的治疗费二万六千四百二十七元八角二分（26427.82元）；2.按工伤保险条例一次性付给黎某霞伤残补助金、伤残津贴等费用十万三千元整（103000元）；3.协议履行后，当事人不得再以任何理由向对方挑起事端。一场人身损害赔偿纠纷成功化解，防止事态的进一步升级。

2. 合力调解道路整治引纷争案

2013年9月28日，司法所调解室坐满了来自文都、华家村的村民，为道路整治进行第四次的调解，在场的还有包村干部、林业站的工作人员。文都村湖里路段一大弯道，内侧是八米多高的陡壁，外缘是高耸的山地，因道路崎岖，视线被山林阻挡，事故多发，为保障村民行车安全，文都村委向古田采育站申请了利用该地段一座山林部分面积的使用，因该山原是华家村村民华某租给古田采育站，并使用四十年余久，在改造的过程中，华家村民的农田被泥土掩没，文都村与华某就林地使用权产生冲突，发生了口角及解体冲突。此前，双方就农田恢复、路段改造面积及赔偿问题迟迟未达成一致意见，使得调解一再陷入僵局。12月18日，为化解纠纷，为改造道路这一公益事业，镇干部，林业、国土、司法等部门，再次前往纠纷地实地调解，弄清农田被毁的原因；引用多次交通事故所造成的危害，引导华家村民支持文都村的道路改造，同时说服文都村就未征得对方的同意而私自推土道歉。调解过程中，司法所长邱能柱不断向双方详解《中华人民共和国林业法》的有关知识和道路改造这一公益事业利己利民的道理，以情感人，以理服人。最后，华某同意无偿让出沿原有水泥路内侧五米部分用于路面改造，文都村委也表示会对被毁的农田进行赔偿，在被推山林上立一道挡墙，防止山林滑坡，一场纠纷就此化解。

3. 妥善处理一起群体性事件

2012 年 6 月 11 日，白砂镇上早康村的严某辉带领亲朋好友一行三十多个人，气势汹汹得来蛟洋圩上，找蛟洋镇开婚介所的张某忠算账，张某忠亦召集本村村民二十多个人与之对峙，一起群体性斗殴事件一触即发。原来事情的起因是严某辉经过张某忠的介绍，到越南找了一个老婆，双方领证结婚了，但好景不长，过了差不多四个多月，严某辉的老婆就跑回越南不回来了，严某辉认为这跟张某忠有关联，于是就带人到蛟洋圩上张某忠开的婚介所找他讨说法，但张某忠表示严某辉的老婆跑回越南跟他没有关系，老婆跑了主要是严某辉的责任，他也无能为力。双方情绪激动，言语上互相指责，并不时有肢体接触，场面一度接近失控的边缘。在了解了事情的经过后，司法所立即和派出所民警一起，采取背靠背的方式进行调解，在司法所所长对当事人进行调解的同时，派出所干警也各司其职，对现场的其他人员进行疏导和劝解，并把双方人群分成两边，防止发生肢体接触，控制在场群众的情绪，不让事态进一步恶化。在经过一天的协调，终于双方达成共识，并签订了调解协议，一起群体性事件最终得到妥善的解决。

4. 联合调处一起劳资纠纷

2011 年，罗某某承包蛟洋工业区纳奥新材料有限公司厂房、宿舍、办公楼的新建工程，因与业主就工程款结清产生争执，导致水泥工、竹架工、钢筋工等工人拿不到尾款及相应的材料损失费，2013 年下半年，司法所对这些纠纷均进行了调处，各方达成初步协议。年头将至，工人仍拿不到工程款，由蛟洋工业区管委会牵头，蛟洋司法所、蛟洋劳动保障部门将之前各工人联合在一起，纳奥新材料委派一名代表，于 2014 年 1 月 18 日下午在工业区二楼会议室进行集中调处。通过各方取证，掌握纳奥新材料公司的运行情况及罗某某的思想状况，向其讲解有关《中华人民共和国合同法》的规定，同时，对工人其进行安抚，指出解决该纠纷的各种途径包括法律途径。经过认定，纳奥新公司与罗某某尚有 90 余万未结清，罗某某有 50 余万元未支付给工人。后各方一致同意待罗某某与泥水工等工人核算清楚后，于 1 月 21 上午，由纳奥新当场向工人支付工程款，剩余的支付给罗某某。一场纠纷就此化解。

三、法治宣传教育

民国期间，北四区（蛟洋）、古蛟区等区级政府曾先后制定颁布《森林管理办法》《丁役管理规约》等乡规民约，宣传、约束民众遵纪守法。

中华人民共和国成立后，第七区（蛟洋）运用各种会议、宣传栏、土广播形式，广泛开展《中华人民共和国土地改革法》《中华人民共和国惩治反革命条例》《中华人民共和国婚姻法》《中华人民共和国宪法》等法律法规的宣传教育活动，增强干部、群众的法制观念。“文化大革命”期间，受“左”的错误影响，法制被破坏，法制宣传亦被迫中断。

中共十一届三中全会后，法治宣传教育重新摆上重要议事日程。1981 年起，运用各种宣传手段，广泛宣传社会主义法制。1986 年起，贯彻中共中央、国务院批转中央宣传部、司法部《关于在全体公民中基本普及法律常识的五年规划》精神，按照地、县的统一部署，实施“一五”普法。全面开展普及“十一法一例”（即《中华人民共和国宪法》《中华人民共和国刑法》《中华人民共和国刑诉法》《中华人民共和国民法通则》《中华人民共和国民诉法》《中华人民共和国婚姻法》《中华人民共和国经济合同法》《中华人民共和国继承法》《中华人民共和国森林法》《中华人民共和国土地管理法》《中华人民共和国兵役法》和《中华人民共和国治安管理处罚条例》）教育工作。蛟洋乡成立普及法律常识领导小组，采取举办培训班、法律讲座、出宣传栏、黑板报、图片展览、文艺宣传等形式，向有接受教育能力的公民普及法律法规常识，使公民掌握基本法律法规知识，增强法制观念。1991 年 4 月，蛟洋中学获得上杭县“一五”普法先进集体称号，派出所陈桂渊、司法所傅润生、蛟洋村司法调解员傅炳辉被评为县普法教育先进个人。

1991年始，实施“二五”普法。5月，乡成立法制宣传领导小组，在司法办设立办公室，具体负责宣传贯彻并组织实施“二五”普法规划。重点对象是干部、青少年、农民，内容以土地管理法、义务教育法、未成年人保护法、农业法、妇女权益保护法、水法、森林法等法律法规为重点。乡政府于7月举办一期法制宣传教育培训班，单位、中小学坚持面授、在职学习方法，农村采取干部包片，党员、团员包联系户，宣传员送法上门等形式学习、宣传法律知识。

1996年始，实施“三五”普法。着重对青少年及外来流动人口的宣传教育，以青少年为重点对象，主要进行宪法、刑法、预防未成年人犯罪法等法律的宣传教育。在青少年学法方面，发挥学校教育主渠道作用，完善学校为主，社会、家庭相配合的“三位一体”法制教育体系。组织中学生参加县举办的“新千年中学生消防知识竞赛”。1997年，蛟洋乡依法治乡经验受到“县普法办”“依法治县办”的推广、宣传，对促进乡村依法治理各项事业的开展，起到积极作用。

2001年始，实施“四五”普法。深入行政村宣讲土地管理法、村民委员会组织法、福建省计划生育条例、福建省村集体财务管理条例等法律法规。严格按照《关于进一步加强学校法制教育工作的意见》，抓好青少年法制教育的落实。组织学生观看“反对邪教、崇尚文明”图片展。健全法律援助和“148”热线等法律服务。2002年，乡党委、政府组织成立“法制宣讲队”，乡党委副书记任组长，党委宣传委员任副组长，成员由综治办、司法所、派出所、法庭、工商分局、税务、中学、学区、乡团委、妇联、计生办等负责人组成。开展综治活动宣传举办法制宣讲课，进行普法测验、学习考试。此后，每年组织全乡公职人员进行学法统一考试，并将考试成绩列入干部考核内容。

2006年始，实施“五五”普法。深入行政村宣讲宪法、行政处罚法、国家赔偿法、刑法、选举法、村民委员会组织法、计划生育条例等法律法规和基本内容。全乡举办骨干培训班，利用村民法制学校这一农村法制宣传和普法载体，以“三贴近”（贴近生产、贴近生活、贴近实际）的方式，扎实开展法治宣传教育。在村民法制学校授课，接受群众咨询，发放各种法律宣传材料，开展各类法律咨询活动。组织派出所、司法所、关工委、法庭深入中、小学校开展法制讲座，组织学生学习宪法、国徽法、义务教育法、未成年人保护法、预防未成年人犯罪法等法律法规，使中小学生受到教育。组织全乡干部，村党支部书记、村委会主任（简称村主干），农村“六大员”（即社会治安综合协管员、计划生育管理员、国土资源规划建设环保协管员、公共卫生员、文化协管员和农民技术员）学习龙岩市普法办主编的《干部学法读本》。举办各级领导干部、公务员学法课30余场（次），参加人数达300余人次，全乡干部100%参加学习并顺利通过年度考试考核。司法所积极配合县综治委深入蛟洋、平埔等行政村“平安建设电影宣传周活动”。2007年，乡综治委组织基层政法干警进村入户，访视当地群众。“五五”普法期间共分发宣传材料2万余份，开展专题普法讲座20次，法律宣传活动10次；积极开展“送法进万家”活动，提高人民群众的法律意识和防范意识。2007年，蛟洋镇政府被龙岩市授予“平安乡镇”称号。

2011年始，实施“六五”普法。重点宣传普及宪法、刑法、物权法、未成年人保护法等18部法律法规，接受普法教育的干部、群众和学生达3万余人次，96%以上的公民普遍接受了法治教育；司法所采取集中授课、知识问答、现场咨询、发放资料等形式，开展各种法律咨询、法制宣传活动82次。培训村“两委”干部2000人次，设立村法律宣传服务站25个，组织培训企业经营管理人员500余人次，企业管理人员年学法时间40学时，举办领导干部法制讲座13场（次），参加法律知识统考4670人次，参加法律知识培训的执法人员400余人次。2011年9月，司法所被上杭县委、县政府评为“全县法制宣传教育先进单位”。

2012年，结合换届选举，调整充实乡普法宣传和依法治理领导小组，举办以村人民调解委员会成员、乡干部职工为对象的普法骨干培训班，组织公职人员、村主干、农村“六大员”进行学法考试，采取多种形式开展法制宣传教育，出黑板报6期，发放宣传品3800多份，张贴宣传图片40多张，到中小学讲法制讲座2场。蛟洋镇被评为全县综合行政执法先进单位。

2013年，组建20人的镇综合行政执法队，拆除违章建筑、推进重点项目保护性施工共组织执法60次，出动3000余人次。配合蛟洋村委加大宣传教育力度，彻底治理整顿蛟洋圩场三岔口水果市场违章搭盖的脏、乱、差现象。

四、法律服务

2003年8月，蛟洋乡司法所率先建立法律援助工作站（全县只有4个乡镇），充分发挥法律援助工作站的作用，与乡妇联、残联等部门密切配合，及时指派法律援助人员为受援人提供法律帮助，做到应援尽援，认真负责办理各类法律援助案件，不断提高服务水平。

据不完全统计，2005—2010年，乡司法所为群众办理各类法律援助案件37件，解答法律咨询665人次，代写法律文书12件。2011年，办理各类法律援助案件15件，解答法律咨询60余人次，代写法律文书5件。2012—2013年，办理各类法律援助案件12件，解答法律咨询120人次，代写法律文书2件。

五、“两劳”人员安置帮教

司法所为提高对“两劳”（劳改、劳教）人员的安置帮教管理，一是落实安置帮教责任书，二是确保每一位新回归的刑满解教人员都能得到安置，三是规定定期走访制度，及时了解“两劳”人员的思想及生活状况，帮助解决生产生活中的困难，落实低保时间，联系塘厦、苏康等村办机砖厂企业接收3名刑释解教人员；使帮教人员感受到党和人民的关怀及社会的温暖，鼓励他们建立对新生活的信心，四是加强对“两劳”人员的法制宣传教育工作，使其在心理上和过去的行为告别，促使转化。司法所把开展刑释解教人员的安置帮教工作作为改善治安状况，维护社会稳定的重要举措，与公安等有关部门密切配合，动员社会力量做好实施“2345”工程（即通过帮教安置实现2个保证：保证刑满释放人员的重新犯罪率控制在5%以内，保证释解人员家庭人均生活水平达到当年全乡人均生活水平。3个落实：落实健全安置帮教组织机构，落实帮教人员、帮教对象，落实安置工作。4个结合：把帮教工作与脱贫奔小康工作相结合，与精神文明建设相结合，与创建安全文明片区工作相结合，与社会治安综合治理相结合。5个制度：建立健全“三帮一”小组联系制度，定期组织帮教对象学习制度和家庭责任制度，建立帮教对象分级分类台账的管理制度，做好帮教人员奖罚制度）。确立苏康机砖厂、富民机砖厂为两劳释解人员固定性安置帮教基地，对两劳释解“三无人员”（无生活来源、无劳动能力、无法定扶养义务人）即行安排到工厂劳动解决目前的生活过渡，使之安心工作，创造安家乐业的信心和决心。

2009—2011年，共接收安置帮教对象125名。

2013年，蛟洋镇共有刑释解教对象96名，其中12名安置帮教对象均已得到妥善安置，无脱管人员，也无重新犯罪迹象。

六、社区矫正

2011年，社区矫正工作从派出所移交司法部门，11月30日召开乡社区矫正工作启动暨现场移交接大会，共移交接社区矫正人员89名，解矫人员50名。司法所严格执行《社区矫正实施办法》，建立社区矫正小组，落实责任，规范工作流程，做到对矫正人员“日定位、周听声、月见面、季评查、年考评”，有效防止脱、漏、管现象；认真落实社区矫正、安置帮教的帮扶措施，确保不出现重新犯罪。

2012年，新接茬安置帮教对象5人，解除8人，在册95名矫正人员，均落实责任，并得到妥善安置，没有发生一名脱管人员，也未发现重新犯罪的迹象。

2013年，在册社区矫正人员43名，其中被宣告缓刑41人，假释2人。严格执行《社区矫正实施办法》，逐一建立社区矫正小组，落实责任，规范工作流程，全部发放定位手机跟踪管理；做到“日定位、周汇报、月见面、季评查、年考评”，有效防止脱、漏管现象。

蛟洋镇（社、乡）司法负责人名表

表 13–4

名　称	姓　名	职　务	任职时间	附　注
司法所	邓焕朝	司法员	1977—1985.6	1984 年设立蛟洋乡司法办公室
	江兴信	司法员	1985.6—	
	傅润生	司法员	—1992.1	
	傅绍武	司法员	1992.1—1994.6	
	黄德升	主　任	1994.6—2000.9	法律服务所
	曾育贤	副所长	2000.10—2002.1	主持工作
	曾育贤	所　长	2002.1—2007.3	
	丘能柱	所　长	2007.3—2012.11	上杭县司法局蛟洋乡司法所
	丘能柱	所　长	2012.11—	上杭县司法局蛟洋司法所

附：蛟洋人民法庭

1953 年，蛟洋建立巡回法庭。1960 年迁古田，改为古田法庭。1983 年，古田法庭迁蛟洋，更名为蛟洋法庭。1987 年，张崇财任法庭庭长。1993 年 2 月，撤销古田法庭，随后成立蛟洋法庭，郭兆榕任副庭长。1994 年，吴传旺任蛟洋法庭庭长。1997 年 7 月至 11 月，蛟洋法庭审各类民事结案件 39 件，经济案件 99 件，执行各类生效判决、调解 68 件。为辖区（蛟洋、古田、步云）金融部门保驾护航，追回“死账或老账”近 10 万元，其中蛟洋信用社近 4 万元。1998 年，李维贵任蛟洋法庭庭长；2002 年，何东任蛟洋法庭副庭长；2003 年，范文强任蛟洋法庭庭长。

2007 年 5 月 18 日，撤销蛟洋法庭，蛟洋改设巡回审判点。

第十四章　民　政

明清时期，赈灾救济，鳏寡孤独收养等“惠政”“恤政”，由地方长官掌管，亦由地方热心公益事业的绅士倡办慈善机构进行管理。晚清始设专管户口、惠政、储积、救灾事务官员。

民国18—20年（1929—1931年），区乡苏维埃政府设有革命互济会，优待红军委员会，管理支前优抚、救灾救济、婚姻登记、军事支差等工作，当时因战事紧张，民政与军事融为一体。

民国21年后，蛟洋民政事务先后由古蛟地区自治委员会、古蛟区公所、古蛟地方协会等管理。其间，傅柏翠推行地方自治，实行苏维埃时期形成的婚姻自由制度；建烈士纪念碑，对烈士家属给予优抚；创办敬老院、废疾院，对鳏寡孤独及残疾人给予照顾；开展禁毒禁娼禁赌等工作。

新中国成立后，人民政府重视和加强民政工作。区设民政助理员，乡（村）设民政委员。1971年，蛟洋公社设民政干事。1980年，蛟洋公社成立民政办公室。民政业务主要有救灾救济、优抚安置、社会福利、农村养老保险、基层群众自治组织建设、行政区划和地名管理、社团管理、婚姻登记管理、殡葬管理、收容遣送等工作。

进入21世纪，蛟洋民政工作坚持“以民为本、为民解困、为民服务”的宗旨，优抚安置体系、社会福利体系、社会救助体系不断完善，民生幸福指数提升。在“保民生、保发展、保稳定”的大局中发挥积极作用。

本章同时记述小康建设、华侨和少数民族等社会事务。

第一节　优抚　安置

一、支　前

民国18年（1929年）6月下旬，为了医治在革命战争中负伤的红军官兵，红四军在蛟洋石背村设立“蛟洋红军医院”。民国20年初，闽西医院由龙岩小池迁往蛟洋小和坑。蛟洋人民大力支持和帮助红军医院。为了便于红军医院开展医务工作，上杭北四区苏维埃政府派傅庆奎为医院事务长、傅锡奎为会计、李德民为传令兵、谢司斧为文书。平时，当地群众帮助医院做豆腐、豆花、米粉，或上山采药、砍柴送给医院；每逢年节送猪肉、鸡、蛋、蔬菜等慰问伤病员；妇女经常组织洗衣队员去医院为伤病员洗衣服，组织慰劳队将群众捐献的、肉、蛋等食品送到医院慰劳红军伤病员，自制布鞋送给红军战士；少先队、儿童团等组织，配合赤卫队日夜轮班站岗、放哨、巡逻，为驻地红军医院等单位做好保卫工作；组织文艺队为医院全体伤病员、医务员唱山歌，十班娱乐队吹打拉琴，弹唱民间乐曲，演出跑马灯；当地理发师为伤病员理发等。有的伤病员治疗无效去世，区苏维埃政府买好棺材隆重地为之安葬。在国民党对革命根据地发动第四次“围剿”时，基点村人民群众纷纷组织慰劳队、看护队、洗衣队，帮助红军、游击队洗衣、看护伤病员，各村各户捐献粮食、蔬菜；妇女们做草鞋送给红军、游击队。

民国23年，中国工农红军代英独立营、独立连、代英县游击大队、大阳区游击队、杭代县游击队、红七支队等武装组织驻扎在双髻山，建立双髻山游击根据地。贵竹、小和等革命基点村人民群众经常冒着生命危险，采用多种方法为红军、游击队运送粮食、衣物和油、盐、布匹等物资。贵竹村革命老妈妈袁梅招，前夫华盛初遭敌人杀害，后夫华双胜参加游击队，又被国民党枪杀，但她仍含悲忍泪，一颗红心为革命，支持游击队，她自己省吃俭用，把节约出来的粮食趁天黑上山送给"双髻山"游击队，游击队员也经常在她家里落脚。

1997年3月，中国人民解放军32165部队62分队进驻蛟洋乡。2000年10月起，该部队代号改为73683部队544分队。乡（镇）党委、政府每年开展春节、"八一"建军节等节日慰问活动。

二、优 待

（一）革命烈士家属、革命军人家属优待

民国15年，傅柏翠组织民团保卫家乡，为了搞好地方武装的建设，古蛟地区成立了丁役管理委员会，负责做好派役和拥军优属工作。服役战士家庭由村自治会给予优待，派劳力代耕。凡是作战牺牲的干部战士，区自治局财管会发给抚恤金，发动群众做好优属工作。

民国18—23年，区、乡均设立拥护红军委员会和优待红军家属委员会，负责动员参军，组织耕田队，帮助红军家属耕作等，并规定消费合作社对紧急物资，凭证优先售给红军家属，按市价九五折优惠。对生活困难的红军家属，还可以赊账。粮食合作社售粮、借粮优先照顾红军家属，供粮不收息，区苏维埃政府还聘请两名医生，免费为红军家属治病。

民国21年后，蛟洋像苏维埃时期抽红军公田一样抽"志愿兵公田"，由村自治会组织劳力代耕，收入所得充作公粮，服役士兵可以分两份田，自家耕种或由村自治会派劳力代耕。

民国29年，将本乡兵役协会扩组为古蛟丁役管理委员会，制定《壮丁管理规约》，发动广大民众出钱出力帮助征属，以免出征壮丁有后顾之忧，而提高其服役情绪。《壮丁管理规约》规定：军人家属助工以同一烟灶之人口计算，一口至五口者如逢紧工（即农忙工作如插秧割禾）每口每月帮助四工；六口至十口者，每口助二工；十一口以上者，每口助一工；闲工（平时耕锄工作）减半。征属有贫寒或遭灾故者除呈请政府救济外，并由地方机关尽量设法救济，务使征属不因其子弟出征而感受任何痛苦。

1950年，区人民政府组织群众为无劳力或缺劳力的革命烈士家属、革命军人家属代耕、代种、代收。1951年4月后贯彻落实福建省人民政府制定颁布的《福建省1951年优属代耕工作方案》和《福建省革命烈士家属、革命军人家属代耕试行办法》。

1951年，政府组织群众为无劳力或缺少劳力的革命烈士家属、革命军人家属代耕、代种、代收。1952年，人民政府为无房或房屋破旧的革命烈士家属建设土木结构的新住房，据不完全统计，全乡革命烈士家属新房建设198座，建筑面积25000平方米。

1953年后，随着农业互助合作组织的形成和发展，代耕办法转变为由互助组或农业社承包的责任制。农业高级社和人民公社化时期，对革命烈士家属，革命军人家属优待的主要形式改变为优待劳动日（劳动工分），优待标准以当地社员的收入水平、优抚对象的经济状况和集体经济基础来确定。一般把享受优待劳动日数量记入烈军属劳动手册，参加统一分红。农业高级社时期，优待劳动日折合的粮款由高级社公益金开支。1958年公社化后，优待劳动日负担由大队统筹平衡，归大队公益金开支。

1983年实行家庭联产承包责任制后，按责任田面积每亩上缴（现役军人家属免缴）25公斤干谷，再由政府统筹安排义务兵家属优待金。1994年始，义务兵家属优待改为现金优待，当年，义务兵家属每户得到优待金745元；1995年为950元。此后逐步提高，1996年为1200元，1997年为1600元。2009年，户均优待金提高至5164元，2013年义务兵家属优待金户均18400元。

（二）其他优待

1983年后，对未列入定补的烈属，每人每年发放优待款100元—150元。

1984 年，对全乡 280 名 60 周岁以上的退伍军人，政府给予每人每月 150 元的优待。

2008 年始，蛟洋乡对参加 50 年代炮击金门及 1979 年对越自卫反击战的退伍军人，给予每月 300 元的生活补助。

三、抚 恤

（一）抚恤对象

1987 年，蛟洋乡优抚对象有烈士 221 人，因公牺牲 73 人，在职老红军 3 人，在乡“五老”（老地下党员、老游击队员、老接头户、老交通员、老苏区干部）人员 55 人，革命残废军工人员 7 人。

1984 年，蛟洋乡优抚对象有烈士 221 人，因公牺牲 93 人，失散红军 38 人，失踪红军 1 人。

2001 年，蛟洋乡开展优抚对象普查，进行重新登记。其中，第二次国内革命战争时期因受李立三、王明“左”倾机会主义严重影响，在所谓“肃清社会民主党”运动中被错杀的革命干部、革命军人和革命群众 64 人，已追认为革命烈士的有 46 人，追认为因公牺牲的革命干部 7 人，革命军人 3 人，革命群众 8 人；健在“五老”（老地下党员、老苏区干部、老游击队员及红军失散人员、老接头户、老交通员）人员 8 人。全乡有革命烈士 221 人。

2013 年，全乡仍有“三属”（烈士家属、因公牺牲军人家属、病故军人家属）32 户，伤残军人 5 人。

（二）抚恤标准

1951—2013 年，蛟洋根据国家制定的优抚条例和福建省上杭县人民政府制定的抚恤标准，对自民国 18 年暴动到新中国成立前革命战争中牺牲、病故或因战、因公致残人员给予抚恤。

国家抚恤分烈士抚恤、牺牲病故抚恤、残废抚恤和“两红”（在乡退伍红军老战士、红军失散人员）、“三属”（烈士家属、因公牺牲军人家属、病故军人家属）定补。1980 年 6 月起，烈士抚恤、牺牲病故抚恤改为革命烈士抚恤、因公牺牲（不称烈士）和病故抚恤三种。

烈士抚恤 1952 年，人民政府对烈士家属发给抚恤金每户 120 元；1958 年，每月 6—10 元；1984 年起，增至每月 12—20 元；2004 年，每月抚恤金 285—310 元。2013 年，其抚恤标准为每人每月 612 元。

牺牲病故抚恤 1950、1951 年为粮食，按级别和牺牲、病故的不同，其抚恤粮标准也不同，最低的为每年 225 公斤，最高的为 600 公斤。1953 年改为货币，最低的为每年 110 元，最高的为 550 元；1980 年，国家再次作调整，烈士抚恤最高的为 1000 元，因公牺牲和病故抚恤最高的分别为 600、700 元。

伤残抚恤 残废抚恤按伤残性质（因战、因公、因病）残疾轻重和丧失劳动能力程度分为四等六级、发给分类“残废光荣证明书”进行抚恤优待。对二等以上革命残废军人实行终身抚恤。残废抚恤金的发放，分在职、在乡两种，其标准经过 1953、1978、1987、2000、2002、2003 年多次调整。2003 年 7 月 1 日起，抚恤金最高标准为每人每年 9960 元，最低为 1390 元。

“两红”“三属”定补 “两红”“三属”抚恤定补标准（农村），2000 年前，在乡退伍红军老战士为 900 元，2000、2002 年分别为 1100、1160 元，2004 年 10 月 1 日起为 1310 元，相应年份红军失散人员分别为 213、260、270、380 元。2000 年前，烈士家属、因公牺牲军人家属为 183 元，2000、2002 年分别为 225、250 元，2004 年 10 月 1 日起为 300 元，相应年份病故军人家属分别为 173、220、245、285 元。

（三）烈士褒扬

民国 19 年 1 月，为了纪念在土地革命战争中牺牲的烈士，在傅柏翠的倡导下，北四区群众在蛟洋老圩建蛟洋暴动纪念亭和纪念碑，碑高 1.65 米，宽 0.65 米，碑上端阴刻楷书“纪念碑”三字，下刻 39 名烈士英名，并附“因长期斗争积劳而牺牲者”4 名，“被难男妇附列”12 名。该碑题头为：“兹将本区革命先烈芳名按其死难次序胪列于后以为永久纪念。”落款是“公历一千九百三十年一月九日上杭北四区全体群众公立”。1985 年，因乡村发展、旧圩改造等原因，在蛟洋文昌阁西北方金笔山山顶上新建一座革命纪念亭，原蛟洋暴动纪念亭中的纪念碑被移到革命纪念亭中安放。2010 年，蛟洋乡多方筹资在蛟洋村金笔山重修革

蛟洋革命纪念亭

建于1930年10月的苏康革命烈士纪念碑（上杭县文体广新局 供稿）

东乾革命烈士纪念碑

崇头革命烈士纪念碑

命烈士纪念亭。该烈士纪念亭外观为八角楼，气势雄伟。

民国19年10月，苏康村建革命烈士纪念碑，纪念张维桢等4位烈士。

2005年8月1日，蛟洋乡党委、乡政府在东乾村建革命烈士邓石生纪念碑。

2013年，上杭县人民政府在崇头村立革命烈士纪念碑。纪念丘光庭、傅质龄等五位烈士。

2013年，上杭县对零散烈士墓进行维修补助，蛟洋镇有83位烈士墓由烈士家属进行维修，每位烈士墓前立一块墓址碑，以鉴定烈士墓的地点，每位烈士墓发放维修补助2000元，全镇共发放166000元。

每年清明节上午，蛟洋镇党委、镇政府均组织机关干部职工、学校师生到革命烈士纪念碑（亭、墓）前敬献花圈，缅怀先烈，开展纪念活动。

四、安 置

华海发、朱显进、赖权标三人为第二次国内战争时期入伍、红军北上抗日途中在战斗中负伤的退伍老红军，持有党组织发给的证明文件。新中国成立后，享受一级残废供养待遇。

第二节 救灾 救济

一、救 灾

明清时期，官府设义仓，民间设社仓等，以官粮或官民捐谷储存，遇灾害饥荒之年施行赈济。明永乐五年（1407年,）知县刘绍立白砂里华家亭赈济仓，“每岁以秋米支运所余及官罚赎锾并劝里民所捐输之谷入之”，天顺六年（1462年）毁。嘉靖二十四年（1545年），知县汪应奎增设华家亭白云寺预备仓。地方上热心慈善人士还自行设摊施粥。

新中国成立后，人民政府重视灾害救济，对灾害实行防治结合，努力做到“不荒芜一亩地，不饿死一个人”；按“生产自救、节约度荒、群众互助、以工代赈、辅以必要救济”的方针，开展救灾工作。

1983年6月16日，台风暴雨，蛟洋乡坪上村洪水猛涨，冲毁学校、民房54间，冲走耕牛7头，失踪群众2人，损失粮食5000多公斤，浮走木材40多立方米和许多衣物。灾后县人民政府拨款5万元赈济灾民，同时发动干部群众捐助粮食3000多公斤，人民币8000元帮助受灾群众迅速恢复生产，夺取当年粮食丰收。

1996年8月8日，受10号强热带风暴影响，蛟洋乡境内遭受特大暴雨袭击，全乡25个行政村不同程度遭灾。交通、通信、电力中断，全乡受灾142户，2211人，246间房屋倒塌，3716亩农田被毁坏，274处水利设施遭冲毁。灾情发生后，乡领导迅速赶赴受灾村，组织抗洪救灾。根据县委指示，发出“灾民没饭吃，干部不开饭；灾民没房住，干部不睡觉；灾情没解除，救助不中断；生产没恢复，干部不下岗”的号召，要求全乡干群迅速行动起来，为受灾群众排忧解难，献爱心、捐钱、捐物、捐衣，帮助受灾群众抗灾自救，恢复生产，重建家园。全乡干部职工捐款4.76万元，捐衣5760件。

1997年，遭受十号台风和多次冰雹、暴雨袭击，全乡25个行政村不同程度受灾，因灾死亡2人，直接经济损失20万元，政府下拨救灾款10万元，救灾粮4.5万公斤。建立村级救灾互助储金会1个。

1999年，乡政府按要求乡级建立救灾预备金3万—5万元，及时准确掌握灾情，迅速组织抗灾救灾工作，全乡没有出现因逃荒要饭和饿死人等非正常现象。同时，全面做好春夏荒和冬令救济工作，临时救济近300人次，下拨临时救济和救灾粮差价补助款18万元，下拨冬令救济物资10万元，确保灾民和特困户、五保户的正常生活。

2000年8月，受10号台风“碧利斯”影响，连续10多天狂风暴雨，全乡有51户房屋倒塌，100多户房屋受到不同程度的损坏，25个行政村交通受阻，1350多亩反季节蔬菜等大田作物受到严重损失，21处水电站渠道崩塌。灾害发生后乡干部走村入户送温暖、解民忧，组织抗灾自救。对51户无家可归的重灾户给予资金扶持，帮助他们重建家园，是年底，全乡51户重灾户搬进新居。同年8月27日，省委副书记赵学敏带领省直有关部门负责人，在市、县领导张爕飞、袁荣祥、张斯良等陪同下深入国道319线蛟洋中心坑路段溜塌方现场，察看受10号台风和暴雨造成的灾害情况。

2001年3月25日和5月9日，发生暴雨冰雹灾害，蛟洋境内倒塌房屋27间，146间房屋损坏，有1700多人受灾，直接经济损失100万元。每次灾情发生后，民政部门均组织人员进村入户慰问灾民，指导抗灾救灾及灾民的生产生活自救工作，妥善安置灾民生产生活。做好查灾核灾，灾情信息收集，反馈工作。上报灾情报表，为领导决策提供准确依据，努力争取上级救灾资金。

2001年5月7日临夜时分，蛟洋乡境内遭受一场罕见的狂风暴雨夹带冰雹的袭击，全乡烤烟受损面积4578亩，其中梅坝、下道湖、秋竹、丰年、丘坊、再兴、华家、邹坑、苏康等9个主烟区受灾严重，62座烤烟房被不同程度损坏，这次冰雹导致全乡经济损失300万元。

2004年6月18日下午3时20分左右，蛟洋乡遭受罕见的冰雹袭击，袭击过程持续20多分钟，冰雹灾害使丘坊、华家、苏康、塘厦、坪埔、文都、崇头等7个村的群众财产遭受严重损失，其中房屋倒塌15间，猪圈牛棚倒塌8间，房屋倒塌2万多平方米，受灾面积4000余亩，直接和间接经济损失100多万元，灾情发生后，政府迅速组织群众抗灾自救。

2006年，全乡共发放救灾款31.08万元，78户受灾户得到援助。

2010年6月13日至30日，由于持续强降雨，蛟洋乡受灾严重，全乡60户、247人受灾，房屋倒塌8户、35人，造成危房户44户、175人，地质灾害户8户、37人。灾情发生后，乡政府成立重建家园领导小组，对有重建家园任务的村，成立灾后重建工作领导机构，乡政府积极筹备资金，进行多种方式帮扶。教育、引导灾民发扬自力更生，艰苦奋斗精神，依靠自身力量开展重建家园，开展亲帮亲，干部帮扶方式，全乡干部共捐款4610元，上级下拨救灾救济款115.28万元。

二、救　济

明清时期，官府除临时性赈灾外，并无专项钱粮用于经常性的社会救济。民国29年（1940年），各乡、保都设置有义仓积谷。民国时期，对于灾害贫苦除地方机关设筹救济外，民间亦多有自动捐赠周恤。

新中国成立后，把每年的春夏荒救济、冬令救济、孤老残疾救济、五保户救济以及其他特殊困难救济等工作当作一项重要任务。1960年，由于受“大跃进”“浮夸风”的影响，农业歉收，全公社许多农民缺粮断炊，许多社员群众因营养不良而患水肿等疾病，出现人口非正常死亡。其间，人民政府一直把救灾防荒、治病、生产自救当作中心任务。政府拨出大量救济物资（粮食、黄豆、红糖、米糠等）民政部门拨出生活救济款。帮助贫民解决生活困难和为病患者增加营养、保护劳动力，支持发展农业生产。

“文化大革命”期间，民政工作受到严重影响，但在每年春夏交接期间，上级政府都拨出一定数量的救济款、救济粮，以解决春夏荒缺粮问题。

中共十一届三中全会后，经济体制发生变革，农村经济工作得到新的发展，社会困难救济工作也发生改变，对于有一定劳动能力的贫困户采取群众帮助、国家和集体在资金、物资、技术等方面扶持发展生产，把救济和扶持生产结合起来，使他们逐步摆脱贫困，走上富裕道路。

1987 年 6 月 3 日，上杭县民政局、财政局分配蛟洋乡救济款 1348 元。同年 7 月，县民政局下拨蛟洋乡“五老”人员救济款 4680 元。

2003 年，上杭县民政局下拨救济款 14600 元，重点解决特困户、计生困难户、残疾困难对象。

第三节 社会福利 社会保障

一、新中国成立前的收养、供养

清光绪年间（1875—1908 年），古田里、白砂里慈善人士在蛟洋乡塘厦村设立育婴堂，以捐田收租为基金，雇用乳娘收养被弃女婴，至新中国成立前夕消失。

民国 18 年（1929 年），傅柏翠创办敬老院、废疾院，组织人力物力对鳏寡孤独及残疾人给予照顾。民国 20 年，各村设养老院（附设残废院），收容供养年老无依及身患残废、家贫不能谋生者。民国 29 年，傅柏翠创办“蛟洋救济院”，院址在蛟洋村，经费从蛟洋乡财支付。其间，境内无孤苦游乞者。至 1952 年，蛟洋救济院院民 3 人由县残老教养院收养。

二、五保人员供养

（一）分散供养

新中国成立后，人民政府对孤老残疾实行由农业社包养（即包口粮和生活费用）。1958 年人民公社化后，对孤老残疾实行“五保”（保食、保住、保穿、保医、保葬）。五保对象中一部分人分散供养。

1981 年，蛟洋有散居五保户 346 户（人），其中蛟洋 68 户，崇头 5 户，坪埔 7 户，梅坝 4 户，下道湖 5 户，桃源 4 户，杨梅坑 5 户，文地 6 户，塘厦 39 户，东乾 13 户，陈坊 4 户，达理 8 户，丘坊 22 户，苏康 7 户，秋竹 10 户，小和 9 户，丰年 7 户，贵竹 8 户，华家 27 户，文都 6 户，再兴 29 户，中村 23 户，邹坑 12 户，坪上 11 户，再嘉 7 户。1989 年，对五保户实行普查发证。1991 年对五保户实行供养统筹，年人均口粮 250 公斤，生活费 130 元。1993 年 12 月 18 日，蛟洋乡第十届人民代表大会第一次会议通过了《关于完善提高五保供养“三统筹”的决议》，采取全乡每份责任田增收 1 公斤原粮，干部职工每人年收入 2 元等办法筹集统筹资金。统筹资金由乡有关部门负责收取后，交乡民政办统一存入基金专户专用。1994 年，五保户年人均口粮 275 公斤，生活费 400 元，1995 年，散居五保户人均供养口粮 300 公斤，生活费 450 元，1996 年，五保户人均粮食 315 公斤，生活费 475 元，1997 年，统筹五保户口粮年人均 350 公斤，生活费 515 元，2004 年，五保户实行全额补助，每人每月补助 83 元，2010 年，分散供养五保户供养标准为每月 190 元。2013 年，全镇散居五保户 219 户（人），其中蛟洋 52 户，崇头 4 户，坪埔 4 户，梅坝 2 户，下道湖 1 户，桃源 2 户，杨梅坑 3 户，文地 4 户，塘厦 20 户，东乾 8 户，陈坊 2 户，达理 6 户，丘坊 16 户，苏康 4 户，秋竹 10 户，小和 6 户，丰年 6 户，贵竹 5 户，华家 10 户，文都 3 户，再兴 21 户，中村 10 户，邹坑 9 户，坪上 7 户，再嘉 4 户。供养标准为 150 元/人·月。

（二）集中供养

1965 年，蛟洋公社在外洋坪创办敬老院，当时有孤老残疾院民 17 人。“文化大革命”期间，敬老院停办。1986 年 8 月，蛟洋乡在蛟洋村下甲尾重新创办敬老院，有院民 15 人。1996 年，乡政府在原敬老院的基础上新建一所敬老院，占地面积350平方米，建筑面积600平方米，有床位15张。2013年，有院民13人。

三、居民最低生活保障

2004年3月始，执行上杭县《农村居民最低生活保障制度实施细则》，对年人均收入在1000元以下的农户实行最低生活保障制度（简称低保），蛟洋乡于当年10月把全乡716户2476人列为低保对象，当年共发低保金18.2万元。

2006年，蛟洋乡有479户列入农村低保，全年共发放低保补助金41.7万元。

2008年，享受农村最低生活保障516户1011人。

2009年，落实农村最低生活保548户1278人，发放社会养老保险金52.14万元。

2011年，落实农村最低生活保障户671户1404人，发放低保金110万元。

2013年，蛟洋镇实现低保户应保尽保，全镇有1452人列为农村最低生活保障对象，发放最低生活保障金210万元。落实就业再就业扶持政策，向规模企业推荐用工289人。

1991—2013年蛟洋镇农村社会福利事业情况表

表14-1

年份	优抚户（户）	扶贫户（户）	贫困户补助（万元）	抚恤金（万元）	退休退职金（万元）	社会救济福利（万元）	自然灾害救济（万元）	优抚社会救济（万元）	国家定补人数（人）	集体供养人数（人）	敬老院人数（人）
1991	207	41	—	1.21	0.18	0.40	1.43	0.91	48	32	7
1992	85	28	—	1.20	0.20	1.18	0.29	4.79	52	29	7
1993	170	10	—	3.78	0.24	0.77	1.04	2.40	141	141	15
1994	—	—	—	—	—	—	—	—	—	—	—
1995	168	—	—	0.28	0.84	0.59	3.39	4.26	129	91	14
1996	133	153	—	4.50	0.66	0.11	2.40	1.73	32	29	14
1997	578	—	—	9.74	0.64	2.47	13.25	9.89	28	559	14
1998	160	26	—	12.00	0.90	14.50	7.50	12.00	34	164	15
1999	233	—	—	—	0.20	21.00	0.30	16.02	86	233	16
2000	—	—	—	—	—	—	—	—	—	—	—
2001	—	—	—	—	—	—	—	—	—	—	—
2002	78	—	—	18.17	0.50	3.47	4.84	1.25	66	13	14
2003	71	—	—	1.08	—	2.44	2.00	5.43	11	11	11
2004	—	—	—	—	—	—	—	—	—	—	—

续表 14-1

年份	优抚户（户）	扶贫户（户）	贫困户补助（万元）	抚恤金（万元）	退休退职金（万元）	社会救济福利（万元）	自然灾害救济（万元）	优抚社会救济（万元）	国家定补人数（人）	集体供养人数（人）	敬老院人数（人）
2005	69	—	—	—	—	—	2.01	5.74	106	10	11
2006	58	479	5.83	—	—	—	45.85	—	99	8	8
2007	76	516	5.59	—	—	5.60	3.96	—	34	9	9
2008	99	441	6.04	—	—	—	4.05	—	122	13	13
2009	99	548	10.69	—	—	—	5.73	10.69	—	15	15
2010	86	613	11.27	—	—	—	115.28	11.27	—	14	14
2011	111	671	9.58	—	—	—	3.58	9.58	—	13	13
2012	111	753	9.58	—	—	—	3.63	9.58	—	—	—
2013	82	763	48.09	—	—	—	60.00	48.09	—	13	13
合计	2674	5042	106.67	51.96	4.36	52.53	280.62	153.63	988	1397	223

四、社会养老保险

1990 年，乡农村社会养老保险业务由民政办办理。1996 年，蛟洋乡贯彻上杭县人民政府《关于进一步做好农村社会养老保险工作的通知》，深入做好宣传发动工作，动员国家干部、个体户、专业户、富裕户带头投保，当年收取保费 11.87 万元。

2010 年，上杭县列为首批新型农村社会养老保险（新农保）试点县；当年，蛟洋乡参加新农保的有 10717 人，其中缴费到账的 7546 人，待遇领取 3032 人，每人领取金额从 55 元至 69.06 元不等；2011 年年末，参保 12308 人，其中缴费到账的 7864 人，待遇领取 3261 人，每人领取金额从 55 元至 74.86 元不等；2012 年末，参保 12436 人，其中有缴费到账的 7883 人，待遇领取 3379 人，每人领取金额从 70 元至 147.39 元不等；2013 年末，参保 12532 人，其中有缴费到账的 7722 人，待遇领取 3496 人，每人领取金额从 85 元至 163.76 元不等。

从 2010 年 8 月开始，对全乡镇 80 周岁以上的老人，每人每月有发放 100 元高龄津贴。

五、村主干补贴

2004 年 7 月起，为解决农村基层干部的生活困难，政府对新中国成立以后担任村支部书记、主任（大队长）9 年以上的人员实行每月定额补助。补助标准为：任职 9—10 年的补助 50 元/月；11—12 年的补助 55 元/月；13—24 年的补助 60 元/月；25 年以上的补助 75 元/月。2013 年，全镇有 52 人享受补助。

第四节　婚姻登记管理

明清时期，结婚凭据是“红婚字”。

苏维埃政府时期，男女结婚需到区乡苏维埃政府登记领证。民国 20 年（1931 年）12 月 1 日，《中华苏维埃共和国婚姻条例》颁布实施。

民国 21 年后，傅柏翠极力推行苏维埃时期形成的婚姻自由制度。在他的倡导下，凡是男女青年相互了解、恋爱成熟的，只要到农会办事处打证明就可以结婚，如果哪家父母包办婚姻、干涉儿女的婚姻自由，他都要亲自过问，甚至责令其在群众大会上作检讨。蛟洋地区这种婚姻自由风尚一直延续到新中国成立。

新中国成立后，中央人民政府颁布《中华人民共和国婚姻法》，规定结婚、离婚、复婚均应依法办理申请登记和领证手续。1950年，福建省人民政府颁布《婚姻登记暂行办法（草案）》，规定：凡符合规定结婚条件的男女双方，持户籍管理单位出具的证明到区（乡）人民政府或市县人民政府民政局（科）口头申请登记，领取结婚证书。离婚、复婚、再婚履行同样登记手续。1955年9月后，执行内务部公布的《婚姻登记办法》此后，婚姻登记工作先后由乡人民委员会、人民公社管理委员会、乡人民政府办理，具体由文书承办。

1980年，国家颁布新婚姻法（1981年1月施行），除将结婚年龄改为男不得早于22周岁，女不得早于20周岁外，还提倡晚婚晚育。婚姻登记工作人员对登记者进行新婚姻法宣传教育。

1986年5月，乡文书参加上杭县民政局举办的婚姻登记人员培训班，经学习考核后领取婚姻登记员证书。

1992年，婚姻登记由乡文书办理转为民政办办理。

1994年后，实施经国务院批准、民政部发布的《婚姻登记管理条例》，凡申请办理结婚登记的青年男女，除出具村证明以外，还须到上杭县妇幼保健站进行健康检查，女方到县计生服务所进行优生检测，再回乡办理结婚登记手续。

2001年4月28日九届全国人大常委会第二十一次会议通过《关于修改〈中华人民共和国婚姻法〉的决定》后，执行修正后的婚姻法。该法第八条规定："要求结婚的男女双方必须亲自到婚姻登记机关进行结婚登记。符合本法规定的，予以登记，发给结婚证，取得结婚证即确立夫妻关系。未办理结婚登记的，应当补办登记。"

2003年10月始，实施《婚姻登记条例》，婚姻登记工作进一步规范。同年10月1日起，婚姻登记取消凭村级出具证明，改由申请结婚（离婚）登记的男女双方凭双方户口簿和身份证办理登记手续。

2010年1月1日起，婚姻登记工作由上杭县民政局办理。

1988—2009年蛟洋婚姻登记情况表

表14–2

年份	结婚（对）	离婚（对）	年份	结婚（对）	离婚（对）
1988	175	1	1999	186	—
1989	148	3	2000	160	2
1990	302	5	2001	130	5
1991	428	2	2002	136	1
1992	234	—	2003	155	3
1993	181	1	2004	189	1
1994	171	2	2005	168	13
1995	224	3	2006	192	14
1996	208	2	2007	202	13
1997	164	6	2008	223	22
1998	191	8	2009	248	12

第五节　村民自治

1984 年，取消公社、大队、生产队建制，恢复乡（镇）政权、村民委员会、村民小组三级建制。按生产大队设立村民委员会（简称村委会）。

1987 年全国人大常委会颁布了《中华人民共和国村民委员会组织法（试行)》，决定在全国农村实行村民自治。1988 年《福建省实施〈中华人民共和国村民委员会组织法（试行)〉办法》颁布实施，村民自治开始走上法制化和规范化的轨道。

1988—2013 年，蛟洋乡进行 9 次村委会换届选举。蛟洋乡均成立村委会换届选举工作指导小组。换届选举工作一般分八个阶段进行：一、选举准备；二、选民登记；三、推行村民代表、村民小组长；四、产生候选人；五、投票选举；六、建章立制；七、岗前培训；八、检查验收、总结、表彰。投票方式由开始时的流动票箱（即由选举工作人员拎着票箱深入到每家每户收集选票）向一个小组或一个自然村设立集中投票点过渡；选民投票由开始时以家长一人投票发展为选民个人或委托代理人投票。

1988 年村委会换届选举后，迅速做好建章立制工作。重点建立村民会议和村民代表会议制度，保证村民和村民代表能有效参与和决定本村大事，建立健全村民对村委会成员的评议制度，全村村民代表和全村党员大会每年年终时举行一次，对村委会主要成员进行“优秀、良好、一般”的评议。

1991 年，进行第二届村委会换届选举。全乡 25 个村民委员会达到第一轮示范标准。

1994 年，进行第三届村委会换届选举。新的村委会建立后，重点建立民主管理，民主决策和民主监督制度。进一步完善村民大会或村民代表大会制度；制定村委会工作职责，干部工作守则和村规民约；制定“两公开一监督”（村务公开，财务公开，群众监督）制度；制定和完善村财务管理制度，建立村民理财和监督小组，定期不寒苦地对村经济收支情况进行审查、监督。这些制度的建立和完善使村民自治工作逐步规范化。

1997 年，进行第四届村委会换届选举。2000 年，进行第五届村委会换届选举。本次村委会换届选举工作特点是：领导重视，认识统一，准备充分，试点先行，严格程序，依法实施，发扬民主，正确引导，整体推进，全面提高。2003 年，进行第六次村委会换届选举。

2006 年，进行第七届村委会换届选举，全乡参选人数 15495 人，参选率 91%，全乡 18 个行政村一次选举成功，7 个村第二次选举成功。选出主任 25 人，副主任 7 人。

2009 年换届选举，全乡参选人数 19167 人，23 个行政村一次选举成功，2 个行政村第二次选举成功。

2012 年村委会换届选举，全乡参选人数 19744 人，参选率 96.5%，选出主任 25 人，副主任 10 人。

第六节　扶贫扶建和小康建设

中共十一届三中全会后，国家对农村扶贫救济工作实行改革，把救济款用于扶助贫困户发展生产，使其增加收入，脱贫致富。1983 年，蛟洋乡认真贯彻执行民政部《关于认真做好扶助农村贫困户工作的通知》和《积极开展扶助农村退伍军人劳动致富的通知》，把农村扶贫纳入“双扶”（扶贫、扶建）工作的轨道。积极扶助农村贫困农民发展生产摆脱贫困，扶持烈军属、复员退伍军人发展生产勤劳致富。把扶助款和银行贷款优先向他们倾斜。是年，已扶持 200 户，发放扶持金 2 万元。1984 年，贯彻落实龙岩地委、行署《关于农村开展“双扶”工作的意见》和《关于扶持贫困边远老区和革命基点村的决定》，“双扶”300 户，发放扶持金 3 万元。1985 年，“双扶”275 户，发放扶持金 3.2 万元。扶持经济实体 3 个，扶持金 1 万元。

1985年，蛟洋乡被福建省确定为龙岩地区45个贫困乡之一。造成贫困的主要原因：一是在第二次国内革命战争中遭受国民党反动派严重摧残；二是偏僻山区，交通不便，信息闭塞，市场经济意识淡薄；三是基础设施落后，资金和技术贫乏。

1985年始，乡政府贯彻执行福建省龙岩市（地区），上杭县关于扶贫工作的一系列决策和部署，把脱贫致富工作作为一项中心任务摆上议事日程。设立扶贫领导小组及其办事机构。制定扶贫规划，落实政策资金。

1986年，县人民政府派出扶贫工作队进驻蛟洋乡，宣传贯彻党在农村的各项方针、政策，指导和协助开展扶贫工作。上杭县“双扶”办、财政局下拨扶贫资金2万元，扶持300户，共发放扶贫贷款175户，15万元。1987年，福建省第二批扶贫工作队6人进驻蛟洋乡，扶贫工作队员深入每村每户搞好调查研究，掌握农户经济现状，安排扶贫资金3万元。其中贫困户个体项目资金1万元，主要用于发展种养业；联合体项目资金1万元，主要用于发展小型企业；乡办企业项目资金1万元，主要用于解决贫困户的剩余劳动力，经过努力，全乡800户贫困户，1986年脱贫200户；1987年脱贫200户。

1988年始，乡人民政府继续把脱贫致富工作作为一项中心任务，层层抓落实，实行资金、项目、效益“三挂钩”。1988年，安排50名贫困户闲散劳力到上杭县水泥厂就业。“双扶”办公室安排全乡8个村创办村级企业，发放村级企业扶持资金2万元。1988—1990年，上级大力扶持发放贫困户资金5万元，扶贫贷款3万元，乡村企业扶持资金2万元，解决安排贫困户劳动力600人。

1991—1993年，蛟洋乡人民政府大力扶持贫困户进行生产与资源开发，智力开发相结合，提高自身的“造血”功能。乡村企业使用扶贫资金10万元，安排解决贫困劳动力1000人。

1994—1996年，贯彻落实《龙岩地区扶贫攻坚规划》按照上杭县委提出的“以扶贫攻坚奔小康统揽农村工作全局”的思路，加快贫困户脱贫致富奔小康步伐。乡党委政府制定切实可靠的脱贫致富规划，不断加大扶贫力度，对全乡确定的贫困户，采取政策、资金、技术为主“倾斜”的办法，重抓贫困户的开发性生产，实行领导、干部挂钩扶贫“五包”（包建立脱贫台账，包项目的实施，包资金的发放和回收，包各种业务、项目落实到户，包扶贫资金到位和技术服务到家）制度。

1996年，蛟洋乡扶贫攻坚153户，当年脱贫144户，占94.1%，年底经县小康办检查验收，小康综合分值为97.4分，实现小康户3231户，占全乡农户的61%。

1997年，蛟洋乡政府扶贫攻坚26户，本年内全部脱贫，人均纯收入达1475元，小康建设经龙岩市复查验收，全乡20个村4169户达小康水平，分别占行政村和农户总数的80%、81.8%，小康综合分值95.9分，确认基本实现小康。

此后，贯彻实施《中国农村扶贫开发纲要（2001—2010年）》，进一步巩固扶贫成果、稳步推进新一轮扶贫开发。

1999年10月8日召开的蛟洋乡第九次党代会，把“脱贫致富奔小康为主线”作为2000—2002年经济社会发展思路。2000—2002年，共投入扶贫资金20万元，实施“小额贷款”260万元，用于帮扶500户低收入户发展生产，开通丘坊、蛟洋两村移动数字通信和中村、再兴、坪上、再嘉等9个行政村的556门程控电话，实现村村通程控电话的目标。完成25个行政村农网改造、新建3个移动通信基站。

2002年后，贯彻落实《中国农村扶贫纲要（2001—2010年）》《关于上杭县新一轮扶贫开发意见》，重点扶持贫困户和低收入农户增加收入，扶持贫困村发展经济，并以改善生产生活条件为目标。桃源村是一个交通闭塞、自然条件差、极为偏僻的革命基点村，2002年年底，低收入户、贫困户、救济户占全村的近一半，有些特别困难户甚至人畜共居一室。2002年被列为省扶贫开发重点村。根据省委、省政府的安排，福建日报报业集团挂钩帮扶桃源村，并派出干部担任村党支部第一书记。集团党组经与上杭县、蛟洋乡党委、政府反复比较论证并征得村民同意，决定实施“造福工程”，将全村整体搬迁至蛟洋集镇附近，建设桃源新村。项目共投入各项资金260多万元，主要包括省财政捆绑扶贫资金、挂钩帮扶资金、造福工程资金、社会各界和地方配套资金等；其中，福建日报报业集团挂钩帮扶出资85万元。2005年11月29日，桃源村举行整体搬迁仪式，全村搬迁至319国道旁的马坪里

第七节 其他民政事务

一、地名管理

1979年，蛟洋公社会同上杭县地名普查小组对辖区内的地名进行全面普查。普查结果刊登在1980年出版的《上杭县地名录》，蛟洋有公社、大队、自然村、山峰、河流、谷地、名胜古迹等共233条。

1995年，设置全乡5332户门牌，完成国道、省道两侧村镇地名标志。

附一：1979年蛟洋公社各大队、自然村名称

大队	自然村	汉语拼音	经纬度	驻　地	俗称或曾用名
		jiāo yáng	北纬25°12′ 东经116°41′	丘坊圩	上游
	丘坊圩	qiū fāng xū			
丘坊		qiū fāng		寨脚下	红坊
	寨脚下	zhài jiǎo xià			
	下窠	xià kē			
	百四里	bǎi sì lǐ			
	茅屋里	máo wū lǐ			
	秉坑里	bǐng kēng lǐ			
	傅岭下	fù lǐng xià			
	田背	tián bèi			
	井背坑	jǐng bèi kēng			
坪埔		píng pǔ		坪埔	
	坪埔	píng pǔ			
	下倒湖	xià dào hú			光明村
	苦竹山	kǔ zhú shān			
	石埔岭	shí pǔ lǐng			
崇源		chóng yuán		下崇头	
	下崇头	xià chóng tóu			
	上崇头	shàng chóng tóu			
	东山	dōng shān			
蛟洋		jiāo yáng		坪寨前	
	坪寨前	píng zhài qián			
	甲子凹	jiǎ zǐ āo			
	坪岗上	píng gǎng shàng			
	蛟洋圩	jiāo yáng xū			
	沈坊	shěn fāng			

大队	自然村	汉语拼音	经纬度	驻　地	俗称或曾用名
	坑尾头	kēng wěi tóu			
	维风约	wéi fēng yuē			
	石下洋	shī xià yáng			
	石北	shí běi			
	坑头	kēng tóu			
	森坑	sēn kēng			
	庄下	zhuāng xià			
	牛角坑	niú jiǎo kēng			
	竹园下	zhú yuán xià			
塘厦		táng xià		塘厦	
	塘厦	táng xià			塘下
	塘厦圩	táng xià xū			
	鞍利背	ān lì bēi			
	冬瓜地	dōng guā dì			
	水口	shuǐ kǒu			
	案下里	àn xià lǐ			
	塘尾	táng wěi			
	天灯下	tiān dēng xià			
	坑头	kēng tóu			
	茅屋坑	máo wū kēng			
	白石凹	bái shì āo			
	大洋溪	dà yáng xī			
	松民寨	sōng mín zhài			
	走马岗	zǒu mǎ gǎng			
东乾		dōng qián		下东乾	
	下东乾	xià dōng qián			
	上东乾	shàng dōng qián			
陈坊		chén fāng		下村	
	下村	xià cūn			
	园岗里	yuán gǎng lǐ			
文地		wén dì		文地	黄地
	文地	wén dì			
杨梅坑		yáng méi kēng		上村	
	上村	shàng cūn			
	下村	xià cūn			
	大斜头	dà xié tóu			大畲头
	俄麻斜	é　má xié			鹅嫲窠
	牛膝头下	niú qī tóu xià			
	马峡岭	mǎ xiá lǐn			

大队	自然村	汉语拼音	经纬度	驻　地	俗称或曾用名
达理		dá lǐ		达理	
	达理	dá lǐ			
	老君顶	lǎo jūn dǐng			
	桃源	táo yuán			
苏康		sū kāng		下村	
	下村	xià cūn			下苏康
	上村	shàng cūn			上苏康
	溪背	xī bèi			
	石岗上	shí gǎng shàng			
梅坝		méi bà		彭屋	
	彭屋	péng wū			
	张屋	zhāng wū			
	罗屋	luó wū			
	连塘里	lián táng lǐ			
	上马坑	shàng mǎ kēng			
	下马坑	xià mǎ kēng			
	田螺坑	tián luó kēng			
	马赖磜	mǎ lài zhài			
小和		xiǎo hé		中村	
	中村	zhōng cūn			
	上村	shàng cūn			
	下村	xià cūn			
秋竹		qiū zhú		秋竹坪	
	秋竹坪	qiū zhú píng			
	营上	yíng shàng			
	外洋	wài yáng			
	丰年桥	fēng nián qiáo			丰头桥
丰年		fēng nián		郭屋	
	郭屋	guō wū			
	大福	dà fú			
	贵竹坑	guì zhú kēng			桂竹坑
	罗心坑	luó xīn kēng			
	大墘头	dà qián tóu			
	袁小坪	yuán xiǎo píng			
	高墘	gāo qián			
坪高		píng gāo		葛坊	
	葛坊	gě fāng			
	坪上	píng shàng			
	高地	gāo dì			

大队	自然村	汉语拼音	经纬度	驻　地	俗称或曾用名
	再嘉	zài jiā			磜下
华家		huà jiā		凹背湖	华家亭
	凹背湖	āo bēi hú			
	外坎	wài kǎn			
	横塘背	hēng táng bèi			
	竹头背	zhú tóu bèi			
	寨罗背	zhài luó bèi			
	溪头	xī tóu			
	官庄前	guān zhuāng qián			
	水竹里	shuǐ zhú lǐ			
	寨上	zhài shàng			
	六烈里	liù liè lǐ			
	营背	yíng bèi			
	黄岗	huáng gāng			
	大坪	dà píng			
	新圩上	xīn xū shàng			
文都		wén dū		新圩	黄土畲
	新圩	xīn xū			
	松树坑	sōng shù kēng			
	寨上	zhài shàng			
	老圩	lǎo xū			
	郑屋	zhèng wū			
	斜尾	xié wěi			畲尾
	刘斜	liú xié			刘畲
	小塘下	xiǎo táng xià			
	将军塘	jiāng jūn táng			
	坑头	kēng tóu			
邹坑		zōu kēng		天灯下	
	天灯下	tiān dēng xià			
	井头角	jǐng tóu jiǎo			
	窑下	yáo xià			
	陈寨洋	chén zhài yáng			
	芙蓉科	fú róng kē			芙蓉窠
	暖水里	nuǎn shuǐ lǐ			
	陈坊	chén fāng			
	下乾里	xià qián lǐ			
	共和圩	gòng hé xū			
再兴		zài xìng		桥墩头	
	桥墩头	qiáo dūn tóu			

大队	自然村	汉语拼音	经纬度	驻　地	俗称或曾用名
	龙窟里	lóng kū lǐ			
	碓背	duì bèi			
	村子里	cūn zi lǐ			
	寨上	zhài shàng			
	下村	xià cūn			
	马磜头	mǎ zhāi tóu			
中村		zhōng cūn		左案手	
	左案手	zuǒ àn sǒu			
	岗背	gāng bèi			
	东山下	dōng shàn xià			
	塅上	duàn shàng			
	塘李背	táng lǐ bèi			
	福园坊	fú yuán fāng			
	村尾	cūn wěi			
	仙阁銮	xiān gé luán			
	再口	zài kǒu			寨口
	寨上	zhài shàng			
	陈屋塘	chén wū táng			

附二：蛟洋各山峰谷地名称

名称	汉语拼音	高度(米)	名称	汉语拼音	高度(米)
南山岽	nān shān dòng	876.9	尖峰顶	jiān fēng dǐng	
连子坑	lián zi kēng		龙岗背头	lóng gǎng bēi tóu	715
石壁溪	shí bì xī		黄崔巍	huáng cuī wēi	1141
大山口	dà shān kǒu		西缘山	xī yuán shān	931
乌子坑	niǎo zǐ kēng		沙林岭	shā lín lǐng	
牛毛垄	niú máo lǒng		将军山	jiāng jūn shān	959.7
兵工厂	bīng gōng chǎng		大人顶	dà rén dǐng	875.9
羊古岭	yáng gǔ lǐng		豪猪岭	háo zhū lǐng	
马鞋石	mǎ xié shí	823.6	尖屋岽	jiān wū dōng	
杀人凹	shā rén āo		岽前	dōng qián	
石片寨	shí piàn zhài	1055	栅子顶	zhà zǐ dǐng	831.9
高蛟洋	gāo jiāo yáng		分山龙岗	fēng shān lóng gāng	857
大尖峰	dà jiān fēng		高寨头	gāo zhài tóu	1085
文峰岗	wén fēng gāng	879.9	猫头抓	māo tóu zhuā	1049.6
文地凹	wén dì āo		麻公凹	má gōng āo	
牛头塘	niú tóu táng		陈家山	zhén jiā shān	

名称	汉语拼音	高度(米)	名称	汉语拼音	高度(米)
竹排山	zhú pǎi shān		中心坑	zhōng xīn kēng	
梅斯龙	méi sī lóng	992.5	田心里	tián xīn lǐ	
南厂窝	nán chǎng wō	955	东洋庵	dōng yáng ān	
石下	shí xià		南山下	nán shān xià	
寨子凹头	zhài zi āo tóu	820	湾坵	wān qiū	
天宝寨	tiān bǎo zhài	855	凹坵	āo qiū	
松岗岽	sōng gǎng dòng	815	南华庵	nán huá ān	
石龙寨	shí lóng zhài	940.8	中心坑	zhōng xīn kēng	
大眉岽	dà méi dòng	1003.2	葛藤坪	gě téng pīng	
吉九山	jí jiǔ shān		赤硃石	chì zhū shí	
大坪山	dà píng shān	725	禾仓坪	hé cāng píng	
石岗上	shí gāng shàng		八全大坵	bā quán dà qiū	
毫猪岭	háo zhū lǐng		瓦窑前	wǎ yáo qián	
寨背	zhài bèi		豺狗凹头	chái gǒu āo tóu	
岽背	dōng bèi		白石凹	bái shí āo	
南离石	nán lí shí	788.2	分水凹	fēn shuǐ āo	
庵坑	ān kēng		下流亭	xià liú tíng	
分水凹	fēn shuǐ āo		观音亭	guān yīn tíng	
枫树区~	fēng shù qī ~		作仁亭	zuò rén tíng	
石坪	shí píng		湖洋凹头	hú yáng āo tóu	
笋坑里	sǔn kēng lǐ		泉甘亭	quán gān tíng	
下倒树岭	xià dǎo shǔ lǐng		游鱼坝	yóu yú bà	
邦藤磜	bāng téng zhài		下庵	xià ān	
杨梅龙	yáng méi lóng		马峡岭	mǎ xiá lǐng	
三角塘	sān jiǎo táng		天后宫	tiān hòu gōng	
三里峡	sān lǐ xiá		小坪	xiǎo píng	
上面埔岭	shàng miàn pǔ lǐng		穿路亭	chuān lù tíng	
大岽上	dà dòng shàng		高乾上	gāo qián shàng	
上森坑	shàng sēn kēng		寨下	zhài xià	
下森坑	xià sēn kēng		分水凹	fēn shuǐ āo	
油草坪	yóu cǎo pīng				

二、勘 界

1999年7月至2003年，完成蛟洋—旧县，蛟洋—古田，蛟洋—南阳，蛟洋—白砂行政区域勘界任务，确定蛟洋、旧县、古田、南阳、白砂五个乡镇交会点。涉及达理、杨梅坑、文地、蛟洋、崇头、坪埔、梅坝、邹坑、贵竹、华家、再嘉、坪上、中村共13个行政村。

三、殡葬改革

2000年1月始，贯彻上杭县人民政府颁布的《上杭县殡葬改革条例》，大力宣传殡葬改革，提倡移风易俗，改土葬为火葬。各村委会设殡葬管理联络员，具体负责本行政区域内殡葬管理工作，出具尸体火化证明等，建立县、乡、村三级殡葬改革工作责任制，当年印发殡葬改革宣传材料7000多份，制作标语200多条，召开座谈会10多次。2000年，全乡火化率达99%；2001年，火化率达100%。

随着土葬改火葬，乱建坟墓的现象得到遏制，文明、节俭办丧事蔚然成风。

四、残疾人事务

1990年，蛟洋乡成立残疾人协会（1994年改称残疾人联合会）。

1992年，开展残疾人普查和康复扶贫调查，是年全乡有317人实施光明康复手术。同年，上杭县民政局拨出专款3.8万元，补助残疾人参加农村社会养老保险，蛟洋乡有308个残疾人得到补助。

1997年，蛟洋乡残疾人联合会按照“有办公场所，有专职人员，有联系网络，有服务载体”的要求进行建设，配备专职干部（民政办主任兼任协会理事长），落实办公场所（民政办公室），建立残疾人服务协会和助残志愿者联络站。上杭县残联积极扶持残疾人就业，蛟洋乡有35户残疾人无偿得到就业扶持，每户得到扶持资金5000元，有28户残疾人家庭获得危房改造补助金，每人7000元。

2013年，全镇共有1527名残疾人办理了“残疾证”，其中二级、一级残疾人327人，民政部门每月发给50元生活补助金。有420名残疾人被列为低保对象。

五、少数民族事务

1987年，华家村大坪自然村雷姓及坪埔雷姓村民被上杭县人民政府认定恢复其畲族成分。大坪距华家村部2.5公里，全村姓雷（聚居姓氏），2013年有48户248人。有大中专毕业生13人，其中研究生2人（雷玉秀、雷伟华）。1988年6月上杭县成立民族事务委员会（简称县民委）后，对少数民族实行优惠政策，计划生育实行二胎制（放宽1胎）；少数民族学生高考、中考加分，同等条件下优先录取，少数民族干部考核优先晋级等。1995年，县民委直接核拨扶持款1.3万元，帮助大坪畲族村民解决交通、用电、医疗、教育等实际困难，先后开通从华家村部到大坪2.5公里的机耕路，架设3公里电线，培训一名乡村医生，办起大坪教学分班（一、二年级）。2005年，县民委会同林业局为大坪畲族村建立6500亩毛竹林基地；拨给每亩竹林垦复资金200元，每年春季竹林肥料每亩100公斤。2008年，上级拨款8万元，在大坪村高寨下建一个容量为50立方米的自来水池，铺设自来水管2000米，解决畲族村民饮水困难。2010年，华家村自筹资金20万元，上级配套资金18万元，对华家到大坪2.5公里道路进行路面硬化。

六、华侨事务

民国7年（1918年），再兴村民张清隆去马来西亚槟榔屿。民国15年，张清隆回国，带乡亲张锡福、张锡纯、张美如、张清梅、张汝良等出国。张锡福开设中药店于马来西亚玻璃市；1983年，他偕妻吴桂兰回国探亲；1985年，病逝于马来西亚；其子张汉明，民国36年出国，习中医药，继承父业，为药店经理兼医师，每年从广州大量采购中药材供应马来西亚市场，受到侨民欢迎。

1981年，蛟洋乡海外华侨51人，其中侨居马来西亚39人，侨居新加坡11人，侨居印尼1人。

附：1981 年蛟洋公社华侨名录

侨居马来西亚 39 人

再兴村：张锡福、吴桂兰、张汉明、张树其、张清宝、张星枢、张美如、张著猷、张竹林、张锡纯、张汉卿、张汉能、张才佳、张泳田、谭招荣、张著尧、张著舜、张著亮、张满珠、张珍珍、张汉贤、张汉才、张汉全、陈桂娇。

苏康村：张善春、张善明、张善文、张善发、张善高、张兰英、张善林、张善翰、张善琮、张善尧、张善鸿、张红毛。

邹坑村：袁观胜、袁观荣、袁素珍。

侨居新加坡 11 人

苏康村：张维侨、张少莲、张爱莲、冯氏、张国正、王玉珠、张佳莉、张雄滨、张熊霖、张淑蓉、张振玉。

侨居印度尼西亚 1 人

蛟洋村　傅晋辉。

1981—2013 年蛟洋镇民政办负责人名表

表 14–3

姓　名	职务	任职时间	姓　名	职务	任职时间
邹如云	主任	1981—1990	游明庭	主任	2004—2005
傅培昌	主任	1990—1992	傅翠招	主任	2005—2007
张焕先	主任	1992—1993	丘荷生	主任	2007—2013
黎菊英	主任	1993—2004			

第十五章　武　装

蛟洋地处上杭、连城、龙岩（今新罗区）三县的结合部，处于闽西的中心位置。境内崇山遍布、丘陵河谷交错、地形复杂，便于屯兵和游击战争，是易守难攻的兵家要地。

蛟洋是闽西革命根据地的重要组成部分。蛟洋这片土地上，留下了毛泽东、朱德、陈毅、谭震林、罗瑞卿等老一辈革命家的足迹。民国17年（1928年）6月25日，郭柏屏、傅柏翠等人领导群众举行“蛟洋暴动”，成为闽西四大暴动之一,点燃闽西土地革命的烈火,打响了上杭反对国民党统治的第一枪，揭开上杭武装革命的序幕。小和、贵竹、桃源亦先后举行暴动。民国18年5月，毛泽东率红四军第二次入闽后，由蛟洋农民自卫军组成的教导团整编为闽西红军第59团。同年6月，在蛟洋石背傅氏宗祠创办闽西第一家红军医院。7月，毛泽东在蛟洋文昌阁指导展开中共闽西“一大”，中共闽西“一大”的思想是指导闽西20年革命取得胜利的保障。同月，红四军前委在蛟洋文昌阁召开紧急会议，研究部署粉碎闽粤赣国民党军对红军的“会剿”。红军主力长征后，中共上杭县委、代英县委、杭代县军政委员会等党政组织和中国工农红军代英独立营等红军武装在双髻山建立游击根据地，谭震林、张鼎丞、邓子恢、伍洪祥等领导人民坚持艰苦卓绝的游击战争，双髻山成为南方三年游击战争的重要基地之一。第二次国内革命战争时期，蛟洋参加红军和地方游击队、赤卫队的人士有3000多人；在争取民族独立、人民解放的伟大斗争中壮烈牺牲的革命烈士221人。蛟洋儿女为革命的胜利谱写了鲜红璀璨的篇章。

新中国成立后，蛟洋人民贯彻执行中央关于民兵建设的方针政策，广大民兵在剿匪反霸、巩固人民政权、维护地方治安、发展工农业生产等方面发挥重要作用。中共十一届三中全会后，人民武装工作“以服从和服务于国家经济建设为根本指导思想”；增强全乡人民的国防意识，保质保量完成征兵任务，努力开创民兵和预备役工作的新局面。

第一节　驻军　地方武装

一、机　构

明清时期，蛟洋没有专门军事（武装）机构。

古蛟自治时期，古蛟区成立丁役管理委员会，赖钦安（古田人）担任主任。

民国29年（1940年），第三区各乡成立兵役协会和兵役咨询处。

1949年10月，福建军区第八军分区成立后，按照中共福建省第八地委的决定，将闽西各县原来的游击武装，改编为县大队。古蛟区设区中队，隶福建省第八军分区上杭县大队。1951年3月，第八军分区改称龙岩军分区，各县县大队改称独立营，古蛟区中队，隶福建省龙岩军分区上杭县独立营。1952年7月，部队整编，县独立营及所属古蛟区中队撤销。

1952年，第十三区（蛟洋）成立人民武装部，设部长1人，干事若干人，负责全区的兵役和民兵工作。

1955年1月，根据中央军委命令，区撤销武装部，配备武装助理。

1958年，蛟洋公社设立人民武装部。此后，蛟洋境域建置及政权名称等虽有变更，但人民武装部机构设置未变。乡（镇）人民武装部属地方建制，受乡（镇）党委、政府和县人民武装部双重领导，负责兵役和民兵预备役工作。

二、驻　军

唐上元元年(674年)，值殿大将军赖标奉旨统兵入闽剿“寇”，由浙江松阳经建宁至上杭，敕镇蛟洋坪埔。人数和驻守时间不详。

民国17年8月，将龙岩（今新罗区，下同）后田暴动后成立的龙岩后田游击队（队长陈锦辉）和永定暴动后成立的闽西工农红军独立营（总指挥张鼎丞）以及上杭蛟洋的暴动武装共200多人，组建成工农革命军第7军第19师，总指挥王海萍，副总指挥张鼎丞、邓子恢、傅柏翠，辖3个团。第55团团长傅柏翠(兼)、党代表陈锦辉；第56团团长熊振声，党代表卢肇西；第57团团长张鼎丞（兼），党代表邓子恢(兼)。在国民党军的进攻下，该队伍后来被打散，只留下少数武装队伍坚持游击战争。

民国18年初，曾省吾、罗瑞卿受中共中央和福建省委指示到蛟洋，以蛟洋暴动留下的武装队伍为主编成教导队，进行军事训练。随后以此为骨干，在蛟洋编成红军第59团，团长傅柏翠，党代表曾省吾，参谋长罗瑞卿。这是闽西第一支主力红军，后来成为红四军第四纵队的骨干力量。

民国18年7月中旬，以红军第59团为骨干，吸收上杭、龙岩、永定地方武装在连城新泉扩编成立红四军第四纵队，司令员傅柏翠（后为胡少海），党代表张鼎丞（后傅柏翠），政治部主任李任予（后谭震林）。辖第七、第八支队。第七支队以上杭北四区（蛟洋）的武装即第59团为基础。9月，罗瑞卿（后游瑞轩）任参谋长，第七支队改称第十支队，共400余人，200余支枪。

民国18年6月12日，为了医治在革命战争中负伤的红军官兵，红四军领导机关在上杭蛟洋石背村的“傅家祠”设立“蛟洋红军医院”。红四军领导机关派军部副官陈永林任医院院长，党代表由王俊恒（兼中医）担任。主要医官（医生）3人，地方医生3人，看护兵（护士）3人。民国19年1月，闽粤赣三省国民党军“会剿”闽西革命根据地，先头部队到达龙岩小池，为确保伤病员的安全，红军医院转移到古田吴地的“张家祠”。

民国20年初，由蛟洋红军医院迁往龙岩爱华医院院址后组建的闽西医院（院长王俊恒；隶属闽西苏维埃政府和闽西红十二军领导），由龙岩小池禾南厝迁往蛟洋小和坑，驻该村文昌阁和大塘背等处。总部设在文昌阁。红军医院驻扎小和约半年时间。

民国20年3月至5月，闽西苏维埃政府裁判部长林一株率领红十二军独立一团进驻蛟洋。

民国21年，国民党十九路军一个团驻扎在丰年、袁小坪和罗辛坑村，驻扎时间两个多月，在各山头构筑工事。

民国23年，中国工农红军代英独立营、独立连、代英县游击大队、大阳区游击队、杭代县游击队、红七支队等武装组织驻扎在双髻山，建立双髻山游击根据地。

民国24年5月，闽西南军政委员会军事部长谭震林到双髻山指导成立“杭代县军政委员会”，廖海涛任主席，张思恒、蓝荣玉、陈必亨任副主席，原代英县武装改编为杭代县游击队。

民国25年1月，闽西南军政委员会在双髻山召开第二次会议、确定在闽西开展抗日反蒋统一战线的新方针、新政策，将闽西南红军游击队改编为“中国工农红军闽西南抗日讨蒋军”，把杭代县游击队改为“闽西南抗日讨蒋军第七支队”。谭震林、蓝荣玉、廖海涛等领导红军武装组织进行艰苦卓绝的三年游击战争。

民国38年5月23日，练惕生等在上杭古蛟成立中国人民解放军闽西义勇军临时行动委员会和中国人民解放军闽西义勇军司令部。

1997年3月，中国人民解放军32165部队62分队（通信线路维护站）进驻蛟洋乡。2000年10月起，该部队代号改为73683部队544分队。正连职单位，隶属于中国人民解放军福州第三通信总站。

三、地方武装

民国11年（1922年），傅柏翠在其老师傅赉弼和蛟洋地区有身份的代表人物的支持下，着手组建“蛟洋民团”，实行“自带饭包，保卫家乡”，并从广东请来军事教官，进行训练，民团在乡间轮流巡逻放哨，维持治安。

民国16年冬开始，傅柏翠受命在北四区建立武装斗争的据点，在区委、区农民协会的指导下，又把“蛟洋民团”改编为“蛟洋农民自卫军”。傅柏翠通过带头捐款、并向其他地主豪绅筹款或发动群众砍伐树木出卖集资，购置武器；收缴北四区其他乡村民团和地主豪绅的枪支弹药等武器归农民自卫军；创办枪械修理所，自制枪支弹药和大刀梭镖、土铳、鸟枪等。“蛟洋农民自卫军”共800余名，拥有单响枪200余支，500支—600支鸟枪及成百门土炮”以及长矛、梭镖、大刀等武器。为了进一步加强农民自卫军的建设，傅柏翠向中共上杭县委和闽西特委提出要求，派员帮助自卫军进行政治教育和军事训练。经过政治教育和军事训练之后，挑选了一批身强力壮的战士组成“敢死队”。这支地方武装成了傅柏翠领导蛟洋农民武装暴动的基本力量。

民国20年五六月间，古蛟农民自卫军队被改称为国民政府杭岩连边界保安总队，傅柏翠任总队长，赖子炘任副总队长。

“古蛟自治”时期，傅柏翠重新打起“农民自卫军”的旗号，把本地区当过红军、赤卫队以及有战斗力的青壮年编成武装队伍。凡18岁以上的青壮年，实行轮班服役制，每人3年或6个月。常备部队保持500人左右，轮流服役的800余人。拥有枪支1200支左右（暴动时保留下来一二百支，十九路军蔡廷锴赠送的中正式马枪1000多支），形成一支具有一定实力的部队。士兵轮班服役，期满回家参加生产，战时召之即来。为了搞好地方武装的建设，古蛟地区（北四区、北五区合并而成）成立丁役管理委员会，由赖钦安（古田人）当主任，负责做好派役和拥军优属工作。

附：闽西义勇军司令部

民国38年（1949年）4月，国民党福建省政府撤销李汉冲第七行政督察区专员兼保安司令的职务，委派练惕生代理专员。5月1日，李汉冲借迎接新专员之名，在上杭郭车傅柏翠寓所召开秘密会议，决定举行闽西武装起义。5月22日，在上杭宣布解散专员公署及保安司令部，全区七县实行起义，接受中国共产党领导。同时成立中国人民解放军闽西义勇军临时行动委员会，推举傅柏翠为主任、李汉冲为副主任。成立中国人民解放军闽西义勇军司令部，练惕生为司令，李汉冲为顾问。统辖由原地方武装改编组成的9个独立团和各县原自卫队改编组成的7个县支队。6月，义勇军编入闽粤赣边纵队闽西南临时联合司令部统一指挥。10月30日义勇军奉命整编，一部分改编为地方部队，连以上干部赴福州、广州集中学习，11月整编善后工作处理完毕。

1996—2013年蛟洋镇人民武装部部长名表

表15-1

姓　名	职务	任职时间	姓　名	职务	任职时间
官镜开	部长	1996.6—2006.12	李禄明	部长	2011.5—2012.5
丘春生	部长	2006.12—2009.6	陈天旺	部长	2012.6—2013.10
李德善	部长	2009.7—2011.4	曾繁永	部长	2013.11—

第二节　兵　役

一、兵役制度

（一）征兵制

民国22年（1933年），国民政府颁布第一部兵役法，规定从民国25年起实行征兵制，施行“三丁抽一五抽二”“独子免征”“在校学生缓征”的办法征集兵员。适龄青年都要参加抽签，以中签号码确定入伍先后；民间俗称“抽壮丁”。

（二）志愿兵役制

第二次国内革命战争时期，苏区实行志愿兵役制。

民国18年5月红四军二次入闽、开辟闽西革命根据地后，蛟洋响应闽粤赣省委和上杭县委的号召，深入发动群众参军参战，掀起扩大红军热潮，广大青年踊跃参加红军。其间，小和坑、贵竹坑、葛藤坪、桃源村90%的青年男子参加红军、游击队。民国21年上杭县第二期扩大红军时，华家亭区有25人、桃源村12人、贵竹11人、小和村10人参加工农红军。华家亭区扩大红军情况被中华苏维埃共和国临时中央政府机关报《红色中华》刊载。

新中国成立后至1954年，仍沿用志愿兵役制，广大青年为保卫新中国，积极响应政府号召，踊跃报名参加人民解放军。其间，1951年1月，古蛟初级中学学生响应抗美援朝的号召，踊跃报名参加“军事干部学校”。

（三）义务兵役制

1955年7月30日，《中华人民共和国兵役法》颁布施行。兵役法以义务兵役制取代志愿兵役制；规定依照法律服兵役是中华人民共和国公民的义务。蛟洋青年踊跃参加中国人民解放军。

1978年3月，五届全国人大常委会第一次会议批准《关于兵役制问题的决定》后，实行义务兵和志愿兵相结合的兵役制。

1984年5月31日，六届全国人大二次会议通过修订后的《中华人民共和国兵役法》，实行以义务兵役制为主的义务兵和志　愿兵相结合、民兵与预备役相结合的兵役制。

1998年12月，九届全国人大常委会第六次会议审议通过《中华人民共和国兵役法修正案》，规定国家实行“义务兵与志愿兵相结合、民兵与预备役相结合的兵役制度”。

二、兵员征集

实行义务兵役制后，兵员征集一般经历兵役登记、宣传发动、体检、政审、定兵、交兵六个阶段。

蛟洋区（公社、乡）人民武装部在全乡范围内对适龄青年进行兵役登记；将征集对象的年龄、文化程度、身体状况及家庭情况摸底造册，为年度征兵提供依据。

征兵工作开始后，乡（镇）成立征兵工作领导小组，研究当年征兵工作。召开村党支部书记、村主任、民兵营（连）长会议，通报当年征集兵员的任务、要求、兵种、各村送检人数和送检时间。乡村两级运用广播、宣传标语、文艺演出等进行征兵工作宣传。

体检日当天，各村民兵营（连）按送检人数将适龄青年带到乡卫生院进行征兵体检。医院按要求对青年分别进行身高、体重、视力、听力、血压、血液等检查。乡政府组织机关干部到医院各科室协助体检工作，确保体检工作顺利进行。

乡（镇）党委召开党委扩大会议，对体检合格的青年进行政治审查，主要审查应军青年人个的政治表现、文化程度、入伍动机和亲属的政治、历史，确保兵员质量。

乡（镇）征兵工作领导小组召开会议，按照征兵任务、兵员要求在合格青年中择优确定，由县征兵办发给应征青年入伍通知书。

镇党委书记吕丁武（前中）、镇长廖新强（前右）等与应征入伍青年合影。　　（2013年9月11日摄）

被确定为应征的青年，在交兵前，由乡(镇)武装部及接兵部队领导深入应征青年家庭进行家访，做好应征青年入伍前的思想工作和安全防范工作。交兵之日，由各村“两委”民兵营(连)组织欢送队伍，敲锣打鼓把应征青年送到乡(镇)政府，由乡(镇)组织把应征青年统一送县征兵办，完成交兵任务。

三、预备役登记

预备役制度始于1955年兵役法颁布实施后。1980年，恢复预备役登记制，对35岁以下从部队退役的官兵进行预备役登记，其中，将28岁以下退伍军人编入基干民兵一类预备役，其余编入普通民兵服二类预备役。

第三节　民　兵

一、新中国成立前的民兵

国民政府时期的民兵称国民兵，民国26年（1937年），国民政府规定将18—30岁不服常备兵役的国民编为国民兵（称壮丁队、后备队），民国34年9月后，撤销国民兵。

民国15年秋，傅柏翠组建民团，后改为农民自卫军。

苏维埃时期，蛟洋各村成立赤卫队、儿童团等群众武装组织。

民国21年始，傅柏翠把本地区当过红军、赤卫队以及有战斗力的青年编成武装队伍，凡18岁以上的青壮年，实行轮班服役制，期满回家参加生产。战时召之即来，出则为农，兵农合一。

二、新中国成立后的民兵

（一）领导体制

1950年，民兵由农会领导指挥。

1952年，民兵工作实行地方党委和军事系统双重领导体制。

地方党委领导主要是把民兵工作列入党委议事日程。蛟洋乡（镇）党委完善听取人民武装部工作汇报制度，及时听取人民武装部的工作汇报，研究解决民兵工作的重大问题，保证民兵工作的完成。1987年始根据上级规定，把乡（镇）人民武装部长纳入乡（镇）党委系列，进一步落实党管武装原则，加强党对武装的领导。

1952 年区人民武装部成立后，区（乡、镇、社）人民武装部在上杭县人民武装部领导下，负责民兵管理、指挥和训练。

（二）组织建设

1952 年 11 月，中共军委和政务院共同颁布《民兵组织暂行条例》，统一民兵组织的名称、编组、民兵条件等。1953 年下半年，蛟洋全面普及民兵制，全区男性 16 周岁至 40 周岁，女性 16 周岁至 35 周岁的公民以所在村报名，经批准后参加民兵组织，各村都建立民兵组织，普遍设立民兵营（连），配备枪支弹药，区建立一支民兵基干队，配备较好的武器装备，归区人武部领导，执行应急任务。

1956 春至 1957 年年底，按照 1955 年 7 月颁布的《中华人民共和国兵役法》的规定，把民兵制度与预备役制度合二为一，对适龄公民进行预备役登记，进行民兵与预备役人员合编。

1958 年，全国“大办民兵师”，实行全民皆兵，把 16 岁至 50 岁能拿武器的男女公民都组织起来，成立民兵连队。

1961 年，国家颁发《民兵工作条例》，规定男性民兵为 16 岁至 45 岁，女性民兵年龄为 16 岁至 35 岁，并确立一年一度的民兵整组和民兵训练。

1962 年 6 月 19 日，毛泽东主席发表民兵工作要做到“组织落实、政治落实、军事落实”的指示，凡 18 周岁以上男女青年，登记造册上交上杭县民兵师备查，各大队设立民兵连，建立一个武装民兵基干班，武装民兵基干班由公社人武部配备枪支、弹药，干粮袋等，做到夜晚枪不离身，随时准备参军参战（当时的双髻山被列为台湾蒋军“反攻大陆”空降兵着落重要地点之一）。此后，民兵工作以“三落实”为指针，乡人民武装部每年进行一次民兵组织整组，主要办好民兵出入队、民兵编组、选配干部、登记统计和改进制度五件事。吸收适龄青年入队参加民兵组织，按照县下达的任务数控制进入比例，基干民兵年龄放宽到 35 周岁；新入队员按征集新兵的政治条件从严把关，建立武装基干连。

1969 年 4 月，开始恢复一年一度的民兵整组。

1973 年，按照“一个公社组建一个武装基干连”的指示，蛟洋公社武装部组建一个由 100 人组成的武装基干连。

1981 年始，对民兵组织进行调整，按规定只编基干民兵和普通民兵，取消武装基干民兵。

1985 年始，根据上级规定，基干民兵数量按 10%的比例压缩。1994 年，组建民兵应急分队。1997 年，压缩基干民兵数量，扩大应急分队，民兵组织按要求降低年龄，压缩范围，减少人数、提高质量。

（三）民兵训练

革命战争时期的民兵训练主要是学习掌握武器使用。

1949—1950 年，没有专门组织民兵军事训练。1951 年政局稳定后，开始进行一年一次的民兵冬训，每次 7—10 天。

1958 年，上杭县武装部对全县基干民兵进行为期 10 天的集中训练。这种大规模的训练方式一直延续到 1963 年。

1963 年始，随着民兵组织的调整、落实，民兵训练稳步发展，训练对象以民兵干部和基干民兵为主。乡人武部每年分批组织民兵级机关干部进行轮训。训练科目主要是队列、刺杀、投弹、实弹射击等，以提高民兵的军事素质和作战能力。

1966 年“文化大革命”开始后，根据上级指示，全公社民兵武器全部上交，民兵训练一度停止。1969 年，遵照毛泽东关于“要准备打仗”的指示，恢复民兵训练。1973 年，开展群众性质练兵运动，主要是射击、投弹、单兵至班战术等常规训练。1975 年始，民兵训练由单一的步兵训练发展到多项目综合训练。

1978 年，执行新的民兵工作条例，年度训练时间为 20 天，重点抓干部、小教员、武装基干民兵和技术分队的训练，训练人数相应减少。

1979 年始，采取适当集中与小型就地相结合的训练方法。专职武装干部由军分区组织集中训练、民兵营（连）长和军事教员由县武装部组织集训，基干民兵由公社组织轮训。

1981年始，进行民兵训练改革，主要是减少训练任务；精简训练内容，步兵压缩队列，刺杀和班战术训练，突出射击、投弹、爆破和单兵战术；实行“二改一”办法，把两年一个周期30天的训练任务改为一年30天一次训完，做到当年入伍，当年训练合格；训练方法由小型分散训练改为乡（镇）集中训练。

2000—2013年，贯彻中央指示，以反“台独”应急作战准备为牵引，进行战备训练。

（四）政治教育

新中国成立初期，主要进行减租减息、剿匪反霸、土地改革和抗美援朝教育。

1953年始，进行社会主义改造方针政策教育。

1958年，进行以“大办民兵师”为主要内容的教育。

1961年，学习贯彻《民兵工作条例》。

1964年始，结合社会主义教育运动，开展“四好”（政治思想好、三八作风好、促进生产好、完成战备训练执勤好），单位和“五好”（政治思想好、集体生产好、三八作风好、执行任务好、军事训练爱护武器好）民兵活动。

1980年后，以《民兵政治课本》为基础教材，采取多种形式，对民兵进行以共产主义思想为核心的社会主义、爱国主义、革命英雄主义和民兵知识、形势、战备等方面的教育。

1990年后，结合民兵训练、民兵整组和“八一”征兵等，对民兵进行以党的基本路线、国防教育、时事政策、形势战备、民兵性质和职能为主要内容的政治教育。

2001—2013年，重点进行台海形势教育，增强民兵做好军事斗争准备的使命感；进行爱国主义教育，激发民兵预备役人员的爱国主义精神，在保卫祖国、维护统一、促进社会稳定中做贡献；进行兵役法规、民兵地位作用和性质任务的教育，增强依法参加民兵组织的光荣感责任感。

（五）重要活动

新中国成立初，蛟洋民兵协助政府剿匪反霸，维护地方治安，发展工农业生产。

1958年，民兵工作贯彻执行“鼓足干劲，力争上游，多快好省地建设社会主义”总路线，积极参加全民的“大炼钢铁”运动。

1962年，蛟洋民兵响应中央“备战备荒为人民”的号召，白天站岗放哨，晚上枪不离身。

1969年，公社组织民兵参加梅坝电站工程建设。

1973年6月1日，蛟洋发生特大洪灾，公社组织民兵奔赴抗灾第一线。

1983年“严打”期间，公社组织基干民兵配合公安部门在重要交通路口站岗放哨，检查过往行人，防止坏人逃跑。

1984年，蛟洋乡人武部成立维护社会治安，协调小组，组织民兵小分队，保障境内的社会治安。

2008年9月18日，蛟洋与崇源交界处发生山林火灾，乡人武部组织民兵72人冲在灭火战斗的最前列。

第四节　兵事纪略

一、太平军入境

清咸丰七年（1857年）至同治四年（1865年），太平军前后四次转战闽西。同治三年（1864年）九月至次年一月，部分太平军曾驻蛟洋；据中村记载，该年十月十五日，太平军汪海洋部到中村村，焚烧民房，该村水口“永丰宫”被烧，群众损失大。

附：新泉防御战

同治三年（1864年）九月，由江西突围而出的太平军全部入闽，共有四支部队，其中一支是由康王汪海洋率领，有185队，每队500人，共有9万余人，驻扎在长汀、连城、上杭三县交界的南阳、新泉一带。左宗棠命刘典率湘军8000余人为主，布政使王德榜2500多人配合，由宁化下连城，围攻太平军。当刘典部队到达新泉与南阳的孔道马洋洞时，太平军采取迂回包抄的战术，包围了刘典部队，经过激战，刘军败退，太平军乘胜追击，捣毁刘军在杨家坊的行营，斩其副将、参将、游击各一名，逼得刘典收兵退守连城。同治四年（1865年）正月十一日，刘典、王德榜再次引军进驻杨家坊，分兵出击太平军。正月二十七日，汪海洋发现太平军内有人向王德榜约为内应，便将计就计，杀了内应，约王德榜前来招降，同时令太平军携粮在伯公岭设伏。王不知情况有变，仍驱兵5营前往南阳受降。王德榜部将守备王福泰认为情况不明，主帅不宜深入，愿替王德榜先行试探，王德榜便退回新泉。王福泰驱军前行，至伯公岭中伏，前驱200多人全部被歼，王福泰被击毙。后队闻变后撤，太平军乘势进攻新泉，王德榜亲自督战。刘典部从杨家坊出援，切断太平军后路，太平军腹背受敌，受损严重，只好引军从新泉后撤。汪部精锐在新泉防御战中损失过半，加上给养困难，不得不放弃南阳，退至永定、南靖后即转入广东大埔。

二、蛟洋暴动

民国16年（1927年）8月，傅柏翠经罗明介绍参加共产党后，在家乡北四区蛟洋一带组织农民运动，发展共产党员，建立党支部；成立农民协会，提出“二五”减租、“耕者有其田”、废除捐税租息等口号；农会会员发展到1000余人，农会领导农民进行禁粮出口、办平粜、清算乡族账目财产等斗争；同时，筹款购置武器，制造枪支，组织农民自卫军，农民武装达800余人，拥有200支单响步枪、五六百支鸟枪，上百门土炮；乡村政权归入了农民手里，革命力量迅速壮大。民国17年春，林一株、蓝维仁、邓子恢、郭柏屏先后到蛟洋指导农民运动，商量武装暴动。北四区农民运动日益高涨，影响到四邻各乡，迅速扩展到北五区，北三区，震撼地方的反对派，形成同郭凤鸣分庭抗礼的局面。

民国17年5月间，驻上杭的福建省防军第二混成旅旅长郭凤鸣部一个连长，勾结蛟洋、丘坊一伙流氓，抢劫龙岩边界地区农民的耕牛数头，耀武扬威地经过蛟洋村，蛟洋农民协会群众对他们的行为非常愤恨，农民自卫军把这个连长抓起来枪毙了，把耕牛还给失主。郭凤鸣闻其部属被杀，极端恼怒。6月25日(农历五月初八)，郭凤鸣调遣驻上杭的钟铭清团和驻连城的罗藻团，兵分两路进攻蛟洋：一路是钟铭清团抽调胡、吴两个营，从上杭城出发，经白砂向蛟洋进攻；一路是连城的罗藻率其补充团从连城的新泉、芷溪、庙前扑向蛟洋。另调上杭北三区（华家亭）的丘坊乡民团及连城芷溪乡民团分别做向导。

面对郭凤鸣的进攻，郭柏屏、傅柏翠立即召集紧急会议，商讨对策，会议一致决定集合农民自卫军武装抵抗，举旗暴动。傅柏翠动员说：“敌人调兵来进攻我们北四区了，我们要做好四面御敌的准备，现在集合起来的自卫军‘敢死队’战斗在第一线，在黄泥岗和塘厦圩背两面山上阻击来犯之敌，各乡自卫军也要做好战斗准备，其他非武装群众转移到山上暂避。”战士们高呼：“服从命令听指挥！和敌人血战到底！”傅柏翠看到战士们斗志旺盛，高声地说：“大家不要慌张，沉着应战，团结一致勇敢杀敌！”

部署完毕，中共上杭县委书记郭伯屏和傅柏翠组织农民自卫军800余人（除200余支枪外，其余都是鸟枪、土火炮、长矛及短刀），埋伏于村口黄泥岗上抗击国民党军。当郭部十余尖兵欲冲进村时，埋伏在两侧山上的农民自卫军一起开枪扫射，并点燃土炮轰击，当即毙其4人，伤3人。郭部遭到迎头痛击后撤。但由于土炮土枪进硝装弹慢，火力不继，国民党军发现农民自卫军打完一阵枪弹之后，枪声稀落，乘隙发起冲击，立刻扑过来，双方激战数小时，国民党军死伤二三十人，暴动队伍牺牲4人。终因农民自卫军武器装备落后，难以抗御国民党军的猛烈攻击。傅柏翠指挥队伍撤出战斗，分两路退到苎园、郭车一带。郭部乘势蜂拥而进，占领蛟洋，大肆洗劫。在短短三天之内，烧毁民房80余座，抓走农会会员和群众40余人，民间财物被掳抢一空。

此后，暴动队伍100余人辗转于森坑、洋稠、大坪、巫坑一带，开展游击战争。

三、小和坑暴动

民国17年7月初，在蛟洋农民自卫军援助下，小和坑人民举行武装暴动。民国18年1月成立上杭县北三区第一乡苏维埃政府。建立了小和坑党支部和农民赤卫队，共产主义青年团、儿童团、少先队 、妇女联合会等群众团体组织。

四、贵竹暴动

民国18年农历四月二十六日，贵竹坑人民在农会主席华盛初的领导下，高举红旗，臂戴红袖章，扛着大刀、鸟铳等举行武装暴动。农会会员把红旗高高插在村中山顶上，抓了地主豪绅，一名勇敢的女农会会员王翠凤举枪把老地主华永钦击毙。

五、桃源村暴动

民国18年7月，桃源村人民在黄孟伊、丘如良、丘维试等人的组织领导下，联合达理等北四区其他乡村的人民举行农民武装暴动，成立桃源乡苏维埃政府，丘如良任主席，丘维诚任副主席，黄孟伊任文化部部长，桃源村红色组织建立后，组织和发动群众搞租搞税，没收了大地主黄永兹的田地。

六、蛟洋农民自卫军及红军教导队的游击战

蛟洋暴动武装离开北四区后，郭凤鸣把原来进驻蛟洋的胡、吴两营调走了，换了个黄月波在距离蛟洋八华里的塘厦驻扎。在与丘坊交界处的中和圩有一个民团，团丁是蛟洋的反动分子和其他乡网罗来的恶棍或豪绅地主的子弟，共有人枪20余；北三区的华家亭和丘坊两乡也组织了一个民团。这些民团依仗黄月波的势力，串通在一起，欺压群众，作恶多端；强迫群众领取“复业证”悔过自新，日夜窜入农家、田间掳抢财物，上山搜索、抓人、杀人。

民国17年9月初，傅柏翠率领200多名战士离开永定返回蛟洋。尔后，傅调遣精悍的小分队展开游击活动。第一个晚上，他亲率一支小分队进到坪埔、苦竹山、崇头3个村里。一夜间杀掉4个团总丘时章，苦竹山的土豪劣绅、民团副总丘延谟，坪埔村土豪劣绅、民团团总袁槐标及其弟袁老五子。隔了两天，傅柏翠又指挥部队捕捉枪决傅步篪、傅斜泰、傅成武等10余个专替敌人侦察和带路的几个反动分子，铲除军阀和民团耳目和手脚。

同年农历八月十五（9月28日），傅柏翠正在发动群众抢修被国民党军烧毁的房屋，清理乡间环境，让大家过个团圆中秋节。可是这天早晨，塘下村的革命群众要求傅柏翠的队伍开往塘下去袭击国民党军。傅柏翠立即率领队伍向塘厦进发。途中遇着国民党军一个连和民团，在黄泥岗双方开火，激战一个小时，农民武装击毙国民党军班长，缴到步枪一支。

此后，傅柏翠采取夜间奇袭的战术，派出少数武装人员到各乡村去捕捉反动分子，杀了好几个地主兼土豪劣绅。这样，北四区境内除了中和圩、桃木坪圩尚驻扎着敌兵和民团外，其他各乡村基本上铲除了反动势力。

同年10月末，傅柏翠选定华家亭圩期这一天，派出一支小分队，并临时集合北四区和梅坝乡暴动武装共三四十人。事先叫白砂的十几位农民化装成赴圩的群众，藏在圩场上做内应。结果，枪声一响，当场杀掉反动分子傅庆来，击毙团丁老袁子，缴获枪3支。这一举动之后，华家亭没人愿意充当团丁。该乡民团瓦解。

民国17年11月，遵照福建省委候补书记罗明的指示，蛟洋组建红军教导队。在傅柏翠亲自率领下，红军教导队获得3次战斗的胜利。第一次，他带领10余名战士在大坑岭打游击，归途中在丰年圩偶遇军阀陈国辉的一部在盘查过路行人，傅柏翠趁天色黄昏，下令袭击，陈部被追击四五里，沿途击毙陈部士兵3名，俘虏1名，缴枪数支。第二次，在芒园方向的烂石峡伏击护送牛商经过的连城团匪官文炎，打死团匪2名，缴枪3支。逼使官文炎不得不逃回连城庙前。桃木坪的民团也被傅柏翠的队伍消灭。第三次，袭击军

阀郭凤鸣的汤鹤铭营。汤营（人枪150—160）在北五区（古田）勒索民财后撤回上杭，路经蛟洋村口“夫人宫”边，傅柏翠闻报立即指挥一支20余人的精悍武装拦腰截击，派出拦路截击，当地群众见着自己的队伍与汤部作战，纷纷拿起各类武器一齐参战，喊杀助威，打得汤部官兵狼狈逃走。

七、红五十九团配合红四军进攻白砂

民国18年6月7日（农历五月初一日），红四军在傅柏翠率领的红军59团配合下，兵分三路向白砂进攻。这天，正好是白砂群众迎神打醮抬“定光古佛”之日，来往客人熙熙攘攘，钟铭清的官兵在街上游游荡荡，对红军的行动毫无觉察。清晨，毛泽东、朱德率领红四军二、三纵队和军部向白砂正面进攻。红四军第一纵队为左翼，从大洋坝逼近白砂；傅柏翠率领的红59团及从江西随红四军入闽的100多位农民为右翼，先进攻丘坊民团，然后向白砂进攻。当傅部逼近丘坊时，钟部已抢占山头，并派出一个班的兵力，配合民团，手执“誓师灭共”大旗，迎面向傅柏翠的部队攻击。傅柏翠立即指挥部队从两边抢登山头。待钟部士兵接近他十余步时，他猝然跃起连发数枪，大喊一声“杀”！猛冲前去，钟部士兵出于意外，呆了半响，丢下旗帜，掉头奔跑。傅柏翠只带勤务兵一人，边追边打，钟部敌兵不敢反顾。红59团的指战员乘势从两侧冲上阵地，一鼓作气将钟部主力打垮。随即傅柏翠指挥部队冲进丘坊村。激战半个小时，民团全部崩溃。

毛泽东、朱德指挥的二、三纵队在丰年桥出其不意，攻其不备，迅速解决了钟铭清的前哨连。然后直扑白砂犁头咀，包围了钟主力部队，团长钟铭清措手不及，无力抵抗，在混乱中带了20多名随从慌忙向杭城方向逃窜。傅柏翠率领红59团到达白砂时，白砂战斗已经结束。白砂战斗这一仗，前后仅一个多小时，共击毙钟部七八十人，俘虏官兵100多人，缴获枪支100多支，火炮2门。

八、蛟洋革命武装参加攻打龙岩、上杭城战斗

民国18年6月18日，傅柏翠率红四军第四纵队经大池、小池，黄昏到达考塘驻扎。第二天清早向龙岩前进，佯攻西门，但经过龙门时，红四军主力已经打下龙岩城，从城里逃出的一小股陈国辉部，被傅部就地歼灭。

民国18年8月初,中共闽西特委和上杭县委决定，要消灭盘踞上杭城的军阀卢新铭部,遂集合全县武装，由傅柏翠任总指挥，谭震林、刘端生任副总指挥。

8月19日，红四军第四纵队的第十支队和东路、北路赤卫队及近郊农民，号称“八千人马围上杭”，围城三天，卢部紧闭城门，未克。8月27日，再组织武装两万余人攻打上杭城，人多势众，但武器低劣，经一夜又半天的战斗，未克。9月中旬，朱德率领红四军二、三纵队从闽中返回闽西。红四军前委和闽西特委决定红四军以全军力量攻打上杭城，彻底消灭地方反动势力。20日半夜时分，朱德下令攻城。红四军第四纵队担任掩护。21日清晨，红军攻克三面环水、城墙坚固、400年来无人攻破过的“铁上杭”。

九、林一株“讨伐”古蛟

民国19年12月在古田苏家陂召开的闽粤赣边区党的第一次代表大会上，由于各种原因，傅柏翠被开除中国共产党党籍。在民国20年初闽西苏区发生的所谓“肃清社会民主党”事件中，傅柏翠被强加上“社会民主党”闽西特委书记的罪名。闽西苏维埃政府和闽西肃反委员会指责傅柏翠是“社会民主党的罪魁”，古蛟地区是“社会民主党巢穴”，决定对古蛟地区采取军事行动。3月，闽西苏维埃政府裁判部长林一株，率领新红十二军第三十五师、独立八师及地方赤卫队计2000余兵力，从永定开到上杭的白砂和郭车两地集结，造成东西两面夹击的态势，对所谓的“社会民主党巢穴”古蛟地区进行军事“讨伐”。傅柏翠闻讯，立即在蛟洋和文地两村召开群众大会，说：“林一株率领武装部队来进攻我们古蛟了，我们该怎么办？是打还是不打？真正打起仗来是要死人的呀！要烧我们的房子，杀我们的头。大家都是工农子弟，如果打起仗来，双方都会受损失，如果不打，我们古蛟群众会受伤害，是否请大家出去躲避一阵呢？”最后，群众一致认为既然林一株要打进来了，我们要武装自卫，保卫家乡。于是北四区区委作出决定：所有武装人员集中

待命。傅柏翠推举由原来红军第四纵队回来的傅岩生统率武装队伍。可是傅岩生怕指挥不动，便和战士们一致请求傅柏翠亲自领导和指挥武装部队伍。傅柏翠为了保卫家乡和保卫自己的生命，接受了大家的请求。他说："既然大家相信我，我只好像暴动时那样和大家一起同生死，共患难，我们的苏维埃政府被取消了，那么我们的武装队伍也不称为自卫队或红军，仍然称为农民自卫军吧！"又说："我们的自卫军装备不太好，大家也不愿意同红军打仗，我的意见，大家分散上山尽量避免与来犯者接触。"大家同意了傅柏翠的意见，表示服从命令听指挥。林一株率领的红军部队从郭车向古田逼近，当地党员干部非常惊慌，闽西红军医院原院长、北五区区委书记赖子炘立即把古田的武装人员集合起来，共有六七十条枪，派人赶到蛟洋与傅柏翠联系，建议两区武装队伍联合起来一致行动。傅柏翠采纳了他们的建议。

3 月 7 日，傅柏翠指挥集合起来的农民自卫军在古田的五龙、八甲村与林一株率领的红军部队发生武装冲突，激战了半天，古蛟的武装队伍伤亡 10 多人，傅柏翠立即指挥队伍撤出战斗，退到文地一带山中。

3 天后，林一株领导独立一团进驻蛟洋等地近 3 个月。蛟洋的许多群众被诬为是傅柏翠的"同党"，抓到步云梨岭和南阳茶树下等地枪杀。北四区部分领导人的房屋被烧毁。接着，林一株又带领武装队伍到北三区（华家）坐镇主持杀"社会民主党"，大造舆论，张贴"傅柏翠是社会民主党党魁！""活捉傅柏翠！"等标语，造成北四区与北三区群众互相残杀，凡是与傅柏翠有关系的人员都受到株连，导致古蛟地区近 100 人遇难，其中蛟洋村 78 人（被捕去杀害的 27 人，因受傅柏翠株连被杀害的 5 人，战斗中死亡 11 人，与北三区群众互相残杀的 35 人）。一时，古蛟地区群众因怕背"社会民主党"罪名而遭枉杀，跟随傅柏翠逃避上山，古蛟乡村成了"真空"地带。林一株的队伍无法开展所谓"政治工作"，适闻粤军正在向闽西苏区进攻，林一株便把武装部队撤回永定。

林一株的部队撤出蛟洋后，傅柏翠把队伍和随他上山的群众集合起来。他说："现在林一株的部队走了，大家不要听信谣言说我们打了红军，而是林一株带武装来打我们，迫使我们武装自卫。我们好不容易组织起来闹革命，举旗暴动，建立苏维埃政权，取得了土地革命的胜利。如今之计只能靠我们自己闯开一条路来走了。日后不管遇到什么风浪，我们古蛟地区约法三章：一、要保留已分配的土地；二、要婚姻自由；三、要轮流当兵，保持社会的稳定。因此，大家要团结一致，服从命令听指挥……只要我们古蛟人民群众同甘苦，共患难，坚持斗争，就一定能够保住我们武装暴动、土地革命的胜利果实。"

5 月 29 日，傅柏翠率领武装队伍二三百人由古田返回蛟洋。

十、双髻山反"围剿"战斗

民国 26 年 2 月 12 日，国民党反动派调集 8 个正规师，纠集地主武装、民团、铲共团、壮丁队等四面"围剿"双髻山根据地。国民党军 157 师在师长黄涛指挥下，向双髻山进攻。闽西南军政委员会主席廖海涛与黄火星等人领导第七游击支队和四、五支队以及红七支队等 2000 多人在双髻山杀人崇与国民党军展开激烈的战斗，红军战士们英勇顽强地击退国民党军一次又一次的冲锋。黄涛部遭到惨败，急电龙岩派兵增援。增援部队围攻双髻山，接连又是十余次地向山头冲锋，但红军战士更加顽强地战斗，一直坚持到傍晚。黄涛部仍冒黑向杀人崇山顶围拢，企图乘天黑反扑。留守阵地的闽西南军政委员会主席廖海涛见此情景，便亲自扛起一挺轻机枪，带着两名战士绕到国民党军主力侧背，以树林、山石为掩蔽，不断转移位置，向进犯敌人猛烈扫射。在此突如其来的打击下，国民党军丢下 100 多具尸体和许多枪支弹药，不得不仓皇撤退。同年 8 月，国民党军被迫同意和闽西南军政委员会谈判，达成停止内战、共同抗日的协议。

第十六章　教　育

明清时期，蛟洋私塾教育逐步发展。清顺治十七年（1660 年），苏康张其集办“松山书屋”，为有文字记载的蛟洋私人办学之始。为祈求文化昌盛，乾隆六年（1741 年），建蛟洋“文昌阁”；道光十七年（1837 年），进士华时中在家乡华家创办“敬业书院”；光绪年间（1875—1908 年），蛟洋村办“崇文达书院”，崇头村办“崇文书院”，再兴村办“紫文书院”；中村在“乐育堂”设立私塾。光绪三十一年，蛟洋村在文昌阁创立广智小学；宣统年间（1909—1911 年），再兴村创办“万选学校”。

民国时期，蛟洋教育事业发展较快。在“蛟洋暴动”之前，傅柏翠着手创办平民学校、农民夜校，组织农民学习文化知识和革命道理。民国 22 年（1933 年），傅柏翠倡导成立农村教育社，负责兴办农村文化教育事业。民国 27 年春，傅柏翠倡导创办中学，提议宣传发动群众为创办中学捐资出力；并由农村教育社负责筹建并成立教育委员会、建校理事会；民国 28 年秋，经福建省政府批准，正式设立“私立古蛟初级中学”；书写了蛟洋教育史上光辉的一页。此外，中村创办“成德小学”；塘厦村办“尚智小学”；华家、丘坊等村，先后把原书院改为义学，后又改称国民学校。民国 29 年，广智小学更名为华洋小学。至民国末，各村都办有国民学校。华洋小学为完全小学，其余各校为初级小学。

新中国成立后，人民政府逐步接管教育。1950 年春，增办文都中心小学。1953 年春，私立古蛟初级中学改为公立中学。在大力发展基础教育的同时，继续开展以扫除青壮年文盲为中心的业余教育。70 年代 1975 年秋，随着小学毕业生增多，加快中学教育发展步伐。1970 年秋，蛟洋中学增设高中班；1975 年秋，华家、中村、秋竹三个小学附设初中班。1980 年后，贯彻“调整、改革、整顿、提高”的方针，压缩高中，充实初中，压缩小学附设初中班，从人力、财力上加强普及小学教育工作。1991 年，开始实施小学义务教育。1991—1993 年，接受福建省、龙岩地区实施义务教育“六项督导”（教育管理、事业发展、队伍建设、教育经费、校舍设备、德育工作）评估。1993 年实现小学“一无二有”（校无危房，班有教室，人人有课桌椅）。1994—2000 年接受省、市“两基”（基本普及九年义务教育，基本扫除青壮年文盲）评估验收。同时，随着学龄儿童基数减少，小学逐年撤点并校。进入 21 世纪，蛟洋教育继续巩固“两基”成果，推进“双高普九”（高水平高质量普及九年义务教育）。

2013 年，全镇有初级中学 1 所，18 个教学班，学生 692 人，教师 89 人。中心小学 1 所，完全小学 2 所，教学点 6 个，教学班 43 个，学生 1195 人，教师 118 人。中心幼儿园 1 所，教学点 9 个，幼儿 729 人，教养人员 66 人。

第一节　私塾　书院

一、私　塾

清顺治十七年（1660 年），苏康张其集创办“松山书屋”，为蛟洋创办较早的私塾。同期，华家亦办有私塾，生于康熙二十一年（1682 年）的华嵒曾入私塾读书。至清末，私塾在蛟洋相对普及。民国时期各村都有私塾。私塾的办学经费靠公产（如祭祀的蒸尝）捐助。书舍、学馆多为厅堂、祠堂或庙宇。办学形式大致有：落第秀才或童生在自家设馆，教授外村来的学子及本村子弟，称私塾；有大户人家聘请塾师在家教授自己的子弟称家塾；由族长利用祠堂公房，聘请学识较高的名儒教授本姓子弟称族塾；由社会上关心教育的人士主办，收集学费（也有收学米、谷子的），聘请塾师教授贫寒子弟，称村塾。

私塾的学制没有固定，招生名额、入学年龄也极灵活，多则二三十名，少则五六名。

所用教材分为启蒙识字和开讲读经两类：启蒙识字班（俗称“少学”）用《三字经》《千字文》《百家姓》《四言杂诗》《弟子规》《元初一（一年使用杂字）》《幼学琼林》《增广贤文》《人家日用》《千家诗》《朱子治家格言》等；其中，《元初一（一年使用杂字）》为武平举人林宝树创作的客家群众的训蒙读物。开讲读经班用“四书”（《大学》《中庸》《论语》《孟子》）、“五经”（《诗经》《尚书》《礼记》《易经》《春秋》）、《左传》等。

教学方法：先是认字，学童上学先教识字，识至千字左右才教读书本。读书时由教师领读，学生跟读，以熟读背诵为主。午晚放学时学生要先背出所规定的课文才可以回家。写字从笔画较简单的如“上大人，孔乙己，化三千……”开始，先是描红，接着影写，再后是临字帖，进而看书写字；先写小楷，再写寸楷。进入读经时教师才开讲，并教写作文，先教对“对子”，后教写诗。写作文是作八股文，写诗是学写试帖诗。

塾师的待遇低，每个学生一年只交几斗谷（一斗谷约 7.5 公斤），每逢端午节、重阳节、孔子诞辰，学生家长会请先生吃一顿饭；有些地方先生的一日三餐由学生家长轮流供应。

新中国成立后人民政府停办私塾，一些合格的塾师被吸收到人民教师队伍中。

二、书　院

蛟洋境内最早办的书院是清嘉庆初年（约 1800 年）由丘坊人丘王槐建的“一层楼书房”，村民在清末办“崇实书院”。道光十七年（1837 年），进士华时中在家乡华家创办“敬业书院”；光绪年间（1875—1908 年），蛟洋村办“崇文达书院”，崇头村办“崇文书院”；光绪二十四年（1898 年），再兴村秀才张钟敬等创建“紫文书院”。

书院开设的课程与教学同私塾的“开讲读经班”相仿，只是学生人数更多（再兴的“紫文书院”有 100 多人）、教学也更正规而已。

第二节　幼儿教育

一、园班设置

新中国成立之前，少数幼儿班附设在小学校内，称幼稚园（班），只有个别有钱人的孩子才能入学，当时的幼儿教育远未普及。

20 世纪 50 年代中后期，蛟洋在各小学先后附设幼儿班。1973 年，在丘坊创办蛟洋公社中心幼儿园（丘坊为当时公社所在地）。最初只有一个教学班，教员一人。2008 年，全乡有中心幼儿园 1 所，各小学附设幼儿园 8 所，在园幼儿数 575 人，幼儿班 20 个，教养人员 29 人。

2013 年年底，全镇有中心幼儿园 1 所，各村幼儿园 9 所，教学班共 28 个，在园幼儿人数 729 人，教养人员 66 人。

若干年份蛟洋镇幼儿教育情况表

表 16-1

年　份	幼儿园/班（个）	在园幼儿数（人）	教养人员（人）		
			总数	公办	代课
2008–2009	9/20	575	29	6	23
2009–2010	9/23	597	33	6	27
2010–2011	10/23	635	36	6	30
2011–2012	10/25	660	39	9	30
2012–2013	10/28	753	69	15	54
2013–	10/28	729	66	15	51

二、学　制

20 世纪 80 年代，蛟洋中心幼儿园按大、中、小年龄段分班，学制为三年，入学年龄一般 4 周岁。其余各村的园（班）也大致按此法开班。2001 年，为了满足部分家长的要求，中心幼儿园增开了一个小小班，学制为四年，入学年龄 2 周岁半。

三、教　学

20 世纪 60 年代，幼儿园（班）主要教学识字、唱歌、舞蹈、游戏。90 年代中前期，开设语言、计算、常识、美术；90 年代后期，各班开设五大领域课程，分别为健康、语言、社会、科学（科学、数学）、艺术（音乐、美术）。对幼儿实施智、体、德、美全面发展的教育，促进幼儿的身心和谐发展。

教材使用福建省编印的幼儿教材。幼儿学生不进行考试，除上课外，还经常举办各项娱乐活动，如亲子运动会等。老师每学期向各个幼儿家长进行幼儿综合素质的汇报。

四、蛟洋中心幼儿园简介

蛟洋中心幼儿园创办于 1973 年，园址在丘坊村祠堂，当年只有 1 个班，教师 1 人。

80 年代末，由丘坊村老华侨丘林修修建教室 3 间，于 1991 年 9 月搬入使用，当时有教师 4 人，大、中、小 3 个教学班，幼儿 80 余人。中心幼儿园的教育教学逐步走向正规化。

2000 年，由于蛟洋乡政府搬迁，中心幼儿园也迁到蛟洋文昌阁旁。2013 年，该园开设 6 个班，幼儿 215 人；教职工总数 19 人，其中教师 14 人，保育员 3 人，炊事、保安各 1 人。校园面积 3000 平方米，校舍面积 960 平方米，幼儿活动场地 1000 平方米，绿化面积 1040 平方米，教学楼 2 座，教室 6 间，幼儿寝室 4 间。园内有大小型滑梯各 1 架，七巧板 29 套，积木 202 袋，跳绳 60 条，桌面玩具、编织玩具多套，多媒体 1 台，电脑 4 台，音响设备 9 件，电子钢琴 1 台，演出服装 41 套。

蛟洋中心幼儿园“以幼儿发展为本”的教育理念，以“一切为了孩子，为了孩子的一切”为宗旨，以“服务与育人”为目标，争办全县农村一流的幼儿园。为了更好地发挥全镇幼儿教育中心园示范带头作用，不断提高全镇幼儿教师的思想业务素质。中心园通过开展各种教研教学活动。如每学期对全镇幼儿教师开放一次，另外还以送教的形式与镇内各园开展“手拉手”教学观摩活动等来提高教育教学水平。经常组织教师撰写教学论文、编写优秀学科教学案例、制作教具；举办技能大赛、比武大赛、优秀课比赛、演讲比赛、指导幼儿画蜡笔画，并把优秀作品上送县、市评比。2007—2013 年，获县一等奖的有 7 人次，二等奖 16 人次，三等奖多人次；张宝荣的美术案例《有趣的叶子》获市三等奖；幼儿傅丽灵的蜡笔画《爱贝通杯》（指导老师张宝荣）获市“入选奖”。

2002 年 12 月，蛟洋中心幼儿园通过“龙岩市标准幼儿园”的评估，现称上杭县示范性幼儿园。

第三节　小学教育

一、学校设置

清光绪三十一年（1905年），蛟洋村在文昌阁创立广智小学。宣统年间（1909—1911年），再兴村创办旧制高等小学“万选学校”（取张氏上祖、唐代文学家张鷟“青钱万选”之意）。新中国成立后称再兴小学。

民国2年（1913年），中村创办成德小学。民国时期，华家村把原“敬业书院”改为义学；塘厦村办有“尚智小学”；“万选学校”更名为上杭县第十九区私立第一高等小学。民国29年，广智小学更名为华洋小学；其他各村学校改为国民学校。华洋小学为完全小学（1—6年级）；其他小学为初级小学（1—4年级或1—3年级）。

新中国成立后，人民政府接管原有的国民学校。华洋小学改称蛟洋小学。1950年春，人民政府为解决华家片的学生上学难的问题，增办文都中心小学，校址在文都村圩冈头，至此蛟洋有了两所完小。

1970—1980年，蛟洋除桃源村没办完小外，其余各村都办有完小（1—5年级）共计24所完小。

1974—1981年华家、中村、秋竹三个小学附设初中班，当时称为七年制学校（小学5年，初中2年）。全乡共有教学点44个，基本上以自然村设点。

1999年后，由于人口出生率降低，学龄儿童随父母外出的增多，境内各校招生数和在校生数逐年减少。蛟洋学区根据实际情况，为合理配置和利用教育资源，提高办学效益，经报县教育局审批后，从2001年始到2007年，逐年进行撤点并校。2001—2013年，全镇撤并校点（含完小、初小、教学点）19个。

2013年，全镇有完小3所，教学点6个，43个教学班，学生1195人，教师118人。

1994—2013年蛟洋镇小学教育情况表

表16–2

年份	校点数（个）	班级数（个）	学生总数（人）	招生数（人）	毕业数（人）	学龄儿童入学率（%）	教职工数（人）				教师职称（人）	
							小计	公办	民办	代课	小学高级职称	小学中级职称
1994	33	131	2835	464	369	99.36	190	148	8	34	6	33
1995	33	133	3008	472	412	99.56	190	148	8	34	6	33
1996	33	139	3138	576	476	99.74	173	173			18	33
1997	33	126	3284	687	538	99.80	173	173			20	33
1998	31	121	3448	667	472	99.91	175	175			25	31
1999	31	118	3493	537	491	99.94	173	173			24	31
2000	28	121	3456	403	480	100.00	167	167			26	28
2001	22	110	3266	326	508	100.00	165	165			28	22
2002	21	103	2980	276	597	100.00	143	143			51	21
2003	21	83	2574	281	724	100.00	134	134			45	21
2004	14	62	2139	239	714	100.00	134	134			44	14

续表 16-2

年份	校点数（个）	班级数（个）	学生总数（人）	招生数（人）	毕业数（人）	学龄儿童入学率（%）	教职工数（人）				教师职称（人）	
							小计	公办	民办	代课	小学高级职称	小学中级职称
2005	14	53	1810	221	569	100.00	114	114			61	14
2006	14	49	1566	200	450	100.00	110	108		2	63	14
2007	9	47	1440	200	344	100.00	102	99		3	65	9
2008	9	45	1363	169	271	100.00	105	100		5	73	9
2009	9	46	1363	156	262	100.00	111	106		5	80	9
2010	9	40	1193	182	255	100.00	114	114			85	9
2011	9	40	1184	209	221	100.00	115	115			85	9
2012	9	41	1192	199	222	100.00	116	116			86	9
2013	9	43	1195	231	189	100.00	118	118			92	9

2013 年蛟洋镇小学（教学点）简况表

表 16-3

校　名	类　型	班级（个）	学生数（人）	教师数（人）
蛟洋中心小学	完　小	17	709	57
丘坊小学	完　小	6	162	17
华家小学	完　小	6	177	18
坪埔教学点	教学点	6	95	15
塘厦教学点	教学点	2	12	3
再兴教学点	教学点	2	21	3
中村教学点	教学点	2	15	3
坪上教学点	教学点	1	2	1
再嘉教学点	教学点	1	2	1
合　计	完小 3、教学点 6	43	1195	118

二、学　制

清末旧制高等小学，学童 7 岁入学，初等班学制 5 年，高等班学制 4 年。

民国 2 年（1913 年），改为初等 4 年，高等 3 年；民国 11 年（壬戌年）施行初小 4 年,高小 2 年（称壬戌“四二”学制）。

新中国成立后，小学沿用初小 4 年、高小 2 年的学制。1952 年，政务院《关于改革学制的决定》颁布后，试行“五年一贯制”。1953 年秋，教育部通知“五年一贯制”暂缓施行，恢复“四二”学制。“文化大革命”期间，贯彻“学制要缩短”的指示，小学施行 5 年制。1983 年后，恢复 6 年制，一直沿用至今。

三、课程　教材

（一）课　程

清末小学堂除保留读经外，增设修身、国文、算术、历史、地理、格制、农业、体操、图画、书法等十余科。初等小学每周30节；高等小学每周36节，每节1小时。再兴村万选学校的高等班（旧制高等小学）开设国文、公民、历史、地理、自然、农业、算术、常识、英语、劳作、图画、音乐、体育等课程。

民国时期，初小开设国语、常识、算术、图音体五门功课；高小加开设公民（社会）、历史、地理、自然、劳作课程。

新中国成立后，初小设语文、算术（含珠算）、体育、音乐、图画；高年级加设自然、历史、地理、劳技课。

（二）教 材

民国时期的小学教材，一般是经国民政府教育部审定的商务印书馆印制的教材（每本书的背面都有“教育部长朱家骅”字样）。

新中国成立后至1966年，采用全国统编教材。“文化大革命”初期，1967—1968学年没有统编教材，学生学习《毛主席语录》和《为人民服务》《纪念白求恩》《愚公移山》《反对自由主义》等。1968年后，蛟洋各小学语文算术采用省编试用教材，体育、图画、音乐没有教材，只开设课程。音乐课唱语录歌、革命样板戏中的歌曲；图画课学画大批判专栏的刊头与插图等。

1980年后，采用全日制10年制教材，以后再过渡至全国统编教材，开设语文、数学、音乐、美术、体育、自然、历史、地理。后来把历史、地理合并为社会课。

1985年普及九年义务教育后，小学采用人民教育出版社出版的《品德与（生活）社会》《语文》《数学》《音乐》《美术》，福建教育出版社的《英语》《信息技术》，教育科学出版社的《科学》，上海教育出版社的《科学综合实践活动》。2011年秋季起，四、五、六年级采用福建少年儿童出版社的《海西家园》。《海西家园》主要介绍海峡西岸的特产、人情风俗、科技文化、名人逸事等，可扩大学生知识面，增进热爱家乡的思想感情。

《品德与生活》《品德与社会》《语文》《数学》，一、二、三年级的《音乐》，一、二、三、四年级的《美术》，均采用人民教育出版社的；四、五、六年级的《音乐》采用人民音乐出版社的；五、六年级的《美术》采用岭南美术出版社的；《英语》《信息技术》《劳动》采用福建教育出版社的；《科学》采用教育科学出版社的；《综合实践活动》采用上海科学教育出版社的；《海西家园》采用福建少年儿童出版社的。

此外，还有中国古代的经典文章，如《大学》《论语》的片段，《三字经》《朱子治家格言》《弟子规》、古诗词等。通过这些可以培养学生对古典文学的兴趣，学会做人做事的道理。

四、教学 教研

民国时期，小学教学以识字、背书、写字为主，教学方法都是“注入式”“填鸭式”或“照本宣科”。午晚放学前还要背书和认出用红笔写在手背上的生字（此法还可让家长验证子女有否逃学）。书背不出或违纪的学生还会被教师用戒尺打手心。

1952年，学习苏联教育家凯洛夫的教育思想，课堂上强调：组织教学；复习旧课；讲授新课；巩固新课；布置课外作业的五个环节教学方法。1961—1965年，注重“双基”（基础知识传授、基本技能训练）重视“文道结合”。1962年，根据教育部颁布的《全日制小学暂行工作条例》（即四十条）整顿教学秩序，蛟洋小学教育步入正轨。“文化大革命”期间，教学强调政治挂帅。中共十一届三中全会以后，以教师为主导，学生为主体，提倡精讲多练、讲练结合的教育方法，注重培养学生良好的学习习惯。80年代后，学区成立教研组，广大教师积极参与教研活动，撰写教育教学论文，教师教学教研水平提高。

进入21世纪，全镇小学加强校园文化建设和读书活动，促“书香校园”建设。精心设计“心育知识长廊”“蛟洋文化长廊”“经典故事长廊”“学生字画楼梯”“中华传统美德长廊”“宿舍文化建设”“食堂文化建设”等内容。2000年2月始，华家小学引导师生寻找华嵒的足迹，从华嵒生平简介，历经沧桑、孕育宗师，艺术成就、享誉全球，走进华喦、历练身心，光耀千秋、永恒纪念五个方面收集整理材料；2001年4月学校成立华喦书画室。此后，每年举办华喦书画作品展览和华喦诗歌朗诵会，极大地激发师生学习书画的兴趣，开阔师生的眼界，激励和鼓舞师生的学习积极性。2003年7月，蛟洋中心小学荣获全国青少年"走向世界的中国"读书教育活动"组织特别奖"。

2008年始，开展经典诵读活动。各校每天晨读安排十分钟诵读《三字经》《弟子规》《论语》和唐诗宋词，中心小学举行诵读比赛，"六一"节和一些大型活动用表演的形式展现诵读、经典写字比赛等，丰富学生的生活，增长学生的知识。丘坊小学重点抓好学生养成教育，关注留守儿童。

2010年始，学校承担全国教育科学"十一五"规划2010年度单位资助教育部规划课题《激发学习潜能，实现学习方式的最优化》子课题《整合快速阅读，实现语文学习方式最优化》的研究（2014年8月结题）。

2010年9月，在邹开煌的引荐之下，蛟洋中心小学与厦门同安新民中心小学结成"山海合作"手拉手共建学校。针对蛟洋中小、坪埔小学地处古蛟新城蛟洋工贸开发新区，学生流动性大、学生存在一定的心理问题，这两所学校各个教学班每周新开设一节心理健康教育课，选用同安新民中小19年的教研成果—心理健康教育校本教材《心舟》。学校德育处把每年的9月定为"心理健康活动月"，利用板报、手抄报、广播、漫画展等多种方法对学生进行信心、爱心、孝心、责任心、勇敢心"五心"心理健康教育，促进学生心理向积极健康的方向发展。

针对电脑的逐步普及，小学生当中出现写字的速度慢、质量差、错别字多等问题，学校从"抓写字教学，促作业规范"着手，把规范写字、作业规范作为一项重要实验课题。2011年秋季开始，规定写字教学进入语文课，每节课安排十分钟写字，提升学生的写字水平。经过2年多的实践，学生的作业文字规范工整，答题准确，错别字大为减少。上杭县教育局向全县各校推广蛟洋的经验。

五、思想品德教育

20世纪60年代之前，学校思想品德教育主要通过教师发掘教材的思想性，以课堂教学方式向学生进行革命传统教育，"五爱"教育（爱祖国、爱人民、爱科学、爱劳动、爱护公共财物）。1963—1966年，通过开展学雷锋活动，读雷锋日记，讲雷锋故事，师生走出校门到社会上做好事，发扬雷锋热爱人民，永做革命螺丝钉的精神。此外还通过学习英雄人物，如刘胡兰、黄继光、董存瑞、邱少云、张高谦，通过学习他们的光辉事迹，树立热爱祖国不怕牺牲的精神。"文化大革命"期间，通过学习"毛主席语录""老三篇"、开讲用会、写学习心得体会等形式进行思想品德教育。

1981—1990年，贯彻小学生守则，以"五讲"（讲文明、讲礼貌、讲道德、讲秩序、讲卫生），"四美"（心灵美、语言美、行为美、环境美），"三热爱"（热爱祖国、热爱人民、热爱中国共产党）为核心的内容，对学生进行品德教育，提高学生思想道德品质。

1991年以后，蛟洋中小主要开展"三个面向"（教育要面向现代化、面向世界、面向未来）的主题教育活动和"四有新人"（有理想、有道德、有文化、有纪律）的主题教育活动。

清明节期间，蛟洋中心小学组织学生到蛟洋革命烈士纪念亭接受革命传统教育　（中心小学　供稿）

2005年始，主要开展“著名苏区好学生”的主题教育活动。2009年10月13日中国少年先锋队建队60周年之际，胡锦涛总书记对全国少先队员提出要争当热爱祖国、理想远大的好少年；勤奋学习、追求上进的好少年；品德优良、团结友爱的好少年；体魄强健、活泼开朗的好少年时刻准备着为建设富强、民主、文明、和谐的社会主义现代化国家贡献智慧和力量。2009年后，学校主要开展“四好少年”专题教育活动。

六、小学选介

(一) 蛟洋中心小学简介

蛟洋中心小学的前身是创办于清朝光绪年间的“崇文达书院”，光绪三十一年（1905年）更名为广智小学，校址在文昌阁，一度曾迁至庵前的“延福寺”，7年后又迁回文昌阁。民国29年改名为华洋小学，新中国成立后更名为蛟洋小学。1955年，学校迁到庄背岭原区政府，1958年秋从原区政府迁回文昌阁。70年代中期，在蛟洋傅氏总祠地界新建蛟洋小学，2003年撤销学区，学校定名为蛟洋中心小学。

2013年年底，校园面积12286平方米，校舍面积5245平方米，体育场地8415平方米，学生宿舍28间，学生食堂500平方米，图书馆、阅览室230平方米，藏书量达20000多册，蛟洋中心小学图书馆是福建省农村示范图书馆，“全国先进图书馆”。还有电脑室、多媒体教室、音乐室、美术室、实验室等各项功能齐全的教室，各室仪器配备均按一类标准配备。

2009年，以高分通过福建省标准化学校评估验收，成为上杭农村第一所省级标准化学校；2010—2013年，为教育部“十二五”规划课题《激发学生潜能，实现学习方式最优化》的实验校。学校现有17个教学班，学生709人，教师57人。

(二) 华家小学简介

华家小学是一所百年老校，坐落于清代著名画家华嵒的故里——华家村。她的前身为“敬业书院”，清光绪三十一年（1905年）改为“义学”，民国29年在义学校舍开办国民学校，1949年停办。1951年在原校开办华家初小，起初为完全初小（一至四年级），1955年撤销四年级。1959年8月，1950年春创办的文都中心小学搬迁到华家，与华家初小合并，改办成华家完全小学。1961年5月，因校舍被华佳公社占用，华家小学又迁回文都（华家保留一、二年级，搬至外坎华品玉家上课）。1965年8月，华佳公社撤销并入蛟洋公社，学校再度从文都迁回华家（华佳公社办公用房退还学校，文都完小又改为初小）。1975年秋，华家小学增设初中班，称为七年制学校，华家小学改名为华家学校。1982年，取消初中班，校名恢复为华家小学。

2006年，由台湾台塑公司王永庆捐建面积为1218平方米的三层教学楼，被命名为明德小学。学校秉承明德小学“以人为本，和谐发展”的办学理念，以“明德至善，求实创新”为办学宗旨，立德树人，以德立校，促进学生全面发展。2010年，实施全国中小学校舍安全工程项目，投资71万元建成面积为593平方米的三层学生宿舍楼，从根本上改善了学生的生活条件。

该校专用教室数量充足，设施设备齐全，使学生拥有一个全面发展的天地。校园绿树成荫，花草树木、假山喷泉错落有致，布局科学合理。由华丕烈捐建的标准化篮球场是全校师生锻炼身体的好去处，学校着力建设绿化、净化、美化的校园环境，为师生的成长提供良好的校园环境。如今，宽敞的校道、鲜艳的塑胶跑道、醒目的校标、内容丰富的文化长廊、别具一格的特色化教室、

校园一角

走廊上精美的华喦书画、精心布置的华喦陈列室、校园里各种温馨提示语、名人名言相互映衬，洋溢着浓浓的校园文化气息，在潜移默化中陶冶了师生的情操、历练了师生的身心。学校面貌焕然一新。2011 年，华家小学被评为“福建省农村义务教育标准化学校”。

2013 年，学校占地面积 5842 平方米，建筑面积 3149 平方米，体育运动场地 3968 平方米，图书 5740 册，有 6 个教学班，学生 161 人，教职工 16 人，其中高级教师 13 人，一级教师 3 人，大专以上学历 12 人。

（三）丘坊小学简介

丘坊小学的前身是丘坊初小，原来开设 1—4 年级。1986 年秋升格为完小。1989 年秋因当时蛟洋乡政府设在丘坊，学校又升格为中心小学。2002 年秋蛟洋乡政府迁往蛟洋，蛟洋小学为中心小学，丘坊小学为一般完小。2013 年，有教学班 6 个，学生 160 人，其中寄宿生 101 人，附设幼儿园 3 个班，幼儿 78 人。教师共23 人，其中专任教师具有本科学历 3 人，大专学历 10 人。校园占地面积 6700 平方米，校舍面积 3557 平方米，学校有藏书 6550 册，设有 60 米塑胶跑道及篮球场各一个。实验设施、教学仪器达省一级标准，网络教室计算机 30 台，学校以“笃学、多思、敏行、进取”的办学理念，以“为学生健康成长奠基，为教师持续发展铺路”为宗旨。

丘坊小学教学楼

多年来，学校重点抓好学生养成教育，关注留守儿童。教师经常进行家访，使学校、家长、社会形成一种关爱留守儿童的良好氛围，儿童们在这温暖的大家庭里茁壮成长。

第四节　中学教育

一、学校设置

民国 27 年（1938 年）春，傅柏翠倡导创办中学，提议宣传发动群众为创办中学捐资出力；并由农村教育社负责筹建并成立教育委员会、建校理事会。经过紧张的筹建，在蛟洋村中建起了一栋面积 4800 多平方米的校舍，有体育场等活动场地，共占地 15 亩（1 公顷）。民国 28 年秋，经福建省政府批准，正式设立“私立古蛟初级中学”。民国 30 年秋，首届招生三个班：称中一组、中二组、补习班（称中几组是为了把第二届的农职班区别开来）。民国 31 年秋，招入两个班，称中三组和农一组（农业职业班）。民国 33 年夏，首届毕业生 103 人。

1953 年秋，古蛟初级中学由人民政府接管，改为公立中学，名为上杭三中，后称上杭四中，1961 年 9 月改称古田中学。1966 年 9 月，龙岩地区专员公署批准新办古田中学，原设在蛟洋的古田中学改称蛟洋中学。

1970 年秋，蛟洋中学增设高中班，1980 年高中班停办，只保留初中部。1975 年秋，华家、中村、秋竹三个小学附设初中班；1982 年，小学附设初中班停办。

2013 年，蛟洋中学校园总面积 24692 平方米，校舍面积 12999 平方米，学生 692 人，18 个教学班。

二、学 制

新中国成立以前，私立古蛟初级中学学制为三年；第二届招收的农业职业班（农一组）学制三年。新中国成立后，沿用三年学制。1969年，贯彻“学制要缩短”的指示改为二年制，且改为春季招生。1970年秋，增办高中，为“二二制”（初中二年，高中二年）。1973年恢复秋季招生。1978年恢复初中学制三年直至2013年。

三、课 程

新中国建立前及新中国建立初期，一年级开设语文（国语）、算术、政治（公民）、英语、植物、历史、地理、图画、音乐、体育；二年级开设语文（国语）、代数、政治（公民）、英语、物理、动物、历史、地理、图画、音乐、体育；三年级开设语文（国语）、几何、政治（公民）、英语、化学、人体生理解剖学、图画、音乐、体育。

20世纪50年代后期到1967年，普通初中的课程没有大变动，只是英语改为俄语，以后又恢复英语。50年代后期曾一度把语文分为文学和汉语进行教学。

1968年，开设政治、语文、数学、工业基础知识、农业基础知识、音乐、军体等7科；1972年蛟洋中学教学日趋正常，开设政治、语文、数学、物理、化学、历史、地理、外语、农基、卫生、体育、音乐、美术等科。1987年起，初中采用全国统编教材。

四、教学教研

私立古蛟中学的领导和教师都是傅柏翠从全国各地请来的，如首任女校长林念慈、继任校长陈哲人、张我武，教员袁竹秋等都是具有实干精神的教育工作者。教师教学严谨，学生尽心尽力，学生成绩很好，所以当时外地学子纷纷慕名前来就读，造就了诸如张汝骧、华敦五等许多高层次人才。

20世纪五六十年代，蛟洋中学教务处狠抓教学质量，要求各教研组制订出切实可行的教学工作计划，每个教研组每学期要组织3—5次观摩教学或公开教学活动，事后组织教师认真评教评学，肯定每次教研活动的成绩和指出不足之处。期末每位科任教师应向组长递交一篇有质量的教学经验总结或学术论文。教务处主任定期组织各教研组长、科任教师学习《教学大纲》，要求各人认真备好课和仔细批改作业，定期和不定期地举办优秀教案和优秀学生作业展览。由于学校领导、教务处、教研组、任课教师层层抓教学，有组织、有检查评比，使这些教研活动能持之以恒地开展下去，使学校的教学质量长期地处于全县同类学校的较高水平。

“文化大革命”期间，许多经过实践检验行之有效的教学方法被当作资产阶级的东西横加批判；好些有教学经验的领导、教师被打成所谓的“黑帮”“反动学术权威”；部分师生外出大串联，学校处于停课状态，正常教学秩序被打乱。

1977年，恢复正常的教学秩序，突出以教学为中心，注重研究和改进课堂教学，教学质量得到恢复和提高。

90年代始，学校深入开展教学改革，组织教师学习教育理论，研究教材教法，掌握学科教学的目的性、思想性、科学性。

2005年9月，老师罗福铭、华兆源分别承担县级课题《蛟洋文昌阁的历史现状与未来》《乡土艺术进校园》。

2007年1月8日至1月12日，蛟洋中学举办教研教学开放周。通过优秀教师上示范课，同科教师全员参与听课、评课，课后当场进行说课，听取教研室领导和兄弟学校同仁的指导，并让听课教师相互交流，全体教师上交一份说课稿等形式，提高教师的专业化水平，优化教学过程、提高教育教学质量，推动基础教育课程改革的深化。

2007年起，学校积极投身于国家基础教育教学实践，广泛开展、实施素质教育，加强校本教研、教学改革和课题研究工作。每周开教研组会议实行“四定”（定主题、定时间、定地点、定中心发言人），让广大教师转变思想观念，提高教师课堂处理、驾驭能力，提升教师的专业技术水平，促进学生的全面发展。

2010年12月，学校成功举办上杭县第九届初中课改观摩开放周。开放周的活动包含互相听课，让家长进行课堂听课，展示教改成果（包括办学成果、优秀教案、作业批改、教改科研成果、学生小制作、科幻绘画、科普手抄报）、观摩公开课、综合实践活动汇报课、分学科评课研讨交流、开展名师论坛等。

2013年1月，教师陈燕香、邓文柱等分别承担县级课题“弘扬文昌精神，开展经典阅读”“学生思想品德实践活动有效评价”；4月，校长丘志坤、教师马玉春承担市级课题“基于新课程环境下的初中地理总复习策略研究”；6月，教师邓文柱开展市名师工作室“思想品德活动式教学及其有效性研究”课题子课题——农村初中思想品德课实践活动研究，7月，教师袁松民、傅桃生分别承担市级课题“如何利用实验点亮物理教学课堂”“农村初中物理高效课堂教学策略探究”，校园充满教研教改的良好氛围。

五、思想品德教育

1961年春，学校对全校师生重点进行革命传统教育、形势教育、前途教育。采取举行小型座谈会、报告会、观看图片展览、放映有关革命斗争的优秀影片等形式，使师生们更加深刻地认识到中国革命胜利来之不易，大家更应将党的光荣传统永远继承并发扬光大。

“文化大革命”期间突出政治挂帅。1980年后，提倡“五讲”“四美”“三热爱”和文明礼貌用语等教育。1988年后，贯彻落实国家教委颁发的《中学德育大纲》和《中共中央关于进一步加强和改进学校德育工作若干意见》等，把德育贯穿于思想政治课和其他学科的教学中，形成共青团、少先队、班主任、科任教师、学校领导齐抓德育工作的氛围。对中学生开展以“五讲”“四美”“三热爱”为主要内容，以世界观、人生观、价值观为重点的思想品德教育，提高学生的思想品德素质。同时贯彻《中学生行为规范》《中学生守则》，进行基础道德和行为规范的养成教育，指导学生正确处理个人与他人、个人与集体、个人与社会的关系，用社会道德规范日常行为，在改革开放的环境中健康成长。

蛟洋中学充分发挥比邻中共闽西一大会址文昌阁、红军医院旧址、革命烈士纪念碑等地理优势，以少先队、共青团、班级为单位组织学生瞻仰这些革命圣地，进行革命传统教育和爱国主义教育。2010年清明节，祭扫烈士墓后，学生华德华、傅颖华等以《飞洒清明》《永远的丰碑》为题撰写优秀作文刊登在学校刊物《文山学海》上。

2010年12月3日，蛟洋中学组织学生干部参加蛟洋工业园区的社会综合实践活动，先后参观年产20万吨铜的紫金铜业有限公司和瓮福紫金化工股份有限公司 。通过这次活动，同学们初步了解到蛟洋工业的现状和发展前景，激发同学们学好知识、将来更好地建设家乡的热情。

2012年12月22日，蛟洋中学政治处邀请国家二级心理咨询师林盛到校为学生作心理健康教育讲座。林盛针对当前中学生心理不成熟，容易产生焦虑、孤僻、自暴自弃、逆反心理较强等心理特点，从学习、自我认识、人际交往、情绪情感、意志力和青春期等方面，深入浅出地为同学们介绍了平时学习生活中在心理上存在问题和培养良好心境的方法，帮助师生排除心理障碍，培养积极向上、快乐健康的心态，促进学生健康成长。

六、蛟洋中学简介

蛟洋中学前身为私立古蛟初级中学，民国27年傅柏翠创办于现校址。1953年春，人民政府接管学校，改为公立中学，曾先后命名为上杭三中、四中、古田中学，1966年以后称为上杭县蛟洋中学。2013年，校园面积33833平方米，校舍面积12999平方米，18个教学班，学生692人，教职工89人，其中专任教师85人，高级职称32人，中级职称53人。

蛟洋中学秉承“明礼、立德、求知、求真”的校训，发扬“严谨、务实、文明、进取”的校风，坚持社会主义办学方向，遵循“以人为本、以德育人、以质立校、科学发展”的办学宗旨；坚持“为学生发展奠基，为教师成长铺路，为学校发展谋略”的办学理念；蛟中人以“传承创新，爱国荣校，厚德笃学，敢为人先，勇创一流”的精神，争创全县一流、全市知名的农村示范性中学。

蛟洋中学电脑室

70多年来，蛟洋中学培养出近15000名初中、高中毕业生。他们之中有许多人经深造后成长为专家教授、党政军领导干部，在不同领域做出优异成绩。如福建省人大常委会副主任袁锦贵，教授张汝骧、傅先庆，高级工程师华敦五，研究员、龙岩市委宣传部副部长傅柒生，福州空军医院院长、少将陈紫榕，教授、博士生导师、厦门大学化学系主任袁友珠，福建教育学院化生系主任邹开煌，医学博士、中药学教授华碧春，主任医师华雪玲，博士雷玉秀等。90年代后，学校中考成绩连续三年（1991、1992、1993）居上杭县农村中学第一名；文艺会演连续三届（1999、2001、2003）获县一等奖；获县中学生田径运动会团体总分第一、第二名。2001年4月，学校被授予福建省“交通安全教育先进单位”；2001年12月，获省“中学文艺调演优秀节目奖”；2002年12月，被授予省“先进教工之家”称号；2004年9月，被授予上杭县“教育先进单位”；2006年11月被评为龙岩市“新课程改革基地校”；2007年11月被评为市“新课程改革先进集体”；2011年6月，被评为市“义务教育标准化学校”；2011年12月，被授予县“初中德育工作先进单位”；2012年4月，被授予县“文明学校”。

若干年份蛟洋中学基本情况表

表16-4

年份(秋季)	班级数（个）				学生数（人）				教职员数	教师数	其中			高级教师	中级教师
	合计	初一	初二	初三	合计	初一	初二	初三			公办	民办	代课		
1988	15	4	5	6	654	217	224	213	53	46	43	3	—	—	—
1994	17	7	5	5	809	346	250	213	63	57	55	2	—	—	6
2005	37	11	13	13	1983	537	717	729	100	98	98	—	—	6	37
2006	35	9	11	15	1685	434	542	709	106	102	102	—	—	13	37
2007	26	8	8	10	1292	318	437	537	99	95	95	—	—	10	39
2008	23	6	8	9	1013	260	318	435	91	87	87	—	—	17	47
2009	20	6	6	8	858	266	266	326	92	88	88	—	—	19	51
2010	18	6	6	6	791	261	266	264	89	85	85	—	—	23	51
2011	18	6	6	6	772	247	260	265	91	87	87	—	—	23	51
2012	18	6	6	6	728	222	247	259	89	85	85	—	—	24	46
2013	18	6	6	6	692	219	224	249	91	89	89	—	—	32	53

第五节　职业教育与扫除文盲

一、职业教育

民国31年（1942年）秋，私立古蛟初中创办农业职业班（简称农职班），以培养农业、林业的初级技术人才，当时招收学生18人。

农职班开设语文（国语）、公民、代数、几何、园艺学、土壤学、植物保护、林业等课程，每周还安排一天农业实践课（即从事耕田、种菜、养殖、植树造林等校外劳动）。同学们在专业教师的指导下，设立校办农场，采购各种优良作物的种子用科学的方法栽培蔬菜和进行水稻改良品种试验。当时的蛟洋群众称赞道："中学生（指农职班学生）种的包菜有篮球般大，一个足有20斤。"畜牧业方面，农场输进外地优良种猪进行配种，培养出一批批优质的肉用猪。

因生源问题，私立古蛟中学的农职班只办了一届。

1958年4月，创办蛟洋农业中学，校址在蛟洋坪岗上洋楼脚下。1958年8月迁至文昌阁，同年11月又迁至庄背原区公所。校长由蛟洋公社原党委书记卞乃秀兼任，傅增锴任副校长。开始只有2位专职教师，1961年下半年增加到5人。第一届招收学生1个班15人，1961年发展到2个班110多人。

农中的学制三年，开设政治、语文、数学、生物、农基等课程，实行半工半读。学校的农业基地由各生产队抽出，约有5亩，地点在蛟洋村老樟树对面。学校的农地全部种花生，年收干花生600多公斤。师生有时上山搞副业，晚上住在铁场的纸厂里。他们白天抬毛竹，晚上点松明火上课，纸厂的焙笼当黑板。大家还参加"大炼钢铁运动"，炼出的铁由苦竹山铁厂收购。师生的劳动收入用于改善办学条件。

由于学校做到文化学习、经济创收两不误，学校办得有声有色，1959年学校被评为县农业中学先进单位，副校长傅增锴出席了福建省教育先进单位代表大会，受到当时教育厅厅长王于耕的接见。

1961年年底，学校由于教学经费困难而停办。

1965年4月下旬，蛟洋公社复办农中，校长由蛟洋公社副书记郑霖如兼任，副校长由蛟洋中学校长王万德兼任。当时有3个专职教师，1个农业技术指导（当时任蛟洋大队党支部书记的傅大贤）。公社提供给学校1头耕牛。20亩耕地和林业基地由石庄和和蛟洋两个大队解决。学制、开设课程同此前办的农中，学生毕业后原则上回原队安排。

1968年春，蛟洋农中停办，学生合并到蛟洋中学就读。

二、扫除青壮年文盲

20世纪初，蛟洋农村青壮年识字的人很少，社会上的一些有识之士开始认识到扫除青壮年文盲的重要性，开办起扫盲班。在蛟洋暴动之前，傅柏翠着手创办平民学校、农民夜校。一方面作为宣传革命道理的阵地；一方面也向农民传授文化知识。暴动以后，又创办识字班、夜校，组织农民学习文化知识和革命道理。民国22年，傅柏翠又倡导成立农村教育社，聘请袁竹秋当主任，负责兴办农村文化教育事业。当时，蛟洋许多村都开办扫盲班、夜校。许多青壮年充分认识到不识字的痛苦，读书的劲头很足。照明用煤油灯，甚至用"松光火"（又叫松明子）；教师由读过几年书的较年轻的人担任；没有统一的教材，就套用《元初一》《三字经》，甚至用《论语》《孟子》。因为学员没有一点文化基础，再加上这些文言文深奥晦涩，课堂上常常闹出笑话。蛟洋还重视推广民俗教育。民国28年，古蛟地方协会理事会按月编制识字卡片，分发给不识字的民众习认，并随时派员考查成绩。

新中国成立后，蛟洋各村普遍办起扫盲班、速成识字班（时称"夜校""冬学"），教员由村里聘请高中、初中毕业生和寒暑假回乡的初中、高中、师范在读学生。开设的课程是认写常用字，唱革命歌曲；有些夜校还开设算术课，教授100以内的四则运算。学员中上学最积极的首推青年妇女，她们每晚很早就来到学习地点（祠堂、学校等地）。有的村由团支部组织青年男女上山砍柴，将所得收入用于夜校购买煤油、学习用品等。

1956年后，贯彻落实上杭县扫盲会议精神，组织扫盲队伍，采取包教包学，送字上门，设识字站，家具标名，田头路口、屋前屋后挂识字牌、识字卡，圩期识字等形式开展识字运动。60年代后，文盲、半文盲人数逐年减少。“文化大革命”期间，生产队改办“政治夜校”，读《毛主席语录》，唱“语录”歌。中共十一届三中全会后，贯彻“堵截新文盲，扫除旧文盲，巩固提高扫盲效果”的方针，以《成人识字课本》《业余高小语文》为教材，公社成立业余教育委员会，学区配备专职干部抓扫盲工作。

1982年，全公社文盲、半文盲人口占总人口的38.71%。据第四次全国人口普查数据，1990年，全乡有小学以上文化程度14126人，占6岁以上人口的75.19%；青壮年文盲820人。1994，全乡再次开展扫除青壮年文盲工作，教材使用县统编教材，蛟洋青壮年脱盲率达94.5%；同年，通过县教育部门基本扫除青壮年文盲的评估验收。1996年，经龙岩地区复查，全乡青壮年脱盲率达95%，通过基本扫除青壮年文盲验收。据第五次全国人口普查数据，2000年，全乡有6岁及以上人口20156人，小学以上文化程度16496人，占6岁以上人口的81.84%。2008年，新一轮的扫盲教学工作重新启动。据第六次全国人口普查数据，2010年全乡有小学以上文化程度19221人，占6岁以上人口19633人的97.90%。全乡50周岁以上人口文盲率降到2%以下，15周岁至50周岁文盲率降到1%以下。

第六节　教　师

一、队　伍

明清时期，一般的民间私塾教师地方上聘请秀才、监生等担任。民国时期，教师实行聘任制，小学校长由县政府委派，教师由校长聘请，教师主要是当地的师范、中学毕业生。

新中国成立后，人民政府对民国时期在职的教师经审查后大部分继续留用，还吸收一些中学和高中毕业生当教师。后来随着师范（普师、速师、初师）、幼师、师专、师大毕业生的分配，教师队伍得到充实。五六十年代，由于教育事业的发展，教师缺乏，就择用初高中毕业生为代课（含顶编代课）、民办教师。“文化大革命”期间师范、师专毕业生较少，师资队伍严重不足，学校招收大量的民办教师，师资结构变化较大。1979年年底，停止招收民办教师。中共十一届三中全会以后，国家重视教师队伍建设，教师通过函授、进修、自学考试，学历层次不断提高，同时加强师德、师风建设和教师业务培训，教师学历基本达标。1981年起，对中小学民办教师进行业务培训、考核，依据考核成绩，逐年择优吸收转为公办教师；凡考核不合格，不胜任教师工作的予以辞退。1996年起，蛟洋中小学结束使用民办教师的历史。

2013年年底，蛟洋镇有小学教师118人，其中小学高级教师92人；2013年，蛟洋中学有教师89人，其中中学高级教师32人，中级教师53人；幼儿教师66人，其中公办教师15人。

若干年份蛟洋中学教师获市级以上教学成果奖情况表

表 16–5

姓　名	获奖名称	颁奖时间	颁奖单位
袁松民	指导全国初中物理知识竞赛市一等奖、指导奖	1998.4	龙岩市教育局
袁松民	《“愉快教学法”初探》在“全国第八届中学物理教学改革研讨会”上评为二等奖	1998.7	中国教育学会
丘瑞清 丘泉盛	《谈历史课堂中的创新教育》	2001	中国教育学会
袁松民	《强化实验，提高物理教学效果》	2001.1	福建教育学院（CN）
袁松民	《创新实验教学，提高学生能力》在福建省中学物理教学改革成果交流会上荣获二等奖	2001.7	省物理学会
袁松民	《初中物理课堂教学的导语设计》	2002.1	中国教育学会
华兆源	全国教师书法一等奖	2002.9	全国少年儿童美术书法摄影委员会
邓文柱	《重视表演艺术在语文教学中的运用》论文一等奖	2002.12	福建教育学院（CN）
杨海华	全国化学竞赛市级一等奖指导奖	2003.5	龙岩市教育局
袁松民	物理竞赛市级二等奖指导奖	2003.5	龙岩市教育局
华兆源	《桃李争春满园》市文艺会演剧作创作一等奖	2003.11	龙岩市教育学会
丘华清	《充分利用教材新特点，努力开展体验式教学》	2005	福建教育学院（CN）
袁松民	全国初中物理知识竞赛市一等奖指导奖	2005	龙岩市教育局
傅桃生	全国初中物理知识竞赛市二等奖指导奖	2005.1	龙岩市教育局
邹春梅	市中学生思想政治小论文一等奖指导奖	2005.1	龙岩市教育局
邹松彪	全国初中化学知识竞赛市二等奖指导奖	2005.1	龙岩市教育局
华丁贤	《数学教学中实施素质教育的途径与方法》获市论文评选一等奖	2005.6	龙岩市教育局
丘建海	《浅谈在青少年中加强“以遵纪守法为荣，以违法乱纪为耻”的教育》参加 2006 年中国教育系统年度论文评选国家级二等奖	2006.12	中国教育学会
游瑞隆	指导全国初中数学联赛市二等奖指导奖	2007.4	龙岩市教育局
傅桃生	指导全国初中物理知识竞赛市二等奖指导奖	2007.5	龙岩市教育局
丘瑞清	《新课标下中学历史学笠价值的思考》参加省“我与新课程”征文比赛二等奖	2007.5	福建教育学会
胡育实	《浅谈英语阅读教学》市一等奖	2007.6	龙岩市教育局
李晓英	《农村中学英语整体教学促听力提高》市一等奖	2007.6	龙岩市教育局
傅建安	全国中小学生书画摄影作品展中学组二等奖指导奖	2007.9	全国少年儿童美术书法摄影组委会
傅炳文	《浅谈物理教学中培养学生提出问题的能力》一等奖	2008.4	福建教育学院（CN）

续表 16-5

姓　名	获奖名称	颁奖时间	颁奖单位
雷进云	全国初中数学联赛市二等奖指导奖	2008.4	龙岩市教育局
邓荣华	全国初中物理竞赛市二等奖指导奖	2008.5	龙岩市教育局
傅桃生	全国初中物理竞赛市一等奖指导奖	2008.5	龙岩市教育局
罗福铭	市第二届初中历史社会调查报告评选市一等奖指导奖	2008.5	龙岩市教育局
袁松民	全国初中物理竞赛市二等奖指导奖	2008.5	龙岩市教育局
郑　兰	《浅谈如何激发学生学英语的兴趣》市一等奖	2008.6	龙岩市教育局
邹淑红	《将信息技术融入生活》市一等奖	2008.6	龙岩市教育局
傅清华	“阳光体育与奥运同行”主题征文竞赛市二等奖指导奖	2008.9	龙岩市教育局
袁松民	《初中物理实验教学的改革与创新尝试》	2008.9	龙岩市教育局
华兆源	第五届“艺术之星”全国少年儿童美术书法摄影大赛	2009.3	全国少年儿童美术书法摄影组委会
傅桃生	全国初中应用物理知识竞赛市二等奖指导奖	2009.4	龙岩市教育局
邓文柱	《充实课堂享受学习》市一等奖	2009.6	龙岩市教育学会
黄和欣	《“漫”“慢”谈德育工作》CN 级二等奖	2009.6	福建教育学院（CN）
丘瑞清	《浅谈初中历史课堂的教学设计》	2010.11	福建教育学院（CN）
傅建安	龙岩市十一届中小学及幼儿园美术教育教学论文集 ART《浅析综合实践活动在美术课中的重要意义》一等奖	2011.9	龙岩市教育学会
李晓英	2011 年薄弱学科（初中英语）省级提高培训班教师技能比赛（微型课）展示一等奖	2011.12	福建教育学院
马玉春	龙岩市教师教学技能大赛二等奖	2012.4	龙岩市教育局
邓文柱	省第二届教学技能大赛二等奖	2012.11	福建省教育厅 福建省总工会
陈燕香	《中考文言文复习高效三策略》	2013.4	福建教育学院（CN）
陈燕香	龙岩市中小学德育论文评选《与时俱进，做一个智慧的班主任》市中学组一等奖	2013.4	龙岩市教育学会
郑丽红	福建省中小学体育优质课评选--课例：《七年级站立式起跑》二等奖	2013.9	福建省普教室
傅永煜	福建省中小学体育优质课评选--课例：《七年级站立式起跑》二等奖指导奖	2013.9	福建省普教室
华　燕	福建省中小学信息技术学科教学研讨会暨教师说课比赛一等奖	2013.10	福建省普教室
罗红英	福建省第三届初中英语新课程教学设计比赛三等奖	2013.10	福建省普教室
李晓英	福建省第三届初中英语新课程教学设计比赛三等奖	2013.10	福建省普教室

若干年份蛟洋镇小学教师获市级以上教学成果奖情况表

表 16-6

姓　名	获奖时所在学校	获奖名称	颁奖时间	颁奖单位
丘景华	中心小学	龙岩市数学课堂教学评优二等奖	2001.1	龙岩市教育局
雷国宝	中心小学	第三届世纪之星全国少年儿童美术及书法摄影教育成果辅导"伯乐奖"	2002.3	第三届世纪之星全国少年儿童美术及书法摄影艺术教育成果展组委会
傅秀珍	中心小学	首届全国语文教师语文文字基本功大赛	2005.4	全国语文教师语言文字基本功大赛评委会
傅雁红	中心小学	首届全国语文教师语文文字基本功大赛	2005.4	全国语文教师语言文字基本功大赛评委会
郭龙桂	中心小学	首届全国语文教师语文文字基本功大赛	2005.4	全国语文教师语言文字基本功大赛评委会
丘启鹏	中心小学	首届全国语文教师语文文字基本功大赛	2005.4	全国语文教师语言文字基本功大赛评委会
邹永红	中心小学	《自主探究，畅想作画》获市论文二等奖	2007.10	龙岩市教育局
丘琰辉	中心小学	市写字教学评优一等奖	2008.1	龙岩市教育局
邹潮林	中心小学	市写字教学评优一等奖指导奖	2008.1	龙岩市教育局
傅秀珍	中心小学	第八届省小学阅读教学观摩活动获听课评课优秀奖	2009.5	福建省教育厅
傅玲华	中心小学	第八届省小学阅读教学观摩活动获听课评课优秀奖	2009.5	福建省教育厅
杜灵秀	中心小学	龙岩市自制教具三等奖	2009.6	龙岩市教育局
廖来金	中心小学	指导小学生小制作二等奖	2012.11	龙岩市教育局
傅宝荣	中心小学	指导学生书画摄影一等奖	2013.1	龙岩市教育局
苏燕萍	丘坊小学	指导小学生英语讲故事一等奖	2013.5	龙岩市教育局

若干年份蛟洋中心幼儿园教师获市级以上教学成果奖情况表

表 16-7

姓　名	获奖名称	颁奖时间	颁奖单位
张宝荣	《浅谈开展结构游戏的几点体会》获省优秀论文二等奖	2007.3	福建省特级教师协会
张宝荣	美术安全评比《有趣的叶子》市三等奖	2008.9	龙岩市教育局
华　敏	教具制作《竹偶》国家三等奖	2010.11	教育部教学仪器研究所
张小芬	幼儿蜡笔画《新老师亮相》市优秀指导老师奖	2010.12	龙岩市教育局
张宝荣	幼儿蜡笔画《好大的酒缸》市优秀指导老师奖	2010.12	龙岩市教育局
张宝荣	《浅谈培养幼儿口语表达能力的几点看法》省优秀论文奖	2011.7	福建省幼儿教师培训中心
张宝荣	美术案例《美丽的窗花》市三等奖	2012.9	龙岩市教育局

二、待　遇

（一）政治待遇

新中国成立前，学校教师被称为“孩子王”，没有政治地位，有“家有五斗粮，不当孩子王”之说。

新中国成立后，党和政府重视教育，教师的地位提高，有不少教师光荣加入中国共产党，有的被选为人民代表、政协委员，有的走上领导岗位。原蛟洋中学教师袁竹秋（字仰回，北京朝阳大学毕业）1956 年 12 月当选为上杭县政府副县长。

在反右派、“反右倾”“文化大革命”等运动中，部分教师遭批斗甚至被错误处理。中共十一届三中全会后，对新中国成立后历次政治运动受打击、迫害造成冤假错案的教师落实政策，给予平反昭雪，恢复名誉，恢复工作；对达到和超过退休年龄、符合退休政策和身体健康欠佳的教师给予办理退休。1985 年，国家规定每年 9 月 10 日为教师节。此后每年的教师节，中学、学区都有开会庆祝或召开部分教师代表出席的座谈会，乡党委、政府派出领导参加会议，对选出的优秀教师进行奖励表彰，对困难教师进行慰问。

（二）经济待遇

民国前，蛟洋的私塾先生薪水微薄，以谷代薪，一般每个先生一年 30 斗至 40 斗稻谷（约 225—300 公斤），由学生家长按学生人数分摊负担。私立古蛟初级中学直到 1951 年（1953 年秋才转为公立）还是由学生交学米支付教师的薪金。当时每个学生一学期交 4 斗（约 40 公斤）学米。

新中国成立初，中小学教师曾一度实行工资分制。小学教师每月 110—130 个工资分；中学教师每月 150—250 个工资分。每个工资分折合人民币 0.22 元上下浮动（一个工资分的数值由当月的 0.5 公斤猪肉、0.5 公斤大米、0.33 米布的价值折算出来）。1956 年实行工资改革，分教师级、行政级、按级领薪（一般大型完小的校长和教导主任才能享受行政级）。小学教师月平均工资 43.22 元。普师生刚分配月薪 31.50 元；师专生 38.00 元。1960—1979 年，对教师工资进行部分调整。小学民办教师月工资 16 元；中学民办教师 18 元。1981 年公办教师工资全面提高，人均月增 7 元。1985 年实行职务工资加工龄、教龄补贴的工资制度，人均月增资 20 元左右。1987 年实行教师职务、职称工资。2006 年 7 月，进行工资制度改革，规定教师工资不低于当地相应国家公务员的工资标准，教师工资大幅度提高。2011 年，中小学教师人均月工资普遍在 3500 元以上。此外教师还享受国家公费医疗、县财政医疗补助、住房补贴及山区补贴；满 30 年教龄的退休教师其退休金按 100%发放。

第七节　设施与经费

一、教育设施

明清时期，一般借用祠堂、寺庙或富裕人士捐建的学堂为办学点，没有规范的教室，课桌椅由学生自带。民国 27 年（1938 年），傅柏翠倡议创办私立古蛟初级中学，在蛟洋村中建起一栋面积 4800 多平方米的校舍，有体育场等活动场地，共占地 1 公顷。

新中国成立后，各行政村都兴建新的学校。80 年代中后期，人口增长快，学生数也急剧增加，各村都兴起建校热潮。1989 年，华家村干群捐资建砖混结构教学楼一座。2006 年，台湾王永庆捐资 40 万，政府投入 26 万，包括各项渠道筹资共投入 650 万，到次年建成华家明德小学（原华家小学）教学综合大楼；同一时期蛟洋中心小学的综合楼及教工宿舍楼也先后建成。

1991—1993 年，实行小学义务教育，各校对危房进行全面改造，基本实现“一无二有”。同时接受省、市、县义务教育六项督导评估。学校体育设施和器材、教学仪器、图书和自然实验仪器，基本达到二类、三类学校的要求。

2013 年，蛟洋中学校园总面积为 33833 平方米，校舍总建筑面积 12999 平方米，体育运动场总面积 15521 平方米，有 200 米的环形跑道，图书馆藏书 46182 册，有计算机 155 台，计算机网络教室 2 间，教学仪器、音乐器材、美术器材都达到一类达标。

全镇 3 所完小、6 个教学点共有校园面积 54155 平方米，校舍面积 17370 平方米，体育运动场 22183 平方米，生活用房面积 8343 平方米，图书馆（室）藏书 41383 册，有计算机 230 台，多媒体室座位 130 个，实验室 290 平方米，教学仪器、音乐器材、美术器材都达到二类。

蛟洋中心幼儿园校园面积 2262 平方米，校舍面积 949 平方米，生活用房 245 平方米，体育运动场 1051 平方米，图书 300 册，计算机 6 台。

全镇中小学、中心幼儿园都建有围墙、校门。

2013 年蛟洋镇各小学（教学点）办学设施情况表

表 16-8

校　名	校园面积 (m^2)	校舍面积 (m^2)	生活用房 (m^2)	图书 (册)	体育场 (m^2)	计算机 (台)	多媒体室座位 (个)	教学仪器(类)	实验室 (m^2)	音乐器材（类）	美术器材（类）
蛟洋中心小学	12286	5245	3425	28129	8415	137	50	一	124	一	一
丘坊小学	6700	3587	2147	5540	2820	30	40	二	72	二	二
华家小学	5842	3149	1921	5740	3968	32	40	二	94	二	二
坪埔教学点	18860	2552	—	—	—	26	—	—	—	—	—
塘下教学点	2300	1190	90	864	1400	1	—	—	—	—	—
再兴教学点	4082	485	—	510	3492	1	—	—	—	—	—
中村教学点	3685	1050	760	600	1800	1	—	—	—	—	—
坪上教学点	200	56	—	—	144	1	—	—	—	—	—
再嘉教学点	200	56	—	—	144	1	—	—	—	—	—
蛟洋中心幼儿园	2262	949	245	300	1051	6	—	—	—	—	—
合　计	56417	18319	8588	41683	23234	236	130	—	290	—	—

2013年蛟洋中学办学设施情况表

表16–9

校园面积（m^2）	校舍面积（m^2）	体育			图书（册）	计算机（台）	计算机网络教室（间）	多媒体教室（个）	学校有无校门	围墙是否齐全	教学仪器达到类别	音乐器材达到类别	美术器材达到类别
		环形跑道（m）	运动场总面积（含活动场地）（m^2）	体育器材（项）									
24692	12999	200	15521	—	46182	155	2	18	有	不齐全	Ⅰ	Ⅰ	Ⅰ

二、教育经费

民国前，各姓氏房族都留有“肄资田”，收取肄资谷作为教育基金，基金的大部分由取得功名的族人收用。蛟洋民间流行这样的顺口溜：“有吃有分，秀才、监生”，指肄资谷只有秀才、举人、监生们才有资格享用。基金的小部分用来请私塾先生和资助困难学生上学。

民国时期，私立古蛟初级中学经费由古蛟区政府在税收中拨充。

新中国成立后，实行公办民助的办学方针。学生入学交学杂费，上杭县主管部门统筹，再按教师数拨给办公费，按学校规模拨给一些校舍、课桌椅维修费。一段时期，教育经费除上级少量拨款外，主要靠学校收取学杂费，乡政府从教育附加费收入中投入、村自筹和群众捐款。2001年起，国家对农村义务教育阶段贫困家庭学生就学实施“两免一补”（免收学杂费、教科书费、对在校住宿生生活补助）政策。2004年国家取消农业税后，教育经费主要靠国家拨款。

第八节　学校管理

民国时期，小学行政事务、教学业务由上杭县教育主管部门负责管理。私立古蛟初级中学，行政领导设校长一人，教导主任一人，总务主任一人；职员分设文书、教导员、会计、出纳、庶务各一人。学校的董事会专职负责集资办学，管理校产，支付学校经费，一般不干预学校行政和教学，但董事长有权任免校长，有权决定学校基本建设及一切重大兴革事宜。

新中国成立后，区乡设文教助理员。1958年蛟洋学区成立，负责行政领导和教师人事安排等工作。1966—1976年，学区由“贫下中农管理学校领导小组”所代替。1969年，成立蛟洋教育辅导站，设站长一人，业余教育专职干部（又称扫盲干部）1人。1979年恢复学区，设校长、副校长各1人。

2003年11月，学区与中心小学合并。蛟洋中心小学行使原学区行政管理职能。中心小学设校长、副校长；下设语文、数学教研组、办公室。各小学设校长、副校长、教导主任、总务主任。

中学实行党支部领导下的校长负责制，下设教务处、政治处、总务处。

蛟洋中学历任校长（负责人）名表

表 16–10

姓　名	职　务	任职时间	备　注
黄阁辉	负责人	1941	主持开办古蛟初中
林念慈	校　长	1942	
陈哲人	校　长	1943	
尹学朱	校　长	1944	
华伯岳	代校长	1945—1947	
修焕璜	校　长	1948	
张我武	校　长	1949	
林洪德	校　长	1950—1954.6	
丘善余	校　长	1954.7—1957	
刘　礼	校　长	1958—1959	
陈上信	校　长	1960—1961.7	
黄万德	校　长	1961.8—1979.7	
严　清	校　长	1979.8—1980.7	
华如生	校　长	1980.8—1982.7	
李志阳	校　长	1982.8—1986.7	
傅青福	校　长	1986.8—1989.7	
温文荣	校　长	1989.8—1993.7	
蓝　蔚	校　长	1993.8—1994.7	
华彩勤	校　长	1994.8—1998.12	
张长风	校　长	1999.1—2003.7	
张佛新	校　长	2003.8—2009.7	
丘志坤	校　长	2009.8—	

蛟洋学区（教育辅导站）主要负责人名表

表 16-11

姓　名	职　务	任职时间
华雨谟	学区校长	1958—1969
袁建勤	教育辅导站站长	1969—1979
袁建勤	学区校长	1979—1982
刘金龙	学区校长	1982—1985
邹耿民	学区校长	1985—1997
邹潮林	学区校长	1997—2003.11

蛟洋中心小学历任校长名表

表 16-12

姓　名	性别	任职时间	姓　名	性别	任职时间
吴绍监	男	1935—1936	袁建勤	男	1969—1970
李宝希	男	1936—1937	陈汉书	男	1970—1972
吴宝增	男	1937—1938	张林丕	男	1972—1975
郭上平	男	1939—1940	丘阳生	男	1976—1978
袁竹秋	男	1941—1943	袁兆棠	男	1979—1980
黄人熙	男	1944—1946	郑永生	男	1980—1981
杨仞冈	男	1946—1948	傅骏蛟	男	1981—1985
傅翔乾	男	1948—1950	傅碧宁	男	1985—1991
陈志源	男	1950—1951	邹文辉	男	1991—1992
黄万德	男	1952—1954	傅永康	男	1992—1993
廖河南	男	1954—1955	彭春辉	男	1993—1995
华发忠	男	1956—1962	郭守祥	男	1995—2001
谢荐江	男	1963—1964	邓庚炘	男	2001—2003
袁俊天	男	1964—1966	邹潮林	男	2003—2012
袁世权	男	1966—1968	邹永红	女	2012—
张林丕	男	1968—1969			

文都中心小学、华家小学历任校长名表

表 16–13

文都中心小学		华家小学	
姓　名	任职时间	姓　名	任职时间
华文薰	1950.1—1952.8	何占湘	1958.9—1961.8
陈志源	1952.9—1955.8	傅松荣	1961.9—1962.8
傅恩林	1955.9—1958.8	华雨谟	1962.9—1965.8
		华林丕	1965.9—1968.8
		陈汉书	1968.9—1974.8
		黄仁岳	1974.9—1984.1
		林柏鲜	1984.2—1986.1
		丘福增	1986.2—1986.8
		丘宇清	1986.9—1991.8
		郭守祥	1991.9—1994.8
		华如林	1994.9—1996.8
		张启明	1996.9—1997.8
		丘琰辉	1997.9—2007.8
		邹增明	2007.9—

丘坊小学历任校长名表

表 16–14

姓　名	学校名称	任职时间
华雨谟	丘坊初小	1965—1969.8
袁建勤	丘坊初小	1969.9—1982.8
丘宇清	丘坊初小	1982.9—1986.8
赖彬芳	丘坊小学	1986.9—1989.8
邹潮林	丘坊中心小学	1989.9—1992.8
邹文辉	丘坊中心小学	1992.9—1994.8
丘启荣	丘坊中心小学	1994.9—1997.8
华如林	丘坊中心小学	1997.9—1998.8
邓庚炘	丘坊中心小学	1998.9—2001.8
丘大卿	丘坊中心小学	2001.9—2003.8
丘大卿	丘坊小学	2003.9—2010.7
袁向阳	丘坊小学	2010.8—

第十七章　文　化

蛟洋文化源远流长。已发掘面世的夏商时期网络格纹陶片，显示出古越族创造的古文化印记。宋元以后，随着客家人从中原南迁，中原文化与土著文化、畲族文化逐步融合。明清时期，随着教育的发展、科举制的推行，文人士子队伍不断壮大。清康熙至道光年间（1662—1850年），蛟洋涌现文进士张国宝、华时中和一批举人秀才；华喦等乡民，不固守本乡本土，赴杭州、扬州等地拜师学艺；他们不断接受中原文化和江浙文化的熏陶和洗礼，吸取中华文明的乳汁，取得巨大成就。其中，华喦成为诗、书、画“三绝”的伟大艺术家，中国画坛的一代宗师。

民国时期，毛泽东、朱德等无产阶级革命家到蛟洋从事革命活动的同时，传播先进文化，对蛟洋文化的发展起重要作用。傅柏翠留学日本回乡后，在积极创办学校发展教育的同时，重视文化事业的发展；他组建话剧团、恢复俱乐部、上演“文明戏”；结“鸡声诗社”，以文会友。蛟洋出现文化繁荣的局面。

新中国成立后，先后设立文化站，建立有线广播站，组建电影队，蛟洋的文化事业不断初步繁荣发展。“文化大革命”期间，文化事业受到严重冲击和破坏。中共十一届三中全会后，文化机构逐步健全；文化活动中心（站）、影剧院、歌舞厅、农村图书室、老年活动室、老年俱乐部等文化设施不断完善；文化事业呈繁荣景象。

第一节　民间文艺

一、民间文学

（一）民　歌

民歌又称山歌，蛟洋民歌是用客家方言的口头文学，具有客家人的语言特色，乡土特色和浓厚的生活气息，在群众中世代相传。民歌的歌词主要是七字一句的“四句头”山歌，一、二、四句押韵，通俗高亢、音调宛转、节奏优美。民歌手广泛运用“比”“兴”的修辞手法，通过形象的比喻、恰当的夸张达到很好的艺术效果。优秀的山歌手大多即兴演唱，只用一句“风吹竹叶皮皮青”开头，一气可以唱出六七十首内容、情调不同的民歌。山歌中也有一种叙事式的连歌，歌词较长，如《十八姐过田塍》等。土地革命战争时期，蛟洋人民创作了不少革命民歌，内容有劝郎当红军、拥军优属等。

传统的民歌题材以抒发男女之间的爱情为主题，亦有控诉封建婚姻、阶级压迫等，内容丰富多彩。

山歌的演唱形式有单唱、对唱等。有时男女在山上砍柴、田间看水，兴趣所至便对唱起来，也有越唱越近，竟然是一对夫妻！

新中国成立后，人们经常利用民歌宣传中国共产党的方针政策，法律法规，宣传男女平等、尊老爱幼、计划生育、改革开放等。

2012年，上杭县举办民歌大赛，再兴村的代表张著贵和张春连，获得民歌演唱一等奖。

（二）童　谣

蛟洋童谣具有童谣、客家童谣的基本特征，又有蛟洋地方特色。它以客家话中的古蛟语为创作、演唱语言，强调格律和韵脚，取材于日常生活事物，通常以口头形式流传；具有句式多样、声韵活泼、情趣盎然、意境清新、朗朗上口，易记易传等特点；表现手法有拟人、对答、比喻、夸张、联想、排比等。它往往以奶奶教孙儿、母亲教儿女，一代一代往下传。吟唱中，优美的旋律、和谐的节奏、真挚的情感、神话般的意境，给儿童以美的享受和情感的熏陶。童谣为儿童的启蒙诗歌，在开发儿童智力、激发儿童的想象等方面起重要作用。

（三）故事传说

蛟洋的民间故事传说，以口头叙述的形式流传，题材广泛、内容多样、富含哲理。

塘厦的邹子春，勇斗狗头公王，中村的张攀龙侍卫，华家的华嵒、念基三伯、白果树精，丘坊的通立师傅，七星井、水牛精、乌油缽等故事；毛泽东、朱德等革命家在蛟洋的故事，蛟洋村傅柏翠的故事等，深受老少喜爱，广为流传。村民在茶余饭后，月明之夜，三五成群聚集在一起，讲故事，听故事，说笑话，谈笑风生，忘却和消除一天的疲劳。

（四）谜　语

民间猜谜活动俗称“打典哩”。谜语通常分“谜面”和“谜底”两部分。谜面是将谜底的特征用非常概括的几句话说明（相似于有押韵的四言、五言、七言诗）；谜底是指所猜中的东西（通常指物品或字）。如谜面“爬篮般大，爬篮般圆；拿来一称，冇（无）一钱。（打一物）”，谜底是“蜘蛛网”。谜语还有“格”，如“卷帘格”“徐妃格”等。猜谜时按谜面上提示的“格”去猜，可事半功倍。旧时，蛟洋地区的道士“开花园”（道教的一种法事活动），到后面的一段时间就有猜灯谜活动，猜对了的给些米粄等物作奖品，猜者兴致盎然。新中国成立后，这一活动仍为许多人所喜爱。

蛟洋流传的谜语，有的为当地人士创作，有的从外地传入，其中如谜底为蜘蛛网、连登科甲、吸水烟筒、“翠”字、“晶”字等谜语，贴近生活，生动形象，通俗浅显，阅（猜）后，余味无穷。

（五）民间熟语

蛟洋流传的民间熟语有谚语、歇后语。

谚语内容丰富，有的反映人情世态和社会生活，如“唔系（不是）亲生唔系姨，壁上画马唔好骑”“山中也有千年树，世上难逢百岁人”；有的总结人类对自然规律的认识，如反映气象类的“朝霞雨，晚霞晴”“初一落雨初二散，初三落雨到月半”；有的反映时令节气类的如“雨打秋头，冇（无）秆供（喂）牛”“立冬小雪，做饭冇停歇”；有的总结人类日常生活和生产经验的，如：“子女不读书，不如养大猪”“学懒三日，学勤三年”。这些谚语含义深刻、短小精悍、生动形象、富含哲理，在群众中广为流传。

歇后语可分为前后两部分：前面叙述事情、现象；后面指出结果、实质。如“老鼠入风箱——两头受气”“猫公抓到糍（糍巴）——唔脱爪”。歇后语因其具有浓郁的生活气息，幽默风趣，为蛟洋人民所喜爱。

二、民间音乐

（一）十　番

十番又名“十班”，即农村的器乐演奏组织，它的演奏形式多为坐姿。基本乐器有竹笛、洞箫、琵琶、三弦、扬琴、二胡、大小嗙（pàng）胡、吊龟（头弦）、秦琴（亦称六角琴、鼓子琴）、筝、夹板等。20世纪80年代后，有的班子还增加电子琴、吉他等西洋乐器。笛子为领奏乐器，掌板者指挥、掌握节奏。与十班相配套的打击乐器有碗锣、小钹、铜钟、碰铃等。蛟洋的十班音乐除了坐姿演奏外，在迎神扛佛、婚丧喜庆时也有边行进边演奏的。乐队在进行比较正规的演奏时，在开头或结尾一般都有演奏《八板头》。

十班音乐的“串曲”代表曲目有《南词》《北调》《过江龙》《春串》《刮耳风》《关公巡城》《状元游街》《迎仙客》《渔家思》《八角楼》《上上尺》《麻姑晋酒》《赏花》《水波浪》等；民间小曲有《十二月古人》《瓜子仁》《十月怀胎》《卖杂货》《补缸》《九连环》《洒金扇》《螃蟹歌》《姑嫂看

灯》《孟姜女》《凤阳花鼓》《湘子化斋》《大小争风》《闹五更》《割韭菜》《排十字》等。20 世纪 80 年代后，乐队也经常演奏一些传统的经典的歌曲，如《走进新时代》《春天的故事》《十送红军》《南泥湾》《红梅赞》《为了谁》《天路》《我的中国心》《敖包相会》《茉莉花》《九九艳阳天》《阿里山的姑娘》等。

十班音乐在蛟洋地区还有一个称谓叫俱乐部。每个村喜欢弹唱的人集中起来组成一个俱乐部。苏维埃时期，大部分村建立俱乐部。“古蛟自治”时期，恢复俱乐部，逢婚丧喜庆，组织乐队参加。新中国成立后一直延续。20 世纪 90 年代后，上级文化部门重视农村文化建设，拨款村级购置一些乐器。每遇村里迎神扛佛、春节喜庆、结婚、乔迁、欢送新兵入伍，俱乐部往往提供免费服务。进入 21 世纪，俱乐部班子有蛟洋、再兴、丘坊、华家、中村、小和等村较活跃。但俱乐部成员大都是六七十岁的老人，年轻人不愿学习乐器演奏，俱乐部后继乏人。

民间十番音乐爱好者代表性人物主要有：下道湖村的邹椿祥，通过扬琴七级考试；蛟洋村的傅钖嘏，通过二胡七级考试；蛟洋村的傅国祯，五音鼓乐领班；丘坊村的丘如寿，丘坊民乐主持人；再兴村的张天福，龙岩市音乐家协会会员，客家木偶文化艺术研究会常务理事。

（二）五音鼓乐

五音鼓乐蛟洋俗称“鼓手班”，它起源于明末清初，为乡间民俗祭祀、庙会、婚丧喜庆所用之民乐，是广大群众喜闻乐见的民间乐器演奏形式。主要乐器是唢呐，蛟洋人称之为鼓吹。五音鼓乐每班 6—8 人，唢呐主奏，分上手、下手，民族管弦乐器协奏。演奏的曲牌大多是民间小曲、汉剧西皮、二黄声腔以及各种串调，适合于婚、寿、乔迁、丧事活动演奏。喜事吹奏《郭子仪拜寿》《天官赐福》等；丧事吹唱《三十六哭》《八角楼》《唐太宗游地府》《焦赞祭主》等。代表曲目有十番音乐用的串调和民间小调。鼓乐班属职业性的音乐组织，一般在人们婚丧喜庆时受雇演奏，亦常在传统节日或迎神打醮时演奏。蛟洋较早期的鼓手名师当推再兴村的张松林（小名照目三），他的唢呐吹得炉火纯青，张荣昌（小名昌子头）吹小筒甚为有名，他们都是上杭北部名重一时的鼓手师傅。他们的徒弟中村人张榕庆（小名李妹子）张林庆（小名婢婆）兄弟都是鼓手名师。现在张长林（榕庆之子）尚能继承父辈的技艺。21 世纪初，活跃在蛟洋范围内的鼓手班子有蛟洋村傅国祯的鼓乐班。该班艺人认真敬业，古典、现代乐曲都演奏得悠扬、悦耳。

（三）竹板歌

竹板歌系用客家方言演唱故事的一种民间曲艺。旧时竹板歌的演唱者多为走村串户的乞丐或盲人，故亦称讨食歌。歌词多用七字句，四句为一段。它在说唱时带有竹板伴奏，歌曲悠扬、动听。一般由一人或一男一女演唱。传统的伴奏乐器为四块竹板，双手分执，有单击、联珠、拉锯、刮板等击板手法，音色清脆悦耳，偶尔还加一把二胡伴奏。演唱内容分短歌和长歌：短歌以互不关联的单首为主，多为祝贺吉祥如意的话语；长歌以叙事体的有人物、有情节的长篇故事为主。传统节目有《赵玉麟》《梁山伯与祝英台》《十里亭》《十劝郎》《十劝妹》《排十字》《倒十字》《佛教劝世文说唱》等。新中国成立后，人们给竹板歌注入了新的内容，用竹板歌宣传党的方针政策，宣传计划生育，歌唱家乡新面貌等，增强了宣传效果，深受人们的喜爱和欢迎。

（四）口 哨

蛟洋有些群众有吹口哨的天赋，他们能用口哨随意吹出各种乐曲，从古典到现代，无所不能。再兴村的张周南（已故）用口哨仿唢呐吹奏可以假乱真；他吹口哨模仿鸟雀鸣叫，惟妙惟肖，十分逼真。

（五）树叶吹奏

树叶吹奏是一些民间艺人的特技。他们随便摘一片树叶便能吹出十分动听的歌曲。一般较薄、有弹性的冬青树叶是树叶吹奏的首选材料。塘厦村人邹开煌（福建教育学院教授），对树叶吹奏艺术深有研究。2012 年 6 月 25 日，他代表福建省合唱协会和省电力公司合唱团参加中央电视台音乐频道《歌声与微笑》栏目录制，他用树叶吹奏了《土楼欢歌》获得满分，为福建队夺得“微笑杯”作出贡献。2012 年，他到四川、浙江、广东、福建的50多所中小学上了50多节树叶吹奏课，让中小学生感受树叶演奏艺术的魅力，深受各校师生欢迎。

三、民间戏剧

（一）木偶戏

木偶戏俗称“傀儡戏”，属于提线木偶的一种，明初由浙江传入上杭白砂水竹洋，不久再传入蛟洋。木偶戏分“高腔班”和“乱弹班”（蛟洋人叫“乱台班”）两种。蛟洋境内的主要是乱弹班。清末民初，仅崇头村就有三个班子：丘茂猷（猷巴头）的“福生堂”，他的一口老生唱得出神入化；丘际熙（土古妹）的“福茂堂”，他擅长红净及丑角唱腔；丘琅章的“福兴堂”。丘茂猷的二子丘建贞继承父辈的技艺，新中国成立后，仍然从事木偶戏的演出。再兴村的木偶艺人张万芬（字柏仁，小名凤祥细）在白砂塘丰人“永福堂”戏班搭班，他的提线、唱腔都有很深的造诣。可惜丘际熙、张万芬都后继无人。2013年，蛟洋范围内已没有一个完整的傀儡戏班，只有丘坊的丘作明、丘如寿，再兴的张天福等人还有参与木偶戏的演出。

（二）业余汉剧

20世纪五六十年代，蛟洋各村掀起了排演汉剧的热潮，许多较大的村都办起了业余汉剧团。丘坊村的业余汉剧团基础最好。1961年，村人捐资聘请连城新泉汉剧团的“花旦四”来村教戏。主要学员有丘作明、丘胜祥、丘荣亨、丘如寿、丘启坤等。他们用冬闲的时间学戏，大家从戏剧锣鼓、内台音乐、外台表演学起，按部就班。由于教者认真，学者刻苦，一年时间下来，他们学会了《忠义节》（又名《开封府》），《高旺进表》《打金枝》《秦香莲》《太子过关》等剧目。他们到周边村庄演出都获得好评。饰《高班进表》中高旺的老五（丘志一）一口大花，获得观众交口称赞。再兴村的业余汉剧团由木偶艺人张万芬、俱乐部负责人张材增导演。他们演出了《陈姑赶船》《刘唐剑招亲》等剧目。1964年，再兴以《刘唐剑招亲》参加白砂的文艺会演（那时华佳公社属白砂工委）。当演到“查关”一旦一丑对唱《闹五更》时，全场观众鸦雀无声。事后张万芬获得丑角演出奖。小和村的业余汉剧团演出过《珍珠塔》（书生方卿与陈翠娥的恋爱故事）。1966年正月初三日，蛟洋村在庄背岭（原区公所广场）演出小汉剧《三月三》。

（三）其他地方戏

蛟洋还有一种民间剧种，确切的名称待考。此戏多为古装，道白用梅县“官话”，唱腔主要用《南词》《北调》，只有《化斋》用《六韵南词》。戏剧的主题多是劝善、孝顺父母、家庭和睦、少年立志、奋发图强等。

20世纪40年代，再兴下村以张思强（字材沂）为导演，排练《苏文表借衣》《韩湘子化斋》《大小争风》《补缸》《卖杂货》《凤阳花鼓》《姑嫂看灯》《道忠劝友》《十月怀胎》《倒十字》《堂上活佛》和滑稽剧《镜中人》等。他们还结合打船灯到文都、陈坊、陈洋、暖水一带巡回演出。名丑张树錞（小名松树子）的精彩演技博得观众的阵阵喝彩。新中国成立初期，剧团又加进一些自编自演的曲目，称之为“文明戏”，如《补缸捉特》《不识字的痛苦》以及宣传男女婚姻自由的戏曲。蛟洋、中村、文都、华家、丘坊、塘厦等村亦组织演出过一些节目。1966年，蛟洋的剧团演出了宣传婚姻自主的现代剧《柳树井》。

四、民俗舞蹈

（一）船　灯

清同治光绪年间（1874年前后），蛟洋境内才有“打船灯”的活动。船灯用竹片或木条（21世纪后，多用铝合金管焊接）制成船的形状（无底），长约3米，宽约1米。船身用布或彩色纸粘贴，画上各种图案，装扮得甚为华丽。有些村的船灯还有专门的名号，如再兴的叫“访曲江”，中村的称“自在行”，华家的谓“武陵春”，多数为两人操纵，艄公在前，艄婆在后。艄公双手用桨，艄婆一手持桨，一手握扇，两人各用一条红巾扛起船身。因为两人扛着船，表演起来手脚的动作会受一些限制；还有一种三人的船灯，中间一人藏在舱内，由他负责扛船，艄公艄婆便可表演自如了。打船灯的固定歌曲是《渔家思》，它有四段歌词，包含春、夏、秋、冬四景，每景走戏台一个角，艄公艄婆作有规律的前进后退，表示行船。四景唱完可插唱《十二月古人》《瓜子仁》等小调，一般走船约半个小时。走船完毕往往再演《凤阳花鼓》《洒金扇》等小戏。至2013年，蛟洋、中村、丘坊、再兴、文都、华家、塘厦等村都有打船灯的活动，大都在春节、元宵等节日举行，有时还到附近村子交流。

再兴村制作的船灯（再兴村 供稿）

（二）马 灯

民国38年（1949年）春节，再兴村人张博文、张锡炘、张树勋等组织马灯表演。马灯用竹篾编成马的形状，糊以彩色纸，然后捆绑在表演者身上。选择13—15岁男女孩童各5人组成马灯队。表演者左手持缰绳，右手握马鞭，马腹内装着灯火。表演马灯舞主要是进行队形、队列的变换，通过兜圈、交叉穿插、对角穿插等方式进行队形变化，再配以静板乐伴奏和配合马蹄声、马匹鸣叫等音响效果。演员们不断拉扯缰绳、挥动马鞭，使马做出点头跳跃各种灵巧的动作。演员们在音乐的伴奏下演唱《十月怀胎》《九连环》等小曲。

（三）出花灯

秋竹、丘坊、再兴等村有出花灯的活动。组织花灯的负责人要在10天—15天之前分派有做花灯技艺的人制作花灯。灯的骨架用竹篾编就，外面糊上彩色纸张。六七十年前的花灯点的是油鞭（一种像敬神的油烛一样的物品，它不易被风吹熄）。主要的花灯有八角琉璃灯、走马灯（分里外两层，用热空气推动外层旋转）、飞机灯、白鹤灯、狮子灯、鲤鱼灯（两条鲤鱼各做成半圆形，首尾相接，擎灯之人不断转动把柄，宛如两条红鲤鱼追逐嬉戏）。各色花灯夜间点上油鞭，几十米长的队伍，灯火辉煌，鞭炮齐鸣，场景蔚为壮观。进入21世纪后，出花灯活动仍举行，但油鞭已改用手电及应急灯。

（四）迎古事

迎古事为蛟洋农村的一项游行活动。其间，选择适当人员化装成（多半是古装）戏剧人物参加游行。主要有《唐僧师徒过西天》《梁山伯与祝英台》《珍珠塔》《西厢记》《渔、樵、耕、读》《刘海戏金蟾》《财神戏虎》《魁星点斗》《和合仙扛双钱》等。行进中，演员们还有表演相关的戏剧情节，丑角刘海不停拉扯金钱与三足蟾蜍嬉戏；猪八戒舞动钉耙、晃动大耳朵引逗观众发笑。

（五）犁 春

犁春，又叫“犁春牛”。再兴村民每逢立春晚上都举行犁春活动。犁春由三人表演：一个中年农妇牵牛；一个十五六岁的女孩，一头挑牛吃的草料，一头挑送饭的饭篮；掌犁者是犁春的主角，他右手扶犁，左手驱赶头戴大红花、事先选好的耕牛。他丑角打扮，头戴破斗笠，唇挂八字胡，每到人多处便做出种种滑稽动作逗人发笑。犁春时还往往伴随迎古事、出花灯、船灯等活动。2013年的犁春活动实况，福建电视台、东南电视台、龙岩电视台都进行转播。

（六）舞 狮

蛟洋村、再兴村都有开展舞狮活动。舞狮可分双狮、单狮、青草狮几种。双狮由二人组合而成：一人擎狮头；一个牵狮尾。单狮只有一人掌控。蛟洋一带均属双狮。

舞双狮前台由4人操作，一人擎狮头、一人牵狮尾、一人扮猴子、一人扮大头禾。后台锣鼓三人，一个掌鼓、一个打锣、一人击大钹。狮锣鼓一般分紧板、慢板两种锣鼓点，紧板紧促；慢板舒缓。先打紧板，狮子按鼓点的快慢进行舞蹈。进入“驯狮”阶段改用慢板，大头禾手持一支小扫帚（代表灵芝草）与狮子“梳理鬃毛”“搔痒”。狮子也和大头禾嬉戏。有时大头禾骑在狮子背上，有时狮子把大头禾掀个四脚朝天。到猴子上场，舞狮就进入了高潮。猴子狡猾，大头禾憨厚，每次较量，大头禾输多赢少，引来观众阵阵笑声。

舞狮完毕，进行“练打”（兵器格斗）。他们用的兵器主要有耙头、钩刀、铁尺、藤牌等。开头由耙头对钩刀或钩刀对铁尺。打到精彩处，刀光闪闪，甚为惊险。藤牌状如农民用的斗笠，中间有一把柄便于抓握。藤牌手右手握短刀，左手持藤牌。高明的藤牌手，能把整个身子缩进藤牌内，像一阵旋风向前滚动，滚入骑兵阵内，专砍敌方马足，使敌骑兵闻风丧胆。

舞狮有许多行业的规矩，如到外村演出先拜祠堂；两狮相遇，狮头低伏，锣鼓轻击；如狮头高举，鼓声大作被对方看作是挑衅，往往引起斗殴。

蛟洋村的舞狮队到过连城朋口傅家墙，为傅氏大始祖傅正先扫墓时表演。再兴舞狮队传人张焕梁。

第二节　文化娱乐

一、设　施

新中国成立前后，蛟洋群众运用住房众厅或露天大坪搭起舞台（固定的戏台称“千年台”）以作演出之用。民国9年（1920年）苏康村民在苏康的石岗上建千年台一座。1967年，再兴村民拆去本村水口的天后宫，将砖瓦木料在桥墩头建土木结构礼堂一栋，有840个座位。以后礼堂成危房被拆除。1970年，华家村人在凹背建土木结构礼堂一座，座位1000多个，以后被拆除。1976年，蛟洋村人在坪磜前建砖木结构大礼堂一座，座位1444个，当时属全县最大的影剧院。1979年，蛟洋公社驻地（设在丘坊村）左侧建砖木结构大礼堂一座，座位1200个。

2003年后，上杭县文化部门给各行政村都有拨款（每村2万—3万元），给各村建老年活动室和农家书屋之用。蛟洋、华家、丘坊、中村、塘厦、再兴等村都在村部设老年活动室和农家书屋，备有扑克、麻将、棋类、乒乓球台、乐器、图书、报纸杂志，村里安排离退休人员值班，定期开放，认真管理。

2007年9月28日，蛟洋乡桃源村在村部设立“三农”书屋。福建移动公司上杭分公司为“三农”书屋赠送1000多册价值一万多元的图书。该书屋面积124平方米，配备桌椅灯光等设施，每逢星期六开放，供村民阅读借阅。

二、主要活动

（一）乡村演出

抗日战争时期，古蛟地区组建话剧团，深入各乡村演“文明戏”，如《松花江上》《打杀汉奸》等节目，以唤起民众抗日救亡的爱国意识。

民国38年正月，再兴村的船灯和剧团到陈坊、陈寨洋、暖水里演出。该村剧团和船灯队1950年正月到文都村演出；1970年正月到小和等村演出；1968年春节，再兴俱乐部在本村学校礼堂演出活报剧《白宫寒》；每隔两三年，举行一次“犁春牛”活动和出船灯庆元宵演出。

1958年，随着“大跃进”形势的需要，成立蛟洋公社文工团，从各个大队抽调了有一些文艺基础的男女青年各10名，由蛟洋中学音乐老师陈永胜作导演。他们排练了歌话剧《鼓干劲、争上游》，舞蹈《炼铁舞》等。1959年2月初，他们在公社礼堂用这些节目欢送应征入伍的新兵。

1964年春节，再兴村业余汉剧团《太子过关》参加白砂工委举办的文艺会演，张万芬（柏仁细）获优秀（丑角）演员奖。

20世纪60年代中期，蛟洋、丘坊、华家、丰年、崇头等村先后排练了演出京剧《沙家浜》《红灯记》《智取威虎山》等。1966年正月初三，蛟洋村业余汉剧团在庄背岭小广场演出小汉剧《三月三》；同年5月演出歌话剧《柳树井》。

“文化大革命”期间，各村的毛泽东思想宣传队都有演出现代京剧、小型歌舞、相声、快板、三句半、活报剧等节目。

1972 年正月，丘坊村业余汉剧团到再兴村演出《忠义节》《打金枝》等节目，受到观众好评。

秋竹村业余汉剧团演出《大闹开封府》《血手印》等节目，还到蛟洋、大禾坑、白砂等乡村演出。

2007—2011 年间，在每年的上杭县（东北片区）农民文化体育节上，蛟洋镇文化站每年都组织人员自编、自导文艺节目参加文艺会演。先后创作了舞蹈音乐剧《喜着今日新蛟洋》、快板音乐剧《蛟洋发展真是快》、舞蹈《采茶扑蝶》、快板小品《婆媳情》、快板音乐剧《今年农民运动会到我乡》，深受广大领导、群众喜爱与好评。

1970 年蛟洋公社文艺队下乡巡演剧照

2010 年 10 月，上杭县第二届客家民俗文化大赛中，再兴张著贵、张春连获得“山歌演唱比赛优秀山歌手”称号。

（二）中小学文艺活动

蛟洋中小学十分重视开展文艺活动。有时师生同台演出，博得观众好评。1950 年夏天，丰年召开物资交流大会特邀文都中心小学师生演出《花棍舞》《青春舞》《新小放牛》《夸老公》等节目。蛟洋中心小学演出过《结婚》《沃老大娘看伤兵》等节目。2003 年，蛟洋中心小学《为了这面流动红旗》获上杭县文艺会演一等奖；2005 年，中小音乐舞蹈诗《山乡古娃》获县文艺会演一等奖；2007 年，蛟洋中小选送音乐舞蹈诗《火车来了》获县文艺调演一等奖；2009 年，蛟洋中小选送关于学生习惯养成教育为主题的节目《电话情深》获县文艺会演一等奖；2009 年和 2010 年，蛟洋中小学生张嘉俊参加县、市、省个人表演唱均获得一等奖，并代表省到北京参加全国演唱赛，荣获该组织的最高奖项“金娃奖”，为蛟洋中小增添了荣誉。2011 年、2013 年县文艺会演中，蛟洋中小选送的《猫鼠之夜》和《快乐课间》分别获得一等奖和二等奖。

新中国成立初，蛟洋中学先后演出打腰鼓、歌剧《兄妹开荒》《鸭绿江上》《血泪的控诉》《苗青青》《一支钢笔》；舞蹈《采茶扑蝶》《南泥湾》《垦春泥》《青春舞》《空军舞》《红军舞》等。前四个舞蹈曾在 1953 年 6 月古田竹下召开的物资交流大会开幕式上演出。1979 年国庆 30 周年时，蛟洋中学教师丘如寿创作的小歌剧《送鸡记》（1929 年蛟洋革命群众杨冬冬送鸡给毛委员补身体，毛委员却叫通讯员把鸡送到石背红军医院为伤病员养伤）。此剧获上杭县剧本创作一等奖；饰群众的演员，蛟洋中学女教师张维兰获演员奖。1999 年 11 月 6 日，蛟洋中学文艺队创作的、反映老区妇女当年慰问、欢送红军的表演唱《一篮鸡蛋送红军》，参加上杭县首届校园文化艺术节演出获一等奖；次日参加龙岩市第三届校园文化艺术节会演，又获一等奖。2001 年蛟洋中学创作的表演唱《悠悠山歌红土情》，参加县、市校园

《一篮鸡蛋送红军》剧照（蛟洋中学供稿）

《山歌悠悠红土情》剧照（蛟洋中学供稿）

黄淑芬、邹雪舒演唱剧照（蛟洋中学供稿）

文化艺术节演出之后，于2001年12月3日被选调参加省教育厅、文化厅联合举办的“红艺术进校园经验交流研讨会暨文艺调演”并获优秀节目奖。2002年，蛟洋中学学生黄淑芬、邹雪舒获龙岩市歌手演唱一等奖。2003年，蛟洋中学表演唱《桃李争春春满园》获县文艺会演一等奖。学校获县中学文艺会演创作奖；学生张国娟、邹雪舒、黄丽敏获市优秀演员奖。2005年，蛟洋中学《背篓》获县文艺会演二等奖。

（三）节庆活动

2001年“七一”前夕，乡党委在中共闽西“一大”会址蛟洋文昌阁前，举行隆重纪念建党80周年大型文艺会演。全乡7个单位的文艺代表队参演，观众3000余人观看演出。市、县电视台拍摄制作电视新闻片《文昌阁畔颂党恩》，在省、市、县电视台播放。

2012年10月19日，蛟洋镇举行“舞动新城·喜迎十八大”广场舞大赛。比赛结果：一等奖，蛟洋、再兴、丘坊；二等奖，塘厦、梅坝、坪埔；三等奖，下道湖、华家、中村、桃源。

（四）外来剧团演出

民国34年农历十一月，丘坊妈祖娘娘换袍，请广东汉剧团来演古装汉剧《庄子扇坟》《大香山》等剧，三天三晚观众约5000人次。

1950年春，上杭县电影队到蛟洋中学操场放映两部纪录片：《普天同庆》（开国大典盛况）《人民的新旅大》（旅顺、大连），观众约700人。大部分群众、中小学生第一次看电影。

1950年5月，北京马戏团在蛟洋小学（文昌阁）操场表演，其中《空中飞人》节目甚为惊险。

1954年，广东大埔“文光汉团剧”在蛟洋总祠演出三天三夜的古装汉剧《云罗山》《九件衣》《二度梅》《双凤镜》等9场，观众达4500人次。

1957年，广东东方汉剧团到蛟洋演出古装汉剧《血掌印》《十五贯》《九件衣》等剧目3夜，观众2000人次。

1967年，长汀越剧团到蛟洋演出古装越剧《哑女告状》《女驸马》《碧玉簪》等剧目3夜，观众2500人次。

1970年，武平汉剧团到蛟洋演出《蓝继子》《花灯案》《柜中缘》《十五贯》等剧目5场，观众3200人次。

1975年，上杭县木偶戏团到再兴演出《白蛇传》《宝莲灯》等3场，观众1600人次。

1980年，连城新公（新泉公社）汉剧团到丘坊演出《大名府》《张才与腊梅》等剧目。

1986年，沙县越剧团到蛟洋演出《五女拜寿》《哑女告状》《女驸马》等剧目，观众1500人次。

1995年，武平汉剧团到蛟洋演出古装剧《梁山伯与祝英台》《陈杏元和番》。

1998年，宁化县黄梅戏剧团到蛟洋演出《牛郎织女》《天仙配》。

2005年，龙岩汉剧团到蛟洋演出《孟丽君》《蓝继子》《林昭德》，观众2000人次。

2009年农历正月十二日，蛟洋祭祖请龙岩汉剧团演出《花灯案》等剧目，观众2000人次。

2010年农历四月十五日，长汀客家汉剧团到再兴演出《何文秀》《一枝花》《状元与乞丐》等剧目，共演5场，观众2500人次。

2012年农历十月二十七日至二十九日，长汀汀南汉剧团到蛟洋桃源新村演出《青竹寺》《碧玉簪》等剧目，共演7场，观众2300人次。

2013年农历十月二十七日至二十九日，长汀南山镇汀南汉剧团到蛟洋桃源新村演出《范丹问卦》《何文秀》《江中情》《女驸马》等剧目，观众2500人次。

三、创　作

（一）诗　词

明代以前蛟洋人诗歌创作情况无考。

清康熙乾隆年间，华家村人华喦在浙江杭州、扬州寓居期间，结识一批“乐贫著书”的文人学士，“壮年苦读书”，博览经籍，钻研诗词，尤喜学六朝骈体诗和唐白居易、孟郊、贾岛、李贺诸名家，诗文修养日趋精进，后颇有造诣。他常在画上题诗，以点破画题，发挥画境，弘扬诗画结合的传统。他以诗志兴，以诗遣怀，以诗寄情，以诗析理，写下许多感悟自然、感悟人生的诗作。华喦遗诗约600首。部分诗作曾入选由阮元任浙江学政期间组织编纂，清嘉庆六年（1801年）刊行的《两浙輶轩录》。清道光八年（1828年），华喦曾孙华世琮、华世璟将华喦诗稿送时任安徽省太平县知县的华喦裔孙华时中，华时中感叹诗稿“真神品也！”于是将其校阅，于道光十六年刊行《离垢集》五卷。光绪五年，上杭人罗嘉杰重印于日本。民国6年，钱塘丁仁辑印《离垢集》补抄一卷。

清道光三年（1823年），华家人华时中登进士，任安徽太平知县，诗有《慎余堂诗集》。

民国时期，傅柏翠在古蛟地区结“鸡声诗社”，一批文人常吟诗唱和。民国18年毛泽东到蛟洋结识傅柏翠后，曾称赞傅柏翠“诗词写得挺好”；同年10月，傅柏翠曾与毛泽东在上杭临江楼畅谈“菊花诗”。著有《柏翠诗选》《类狗集》等。民国33年由蓝溪举人丘复（字荷公）编纂的《古蛟诗选》中的蛟洋籍诗人有57人，诗共669首；其中华家29人，诗329首；蛟洋17人，诗250首；塘厦、再兴、小和、苏康、坪埔、崇头、秋竹、丘坊、东乾共11人，诗90首。

清末至新中国成立后，蛟洋较有名的诗人有：华咸巚、华作猷、傅闾、傅馪、华达璋、华绍心、张从龙、华岳灵、华采琛、华惟功、华少舟、傅采畴、傅播、华师纤、丘希浚、华炳煌、傅赉弼、傅柏翠、张材选、张愧生、华敦五、华富美等。（其诗作详见本志“艺文”章）。

（二）对　联

对联创作讲究平仄与对仗。对仗有“工对”与“宽对”之说。“工对”要求每个字平仄、词性、词的结构都要相对（相同或相反）；“宽对”则要求不那么严格。对联的上联（也叫出句）最末一字一般用仄韵。下联（也叫对句）最末一字用平韵，不能两字同时用平韵或仄韵。

蛟洋人民素有创作对联的传统，各村均有喜爱撰写对联的人士，其中有不少佳作，有的在龙岩市、上杭县举办的对联竞赛中获奖。同时，蛟洋运用对联十分普遍，每逢春节，家家户户都要张贴春联；婚丧喜庆、人事应酬都广泛运用；庵堂庙宇、风景名胜楹联亦琳琅满目。这些楹联集教化、观赏、审美于一体，有着深厚的文化底蕴，有的体现敬祖重教、崇先报本的理念，有的展示淳朴厚重的民风，有的激励后代子孙“修身齐家”的美好愿望。

撰写对联较有成就的有蛟洋村的傅赉弼、傅柏翠；华家村的华时中、华惟功、华岳灵、华品玉、华文薰、华富美；再兴村的张愧生、张朗山、张从龙、张材选、张晋材；丘坊村的丘旺初、丘甘霖、丘德明、丘阳生；塘厦村的邹仰光；下道湖村的邹宾选、邹椿祥等。1959年庆祝国庆十周年时，张愧生撰联敬献毛泽东主席：“泽大直同天大；东风压倒西风。”（该联嵌“泽东”二字）。2011年《蛟洋傅氏族谱》发行前，傅氏宗亲曾举办有奖征联活动，收到征联47副。

（三）书　法

清康熙乾隆年间，华家村华喦在杭州学画的同时，酷爱三国钟繇的楷书和唐初虞世南的草书，勤学苦练，得其精髓，并吸取各体之长，笔法外柔内刚，圆润遒丽，楷书、行书多有异趣。

光绪二十九年（1902年）邑庠生（秀才）、再兴村的张愧生，工书法。1959年中央办公厅收到张愧生撰联后，回信称赞其字写得好。

（四）美　术

清代，蛟洋民间的绘画已较为普及。坛庙祠堂等处，不乏有民间人士作画。建于清代的贵竹村宝圣殿（天后宫）天花板绘有

贵竹村天后宫绘画（贵竹村供稿）

《凤求凰》（注：作品名为编者所加）。再兴村佛堂亦绘有罗汉等壁画。

清康熙二十一年（1682 年）出生的华喦，自小善画，塾师见其才华，将所藏古画让其临摹。华喦 17 岁开始就为当地的土地庙作壁画，为老百姓画门神和吉祥画。康熙四十二年，华家重修华氏宗祠，祠堂正厅需作壁画，族长等人认为华喦出身卑贱，要另请汀州画师，华喦十分气愤。当天晚上，华喦翻进祠堂，左手举松明，右手奋笔挥毫，一口气画了《高山云鹤》《水国浮牛》《青松悬崖》《倚马题诗》四幅壁画，天一亮华喦即离开家乡。族长本要命人把画铲掉，重新粉墙，请画师重画。请来的钟画师看到这四幅光彩照人的壁画，阻止族长，并说："若由老朽重画，恐功力、才气均不如其人也。"因此，壁画留在华氏宗祠，为家乡民众所珍视，直至 20 世纪 50 年代。华喦寓居杭州、扬州后，结识一批平民文人和职业画家，从他们那里吸取有益的营养，使他的绘画技艺得到多方面的拓展。他在艺术上刻苦学习，不断进取，终于成长为诗书画俱工的文人职业画家。华喦画花卉、翎毛、走兽、人物、肖像、山水并长，并具有自己的风格。华喦绘画艺术成就最突出、影响最大的为花鸟画。其遗作被珍藏在国内各大博物院（馆）、美术馆和日本、美国、法国等外国美术馆中，成为世界艺术珍宝。（参见本章《华喦的故事》，本志《艺文》《人物传》）

新中国成立后，蛟洋美术创作方面较突出的有连慧碧、华学文、邓志仁和丘宜寿等。

连慧碧，1964 年毕业于福建省师范学院艺术系，1983 年任福州画院画师。其作品《清风盈怀》被选送美国参加"世界女艺术家作品展"；《花瀑》《瑞雪》被评为国际水墨画展"佳作奖"。2000 年，被评为国家一级美术师。

华学文，自幼喜爱美术，退休后从事绘画学习，现为福建省美术家协会会员。作品参加全国性征稿的画展中曾获特等奖、金奖、银奖、铜奖 30 多项，入编《中国书画家年鉴》《人民艺术家》《中国艺术百年》等百余部书画集。出版《丹青墨韵》个人书画专集。

邓志仁擅画山水。1988—1999 年，先后创作水彩画《土楼情》《秋艳》《客家山村》《江流出峡》。2001 年作品《艳阳秋》，入选第四届当代中国山水画展，被评为"创新奖"；作品《秋山赋》入选第一届"爱我中华"中国画大展。2003 年，国画《山居热闹》入选"中央电视台庆祝建台 45 周年书画展"。2004 年作品《烟雨山城》在"荷乡情——全国中国画作品展"中评为优秀奖。2005 年，作品《山寨之晨》获第五届当代中国山水画展"四百家荣誉奖"。2008 年 1 月，作品《山城烟雨》入选首届中国山水画双年展。2009 年，作品《静夜》获由中国文联书画艺术交流中心、中原书画院主办的第三届当代中国山水画展"三百家优秀奖"，被组委会收藏。2012 年，作品《古镇春烟》，获"夜光杯"全国书画作品大赛"入选奖"。2013 年，作品入选第二届"海峡杯"全国书画作品展。

丘宜寿，自幼喜爱书画，20 岁时即在家中屏风画了一对鸳鸯和锦鸡，得到亲友的赞赏。从医后，医余学画不断；退休之年重拾孩提书画梦想；2001 年，结业于中央电视台《夕阳红》老年书画课堂学习班。作品以花鸟为主，兼涉山水，牡丹为其特色。2005 年，作品《春驻闽西》获五届当代中国山水画展创新奖。2006 年 12 月，作品《欣欣向荣》获第五届海峡两岸书画大展佳作奖。

（五）戏 剧

1979 年国庆 30 周年，蛟洋中学教师丘如寿创作的小歌剧《送鸡记》，获上杭县剧本创作一等奖。

1999 年，蛟洋中学文艺队创作的、反映老区妇女当年慰问欢送红军的表演唱《一篮鸡蛋送红军》获得县市演出一等奖。2001 年，蛟洋中学创作的表演唱《悠悠山歌红土情》获得县市一等奖、福建省优秀节目奖。2004 年蛟洋中学创作的《桃李争春春满园》获县文艺会演一等奖；该校获县中小学文艺创作奖。

（六）音 乐

蛟洋群众素来爱好音乐，清末民初，许多村子都组建有俱乐部。当时，民间流行"工尺谱"，20 世纪 30 年代后才有教学简谱知识。20 世纪七八十年代后，蛟洋民间的声乐与器乐演奏达到较高的水平，多次参加上杭县的器乐演奏比赛都取得较好的成绩。

蛟洋镇在音乐领域较有成就或较知名的有：

傅柏翠（蛟洋村人），洞箫吹得很好，是《古蛟初级中学校歌》的作词者。

陈华杰，笔名程音，祖籍贵竹村，音乐教育家，中国音乐家协会会员。中专毕业后学习作曲，创作发表了《我们从这里起航》（蛟洋中学校歌）、《中国龙工之歌》（龙工集团行业歌）、《小桥弯弯》《人逢佳节倍思亲》《少年与长城》等大量歌曲；主编出版闽西音乐家优秀歌曲专集《山茶花》。

傅锡椵（蛟洋村人），民间音乐爱好者，《咏兰》一歌的编曲。

第三节 广播 电影 电视

一、广 播

1958年12月，蛟洋公社成立广播站，站址设在丘坊村，站内装配一台50瓦扩大器，广播线路架设到全社25个大队，长达100公里。当时由公社柴油机发电供电，每天早、中、晚三次对全社进行有线广播，至1979年全社入户喇叭达1200多只，高音喇叭20只。1970年更换添置250瓦扩大器一台，有线广播通村率为100%，入户喇叭2300只。1995年又更换添置一台800瓦扩大器，站址迁至公社办公楼二楼，工作人员2人，有线广播转为调频（无线）广播。主要调频节目有中央、省、县的新闻、天气预报及乡村大事记栏目，方便群众收听。此后调频广播代替有线广播。2011年由省、市、县下发专用机器和高音喇叭，全乡各村建有“村村响 ”广播室，每天早、晚向全村广播。

二、电 影

1972年3月，蛟洋公社成立电影队，购置一台8.75毫米电影放映机，放映人员2人。上级对电影下乡定有明确的任务：大村每月不少于3场（还不包括到小自然村放映，下同），中等村不少于一场，小村2个月最少一场。不管严寒酷暑，放映员翻山越岭到蛟洋各大队自然村巡回放映，发电机由当时的所谓“四类分子”抬扛。每次放映前都进行幻灯宣传服务，宣传党的方针政策、乡村新闻、好人好事。1976年蛟洋大队电影院建成，建筑面积900平方米，观众座位1444个。1978年8月，添置16毫米放映机一台，放映人员增加到5人,傅金生任电影队队长(8.75毫米的电影机由丘春玉、华启发负责;16毫米的放映机由傅金生、邹光炘、邹宣能负责)。1978年以后,除了乡的两个电影组之外,还有3个村一级的电影组,即蛟洋村傅庆杨、邹坑村张昭明、再嘉村高地赖如华。这些村级电影组对当时丰富农村文化生活起过重要作用。1979年蛟洋公社电影院建成,观众座位1200个。按规定电影队的所有成员都必须通过龙岩地区电影培训班学习,经考试合格后颁发证书,持证上岗。1989年后,两台电影机都由私人承包,在乡内各村放映。2004年后,由于电视的普及,常规的放映活动较少,偶尔一些村子在迎神扛佛等较大型的活动时,仍有人包场放映。

三、电 视

1987年9月，蛟洋公社设立电视差转台，向集镇周边村庄转播中央一套、中央二套节目和省台各有线电视节目。1994年开设闭路电视。1996年，蛟洋、丘坊、坪埔、坪上、再兴、苏康、达理、塘厦、文都、文地、下道湖等村先后创办村级有线电视室。2000年5月，实现全县有线电视联网。蛟洋、丘坊、塘厦、坪埔、华家、东乾以及桃源新村实现有线电视光纤联网。2003年3月，成立蛟洋乡广播电视网络管理站，建有全县乡镇站唯一的办公楼；建筑面积380平方米，站址迁至蛟洋开发区。2005年，在中村、再兴、文都、邹坑、陈坊安装无线电视发射设备，解决当地村民看电视难的问题。2010年4月，进入数字电视时代，实现全面整转。2012年，上级有关部门为蛟洋乡20户以下自然村村民安装卫生地面接收设备（小锅头）360多户。2013年年底，全镇（除卫星接收外）拥有数字电视用户2800户，其中高清电视130多户，电视节目由原来的10套增加到100多套。

第四节　文　物

据上杭县文物普查资料，蛟洋镇有夏、商、周时期古遗址3处，明代瓷窑址1处，宋代古墓葬1处，清代古墓葬2处，清代石窟寺及石刻4处，清代石雕1处。

一、古遗址

夏、商、周时期古遗址为塘厦村福利坊遗址、蛟洋村平岗尾遗址、丘坊村下科山遗址。明代的邹坑瓷窑址在邹坑村。

二、古建筑

境内现存明代古建筑6处，分别是塘厦祠堂庵、塘厦邹氏祠堂龙归福、塘厦邹家祠、再兴云龙桥、再兴复兴桥、中村张氏乾山祠。现存清代古建筑17处，分别是再兴安澜桥、华家荫桥、华家华氏寅山祠、达理石拱桥、达理五谷仙阁、东乾神坛（伯公庙）、东乾邓氏宗祠、贵竹宝圣殿、华家万安桥、蛟洋水口石拱桥、丘坊敦厚堂、秋竹枫头桥、秋竹树德堂、苏康大夫第、文地杨氏宗祠、下道湖邹氏祠堂、小和石拱桥。

三、古墓葬

境内现存古墓葬3处：宋代2处，梅坝丘三益墓，坪埔宋朝守殿将军赖标（五郎）墓；清代2处，华家华时中墓、华家华朝位墓。

华时中墓(上杭县文体广新局供稿)

四、石窟寺　石刻　石雕

境内石窟寺1处，为双髻山石窟寺（已毁）。碑刻3处，蛟洋余坑禁山碑、蛟洋重建桥碑、华家护林碑（已消失）；石雕3处：邹坑石旗杆，再兴村子里壬山祠石狮，再兴村先农宫“双龙抢珠”石雕。

五、古　井

蛟洋村文昌阁左后方镇水亭旁有一古井，井水清澈，终年不干涸，水味甘甜，村民常提回家中烹茶，今保存完好。

镇水亭旁古井(蛟洋村供稿)

六、近现代重要史迹及代表性建筑

蛟洋村文昌阁左侧金笔山顶有民国19年（1930年）建的“蛟洋革命烈士纪念碑”，现为县级文物保护单位；中共闽西第一次代表大会会址——蛟洋文昌阁，现为国家级文物保护单位；蛟洋村蛟洋农民银行旧址（已消失）；蛟洋村石背红军医院；蛟洋村甲子凹傅柏翠故居；苏康村民国19年建的革命烈士纪念碑；再兴村壬山祠旁革命烈士纪念碑。

蛟洋镇不可移动文物表

表 17–1

类型	登录编号	名称	时代	类型	地址	保护级别	面积(平方米)	所有权	保存现状	备注
古遗址	350823–0241	福利坊遗址	夏商周	聚落址	塘厦村福利坊		750	国家	较差	复查
	350823–0242	平岗尾遗址	夏商周	聚落址	蛟洋村坪岗上自然村		300	国家	一般	复查
	350823–0243	下科山遗址	夏商周	聚落址	丘坊村下科山自然村		2000	国家	一般	复查
	350823–0244	邹坑瓷窑址	明代	窑址	邹坑村村口		3000	国家	差	复查
古墓葬	350823–0245	华朝位墓	清代	名人或贵族墓	华家村寨下坑		40	私人	较差	复查
	350823–0246	华时中墓	清代	名人或贵族墓	华家村		54	私人	较好	复查
	350823–0247	梅坝邱三益墓	宋代	名人或贵族墓	梅坝村下马坑水口陈坑塘		57	私人	较好	新发现
古建筑	350823–0248	安澜桥	清代	桥涵码头	再兴村下村游鱼坝		50	集体	一般	复查
	350823–0249	华家荫桥	清代	桥涵码头	华家村村口		248	集体	一般	复查
	350823–0250	华氏寅山祠	清代	坛庙祠堂	华家村凹背		150	集体	一般	复查
	350823–0251	达理石拱桥	清代	桥涵码头	达理村潭弯		100	集体	较好	新发现
	350823–0252	达理五谷仙阁	清代	寺观塔幢	达理村潭弯		72	集体	一般	新发现
	350823–0253	东乾伯公庙	清代	坛庙祠堂	东乾村村口		400	集体	较好	新发现
	350823–0254	东乾邓氏宗祠	清代	坛庙祠堂	东乾村南侧		200	集体	一般	新发现
	350823–0255	贵竹宝聖殿	清代	坛庙祠堂	贵竹村贵竹自然村		280	集体	一般	新发现
	350823–0256	华家万安桥	清代	桥涵码头	华家村凹背		49	集体	较好	新发现
	350823–0257	蛟洋水口桥	清代	桥涵码头	蛟洋村下甲尾		100	集体	一般	新发现
	350823–0258	丘坊敦厚堂	清代	宅第民居	丘坊村官厅 2 号		2240	私人	一般	新发现
	350823–0259	秋竹枫头桥	清代	桥涵码头	秋竹村枫头桥		130	集体	较好	新发现
	350823–0260	秋竹树德堂	清代	宅第民居	秋竹村秋竹自然村		2000	集体	较好	新发现
	350823–0261	苏康大夫第	清代	宅第民居	苏康村新屋里 5 号		1020	集体	较好	新发现
	350823–0262	塘厦祠堂庵	明代	坛庙祠堂	塘厦村		240	集体	较好	新发现
	350823–0263	塘厦龙归福	明代	宅第民居	塘厦村龙归福		320	集体	一般	新发现
	350823–0264	塘厦邹家宗祠	明代	坛庙祠堂	塘厦村		380	集体	一般	新发现
	350823–0265	文地杨氏宗祠	清代	坛庙祠堂	文地村下头屋		150	集体	一般	新发现
	350823–0266	下道湖邹氏祠堂	清代	坛庙祠堂	下道湖村西侧		260	集体	一般	新发现
	350823–0267	小和石拱桥	清代	桥涵码头	小和村下村五谷庙前		50	集体	较好	新发现
	350823–0268	再兴复兴桥	明代	桥涵码头	再兴村桥墩头		50	集体	较好	新发现
	350823–0269	再兴云龙桥	明代	桥涵码头	再兴村下桥墩		50	集体	较好	新发现
	350823–0270	中村张氏乾山祠	明代	坛庙祠堂	中村村		3800	集体	较好	新发现
石窟寺及石刻		护林碑（消失）	清代		华家村凹背					复查
	350823–0271	双髻山石窟寺	明代	石窟寺	贵竹村双髻山山顶南侧		30	集体	较好	新发现
	350823–0272	余坑禁山碑	清代	碑刻	蛟洋村文昌阁镇龙桥头		1	集体	较好	新发现
	350823–0273	重建桥碑	清代	碑刻	蛟洋村文昌阁镇龙桥头		2	集体	较好	新发现
	350823–0274	邹坑桅秆	清代	石雕	邹坑村马氏宗祠前		20	集体	一般	新发现

续表 17-1

类型	登录编号	名称	时代	类型	地址	保护级别	面积(平方米)	所有权	保存现状	备注
近现代重要史迹及代表性建筑	350823-0275	蛟洋烈士纪念亭	1930 年	典型风格建筑或构筑物	蛟洋村文昌左侧山腰	县级	30	国家	一般	复查
		蛟洋农民银行旧址(消失)	1927 年		蛟洋村					复查
	350823-0005	中共闽西第一次代表大会会址——文昌阁	1929 年	重要历史事件及人物活动纪念地	蛟洋村	国保	920	国家	好	复查
	350823-0276	傅柏翠故居	1892 年	名人故、旧居	蛟洋村甲子凹 7 号		282	私人	较好	新发现
	350823-0277	苏康革命烈士纪念碑	1930 年	烈士墓	苏康村石岗上		10	集体	一般	新发现
		蛟洋红军医院	1929 年		蛟洋村石背	县级				复查

第五节　机　构

1967 年 1 月，蛟洋公社设立文化站，站长丘如寿，属民办公助性质的事业机构。文化站干部接受双重领导，行政上接受当地党委政府的直接领导，业务上受县文化局、文化馆的指导，人员工资由县文化局直拨，宣传活动经费、办公经费等由公社财政支付。1995 年，全乡有文化站 1 个、村文化室 8 个，农村电影院 2 所、电影队 5 个、舞厅 2 处、私人图书室 1 个。2006 年始，全乡各村配备 1 名享受政府补贴的文化协管员，负责组织本村群众文化宣传工作。2010 年 1 月，投资 260 多万元建成 1000 多平方米的镇文化站。站内有多媒活动室和健身活动室，还征集有书法绘画等艺术展品。2013 年，全镇有镇文化站 1 个、广播电视站 1 个、村文化室 25 个、人员 27 人。

1967—2013 年蛟洋镇文化站负责人名表

表 17-2

姓　名	职　务	任职时间	姓　名	职　务	任职时间
丘如寿	站　长	1967.1—1970.6	赖其昌	站　长	1994—1996
华开增	站　长	1970.7—1978.4	邓炳焜	站　长	1997—2004.4
华兆泉	站　长	1978.5—1985.8	张敬年	站　长	2004.5—2007.7
胡志松	站　长	1985.9—1989	赖　媛	站　长	2007.8—2013.7
王占绪	站　长	1990—1993	赖小华	站　长	2013.8—

第十八章　艺　文

蛟洋开发较迟，据现有文字记载，唐宋元明各朝，尚无当地籍作者著作问世。

清代，华嵒等乡民不固守本土，赴杭州、扬州等地拜师学艺；蛟洋涌现文进士张国宝、华时中和一批举人秀才；他们不断接受中原文化和江浙文化的熏陶，汲取中华文明的乳汁，取得较大成就，并为蛟洋的文明传播和文化发展起举足轻重的作用；其中，华嵒成为诗、书、画“三绝”的文化巨星。道光十六年(1836 年)，华时中将华嵒遗诗《离垢集》刊行，成为有文字记载的蛟洋籍人士首部著作。清末至民国时期，蛟洋文风渐盛，出现著述繁荣的局面，尤以诗文为最。民国 33 年（1944 年），由蓝溪举人丘复（字荷公）编纂的《古蛟诗选》中，选入 56 位蛟洋籍诗人创作的 668 首诗。新中国成立后，蛟洋人弘扬优良文化传统，在社会科学、自然科学领域有不少作品问世。

为突出反映蛟洋“诗、书、画”之乡特色，反映蛟洋文化概貌，本章选录蛟洋人士诗文辞赋、美术书法、联对歌谣、故事传说等作品，并辑录主要书目。以作者所处朝代为序，同一朝代中大体按作者生年排序。为方便读者阅读，部分古文诗词、民间熟语的客家方言，编者略作注释。

第一节　诗词选

江上钓舟　华　嵒（华家村）

乱着鸭青江上山，一峰飞起一峰环。水平沙落漫漫碧，唯有扁舟独往还。

注：此诗描写山清水秀的汀江景象，色彩鲜明，意境开阔，动感分明，诗中有画，表达了作者对家乡的热爱之情。鸭青:指青色颜料。一说指鸭公，客家方言。漫漫碧:指水流平缓、碧绿。

寄紫金山黄道士　华　嵒

自别层城不记年，桃花落尽夕阳天。曾无灵鸟传金字，可有痴龙种石田。

弱水流来千涧月，孤云飞去万峰烟。遥知鹤发慵梳洗，一卷黄庭枕石眠。

注：紫金山黄道士，人物不详，当为上杭紫金山一黄姓道士，与华嵒有书信来往。层城:古代神话中昆仑山上的高城。此喻指家乡的上杭城。灵鸟：即青鸟，神话传说中为西王母取食传信的神鸟。痴龙：传说中的一种大羊，典出刘义庆《幽冥录》。弱水:此指山泉水。因水浅，载不动舟船，故曰弱水。黄庭：即黄庭经，道家经典。

丁酉九月客都门思亲兼怀昆弟作　华　嵒

何处抛愁好，穿庭复绕梁。东西经夜月，南北梦高堂。

有眼含清泪，无山望故乡。纷纷头上雁，联络自成行。

注：丁酉，指康熙五十六年（1717 年）。此诗是作者客居北京时，思念母亲和兄弟之作。原诗有小序：“时大兄、季弟俱客吴门。”尾联寓情于景，由南飞的大雁形象，寄托无尽的思念。经夜月：意谓整夜望管弓亮，难以入眠。高堂：此指母亲。父亲在华嵒初次离家后不久即病逝了。

为亡妇追写小景因制长歌言怀　华　嵒

晴光乱空影，日色染寒烟。碧瓦凝霜气，酸风四壁穿。佳人不可见，无心操风弦。笔花朝吐砚池边，何来一幅剡溪笺。笺长不胜意，殊情独可怜。试将红粉调清露，恍是当年见新妇。凄凄哭傍明镜台，泪眼模糊隔春雾。此时用意点双眸，芙蓉花外绿波秋。眉纤淡扫，发密匀钩。花冠端整，左右金镠。翠雨珠烟沃凤头，阑珊衿带约春愁。丛铃杂佩，参差相对。绫袜深藏，寒香散地。蛱蝶为裙疑水疑云，如何兰言使我不闻。幽轩之下，清泪纷纷。肯将遗枕为卿梦，肯将残鸭为卿熏。天长地久情还在，不许鸳鸯有断群。

注：华嵒少年离家出走，来到杭州，结识了名士蒋云樵、徐紫山等人。蒋云樵爱重华嵒的才华，将女儿蒋妍配给华嵒。婚后虽然生活贫困，但夫妻情深意恰，其乐融融。华嵒三十六岁时妻子病故。此诗长歌当哭，深情怀念妻子生前的音容笑貌，末句看似无理，却是极为深情的流露。此诗句式长短参差，感情低回悲切，读之令人动容。酸风：因家徒四壁，故称寒风为寒酸之风。剡溪:在浙江嵊县，即曹娥江上游。芙蓉花外绿波秋:形容面容美丽有如芙蓉，目光有如秋水。镠:音 liu，纯美的黄金。此处指金耳环。翠雨珠烟沃凤头：指新婚时美丽的头饰。阑珊衿带：歪斜着的衣带。

忆蒋妍内子作诗当哭　华　嵒

便有怜汝意，何曾倚镜台。八年荆布俭，一病玉颜摧。

红粉全无色，桃花空自哀。夜堂春不到，冷雨杂风来。

注：此诗是作者回忆妻子蒋妍所作。诗情悲凉凄冷，抒发了作者对妻子的无限思念与哀痛。荆布：荆钗布裙，指生活俭朴。红粉:原指妇女化妆用的胭脂与铅粉。此指脸面。春:喻指温暖、关怀。

沙路归来　华　嵒

沙路归来，春江暮矣。无数打鱼船，都在绿波里。白鸟一双洲畔去，海月半轮江上起。荒村有客听落花，野渡无人看流水。水风猎猎过蒲塘，草色青青非我乡。我望乡，乡何处？隔春烟，渺春雾，此时闲坐绿窗前，梅子累累不知数。拟开床下瓮头香，三杯为我祛愁去。醉里还吟白雪诗，一口寒香沁幽愫。幽情似水，春梦如云，梦里桃花落纷纷，归来沙路香氤氲。

写秋云一抹赠陈淡江先生　华　嵒

孤情只爱写寒秋，便有秋声纸上流。更写白云三四笔，此中曾与故人游。

题松月图赠宁都魏山人　华　嵒

何来一片月，清光净如水。荡入空翠中，松风吹不起。

题乌目山人画扇　华　嵒

碧岸桃花漾烟水，人家都在红香里。木兰艇子溜波回，欸乃一声江月起。

题钟馗　华　嵒

一怒独要啗鬼雄，虬髯倒卷生辣风。长声呵叱翻霹雳，魑魆毕方遁无踪。

题李靖虬髯公　华　嵒

抛掷两丸无息机，九州膏乳自空肥。乾坤浩浩人如虱，谁识英雄在布衣。

题文姬归汉图　华　嵒

纷纷珠泪湿桃腮，十八拍成词最哀。一掷千金归汉女，老瞒端的是怜才。

注：“一掷”句：曹操，小名阿瞒。文姬名蔡琰，汉末女诗人，蔡邕之女。汉末大乱，为董卓部将所虏，归匈奴左贤王。曹操念蔡邕无后，以金璧赎回，再嫁董祀。

题杨贵妃病齿图　华　嵒

半曲新声懒去理，舞衣歌板欲生尘。寥寥一片春宵月，偏照深宫病齿人。

玩月美人　华　嵒

独坐碧树根，横琴玩新月。新月玩新人，人与月如雪。

题美人采莲图 华 嵒

采莲过南塘，莲花比人长。花面如人面，花香人亦香。

牛 华 嵒

秋畬告丰获，老犉功不细。十月登阳陂，蘅杜有芳味。

良 骥 华 嵒

西来一匹欲追风，举首长鸣万鬣空。神骨不凡有懿德，将军能骋立奇功。

题鸣鹤图 华 嵒

自惜羽毛清，迥立风尘上。老气横秋云，一鸣天地响。

题画眉鸟 华 嵒

山人也似冬青树，枯墨槎枒托此心。不苦鸟声难画出，但伤行路绝知音。

注：槎（chá）枒，同“杈丫”，亦作“楂丫”。

题 竹 华 嵒

虚中无欲盈，且爱作秋声。自笑难逢俗，由来薄瘦生。

咏 菊 华 嵒

金风作力剪庭隅，剩此霜枝气骨殊。未有闲人携酒过，柴桑风味近来无。

画菜戏题 华 嵒

且把佳肴一一问，世间几种最甘甜。算来滋味无如菜，顿顿登盘味不嫌。

山 村 华 嵒

数家云住亦山村，活水流来绕橘园。一片板桥南北岸，四时恒似桃花源。

题吟云图 华 嵒

出岫云无滞物心，淡逾秋水薄空林。萧然只有逃名客，亲卧春山抱瓮吟。

边景雪夜 华 嵒

阴山一丈雪，万里月孤悬。驼逆西风走，人被北斗眠。

边夜雪景 华 嵒

冰老长河冻气清，冷云如铁立边城。一声觱篥阴山月，大雪三更细柳营。

注：觱（bì）栗：亦作筚篥、悲栗，又名笳管，簧管乐器。

雨中画钟馗成即题其上 华 嵒

殷雷走地骤雨倾，龙风四卷龙气腥。高堂独坐无所营，用力欲与神物争。
案有鹅溪一幅横，洒笔急写钟馗形。双瞳睒睗秋天星，五岳嵘巃挂眉棱。
短衣渲染朝霞赪，宝剑出鞘惊寒冰。虬髯拂拂怒不平，便欲白日搏妖精。
吁嗟山精木魅动成把，更愿扫尽人间蓝面者。

注：睒（shǎn）睗（yì）：犹闪烁。睗，目疾貌。嵘（yè）巃（lóng）：高耸貌。

无 题 华 嵒

新罗山人贫且病，头面不洗三月余。半张竹榻卧老骨，寂看梅雨抽菖蒲。
蓬门昼对泥巷启，有客蹑履过吾庐。登堂相见同跪拜，古礼略使无束拘。
寒温叙毕出数纸，纸短词长密行书。吴君把别君六载，赤鳞不至河脉枯。
虽有江月满屋角，梦里颜色终模糊。今读新诗豁心孔，陡然大快欢何如。
白华之楼连云起，飞窗窈窕幽人居。审山烟翠席前铺，一幅襄阳云岳图。
唱酬已得性命友，旦夕无愁吟兴孤。陈君翩翩骚雅士，胸中百斛光明珠。
二王神妙通笔底，扫尽肥媸湛精癯。诸君都是鹏鹤侣，接翮云霄相摇扶。
有时牵舟依葭芦，峡水瀰瀰照执觚。峡石盘盘坐钓鱼，花香野气沾衣裾。

蒋子来言事不虚，使我兴酣发狂迂。回头大声呼长须，劈茧研烟供吾需。
漫眷笨语寄君去，他日访胜东南湖。

客春小饮有感　华　喦

老矣扬州路，春归客未还。遥怜弱子女，耐玩隔江山。
衣食从人急，琴书对我闲。耽贫无止酒，聊可解愁颜。

庚申岁客维杨果堂家除夕漫成五言二律　华　喦

(一)
去家八百里，讵不念妻孥。惜此岁华谢，悲其道路殊。
飘云成独往，归鸟互相呼。欲讯东阳瘦，吟腰似老夫。

(二)
所欣泉石友，同养竹林心。进子樽中酒，调余膝上琴。
十年交有道，此夕感分金。漫拟椒花句，相依守岁吟。

坐　雨　华　喦

欲醉胡为醉，方思无可思。以贫长抱疾，垂老不违痴。
寒结拌花雨，香弥浴鸭池。一篇披昼咏，甜苦自知之。

戊辰三月二十一日亡荆蒋媛周忌作诗二首　华　喦

(一)
自伤哀朽骨，谁复劝支持。去岁逢今日，是伊绝命时。
春归尚有返，水落无还期。酹尽杯中酒，音容何处追。

(二)
显晦人神异，空嗟岁月迁。悲来情莫遣，感往事多牵。
庄老固称达，潘生诚可怜。痛抛余日泪，宁复整孤弦。

无　题　华　喦

我命轻如叶，飘飘浪里浮。四盼蔑援绠，一念默中求。
佛王垂慈惠；现以金光楼。望楼思二子，泪下不能收。

述　梦　华　喦

寒风飒飒吟孤秋，天风吹梦来瀛洲。萋迷半烟草，海月三山不可扫。忽闻仙子下瑶阶，青桂枝边坠凤钗。一杯饮我紫霞浆，不觉口齿生奇香。笑指银河三万顷，西风吹浪白茫茫。中无浮梁不敢渡，身跨白龙入烟雾。回首沧溟半壁红，火轮挂在扶桑树。归来还是江南人，眼中万类如飞尘。

山　人　华　喦

自爱深山卧，常听涧底泉。何如鼓湘瑟，妙响在无弦。
落日数峰外，归云一鸟边。未须慕庄列，此意已悠然。

癸亥十月七日过故友员九果堂墓感生平交悲以成诗　华　喦

一抔黄壤依林莽，六十衰翁礼故人。挥涕感今哭已痛，临风念昔意何申。
松门积绿阴恒閟，石碣题朱色未陈。肆目离离霜草外，夕阳如悼冷山春。

啖芋戏作　华　喦

新泥瓦釜置茅堂，桑火微微煮芋香。却放粗肠尽一饱，戏操健笔画桓康。

郊　游　华　喦

桃花红减欲空条，衣上余寒犹未消。倏尔风前闻布谷，杖藜归去理松苗。

冬日读书　华　喦

北风酸辣吹老屋，闭户不出缩两足。焚香昼坐有余闲，信手抽书向日读。

但苦精神不如少，细字模糊读难熟。即能熟时也不记，何况多读又伤目。
年来渐老体渐衰，唯思美酒与烂肉。若得顿顿下喉咙，且醉且饱享好福。

题华琼瑶小照 华时中（华家村）

龙马精神海鹤姿，栽花种树有余思。秋来老圃香风发，喜看儿童折桂枝。
元龙湖海素称豪，久客归来已二毛。闭户闲居无箇事，一经教子乐陶陶。

丙子秋初返抵县城 傅赉弼（蛟洋村）

枌榆无恙幸重还，客思离愁一例删。恍似弟昆欣把晤，迎眸初见紫金山。

哀江浙 傅赉弼

空城寂寞打寒潮，充斥金阊虏骑骄。休向枫桥谈夜泊，乌啼月落助萧条。
朱门华屋锁烟霞，无复收藏话故家。邓尉寒梅千百树，满山应变杜鹃花。
纵横胡骑满临安，半壁东南支柱难。料得胥涛加怒号，钱江怅望倍心酸。

乙亥除夕悲怀龙儿 傅赉弼

盼绍箕裘事已虚，颜回无命痛何如。卅年乔梓真缘浅，一梦邯郸未醒初。
地下应赍归省志，箧中犹有寄来书。剧怜老病龙钟叟，步履蹒跚尚倚闾。

次廖君雨亭赠渔道人柏翠原韵 傅赉弼

风雅原来共主张，诗坛旗鼓恰相当。不须击缽传笺快，声应气求味更长。
漫许骚坛一帜张，不拘声韵笑郎当。祇缘见猎便心喜，敲句浑忘春昼长。

题益轩雨亭二翁戏赠画虎诗人（柏翠）韵 傅赉弼

解嘲语妙味醰醰，诗到长吟异正酣。俊逸清新今鲍庾，老生不肯作常谈。

读采琛柏翠唱和诗依韵题三绝句 傅赉弼

新诗突兀似看山，理障虏词一例删。风雅漫云消歇尽，广陵散尚在人间。
济济雄才尽故知，郊寒岛瘦莫相嗤。此中更有惊人句，戛玉敲金发壮思。
常把诗篇遣病魔，吟来佳句感怀多。挥毫尚作青年想，才退江郎奈老何。

自题《类狗集》 傅柏翠（渔道人.画虎诗人）（蛟洋村）

一帜骚坛勉自支，随园风调是吾师。会教字字从心出，不向前人拾片词。

归国途中口占 傅柏翠

孤客随行月满舟，冰心端在故园秋。归航一夕几千里，犹觉乡关路阻修。

倦 归 傅柏翠

四海飘零感渺茫，故园松菊幸青苍。携将儿女归来日，溪畔垂竿对夕阳。

客 至 傅柏翠

穷居不用掩柴扉，犬报客来吠竹篱。稚子烹茶烧兽炭，山妻煮菜摘凫葵。
樽空酒向邻家借，饭罄甑从隔壁移。半醉半饥人去后，悠然一咏竟忘疲。

扶桑旅次送邓雨苍学兄归国 傅柏翠

饯别扶桑菊酒香，江风打面锦帆张。归舟破浪人千里，羁客思亲泪两行。
故国望云深眷恋，寒潮搅海正猖狂。乍闻孤雁飞鸣急，一夕攒心万恨长。

又绝句一首 傅柏翠

楼船一望水天齐，为送君归我久稽。今日海滨分手去，明朝相忆大洋西。

题渔隐楼 傅柏翠

十年春梦醒东坡，一叶扁舟隐志和。惟有鱼虾堪作侣，乐从江上钓烟波。

叠前韵 傅柏翠

崎岖历尽到平坡，磨炼深沉气转和。整日溪头秆在手，心同止水静无波。

丹（初）师六十大寿次初度感言韵奉祝 *傅柏翠*

漫携鸠杖步防颠，谁信先生是晚年。游幕尚能勤案牍，还乡尤爱课农田。

良材辄令随山植，巨厦常谋择地迁。矍铄精神过少壮，旗亭斗句兴悠然。

文章光焰烛星辰，令史兰台拟后身。满院花栽知稼穑，中田庐结远嚣尘。

纵横议论魁多士，慷慨诗歌动比邻。万卷胸藏烧不尽，如公始算读书人。

年来世乱苦相寻，我亦撑持勉到今。故里烽烟方告熄，中原寇患又加深。

挽回劫运惭无术，效死疆场夙有心。闻道酒能浇块垒，跻堂愿借寿觥斟。

驹隙光阴瞬息过，人生穷达任何如。千秋事业成功少，并世英雄饮恨多。

且把名缰拴意马，全凭慧剑斩心魔。喜逢介寿开樽日，对酒狂欢续短歌。

有　悟 *傅柏翠*

隐迹溪山好钓游，饔飧以外便无求。从来政海风波恶，引退人当趁急流。

次杨盛棠端阳自叹韵 *傅柏翠*

吟髭捻到已毵毵，世浪曾经涉再三。大好头颅无处掷，水云乡里一竿耽。

赠家贻卿先生二首 *傅柏翠*

隆冬腊月大寒天，人御重裘我薄棉。儿女成行多菜色，清操不改自怡然。

也知醉里乐陶陶，其奈无资买浊醪。不信谋生真个拙，祇缘赋性太孤高。

悼怀石亭世兄二首 *傅柏翠*

良朋千里卧荒原，丹旐何年返故园。欲把一卮清酒奠，墓门修阻怅吟魂。

十载知音隔夜台，魂羁异域盼归来。剧怜白发衰亲泪，洒向残躯事更哀。

永定归里采琛、子澄二兄赠诗索和次韵答之 *傅柏翠*

诗坛久喜侣苏黄，吏事由来匪所长。捧檄凤城刚五月，莼鲈风味忆家乡。

不恋琴堂恋钓竿，相逢醉饮便欢颜。问君何事甘颓废，悔却虚名在世间。

步韵戏和琛兄丹师寿筵即事之一 *傅柏翠*

登堂祝嘏集时贤，高会霞杯合座传。独怪诗人无酒力，东坡不饮亦陶然。

依韵奉和采琛戏赠 *傅柏翠*

新词草舍正传看，旧稿山斋又待删。镇日忙来心欲呕，分明长吉在人间。

叠前韵三首 *傅柏翠*

诗道年来坠入魔，时髦新体效颦多。期君高树骚坛帜，挽转颓风意若何。

政论时评不耐看，每将佳句自增删。课余谈笑西窗下，更有风生满座间。

貌丑无盐不自知，乞儿装富惹人嗤。自怜腹笥贫如洗，也学聪明斗巧思。

步和采琛诗坛杂咏之作 四首 *傅柏翠*

鸥闲到处且寻盟，斗句挥毫适性情。四座良朋皆劲敌，孰为将帅孰为兵。

七字联成费苦思，恍如凿孔强栽髭。伊人富有诗千卷，斫句独推妙手儿。

我亦吹竽滥入坛，管窥犹未见全斑。效颦自觉东施丑，谬誉闻来倍汗颜。

一声胪唱客眉飞，水国光生老蚌玑。大器竟成何碍晚，比肩梁灏锦衣归。

贻卿先生钓鱼有怪癖诗以肖之 *傅柏翠*

乐钓不忧贫，先生殆异人。丝纶常在手，蓑笠未离身。

鱼性夸通晓，钓型倡革新。闲来偕共好，渔话味津津。

奉和采琛兄见赠原韵 四首录二 *傅柏翠*

强谏成仁效比干，何如袭钓向江弯。扁舟一叶烟波去，赢得心头镇日闲。

犹记当年一剑持，扬鞭四海抱雄思。中途忽动归休念，为避贤来悔已迟。

新春见醉人卧途间撒泼戏吟 傅柏翠

休忧米贵叹年荒，旨酒家家劝客尝。料得醉人为瑞兆，故教撒泼卧周行。

王先熙君过访不值留题二绝次韵荅之二首 傅柏翠

山崖水隩日徘徊，书室尘封砚积埃。诵到池塘春草句，始知题凤有人来。

登楼日日凭栏忙，为爱天然画一张。地上园林云际鸟，一齐倒绘入方塘。

叠前韵寄意 傅柏翠

一竿溪畔每迟徊，却羡流清少着埃。渔钓生涯无限好，斜风细雨不归来。

半生碌碌为谁忙，革命当年自主张。事业千秋终幻影，何如种竹辟鱼塘。

七绝二首 傅柏翠

(一)

一九五八年中秋节日，预祝国庆，文史馆同人集饮于聚春园，酒后举行音乐文娱，口占一绝。

中秋国庆巧相逢，集饮同欢弄管弦。祖国象征今夜月，人民六亿大团圆。

(二)

步台湾“立法委员”许绍棣《感时五首》原韵，寄怀从内地赴台湾的国民党军政人员中旧同袍、老朋友。

神州大地尽当春，何用天涯远托身。爱国不分先与后，归来便是一家人。

九十生辰申谢 七律一首 傅柏翠

九十贱辰，故旧宠贶书画诗词，中多溢美，愧不敢当；仰感隆情，谨申谢意。

九十春秋百折程，谬蒙文采饰生平。犹怀隔海金瓯缺，盼享中秋璧月明。

回首老牛惭蹒步，轩眉群凤起清声。漫寻芹献挥余热，报答诸君邑勉情。

名将行 华达璋（华家村）

君不见行伍之间有名将，智勇深沉气矜尚。出师每战必前茅，伙伴同行皆惆怅。身骑汗血赤骅骝，冲锋陷阵无燕幽。军中辟易千人废，三次夺取上将头。其余大小三十战，斩获偏裨不可算。能谋智足六韬娴，命中力强七扎贯。斩将搴旗已有年，督邮都尉亦知贤。同队随行皆显贵，银鞍煜耀珊瑚鞭。数奇李广独难封，依然偃蹇戎马中，猿臂萧条徒射虎，虬髯憔悴不从龙。当途何必厄壮士，造物有意磨英雄。英雄咄咄负奇勇，十年拊髀叹衰冗。抚怀整带看吴钩，中夜起舞寒星动。吁嗟乎，丈夫有志在远道，忍使骅骝伏枥老。骅骝骅骝勿悲鸣，将军在尔侧，终当与尔立勋名。

游双髻山途中纪胜 华达璋

入山登峻岭，喜有木垂阴。得此青云路，仙梯快共升。

舆夫行且止，鼓勇上山陂。为指前途景，欣然力不疲。

好雨收残暑，清风惬素襟。沿途多胜景，恍惚入山阴。

怪底嵯峨石，奇哉造化钟。成形千百种，悉数总难终。

山骨标神异，天工实范陶。痴憨笑游客，堆累欲增高。

石阙双门立，弯环曲径通。人来徐引步，始入洞天中。

一境欣开豁，昂头别有天。名山藏古刹，福地住真仙。

后枕三生石，前撑五指峰。笋班排左右，位置想天工。

苦雨 二首 华达璋

积雨诚堪闷，穷民更可怜。粟空困有网，薪尽灶无烟。

避湿移床坐，怯寒拥被眠。饥躯行不得，仰首望苍天。

夜冷寐不成，檐流不断声。拊床停鼠啮，倚枕候鸡鸣。

室内围炉坐，门前躐屐行。寻芳频负约，何日是天晴？

登（闽汀）北极楼　华达璋

天南撑一柱，拔地耸高峰。境据全州胜，城围百雉雄。

群山皆拱北，一水自流东。搔首苍穹问，何时起卧龙？

游（闽汀）朝斗岩　华达璋

重来朝斗拟游仙，回首春风三十年。碑上好诗留郡守，眼中佳句赏楹联。

文章假我花生树，琴筑娱人石漱泉。清景迎眸看未了，归还一步一盘旋。

恭祝姜孺人百龄加一荣寿　华绥邦（华家村）

金葩濯露艳新枝，正是慈闱设悦时。庆衍脱簪嫺姆训，徽侔画荻著坤仪。

机声不独儿孙警，丸味曾从族党施。寿祝百龄传盛事，饴含五代应昌期。

长生非诩丹中秘，景福原从德里基。贵戚称觞千里颂，熙朝锡诰九天驰。

繄余得睹升平瑞，恭献无疆酒一卮。

和禹臣六十初度述怀韵　华绍心（华家村）

华筵高敞醉霞流，花甲从头数一周。德大自应臻上寿，月明正复值中秋。

添将豪兴樽罍洽，制就新诗斧藻修。回首希文方少壮，曾厘后乐与先忧。

题山阴换鹅图　华绍心

一卷黄庭值价高，如何只合换群鹅。爱鹅为把经相抵，添得书林韵事多。

偶　题　华绍心

流水高山意，当年寄托深。知君有怀抱，从此遇知音。

文阁霄灯　华惟功（华家村）

一盏琉璃挂半空，光华气焰逼苍穹。更阑不断迷离火，夜冷何嫌霹发风。

青胜藜然天禄阁，明如燧取日轮中。主持文运关奎宿，可许潜移造化功。

白果墩　华惟功

平地孤墩镇一乡，团栾果树盖同张。圆成错认仙人杏，蔽芾甘如召伯棠。

半片黄云空点缀，三冬白雪自青苍。中通不与枫争色，那管寒江几度霜。

又题斗鸡图（三言诗）　华惟功

鸡谷谷，啼喔喔。一片石，两竿竹。为雄飞，不雌伏。

唤一声，且可复。焉用战，事角逐。养全锋，望似木。

题花鸟争趣图　华惟功

年年花事逐春三，倦足飞还鸟亦谙。何处珠花红豆似，顿教悽恻在江南。

十里潭　华惟清（华家村）

十里潭头日欲曛，重重山影压樯阴。愁多应是船难载，人自浮沉水自深。

课　耕　华惟清

送却残春春可怜，四山布谷乱声喧。秧苗怒茁蛙催急，麦穗低垂鸟啄先。

三径膏流红杏雨，一犁叱破绿杨烟。半耕半读消閒甚，陇亩归来抱月眠。

剑　津　华惟清

荒城百尺俯河流，神物何年笑刻舟。独有先民风未沫，一泓清水照人秋。

题江云腾妻蓝烈妇　邹时行（塘厦村）

巨孝膺旌有次翁，高门烈气壮帘栊。冰纨不染储三尺，白骨难生凛一终。

魂未返兮谁子后，服之阕矣女予同。凤凰仍带归昌响，落尽云间出塞鸿。

近乡八景（录一）　横嶂晚霞　邹扬休（塘厦村）

乡水东流合，南隅一嶂横。树鲜初过雨，山翠乍逢晴。

日落红晖布，霞升紫气萦。登高凭远眺，锁钥拟坚城。

山村四时（录一） 春 邹扬休

树岽崚嶒景色饶，一村亚旅趁春韶。叱牛犁雨前山急，负耒锄云后畔招。

蝶入菜花翻粉翅，蜂衔桃瓣落红绡。年丰民乐风光好，轩舞康衢祝圣朝。

梓里 二首 邹扬休

锦屏佳气接崔巍，蝴蝶云间两翅回。溪水萦纡拖素练，丘山凹凸簇青堆。

乔松荫密疑庄远，曳杖声闻忽叟来。桑梓敬恭吾乐土，太平同醉万年杯。

华表东迤起捍门，四山如画拥庄村。芦鞭花绕秀堪掬，罗带风吹轻可扪。

蟹戏西湖芹绶绿，牛眠北涧桂枝翻。云礽聚族绵兹土，耕读无荒庶类蕃。

九日偕友人登高 七言古诗 傅闾（蛟洋村）

节序重阳九月九，登高有客频携手。由来韵事纪年年，我亦寻欢约故友。

萸囊菊佩兴缠绵，得得行来翠岫巅。身往层峦最高处，天空地迥茫无边。

萧疏秋景江山丽，帽落风高情自契。我闻在昔孟参军，千古风流名不敝。

菊酿樽开泛绿醽，请君畅叙杯莫停。人生鹿鹿只如许，水自长流山自青。

不见江南旧歌舞，烟花顷刻皆尘土。吾侪感慨复何须，忧天忍效杞人苦。

当前得意意须融，酒醉诗成气吐虹。日落峰头人欲去，一声长啸万山空。

汀杭纪事四十首（录二） 傅闾

欃枪凶焰炽南天，警报遥听络绎传。道出杉关初失险，谋趋邵武合攻坚。

盈城以战争光泽，列邑频摧怅蔓延。破竹已成迎刃势，长驱甘让贼锋先。

镇入黄连苦更多，新桥指日漫挥戈。疲兵未战闻声怯，壮勇遄归奏凯讹。

弃甲心寒抛众旅，同寅血洒痛长坡。生灵数万悲骚扰，午夜城中骇鸛鹅。

高升爆 傅硕臣（蛟洋村）

漫夸百子响纷纭，别有联珠迥不群。平地一声生霹雳，半空五色散氤氲。

催来灯市高弥见，放去花台远更闻。两字吉祥非泛说，果然轰烈到青云。

双飞蝶 傅硕臣

一枝聊试唤儿曹，宛尔随风下复高。引藉星星微着炷，飞真栩栩活添毫。

诗摹谢氏形难肖，梦忆庄生兴倍豪。苦使佳人翘首望，双双应上玉爬搔。

咏 荷 傅硕臣

源头活水注洋洋，万柄荷舒绿满塘。最是雨余偏爱净，非关风过自闻香。

影圆恰好张如盖，筒碧还宜棒作觞。任有红尘飞不到，借渠招得十分凉。

至尖峰岽步壁间韵 傅 曦（蛟洋村）

禅堂散尽旧僧弥，手癖烟霞敞绛帷。鹤立松梢听讲学，鸟啼坞外和吟诗。

岩边树密云归早，屋后峰高日出迟。宝座庄严参佛像，炉烟袅袅细如丝。

至杨梅坑口占 傅 曦

杉松一路入烟村，遥望人家白板门。捣纸声声山碓晚，扶犁处处水田分。

忽闻樵唱传林麓，聊与农谈话酒樽。自是年丰留客易，篱边角逐散鸡豚。

寄友人 傅 曦

隔别溪山唔对疎，近来诗思竟何如。半生共励千秋业，两地惟通一纸书。

落月每萦孤馆梦，垂杨深锁旧楼居。名材岂傍岩阿老，锵佩相期到玉除。

壬申重九尖峰岽登高口占 张从龙（禹门、元榜）（再兴村）

满山秋色自西来，日喜篱边菊正开。谁插茱萸临胜境，绻怀时局觉心灰。

四月重游马头山　二首　张从龙

乾坤秀气萃灵山，胜地重游乐赋闲。最爱清和风景好，一轮明月照禅关。

前度来游已二年，禅房花木更鲜妍。嫏环福地今安在，是处堪称小洞天。

潮州谒韩文公祠　张从龙

道德文章日月光，九重直谏谪潮阳。安民驱鳄留遗爱，景仰高山一庙堂。

韩江归舟　张从龙

韩江秋暮觅归舆，萍水相逢问里居。我是天涯沦落客，望云搔首且踌躇。

暑往寒来气候凉，鲟鲈味美几人尝。悲秋又恐冬难御，怅望何堪话故乡。

书　感　张从龙

江河日下势滔滔，多少英雄受折磨。笑煞人情真似纸，趋炎附势自称豪。

水西渡有感　华沁园（小和村）

山岚增翠水增波，泽国依然耸翠螺。那有经纶量玉尺，却虞荆棘逼铜驼。

伤心岁月优游少，翘首勋名慷慨多。为问川流谁击楫，中原久待靖干戈。

登双髻山　华沁园

十载征尘扑未除，空瞻螺黛峙晴虚。朝来为振崇冈袂，直到嫏嬛读异书。

一片樵声隔坞传，翻疑空谷又逢仙。观棋欲共消长夏，转恐轻抛甲子年。

绕过前村又后村，红英绕路草盈门。溪流半泛桃花水，不是仙源也断魂。

峰如鹄峙石如熊，带路山花寂寞红。钟磬声稀人迹断，白云深锁梵王宫。

读落花叹　华沁园

一寸飞花一寸金，空劳杜宇日哀吟。到门崔护心先醉，失路刘郎恨转深。

不必红英悲坠溷，何嫌绿叶聚成林。浓阴正喜无穷碧，且谱熏风抚素琴。

文阁重游　丘砚夫（崇头村）

闲游旧馆访诸生，桃李欣欣正向荣。喜得名师专造就，广资益友互陶成。

浮文勿慕储真品，实学能敦契隐情。莫笑老夫言老誖，曾经此道向前行。

文社重会　丘砚夫

世变纷纭苦自怜，投机人去话难宣。心怀秋水无虚日，面识春风又隔年。

恋栈祇惭悲老马，飞天难比附鸣鸾。途经故里欣重会，仿佛天边得月圆。

赠茶歌　丘砚夫

人生得意频倾酒，我辈钟情祇爱茶。地炉茶鼎烹活水，少沁诗脾气自华。

卢同好茶茶七碗，两腋生风情款款。谏议惠茶赠好歌，偶触诗思话长短。

不计程，不求精，破睡侯封不夜城，有心惠我清茶赠，重与论文胜酒醒。

和知稼山人原唱（咏诸葛亮，史可法）　张仁镜（苏康村）

隆中一对便超伦，始信纯儒自有真。读罢出师前后表，鞠躬尽瘁仰斯人。

凛然大节壮淮阳，血洗孤城吊国殇。忠正精神长不死，梅花岭上永留香。

赠力人宗兄避地梅花洞　丘则陶（坪埔村）

正气得乾坤，胸且罗万卷。圣道赖干城，不碍沧桑变。

昔闻桃花源，今闻梅花洞。梅洞坐白云，五百年一梦。

梦中何所有，梦后何所无。极顶高人宅，开轩对绿芜。

林石静为邻，麋鹿驯作友。天外任昂头，下笔风雷走。

著述多岁月，茫茫道脉寻。事亲挚家属，孝养尽吾心。

君不见大行李盘谷，有田可耕书可读。又不见南阳诸葛庐，不求闻达长安居。

雨添愁 丘际勋（丘坊村）

淫雨霏霏半入帘，愁肠不觉使人添。滂沱岂有晴天见，霢霂曾无晓日暹。

想是明皇淋旧恨，知非御史泽新霑。山中那得钩诗酒，肯为烹鱼溉釜煎。

题画秋景 华岳灵（绍甫）（华家村）

古木萧疏半染红，扶筇乘兴过桥东。秋山明净浑如画，收入诗人即目中。

和知稼山人（傅丹初）原唱 华荣先（秋竹村）

泽足郊原快若何，几家蓑笠陇头过。鸟巢深树防风覆，牛吪高田趁水拖。

得见升平真幸矣，未知收获可丰么。闲居且自安耕凿，盼祝康衢鼓腹多。

和知稼山人原唱（咏中国民族英雄岳武穆，郑成功） 华荣先

黄龙痛饮报先皇，屡捷中原赖小康。可恨金牌连道下，甘将支厦木摧伤。

毁家忠义不归清，开辟台澎志复明。即此一隅留正朔，中华革命作先声。

鸡声诗社赋（以“古蛟风雅选集”为韵） 华荣先

翰墨成林，图书有府。乐称道人，号曰渔父。文坛独擅雕龙，笔阵尤工画虎。吟征诗社，唤乎直扫千军；唱起鸡声，允矣流传万古。从此安乡里，共乐郊；修文化，搆杏巢，书不遗弃。诗何忍抛，联珠光其墨砚，锦绣胜于戈矛。报晓清音，拟似栖楼之凤；惊人佳句，竟如化雨之蛟。况乎经纶秩序，整理纪纲，名称意义，济协和衷。恐斯文之将丧，开智识以无穷。玉振传来，能使惊神泣鬼；金声吹到，何殊甘雨和风。乃若起舞闻声，不遑寐假；业广惟勤，才储非寡。啸歌可引高贤，诵读能招隐者。一堂聚会，同伸云路之情；千里逢迎，共济儒林之雅。至于发奋三更，究研五典，粟种书田，学荣冠冕。祇期月露风云，独向冰壶雪茧。劳心待旦，破除白玉之瑕；着手成春，敢望青钱之选。如其决战诗场，笔枪练习，豪杰在前，干戈载戢。竟鸣鼓而鸣钟，似争城而争邑。大开文势，纵横直上无前；超过旗亭，步武追随莫及。倘无俗虑为烦，幸有云梯可入。收到词篇满架，声韵俱新，招来朱履盈庭，英才咸集！

抗战二周年从军自勉 张史青（材选）（再兴村）

日寇侵华中原乱，生灵无数遭涂炭。敢与倭奴杀一场，不收失地非好汉！

游双髻山·古庙即景 张史青

怪石峥嵘绕方圆，高山似髻出天然。古庙一幢堪憩仰，池中日放午时莲。

咏岁寒三友 张史青

松

挺立万丛中，昂昂顶太空。岁寒不凋落，千载见精神。

竹

虚心师益友，志坚性自矜。寒冬不减色，春到色更新。

梅

生性坚强高洁，敢与严寒决斗。冰封大地无间，独能发香抗雪。

雄立崖头报春，坚贞不屈似铁。诗人多作雅言，万木为我腰折。

祝傅柏翠老先生九十华诞 张史青

1985年6月

蛟洋暴动震杭川，马列行中添一贤。革命始终光史册，高龄爱国写新篇。

古蛟原是好地方，先生举义名更彰。解放多沾党国惠，万民额手庆安康。

渔家傲 张史青

庆1964年10月20日我国自制第一颗原子弹爆炸成功

中国自造原子弹，爆炸成功震霄汉。敌人惊出一身汗。敌人叹，友好国家齐声赞。自力更生真好汉，万众一心不涣散。中央领导大家干。努力干，五星红旗光灿烂。

无 题 张愧生（衮丞、荣华）（再兴村）

再兴秀才“重游泮水”（中秀才60周年纪念），他在给亲友的征诗（词）启事中附了一首词：

手携双鲤鱼，目送千里雁，中有鲤鱼长尺半，入学进泮重游泮。满堂红，真好汉，总结医学与推广。在伟大的新时代崛起一个先进汉。景仰伟大的马克思列宁主义，努力干，努力干！

番 薯 华作猷（咸仁）（华家村）

嘉种遥从吕宋移，栽培收实继晨炊。柔藤嫩叶经霜后，白节红根出土宜。

生从泥中如雪藕，熟登甘味似蹲鸱。山家晚稻同蒸处，几度香风透竹篱。

华藏禅院题壁 华钰珍（玉卿）（华家村）

四十年来负此身，可怜碌碌困风尘。如来怪底拈花笑，我是山中旧主人。

呈傅公柏翠 华敦五

艰难岁月去难留，海阔天高任自由。伏枥老夫仍有志，殊多夙愿待从头。

傅柏翠先生仙逝一周年祭文 华敦五

1994年清明节于北京

先生羽化兮登九重，家乡子弟兮思无穷。东渡归来兮逐封家，振臂挥戈兮露才华。

蛟洋暴动兮红旗举，黎民百姓兮均田地。血雨腥风兮国离乱，古蛟之人兮乐桃源。

兴业办校兮重文教，莘莘学子兮聚蛟中。韩柳欧苏兮遭是非，先生经历兮亦如是。

唯罪唯功兮青史定，是非黑白兮终分明。

登双髻山 华文薰（华家村）

双髻山高耸接天，山峰常在白云边。峰上壮观风雾浪，寺旁喜见午时莲。

奇也久晴池不涸，幸哉有水僧康延。壮观日出和日落，避暑旅游乐华年。

纪念抗战胜利六十周年 华富美（华家村）

卢沟进犯日嚣张，竟向神州动刀枪。许多城市遭劫难，无数村庄被洗光。

国共协同声威大，军民团结御侮强。八年艰苦持久战，终迫妖魔受投降。

久别重逢 华善鸿（华家村）

1987年10月参加母校蛟中50周年校庆与同班老同学相见

少时握别老来逢，相见通名觅旧容。几多坎坷峥嵘事，尽在白发皱纹中。

乡 感 华鸿昭（华家村）

清明时节阴雨绵，农民耕作雾中行。勤劳致富结硕果，太平盛世在乡间。

访华家大坪畲族自然村感言 华森春（华家村）

山清水秀民族村，清静和谐胜桃源。满村高楼平地起，成林豆杉刺云间。

香菇竹笋名特产，珍贵中药金线莲。物阜年丰民安乐，淑景融融艳阳天。

华家大坪共一村，山水相依情相连。畲族汉族皆兄弟，炎黄子孙大家庭。

同舟共济度艰险，冬天过后春满园。同心共圆中国梦，迎来小康百花鲜。

赞白果树 华森春（华家村）

千年古树银杏王，出类拔萃历沧桑。树干六寻冲天起，巍然耸立刺苍穹。

硕果累累苏州卖，粉黛一双小姑娘（注）。银杏素来为村树，村荣亦荣万年长。

注：相传数百年前有两个漂亮的小姑娘在苏州市卖白果，自称是福建上杭华家亭人，群众疑为“白果精”。

无 题 华友生（华家村）

树高千丈叶归根，年老退休转农村。白日老友邀相聚，夜来灯下伴儿孙。

第二节 文 选

一、序

《蛟洋傅氏族谱》序

傅 鳌

粤稽巨族大家，莫不有祠谱。盖祠以奉祖先，妥神灵所为，仁人孝子，尽报本追远之忱；谱以明世系，辨宗支，所以俾乡党贤愚，知远近亲疏之别。祠谱之为用，其大矣哉！

吾傅氏自有商高宗，感梦求贤，举傅说于版筑，说实为我傅氏之鼻祖。厥后，世远年湮，蔓延宇宙：有以天授之才，佐汉高位列元功，封德乡侯讳宽者，为钜鹿一派；有以奉命责夷，诛斩楼兰，封义乡侯讳介子者，为义渠一派；有以武勋荡平篡贼，名标云台，封昆阳侯，讳俊者，为清河一派；有以博览群籍，授书天禄封明公侯讳毅者，为茂陵一派；有以椒房亲戚不趋权贵，归隐蒿山，屡召不起，封高武侯，讳喜者为襄阳一派；有以慷慨直谏，不附权阉，出守汉阳，捐躯殉难，谥壮肃，为护军司马，讳燮者，为庐州一派；有以博学宏词，贵游长摄，台阁生风，封清泉侯，讳玄者，为庆阳一派；有以循良历县令，各著异绩，咸称傅圣，封新亭侯，讳琰者，为宁夏一派；有以正色立朝，排黜异端，为大史令，讳奕者，为邺下一派；有以职任宗伯，旋归田里，天子赐敕，高风寥寥，千古莫嗣，讳霖者，为青州一派。支繁派衍别云礽似续，难溯其源。及我祖念七郎公，自南宋来杭，爰居蛟洋傅凹头，则念七郎公又实为蛟洋之鼻祖也。而派溯清河，历元、明、清，以至于今，传世二十余代。其支流虽分，而本源不紊。迨乾隆癸丑，乡中贤老议修族谱：玉江公、退斋公二先生，慨然以总辑谱牒为己任，旁搜博采，崇信阙疑断。自念七郎公为始祖，辛酉付之梨枣，则源清本正，世系明；支宗辨。远近咸集，大小毕登，诚盛事也。惟宗祠未建，至戊子始，经始宗堂于石下洋，回龙岗下，己丑告成。中祀始祖念七郎公祖妣李六娘孺人及二世历十世祖，考妣神主；左右二龛配以昭穆。谱修、祠建，于是乎稍可无憾矣！第自立谱以至于今，亦越三十余载，存没生死，坟墓改迁，流离播徙，又不无今昔盛衰之感。乃查辑远迩汇清草谱，照依前谱一六为宗之式，并坟墓地名、山向及蒸尝、儒贤、职官、封典、选举、节烈、神坛、祠宇增减，因时从新翻刻要，不敢别生意见，亦遵守前志而已。

道光丙申十六年春王正月 二十世裔孙 鳌敬撰

《福建名山大寺丛谈》序

傅柏翠

梵辉上人，字常晓，号越尘，俗姓冯，一九一六年生于缅甸，六岁归国，十二岁出家福州怡山西禅寺，智水方丈为之传授三坛大戒。及长，随侍圆瑛法师，听经受禅，得承衣钵。稍壮出游，卓锡越南，归国被举为西禅监院，年方二十有五。上人天资秀出，既精禅理，复通文学，尝请益于何振岱（梅叟）先生之门，遂斐然有可观者。曾手编《历代僧伽诗钞》，附自咏诗二十余篇，梅叟为之评云：“叙次有序，点染有法，谋篇制句，都入胜境，有慧如此，定为山门生色。”另校刊《西禅小记》、汇编《佛教史讲演集》等书。上人深研禅学，其《中日两黄柏》一文发表在《法音》季刊后，曾被日本学者译成日文转载于日本花园大学《禅学研究》中。益以蔼怀看世，苦研祖国医学，学成，行医豹屏山，荷泽寺等处，屡屡著手回春，名传榕郭，时人称为禅、文、医“三学大师”。

解放以后，三次被邀北京参加全国佛教协会代表会议，选为理事，得以参访东南名刹。一九八一年春，中国佛教协会会长赵朴初莅闽，禅筇陪历名山大寺，每至多有述作，既阐梵史，又描形胜，如是哀集成帙。

福建逸仙艺苑广罗八闽人士，上人与焉。去岁集吟荷泽禅院，觏其稿，咸赞其有文史研究之参考价值，并可供旅游者引胜之资。而上人婴疾，未能卒编，遂由逸仙艺苑副理事长赵玉林为之增订校勘，行将付梓，因以数言弁其端。

福建省文史研究馆馆长傅柏翠
一九八五年八月

二、记

新罗山人《离垢集》卷后

华时中

《离垢集》五卷，高叔祖秋岳公遗稿也。公讳喦，原字德嵩，生于闽，家于浙，不忘桑梓之乡，因自号为新罗山人。新罗者，闽南汀州之旧号也。公性岐嶷，好诗画，方就傅，即矢口成声，落笔生趣。壮游吴越，居维扬最久，善与人交，技益进，联镳北上，誉噪一时。其作画不拘一体，山水人物时出新奇。画必有题词，甚苍老无俗气。书法整整斜斜，皆有别致。白苎村桑者张浦山，称其力追古法，脱去时习，洵为近日空谷之音，其言殆不诬也。晚归西湖，不酬应，惟以举子业课后昆。子浚、子绳武，举于乡。孙清武，饩于痒。自是手泽仅存尺幅，珍如和璧矣！时所见无多，而祖祠壁间墨迹历经百年不坏，尤疑其有神护。其诗于阮云台先生《輶轩集》中采登数首，尝读一过，而惜未睹其全。迨自道光丁亥岁，承乏仙源，其曾孙世琮、世璟来游，以公手录全稿出示，吟玩再三，写作信不犹人，乃益叹其有美不彰也！因命儿曹缮抄，以质大雅，佥曰："是真神品也！不可不传。"爰于簿书之暇，亲加校阅，以授梓人，嘱其曾孙世琮、世璟考辨鲁鱼，凡越三月，书始成。承诸君子锡以弁言，予以题辞，是集当可不朽也，因志数言于后。时乙未仲夏下旬之四日也。再侄孙时中谨记。

再兴漳姑田路堰碑记

张材选

漳姑田，地处要冲，每日往来其间者，不下百数十人。民国十九年六月初九日，天降大雨，复以山崩，全村几成泽国。桥路陂堰十去八九，漳姑田路堰亦无幸免。七月由材选等人筹集资金，招募工匠，予以修复。历时二月始告成功。现工以告竣，特予勒石，以资纪念。

民国十九年季秋月材选谨启

三、散　文

闽西石榴红

张胜友

从著名的古田会议所在地古田村西行20多里，便来到了上杭县蛟洋山区。在这峰峦绵亘、林木佳秀的山山水水之间，留下了毛泽东以及老一辈无产阶级革命家的脚印，留下了中国革命史上的壮丽篇章。高高的文昌阁，便是历史的见证。

据传说，文昌阁建于乾隆六年，迄今已有230多年的历史。它由主阁和两侧廊房组成，主阁五层，悬柱结构，底层呈四方形，顶层呈八角形，每层飞檐都泥塑精雕着雄峙的翘角，塔尖安有独具风格的葫芦顶。石拱大门两旁，鼎立着六根朱红木柱。整座楼阁建筑富于闽西山乡特有的色调：古朴，庄重，雄伟。

穿越过门前的石榴树和花丛，沿着青石铺砌的台阶，拾级而上，是二层楼正厅。悬挂着一面绣有铁锤镰刀的鲜红的党旗，党旗两旁贴着马克思、列宁的石印肖像。主席台上陈列着一块黑板，大厅里并排摆着六行整齐的红漆木桌长椅。这就是我们伟大领袖和导师毛主席当年亲自指导召开中共闽西第一次代表大会的会场。

1929年，大雪初霁的新春，毛委员、朱军长、陈毅主任挥师下井冈，率领红四军挺进赣南闽西，以迅雷不及掩耳之势，首战长岭寨，三打龙岩城，先后歼灭土著军阀郭凤鸣、陈国辉两个混成旅共5000余人，用钢枪和大刀开创了以龙岩、永定、上杭为中心的闽西革命根据地。闽西山水，顿时生辉，真个是“闽赣路千里，春花笑吐红”。为了总结斗争经验，进一步巩固和发展刚刚形成的红色苏区，毛委员应闽西特委邀请，作为红四军前敌委员会的代表自龙岩来到蛟洋，亲自指导闽西特委，召开了具有历史意义的中共闽西第一次代表大会。

那是一个骄阳艳丽的晴日，毛委员沿着翠竹掩映的山路，风尘仆仆来到了文昌阁。红四军四纵队的代表、闽西各县县委、区委的代表共五六十人，冲破敌人的重重封锁线，跋山涉水，汇集在这里，汇集到毛委员身边。文昌阁呵，满怀豪情迎接了敬爱的领袖和无产阶级的优秀儿女。

毛委员首先指导大会主席团用了一个多星期的时间，就政治、土地、党务、武装、组织、妇女以及物价、洋货侵入、工农业破产等项专题，向代表们进行了广泛周密的调查。每日清晨，当习习的山风吹散薄薄的雾纱，曙光照耀着群山和汀江，毛委员就伴随山溪流泉，信步来到镇水塘边，与代表们促膝攀谈，细心询问苏维埃政权的建设和乡村开展土地革命的情形。每逢黄昏，当落日的余晖尽染山冈茂密的松柏与竹林时，毛委员就领着代表们走出一家家贫雇农的土楼、茅房，踩着阡陌小径，一路畅谈唤起百万工农，创建革命武装的重要性。每当夜幕笼罩山村，毛委员在一盏泥瓷油灯下，时而伏案疾书，神思专注地审阅大会的每一份文件和资料，思谋着“争取江西，同时兼及闽西、浙西”，进而开辟中央苏区的宏伟图景，一直辛劳工作到月落星稀……

7月20日，中共闽西“一大”在文昌阁二楼正式开幕了。代表们胸佩鲜红证章，庄重地进入会场。毛委员神采焕发，站在主席台上，他详细周密而又精辟地论述了国内外政治、军事形势，并热情赞扬了闽西党在斗争中发动群众，组织群众，引导广大群众投入土地革命所取得的成绩。同时，毛委员又明确指出闽西党今后的基本任务就是巩固和发展闽西红色根据地。说到这里，毛委员挥动巨手，横空一劈，向与会代表高声问道：能不能巩固？

代表们异常振奋，豪情满怀地齐声回答：能！

毛委员又侧着头，进一步亲切地问道：有什么条件？

这一问，把大家都问住了，代表们深深地思索，会场上一片寂静。

这时，毛委员拿起粉笔，就在主席台的黑板上，唰唰写下六个条件。毛委员指出，闽西各县有了共产党，苏区已拥有80万暴动起来的群众，而且普遍建立了红军、赤卫队，闽西的粮食可以自给，地形险要，便于与敌人作战，加之反动派内部矛盾重重，这些，都是有利的条件啊！

接着，毛委员满面笑容，又板起指头，形象地讲述了巩固根据地和发展根据地的基本方针。毛委员指出，要巩固和发展根据地，必须深入进行土地革命，彻底消灭民团土匪，发展党，发展工农武装，建立红色政权，有阵地地波浪式地向外扩展。

毛委员的指示，方向明确，阐述深刻，就像一股东风，驱散了天空中的迷雾，就像一泓甘泉，注入了代表们的心田。毛委员的话音刚落，整个会场发出了热烈的掌声。这掌声同阵阵竹啸和松涛汇合在一起，如春雷震响苍穹，在闽西大地久久回荡……

7月29日，代表们经过认真而热烈的讨论，一致通过毛委员亲自修订的《政治决议案》，确定了“坚决的领导群众，为实现闽西工农政权的割据而奋斗”的总任务和各项斗争方针。在一片欢呼声中，会议胜利闭幕了。

从此，毛委员魁伟的身姿，时时萦绕在代表们的脑际；毛委员谆谆的教诲，时时回响在闽西人民的心头。从此，盘盘闽山路，印遍了毛委员的脚印：苏家陂村传马列，新泉整训练雄兵，古田灯下写《决议》，才溪河畔调查忙……闽西大地，旌旗漫卷，星火燎原，闽西100多万工农，挺起胸膛，举起刀枪。“收拾金瓯一片，分田分地真忙。”在那艰苦卓绝的斗争岁月，多少人仰望文昌阁，格外怀念毛委员。老苏区人民唱道：

七月石榴红艳艳，
毛委员领掌政权，
文昌阁里播火种，
山山水水红光闪……

历史的烽烟飞越48载春秋。闽西儿女跟着毛主席，前仆后继，谱写下多少壮美的诗篇。今天，我怀着无限的崇敬和深切的忆念，又来到蛟洋文昌阁，不禁心潮澎湃，思绪万千。我们又仿佛听见毛主席的声音震撼山川……登上楼台，极目远眺，昔日遍地烽火的红色故乡，正在党中央的英明领导下，承先启后，继往开来。

又是一年一度的石榴红。文昌阁在翘首眺望，汀江水在深情欢呼：毛主席啊，您永远活在闽西人民的心坎里……

（原载1977年12月26日《人民日报》；收入本志时，编者作个别文字修改）

注：张胜友，永定县（今永定区）人。编审，享受国务院特殊津贴。曾任作家出版社常务副社长、社长、总编辑，光明日报出版社副社长兼总编辑，中国作家协会党组成员、书记处书记等职。《闽西石榴红》为张胜友在龙岩地区文学创作组工作时发表的最早成名的代表作。

风清万源祠

傅柒生

听经风经雨经年古祠的故事诉说，仿佛记忆中的青石古道焕发出的清雅光彩。

江南古祠万源，始建于1848年，静静地处落在闽西梅花山边陲的小乡村，蕴身于青翠碧绿逶迤的莽苍之中。雨落的时候，万源祠蒸腾起袅袅烟雾，皴染成一幅水墨江南画。雪飘的时候，万源祠覆盖着厚厚一层皑皑白雪，谱写为江山如此多娇的激情咏叹。80年前的故事就发生在风啸雪飘的时候。当年，雄才大略志存高远的一代伟人毛泽东在这里领导召开了一次极不寻常的会议——古田会议。这个狂风飘雪的隆冬故事，使得原本极其普通的万源祠变得万众瞩目、万众朝仰，也使得万源祠所在的古田赫然流芳青史，闻名遐迩。

万源祠是小四合院式平房建筑，青砖白墙黑瓦红柱，显得古朴端庄。建筑飞檐翘角，彩绘诗书贤孝礼仪故事和花草山水龙凤图案，可见建祠人的细致和匠心。祠堂外青色条石筑框大门，书着“北郭风清”的门楣，青条石外侧石灰墙面上有一副对联读来别有一番韵味：学术仿西欧开弟子新智识，文章宗北郭振先生旧家风。这是辛亥革命后万源祠改为古田历史上第一所小学——和声小学时刻上去的。如此联对出自20世纪之初封建遗风浓烈的偏僻乡野，好令人钦佩古田人的先知先觉的开放意识。

跨过石门，踩过鹅卵石铺设的前院大坪，推门而入，那幅著名的《古田会议》油画把历史的一幕赫然跃入眼帘，80年前的陈旧历史又鲜活了起来。

1929年，红四军挥师进驻古田，把和声小学改名为曙光小学。是年底，曙光小学的教室被布置成了中国共产党红军第四军第九次代表大会会场，五排高矮不齐颜色不一的学生课桌椅有序而洁净，把不大的会场充斥得满满的。会场中间有四根红漆木柱，张贴了“中国共产党万岁”“反对冒险主义”等标语，把会场装饰得更艳丽也更富生机。会场左侧是古田会议的主席台，两张“八仙桌”拼在一起的主席台上陈放着一个瓷壶和四个瓷碗，黄绿色釉并不细腻，很乡土。墙边架了一块黑板，黑板上方是一面缀着锤子和镰刀的中国共产党旗帜，旗上面并排着石印的马克思和列宁像，石印像上面快顶到屋檐处横挂着会标，整整齐齐地写着“中国共产党红军第四军第九次代表大会”，只是红布颜色褪得有些泛白。主席台的外侧挂了一个欧式挂钟，想必当时一定很时髦，也一定牵引了许多羡慕的目光。挂钟已经不走时了，似乎刻意地停留在1929年的那一特殊时刻，在沉默中让后来人去品味和感叹。会场四周被管理人员打扫得干干净净，只有那一处处的焦黑的烤火痕迹还清晰地烙印在微黄色的三合土地板上，历历在目，引人无限遐想……

雪在飘舞，风在拂拭。听，万源祠风的诉说。

1929年12月28—29日，古田会议隆重召开。或许是为了哀叹一个年份的行将逝去，天空纷纷扬扬地下起了雪，古田山川大地好一派银装素裹分外妖娆的景象，披上了洁白盛装的万源祠在朝霞映照下，愈显得熠熠生辉、楚楚动人。随同朝阳的冉冉升起溢彩流光，万源祠三合土地板上燃起了数堆篝火，像霞光一样火红，像太阳一样热烈。120多人济济一堂，围坐在篝火周围，篝火把他们的脸映照得红彤彤的，彰显着场面的热烈。毛泽东昂然站在主席台上，只见他右手撑在腰间，左手有力地向前挥动，神采飞扬慷慨陈词："中国的红军是一个执行政治任务的武装集团。我们的原则是什么？党指挥枪……"那声音啊，时而如山洪暴发，一泻千里，震人心魄；时而如潺潺流水，娓娓而谈，拂暖人心；时而如先贤哲语，条分缕析，启人心智。那人呢，他是那般的自信，那般的激越，那般的深情，深深感染了在座的每一位代表。顿时，掌声齐鸣，经久不息，随风萦绕回荡在万源祠上空。

党指挥枪——党对军队绝对领导，这可是人民军队永远不变的军魂呀！

从此，从古田山坳中喷薄而出的一缕曙光照亮了中国红军和革命的前程。胜利从这里开始！

时光荏苒，这个神圣的乡村小祠每年都吸引成千上万的人慕名而来，并留下两位总书记的足迹，历史在这里写上了新的篇章。1989年12月12日，雨后初霁，江泽民同志抵达古田，他在参观古田会议陈列馆时，对古田会议决议给予高度评价。15年后，再次留下"古田会议是我党我军建设史上的里程碑"的题赠。1999年6月21日，胡锦涛同志风尘仆仆专程莅临古田，瞻仰了古田会议会址后感慨万端，满怀深情地说："在革命战争时期，闽西老区人民为中国革命的胜利作出了巨大的牺牲，立下了不可磨灭的功绩，我们党和全国人民是不会忘记的。"

80年的光阴飘逝，80年的光辉永驻，80年前隆冬的飞雪纷纷扬扬地飘落在古田会议会址的青砖黑瓦上，悄悄地唤醒了彩眉岭的大山回音和古田山坳的呢喃春语。远望万源祠，万源祠黑瓦青砖白墙，像一座小型的殿宇，自处一隅，庄严神圣得不可受一丝轻慢亵渎，又像一艘归航的小船停泊在宁静的港湾里，被其身前的流金焕彩的稻浪簇拥着，被身后的葱翠欲滴的树林围裹着。

历史的风永远不会停歇，轻拂过万源祠的瓦顶树梢，又呼啸而去。万源祠呀，万源祠，她依然庄严矗立在葱郁巍峨的梅花山麓！依然静静地听风沐雨，披着昨日的雪，沐着今日的雨，听着明日的风！

（原载《人民日报》2009年12月28日）

光明之路路在何方

——古田会议的前前后后（上篇）

傅柒生

1

"军叫工农革命，旗号镰刀斧头。修铜一带不停留，要向平浏直进。地主重重压迫，农民个个同仇。秋收时节暮云愁，霹雳一声暴动"。

1927年9月19日，天还没有放亮，跃动不出的一缕曙光压抑在天际，沉落在莽莽群山脊梁的背阴那一端。毛泽东披衣踱出房间，两手撑在腰间，深邃的双眼望向遥远的东方，口中吟哦着自己新作的诗——《西江月·秋收起义》。

尽管这首词满怀激情，可毛泽东此时身处之境并不乐观。就在10天前，身兼中共中央特派员、湖南省委湘赣边界秋收起义前敌委员会书记的他刚刚和总指挥卢德铭等人一起，领导发动了秋收起义，成立了湖南工农革命军第一军第一师，随风飘扬的旗帜上绣着黄色的五角星和镰刀、斧头。

工农革命军第一军第一师师部和第一团在江西省修水县城宣布起义后，立即从修水出发，向湖南平江进军。可是，出师不利。第一团、第四团在向平江县城进军途中，邱国轩的第四团倒戈，使得全师主力的第一团腹背受敌，攻打平江受挫，损失较大。由安源工人和醴陵农民组成的第二团和以平江、浏阳农民义勇军组成的第三团虽然攻克醴陵县城，但不支强敌反攻。队伍被迫撤退到文家市，向长沙进攻的暴动计划如泡影一般破灭。

“接下来该怎么办？还是按原目的向长沙？不行。”毛泽东猛地吸了手卷“大炮筒”的最后两口，然后把烟蒂扔到地上，用脚把它使劲踩到泥里，自言自语道：“得开个会，明确方向，统一认识。”

当天晚上，工农革命军前敌委员会在里仁学校后栋的一间普通教室里召开会议，讨论的主题只有一个——工农革命军向何处去？参加会议的人不多，只有毛泽东、卢德铭、余洒度、余贲民、苏先骏等 9 人，可关于是否该继续执行湖南省委 9 月 8 日下达的会攻长沙之命令的争论却十分激烈。

毛泽东一边吸着自己卷的烟，一边静静听着。突然，他猛吸了几口，吐出一团浓烟。未等缭绕在面前的烟雾消散，毛泽东开始发表经过深思熟虑的看法：“依我看,我们不能再强攻长沙，而且强攻长沙必败！我主张暂时南下湘南一带，寻机上山。具体来说，就是改变攻打长沙计划，向萍乡方向退却。”

此言一出，众人议论纷纷。余洒度认为退却就是逃跑，叫嚷着如果不按上级命令攻打长沙，他就不干了。说罢，丢下枪转身而去。苏先骏见状，也起身跟着走了。

站在一旁的卢德铭琢磨着毛泽东的讲话，好一阵工夫，他才想通，便出面明确支持毛泽东。卢德铭虽然 20 岁出头，却在军队中享有很高的威信，大家听他这么肯定地支持毛泽东，也都不言语了。

有了卢德铭的支持，毛泽东信心十足，兴致勃勃地站起来又发表见解：“我们向萍乡方向退却后，还应该再退到可以屏护自己的大山里去，湘赣边界的罗霄山脉就是个好去处。”

“那你不是要叫我们去当山大王？”

“说山大王也可以，山大王有什么不好，中国历史上哪个朝代没有山大王，而又有哪个朝代消灭过山大王？虽说山大王是带封建性的，但我们是共产党领导的山大王，是革命的山大王，古代社会不能消灭封建的山大王，难道就能消灭我们这个革命的山大王？”

毛泽东深入浅出的谈话赢得了大家热烈的掌声，更让他们因受到挫折而沮丧的低落士气重新焕发了生机和热情。就这样，以退为进，看似后退、实为前进的文家市决策最终确立。

教室里，第一师师部参谋何长工打土豪时搞到一盏汽灯正发出炽热的光，把会场照得如同白昼，也把中国革命的前程照亮！

2

循山而进，仰山而上。1927 年 9 月 29 日，毛泽东率领起义部队到达江西永新县三湾村，在枫树坪下记下了著名的“三湾改编”故事。随后，部队上了井冈山。一面面鲜红的旗帜迎着莽莽井冈山的强劲山风而招展飘扬，把井冈山的伟人峰点缀得分外妩媚和绚丽。

秋收起义部队上了井冈山的消息，很快被风的使者带给了正在粤赣山路上艰难踯躅的南昌起义余部。朱德、陈毅心头为之一震，豁然开朗，立即派毛泽覃前往联络。无独有偶，毛泽东也在急切地寻找朱德，并派何长工下山接应南昌起义部队。双方的代表各显神通，不辱使命，各自找到了对方。1928 年 4 月下旬，这两支在大革命失败以后最早发动武装起义的工农革命军，在历经百折千回之后终于回合到了一起。

4 月 22 日，风和日丽。井冈山翠竹葱郁，杜鹃灿烂。井冈山下砻市龙江书院里，一场历史性的会面徐徐拉开序幕。

朱德、陈毅早早地站在龙江书院门前石拱桥上翘首以待，远见风尘仆仆的毛泽东身着一件灰布旧军装，健步如飞地向他们走来。到了拱桥前，毛泽东疾走几步，朱德紧趋而上，两双大手紧紧相握在一起。“你好，润之兄！”“你好，玉阶兄！”他们使劲地摇着对方的手臂，是那么热烈，又是那么深情。

5 月 4 日，中国工农革命军第四军整编成立，后按中央指示改称为中国红军第四军，朱德任军长，毛泽东任党代表。从此，毛泽东和朱德这两位近乎完美的天才搭档，带领这支“朱毛红军”，以如椽之笔书写了中国历史的壮丽篇章。

朱毛会师后，打败了敌人一次又一次妄图扑灭革命星星之火的疯狂进攻。特别是龙源口大捷，红四军打破了赣敌对井冈山根据地的第四次也是最后一次“进剿”，从而使红军得到了宝贵的发展之机。在井冈山上，毛泽东经常形象而不失风趣地比喻说：“人不能老走着，老站着，也得有坐下来的时候，坐下来就得靠屁股，根据地就是人民的屁股。”红四军在这里广泛发动群众，开展土地革命斗争，很快将井冈山革命根据地的历史推进到了全盛的时期。当1928年的夏季来临的时候，五百里井冈已遍地红旗。

井冈山的革命火种把国民党的屁股烧烫得坐卧不安，当局决计无论如何也要扑灭这颗星星之火。1928年11月，蒋介石纠集湘、赣两省之敌，向井冈山革命根据地发动了第三次“会剿”，并加紧进行经济封锁。12月上旬，当彭德怀、滕代远带领红五军来到井冈山，以期在朱毛红军的帮助下将他们刚刚创建的湘鄂赣革命根据地获得巩固和发展时才痛心地发现，红四军不仅面临的军事态势极为严峻，而且贫困拮据的经济状况几乎已经威胁到了红军官兵的生命。

如何坚持井冈山的红色割据？如何击退强大敌人的步步紧逼？如何带领新生的人民军队走出困局？这一个个大写的问号横亘在毛泽东和朱德心里，重如千斤。

3

1929年元旦过后，井冈山成了冰雪的世界，天寒地冻，山野茫茫。红军官兵身穿单衣，食不果腹，甚至没有御寒的棉被。然而，从他们口中传出的依然是充满了革命乐观主义精神的动听歌谣：“红米饭，南瓜汤，秋茄子，味好香，餐餐吃得净打光。干稻草来软又黄，金丝被儿盖身上，不怕北风和大雪，暖暖和和入梦乡。”

如何击破敌人“会剿”和解决经济诸问题，已经到了必须做出最后裁决的时刻。1月4日至7日，红四军、红五军军委和湘赣边界特委在宁冈县柏路村召开联席会议，最终确定了把红军一分为二，一部分留在井冈山正面对付敌人的军事进攻，另一部分外线作战，吸引敌人的注意力，并趁机解决困扰红军经济给养问题的“围魏救赵”之策。

相见时难别亦难。

没想到，“围魏救赵”的计策很快就被敌人识破。虽然守山的红军尽了最大的努力，作出了最大的牺牲，也取得了许多战果，但井冈山还是在万般无奈的风雪交加中陷落了。此时的红四军主力也是处境艰难，厄运连连。自离开井冈后的短短十六七天，一败大余，二败平头坳，三败圳下村，可谓屡战屡败，茫然无助。

圳下突围时，朱德的妻子伍若兰掉了队，腿部中弹后受伤被俘，受尽残酷折磨，仍坚贞不屈。灭绝人性的敌人还残忍地割下了伍若兰的头颅，悬挂在赣州城门上示众。当时，伍若兰才芳龄26岁，与朱德结婚还不到1年。朱德听到了伍若兰不幸遇难的消息悲痛不已，从此，独独爱上了兰花，或许兰花可解他心愁。

天，飘着鹅毛大雪，冰封大地，更冷冻着红四军战士的心。“天天被白军撵着走，都快过年了，还往哪里走？”“撕破龙袍是死，摔死太子也是死，与其这样被动挨打，不如与敌人拼个鱼死网破。”在失败的阴影下，怨言渐渐滋生。

为了鼓舞士气，总结下井冈山以来的战斗经验，研究下一步的行动方案，红四军在闽粤赣三省边界交汇之处的罗福嶂召开了前委会议。

会议是在一个祠堂里举行的。厅堂里，燃起的篝火噼啪直响，围火而坐的毛泽东、朱德、陈毅、朱云卿、罗荣桓、林彪、蔡协民等人却一个个神色黯然，哑然无声。

这时，陈毅从裤子里捉到一只虱子。他灵机一动，风趣地说：“你们看，我捉到了一个‘俘虏’。”说罢，把拇指和食指捏着的一只虱子用口水点湿，扔进了火堆里。沉寂的气氛顿时活跃起来。

“是啊，不就是打了几个败仗嘛！胜败乃兵家常事，我们何必像死了爹娘似的。”朱德首先开口，他鼓励大家说，“前面有敌人拦我们，后面有敌人追我们，我们是真正的腹背受敌。要是贪生怕死求一条活路，那很简单，只要等敌人来时缴枪投降就可以了，但要是想革命到底，争取以后有好日子过，那就得靠大家共同努力，克服困难，把敌人消灭掉……”

“对，把敌人消灭掉，打吧！”大家高喊。

罗福嶂会议重新点燃了革命的星星之火。紧接着，红四军就在大柏地绝地反击，用胜利的捷报点燃了1929年农历新春的佳音。

然而，回望来路，关山迢迢，井冈山的陷落，更阻隔了归途。向何处前进？向闽西挺进！

4

“进城去！”随着朱德的这声招呼，取得入闽首捷——长岭寨大捷的红四军队伍，从宝珠门和惠吉门两座古城门浩浩荡荡地开进长汀城。

入城之后，红四军帮助地方党组织建立了闽西第一个红色政权——长汀县革命委员会。时值3月，这个闽西有史以来第一个在共产党领导下由劳动人民当家做主的县级红色政权，就像报春的寒梅，向全中国报送着闽西大地工农解放的喜讯。闽西人民兴高采烈、欢欣鼓舞，他们实实在在地触摸到了新社会革命政权的脉动，相信自己很快可以昂头挺胸真正过上人的生活了。

在繁华富庶的长汀，长期转战于罗霄山脉的红四军官兵终于可以踏实地喘口气了。他们洗澡理发，到饭馆打“牙祭”，还穿上了崭新的灰布军装。

嗜书如命的毛泽东一头扎进了红四军缴获的大批古今书籍中，快乐不可名状。他查阅了《汀州府志》和《长汀县志》，并别出心裁地请来了老佃农、老裁缝、老教书先生、老钱粮师爷、老衙役和流氓头子等6种人来座谈，摸清了长汀的社会政治、经济和阶级状况，从而为他制定出一系列比较符合实际的城市政策奠定了坚实的实践基础。

朱德则在这里与自己的第四任妻子康克清结下了秦晋之好。朱德买来了几听罐头，请毛泽东、贺子珍、江华、谭震林、曾志等10多人前来凑热闹。对于红四军的大部分官兵来说，罐头都是难得一见的奢侈品，农村长大的康克清，哪见过这种洋商品？可是，贺子珍、曾志等人就故意叫她开罐头。康克清拿过罐头左看右看，就是不知从何下手。大家催促：“新娘快开罐头，我们等不及了。”康克清不禁急得额头冒汗。正当为难之时，江华出来解围：“这样吧，我帮康大姐开罐头，但是要请新娘介绍她和朱军长的恋爱经过。”大伙齐声起哄。

康克清无奈，羞答答地说：“第一次见到朱德同志是在1928年春上的一天，我正在遂川做群众工作，突然有人喊：‘朱德部队来了。’我也随人流去看热闹，只见走在队伍最前面的一个中年人满脸胡子，脚穿草鞋，手牵一匹大白马，边走边笑着和围观的人打招呼。有人说他就是朱德同志，我没想到红军的一个大官是这么朴素、随便，没有一点官架子，难怪有人称他为‘伙夫头’。打从这一天起，我就对他留下了深刻的印象，前不久，曾志同志给我们当起了‘红娘’，组织我们开了个‘见面会’，我就算是爱上他了吧。”康克清介绍完，江华也把罐头启开了。康克清说要去煮罐头，又引得一阵哄堂大笑：“罐头是不需要煮的，打开就可以吃了。”康克清原本就已绯红的脸变得更加红艳可人了。

1929年3月20日，毛泽东在长汀辛耕别墅主持召开了红四军前委扩大会议，决定在赣南、闽西开展游击战争，发动群众建立公开的赤色割据局面，促进全国革命高潮的迅速到来。这一决策巧合地为后来全国苏维埃运动的“大本营”和中心区域——中央苏区勾画了一幅宏伟的蓝图。

彼时，昂首井冈山之巅的毛泽东高瞻远瞩；此时，站立在汀江之畔的毛泽东激情无限。他的眼光比先前更宽阔了许多，胸怀更大气了许多。显然，他的视野，已经从一县一域一省一地的范围拓展到了夺取全国革命胜利的角度。

5

1929年4月，红四军趁蒋桂战争爆发之机，回师赣南，经古城，出武夷山，进抵瑞金，与从井冈山突围出来的彭德怀部队会师。5月初，红五军回到了井冈山，恢复了湘赣边界的割据局面。19日，红四军第二次由赣入闽，抢渡滔滔汀江河。再于5月23日、6月3日、19日三次攻克闽西重镇龙岩城，重创国民党福建省防军第一混成旅。

三打龙岩后，毛泽东双手叉腰立在龙津河的一座小桥上，兴奋地说：“陈毅岂可无诗？”

“党代表见笑了”。刚从硝烟中走来的陈毅应声作诗吟咏：“闽赣路千里，春花笑吐红。孤军气犹壮，一鼓下汀龙。”

毛泽东连连击掌叫好。早已胸有成竹的他，也即兴填了一首《清平乐·蒋桂战争》。词曰：“风云突变，军阀重开战，洒向人间都是怨，一枕黄粱再现。红旗跃过汀江，直下龙岩上杭。收拾金瓯一片，分田分地真忙。”历史的风云在伟人的笔下凝成如此的慷慨气魄！

此时，土地革命的烈火已经在闽西大地上熊熊燃烧起来。经过几个月的斗争，到1929年7月，龙岩、永定、上杭、长汀、连城、武平等县相继建立了各级红色政权；6县范围之内，中共党员增加了3倍，发展到近3000人；闽西红色区域纵横300多里，呈现出“战地黄花分外香”“寥廓江天万里霜”的大好景象。这不仅彰显了红四军下井冈山之后的革命斗争与实践所所取得的辉煌成就，而且客观上为古田会议的召开提供了优越的外部环境条件，奠定了可靠的创新思路基础。

何其壮阔！何等辉煌！

古田之光光芒永放

——古田会议的前前后后（下篇）

傅柒生

1

“历史的道路不像涅瓦大街上的人行道。它完全是在田野中行进的，有时穿过尘埃，有时穿过泥泞，有时横渡沼泽，有时行经丛林”。俄罗斯文学大师车尔尼雪夫斯基的哲思，是那般鲜活地映照在1929年的革命的中国大地上。

其时，有这样一个严峻的时代挑战摆在中国乃至全世界的无产阶级政党面前：在农村游击战争环境中，在党员成分主要是农民的条件下，如何把党建设成为无产阶级先锋队，把以农民为主体的军队建设成为新型无产阶级军队？说其严峻，是因为这是国际共产主义运动史上从未遇过的新课题，在马克思主义的经典著作中以及苏联的成功经验中都找不到一丝现成答案。

1929年4月3日，一名叫刘安恭的中央军事部特派员带着中央写给红四军前委的“二月来信”，来到瑞金。任谁都没想到，此人和此信的出现很快就在红四军内部，掀起了一浪浪的轩然大波。

手捧来信，读到中央对“朱毛红军”的关注和焦念，毛泽东和朱德十分高兴。可越往下看，两人的心情就越发沉重起来。来信读罢，朱德紧锁眉头，毛泽东则猛地丢掉手中的烟头，一屁股坐在椅子上，气愤地说：“不知道中央是什么意思？太悲观了，太悲观了！我不离开，我不走，拿轿子抬我也不走！”

原来，“二月来信”对红四军作了如此“重要指示”：“应有计划地有关联地将红军的武装力量分成小部队的组织，散入湘赣边境各乡村中进行和深入土地革命”“避免敌人目标的集中和便于给养与持久”“依据目前的形势，决定朱毛两同志有离开部队来中央的需要”“因为朱毛两同志留在部队中，目标即大，徒惹敌人更多的注意”。

4月5日，毛泽东主持召开红四军前敌委员会会议，讨论中央“二月来信”。会议尽管也有些赞同中央意见的表达，但结论是否定中央的意见。当天，毛泽东以红四军前敌委员会的名义给中央复信，陈述了不同意见，并向中央报告了红四军的状况和计划。中央从复信中得到了关于朱毛红军更为全面的信息，也就不再坚持“二月来信”中那些错误的意见，而且对朱毛红军的发展给予了更加有力的支持。

就在这革命形势日渐好转的平和时期，“二月来信”的消极思想在广大红四军官兵中沸沸扬扬地传开，红四军党内各种非无产阶级思想开始蠢蠢欲动，滋生混杂。而刚刚当上临时军委书记的刘安恭更是过分大胆和出奇地做出了一个石破天惊的决定——前委不要管军队的其他事情，只讨论行动问题即可。一场有关红四军要不要成立军委、党和军队关系问题的争论在所难免。

1929年5月底，原本偏僻寂寞的小山村——永定湖雷热闹非凡，波浪滔天。红四军的前委扩大会议上，以毛泽东和刘安恭为代表的双方针锋相对，寸步不让，越争越激烈。直到下半夜，会议不欢而散，无果而终。但是红四军党内的争论不仅没有因为黑夜的沉寂而销声匿迹，反而随着冉冉升起的曙光而张扬激越——争论由上层领导蔓延到了下级军官，士兵们道听途说了一些，接着便大发议论。

一次解决不了，第二次再来，总是有办法的。虽然因焦躁而寝食难安，但对于党内矛盾的态度，毛泽东总是自信和乐观的。6月8日，在上杭白砂早康严氏祠堂——“东洋堂”里，红四军再次召开前委扩大会议。虽然最终以36票赞成、5票反对集体通过了撤销红四军临时军委的决定，但一向自有主张、实事求是的毛泽东与一向视纪律为生命的朱德的各执一端，却让会议的气氛跌到了低谷。

早康的夏天原本是令人惬意的，树影婆娑，山风拂面。然而，毛泽东、朱德等41个代表从“东洋堂”鱼贯而出时，脸上却是各种异样的神情，好似山风不再凉爽，清泉不再甘甜，只是强烈感受到在盛夏骄阳照耀下的阵阵闷热和烦躁。这一夜，许多人辗转难眠。

白砂会议后，陈毅被推到了历史最前台，代理红四军前委书记。他没有想到红四军党内会出现如此激烈的争论，更没有想到朱毛的意见分歧如此之大。为了尽快结束争论，统一思想，他代表红四军前委，要求毛泽东和朱德各作一篇文章，详细陈述自己的思想。

6月14日，毛泽东根据前委的要求，以给林彪复信的形式写了一篇长文章，对中国革命特别是建军建党的重大理论问题进行了深入的思考与阐述。在这封信中，他继在白砂会议上第一次提出辞职未获得批准后，又一次提出辞职，并流露出哀怨的心情：“对于党内的错误思想奋斗，两年来已经竭尽吾力了”，但更多的是复杂和矛盾：竭尽全力还是不能力挽狂澜，还管它干它做什么？可事情还未有结果，是非尚未断定，怎么能随意一走了之？

就在毛泽东给林彪写信的第二天，朱德也以给林彪复信的形式，写了一封如答辩性质的信，向红四军前委交卷。这两封信都被刊登在红四军办的刊物《前委通讯》第3期上。本来各级党组织内部对前委领导人之间的分歧还不完全清楚，如今在党内通讯上公开刊登争论观点，红四军从上至下的议论之声更加沸腾。“朱毛之争”自此成为中国革命坎坷历程上的一个具有探索性和戏剧性的插曲。

2

争论的话题还在延续，可客观形势已不允许红四军内部再这样争论无休了——6月16日，在蒋桂战争中获胜的蒋介石又调集了闽、粤、赣三省国民党军队会剿闽西革命根据地和红四军。为了打破会剿，解除外患，就必须尽快结束红四军党内的争论，统一思想，团结对敌。

1929年6月22日，红四军前委利用三克龙岩城后较安定而且优越的斗争环境，召开了红四军党的第七次代表大会。会上，陈毅号召“大家努力来争论”。他的话音刚落，像憋足劲要到会上来努力一争的代表们便纷纷争先恐后地发表起议论来了。

作为会议的主持人，陈毅看到大家如此激烈地争论，而且互不服输，越来越感觉到不是滋味。他诚恳地对大家说：“这样争论不好，影响团结，大家都是从井冈山下来的，要团结到底。”面对朱德和毛泽东争执，陈毅更是显得为难，他说：“你们朱毛就像战国时期的晋国和楚国，两个大国吵，我这个郑国在中间简直不知道如何是好。两大之间为小，我是进退两难啊。我跟你们哪个走？站在你们哪一边？我就是怕红军分裂，其实你们也是怕红军分裂的，不对吗？希望你们两方要团结起来才好。”

“朱毛朱毛，朱不离毛，毛不离朱。”“朱之不存，毛将焉附？”朱德和毛泽东都深深地知道彼此不可分割，只有朱毛合力，红四军才有发展有前途。可是，人处在争执之中的时候，往往并不容易相互服气。

红四军的“七大”只开了一天就匆匆结束，并没有到达统一思想的目的，也没有充分肯定毛泽东的正确主张，而最终的选举，陈毅又取代毛泽东当选为红四军前委书记。这无疑为毛泽东心中刚燃起的一线希望当头浇了一盆冷水，跌落到失望低谷的他“卷定包袱，买定草鞋——决心出走”。

毛泽东提出去苏联留学的申请，得到了红四军前委的批准。在等待中央的批准之前，红四军前委决定让身体时好时坏的毛泽东先到闽西地方养病并指导中共闽西特委工作。7月8日，毛泽东偕同蔡协民、谭震林、江华、贺子珍、曾志等人离开龙岩，辗转上杭的蛟洋、苏家陂、大洋坝，永定的虎岗、崎岭、湖雷、堂堡、合溪。这一走，就是4个多月。

3

20年代的最后一个冬天悄悄地来临了。凛冽的朔风在苏家陂的山坳里呼呼地盘旋，把吊钟岩上火焰般燃烧的红枫叶刮下来，卷到汩汩流淌的小溪里，飘走了。

破除反动派的三省“会剿”之后，如今朱德和队伍在哪里？陈毅8月去上海向中央汇报工作，几时才能回来？在树槐堂楼上，毛泽东一边吸烟，一边来回踱步沉思。

毛泽东离开红四军、来到闽西已经4个多月了，他一边指导地方党的工作，也有机会做了大量的调查研究和深入的思考，思考人生，思考未来，思索中国红军的方向。然而，这期间一天发作数次的恶性疟疾，也把毛泽东折磨得死去活来。山区缺医少药，化名“杨先生”的他又不能暴露身份公开就医，数度徘徊在生死线上。

闽西特委派出地下交通员历尽艰险去上海买来特效药奎宁丸，又请来当地名医吴修山精心调治，终于把毛泽东从死神手里夺了回来。此时，大病初愈的毛泽东越来越想念红四军和久别的战友，也想起了早前他们之间无休止的争论……

就在此时，邓子恢拿着一封信闯上楼来：“陈毅同志回来了！”毛泽东“啊”了一声，连忙接过信撕开，抽出信纸，平展在手掌上：“……我从中央回来，于22日到军部。我俩之间的争论已得到正确的解决。七次大会我犯了错误，八次大会的插曲更是错误的。见信请即归队，我们派人来接。”

原来，毛泽东愤而离开红四军去往蛟洋后不久，陈毅便前往上海向党中央汇报红四军的情况。9月下旬，一心想解决“七大”没有解决的问题的朱德在上杭主持召开红四军“八大”，没成想会议在无组织状态中开了三天，却毫无结果。而今，陈毅从上海一回来就来信承认错误，如此赤诚坦荡、光明磊落使毛泽东深深地感动了。

“老朱、陈毅他们现在在哪里？”毛泽东问。

邓子恢回答：“信是从松源送来的。我主力部队出击东江失利，现在已转入赣南了。”

“东江去不得呦！”毛泽东锁紧眉心，烟抽得更凶了。

10月19日，朱德奉中央指示率部向东江出击时，结束了粤桂军阀战争的粤军蒋光鼎部折回东江对付红军。而前委没有觉察到敌情的变化，依照中央命令二次进攻梅县，遭到强敌反击，伤亡惨烈。

东江失利，使红四军干部战士更加想念毛泽东。他们“强烈要求毛泽东同志回四军来”的呼声传到了前委，朱德的心情十分沉重：“四军再这样下去，不行啊！朱毛朱毛，连在一起，革命就蓬勃发展，一分开，革命就受挫折，这是不得不承认的哦！

11月26日，撤出东江、进占汀州后的第三天，朱德、陈毅便派出一个连队专程到苏家陂迎接毛泽东回红四军。

当天傍晚，毛泽东骑马抵达汀州。久候在军部门口的朱德和陈毅不等毛泽东翻身下马就迎上前去，一人抓住一只手紧紧地攥着。

“润之，中央来信了，你是对的。以前的意见我收回！”朱德一向忠厚。

“润之，我向你检讨。”陈毅爽朗而坦诚。

“我也不是什么都对呀！”毛泽东也表示歉意：“八大时因为身体不好，情绪不佳，写了一些伤感情的话。”

患难与共的战友间几句亲切的对话，顷刻间便把此前的不愉快冰释消除了。

11月28日，毛泽东在汀州主持召开了前委扩大会议，听取陈毅详细传达中央“九月来信”内容和周恩来、李立三同志对四军工作的口头指示。会议决定，红四军移师连城新泉，开展政治整顿和军事训练，并根据“九月来信”精神准备召开红四军党的第九次代表大会。

此刻，尘埃落定！一场世人为之称颂的历史名剧即将拉开它偌大的帷幕，把熠熠光芒闪耀在巍巍群山间！

4

古田，位于福建省上杭县东北部，是被梅花山南麓莽莽群山怀抱着的一个狭长形的小村落。据说，这群山中有一彩眉岭，岭下有一丘田形似“田”字，故有人以“古垦之田”来称谓此地。

“朱毛红军”来到古田，救星来到劳苦大众中间，古田沸腾了，老百姓人人脸上都洋溢着翻身做主人的喜悦，都把看见毛泽东和朱德当成是一件无限荣耀的大事。

半个多月里，为了做好古田会议的准备工作，毛泽东废寝忘食，忙碌异常。白天，他连续召集各种调查会、座谈会，与支队、大队基层干部和兵士代表一道揭露存在于四军中的种种错误思想和不良倾向，分析其产生的原因；晚上，在前委机关驻地“松荫堂”的灯光下整理资料，起草决议。

12月26日，又是一个不眠之夜。夜深了，油烧完了，毛泽东让秘书宋裕和从厨房里找来松枝做成火把，继续写作。忽然，一颗火花溅到了毛泽东披着的军棉衣上，滋滋地冒起了烟。疲倦至及正打着盹的宋裕和突然发现，忙不迭地将火扑灭。毛泽东抬头对宋裕和笑了笑，接着又若无其事地伏案疾书，直到东方吐白。

这本是毛泽东36岁本命年的生日之夜，但日理万机、殚精竭虑的他却忘记了这个特殊的日子。但是，彩眉岭上的那几朵星辰一夜不停地闪烁着，不正是夜色苍茫的穹宇为毛泽东点燃的生日烛火？

1929年12月28日，老天爷纷纷扬扬地下起了雪。雪花覆盖了古田的山川和大地，也给社下山麓的万源祠曙光小学披上了洁白的盛装。祠堂的上下厅里燃起了数堆篝火，像霞光一样火红，像太阳一样热烈。

120多人济济一堂。这些人中有红四军的各级党代表、干部代表、士兵代表，也有闽西地方上的干部代表和妇女代表。代表们围坐在篝火周围，不约而同地把头转向挂有“中国共产党红军第四军第九次代表大会”红色会标下的主席台。台上坐着毛泽东、朱德、陈毅等人，他们的衣着虽不考究，甚至有的还打着补丁，却个个精神振奋，神采飞扬。

毛泽东的政治报告，是古田会议的经典之戏。

毛泽东走上主席台，笔直地站立着，习惯性地把左手撑在腰间。“同志们，大会主席陈毅同志要求我来向大会作报告。我想报告一些什么东西好呢。”“红军第四军的共产党内存在着各种非无产阶级的思想，这对于执行党的正确路线妨碍极大，若不彻底纠正，则中国伟大革命斗争给予红军第四军的任务，是必然担负不起来的……”

慷慨陈词间，毛泽东不时地用右手有力地向前挥动着。他的声音时而如山洪暴发，一泻千里，震人心魄；时而如潺潺流水，娓娓而谈，拂暖人心；时而如先贤哲语，条分缕析，启人心智。被深深感染的代表们不时激动地鼓掌，经久不息的掌声久久萦绕在万源祠的梁柱之间。

“首先，我要先讲一讲关于单纯军事观点，这个问题至关重要，不搞清楚单纯军事观点的来源、表现和危害，对于我们四军如何建设，就会无从下手，也就不可能取得进步。红军自从成立以来，单纯军事观点一直没有得到很好的解决，还在红军一部分同志中非常发展。其表现如：一，持有单纯军事观点的人认为军事和政治二者是对立的，说什么有军事才有政治。还说什么军事好，政治自然会好，军事不好，政治也不会好。更不承认军事是有政治目的的，不承认军事只是完成政治任务的工具之一。二，持有单纯军事观点的人认为红军只是单纯地打仗的，还认为不管是红军还是白军，打仗目的这一点是一样的。这些人不知道，红军与白军的任务是不相似的，如果单纯是为了打仗，红军确实与白军没有什么区别，但是我们既然是红军，是人民的军队，就要与白军不一样，就不能只认打仗这一项工作，才能得到人民的拥护和支持，因此，我要指出来说，我们红军是一个执行革命的政治任务的武装集团……”

“我们的原则是什么？”毛泽东的大手有力地一挥，铿锵有力地说出了4个字——“党指挥枪！”

霎时，会场中间又响起了如雷般的掌声。

从党组织生活问题、士兵政治训练问题到红军军事系统与政治系统关系问题，毛泽东讲得滔滔不绝，条条是道，代表们听得聚精会神，津津有味。

大会正在进行时，共青团闽西特委书记曾志和中共闽西特委常委雷时标等人赶到曙光小学，慰问与会代表。曾志提着装满热开水的瓷壶，一看那会议场面好是盛大、好是热烈，便站在下厅的角落里听得入了神……

会议在团结、民主的热烈气氛中开了两天，一致通过了毛泽东起草的《中国共产党红军第四军第九次代表大会决议案》。大会重新选举了前委委员，毛泽东当选为前委书记。

古田会议胜利结束，迎来了1930年元旦的曙光初露。曙光小学左侧的草坡上，数千军民联欢游艺，欢庆中国工农红军走出困境，紧密团结，走上新的征程！

5

思想建党，政治建军！

古田会议的胜利召开是红四军的一件大喜事，又何尝不是全国红军的一件大喜事呢？会议通过的《古田会议决议》如汩汩流淌的清泉，浇灌出中国革命的希望绿洲。《决议》上报中央后，主持中央军委工作的周恩来手捧着决议，欣喜异常地说：“对！我们的军队就应该这样办！”

然而，就在大家兴高采烈、群情振奋之际，时任红四军前委委员兼第一纵队司令的林彪却给近在咫尺的毛泽东写了一封新年贺信，流露出心中对中国革命前途悲观的估计。

新年的第5天，毛泽东在古田赖坊“协成店”简陋的小屋里，提笔给林彪写了一封7000多字的长信，发表时取名为《星星之火，可以燎原》。在信中，毛泽东深刻批判了红军中一部分同志的悲观思想，并提出了中国革命的正确道路——农村包围城市、武装夺取政权。对于自己选择的方向，毛泽东充满信心，对中国革命高潮快要到来的前景也深信不疑。尽管他承认“只能说出个大的方向”，然而却是一个具有行动意义的实实在在的东西——“它是站在海岸遥望海中已经看得见桅杆尖头了的一只航船，它是立于高山之巅远看东方已见光芒四射喷薄欲出的一轮朝日，它是躁动于母腹中的快要成熟了的一个婴儿。”

1930年1月初，国民党对朱毛红军及闽西苏区的第二次“会剿”开始实施。为了打破“会剿”，红四军决定由古田转向赣南，再一次采取“围魏救赵”的方法，打破一面找出路。这一次行动获得了成功，喧嚣一时的“会剿”，至此黯然收场。

时值隆冬，赣水闽山皆苍茫。冰雪连天，山路湿滑，行路十分困难，可毛泽东率领的队伍士气高昂。官兵们一个拉一个，援引过大山，四处飞扬着革命的歌声和劳动的号子。老百姓们从家里搬来稻草、谷糠，铺垫在路上，帮助红军顺利通过。

毛泽东拄着一根拐杖登上武夷山之巅，倚马长望。只见白雪皑皑的山道上，一面面鲜艳的红旗迎风招展，红军队伍逶迤不绝，很是壮观！他心潮澎湃，诗兴勃发，口中呼出的热气中，吟成一首新的辞章：“宁化、清流、归化，路隘林深苔滑。今日向何方？直指武夷山下。山下，山下，风展红旗如画。”

1930年1月24日，毛泽东与朱德及率领的全军各部队在江西广昌东韶会师。在古田会议的光芒照耀下，朱毛红军的历史又掀开了新的一页！

第三节　艺术作品选

一、美　术

（一）华喦作品选

竹石集禽图

花鸟

花鸟四条之一

花鸟四条之二

花鸟图

花鸟图

花鸟图

花鸟图

花鸟图

花鸟图

花鸟图

花鸟图

杂画

杂画

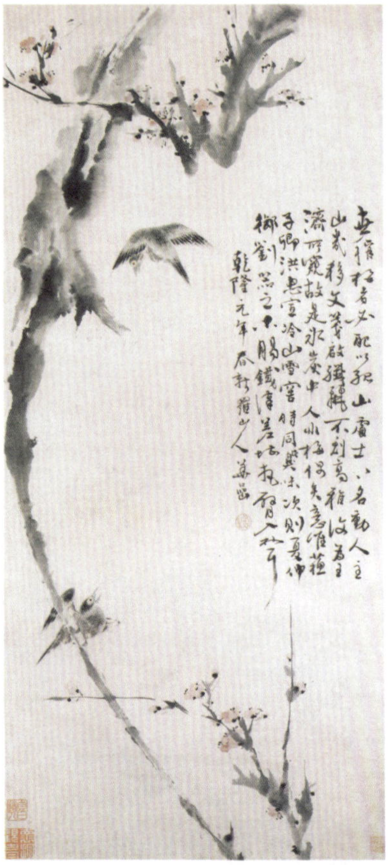

寒梅翠鸟图

黄鹂翠柳图

桃花鸳鸯图

秋庭山鸟图

栗树松鼠图

柳禽图

黄鹂垂柳图

山水花卉

山水花卉

隔水吟窗图

山水花卉

山水花卉

山水册

山水册

山水人物花卉册

山水人物花卉册

桂兔图

桂树山雉图图

童戏图

童戏图

金屋春深图

竹菊图

疏树归禽图

梅竹图

海棠白头图

（二）华学文作品选

（三）丘宜寿作品选

凌寒怒放

和谐花开富贵来

欣欣向荣

富贵吉祥

富贵祥和

红梅迎盛世

鸟语花香

春晖晓艳

锦上添花

（四）邓志仁作品选

半城烟雨半城楼

山城月朦胧

古镇烟云

山城烟雨

泊

客家土楼

二、书　法

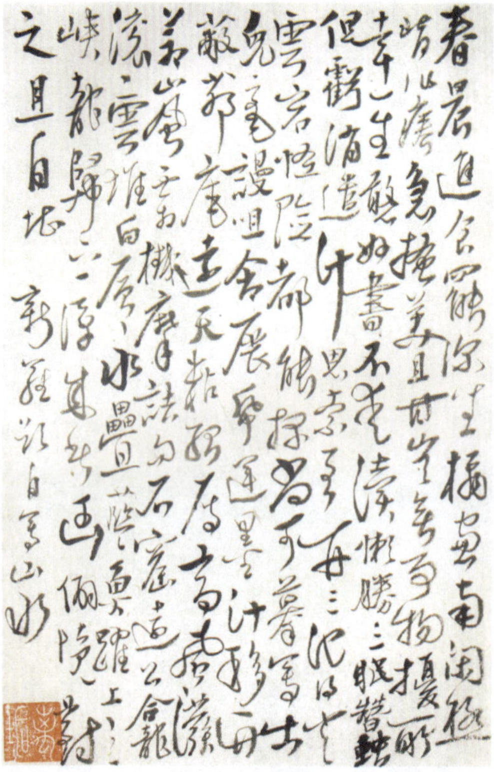

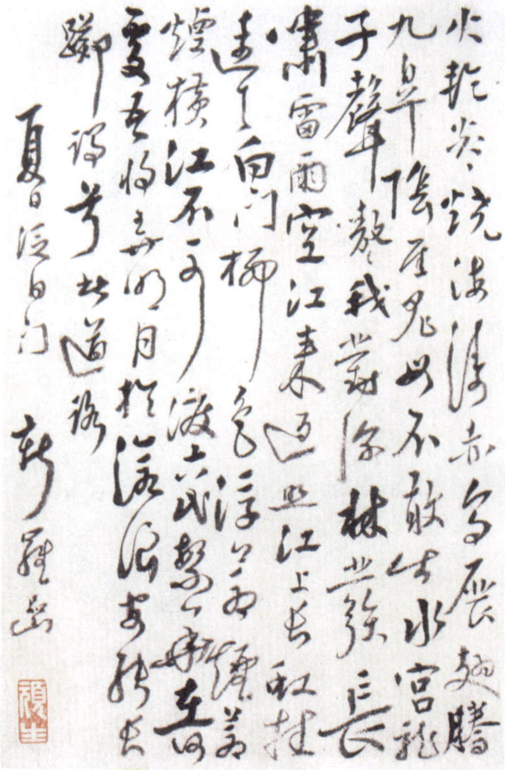

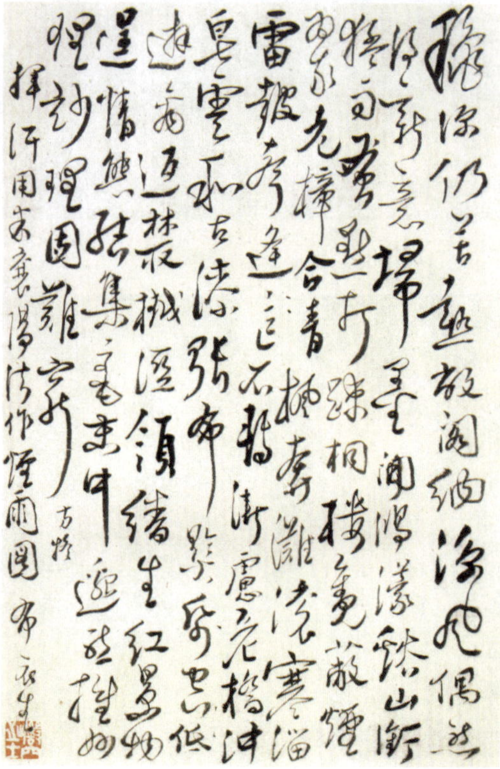

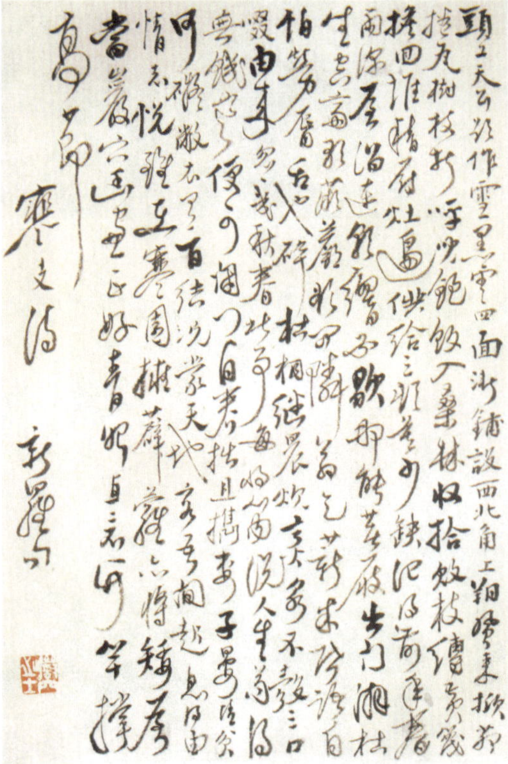

华嵒行书题画诗

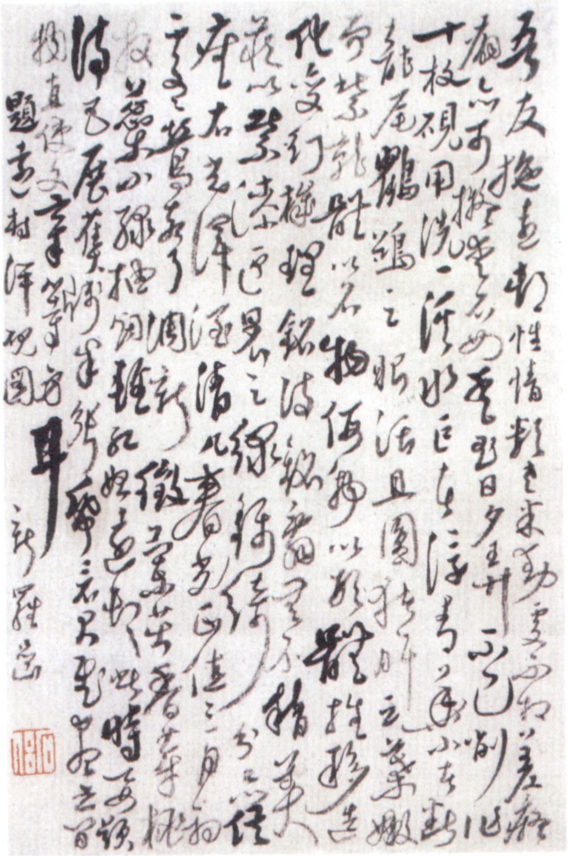
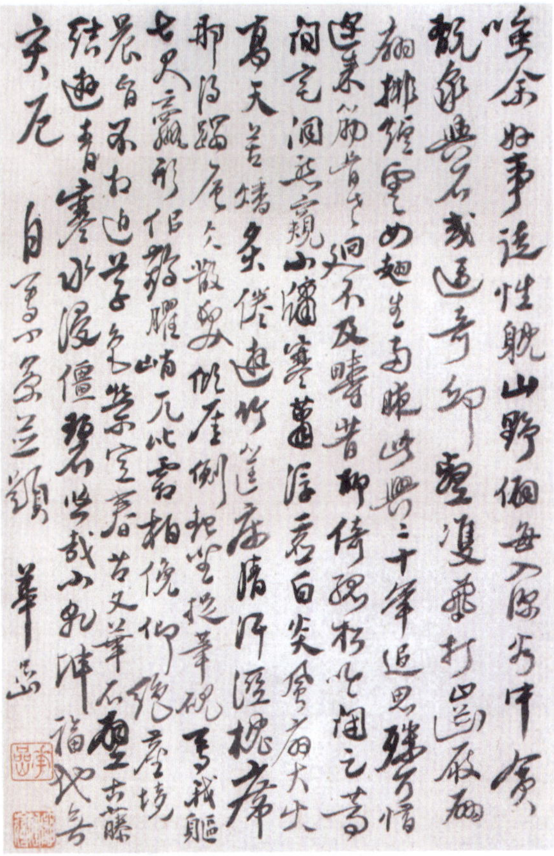
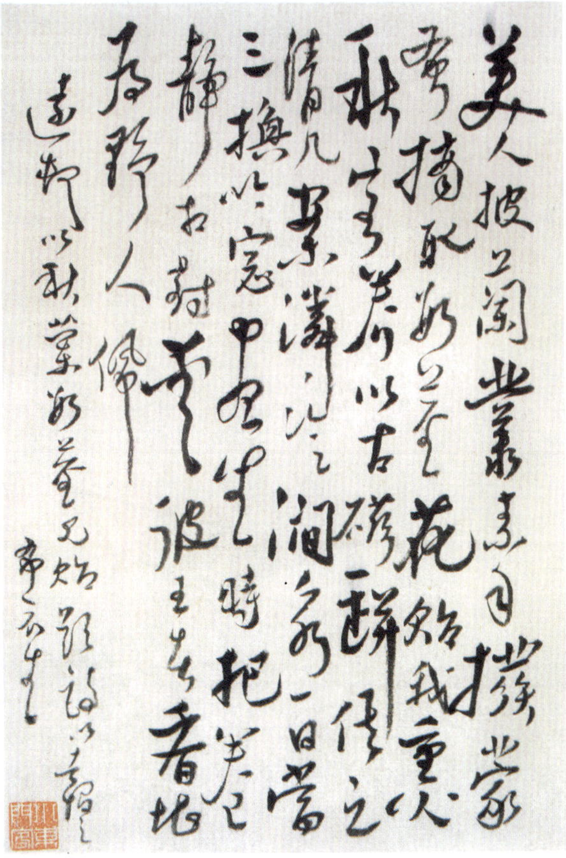
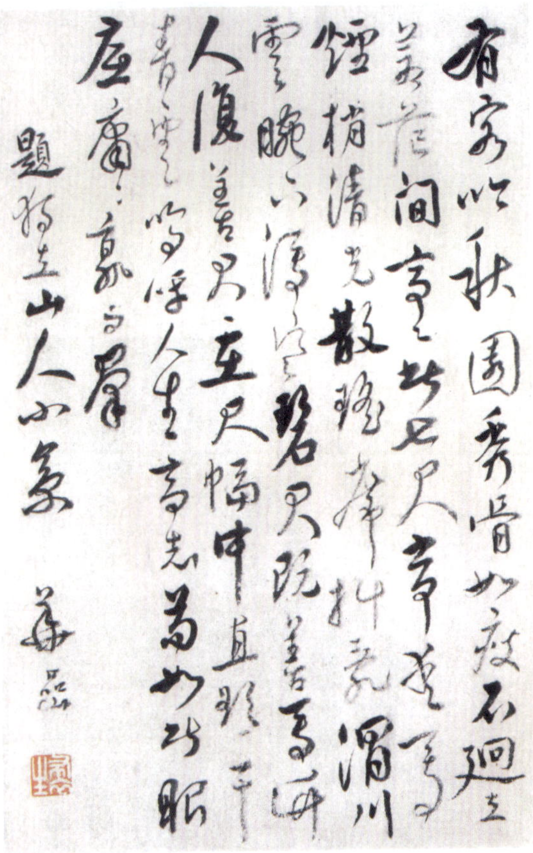

华喦行书题画诗

三、摄　影

《激流勇进——汀江放排》(袁松树)

《台湾乡亲回上杭老家》(《福建日报》获奖 袁松树)

《紫金山下》(袁松树)

《早发杭城》(袁松树)

《追赶太阳》
(紫金矿业第二黄金冶炼厂基建施工 傅长盛)

《农用飞机喷药作业》
(第21届福建新闻奖摄影作品一等奖 傅长盛)

四、音　乐

古蛟初级中学校歌

作词：傅柏翠
作曲：郭乐山

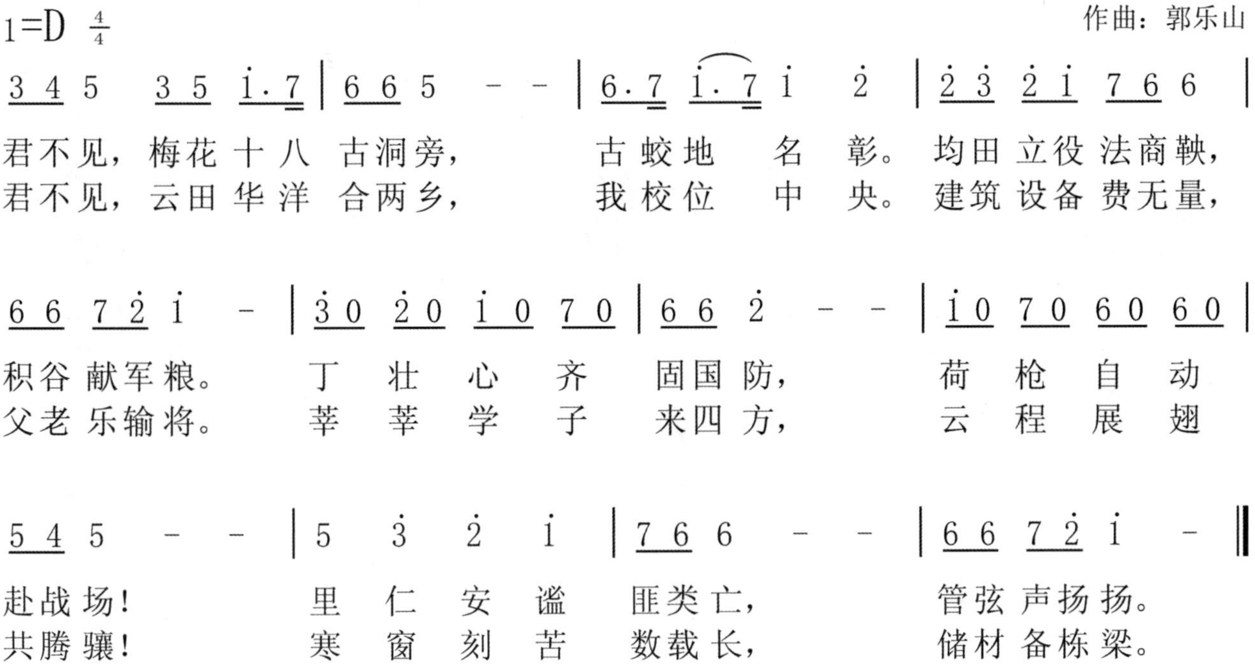

我们从这里起航

——上杭县蛟洋中学校歌

作词：华兆源 丘志坤
作曲：陈　华　杰

1＝D或1＝♭E $\frac{2}{4}$

活泼向上、充满朝气

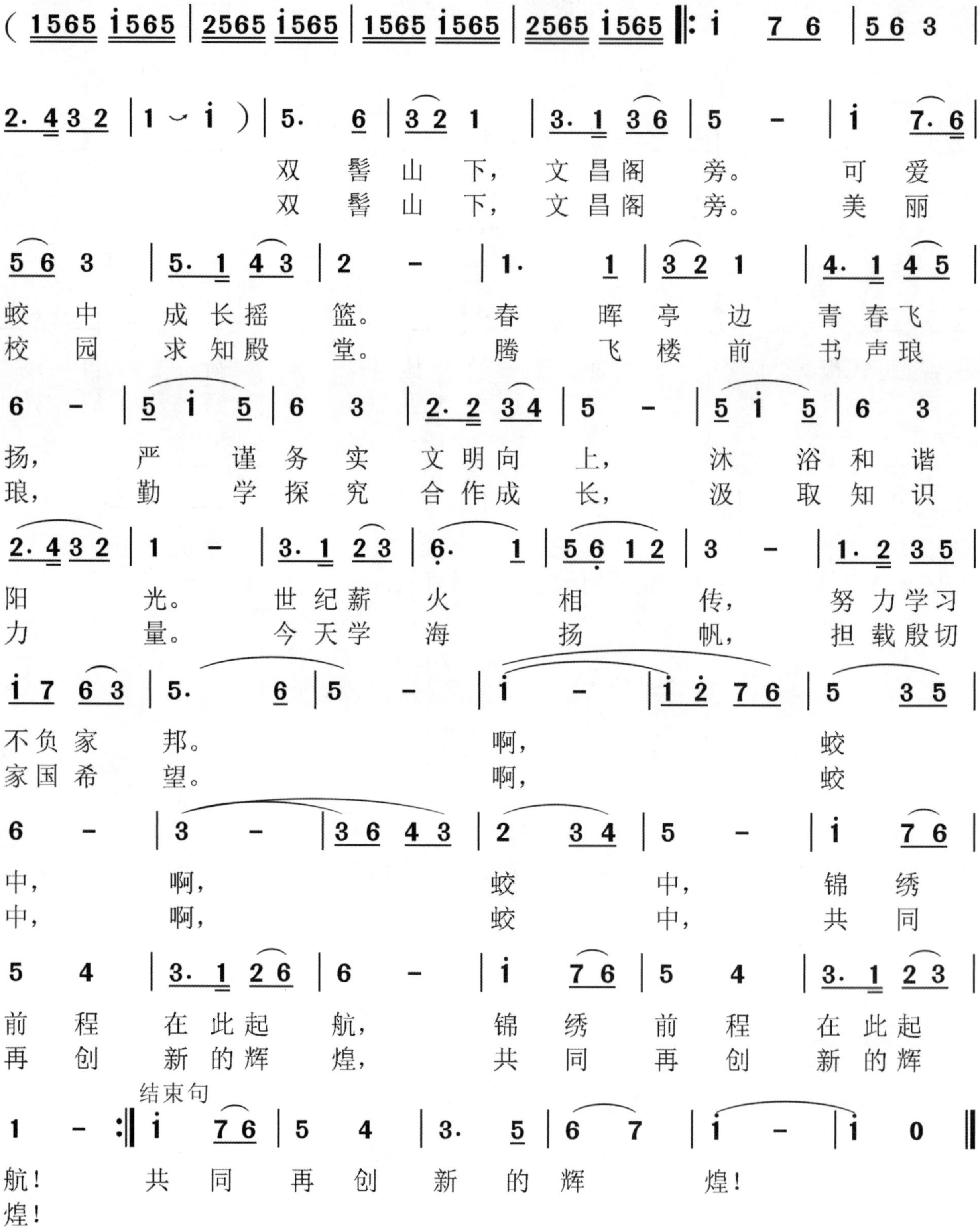

小桥弯弯

独唱

作词：李 勇
作曲：陈华杰

1=F 2/4 3/4 4/4

稍快、流畅

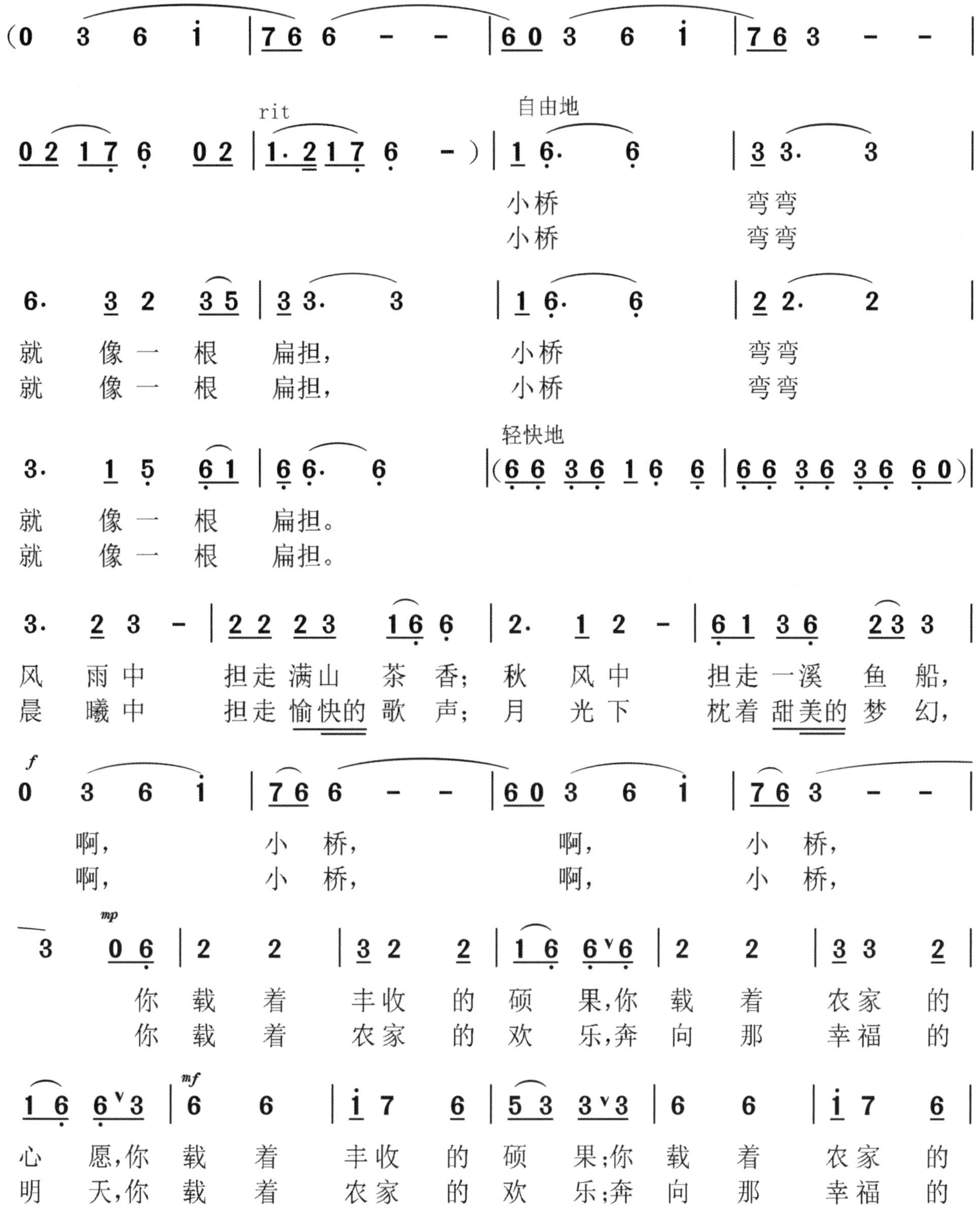

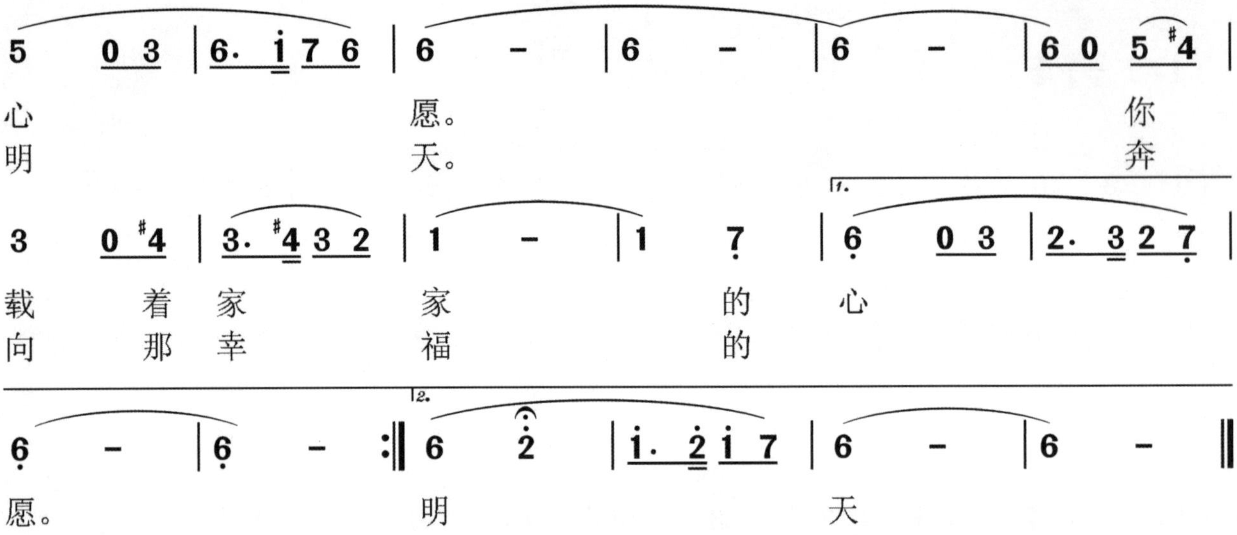

（此歌1985年6月四川省《音乐世界》发表。1990年2月、11月、1993年2月，分别由福建省人民广播电台播放。）

人逢佳节倍思亲

（女声独唱）

作词：葛　颂
作曲：陈华杰

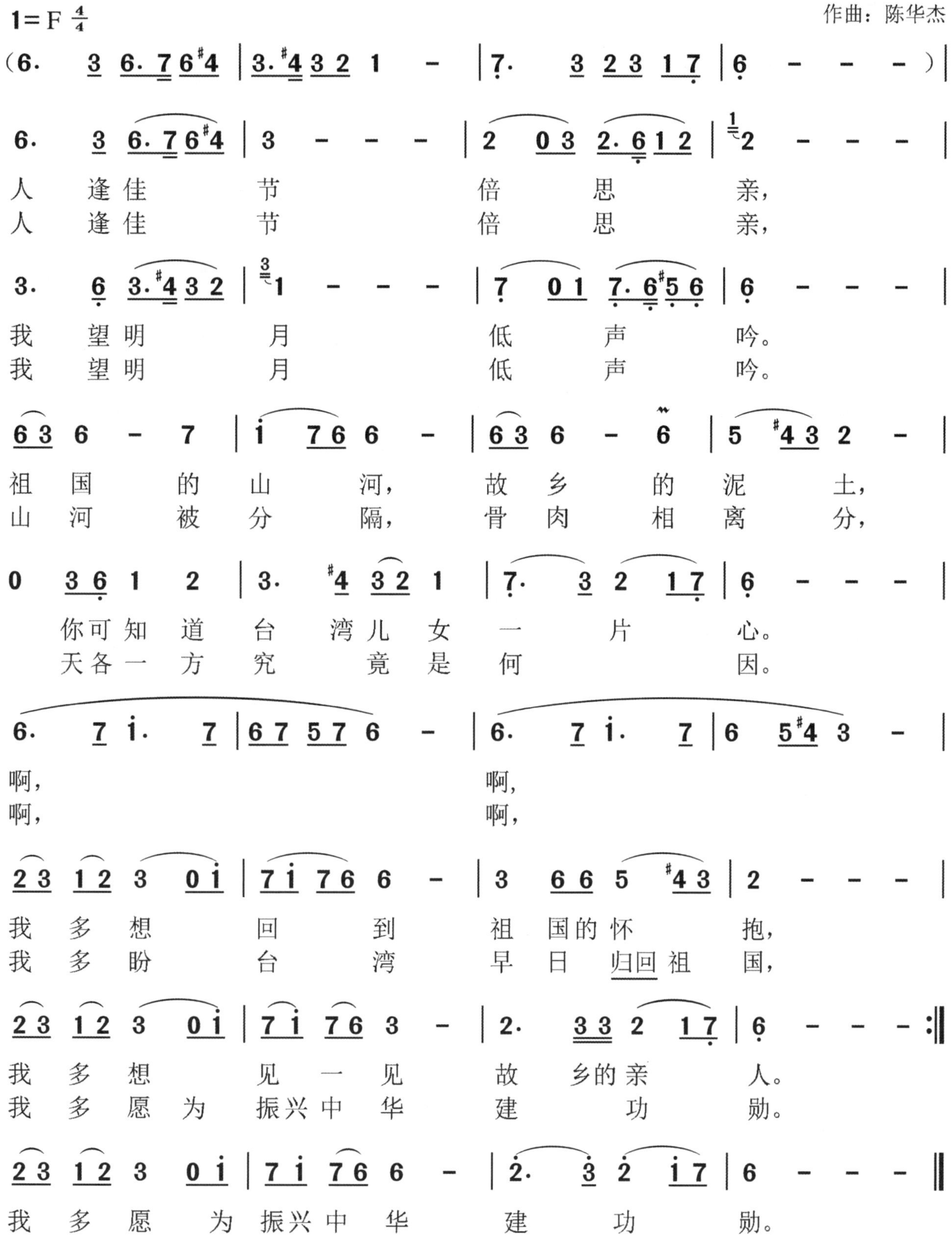

龙岩首届“山茶花”音乐会（1982年）获奖作品，福建省第三届“武夷之春”音乐会入选作品。

少年与长城

（少儿合唱）

1=E $\frac{2}{4}$

作词：赵严华
作曲：陈华杰

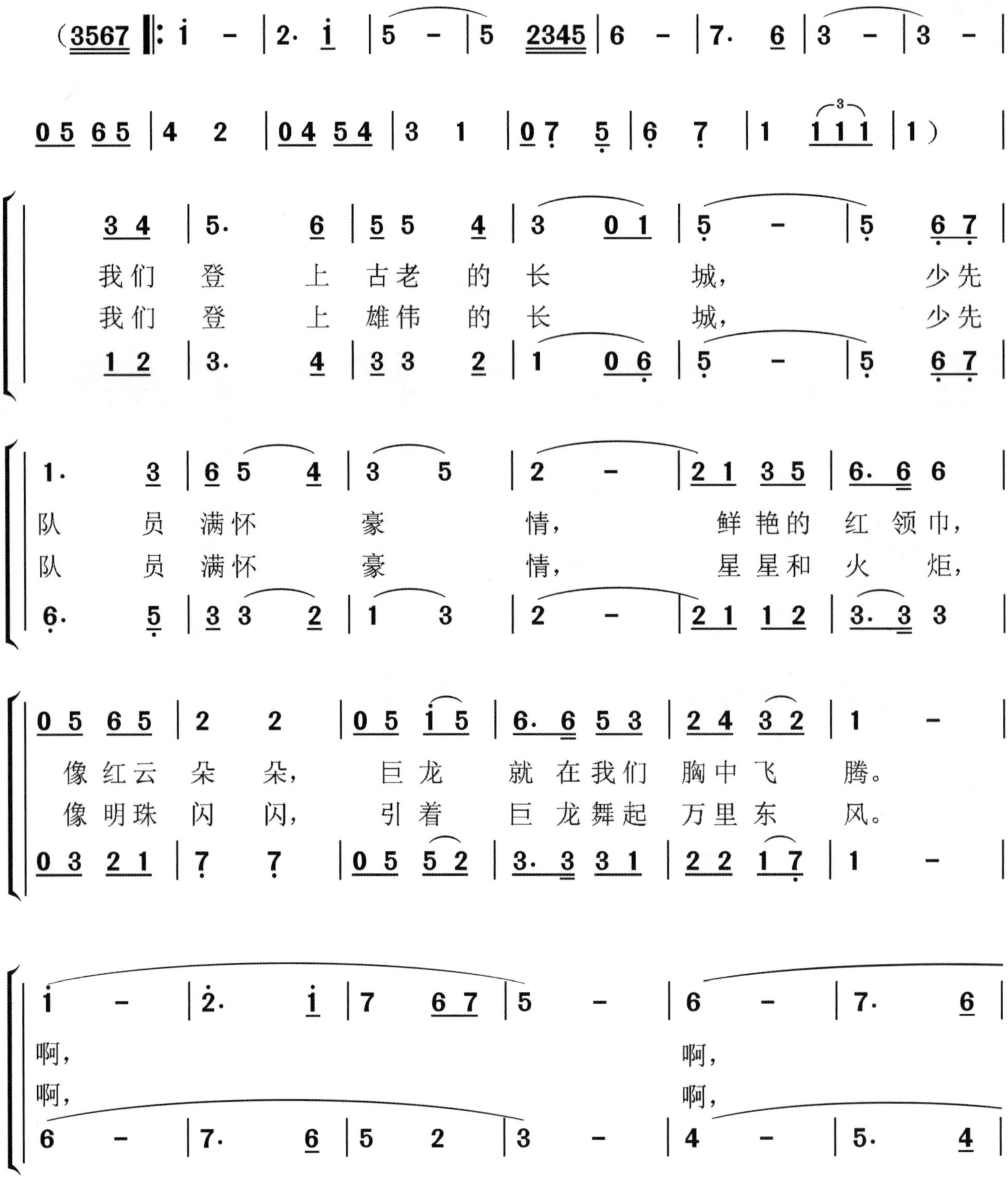

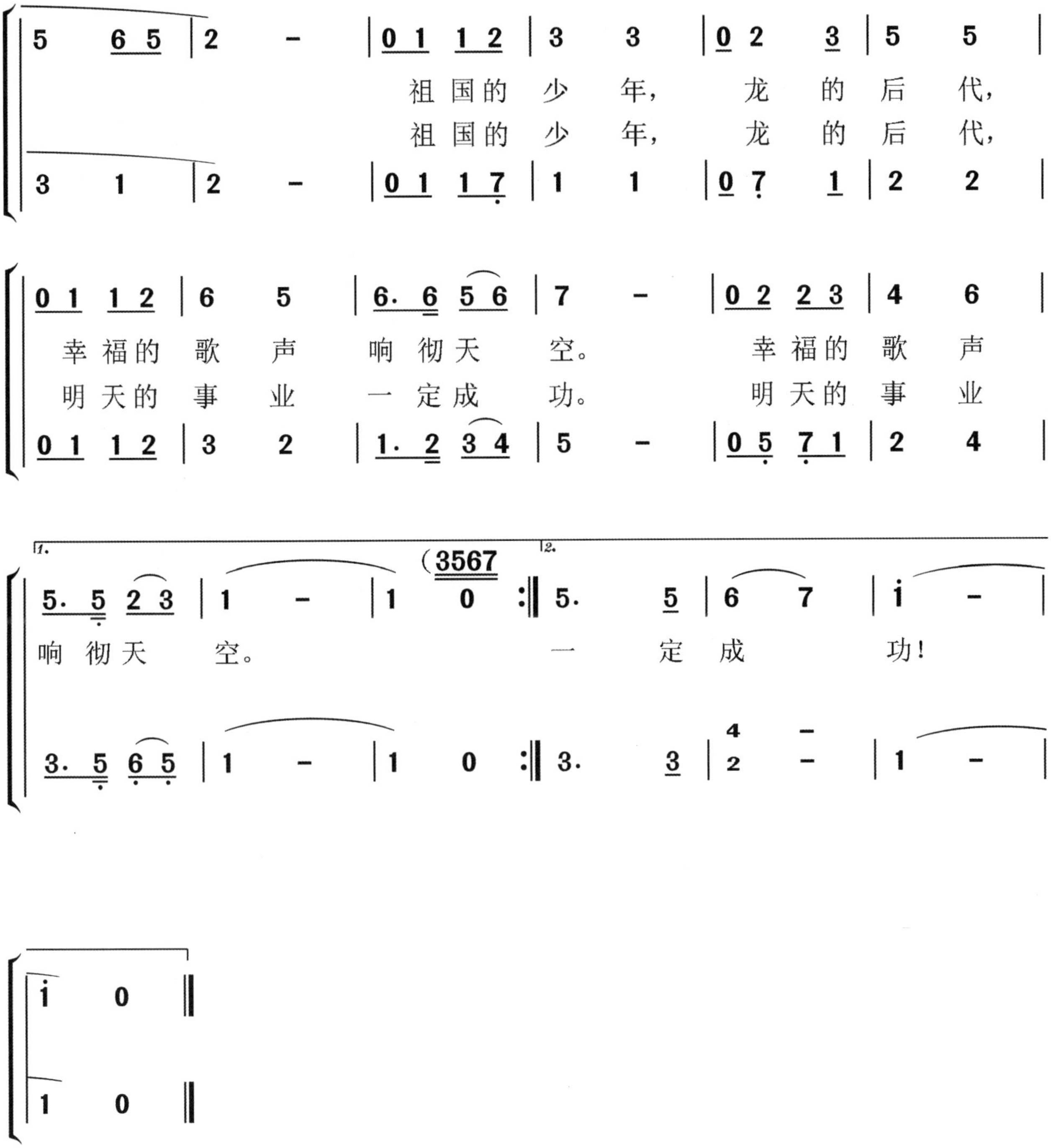

（此歌发表于《音乐天地》1987年11期。）

咏　兰

1=G 2/4

作词：朱　德《咏兰》
配曲：傅锡椴

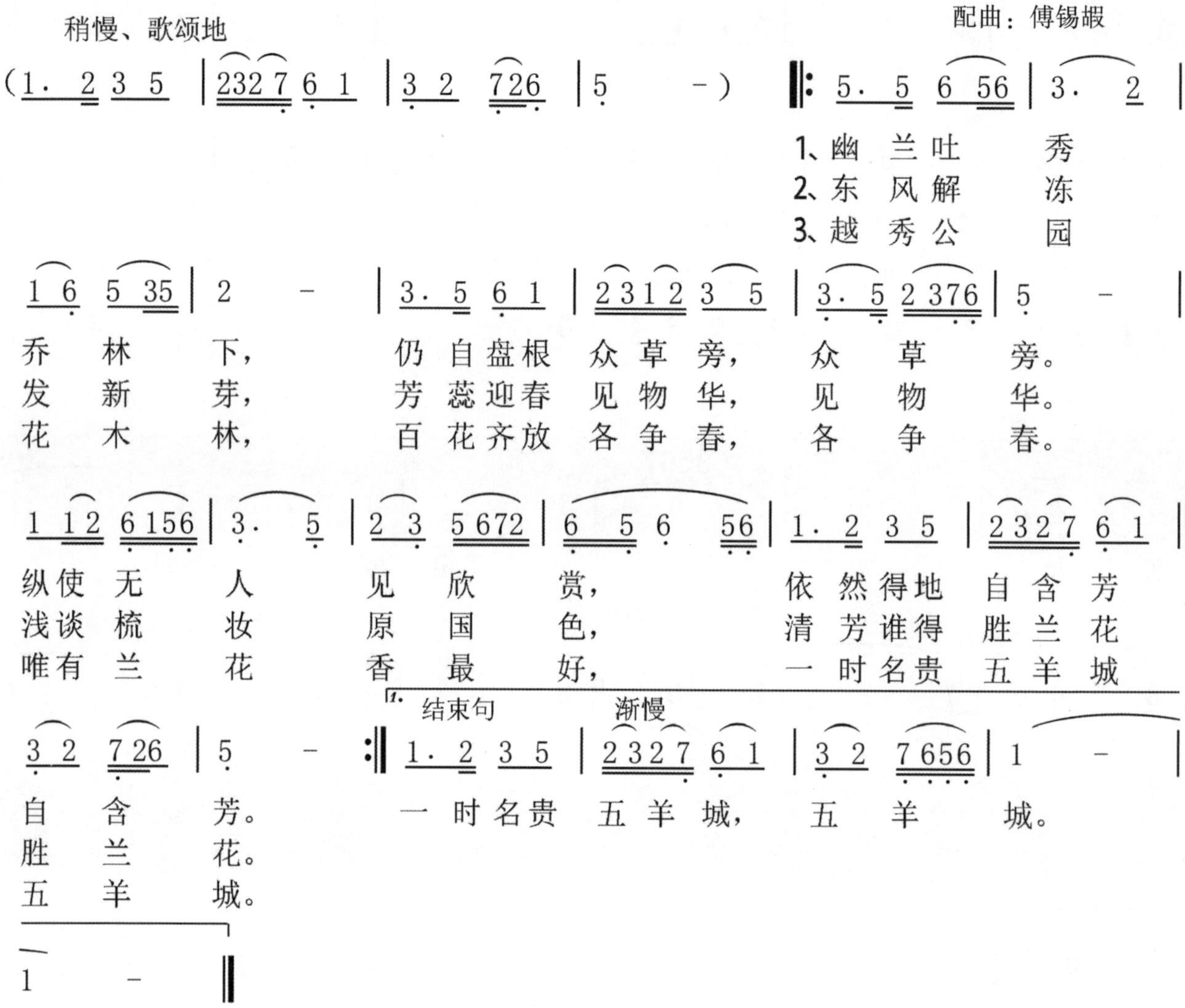

（傅锡椴，蛟洋村人，农民音乐爱好者，通过二胡七级考试。）

第四节　楹联选

一、嵌人名、蛟洋地名联

泽大直同天大；东风压倒西风。

——再兴村秀才张愧生1959年国庆撰联，敬献毛泽东主席。钟巨蕃供稿

蛟得雨云洋远拓；文光斗牛阁长辉。

蛟腾马跃歌盛世；洋欢海笑迎新春。

——蛟洋文昌阁门联

龙蛟掀巨浪改革大潮荡漾；海洋纳百川开放洪流翻腾。

——罗祥林　撰

蛟腾凤翥喜睹九州人才辈出；洋湉波静更期华厦万里鹏程。

——李宛荆　撰

蛟腾也丹青谱中，新罗山独妙三绝；洋溢乎革命史工，文昌阁显赫千秋。

——刘　潮　撰

(以上三副为纪念上杭建县千年征联，嵌蛟洋地名联)

上崇头，下崇头，卡子头，上下察也；小禾坑，大禾坑，尖峰崇，小大由之。

寨上顶上，至高至上；再兴复兴，振作振兴。

——再兴村寨上人张国钧自撰石大门联　张和明供稿

二、居家、亭台楼阁联

半夜黎光烛影楼；读破五车，倏忽褴衫抛白紵；

凌霄彩色凝琼阁，战酣万卷，须臾饼馅啖红绫。

——蛟洋文昌阁联　钟巨蕃供稿

处世寡营谋，一生清福茶烟酒；

居官无矫揉，十载凭心理法情。

励志读书，端在立心立命；

有怀投笔，总之为国为民。

家风无改旧；庙貌有常新。

——华家村清道光进士华时中家庙联　皆为华时中撰

风摇竹影书签乱；花绕栏杆椅席香。

——华时中歌风馆对联

天地无私，为善自然获福；圣贤有教，终身可以齐家。

——华时中故居敦和堂联

门无余地容车马；室有文光射斗牛

——华家村拔贡华品玉自撰门联　华富美供稿

种花饮酒春常在；积善看书味自长。

——华家秀才华从云自撰门联　华恩奎供稿

山藏美玉睛犹润；水中骊珠夜亦明。

玉沼萍开鱼上跃；小园花发蝶初飞。

——华家华绍甫自撰厅联　华汝楠供稿

尚余壮志吞胡虏；岂有雄文厌海潮。

读书好，耕田好，要好便好；创业难，守成难，知难不难。

——华家华采琛自撰厅联　华富美供稿

树疏秋耐落；山好客勤登。

松声清与书声和；人影瘦同石影符。

柔丝著露花如醉；修羽临风翠谷飞。

风拂游翎舒锦绣；竹翻逸影冒寒芳。

——华家村华畕亭联（选自华畕诗作）

松风簸绿淘秋影；野气搏黄炼夕曛。

——华家松风亭联（华畕诗）

翠竹丰姿兰气味；苍松骨格鹤精神。

——华家萃英亭联（华畕诗）

山环水抱新市场边风光不尽；月照日映老樟树下情趣无穷。

——蛟洋水口砥柱亭（穿窿路亭）联

宠命荣司马；家风仰篆鱼。

——苏康村大夫第大门联

卿云颂起乾坤泰；彩凤祥开日月华。

——再嘉村清代武官朱兆雄府第大门联

东方紫气从天降；北阙恩光指日来。

——文地民居石柱联

盛夏入亭茶当酒；严冬上路气如虹。

——梅子坝席草亭楹联　华开增供稿

石岗开路公积德，寨岭筑亭客蔽荫。

——小和石岗寨岭路亭联

亭映香枫增秀色；路铺硬化任君行。

——再兴村张家凹路亭（村南亭）联　张晋材撰

歇一时，悟人生真谛；坐片刻，赛天上神仙。

——再兴苏屋山路亭联　张晋材供稿

近水近山门第；半工半读人家。

——再兴张材选旧居大门联　张材选撰

天宝寨，高也远也；云龙桥，近之安之。

——再兴张著洪春联（该房面朝天宝寨，地傍云龙石拱桥）。张愧生撰

利人就利己；爱乡即爱家。

——再兴张愧生自撰大门联

培植人才凭养正；改良教育重初基。

——蛟洋坪岗上进修楼（私塾学堂）门联　傅南如供稿

三、宫庙祠宇联

先庚建，后庚移，迁外兴内，六十年来前定数；

昔已非，今已是，舍旧图新，一重案处老遗基。

——华家天后宫楹联　华达璋撰

前期出新罗，诗书画三绝，祠壁留珍品，艺术史家常乐道；
今日盼后生，文武艺全能，华氏添光辉，地方青志永留名。

——华家寅山祠联 华文薰供稿

春露秋霜，正蕴藻流芳蘋蘩焕彩；
左昭右穆，喜宗支蕃衍灵爽凭依。

——华家甲山祠联 华文薰供稿

山鸟有情传佛偈；林山无语解禅机。
甘露广施，不润无根之草；慈航普济难度伪善之人。

——华家普圆山企山庵修心寺楹联

福曜晒当头，皎洁一轮闽海月；恩波来对面，汪洋万顷浙江潮。

——浙江钱塘江口西湖亭大门楹联 蛟洋村傅赉弼撰 邹椿祥供稿

神何灵哉，障一方护万民，位显公王，尊称二圣；
坛虽隘也，映长流还远岫，地当门户，圣览全乡。

——蛟洋水口公王坛楹联 傅柏翠撰 傅平供稿

版筑家声远；清河世泽长。

——蛟洋石背傅氏宗祠联 傅平供稿

先教五谷耕种之术，德昭万世；农为生民食衣之根，功在千秋。

——再兴村先农宫楹联

神农尝百草；仙方济万民。

——秋竹水口五谷殿对联

粒吾庶民使有粟粱如水火，播时百谷先知稼穑之艰难。

——小和五谷宫上厅神坛联

苦海漫无边，若肯回头都是岸；禅堂清净地，果能向佛此为天。

——双髻山通宝寺大殿联

万感通灵甘分杨柳枝头露；一心救苦香散莲花座上春。

——达理水口南华庵楹联

翁婿皆成仙，想当年作法紫金山上；
父子并为神，看今日灵显威济宫中。

——文都村湖洋寨仙师庙（威济宫）楹联

父是古滕清廉吏；子为上海父母官。

——塘厦邹氏子德公（龙归福）祠堂楹联 邹椿祥供稿

教掌茅山曾立主；法由远水为里乡。

——塘厦邹氏子春公祠堂联（子春为祖德之弟，相传他往茅山学法，制服了本村危害人民的“狗头公王”。） 邹椿祥供稿

一笔耸文峰，云开玉笋空中现；三塘书品字，日出明珠水里悬。

——下崇头丘氏宗祠联

艮狗守天垣，喜先人仙龛复位；坤牛望秋月，欣后裔云路频登。

——东乾村邓氏始祖祠堂联

四、庆贺挽吊联

不求名利，下士礼贤，俭朴一生人共仰；

造福地方，关心民瘼，长留德泽世推崇。

——贺傅柏翠九十寿辰联 1985 年 7 月再兴张材选撰

人虽杳而书卷在；笔固秃以音容存。

——再兴张愧生八十九岁时自撰挽联 张天福供稿

五、其他联

孔对夫有教无类，勤学子奋发图强。

笃以民为道，因才而树人。

——小和村原笃因学校联

曲唱回风，不怕九天飞去；春深似海，何妨陆地摇来。

横批：武陵春

一样武陵春，旧谱重翻君莫笑；三更清夜月，新妆作伴我犹怜。

——华家村民国初年船灯联 华文薰供稿

成群结队乐春夜；鼓乐丝弦庆太平。

——1950 年春节再兴下村船灯联 张思强撰 张天福供稿

一曲闹春宵，笙管嗷嘈歌盛世；片航游子夜，灯光照耀庆翻身。

——20 世纪 50 年代丘坊船灯联 丘旺初撰 丘德明供稿

家住客游雅爱二杭山水好；词清墨妙擅称三绝古今高。

意形笔，一新艺苑；字画诗，三绝文坛。

——赞华喦大师联 刘潮撰

克己奉公人人敬；求真务实事事成。

——赞公仆联 华富美撰

献血救人功德著；捐资助学颂声扬。

——参与龙岩献血对联赛得奖联 华文薰撰

汀江两岸山川美；杭邑四乡稻麦香。

——纪念上杭建县千年对联选 张材选撰

恩承正德声名古；祥发云礽世泽新。

——再兴张玿墓碑联 张天福供稿

注：再兴张氏族谱 126 页载：七世祖张玿偶遇微服出游的明正德皇帝朱厚照，曾与之下棋并接受封赠。该墓在再兴水口安澜桥右边山腰。

祖溯版筑兴商三策勋业煌煌千秋盛，宗源清河开基七郎簪缨奕奕万世昌。

——蛟洋村傅国兴撰，获《蛟洋傅氏族谱》发行征联一等奖

第五节 民间文学作品选

一、歌　谣

（一）民歌（山歌）

1. 爱情歌谣

山歌爱唱唱大来，唔敢牙齿咬着来。唱到鸡毛沉到底，唱到石头婆起来。

注：唔敢，不要；婆，浮。

春天到来种菜秧，老妹好比大月光。阿哥可比小星子，夜夜陪妹到天光。
挖笋唔到藤竹根，连妹唔到出外村。外村老妹系个好，两日不见会来跟。
注：唔，不；藤，跟寻；连，恋；系，是；跟，寻访。

女唱：十八哥，莫咁涯，大门唔开细门来。细门唔开爬墙入，弄倒一身火坛煤。
注：咁，这样；涯，笨；火坛煤，锅黑
急水滩头洗酒醯，只有梯下冇梯上。只有阿哥先开口，冇有老妹先开声。
注：冇，没有；梯，冲。

天上乌云配白云，地下石子配泥尘。田中禾苗配稗草，问你阿哥配慢人。
注：慢，谁。

风吹竹叶车对车，看见老妹去过家。紧爱老妹唔嫌弃，香篮手帕郎来车。
注：最后一个“车”字，提的意思。

新打酒壶耳咁高，今朝来个靓阿哥。保护我妹连得到，三餐食饭吾爱坐。
注：靓，漂亮。

新打酒壶银打盖，今天见到个有情妹。保护**侄**郎连得到，三餐食饭吾爱菜。
欺紧欺来坐仅坐，随佢月头有几高。随渠日子长和短，风流分**侄**有几多。
注：欺，站。佢，他；月头，太阳。

山歌唱在人村边，对得老人对得天。老人话**侄**咁大面，风流日子你在先。
注：话，说

喊**侄**唱歌就唱歌，归去唔敢嘴咁多。朝晨冇个供鸡米，旁人话**侄**死安乐！
注：供，喂。

半升锡毛蒸糖糕，锡毛较少糖较多。别人话**侄**风流妹，风流较少愁较多。
注：锡毛，稻米粉。

新做焙笼两面光，一片焙得二十张。双张焙来留给老妹做鞋样，单张焙来拿给阿哥写文章。
注：焙笼，纸厂里烘干纸张的设备

急水滩头洗芋荷，水打芋荷滂滂婆。你要芋荷紧拿去，妹再给你做老婆。
注：滂婆，浮在水面。

月光弯弯在半天，船子弯弯在河边。船要下滩赶大水，妹要恋郎赶少年。
爱唱山歌就来唱，天光唱到刹大暗。唱到麒麟对狮子，唱到金鸡对凤凰。
注：刹大暗，天全黑。

上山看到藤缠树，下山看到树缠藤。藤生树死缠到死，树生藤死死也缠。

月光出世真奔波，团圆较少缺较多。十五十六光两夜，二十七八打暗摸。

黄昏想郎到天明，泪水滴答流唔停。流到床下鞋冲走，流出门外族死人。
注：族，淹。

大年三十唔见郎，好酒好肉唔想尝。好比枚针吞落肚，刺心刺肝刺断肠。

阿哥出洋去过番，十年八载唔归来。灯芯打结吞下肚，有人解得𠊎心开。

汕头出去七洲洋，七日七夜水茫茫。行船三日唔食饭，想妹言语当干粮。

阿哥出门往外洋，唐山隔番路途长。鸳鸯枕上成双对，壁上灯盏挂心肠。

月光冇油样咁光，井水冇风样咁凉。老妹今年十七八，身上冇花样咁香。

大河流水到潮州，咁好老妹难得有。咁好老妹连得到，阿哥煮菜唔用油。

郎十三来妹十三，两人牵手上柴山。砍到柴担街上卖，好比芙蓉配牡丹。

苏州白扇片阴阳，一面画妹一面郎。左面画起麒麟配狮子，右面画起金鸡配凤凰。

八月十五赏月华，阿哥出饼妹出茶。阿哥可比高山长流水，老妹好比深山细嫩芽。

喜鹊走入凤凰巢，老妹问哥那里来？阿哥好比糖蜂子，只为花香藤风来。

饭勺唔怕滚粥汤，鲤鱼唔怕漂大江。吞下秤砣铁做胆，敢连老妹敢担当。

日头落山坳里黄，老虎下山等牛羊。狐狸下山等鸡鸭，单等老妹是情郎。

八月十五是中秋，阿哥送饼老妹收。月饼当中七个字，千年万古情莫丢。

郎有情来妹有情，两人有情赛赢人。黄鳝生鳞马生角，海枯石烂不变心。

郎咁魂来妹咁魂，溪里石头把多银。三月清明以为五月节，风吹门环把多郎敲门。
注：魂，痴情，似乎精神失态；把多，以为。

约郎约在松树荫，约妹约在月当中。阿哥带了量天尺，妹妹带了时辰钟。

火烧茅头一阵烟，天上乌云遮住天。保护上天落大雨，留𠊎亲郎住夜添。

对门山凹做路亭，唔怕家中管得严。要锤要打**倨**唔怕，爱**倨**断情万不能。

深山松树好遮阴，松树荫中好交情。妹若有情应一句，省得阿哥满山寻。

一坡过了又一坡，山山竹子尾拖拖。竹子低头食露水，老妹低头等阿哥。

潮州柑子上杭梨，郎食柑子妹剥皮。老妹好比柑子样，郎有一个足够哩。

客家山歌绝有名，首首山歌有妹名。首首山歌有妹份，一首冇妹唱唔成。
注：绝，极、很

客乡溪水响嗬嗬，大家听**倨**唱山歌。客家妹子声音亮，一人唱来万人和。

青寻鸟子林令林，老婆唔惜惜慢人？日里惜来做饭食，夜里惜来共头眠。

作田爱作隔壁坵，两人目珠溜对溜。保护上天落大雨，打八田塍共一坵。
注：打八，冲掉。

2. 苦情歌

《农民苦》

朝晨起来做到暗，衣食都不足饱暖；
苦生活何日得了？哎哟！哎哟！
苦生活何日得了？
六月割禾真辛苦，点点滴滴禾下土；
田主快活收田租，哎哟！哎哟！
田主收租太过，把我谷种抢去了；
到了明年怎么样？
到了明年怎么样？
无钱籴米活家小，儿女不知偏要叫；
爹娘呀我肚饥了，哎哟！哎哟！
爹娘呀我肚饥了。
土地革命真正好，抗租抗税不还债；
反动派杀个干净，哎哟！哎哟！
反动派杀个干净。
工农兵联合起来，结个团结共奋斗；
叫一声自由平等，哎哟！哎哟！
叫一声自由平等。
国民党是反动派，帮助土豪和劣绅；
都压迫工农士兵，哎哟！哎哟！
都压迫工农士兵。
不停犁耙不停锄，贪官污吏不停产；

今天借明天捐款，哎哟！哎哟！
今天借明天捐款。
孙文说话要革命，帮助工人和农民；
工农兵大家起来，哎哟！哎哟！
工农兵大家起来。

注：1928 年 5 月，傅柏翠在蛟洋乡创办平民学校和农民夜校，作为宣传革命思想、揭露封建剥削制度的罪恶、唤起民众觉醒的阵地。6 月 25 日，他填写《农民苦》这首歌词以“四川调”配曲，作为学校教唱的歌曲之一。

焙纸唔算真功夫，有了朝晨冇夜晡。一日烧了三闭火，暗白肉色烟得乌。
注：夜晡，晚上；闭，次；暗，再。

做纸师傅焙纸郎，杂工师傅坐湖塘。双脚踏在湖塘里，可比监狱坐班房。
昼边挑担籴米煮，下昼挑担医父母。老板工头剥削𠊎，恶过土匪凶过虎。
注：昼边，上午；下昼，下午；籴，买米

六月里来热难当，累断腰骨饿断肠。三餐半锅田螺菜，家中当作救命粮。
注：田螺菜，一种野菜。

六月里来日子长，禾刀挂壁米楻空。冬青树叶碓糠粄，蕉头当肉骗肚肠。

六月里来穷难当，半升谷子用瓮装。一要留来做谷种，二想明年度饥荒。

四月夜短日子长，还没天光就起床。割柴洗衫又挑水，可怜婢女泪汪汪。

十月日短夜来长，天上落雪又打霜。手脚麻木心肝冷，夜里捶背到天光。

十八姐，三岁郎，留留揽揽揽上床。床上可比猪寮秆，床下可比养鱼塘。
注：揽，抱。

豪绅逼债害穷人，黑暗世道真无情。老天日日雷公面，菩萨个个恶煞神。

月光有圆家难圆，穷人日子真可怜。半筒碎米煮青菜，一家饿得泪涟涟。

土豪剥削苦难当，害得𠊎即真凄凉。耕田之人冇饭食，一日三餐吃粥汤。
注：即，我们。

3. 革命山歌

人人翘起手指公，天下第一毛泽东。双手扭得乾坤转，工农翻身乐无穷。

韭菜开花一杆心，剪掉髻子当红军。跟着朱毛打天下，拿起刀枪闹革命。

建设国家唔爱愁，多谢邓小平出计谋。雕龙画凤全靠党，安乐日子在前头。

盘古开天到如今，有有农民免税金。农民不交农业税，作田还有补贴金。

今下生活唔比先，日子一天好一天。好比倒头食甘蔗，一节更比一节甜。

（二）童谣

火萤虫

火萤虫，唧唧虫。请你下来吊灯笼，灯笼暗，跌下坎。坎下一头禾，割得十二箩；坎下一头秧，割得十二担。

火萤虫，西目虫。西也西，张天西。张也张，碗子张。碗也碗，莲花碗。莲也莲，白彩莲。白也白，打石。打也打，相打。相也相，皮箱。皮也皮，牛皮。牛也牛，水牛。水也水，井水。井也井，天井。天也天，上天。上也上，和尚。禾也禾，早禾。早也早，番果。番也番，龙蟠。

注：火萤虫，萤火虫；番果，一种晚稻。

鸡乱子，尾拖拖

鸡乱子，尾拖拖，檐头檐尾偷唱歌。大嫂话𠊎食咁多，细嫂话𠊎结（夹）咁多。唔爱话，唔爱话，过得几年仅爱嫁。嫁个金屋金门楼，金刀切菜溜锅头。

注：鸡乱子，小母鸡。

番椒子，辣淋淋

番椒子，辣淋淋，八岁妹子拣杯人。水桶较大𠊎较细，灶头较高𠊎较矮，兜条凳子贴脚底。

注：拣杯人，送别人；贴，垫。

月光光

月光光，秀才郎，骑白马，过莲塘。莲塘背，摘青菜。摘一皮，留一皮，留来天光请大姨。大姨唔归屋，偷食黄鸡谷。

注：天光，明天

小弟弟

小弟弟，小妹妹，来到瓦窑背。见到鸡妈砻谷狗踏碓，虾公过桥摘韭菜，三岁孩儿开柴堆哩整壁背。

注：开，挑

年三十日月光大

年三十日月光大，擎梯偷邦茄里。哑子紧喊，介子紧逐。泥洋田里过，尘灰旁天；石壁头上过脚迹映天。

注：邦，摘；紧，拼命；逐，追赶；介子，不会走路的残疾人。

天公爹，地婆太

天公爹，地婆太。你落雨，𠊎有赖。

注：赖，玩

两公婆，学打铁

两公婆，学打铁，打到明年五月节。

上枯水嘈嘈

上枯水嘈嘈，下枯水嘈嘈，一日蒔得几千几万箩？驴骡子耳斜斜，一日走得几千几万借。

注：枯，坵；箩，此处指旧时面积单位；斜，翘起；借，处。

茶一杯，酒一杯

茶一杯，酒一杯，嘀嘀嗒嗒讨生白，讨个生白矮得得，做个饭子香匆匆；讨个生白高连连，挑担谷子好清闲；讨个生白牙哂哂，三餐唔食肚唔饥；讨个生白嘴嘟嘟，喜欢食甜也食苦。食得苦，唔怕苦；唔怕苦，受得苦；受得苦，有福气！

注：讨生白，娶儿媳妇。

阿姊嫁，偃也嫁

阿姊嫁，**偃**也嫁，**偃**给阿姊车（提）手帕。阿姊睡新床，**偃**睡狗斗床；阿姊盖新被，**偃**盖烂蓑衣；阿姊吃新碗，**偃**吃尿筒管。

注：车，提。

狗子汪汪吠

狗子汪汪吠，贼古又来哩！想**偃**烂袄子，身上着夹哩；想**偃**半斤米，今天煮粥食别哩；想**偃**烂锅子，床下卜起哩！

注：卜，倒扣。

萝卜头

萝卜头，冇冇头，金珠满女教（交换）猪头。

虾公鱼子一角落

虾公鱼子一角落，煎个煎来学个学（用火烘干）。两只乌龟缩上桌。

张月张头

张月张头，擎张脚头，行到庵背头，见到一个没树头。一伦伦到三担零一头。一煮煮哩二十七碗头。两公婆食哩子头爬个头。第日爬起来屙倒一裤头。

注：没，腐朽；伦，砍。

彳彳亍

彳彳亍，彳彳亍，一亍亍到门背角。爷子见，烟筒确，娭子（母亲）见，巴掌勺，老婆一见各打各（不理他）。冇床睡，睡凳桌；蚊家咬，手辣（拍）脚。赌钱一输也别，郑（剩）哩三个钱去打哩一个铁牛角。到处去给人挖墙脚。杯（被）人一捉也到，手绑索！

注：彳亍（chì chù），本意为小步慢走、时走时停的意思。彳彳亍，此处指二流子的形象；爷子，父亲；确，敲打；娭子，母亲；辣，拍；郑，剩；杯，被。

手指纹谣

一箩穷，二箩富，三箩鸡着裤，五箩爬上壁，六箩一巴掌一劈。一箩九箕，饿死冇人底。

注：箩，手指上的圆形指纹；箕，手指上如箕形的长形指纹。劈，揍；底，知。

二、民间熟语

（一）谚　语

1. 自然（气候、节令）谚语

初一落雨初二散，初三落雨到月半。

竹麻唔食小满水，番薯唔食小雪水。

雨打秋头，冇秆（稻草）供（喂）牛。

清明断雪，谷雨断霜。

朝霞雨，夜霞晴；雷公先唱歌，有雨也唔多。

二月二，梅子好尝味；三月三，梅子好人缸。

八月半，当莲里滚滚钻（成熟了）。（当莲里，一种可解断肠草毒的野果）。

十月半，果子乌一半。

立冬小雪，做饭冇停歇。（白昼短）
爱赖（玩）赖在夏至日；爱睡睡在冬至夜。
旱冬，烂年。（过年前后雨水多）
春暖春晴，春寒春雨。
月头（太阳）出来探一探，一日落雨落到暗（晚上）。
有个天晴五月节，有个落雨八月半。
光雨，暗雪；雨打雪，冇停歇。
懵懵懂懂，惊蛰落（浸）种。
朝霞唔出门（有雨），晚霞行千里（天晴）。
芒种夏至天，行路要人牵。
水浸千年松，风吹万年杉。
一夜禾苗一夜根，一日夫妻百日恩。
清明谷雨，冻死老虎。
盲曾（没到）惊蛰先响雷，一个月里乌秃秃。
芋片（蚯蚓）唱歌，有雨不多。
冇霜唔冬年（冬至）；冇雪唔过年。
冬至在月头，寒在年尾边；冬至在月尾，寒在正二月。
张月赖过，二月趟过，三月唔得过。（值春荒）
一年之计在于春；一日之计在于晨；一生之计在于勤。
一年逢两春（两次立春），油菜变灯芯（生长不好）。
谷子一落水，脚跟冇脸（干）水。
立冬油菜小雪麦。
久旱逢庚雨；久雨逢庚晴。
春冇三日晴；冬冇三日雨。
大冬（中稻）改早禾，饿死两公婆；早禾改大冬，加割一禾仓。

2. 社会生活谚语

唔系（不是）亲生唔系姨，壁上画马唔好骑。
打虎亲兄弟；上阵父子兵。
能吃苦中苦，方为人上人。
子女唔读书，不如养大猪。
人怕出名猪怕壮。
三日肩头四日脚；千日弦，百日笛。（炼好技艺要一定时日）
做人冇良心，头上有雷公。
有钱心肝叔；冇钱老鸦啄。
冇时医生医病头；有时医生医病尾。
枉来田地水推（冲）沙。
养羊种姜，利息（利润）难担。（收益大）
春上一脚（锄）头，冬下一碗头。
一代亲，二代表，三代过哩冇人晓。
食盐比你食米多；过桥比你行路多。
敬酒唔吃吃罚酒；兜凳唔坐讨凳坐。

好田莫打秧；好女莫做娘。

有样冇样看世上。

嘴边没毛（须），做事不牢。

狗妈蛇一粪箕，唔当一条青竹西（剧毒蛇）。

朽木不可雕；呦泥（稀泥）糊唔上壁。

煎哩三年硝，唔消佢（他）一铳。

若（如果）爱富，蒸酒作豆腐；若要穷，擎铳指蓬笼（荆棘丛）。

放牛得赖（玩），放马得骑，放羊跌烂膝头皮。（羊到处跑）

晓算唔晓除，打米教（交换）番薯。

朝中冇人莫做官；厨下冇人莫去钻。

人人莫做官，做起官来一般般。

大官也是官，小官也是官。官帽一下也八（摘去乌纱帽），大家多一般般。

入乡随俗，入庵随佛。

随田比大枯（坵），矮子队里选将军。

人不可貌相，海水不可斗量。

屈（断）尾竹里生好笋，山窝飞出金凤凰。

黄狗偷食，白狗受罪。

黄颈（一种鸟，很少鸣叫）谷谷得肚饱；百劳（一种喜欢鸣叫的鸟）介介得空该（胃，肚）。

人欺人肥内内，天欺人一把骨。

人比人，气死人。

人要灵通；火要窿空。

水打千斤石，难打半两铁。

人算不如天算。

作田冇师傅，只爱肥来务（盖）。（指多下肥）

人无千日好，花无百日红。

命长可比春不老（一种花期颇长的花），命短好比午时花（双髻山池塘里的午时莲，花开到凋谢只有两三个小时）。

念经较少，安汉（咳嗽）较多。

伯公唔开口，老虎唔敢打狗。（打，吃）

食过喉咙三寸半。

屋檐水，点点对。（不孝顺长辈会遭报应）

小钱唔想赚，大钱赚唔到，一生世人穷到老。

想人一尺布，去别哩一腰（条）裤。

惜脚趾，去脚盘。

虾公教（更）老塘虱。（胡子鱼）

一样米蒸百样酒；一样饭供百样人。

人上一百，七古八搭。

好愁唔愁，愁夹六月十三冇出大月头。

人正唔怕影斜。

唔打扮就唔打扮，一打扮变小旦。

一出衣衫一出人，冇有衣衫配坏人。

食西瓜皮讲大话。

一讲曹操，曹操就到。

量大福大。

树木也有个上下节。

深山冇老虎，猴哥称大王。

十年生白（媳妇）熬成婆。

城隍庙里的鼓，两日唔打爱（会）缽普。（生霉）

（恶妇）两日不打，会上房揭瓦。

公不离婆，秤不离砣。

请神容易送神难。

一日结（阉）九猪，九日冇猪结。

打肿脸孔充胖子，借人屎北（屁股）做面皮。

狗直一行（条）肠。

食唔穷，着（穿）唔穷，冇华冇算一世穷。

天晴苋菜，落雨簕瓜（黄瓜）。（长得快）

面上遮皮筒，底下虱妈笼。（只有最外一件衫是好的）

只爱饭碗蚊（满）冬冬，唔怕嫁杯（给）胡须公。

未老先白头，吃穿不要愁。

先入庵门为长老，先入灶下为大嫂。

做衫怕补袄；剃头怕撞倒胡须佬。

老虎唔发威，你把刀（以为）烂蓑衣。

写得“飞、凤、鼎”，百人头上栖（站）得稳。（繁体字“飛、鳳、鼎”三个字难以写好）

看棋无语真君子，起手无悔大丈夫。（下棋观棋规矩）

男爱勤，女爱勤，三餐茶饭唔求人。

中（生）子过学堂，中女过家娘。

六十六，学唔足。

早问公公，少行半工。

还细（小）偷针，大哩偷金。

学懒三日，学勤三年。

便宜莫打（收买），浪荡（来路不明）莫收。

破柴唔识路，唔怕你大力古。

忍气留财。

人心难甲水难量。

天无绝人之路。

三十年河东，四十年河西。

有借有还，再借不难；有借冇还，再借就难。

人情一把锯，拖来又搡去。

人情留一线，后日好见面。

人情爱长，数目爱短。

半份婿郎半份子。

一生子女债，半世老婆奴。

忤逆生白从子起。
三岁孩儿娘打惯，三朝新人郎打惯。
人多碍路，船多碍溪。
唔做亏心事，唔怕鬼叫门。
大厦千间，夜眠八尺；良田万顷，日食一升。
(银钱）生不带来，死唔带去。
平时唔烧香，急时抱佛脚。
见官莫向前，做客莫在后。
蛇有几大，窿有几大。
出门看天色，入门看面色。
便宜冇好货，好货冇便宜。
人冇三尺，唔好交甲。
打蛇打七寸，擒贼先擒王。
枪打出头鸟。
家有千头棕，一世人唔爱通；家有千头桐，一世人唔爱（会）穷。
有食有分，秀才监生；讲起有打，十六岁上丁。（古时十六周岁成丁）
(幼儿）七（个月会）坐八爬九生牙，十个月会喊爷爷（父亲）。
身上有重棉，冻得你牙旋旋（龇牙裂咀）。
千重袄，万重袄，还唔当（抵）竹丝袄（火笼）。
舍不得烧（热）被，起不了早床；舍不得娇妻，当不了英雄。
有愁有急，活到一百零一。
唔食烟，唔食酒，活到九十九。
家贫见孝子，叛乱出忠臣。
神仙万年不吃饭，人间日日要三餐。
肯给活人万（提）包裸；唔给笨人做军师。（活人，有能力有水平的人。）
财去人安乐，风吹鸭蛋壳。
人心较（更）高天，想哩皇帝又想仙。
火烧屋，害邻舍。
一次杯（被）蛇咬，三年怕秆索（稻草绳）。
赶得早不如赶得巧。
穷人有变豹（谋生手段），时时想乙（挖掘）窖。（先时埋在地下的金银财宝）
单脚子（孤独之人）是神仙，半斤鸡子用油煎。横病（恶病）一打也倒，在床上喊王天（没人理）。
前生修得好，今生做孤老（孤独老人），光床滑席睡到老。
一棵树难开两样花；一人难顾两头家。
养儿防老，积谷防饥。
看戏看活（增长见识与经验）人；看灯看烛（灯烛，死人超度法事）看循（不理智）人。
高人头上有高人。
做不完子孙屋；买不尽子孙田。
三十六乐，各人一乐。
吾打吾相识。
贤妻当过锁。

木匠师傅篾标（绑）床；地理先生冇屋场（祠堂）；算命先生半路亡。
油盐登对，（配搭得当）蔬茅（野菜）成菜。
火烧禾稿记（水稻收割后留下的根部）打扮都唔生气（不好看）。
食哩（了）砒霜（剧毒物砷）灌大肥（人粪）。

（二）歇后语

三十六计——走为上计
老鼠入风箱——两头受气
十五只水桶吊水——七上八下
刮痧多爱用桃核——冇钱
乌龟吃秤砣——铁了心
乌龟莫笑鳖——差七多唔差八
田塍背里莳芋卵——外行
禾必乌子想学鹞婆（老鹰）飞——不自量力
脚踏（竹做的）火夹——就还办（报复）
大水冲了龙王庙——自家人不识自家人
狗咬吕洞宾——不识好人
猪肉包子打狗——有去无回
和尚跟着月亮走——沾光得很
丈母娘当家——尽出馊主意
凹上伯公——两头食得
琉璃瓦上晒胡椒——危险得很
和尚头上捉虱子——十拿九稳
芋卵汤淘（下）饭——轻而易举
油庵合哩耿碗盖——实在还丁对（凑巧）
泥洋田里挖苦屈（春丘）——越挖越深
落雨天里揹（挑）秆（稻草）——越揹越重
老虎打（吃）和尚——天佛多难救
簕瓜（黄瓜）打铜锣——去别哩一大节（截）
狗打骨头——空欢喜
狗想豆腐骨——空想
黄狗偷食，白狗受罪——冤枉
猪油皮上夹猪膏（板油）——好上加好
屋漏偏逢连夜雨——倒霉透顶
嘴唇上抹石灰——白食
猫公挖（抓）糍粑——唔脱爪
年三十日槽大猪——来不及了
屎出（急）哩挖屎缸（厕所）——晚了
正月十五贴门神——迟了
好心着雷打——冤枉
三斤狐狸打（捉）哩一只四斤鸭妈——力不从心
大岁子（小孩）入厅下（厅堂）——(衣、鞋）太宽

竹筒倒豆子——快人，快嘴
快刀斩乱麻——果断
袄上加托肩——多此一举
鸡蛋碰石头——不自量力
问客迟（杀）鸡——虚情假意
三个手指撮田螺——稳拿
木匠师傅弹墨线——睁一只眼，闭一只眼
大姑娘上轿——头一回
黄鼠狼给鸡拜年——冇安好心

三、谜　语

一物方方数寸长，通晓古今本领强。帝王将相都爱它，看来却怕秦始皇（打一物）——书

一头（棵）树子高唔高矮唔矮，吊哩很多红傀儡（一种农作物）——茄子

爬篮般大，爬篮般圆；拿来一称冇一钱（一物）——蜘蛛网

小小诸葛亮，稳坐中军帐。摆起八卦阵，专捉飞天将（一动物）——蜘蛛

一朵芙蓉顶上栽，彩衣不用剪刀裁；虽然不是英雄汉，喝得千门万户开（一动物）——公鸡

远观山有色，近听水无声；春去花还在，人来鸟不惊（文艺作品）——图画

一只屋子矮答答，刊刊（恰好）住得五个客（一穿戴物）——鞋

又圆又扁又四方，又长又大又郎当，月头一出就开张。月落西山收摊子，街（结）起腰带转家乡（一用具）——谷笪

远远看去戴枸（嘴），一行也前来还是戴构；又不是碓米碓谷的碓构，又是戴构（嘴）的戴构（一用具）——牛嘴笼

头大尾细腹里空，又爱一口水来装；又爱去请纸煤火，又爱孔明借东风（传统生活嗜好）——吸老式水烟筒

万丈高楼一盏灯，滚水跑跑肯（结）伦冰，有皮冇骨田中走，有骨冇皮树上生（四件物）——月亮、豆腐、蚂蟥（胡蜞）、开裂的松球。

远看一匹马，有头有尾巴；肚里的的转，嘴里吐黄沙（一用具）——风车

远远看去观音坐莲，一行也前来猴子练拳；浑身弄得一丝不挂，手中握着一大抓棉（人的一种卫生习惯）——洗澡

单身汉（一中药名）——独活

从未到过之处（一中药名）——生地

继嗣（一中药名）——续断

农历五月半（一中药名）——半夏

半片衣衫一口田，女子说话口相连；一木穿在田中过，三子跪在母面前（繁体四字俗语）——福如東海

一辆船子撑辆车，莲叶飘飘遮豆芽。六月禾黄寻谷斗，担干（扁担）插在田坎下（四字俗语）——连登科甲

东门城外起火，烧死城内二人；救出一子一女，烧到三更酉时（繁体四字俗语）——爛肉好酒

一字十一笔，冇横冇直无弯曲（一字）——淡

九横六直，天下无人识，颜渊去问孔子，孔子三日才猜出（一字）——晶

一点一横长，擎梯上屋梁，背头弯一转，中间一口塘（一繁体字）——高

一点一横长，一撇透西洋。十字对十字，日月对太阳（一繁体字）——廟

笔架山狂风吹倒，长江水半点不流，国宝厅失窃玉佩，千家村一木不生（一繁体字）——尋

待月西厢一寺空，张生普救去求通，崔莺失了佳期限，可恨红娘不用工（打一字）——徽

东南西北角叉叉，八仙带刀在身下。一子一女两对面，夭怪出在竹头下（四字俗谷语）——十分好笑

刘邦听了哈哈大笑；刘备听了失声痛哭！（一个上下结构的字）——翠(提示:项羽、关羽,卒——死)

接生（两种农具，徐妃格）——锄、铲（提示：接生又叫助产。助产两字各加同一个偏旁“钅”就成了锄、铲）

唐虞有，尧舜无；商周有，汤武无；跳者有，走者无；高者有，矮者无；智者有，蠢者无；右边有，左边无；凉天有，热天无；哭者有，笑者无；活者有，死者无；哑巴有，麻子无；和尚有，道士无（打一字）——口

十字在当中，四面不透风，不许作田字猜（打一繁体字）——亞

双木（音）不成林（打一字）——相

女子戴笠笑眯眯，两只白鹤木上欺（站），一人走在梁（良）上过，一只鸡在水边啼（繁体四字熟语）——安樂食酒

一口不成干戈动，二主争山半片頭（清朝一帝年号，繁体字）——咸豐

四、故事传说

（一）华喦的故事

画　牛

华喦的父亲是一个造纸工人，四十多岁就病故了。为了帮助家庭生活，聪明好学的华喦不得不离开了“蒙馆”（初级学校），到父亲生前做工的纸坊去做个小徒工，天天为纸坊老板放牛。

有一天，小华喦正牵着大水牛过桥，走到木桥中间，突然发现溪水中倒映的大水牛和青山、翠竹、鲜花交织成一幅美不胜收的图画。小华喦被这奇妙的画面迷住了，久久不忍离去，把来往过桥的人都挡住了。小华喦心里想：要是我能把它画下来该有多好啊！从此以后，小华喦每天放牛的时候都坐在树荫下练习画牛，日复一日，年复一年，小华喦勤学苦练，画出来的牛一天比一天逼真了。

一天，小华喦用纸坊扔掉的废纸画了一头大水牛，画成之后，把它挂在村口的凉亭里，自己却躲在凉亭的墙背后，想偷听一下来往行人对他的画有什么意见，一会儿，来了不少人在围观，都说：“画得好，画得太像了！”。其中有一位胸前飘着白须的老先生却说：“画得还可以，可惜牛的肚子画得太大了。”说完就匆匆忙忙地赶路去了。围观的人都走光了，小华喦从墙后钻了出来，仔细看看挂在凉亭里的画，牛的肚子果然画得太大了，怎么办呢？华喦坐在凉亭里苦苦的思索着，想了好久想不出办法来。忽然他的眼光落在远处的一棵苍劲的松树上，他灵机一动，有办法了！小华喦一跃而起，取下了画，在大水牛的背后添了一棵大松树，整个画面就变成了大水牛在松树干上擦痒，牛在擦痒时由于用气，肚子一边自然便鼓起来。刚刚画完，方才那个提意见的白须老人办完事又回来了，看到小华喦手上改好的画，形势如此生动，赞不绝口，对华喦的聪明伶俐和绘画天才更是大加赞赏。原来这位老人是附近的一位老画师。

画　虎

有一天，华喦路过地处深山峡谷的苏家陂，还没有进村就听到村子里传来一阵阵号哭声。进村一问，原来是村民雷大嫂家养的几头猪昨天晚上被狼群吃掉了。雷大嫂家孤儿寡母全仗着养这几头猪为生，如今生计断绝，怎么能不号哭连天呢？听村里人讲，近来不知道从哪里窜来了一群狼，每天夜里甚至大白天都闯进村来吃家禽、家畜，村民们实在是束手无策。华喦听了以后，默默沉思了一会儿，悄悄地走到村口凉亭里，在墙上画了一只大老虎。

到了傍晚，狼群又来了，它们刚到村口，就看到凉亭里有一只老虎张开血盆大口，伸出一对利爪，两眼闪着凶光向前扑跃，仿佛要冲过来搏斗，这群狼被这股虎威吓得狼狈逃窜，从此以后再也不敢到苏家陂来了。苏家陂一带的群众至今还在传颂着这个“画能通神”的故事呢！

画宗祠

华嵒二十二岁那年，华家亭重建华家宗祠，祠堂的正堂需要四幅大型壁画。这四幅画该请谁来画呢？这个问题在华氏族人中引起了争议，大部分群众都推荐华嵒来画，但是族长和纸坊老板却竭力反对，族长当着全村人的面说：“重建华氏宗祠乃千秋之举，四大壁画应传至万代，区区华嵒乃轻薄后生，一介布衣，有何能耐？若由他来画，定会亵渎祖先，祸及子孙。我已重金聘来汀州府德高望重之著名画师钟老举人，明日清晨就开始作画。此事已定，尔等不得再有异议。”众人听了之后愤愤不平，真是敢怒而不敢言。华嵒更是郁郁不乐。

当天晚上，华嵒趁着月色，飞步来到华氏宗祠，只见大门已闭，他就翻墙而入，左手举着松明火把，右手奋笔挥毫，满怀创作激情，一口气画了四幅大型壁画：第一幅是“高山云鹤”，第二幅“水国浮牛”，第三幅是“青松悬崖”，第四幅是“倚马题诗”。画刚画完，已经是金鸡报晓天色微明了。这时华嵒突然想到自己私自画下这四幅壁画，平时就对自己看不顺眼的族长知道以后，一定会利用族规将他处死，想到这里，不由得吓出了一身冷汗，决定逃走。

天亮以后，族长陪着钟举人前呼后拥来到了华家祠。一进祠堂，只见四大壁画光彩照人，把大家都看呆了。族长一看就知道，这准是华嵒干的，就叫人把华嵒抓来按族规治罪。不一会儿，派去的人回来禀报说华嵒早已逃之夭夭了。族长气急败坏地命人要把华嵒画的画统统铲掉，重新粉墙，请钟举人再画，不料钟老举人倒也有自知之明，慌忙起来阻拦，连说：“不必，不必，若由老朽重画，恐功力、才气均不如其人也。”这时族长又看族众有不满之色，只好拂袖而去。

拒　画

华嵒离乡出走后，当年就到了杭州。靠卖画维持生活。他一面发愤读书，一面刻苦学画。为了实现他平生“少年好骑射，意气自飞扬”的抱负，他决定到北京去闯一闯。

华嵒三十六岁时上了北京。听说恭亲王很爱书画，只要见到好画，都会不惜重金买来收藏。当时在京城的权贵中，此人可算是一位书画鉴赏家了。华嵒为了打开局面，带着一幅新作的《春燕图》冒着风雪到恭亲王府求见亲王。王府门前戒备森严，门卫如虎似狼，看到华嵒这副穷酸相，连正眼都不朝他看一下，华嵒心想：真是宰相门卒七品官哪。一个门卫说：“千岁早有吩咐，凡画人求见必须先呈上画来。”华嵒只好把画轴交给门卫，由门卫递了进去。过了一会儿，那个门卫手持画轴从里面出来说：“千岁不见无名画匠，原画退回，另赏白银5两以示资助。”华嵒一听气极了，原来以为恭亲王是画家的知音，我才热心送画给他，不料他竟然如此无礼。他夺过自己的画轴掉头就走。那个门卫还喊着：“喂，银子拿去!”，华嵒头也不回地说：“赏给你买酒喝吧!”

华嵒当时穷困在京城，举目无亲，走投无路，不由得思念起远在江南的亲人来了，第二年春天他就回到了南方。从此，他更加看透了那些假充斯文的权贵们。

十几年以后，华嵒在扬州卖画，名声大振，那些附庸风雅的权贵、富商们，凡能得到华嵒一张画，感到顿时身价百倍。有一天，华嵒与几个书画知己应邀到当地豪富“扬州二马”（马日琯、马日璐两兄弟）的“小玲珑山馆”水榭亭吟诗作画。兴意正浓时，门上高呼：“恭亲王大人驾到。”马氏兄弟一听说恭亲王屈尊驾临，真是受宠若惊，率领在座宾客赶出二门迎接，唯有华嵒一个人端坐不动，在水榭亭（水榭是一种建在水面上的亭子）里自顾自地品茶、喝酒。众人把恭亲王迎入水榭，让恭亲王坐在上座。入席之后，马日琯恭恭敬敬地问道：“亲王大人驾到，不知有何教谕？”恭亲王见到座中都是当代名士，故意装出很亲热的样子说："哪里，哪里，卑职此次奉旨南巡，取道扬州，明日就要登舟渡江。在京时早就听说扬州有位画苑高手新罗山人，不仅画意清新，画工更是精到，而且诗、书皆精，世人称之'三绝'，特地登门求教，不知在座哪位是新罗山人？"听说恭亲王是特意来拜访华喦的，众人纷纷向华喦投来惊羡的目光，华喦慢慢地站了起来，不卑不亢地答道："在下就是华喦，承千岁垂爱，诚惶诚恐。"恭亲王求画心切，态度谦和地说："山人大名如雷贯耳，时人皆以得一画为荣，如蒙赐画，不胜感激。"华喦想起当年上京受辱的情景，不禁怒从心起，冷冷地回答道："丁亥年小民曾上京登门献画求见，千岁嫌小民拙作粗俗拒之门外，当年千岁传谕小民学好了再来拜见。今日自思画技未有丝毫长进，怎敢当面献丑？"恭亲王被华喦一席不软不硬的话顶得走投无路，只好厚着脸皮说："先生近来画艺猛进，今非昔比，务望赐画。"华喦看他一直纠缠不休，只好假装醉意朦胧地说："今日饮酒过量，不胜酒力，改日奉陪吧。"说完就扬长而去，把恭亲王气得脸上青一阵，红一阵，半天说不出话来，想不到一个堂堂的皇亲竟要不到一介布衣的书画。

画　像

有一天华喦奉召到"平山堂"为皇帝画像。"平山堂"是宋代欧阳修任扬州太守时建造的，是用来宴请宾客的场所。由于伫立堂前可一目千里，四方景色尽收眼底，远眺江南诸山与此堂平，故取名"平山堂"。这里风景绮丽，且有不少历代文人名士的珍贵墨迹，使"平山堂"成了扬州一大名胜。皇帝历次南巡都把行宫设在这里。几年来皇上曾叫了许多画家替他画像，不知画了多少张，但是没有一张能使他满意。为什么呢？原来是这位皇帝患有严重的近视眼，两只眼睛眯成了一条缝，总是睁不大。有些画家如实的把这双眯缝眼画了下来，呈递上去，皇上看到自己这副容貌，感到有失天子尊严，很不高兴，有些画家为了讨好皇上，尽力美化他，把他的两只眼睛画得大一些，他一看，却认为是在讽刺他，不由大发雷霆，以致许多画家左右为难，不敢再给他画像了，唯恐脑袋搬家。为皇帝画像一时成为全国画界的大难题。不久皇上听说华喦的画艺高超，找来了一些华喦的画，细看觉得确实与众不同。不仅画好，画上题的诗更是高雅，那一手苍劲的草书也使皇上为之倾倒。皇帝到了扬州，一定要华喦给他画一幅像。

华喦只好冒着三伏酷暑来到"平山堂"，急步进入了曲径幽深绿影婆娑的后花园。只见一树华盖下，皇上早已威严地坐在宝座上，他来了之后，几个太监搬来一张早已准备好的红木画桌，桌上铺着一张洁白的宣纸，摆着笔墨等画具。此时皇帝开口道："华喦，朕命你精描御像，你可得认真画来。"华喦应了声"领旨"，慢步走到画桌前，轻轻抚平宣纸，提起七寸狼毫。准备描摹圣容。忽然发现皇帝在宝座上眯着两只深度近视的眼睛，并正在仔细地打量着华喦呢。华喦那双锐利的眼光刚和皇帝无神的眼光一接触，心中不觉暗暗叫苦，想到以前那些画家失败的教训，顿时感到毛骨悚然，他那只提笔的手下意识地停搁在胸口上，双目却定定地端详着皇帝，不知如何下笔才好，时间一分一秒地过去了，周围静得出奇。一阵轻轻的嗡嗡声从华喦头上绕过，原来是一只苍蝇，这只大胆的苍蝇竟敢冒犯皇上尊严，悄悄地停在皇帝的耳朵上，站在皇帝身边打扇子的太监急忙用手中扇子驱赶皇帝耳朵上的苍蝇。"皇帝的耳朵与小太监……"华喦灵机一动，有了！他立即饱蘸浓墨在宣纸上迅速地画了下来。不会儿画好了，立即将画像跪呈上去。皇帝看了画像，先是愣了半天，然后哈哈大笑连声称妙，吩咐立即张挂起来给在场的文武大臣们观看。大臣们纷纷围前观赏，只见画上画着一个小太监正在给皇帝挖耳朵，皇帝微露笑容，眯起了两只眼睛，满脸显出舒服、得意的表情。画得那自然逼真，真是惟妙惟肖，使看画的大臣们人人称赞，个个叫绝，都为华喦的奇妙构思和娴熟的绘画技艺而叫好。

皇帝终于得到了一幅非常满意的肖像，圣恩大开："华喦，你才思敏捷，献像有功，朕欲封你为官。"华喦慌忙跪奏道："臣出身寒门，来到这深山僻野，只爱作画，不愿为官，乞我主降恩。"皇帝看到他态度恳切，也不便勉强，对他的高尚风格又赞扬了一番。

华喦又回到扬州小东门，过着他那清贫的卖画生涯。华喦终身不愿做官，不愿离开人民，是因为艺术一旦离开了人民就失去了生命力。

（二）张攀龙的故事

“文武百官”上“早朝”

殿前四品花翎侍卫张攀龙从京城请假回故乡中村探亲。他的辈分较大，许多青壮年都称他叔公，叔公太。他们聚集到张攀龙家看望他。

他们七嘴八舌地说：“叔公命好，当了大官，一辈子衣食不愁，常年在京城里享清福。我们如果能像您老人家一样，该多好啊！”

攀龙说：“你们说我在京城享福，其实我在那里所受的苦，你们哪里知道呢？我这次回来，一是看看你们；二是要把祖祠后龙（后山）的龙脉弄坏，省得以后再出现几个殿前侍卫，免得他们也像我一样受苦。”

“叔公真会开玩笑！”青年们哄笑着说。

“你们要是不相信，那我们来演示一下，我演乾隆皇上，你们演张攀龙，乾山祠暂作金銮殿。明天一早就演示皇帝上早朝，记住，早上四点，绝不能误事！”

那些年轻人，次日早晨不到四点钟就到乾山祠“候驾”。他们左等右等，一直等了两个多小时还不见“天子”临朝，大家只好回家睡大觉。第二天、第三天仍是如此，他们认为叔公只是给他们开了个玩笑，不能当真的。

第四天清早，“皇帝”到他们家里，把这些“殿前侍卫”一个个从热被窝里揪出来，大声责问：“你们好大的胆子！竟敢不上‘早朝’，通通发交‘大理寺’治罪！”

他们申辩说：“我们空等了三个早上都未见“皇上”驾临，我们认为您是给我们开玩笑。”攀龙说：“到底是你们等‘皇帝’，还是‘皇帝’来等你！我们当朝官的，遇到皇上有事或身体不适，空等几个早上是常有的事。

“再者，上朝时我们都要身穿官服，脚蹬朝靴，颈带朝珠，行进中朝珠要着地才算合乎礼仪。宰相、大将军等一品官，朝珠特长，头稍微低下，就可触地；我们这些四五品官，珠串不到他们长度的一半，要弯腰九十度才能勉强着地。从午门起到金銮殿有半里多路。北京的冬天经常滴水成冰，在这样寒冷的天气里，我们这些年逾古稀的老人，一年三百六十天，每天大早（凌晨三点）几乎是四脚着地爬行这半里多路程，你们说是好受的吗？”

（傅仲生供稿）

张爱卿可金銮殿抽烟

乾隆年间的殿前侍卫张攀龙烟瘾特大，他有一个特制的烟斗，能容下一大把烟丝。

一天上早朝，文武百官在宰相、大将军的带领下，雁翅形分班排列于金殿之上。

龙凤鼓打，景阳钟敲，静鞭三响后，值殿官宣布：“有事出班启奏，无事卷帘退班！”

因需要议决的事情特多，早朝持续了两个多小时还未结束，攀龙烟瘾发作甚难忍受。又过了半个多小时，他实在忍不住了，便偷偷地抽起烟来。

张攀龙属四品官，位置排列较后，当时点着蜡烛，整个金殿不十分明亮。乾隆帝隐约感觉到武班后面有一小火星忽隐忽现，不禁引起了注意。张攀龙意识到大事不妙，来不及磕掉烟斗内的“烟屎”，忙将整个烟斗塞进靴桶内。因只吸得几口，烟丝还烧得正旺，腿肚子传来一阵阵钻心的疼痛。他竭力忍住，脸上一阵红，一阵白，简直要昏厥过去。

皇帝见状，开言问曰：“张爱卿是否身体有恙？”攀龙答曰：“臣犯了欺君死罪！”皇帝曰：“恕你无罪，有何事详细奏来！”

攀龙曰：“罪臣烟瘾特大，刚才实在忍受不住，偷偷吸烟，犯下欺君大罪，臣将烟斗藏于朝靴之内，现在该是烫起许多泡了！”皇帝曰：“你快将烟斗取出来，咳！你这个人，真是……”

由于张攀龙立过救驾大功，皇帝对他有偏爱。快退朝时，皇上宣布：“鉴于张爱卿烟瘾大，以后如上朝时间过长，他可以抽烟，其他人等一律不可！”

文武百官齐答：“嗻！”

吃“玉粒”

一天乾隆皇帝赐殿前侍卫张攀龙同他一起进御膳。张攀龙得到这份殊荣非常高兴。

他想，和皇帝一起吃饭要有规矩，处处均须十分小心，千万不要出纰漏。

进膳时，他认为燕窝、熊掌这些高档菜肴不能乱吃，他看到一碗芋子，他想这是一般农民都吃得起的菜，多吃一点谅也无妨。

一个芋子入口，他感到有生以来从没吃过这么可口的芋子（御膳房所有菜肴都经过各种佐料调配，食味定是极好的），于是一碗芋子几乎被他吃光。

当时皇帝大为光火，因他最爱吃这种菜，并美其名曰“玉粒”。他责备张攀龙太没规矩，还准备治他的罪。张攀龙申述说：“皇上这实在是天大的误会！皇上的玉粒在臣的家乡是再平常不过的东西，一钱银子就可买到四五十斤，我想其他名贵的食品臣不敢乱吃，就吃这种普通的“玉粒”吧！”

皇帝曰：“你不是在说谎吧！”攀龙曰：“臣就算生有一百个胆也不敢瞒皇上，皇上可以派人到臣家乡去调查，如果有半句虚言，臣愿两罪并罚（还有一个朝堂上偷抽烟的罪）。”皇上曰：“就这样吧！”

张攀龙立即暗中派飞马回中村报信，央求乡亲们提前收获芋子，并把这些挖出来的芋子撒得满地都是。中村人接到快报，不敢怠慢，全村人火速动手，连夜将全村芋子提前挖出，并按攀龙交代的布置停当。

皇上派来的调查人员第三天才到。一进村子，他们果然看到大路旁、水沟边、房前屋后到处都是芋子。调查的钦差回到京城如实上奏。

皇上看到张攀龙说的是实话，对此事也不再追究。

（三）张玣遇正德轶事

《再兴村张氏族谱》载：六世张祯家境殷实：他的资产有文都圩场（老圩）、龙岩大池塅上的全部良田等。他生有四子：玣、琼、瑛、瑞。长子玣（1489—1561），性情旷达，善于弈棋。明正德十四年（1519年）间的一天，张玣遵父命外出完皇粮，顺便游历，增长见识。

某日，张玣来到扬州，在一酒楼见两老者正在下棋。其一老者气宇轩昂，不怒自威。两人棋艺相当，一盘棋从辰至未还未见高下。另一老者无奈之下，故意将一车暴露于河边，老者几次举棋，欲吃掉该车。此时张玣看出了另一老者的计谋，在桌下用脚轻拨暗示（古时棋规有“观棋无语真君子”之说）。老者顿悟，未曾上当，最后另一老者输了棋。

接着那老者邀请张玣对弈，当时观棋者甚众。那老者连输两盘，眼看第三盘又要败北，张玣认为不能赶尽杀绝，便巧妙地让了一步，使老者赢了最后一盘，挽回了面子。当时观棋者丝毫没有看出张玣让棋之举。老者高兴异常，感到此人不仅棋艺高超，而且棋德高尚，便邀请张玣到他客房一叙。他自称姓高，是北京来的珠宝商人，家资富可敌国，宰相、尚书都是他的好朋友，如果想要做官，只是一举手之劳。张玣表示自己读书少，做不了官，只要管好祖宗产业，按时完纳皇家钱粮就很满足了。老者见说只好将一把扇及一封用火漆封固的信件交给他，叫他将这两件物品交给当地知县官，方可开看。

回到家乡，张玣求见知县，交上两物。县官开看，原来竟是一道圣旨及一把御扇。圣旨封张玣为白砂里的里长公；御扇归张玣所有。后来张玣把这扇置于再兴下村的酉山祠内，作为镇祠之宝。不料在清康熙年间（1662—1722年）酉山祠失火，御扇与祠堂一起被焚毁。

明嘉靖四十年（1561年），张玣去世，遗骸葬于再兴水口寺扁山窝，其墓联云：“恩承正德声名古；祥发云礽世泽新。”

（张天福、张材选撰，此文原载于1986年《上杭修志简讯》第二期）

(四) 巧解窖书的故事

里七里，外七里，七七里

传说太平天国洪秀全的兵马败退时留下的窖书（记载窖藏地点的书籍）上说，双髻山庵旁有一个黄金窖藏。窖书只写“里七里，外七里，七七里”。但这宗黄金到底埋在何处？谁也猜不透。

离双髻山主庵还有200米处有一个独立的小庙，庙中安奉黄连官（此庙及神像至今还在）。远近香客都知道这黄连官很是灵验，大家不远千百里到此朝拜。

百多年前，一个广东信士带着一只鸡，当他要宰那只鸡时，那刀大钝（不利），情急之下，他将刀放到庙门外大香炉上磨。刚磨七八下，香炉露出闪亮的金黄色。他大吃一惊，忙用双手搬动香炉，感到至少有七八十斤重。原来黄金就藏在这香炉里，被这位香客轻而易举地得到了。

他回家后洗净香炉，才发现这香炉里里外外都用漆漆了，对照窖书的语句，才解开谜团。

注：里七里，指里面用漆漆哩；外七里，外面也用漆漆哩；七七里，里面外面都用漆漆哩。七——漆，谐音，前一个漆是名词，指漆；后一个漆是动词指油漆。

树根探桥一百步

两百多年前，有人从窖书上得知在塘厦村塘尾中和圩旁的小溪边有一处窖藏。窖书上写的是“树根探桥一百步”。原来该处确实有一条小桶粗细的树根横跨溪流，活像一座桥（实际上也确实可以过人，此“桥”20世纪五六十年代还存在）。许多人都冥思苦想，要得到这一批地下财宝。大家根据“一百步”之说，以树根探桥处为圆心，一百步的距离为半径画出一个圆，沿着这圆周象挖冬笋一样掘地五尺，却一无所获。

后来一个比较聪明的人想：问题可能出在“一百步”这三个字，莫非这一百不是具体的数字，这个“百”字可能是本地方言 “跨”的意思（“百”在客家话中有两腿张开的意思）， “一百步”就是一跨步。于是他站在树根探桥的两端各跨开一步，往下深挖，果然在一端掘出了一瓮金银。

第六节　书　目

《离垢集》五卷，华嵒（华家村人）著；道光十六年（1836年）刊行。

《典制粹精史论》《慎余堂诗集》，华时中（华家村人）著。

遗诗一册，共160余首，华咸䕵（字作夔，华家村人）著。

《墨田诗稿》，250首，华作猷（字咸仁，号墨田，华家村人）著。

《唾余小草》《汀杭纪事》诗集，傅闾（字兆旗，蛟洋村人）著。

《蝉鸣小草》，傅䪻（字兆芹，蛟洋村人）著。

《古香楼文稿》一卷，《古香楼诗稿》二卷，华达璋（字特甫，华家村人，举人）著。

《桂丛山房遗稿》，华绍心（字君受，华家村人，廪贡，）著。

《遣怀吟草》诗集，130多首，张从龙（字禹门、号元榜，再兴村人）著。

《醉月轩存稿》诗集，华岳灵（字绍甫，华家村人）著。

《洁兰室浪墨》一卷，华采琛（字凤文，华家村人）著。

《什笏堂杂俎》上下卷，《息机山房集》《豹蔚集》，华惟功（字少皋，华家村人，拔贡）著。

《榕阴鸿爪》四卷，华少舟（字竹村，华家村人）著。

《荷薪草》诗集，傅采畴（蛟洋村人，举人）著。

《五经约旨》《四书约说》《玉江集》，傅璠（蛟洋村人，诸生）著。

《此宋遗稿》，华师纤（华家村人，庠生）著。

《圣庙祀典考》，丘希浚（字汝田，丘坊村人，诸生，岁贡）著。

《少舟剩墨》，华炳煌（字竹村，号少舟，华家村人，诸生）著。

《柏翠诗选》，《类狗集》，《古蛟初级中学校歌（词）》，傅柏翠（讳秀中、字慧亭、别号“渔道人”，又号“画虎诗人”，蛟洋村人）著。

《嘤徨集》诗集，张材选（字史青，再兴村人）著。

《妇科撮要》2卷，《临床医案》3卷，张华五（字培烈，再兴村人）著。

《喉科特辑》，张如鸿（张华五之子，再兴村人）著。

《验方抄本》，傅承龄（崇头村人）著。

《喉科验方方秘旨》，丘海潭（丘坊村人）著。

《易经精义》，邓伯葵（东乾村，举人）著。

《傅柏翠》，傅柒生（蛟洋村人），与陈赛文、黄宁合著。

《古田铸军魂》，傅柒生与陈明睿合著。

《教育创新的求索》《学路凡程》，傅先庆（崇头村人）著。

《福建高等教育发展研究》《林业社会学》，傅先庆主撰（合作）。

《儿科症状鉴别学》《儿科诊断和治疗常规》《中西医结合治疗变态反应疾病》，华雪玲（女，华家村人）参编，人民卫生出版社、福建科技出版社出版。

《把信送给周恩来》，傅长盛（崇头村人）著，2012年10月中共中央党校出版社出版。

《金山风云——紫金矿业的连环传奇》，长篇财经传记，傅长盛著

《上杭县蛟洋中学校歌——我们从这里起航（词）》，华兆源（秋竹村人）、丘志坤（丘坊村人）作；曲，陈华杰（贵竹村人）作。

《古蛟诗选》，丘复（字荷公，蓝溪举人）主编。

《闽西人民革命史》，傅柒生任副主编，中央文献出版社2001年6月。

《冬韵心曲》，傅柒生著，作家出版社2003年6月。

《军魂——古田会议纪实》，傅柒生，解放军文艺出版社2004年1月。

《八闽开国将军》（8册），傅柒生任副主编，中央文献出版社2005年7月。

《古田会议》，傅柒生著，解放军出版社2006年5月。

《古田会议论文集》，傅柒生主编，解放军出版社2006年5月。

《古田会议》，傅柒生主要撰稿，人民出版社2007年。

《古田会议精神读本》，傅柒生参与撰稿，中央党校出版社2009年。

《红色记忆——中央苏区报刊图史》，傅柒生、李贞纲合著，解放军出版社2011年1月。

《福建客家红色圣地》，傅柒生、胡善美合著，海峡文艺出版社2011年11月。

《苏区历史和精神研究》，傅柒生主编，中共党史出版社，2013年。

《中共党史和人物思想研究》，傅柒生主编，中共党史出版社，2013年10月。

《文博论坛》，傅柒生主编，中共党史出版社，2013年10月。

《才溪乡调查》，傅柒生、黄春开、赖文燕合著，中央党史出版社2013年10月。

《共和国栋梁战斗在闽西》，傅柒生、游宝富合著。中共党史出版社2013年12月。

散文《冬韵心曲》，傅柒生，《人民文学》2000年增2期

报告文学《热血丹心铸警魂》，傅柒生，《中国作家》2009年第4期。

散文《闪耀的军魂》，傅柒生，《解放军报》2009年11月7日。

散文《风清万源祠》，傅柒生，《人民日报》2009年12月28日。

《辽宁省中共历次重大事件》，张启腾（再兴村人）参与编写。

《绿洲经济可持续发展研究》，傅小锋（蛟洋村人）著；傅小锋参与编写《中国可持续发展的理论与实践》。

《丹青墨韵》，华学文（华家村人）个人书画专集。

《丘宜寿画集》，丘宜寿（达理村人）个人画集。

《求索综合实践活动常态化之路》《综合实践活动研究性学习手册》，邹开煌（塘厦村人）著。

《乙型肝炎的恐慌与对策》，杨才生（文地村人）主编；《病毒性肺炎》，杨才生任第一副主编。

第十九章　卫生　体育

明清时期，蛟洋地区医药卫生事业落后，医务人员寥寥无几，药品缺乏，劳苦大众贫病交加，饱尝疾病折磨摧残之苦。清道光年间（1821—1850 年）始，蛟洋再兴人张华五从医，“医传三代，周济乡邻”。此后，张华五的儿孙，丘坊丘海潭，丘应琪及其儿孙，再兴张钟垣等从事医务工作。

民国 18 年（1929 年）6 月 10 日，红四军在蛟洋石背“傅氏宗祠”设“蛟洋红军医院”，医治在革命战争中负伤的红军官兵。民国 28 年，古蛟地方协会理事会为保持大众健康，积极推行卫生工作，制定《卫生实施办法》，并在蛟洋设医务所一所，聘请中西医生为群众治病，深受群众欢迎。民国 34 年 10 月，上杭县县长练平令时任上杭县卫生院院长郑勉筹建上杭县古蛟医院（院址设蛟洋村的傅氏总祠）。私人诊所和药铺亦有较快发展。

新中国成立后，人民政府重视发展医疗卫生事业。1950 年起，执行“预防为主”方针，坚持开展群众性爱国卫生运动。1955 年，蛟洋以股份制方式成立国药商店、联合诊所。1958 年年初，联合诊所改为保健站，成立华家、丰头桥、中村、再兴、塘厦保健室。1959 年，保健站更名为蛟洋人民公社保健院，各大队设有医疗室（站），逐步改变缺医少药的状况。1969 年，农村实行合作医疗制度。1980 年后，医疗卫生事业迅速发展。1992 年始，把初级卫生保健纳入乡经济社会发展规划，2000 年基本达到初级卫生保健标准。群众卫生保健水平进一步提高。主要传染病的发病率和病死率、孕产妇和婴儿死亡率等大幅度下降。2013 年，人口死亡率由 1975 年的 7.48‰降至的 3.54‰；人均预期寿命由 1949 年的 52 岁延长到 76 岁。

明清时期，蛟洋开展以武术、舞狮为主要内容的体育活动；民众投师学艺、习武蔚然成风。清乾隆十九年（1794 年）、乾隆三十一年，中村张虎臣、张攀龙先后中武进士。光绪年间（1875—1908 年），再兴武秀才张钟瑚开设武馆授徒。蛟洋村的傅兆鸿也是有名的“教打师傅”。清末民初，新学兴起，学校始设体育课。民国 31 年，古蛟中学获上杭县第四届运动会中学组团体总分第三名，径赛总分第二名。新中国成立后，群众性的体育活动广泛开展。进入 21 世纪，全民健身活动深入开展。广场舞、健身操在境内逐步兴起。蛟洋中小学参加上杭县举办的历届体育比赛，均获得好成绩。2011 年 9 月 22 日，上杭县第二届（东北片区）农民文化体育节在蛟洋举行，蛟洋代表队获团体总分第二名。

本章第一至第五节记述卫生，第六节记述体育。

第一节　机构　队伍

一、医疗机构

民国初期，蛟洋、文都、丰头桥、华家、塘厦有中药铺、中西医诊所八家，均为私有，大多数兼营药铺。主要有蛟洋村的傅赞谟、傅杨波父子的西医诊所，治疗内外科；傅柏良及其儿子傅翔鹏、傅翔蛟的西医外科诊所；华家村华联科的内科诊所；华祥光的小儿科诊所；丘坊村的丘荣发内科诊所；再兴村武秀才张钟瑚的骨伤科诊所；文都村陈香书的中医内科诊所。民国时期的中药铺有文都圩江西樟树人孙载兴开的同仁堂中药店；江西樟树人黄大全开的德元堂中药店；再兴村张美宾的中药店。蛟洋圩有下祟头丘英文开的永生堂中药店，江西樟树人孙全盛开的全春堂中药店，陈香书开的来苏堂中药店；小和村人华贵儒、华尚先在丰头桥圩开的中药店。蛟洋红军医院的药品主要靠孙全盛的全春堂、丘英文的永生堂供应。

民国18年（1929年）6月10日（农历五月初六日），为了医治在革命战争中负伤的红军官兵，毛泽东领导的红四军在蛟洋石背“傅氏宗祠”设立“蛟洋红军医院”。红四军领导机关派原四军军部副官陈永林为医院院长，党代表由王俊恒（兼中医）担任。医师有张庭瑞、傅赞谟、王寿人、黄玉书、刘先明等人。为了便于医院开展医务工作，上杭北四区苏维埃政府派傅庆奎为医院事务长、傅锡奎为会计、李德民为传令兵、谢司斧为文书。这是闽西第一所红军医院，也是闽西规模最大、开办时间最长的红军医院之一。毛泽东在邓子恢、张鼎丞、傅柏翠等人的陪同下，亲自参加医院的成立大会。闽西红军医院院本部有40多个房间，连同甲子凹、松源连四纸寮两个医疗点，共可收治伤病员200余人，多时达300多人。红军医院设备简陋，中西药品紧缺。民国19年1月，闽粤赣三省国民党军“会剿”闽西革命根据地，为确保伤病员的安全，红军医院转移到古田吴地的“张家祠”。

民国20年初，由蛟洋红军医院迁往龙岩爱华医院院址后组建的闽西医院（院长王俊恒；隶属闽西苏维埃政府和闽西红十二军领导），由龙岩小池禾南厝迁往蛟洋小和坑，驻该村文昌阁和大塘背等处。总部设在文昌阁，医务部设在中乡堂，后勤部设在贵孺家，海塘背住病员，重伤员住隆重公楼和下屋塘，轻伤员住在余庆堂等处，共有伤病员300人左右。2月，闽西苏维埃政府将用西药治疗的伤病员留在小和坑（注：需用中药治疗的伤病员转移到上杭溪口大洋坝）。红军医院驻扎小和约半年时间。

民国28年，古蛟地方协会理事会在蛟洋设医务所一所，聘请中西医生为群众治病，免收诊费，只收药品成本费，深受群众欢迎。

民国34年10月30日，上杭县国民政府县长练平令时任上杭县卫生院院长郑勉筹建上杭县古蛟医院，院址设蛟洋村的傅氏总祠。院长李荫庭兼卫生所主任；医师傅赞谟、杨纪龄、廖济民、廖益轩、华采琛（后二人为中医）；助产士袁道贞（中央高级助产学校毕业）、助产护士兼药剂员黄家璋。

新中国成立初期，保护私营诊所（药铺）。1955年11月1日，以股份制形式在蛟洋成立联合诊所（傅翔鹏任所长），为群众治疗一般疾病。1958年年初，联合诊所改制为保健站，属集体所有制单位（袁永生任站长）。同年成立丰年、华家、中村、再兴、塘厦村级保健室。1959年，乡保健站更名为蛟洋人民公社保健院（丘启荣任院长）；各大队设有医疗室（站）。1969年，全公社办了20个合作医疗站，由公社保健院管理。1973年，蛟洋公社保健院更名为蛟洋公社卫生院。1980年，公社卫生院在丘坊市场、蛟洋、华家设了三个门诊部。同年，逐步改革单一的办医模式，鼓励社会办医、集体办医和个体开业行医。1982年起，逐年对个体开业医生进行考试，合格者发给个体开业许可证，个体医疗站（店）逐步发展，各村纷纷办起村卫生所（含乡卫生院药店）。1994年，蛟洋乡有村级卫生所25所，个体开业户7家。2004年12月，蛟洋乡卫生院随集镇搬迁从丘坊村搬至蛟洋村。2012年6月，随着蛟洋撤乡建镇及市委市政府卫生区域规划的要求，蛟洋乡卫生院更名为蛟洋镇中心卫生院。

2013年年底，全镇共有42个村卫生所（室）。

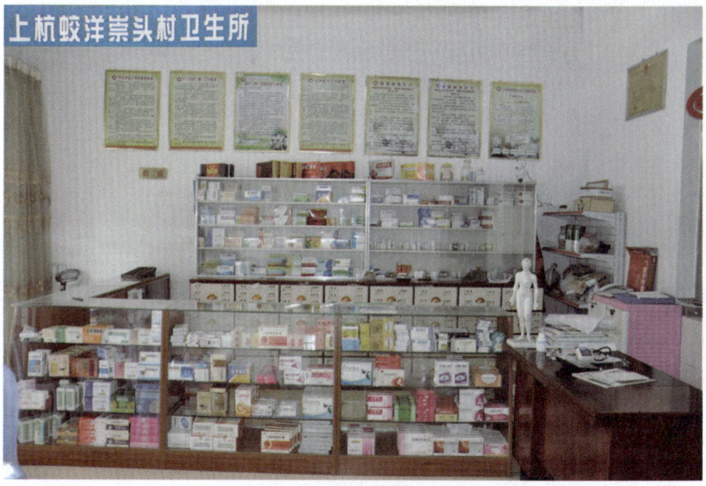

祟头村卫生所一角

二、卫生队伍

清道光同治年间（1821—1874年），再兴人张华五（培烈）通文理，业岐黄术，擅长妇科、喉科，医德高尚，济贫救急，乡人敬仰；著有《妇科撮要》《临床医案》等。张华五之子张如鸿（钟宾）幼年随父习医，妇科不亚于父；又治喉科著名，手定《喉科特辑》，绘有喉症各类形图，附处方及施用药散等。张如鸿之子张浩丕（旭春）早年力攻经史，志图青云；光绪三十一年（1905 年）停科举，有志莫展，改习医业，自我解嘲："功名无分，'不为良相，当为良医'可也。"民国 5 年，筹资邀友人在古田镇（八甲老圩）设"济春堂"中药店，悬壶问世。后医名日著，擅小儿科（曾投著名儿科医师罗瀛州为师），亦兼治麻疹；对内科病及小儿疾病有危难者，常能起药到病除之效。张华五祖孙三代均为有名中医师，在古蛟一带名满一时。

清末，丘坊丘海潭精喉科，著有《喉科验方秘旨》。同村人丘应琪及其次子丘吉行，善治痢疾；孙丘绍周皆是当地名医。清光绪年间（1875—1908 年），再兴张钟垣专治狂犬伤人，秘方已传至第五代；至 20 世纪七八十年代，武平、永定一带还有人专程到再兴寻求治疗狂犬病的药物。上崇头人傅承龄（1890-1943 年）精小儿科。民国 18 年（1929 年）前后，他往返于郭车、巫坑、古田赖坊等地行医，逢五、十蛟洋圩期，在孙全盛开的全春堂中药店坐医。他的治"小儿白蜡口"秘方屡治屡验，流传至今，让一些大医院的医师惊叹不已；其治小儿惊风、感冒的"理中锭""麝香锭"等药物也闻名乡里。有《验方抄本》一卷传世。

民国时期，蛟洋较为知名的中西医生有傅赞谟、傅扬波（父子，西医内科）、丘荣发（中医内科）、陈炳书、陈星辉（父子，中医麻痘科）、傅柏良、傅翔鹏（父子，疮疡外科）、傅绍轩（中医内科）、丘土初、丘英文（中药剂）、华尚先（中医）、陈香书（中药剂）、傅如松（中医眼科）、张祝三（中医内科）等。当时的中西医师大多不是从正规学校培养出来的，有的靠祖传，有的跟从老医师学徒出身，也有些是自学成才。其中，傅赞谟为古蛟一带最早的西医，蛟洋红军医院设立时，被农会推荐到红军医院任医官。他用精湛的医疗技术，中、西、草药并用，治愈许多红军伤病员的枪伤。他还随医院搬迁，先后小吴地、小池、大洋坝等地医治红军伤病员。他大胆创新，自建锅炉生产酒精，纯度达 98%，缓解古蛟一带医用酒精严重缺乏的状况。

新中国成立后，人民政府着力发展医疗卫生事业。医务人员除从正规学校培养外，还从农村选派热爱医务工作的青年进行培训。至 1960 年，共培养了 30 余名骨干医生。1965 年，公社在保健院培训了 26 名农村半农半医的"赤脚医生"和大队卫生员、接生员。1970 年，各大队（村）办起合作医疗站，由县卫生局和县医院培训了 36 名"赤脚医生"，接生员 31 名。

1970 年后，部分医学院校毕业生分配到卫生院工作，他们中不少人成为业务骨干，有的走上院领导工作岗位。医疗队伍得到充实、加强，总体技术水平得到提高。

1980 年，公社卫生院有中西医技术人员 29 人，其中，中医师 8 人，西医师 6 人，西医士 3 人，护士 2 人。1985 年，乡卫生院有中医药技术人员 6 人，其中中医师 2 人；西医技术人员 8 人，医士 5 人，护士 3 人。

1995 年，乡卫生院卫技人员中有中级职称 3 人，初级职称 12 人；全乡有乡村医生 39 人，接生员 32 人。2000 年始，随着乡医疗卫生水平的提高及初级卫生保健的开展，乡村医生逐步转向基本医疗及初级卫生保健工作，家庭接生转向住院分娩，家庭接生员逐步退出历史舞台。

2002—2005 年，开展中医创先工作，全乡有 25 个行政村卫生所都已有一名中医药或者是能中会西的乡医或卫生员一人，村卫生所配备有 50 种以上中药及中成药，并能灵活地应用于防病治病，使中医创先工作提高到一个新的层次。2005 年年末，卫生院有床位 13 张，职工 19 人，其中卫生技术人员 18 人（中级职称 1 人，初级职称 17 人），行政后勤人员 1 人，

2013 年年底，镇卫生院编制 32 人，在编 24 人，总职工 40 人，其中卫生专业技术人员 34 人，中级职称 7 人，初级职称 31 人，后勤人员 6 人；全镇乡村医生 46 名。

若干年份蛟洋中心卫生院床位、人员情况表

表 19–1 单位：人

年份	床位	分类		临床医师	护士	公共卫生	妇产	防疫	药剂	检验	放射	B超心电图	后勤及其他	其中中医人员	总计
1995	8	职称	中级	3										2	3
			初级	5	3		1	2	1					1	12
			无职称										1		1
			小计	8	3		1	2	1				1	3	16
2005	13	职称	中级	1											1
			初级	3		4	3	3	2	1		1		1	17
			无职称										1	1	1
			小计	4	4		3	3	2	1		1	1	1	19
2013	30	职称	中级	4			1	1				1			7
			初级	3	7	2	2	2	3	3	2			2	24
			无职称			1							8		9
			小计	7	7	3	3	3	3	3	2	1	8	2	40

1949—2013 年蛟洋中心卫生（保健）院负责人名表

表 19–2

姓　名	单位名称	职　务	任职时间
傅翔鹏	蛟洋联合诊所	所　长	1949—1962
袁永生	丘坊联合诊所	所　长	1949—1962
傅龙洲	丘坊保建站	站　长	1963—1967
梁光标	蛟洋卫生院	院　长	1968—1970
丘启荣	蛟洋卫生院	院　长	1971—1973
丘宜寿	蛟洋卫生院	院　长	1974—1975
陈契贤	蛟洋卫生院	院　长	1976—1979
袁永生	蛟洋卫生院	院　长	1980—1982
邹鸿发	蛟洋卫生院	院　长	1983—1985
丘桂香	蛟洋卫生院	院长　书记	1986—1992
邹椿祥	蛟洋卫生院	院长　书记	1993—1995
赖华生 邹椿祥	蛟洋卫生院	院　长 书　记	1996—1998
赖洪增	蛟洋卫生院	院　长 书　记	1998—2002
黄小斌 袁洪福	蛟洋卫生院	院　长 书　记	2002—2003
温招辉 袁洪福	蛟洋卫生院	院　长 书　记	2004—2005.12
林　鹰 袁洪福	蛟洋卫生院	院　长 书　记	2006.1—2006.10
张建良 袁洪福	蛟洋中心卫生院	院　长 书　记	2006.11—2011
张建良 廖春河	蛟洋中心卫生院	院　长 书　记	2012—

第二节　防　疫

一、群众性爱国卫生运动

蛟洋群众性爱国卫生运动始于1952年。当年，响应中央“动员起来，讲究卫生，减少疾病，提高健康水平”的号召，发动群众扑灭“五毒”（鼠、蝇、蚊、虱、蚤），开展全民爱国卫生运动。家家户户订立爱国卫生公约，发现疫情及时报告；开展大规模的卫生大扫除，结合卫生积肥逐步形成日扫月检制度；同时开展户与户、组与组、村与村之间的相互检查评比活动。1956年，响应党中央号召，全民动手，开展除“四害”（老鼠、苍蝇、蚊子、麻雀。因麻雀为益鸟，1960年，改麻雀为臭虫）运动。1958年，开展“卫生之家”及创“卫生村”活动，发动群众铲除房前屋后杂草，扫除垃圾，填平积水坑洼，开展评比竞赛，促进人人爱清洁，户户讲卫生。此后，开展以除“四害”为中心的爱国卫生运动成为乡村经常性工作。

“文化大革命”期间，爱国卫生运动很少开展。1974年以后，以“两管五改”（管水、管粪，改水井、改厕所、改猪牛栏、改鸡鸭窝、改善环境卫生）活动作为爱国卫生运动的主要内容，结合防疫工作，每年突击大搞几次环境卫生综合整治、除“四害”等活动。1982年起，爱国卫生工作与“五讲四美”（讲文明、讲礼貌、讲卫生、讲秩序、讲道德；心灵美、行为美、环境美、语言美）活动相结合，以治理“脏、乱、差”为突破口，开展以改善环境、加强环境卫生管理为重点的群众性爱国卫生运动。1989年始，贯彻国务院发布的《关于加强爱国卫生工作的决定》，坚持“政府组织、地方负责、部门协商、群众动手、科学治理、社会监督”这一爱国卫生工作的基本方针和方法，改善卫生条件，提高卫生水平。针对集镇、市场的环境卫生状况，1998年以后，乡党委、乡政府制订“整环境、美家园”创造文明卫生集镇实施方案，成立以党委书记、乡长为正副组长，有关站所负责人及部分离退休干部为成员的领导小组，组建了一支专业环卫队伍，建垃圾池30个，现配备垃圾车一辆，建集中销毁垃圾点一处。市场、街道、河道都有专人负责清理。改造环境卫生条件所采取的各项有力措施受到人民群众的欢迎。

进入21世纪，政府实施“九亿人民健康教育活动”，努力提高农村人居环境质量，创建卫生乡、村。人民群众的生产生活环境改善。

二、卫生监测

（一）学校卫生

新中国成立前，学校卫生条件较差，没有卫生设备。新中国成立后，人民政府重视学校卫生保健，注重青少年的身心健康成长。教育部门与卫生院紧密配合，开展学校卫生保健、卫生知识教育和预防接种等工作，同时设有学校卫生保健室（箱），建立健全卫生防疫制度，有计划、有重点的对中小学校进行监控、监测。中共十一届三中全会以后，教育部门贯彻国家《学校卫生工作条例》，搞好学校卫生工作。中学设有专（兼）职保健医生，小学设有卫生室，配有保健箱。中小学开设卫生常识课，教育学生保护视力、牙齿，勤换衣服常洗澡，勤剪指甲常理发，注意培养良好的卫生习惯。对有住宿生的中学、小学，每学期都对学校周边及学校食堂进行定期或不定期食品卫生、环境卫生监督，保证师生饮食卫生安全。1991年后，乡卫生院组织医务人员对中小学、幼儿园每学年开展一次学生体检，并建立个人卫生档案。

（二）食品卫生

新中国成立初期，对食品生产经营，卫生部门只派人检查，起一般的监督作用。1983年后，卫生防疫人员贯彻执行《中华人民共和国食品卫生法》，对违反该法的单位或个人，根据情节轻重予以警告、罚款、停业整顿以致取缔或吊销开业执照处罚，对符合卫生标准规定的生产、经营单位颁发“卫生许可证”。每年进行年审、换证，发现有传染病菌的不准开业。屠宰上市的肉类，都经过检疫部门检验，发现有问题及时处理。对一些“三无”（即无厂名、无厂址、无生产日期）、过期、变质的食品及时进行集中销毁。食品卫生管理工作逐步走上正轨，人民群众基本上能吃上放心肉和安全食品。

（三）饮水安全

新中国成立初，乡村居民主要饮用井水、山泉水、溪流水等，水质都会受到一定污染。1987年始，卫生部门对全乡进行饮用水普查。各村群众自筹资金挖井或接引山泉水，逐步改善村民饮用水卫生状况。1998年后，全乡各村建起自来水塔，村民均能饮用上卫生的自来水。中小学用水都经过检测，确保中小学师生的身心健康。2013年，全镇有规范自来水厂（站）25个，自来水水厂36个，自来水人口覆盖率100%。

三、传染病防治

明清至民国期间，境内疟疾、天花、霍乱、传染性肝炎、传染性菌痢疾、流脑、乙脑等多种严重危害人民健康的传染病时有发生和流行。民国35年（1946年）夏天，华家村流行乙型脑炎（俗称大头瘟），由于当时预防和治疗条件差，死亡几十人。有时一天之内抬出多具棺材，场面十分凄惨。新中国成立后，贯彻“预防为主”的方针，50年代初在全乡开展牛痘等多种疫菌苗预防接种。1953年起，一些流行性疾病如天花、疟疾、霍乱、伤寒、白喉、麻疹等，逐年得到控制，发病率明显下降。

天　花　俗称“乌痘”。民间多由中医进行“人工种痘”防天花，把含痘毒痘疤的药料研磨成粉，在上臂阳面划口敷上即成。土法种痘，操作繁杂，收费较高，种痘面也不广。1952年后，通过普种牛痘疫苗等，未再发生天花。

疟　疾　俗称“打摆子”。每年秋末到冬天流行，有时病人脸部甚至全身水肿。1991年，经省卫生厅专家组织认定，全乡已达到消灭疟疾的标准。

流行性脑脊髓膜炎　简称流脑。1967年4月在境内发生，公社成立灭病小组，及时开展“早发现、早报告、早隔离、早治疗、早预防”的群众性运动，控制了流脑的蔓延。1972年，首次接种“流脑”疫苗后，发病减少。主要采取疫点消毒处理，密切接触者服药，流行区在流行季节用药物喷射滴鼻，服草药预防，消除人群部分健康带菌者。同时提倡开展群众性以“三晒三开”（晒衣服、晒被褥、晒太阳和开门、开窗、开蚊帐）为主要内容的爱国卫生运动等综合性预防措施。80年代中期始，推广使用A群脑膜炎球菌多糖体疫苗，适龄儿童的接种率保持90%以上水平；90年代后，发病率一直控制在1/10万以下。

结核病　2004年，开展结核病线索调查，加强结核病人的发现、转诊与普查督导工作。2013年，结核病由政府免费检查治疗，患病率降低。

麻风病　1950—1990年，发现病人主要采取收容隔离治疗，药物以氨苯砜（DDS）为主。1990年后，新发现病人以门诊治疗为主，治疗采用世界卫生组织（WTO）规定的联合化疗（MDT）方案，并狠抓联合化疗的全面实施与管理。1992年，全乡达到卫生部规定的基本消灭麻风病的标准。

四、地方病防治

血丝虫病　俗称大脚筒。1970年10月，蛟洋卫生院组织有关人员成立普查小组，到各大队开展血丝虫病普查（夜间到农户采血涂片）登记工作，同时采取防治措施。

地方性甲状腺肿　简称地甲病，俗称“大脖子病”，也称碘缺乏病。主要病因是由于环境缺碘，造成人体碘元素摄入不足。1981年，进行碘缺乏病普查，共普查2245人，普查率达92.4%。1988年基本控制地甲病。在普及碘盐供应的基础上，为确保新婚育龄妇女、孕妇、哺乳期妇女、婴幼儿等特需人群和7岁—14岁儿童重点人群的缺碘需求，1990—2011年，在教育部和计生部门的配合下，共对上述人群辅服碘剂46.2万人次。

五、“非典”预防

2003年5月，部分省、市地方发生非典型性肺炎（简称“非典”）疫情。蛟洋乡按照省、市、县防治“非典”指挥部的统一部署，扎实抓好“非典”预防工作。乡成立防治“非典”工作领导小组，对外归人员、可疑病例，设立防治“非典”隔离点（坪埔蛟洋水泥厂），乡卫生院和村卫生所工作人员通过发放宣传单、宣传画、出版墙报等，向全体村民和中小学师生宣传防治“非典”的相关知识，做到家喻户晓。同时组织广大干部职工、中小学师生、村民开展环境卫生大扫除，疏通沟渠，清理污垢，进行药物消毒，经跟踪、观察，本乡未发现“非典”疑似病例。

第三节　保　健

一、妇幼保健

（一）新法接生

新中国成立前，产妇多在就地由未经培训的接生婆接生，由于当时卫生观念淡薄，医疗条件及设备差，造成不少产妇患“产褥热”或因产后大出血、破伤风而死亡，很多婴儿因“新生儿破伤风”而死亡。

新中国成立后，大力推行和普及新法接生。至1960年，蛟洋乡培训了40余名农村接生员。1960年后，公社卫生部门建立接生站和产前检查站，使新法接生率逐年上升。1985年后，进行妇幼卫生工作改革，逐步完善管理办法，建立健全责任制，落实孕产妇检查随访制度，新法接生率和产妇安全率均有显著提高。2011年，全乡产妇292人，产前检查的有293人，其中检查5次以上的有292人，占96.9%；活产293人（含双胞胎，下同），活产率100%；在乡卫生院住院分娩的有293人，产后访视2次以上的有293人，新法接生的293人，占100%。未出现产妇死亡或新生儿破伤风死亡现象。

（二）妇女保健

1952年后，农村生产大队对参加农业劳动的妇女在经期、孕期、哺乳期给予“三调三不调”（即调干活不调湿活、调轻活不调重活、调近活不调远活）照顾，并配有不脱产妇女干部负责抓此项工作。

1976年始，开展妇女“两病”（子宫脱垂和尿瘘）普查普治工作。1988年始，乡妇女保健人员在“三八”期间对已婚妇女开展一次妇科病普查。经多年多次查治，妇女“两病”患病率逐渐下降，2007—2011年，全乡没有发现子宫脱垂病例和尿瘘病例。

2010年始，每年对低保户妇女进行常见病免费检查。当年共普查192人，检出患者5人，疾病检查率2.6%。2013年，低保妇女普查130人，检出患者21人，疾病检出率16.2%，“两病”筛查142人，检出患者9人，检出率6.3%。

（三）儿童保健

儿童系统保健　1952年起，对儿童实行传染病预防接种，逐步推行新法接生、育儿，加强新生儿、体弱儿童保健。常见的小儿传染病得到不同程度的控制或消灭。婴幼儿死亡率降低。1980年后，幼儿保健工作全面展开，加大儿童保健和幼儿园（班）的管理力度，普及科学新法接生，提倡住院分娩，努力降低婴幼儿死亡率和预防新生儿破伤风发生；做好幼儿园（班）的卫生保健指导，按时做好幼儿入园（班）前的体格检查，并及时给予评价和反馈，使有疾病的儿童及时得到治疗，有生理缺陷的儿童及时得到矫治。

2009—2013 年蛟洋镇儿童保健情况表

表 19–3

年份	儿童保健覆盖率(%)	儿童系统管理率(%)	体弱儿童管理率(%)	体重〈中位数–ZSD 比率(%)	托幼机构卫生保健管理率(%)	新生儿死亡率(‰)	婴幼儿死亡率(‰)	5 岁以下儿童死亡率(‰)	新生儿破伤风发生率(‰)	母乳喂养率(%)
2009	95.4	93.4	95.3	3.2	100	0	3.7	7.4	0	95.1
2010	92.1	95.5	95	3.6	100	3.2	6.5	6.5	0	97.1
2011	98.6	97.6	100	1.6	100	6.8	6.8	6.8	0	98.6
2012	97	99	100	1.0	100	0	0	0	0	97
2013	96.1	98.8	100	1.15	100	5.8	7.8	7.8	0	97

儿童计划免疫 1978 年以前，防疫和妇幼保健多是无偿服务。1978 年以后进行改革，变为有偿服务，实行收费制。1987 年始，推行儿童计划免疫保偿制，主要以百白破、小麻、麻疹、卡介苗、乙脑疫苗等定期给婴幼儿接种。1995 年，蛟洋乡实现儿童“四苗”（麻疹、百白破、脊髓灰质炎、卡介苗）接种率达 85%的目标。2000 年，麻疹疫苗注射 1560 人次，小麻糖丸口服 1108 人，乙脑疫苗注射 386 人。2004 年后，乡卫生院预防接种门诊按省定标准进行规范化建设，继续推行并完善集成式接种，严格按规范程序操作。小儿麻痹症、流行性乙脑等传染病不再发生。

若干年份蛟洋镇卫生院预防接种情况表

表 19–4

年　份	2000	2011	2012	2013	年　份	2000	2011	2012	2013
免疫接种卡(张)	270	251	306	384	流脑苗(人次)	795	753	918	854
建卡率(%)	100	100	100	100	接种率(%)	95.6	95.6	95.3	97.2
百白破(人次)	1078	1004	1224	1536	卡介苗(人次)	262	251	306	384
接种率(%)	100	100	100	100	接种率(%)	97	100	100	100
乙肝疫苗(人次)	786	753	918	1152	糖丸(人次)	1350	1255	1303	1224
接种率(%)	97	100	100	100	接种率(%)	98	98	98	97
乙脑苗(人次)	538	502	612	768	强化麻疹(人次)	268	251	306	384
接种率(%)	96.4	95.2	96.3	97.5	接种率(%)	96.8	97.8	98	96

（四）孕产妇系统保健

1987 年始，全乡开展孕产妇系统保健工作。

1988 年始，乡妇幼保健站认真做好孕产妇孕产期保健工作。重点抓住院分娩，出台促进住院分娩优惠政策，开展婚前健康检查，在婚检收费时一并办理产妇系列保偿服务，要求新婚对象在怀孕后，定期到乡妇幼保健站检查并建立孕管卡等措施，重点筛查高危孕妇，建立妊娠报告卡、随访卡，实行高危产妇的产前、产后监护。2011 年，全乡孕产妇保健覆盖率达 96.8%，围产儿死亡率 4‰，孕产妇死亡率 3.5‰，有效地降低孕产妇、婴儿死亡率。

2010—2013 年蛟洋镇孕产妇保健情况表

表 19–5

年份	产妇总数(人)	活产数(人)	孕产妇保健覆盖率(%)	产前检查率(%)	孕 < 13 周检查率(%)	高危孕产妇检查率(%)	高危孕产妇管理率(%)	高危孕产妇住院分娩率(%)	产后访视率(%)	住院分娩率(%)	新法接生率	孕产妇系统管理率(%)	孕产妇死亡率(‰)	围产儿死亡率(‰)
2010	304	304	89.4	92.49	91.4	16.1	100	100	92.1	100	100	81.4	0	0
2011	292	293	96.8	96.8	96.8	13.5	100	100	96.8	100	100	96.8	3.5	4
2012	386	385	95.8	95.8	95.8	15	100	100	95.8	100	100	95.5	2.5	0
2013	504	509	96.2	96	96	19.2	100	100	96.2	100	100	96.2	0	9.7

二、初级卫生保健

1988 年，国家把实现 2000 年“人人享有卫生保健”的目标，作为经济社会发展总体目标的组成部分。1990 年始，蛟洋乡根据龙岩地区、上杭县制定的规划及实施办法，把初保纳入乡经济社会发展规划和政府工作目标，集中人力、物力、财力加强乡卫生院建设，健全村级卫生组织，稳定乡村卫生队伍，依靠三级医疗预防保健网，加强农村医疗卫生工作，推动初保工作深入开展。此后，乡初保工作按达标进城分批逐步实施。1996 年 10 月，乡初保工作顺利通过县级达标验收。同年 11 月，通过地区达标验收。1997 年，全乡形成以初保卫“重中之重”的农村卫生工作新格局。1998 年始，乡政府把“123 健康工程”（即实现人人享有卫生保健；加强卫生人才培养、加强卫生网络建设；重点发展农村、搞好预防保健、振兴中医药）列入年度工作考核内容。根据市、县规划目标要求，初保工作以继续深化为内涵，主抓乡村一体化办医、甲级村卫生所建设、农村改厕、巩固合作医疗制度等工作，加大政府行为力度。

第四节　医　疗

一、设施　设备

蛟洋镇中心卫生院原址在丘坊市场，只有几间低矮的旧房，医疗设备也很简陋。1963 年，政府对卫生院进行改造，在丘坊新建门诊部和病房；设施仍简陋，只有脉枕、血压器、听诊器、体温计等。1965 年，卫生院开始有滴注。1976 年，添置 X 光机，开始有拍片、透视；70 年代中期，开始有化验。1988 年，开始有 A 超。1995 年，新建门诊综合四楼，占地 300 多平方米，建筑面积 1300 多平方米，逐步更新 200 毫安 X 光机、B 超诊断仪、心电图诊断仪等医疗设备，医疗业务用房逐步扩大。

2002 年，蛟洋乡党委政府在蛟洋开发区（319 国道旁）规划 2255 平方米土地用于搬迁卫生院。2004 年 1 月，新门诊楼投入使用。该大楼占地 300 多平方米，建筑面积 1000 平方米，三层框架结构，设有内、外、妇、儿、防疫、中医、妇女保健、儿童保健、放射、医学检验等科。2009 年 1 月，造价 160 多万元的病房综合楼投入使用；2 月，全院实行全市统一电脑信息管理系统，实现医疗信息、居民健康档案一体化管理；同年 8 月，卫生院投入资金购买自动生化分析仪一台。2010 年 7 月，市卫生局配备救护车 1 辆。蛟洋卫生院的医疗条件进一步改善。随着国家医改的深入开展，医疗卫生投入力度的加大，一大批医疗设备得到更新和添置，医疗检测设备更加先进、完备。2013 年 9 月，蛟洋卫生院添置一台 DR 数字 X 光机，成为上杭县首家使用该种 X 光机的乡镇卫生院。至 2013 年年底，蛟洋卫生院建筑面积 2600 平方米，其中业务用房 1200 平方米，床位 30 张。主要设备有救护车、DR 数字 X 光机、呼吸机、B 超诊断仪、心电监护仪、胎心监护仪、心电图诊断仪、全自动生化分析仪、半自动电解质分析仪、全自动血球计数仪、尿液分析仪等；科室设有外科、内科、妇产科、防疫科、公共卫生科、中医科、骨伤科、放射科、B 超心电图室、化验室、手术室、中西药房，基本能满足全镇人民基本医疗服务的需求。

2013 年，建设村标准化卫生所 19 所，为每个村卫生室配备了出诊箱、氧气瓶、担架、高压消毒锅、电脑、打印机等常用设备，村卫生所医疗条件改善。

二、诊疗护理技术

（一）中 医

民国时期，蛟洋以中医为主。较有名望的中医有傅柏良、傅翔鹏（父子，疮疡外科专科）、丘荣发（中医内科）、陈星辉（麻痘科）、傅兆鸿（骨伤科）等 10 人。中医人员于乡村个体或合资开业，坐堂行医，一般兼设药铺。

新中国成立后，中医作为祖国传统医学受到政府的高度重视。政府贯彻上级关于加强中医药工作的指示，广泛宣传中医政策和实行中西医团结合作的方针。1955 年，蛟洋成立联合诊所，把分散于民间的中医药人员组织起来，互相学习交流，使中医技术得到挖掘和发展。

2013 年，蛟洋卫生院有中医人员 2 人，初级职称 3 人。

（二）西 医

民国时期，西医只有傅赞谟。当时医疗设备简陋，只开展一般疾病治疗。

新中国成立后，随着医疗设备的进步，西医医疗水平不断提高。诊断符合率和危重病人的抢救成功率不断提高。1960 年后，逐步对某些疑难病症进行诊治。1973 年，外科开展一些常见小手术（清创缝合）；1981 年后，开展鼻息肉手术、计生绝育手术、小肿瘤切除等。

蛟洋中心卫生院首次开展主要医疗项目年份表

表 19-6

项 目	年份	项 目	年份
肠胃透视	1976	心电图检查	2004
X 光胸透、拍片	1976	B 超	2004
口腔检查	1980	血球计数仪	2005
三大常规化验	1983	骨 伤	2006
阑尾摘除术	1986	肝功检查	2007
剖宫产	1986	DR 数字 X 光机	2013
A 超	1988		

（三）护 理

民国时期，蛟洋的医疗事业不发达，医生护理一人兼。

新中国成立初，护理从无到有，但水平低，仅限于普通注射、灌肠、导尿、洗胃等技术操作。50 年代末，中专护校毕业生逐年安排到乡卫生院充实护理队伍，随着护理人员逐年增多，素质逐步提高。60 年代，卫生院制定护理制度，设立护士长，实行分级护理。护理、治疗、查牌分工明确，各负其责，又相互配合，秩序井然。本年代中期始，逐步开展小儿头皮静脉输液、创伤缝合、封闭疗法等护理新技术。“文化大革命”期间，卫生院一度取消病区护士长制度，护理工作无人负责，危重病人难以得到精心护理，事故屡有发生，住院病人均须由家属陪伴，护理工作受到严重影响。1979 年，恢复病区护士长制度，逐步建立和完善护理人员学习和技术考核制度，护理质量逐步提高。进入 21 世纪，护理人员逐渐掌握抢救医疗器械的使用和难度较大的术后护理工作。

三、农村合作医疗

1968 年，农村实行合作医疗制度。办站的形式有公社、生产大队、生产队合办；公社、生产大队合办；生产大队或生产队独办三种。合作医疗站的费用主要由社员、生产队、生产大队共同负担。社员负担部分于年终收益分配时统一提留，提留金额一般为 0.5 元—3 元。生产大队、生产队负担部分从公益金中提取适当的补助经费。有的还采取集体搞副业、采药、种植中药材等办法解决经费。赤脚医生和卫生员，由当地卫生主管部门组织培训。其报酬按略高于当地同等劳动待遇评给劳动工分，以分计酬，年终核算。

1993 年 11 月 14 日，中共十四届三中全会通过的《中共中央关于建立社会主义市场经济体制若干问题的决定》中，提出“发展和完善农村合作医疗制度”。1996 年，蛟洋发展“合医不合药”型的合作医疗。参加合作医疗人员由村统一造册登记，与农户签订保偿合同书，明确保偿标准等。补偿机制采取“补大不补小”形式，即小病治疗和用药自费，大病费用给予一定比例减免补偿。对已发展合作医疗的村，乡财政按每人每年 2 元、村财每人每年 1 元拨给扶持资金。至年底，全乡参加合作医疗人数已占全乡人口的 70%。1997—1998 年，全乡合作医疗得到迅速恢复和发展，并运转较好，受到群众欢迎。2001 年后，由于受扶持资金不到位、农民资金难筹措、合作医疗总费用少以及制度不够健全等因素的影响，乡农村合作医疗基本解体。

2007 年 11 月始，实行新型农村合作医疗制度。新型农村合作医疗资金筹集标准每人每年 50 元，其中各级财政按参合人员每年补助 40 元，农村居民以家庭为单位个人缴费每人每年 10 元，参加人员年度内住院符合目录范围规定的医疗费用按乡镇卫生院 70%，县级医院 60%，县外医院 40%的比例给予补偿。2008 年，参加合作医疗人数 21860 人。2009 年参加新型农村合作医疗 21792 人，参合率 96%；落实农村最低生活保障 516 户 1011 人；发放社保养老金 190 万元。2010 年，全乡参加合作医疗 22168 人，2011 年 21796 人，2012 年 22000 人。2013 年，全镇参加合作医疗 22200 人。

2007 年，中共中央提出在农村实施农村医疗保险制，省、县制定出台《新型农村医疗保险实施办法》，于 11 月 1 日起开始实施。新型农村医疗保险采取个人按规定年度缴费，农村患病住院后按规定给予报销医药费。具体做法是：2007 年 11、12 月，农民每人缴 2 元，患病住院者按规定报销医药费的 50%，本年度每次住院者最高报销金额为 2 万元。2008—2013 年，农民每人每年缴纳保险费逐年提高，住院报销医药费及年度住院最高报销金也逐年增加。新型农村医疗保险的实施，对解决人民群众因病致贫、因病返贫以及弱势群体看病难的问题具有重要作用。

2010—2013 年蛟洋镇新型农村医疗保险情况表

表 19-6

年 份	每人年缴费（元）	住院报销	单次最高报销金额（元）
2010	30—170	起付线 100 元报销 90%	20000
2011	30—170	起付线 100 元报销 90%	20000
2012	50—230	500 元以内报销 60% 501 元以上报销 95%	40000
2013	60—290	报销 90%	60000

附一：民间传统疗法

拔火罐 拔火罐是通过局部的温热和负压作用，促使该部位的经络通畅，气血旺盛，驱邪外出，具有活血行气、止痛消肿、拔毒散结、退热散寒、祛风除湿等作用。适用治疗感冒、咳嗽、头痛、肚痛、风寒湿痹等多种内外科疾病患者。其方法是用小纸片（多习惯用草纸）点燃后投入米升（竹筒）内或瓷器内，待火旺而纸片尚未燃尽时，迅速将米升或罐口罩合在肚脐、背部或疼痛处。因罐内（或升内）加热空气排出，外部空气的压力就会把升或罐紧紧吸附在身体部位；同时，被升或罐压住的部位因升内或罐内缺少空气就会产生吸力，从而把体内的湿毒、风痹等毒物吸入罐内。经过几次吸拔后，就可以吸尽身体内部的湿毒和风痹等，使血脉贯通、病根消除。操作时要注意不可将升或罐烧得过热，且动作要快，以免烫伤皮肤。

刮　痧 刮痧对人体具有活血化瘀、调整阴阳、舒筋通络、排除毒素等作用，是一种既可保健又可治疗的民间疗法。其方法是盛一盆清水，用食指和中指在颈部、鼻梁上、脊背等部位夹起一小块肌肉用汤勺等物进行刮拭，根据患者的病情和忍受程度把握好力度和时间的长度，每刮到之处，便泛起一浪一浪的红块。痧的颜色浓淡，可以看出病情的轻重，轻者痧色水红；重者痧色黑红。刮拭皮肤至出现紫黑色瘀点为止。

淬　火 淬火是民间疗法中的一种，它具有阻止病毒蔓延之作用，专治单纯疱疹、带状疱疹等疑难杂症。其方法是盛一小碟食油（均为植物油）、一根灯芯备用。将灯芯一端放置在油中浸润，然后点燃，待火力适当时立即点在患处，如果发出“啪”的一声响，说明淬火成功。此法有阻止病毒蔓延、根治病源之功效。

附二：妥善处理部分儿童血铅超标事件

2009年6月8日，蛟洋乡（因电池厂违规排污，造成空气污染）先后发现4名儿童血铅含量超出正常值，一度引发部分家长的不安情绪。事件发生后，省、市、县高度重视。省委、省政府领导作出重要批示；市委副书记、市长黄晓炎主持召开主题会议，提出明确具体处置意见；县委、县政府连续召开会议，落实省市领导批示、意见，对事件的处置及时进行安排、部署。市、县分别成立应急处置协调小组和4个工作组做好处置工作，对血铅含量超出正常值的儿童进行专门医治和营养干预；重点区域开展少儿血铅检测，并将248名14岁以下少儿经省、市医院血铅检测的报告单（70%血铅超标）逐户送达家长（监护人）手中，消除其顾虑；乡村干部进村入户发送有关血铅科普知识，做好宣传和安抚解释工作；依法排查和整治违法、违规排污企业，对其电池厂实行无限期停产、限期搬迁。通过妥善处置，学校和社会秩序很快恢复正常。（原载《上杭县年鉴》2010年卷第281页）

第五节　中草药

一、草　药

蛟洋镇地处亚热带低丘陵地带，气候温和，雨量充沛，土地肥沃，适宜多种药材的生长，有着丰富的药材资源和药用矿物。新中国成立前，由于生活贫困，缺医少药，患病者大多用中草药治疗。民间盛行每年的五月五日（端午节）到田间地头或深山老林采集“百样茶”（草药）的习惯。平时当地村民也随时随地采摘。这些草药经晒干收藏备用。

这些草药中较为常用的有小天红、大天红、鹅不食草（猪屎草）、鱼腥草（狗贴耳）、仙鹤草（毛草子）、夏枯草、小铜钱草、金线莲、银线莲、灵芝（菇王）、麦冬、益母草（油耳草）、鸭脚草、车前草（白葡勺草、红葡勺草）、刀豆（当归豆壳）、毛桃树（根）、异叶榕（奶子树根）、宝珠茶花、鸡金籽、鸡金籽树（根）、艾根、六棱菊（羊耳三点）、山仓子（青哩子、藏子，根与果）、花香草（根）、马齿苋、毛算盘子（算盘子树根）、鬼针草、溪黄草、乌蕨（雉鸡尾）、山荔枝（根）、灯芯草、蛇蜕、麻笋头、蜂巢、土茯苓、桔梗、风车罗子、石榴、金钩藤、蝉蜕、野菊花、一抓根、山杜仲、片荷枫、金樱子、白头翁、薄荷、葛藤根、山药、七叶一枝花、猴尖丹（三叶青）、铁树花、山白木耳、白花败酱（苦斋）、金银花、水杨梅、石衣子、枇杷（叶）、地胆草、南蛇藤（穿山桐）、香藤子根、芙蓉花（根）、天冬、龙鹅掌金星（鸭脚飞扬）、五叶金花（藤子飞扬）、穿破石（黄鸡子根）、鸡血藤根、文殊兰（物蕉）、梅子树（根）、马甲子（双叉腊根）、多花勾儿茶（茈柏子根）、络石藤（墙邦藤）、鱼蕉子（根）、石菖蒲（石香糊）、山籁、野茄头（苍耳子）、砂仁（山樟子）、瓜子藤根、节节兰（根）、大青（鸡谷袋）、葫芦茶、月月红花（根）、登阳草（根）、黄栀子根、高树菠（根）、耘田菠（根）、鬼抽藤根（粉叫海金砂）、五趾草、千里吹、冬瓜皮 双钩藤、五灵脂（蝙蝠粪）、大叶艾、卷柏（千年松）、半边莲、过山龙、女贞子、栝楼（鸭屎卵瓜，根和果）、过路蜈蚣、苏茅根、高脚乌庵根等。

新中国成立后，民间中草药仍为中西医的辅助药品。一般是自采、自制、自用，也有少数人采些草药到集市上交易。随着草药的市场交易量不断增大，80年代始，部分农民在田里栽培草药（如夏枯草、鱼腥草、仙鹤草等）出售。2000年以后，出现专门收购草药的店铺，每逢圩日，有数十个草药摊子，交易的草药有几百种。

二、药品加工炮制

新中国成立前后，蛟洋的部分草药堂（店）均有简易加工场所，采取切、刨、剪、炒、碾、飞等工艺，对中草药进行自制，主要炮制药材有“十全大补丸”“肥儿散”“八珍丸”“小儿疳积散”“健脾散”“黑锡丹”“小儿惊风散”等。60年代，医疗单位和个体药堂（店）仅加工“健脾散”“神曲”“伤药末”“十全大补丸”等。1985年7月1日，《中华人民共和国药品管理法》实施后，乡医疗单位和个人不再进行中草药加工炮制。

第六节　体　育

一、群众体育

蛟洋群众体育项目主要有跑步、爬山、踢毽子、放风筝、篮球、乒乓球、羽毛球、康乐球、象棋、围棋、麻将、扑克、钓鱼等。

民国时期蛟洋还有“正二九”活动。每年农历正月二十九日，蛟洋民众在庄背岭举行农产品比赛（冬瓜、南瓜、黄瓜、地瓜等单个重量最重的给予物质奖励）的同时，举行武术、举（挑）重比赛。民国36年（1947年），蛟洋坪岗上的傅增森挑着4个屋柱石（约180公斤），绕场八圈获得挑重第一名。

新中国成立后，各村群众积极响应毛泽东主席“发展体育运动，增强人民体质”的号召，大力开展篮球、乒乓球、拔河等体育活动。2005年，各村建有健身场所，配备篮球场、双单杠、乒乓球台等体育运动器材。2007年以后，随着乡、村老年体育协会的完善，老人们开展适合自身的体育锻炼。

2011年9月22日，上杭县第六届（东北）片区农民文化体育节在蛟洋举行。蛟洋、白砂、泮境、临江、临城、古田、步云7个乡镇的代表队参赛，共设篮球、中国象棋、掰手腕、60米呼啦圈、百米滚车轮、100米负重接力、50米赶鸭跑、50米套袋跳跃、60米男女同步跑、拔河

等项目。蛟洋代表队获团体总分第二名。

2011 年始，广场舞、单人舞及双人交谊舞、健身操等在蛟洋境内广泛流行并健康发展。

2013 年冬，塘厦村投入资金 60 余万元，建有建筑面积 850 平方米的室内羽毛球馆，内设 5 个标准的羽毛球场。

二、学校体育

清末民初，学校始设体育课，活动项目主要有队列、跑步、田径、篮球、乒乓球、拔河等。光绪三十一年（1905 年），华家敬业书院改为义学，学校置有铜鼓、军号、篮球、单双杠。

民国时期，再兴的万选高等小学也置有木枪、跳高架、铁哑铃、号、鼓等器材。据再兴老人的回忆，每当早晨学校师生出操时，军号齐鸣，鼓声震耳，气势雄壮。民国 31 年 11 月 12 日，在上杭县第四届运动会上，古蛟中学获得中学组（6 个单位参赛）团体总分第三名；径赛总分第二名。团体赛成绩：男甲组 800 米接力第三名；男乙组 400 米接力第三名。个人成绩：男丙组铅球第一名赖培香；男丙组跳高第三名傅富开；男甲组跳远第四名刘富春；男乙组 400 米第二名赖则明；男甲组 1500 米第二名宁冠英；男甲组 100 米第三名张案钧；男甲组 3000 米第三名陈志勇；男甲组 200 米低栏第四名江富春。华洋中心小学傅必圭获小学组男甲组跳高第三名。

新中国成立初，学校体育学习苏联的“准备劳动与卫国制度”（简称“劳卫制”）开展体育锻炼。中小学直至大学学生热烈参加劳卫制锻炼。体育行政领导部门按体育成绩水平的高低分为二级运动员、一级运动员、运动健将、功勋运动员四个等级，学生考核每达到某一级的标准就发给相应级别的证章。这项活动在当时学校体育活动中起了很大的推动作用。

20 世纪 50 年代始，各级各类学校都很重视师生的体育锻炼，每周安排二节体育课，中学配备专职体育教师，学校坚持每日的“两操三动”（早操、课间操、有的学校还做眼保健操；早晨体育活动、课间体育活动、课外活动）中学和大型完小至少每两年举行一次田径运动会和不定期的广播体操比赛、各种球赛。经常性的体育活动和竞赛有效地促进师生的身体健康。

1955 年 12 月 10 日—12 日，在上杭举行的第三届中小学田径运动会上，上杭四中（蛟洋中学）获得初中组团体总分第三名（5 个单位参赛）。个人成绩：傅耀华铁饼第三名；李国椿铅球第三名；袁柏南 100 米第二名；袁柏南跳远第二名。

1991 年 5 月 27 日—29 日，在上杭县中小学生田径运动会上，蛟洋中学张晓华获男子组 100 米第五名；邹荣椿获男子跳远第六名；丘金连获女子跳高第三名。

1993 年 10 月 11 日—13 日，在上杭县第六届运动会及中学运动会上，蛟洋中学邹玉锋获男子组 100 米第四名；邹荣椿获三级跳远第一名、跳远第四名。

2004—2006 年，在上杭县中小学田径运动会上，蛟洋中学体育代表队分别获得团体总分第三名、第七名、第八名；个人获奖 17 人次、11 人次、13 人次。

2010 年 10 月，在上杭县第 23 届中小学田径运动会上，蛟洋中心小学的丘茂浩获得小学组 200 米第六名。

2012 年 10 月 13 日—15 日，在上杭县 25 届中小学田径运动会上，蛟洋中心小学获得团体总分第三名。个人获奖：袁颖尧男子铅球第二名、跳高第二名；宋雨杰男子 800 米第四名、400 米第五名；宋云女子 800 米第一名、60 米第二名。

第二十章　习俗　宗教信仰

新石器时代中晚期，已有古越族人在蛟洋繁衍生息。唐代特别是宋代后，中原汉族移民辗转迁徙进入境内，他们与土著居民及部分畲民杂居，互相融合，逐步形成以汉族客家民俗为基础又具有蛟洋地方特色的民俗。随着时代的发展，人们在传承优良习俗的同时，不断摒弃陈规陋习，倡导科学文明的新俗。

境内有道教、佛教、基督教三种宗教教派。佛教唐代传入，道教宋代传入，信仰者较多；基督教20世纪七八十年代传入，信仰者较少。蛟洋宗教道释并行，寺庙往往道释杂处，仙佛同居，共享香火，同时与民俗信仰混杂。道教、佛教信徒多有参与民间多神信仰活动。民间信仰具有多教合一、多神崇拜的特点。不管是定光二佛、五谷老仙、仙师公爹、如来佛祖、观音菩萨、地藏王菩萨、生佛太太、妈祖娘娘、三位夫人等，见神就拜，见神即敬。迎神打醮，则把附近的菩萨、神仙，通通抬到一起，和尚、道士同时请来念经做法。明清时期，宗教活动较多，寺庙陆续增建。清末至民国初期，动乱频繁，民生凋敝，宗教活动衰落。20世纪30年代，逐渐恢复。“文化大革命”中，宗教活动一度中断。1979年以后，宗教活动逐渐恢复。2013年，蛟洋境内经登记的宗教活动场所有华家的岖山庵修心寺，塘厦的佛缘寺、东华寺，小和的岽泉观音寺，贵竹的双髻山通宝寺，丘坊的东华山心安寺。

本章第一至第四节记述习俗，第五节记述宗教信仰。

第一节　生产习俗

一、种　植

（一）祭祀田伯公

旧时，人们为了获得农作物的丰收，播种或插秧后，会在田头较显著的位置选一棵树或一块大石头，摆上供品，烧香膜拜，祈求“伯公菩萨”保佑作物不受虫害的侵袭和野兽的糟蹋，年年取得丰收。以后每次去田间劳动，如带了茶水，喝茶之前先要倒出一杯，口说：“请伯公菩萨喝茶!”新中国成立后此俗渐除。

（二）建醮保禾苗

蛟洋各村在每年的农历四五月间，都要打醮、扛菩萨保禾苗。有的为时一天，有的两三天，迎的菩萨有五谷真仙、定光二佛等。村民请来道士、鼓吹，祈求菩萨保佑风调雨顺，五谷丰登。各家各户亲戚朋友应酬开支颇为巨大，20世纪70年代此风几近绝迹；近二三十年来，迎神扛佛又再兴起。

（三）尝新禾

旧时，中村一带每年新谷登场时，有尝新禾（又叫“食新”）的习俗。食新定在农历六月，但日期不固定，一般是新谷可以收割时的逢“卯”日（最好是辛卯，但癸卯不行）。这一天，各户备好新禾米饭、酒肉、煮熟的整条茄子到庙宇、祠堂里敬奉菩萨与祖宗，当天也有亲戚往来。如果这个月的最后一个卯日新谷还不好收割，就把将要收割的谷穗采三五支放在饭碗面上抵“新禾米饭”。20世纪80年代后此俗已趋淡化。

（四）求　雨

旧时，逢干旱不雨，作物枯焦，农民心如汤煮，无奈之下只好向天、向神佛求助。求雨之法是村人集资择日在寺庙或露天设点摆供、燃炮焚香，祈求上天和菩萨降下甘霖，以救万民。如系露天，行香者不得戴斗笠、擎伞，任由骄阳暴晒，以示诚心。有些地方将大狗绑起四腿，用木棍扛抬，称“扛狗求雨”。上述做法，极少有奏效的，主要还是要靠人力抗旱才能挽回损失。新中国成立后，求雨之俗渐除。

（五）五谷神生日

农历五月二十五日是五谷神（五谷老仙）诞辰，许多村子善男信女聚集在本村五谷殿（先农宫）烧香拜佛，以示庆贺。现在，局部地区还有此习俗。

二、养　殖

（一）养　猪

村民肩挑猪仔回家，如果只买一只，可一头装小猪，另一头用别的东西持平，但忌用石头（传说如用石头，猪就会像石头一样长不大）。小猪放入栏后，主人用红印泥或其他红色液汁涂于小猪后颈部，并用吹火筒口吹猪颈，口念：“一吹一大，日长千斤，夜长八百。”除夕，猪栏门上用红纸条写“六畜兴旺”或“姜太公到此”“养猪大如山”。涂红印泥及火筒吹猪之俗已除，过年贴红纸条之俗尚存。

（二）养　牛

耕牛是农家之宝，养牛农户爱牛如命。农人买牛时常会请精通看“牛相”的人到耕牛市场上进行选择。主人会把一小红布条系在新买牛犊的牛头绳上志喜。农忙季节，耕牛劳动强度大，主人倍加爱惜，常以地瓜、稀饭、鸡蛋、米酒等饲料喂牛。母牛怀孕或产仔时也会加以精心照料，并给以适当减轻劳动负担。每到寒冬，农户在牛栏多垫稻草，晚间喂以煮热的稀饭，增加耕牛的御寒能力。除夕用红纸条写上“大牢兴旺”贴于牛栏门上。这些做法一直沿袭至今。

三、采　伐

村里伯公树和祠堂、寺庙后山的风水林，村头、水口的风水树不能随意砍伐。抬树筒（木材）的师傅还有一个行业规矩：每天收工回到厂子（住地），撑棍按序排成一排。次日早晨上工，如果有人错拿了别人撑棍，那个人便不去上工（认为今天可能会出事故），他的当日工钱要拿错撑棍之人付出。现在无此习俗。

四、狩　猎

旧时，民间狩猎凡有猎获，则让鸣第一枪击中野兽之枪手（俗称“着头铳者”）多得一份，其余猎手与猎狗各得一份。民间猎手还有一个规矩，即鸟铳不用于打蛇，认为打过蛇的鸟铳，下回使用铳管有可能开裂。政府严禁猎捕受保护的野生动物后，野猪、獐、山羊等动物保护不严，尤其是野猪，因对农作物破坏严重，村民仍有捕猎。

五、经营交易

圩场中的猪、牛等买卖，有专门的“中人”（俗称“牙人”）做中间人；他们评价猪牛的好坏及买卖的价钱，常用外行人听不懂的暗语行话，称“江口话”（算命先生叫“庵满”），如 1 叫“尖”，2 叫“么”，5 叫“挖老”等。待到买方表露购买之意，“牙人”便会要买方先付定金（定头），金额不限。“牙人”手握定金，极力攒掇，撮合双方成交，一手交钱，一手交货，“牙人”要收取双方的手续费，此一习俗现不复存在。

行业开业有一定俗规，目的是图吉利，使施工安全。民间建灶、建新房都要请地理先生择吉日。建新房破土动工前，要在建筑物的后方安杨公菩萨。其法：找一根长约 70 厘米的竹筒，上端削方，下端削尖，打入土中，上书“杨公先师神位”。整个施工期间，主人每天早晨上工前、晚上下工后都要到杨公菩萨前烧香敬茶，祈求整个工程顺利平安。今私人建房择吉动工之俗仍存。

六、学　艺

拜师学艺一般都要先写拜师帖，学徒期多为三年，头一两年干粗活、练基本功，到第三年才教给技术要领、工艺秘诀。大部学徒饭食自备，没有工资（有的适当给一些零用钱、剃头钱），逢年过节还要给师傅送礼，出师时要设谢师宴。学泥水匠、木匠、石匠、铁匠、裁缝、理发的，出师时师傅还会赠送一套工具。学徒如随师傅外出做工，一般由东家供给饭食，工资归师傅（有的给徒弟一些零用钱）。有些学徒为了酬谢师傅教给了谋生手艺，每年正月还备年糕、红包、阉鸡等给师傅拜年。写拜师帖之俗一直沿袭至20世纪80年代。

七、儿童“破学”

旧时，人们信守“年七岁（虚岁）入学堂”的准则。孩子（主要是男孩，女孩很少有读书的机会）长到七岁就要“破学”（启蒙入学），进入私塾或公办学堂读书。这一天母亲会用葱煮个鸡蛋给小孩吃，并叮嘱：“发狠（努力）读书，聪明智慧！”新中国成立后，此俗渐除。

第二节　生活习俗

一、服　饰

旧时，居民传统服饰由于生活水平所限，以方便、实用、耐穿为原则，显得色彩单调，造型单一，只求蔽体御寒而不崇尚奢华。居民多穿黑蓝土布，甚至先用土白布做成衣裤，再用土染料（绿皮）染成青绿色。20世纪五六十年代，圩场上有专业的染布师傅给人染衣物。居民多穿黑蓝土布缝制的右襟大边中式短衫，冬春季穿长衫大褂（时称“直身哩”）。当时男人能穿上英丹士林蓝直身哩配乌斜裤就算很体面的服饰了。妇女多穿右侧开襟的大面襟衫既长又宽大，衫尾边的大小视年龄而定：四五十岁以上的衣边约1寸（1寸≈3.3厘米，下同），二三十岁的年轻妇女，衣边约1厘米。民国以后才逐渐改制狭小便衫，对胸开襟，口袋两大一小，直领布扣，部分文化人开始穿中山装；妇女们仍穿侧襟衫，裤子统称“大裤裆”，裤宽裆深，另接四五寸长次布裤头，穿时折紧裤头，用带系住。

新中国成立后，男女裤都是围腰裤头，直裆，男裤前开加纽扣或拉链；女裤侧开加纽扣或拉链。20世纪五十年代，有工作的妇女，上衣喜穿“列宁装”，学生寒衣穿对开胸的“大乐袄”。1966—1976年间，男女喜穿绿军装。1980年后，西装及各式时装流行，男女老少穿着均开始讲究质料、式样、并逐渐向购买成衣套装发展。男青年喜穿西装、牛仔裤、夹克、T恤衫、风衣；少数女青年开始穿低胸衫、春秋衫、紧身衫、连衣裙、百褶裙、蝙蝠衫，喇叭裤也曾风行一时。男性中老年人仍喜穿中山装、休闲装，老年妇女还是以侧襟衫为主。童装变化更大，除成人流行的款式外，还出现海军衫、背带裤、蝴蝶裙、小披风等式样。服装款式新颖，色调丰富，可与城市媲美。

20世纪三四十年代，再兴一带较偏僻的山村，七八十岁的男人还有留清式辫子的，冬天戴缎子帽；幼儿戴“狗头帽”，帽前缀有十八罗汉等银饰；年轻女性剪短发，老年女性把头发挽成一个髻子，用（苎）线结的网子束在脑后，冬日有的戴“冬头帕”。帕用黑白相间的细格子布做成，换洗时浆上煮饭的米汤，再贴于砖墙上晾干，这样可以保持挺括，下次换洗也更易洗净。较讲究一点的老年妇女，戴用毛线织成的“包头”。夏日劳动，男戴白叶笠麻；女戴用茅草秆编织的“龙丝笠子”，或用棕叶自编的凉笠。首饰主要有发簪、发夹、耳环、手镯以及近代传入的戒指、项链等；衣饰主要有男人用的腰带、背包和伞袋、烟筒和烟袋，女人用的围裙；围裙多用蓝、黑布裁成，劳动时（旧时多用银链）系在胸前。

20世纪50年代以前，人们穿鞋以布鞋为主，雨天便穿木屐。每个女孩在娘家就要学会做鞋的技艺。做成一双鞋要经过多道工序：如糊鞋底、纳鞋底、做鞋面、上鞋面等，做成一双鞋要三四天。有的人家女

(闺女) 出嫁要给婆家做“满堂鞋”，提前两三个月便要日夜赶制。20世纪六七十年代以后，由于做布鞋花工费日，加上生活水平的提高，人们便在市场上买胶鞋、皮鞋，年轻妇女穿上时髦的高跟鞋，传统的布鞋几乎绝迹。

1980年后，随着生活水平的提高，村民佩戴金银首饰、珠宝首饰逐渐增多，但传统银首饰如发簪、手镯、系围裙用的银链已极少见。

二、饮　食

(一) 日常饮食

境内民众习惯日食三餐，因为农村劳动强度大，向来惯于三餐干饭。近一二十年来，也有早上一餐稀饭的。新中国成立前，农民粮食不是很充足，蛟洋境内有食“熟米”的习惯。人们把干稻谷放在锅里用水煮至谷粒开裂 (俗称“浸谷”)，晒干后再碓成米。据说，同样重量 (或容量) 的熟米，做出的饭要比生米的多。一个五口之家，如吃熟米，一年可多出一个人的粮食。20世纪70年代以后，随着稻谷的逐年丰收，再加上“浸谷”手续麻烦，这种习俗逐渐消失。

新中国成立后，粮食产量持续增长，大米为群众的主食，杂粮以地瓜、芋子为多；副食有各类薯粉、面、豆制品、禽蛋等。肉类以猪肉为主，牛肉、鸡鸭肉、狗肉、羊肉为辅。水产品有主要有本地产淡水鱼，如草鱼 (鲩鱼)、鲤鱼、鲢鱼、鯰鱼、坝鱼、石斑、泥鳅、鳝鱼、河虾等，还有沿海贩来的海鲜及各类鱼干、蛏干、海带、紫菜等。山货有竹笋、香菇、红菇、杂菇、木耳和其他菌类。蔬菜种类繁多，豆类有大豆、绿豆、乌豆 (黑豆)、四月豆、六月花、冷水豆、扁豆 (旁米豆)、大花豆 (状元豆)、豌豆 (佛豆)、蚕豆 (雪豆子)、黄花豆、狗爪豆、米豆子、羊古须豆、花生等；青菜类有芥菜、白菜、红白萝卜、空心菜、包菜、芹菜、菠菜、黄花菜 (真金)、大蒜、葱、生姜等；瓜果类有南瓜、冬瓜、丝瓜、葫芦瓜、挖瓜 (佛手瓜)、茄子、西红柿 (番茄) 等；水果主要有桃、李、梨、杨梅、柿子 (塘厦柿远近闻名)、柑、柚、枇杷、板栗、香蕉、甘蔗等，1980年后，增加外地引进的葡萄、西瓜、油柰等。

逢年过节或迎神扛佛，蛟洋人都会做特色食品—大禾粄 (蛟洋村人叫禾粄、禾里)，其制法：取上好的大禾米，先用水浸泡，再置饭甑中蒸熟，放在春臼里用力捶打，共经三蒸三打，把它搓成圆柱或圆盘状。煮吃时，将它切成小块，用瘦肉、虾米、香菇、芹菜、酱油等作佐料，或煮或炒便可上桌。大禾粄韧而不粘牙，口感、味道极好，素为各地亲朋、宾客称道，其中东乾村的禾粄更负盛名。其他诸如包粄、糍粑、年糕 (糖糕粄)、捆粄、硬粄、苎叶粄、老鼠粄子、搅浆丸等都是人们爱吃的食品。

(二) 宴　席

传统民间宴席均以土特产品为主料，多请名厨掌勺，有清炖、蒸煮、煎炒、油炸、红烧、冷盘等烹饪方法，盛以大盘大碗，多至十几二十道菜。总的特征是刀功粗犷、菜质求纯、菜量求多、重油偏咸，讲究鲜香、原色、本味、醇厚的风味。肉须全碗，鸡鸭也须全碗，鱼须整条。20世纪90年代后，宴席向菜品多、菜量少、质量优发展。具有地方特色的名菜有白斩鸡鸭、炆狗肉、糖醋排骨等。

宴席上菜有一定顺序：一般顺序是先上肉 (猪肉称“桌心”)，20世纪五六十年代以前，菜肴比较简单，上了炆豆子或豆腐干后就终席了，90年代以后是甜汤终席。上鸡、鱼时，一般将鸡头、鱼头朝向席首，表示对贵宾或长辈的礼貌和尊敬，但他须先饮一杯鱼 (鸡) 头酒。

宾客亲友遵循“喜事要人请，丧事主动到”的习俗。喜事宴席从丰，无论主人宾客皆可狂吃畅饮，有时甚至非得将宾客“灌”醉方算热情。丧席则从简，一般不饮酒，即便饮酒，也不畅饮嬉闹。

附：猜　拳

猜拳亦称划拳，是传统斗酒博戏风俗。一般由两人对阵。划拳开始，每人喊从零至十的数，并伸出手指对应 (自己喊零时不能伸出手指；自己喊六以上的数字时，至少要扣除对方最多出五后的手指数，如喊七，自己至少要出两个手指）。谁喊的数符合双方手指之和，即为赢家，输家喝一杯酒。三杯或六杯酒为一轮。如果六拳全输，输家可以要求再划。发起人对全桌酒友按顺序轮流猜拳，称“打通关”。第三者介入支持输方，称“挡拳”（有的将一只筷子架在酒杯上）。拳的喊数从零至十，用不同的吉祥词、祝贺词相配，依次是：宝一对；一心敬、一定发；两相好、两好子；三星高照；四逢大喜、四季发财；五经魁、五子登科；六位高升、六六大顺；七子全图、七巧七巧；八福寿、八马双杯（猜中八马双杯通常输家要连饮两杯酒）；久久长、快发财；满堂福禄、十子满间。

猜拳的第二种方式叫行酒令。此法盛行于清末民初的一些文化人群中。发起人出题，一般是按要求即席赋诗或对对子。如：“什么字四四方？什么字在中央？什么字推上去？什么字赢一盅？”（例：田字四四方，十字在中央。十字推上去古字赢一盅。）。如果轮到谁说不上了就要喝酒一杯。这下由输家出题，这样循环反复，直到兴尽为止。

猜拳的第三种方式叫“击鼓传花”。击鼓人背对众酒友，活动开始，击鼓人用双槌急速敲鼓，席首手举一束鲜花或别的东西按顺序迅速传给下一人，持花人又传给下一人……鼓声骤停，花在谁手里，就得喝一杯酒，接着又继续下去。此法既热闹又紧张，常常引来阵阵欢笑声。

（三）调味品

普遍使用盐、酱油、鱼露、醋、味精、鸡精、酒、糖、辣椒酱等调味品。特制调料有姜丝汁等。

（四）饮　料

招待客人，无论席面丰盛与否，都谦称以“粗茶”“淡饭”“水酒”招待。民间饮料以茶水、家酿米酒为主。

当地自产茶叶主要有绿茶，清香甘醇，生精止渴。再兴村出产的寨上茶更是茶中上品。

家酿酒以糯米酿造。每年“冬至”前，农家就开始酿酒了，蛟洋人都有用“冬年水”（冬至日的水）酿酒的习惯。用冬年水酿出的酒更甘甜香醇。1990年后，逐步流行饮用安溪“铁观音”茶；可乐、健力宝、王老吉、橙汁、椰子汁、牛奶等饮料逐渐进入普通家庭。

三、民　居

旧时，传统民居大多为石料墙基，黄土夯墙的土木瓦房，外墙和承重墙用黄土夯筑，内部隔墙和房间门面墙有的由木柱和木板构成。为了节省木料正厅墙壁往往先用竹片编就，外面用石灰砂浆抹平也极美观耐用。建造房屋讲究风水吉利，选择宅基地，常要请堪舆先生勘踏方位，以坐北朝南、依山傍水的方位建房为宜。谷仓、猪栏的坐向也有讲究，素有“顺水猪栏逆水仓”之说。房屋格局具有客家建筑特色，多由上下厅、左右厢房，横屋组成。要求左右房屋不能高于正厅，后栋要高于前厅前栋，上厅高于下厅。新中国成立后，新建房子增多，但多数仍为土木结构的瓦房。1970年前后，农村出现六扇五间、八扇七间的土木结构瓦房及少量的砖木结构瓦房，中间为厅堂，左右俩侧为房间，正厅前面两边的厢房做厨房，为左右对称的建筑。1980年后，大部分农户已由砖木结构和钢筋混凝土结构的楼房代替土木结构的低矮平房，设计科学实用，造型美观，水、电、卫生设备配套。功能齐全，农村居住条件得到很大改善。

四、行　乘

旧时，蛟洋境内不通公路，也没有较大的可以通航的河流，人们日常生活、探亲、上学、做工、到外乡镇一概步行。1958年，杭郭公路开通；1994年，319国道改线途径蛟洋；2004年，赣龙铁路开通，在坪埔设上杭火车站；2007年，厦蓉高速公路通车；2012年，蛟杭高速公路通车。民众出行都以乘车为主。1980年后，乡村公路四通八达，自行车、摩托车等逐步进入普通农家，小轿车逐步进入富裕家庭，梅坝、坪埔等村几乎每户都有汽车（有的一家几辆汽车），民众出行多以车代步。

五、器　具

传统器具大都就地取材，以境内盛产的木、竹、棕、草、藤、石、铁为基本材料，经手工加工，制成各种生产生活器具。一般的器具，制作工艺简单粗糙，品质纯正，经济耐用。

木、竹、棕、草、藤制品较为常见。主要的木制品有桌椅板凳床柜，还有谷斗、风车、粮仓、木楻、木桶、饭甑、锅盖、木犁等。20世纪二三十年代到五六十年代，丰年村袁小坪的楻桶匠（又称圆匠）最为有名。他们工艺水平高，做出的器具样式好、表面细致光洁、不渗水；再兴村几乎一半以上的男人会做楻桶。后来因杉木材料日益减少及塑料制品及商品橱柜大量进入农家，制楻桶这行业才逐渐消失。蛟洋镇的木工名师有马赖砳的赖荣发、再兴村的张松生（又名朱松生）等。

主要的竹制品有竹椅、竹床、竹席、谷笪、竹篮、爬篮、簸箕、畚箕、畚斗、米筛、糠筛、谷筛、斗笠等。另一种竹制品火笼是老人小孩冬天御寒取暖的常用器物；它用竹篾编成圆柱形的身子，里面是陶土烧制的大钵用来盛炽热的火炭，上盖草木灰。主要的藤制品有藤椅、藤箱、藤篮等。主要的棕制品有棕绳、蓑衣、棕床垫等。主要的草制品有草席等。

主要的石制品有石磨、石狮。石联、墓碑、桅杆、华表等。再兴村石龙寨出产的再头石制品早在清朝中后期就畅销闽、粤、赣三省。再头石坚韧、质地细腻，过去方圆百里的顾客来村定制磨石、碑记、石桅杆等用品。20世纪70年代以后，因交通不便、石窟崩塌等原因，从此无人开采。长期以来，民间一直使用这些生产生活器具。清代始，日用进口商品陆续传入境内，如手电筒、手表、时钟、汽灯、钢笔及各种橡胶制品、玻璃制品。

新中国成立后，传统器具不断发展，品种样式不断更新。同时搪瓷制品、塑料制品、铝制品、化纤制品陆续输入。1980年后，家用电器如电风扇、洗衣机、电视机、电冰箱等日渐普及，日用器具更新换代的速度加快，具有民俗特色的传统器具，随着生产生活方式的改变而逐渐减少。

第三节　节令习俗

蛟洋的传统节日主要有春节、清明节、端午节、中元节、中秋节、重阳节、过冬年（冬至）等；节令习俗既有与各地共同的特征，又有蛟洋自身的特色。本节重点记述传统节日，简要记述公历节日，附记外来节日。

一、除夕　春节

农历十二月三十日（月小为二十九日）叫“除夕”,俗称“大年三十”，是一年中最为隆重的传统节日。这一天，家家户户贴春联，以红纸条贴于门框上，红纸条还贴于各种用具器物上，称为“上红”，以求新岁吉祥安康。旧时天一亮厅堂上就悬挂起老祖宗画像，中庭放方桌设置香案。上午家长率子孙们到寺庙祖祠筛酒进香，祈求神佛、祖宗保佑全家身体健康、五谷丰登、六畜兴旺。

这一天，各家各户杀鸡宰鸭打大禾粄，还未天黑全家老小欢聚一堂共进最丰盛的年夜饭，餐毕，长辈给子孙们分发压岁红包，合家品尝茶点话家常，称为“守岁”。房间、厅堂灯火彻夜不熄；俗称“照岁”、中央电视台春节联欢晚会举办后，举家围坐电视机前观看精彩节目。子时后，人们燃放烟花爆竹辞旧迎新。

正月初一，各家各户按历书（通书）择定的吉时“开门”，开门时要说好话：“开门大吉”“万事如意”“四季发财”等，接着燃放长挂连环炮及高升炮，焚香点烛敬拜祖宗及满堂诸佛。早饭后穿戴崭新衣帽的孩子们成群结队去亲房叔伯那里给长辈拜年并“打饼子”；全新打扮的村民，走家串户互相拜年。各家摆出花生糖、橘饼、兰花根、杨梅酥、蜜饯、糖果等茶点，招待前来拜年的亲朋，21世纪后儿童“打饼子”的习俗逐渐淡化。

初一，人们不扫地，忌讳钱财扫地出门。

初二，女婿、外甥（孙）到岳家、母舅（外公）家拜年，岳家、母舅热情款待。对新女婿或外甥

(孙)，特有鸡腿招待。

初三，是米谷子生日，这天不能煮饭，主妇在初二晚上先把饭煮好，次日再加热食用。这种习俗 20 世纪五六十年代以后逐渐消除。

初五，称“出小张”。旧时有“火烧门神纸，大人寻生意；细人（小孩）捡猪屎”的说法。意思是说；过年到现在玩得差不多了，从今天起各行各业都要开市上工，赚钱养家了。这天以后，走亲戚的也逐渐减少，古话说：“年过初五六，有酒都冇肉。”

二、立　春

立春，人们叫“交春”，时间一般在头年的农历十二月十五日以后，到次年的“过月半”之前，这一天也是个重要节日，人们说一年之计在于春。交春日，大家采摘梅花、油菜花缠上红纸条备用，在红纸条上写上“迎春接福”“春到财来”“春花报喜”等吉祥语句贴于门框之上。时间一到，各户摆开香案，焚香放炮，情景十分热烈。交春当天的晚上，再兴文都等村常举行“犁春牛”活动（当地叫犁春)。每当犁春的队伍经过时，群众围观，鞭炮齐鸣，鼓乐喧天，盛况空前。电视台记者会拍摄此活动，制作成精彩节目在电视台播放。

三、元　宵

农历正月十五日为元宵，古称“过上元”；俗称“过月半”。境内群众都有热烈庆祝元宵节，年轻人燃放烟花、爆竹取乐。各家各户杀鸡宰鸭做包粄以示庆祝，有文艺基础的村庄，晚上迎花灯、出船灯、舞狮及举办元宵文艺晚会。

四、惊　蛰

惊蛰大约在立春后一个月，种早稻的村庄该是浸种的时候了。古话说：“懵懵懂懂，惊蛰落种。”古时蛟洋境内有“炒惊”之俗，主妇们把黄豆、粘谷等置于锅中炒熟，分发小孩们吃，名曰“炒惊”。20 世纪五六十年代后，此俗已消失。

五、二月二

农历二月初二，民间称是日为土地公公生日，当日年纪较大的男女提着煮熟的鸡鸭和米粄到土地庙上供。像镇水亭等较大的庙宇还请来鼓手吹打。

六、清明节

清明节进行缅怀先辈、祭奠革命先烈和祖宗的祭墓活动。境内祭墓有春祭、秋祭两次。春祭选择在“春分”至“清明”时（改革开放后好些村便于年轻人外出务工，改至元宵节前）规模较大，祭祀的祖先追溯到开基始祖，有些村子，当日中午或晚上还进行较大规模的聚餐。蛟洋村祭始祖还请过龙岩汉剧团演出。

秋祭在“秋分”、中秋节前后，一般只祭曾祖父以后的墓地；部分村不进行秋祭。祭墓一般带“三牲”、斋果、香烛等祭品，先清理墓地，再“挂纸”上供，跪拜祝福，最后焚烧纸钱、放鞭炮、“辞坟”。

清明节日，蛟洋中学、中心小学的师生和部分群众都会到文昌阁左侧文笔峰上的革命烈士纪念碑扫祭，敬献花圈，以缅怀革命先烈，寄托哀思。清明在境内算重要的节日，当日家家做包粄，婿郎男女都来家过节。

七、端午节

农历五月初五日为端午节，民间传说是为纪念屈原，俗称五月节。此时因气候转暖，病菌易于滋生，人们会采些葛藤、艾叶、石菖蒲挂于门框上及大门两侧，取“艾叶如旗招百福，菖蒲似剑斩千魔”之意。中午用艾叶、菖蒲煮汤沐浴，在墙根、阴沟撒上石灰，喷药水消毒。旧时，还有用白纸写上 24 个“白”字组成一个圆，圆下写“五月五日午时书，四海龙王进宝珠。二十四字白如雪，太上老君真口诀，除虫断蚁走无踪”。贴于菜厨门上以示驱除虫蚁。此俗 20 世纪五六十年代后，已渐消失。

八、中元节

农历七月十五日，为中元节，蛟洋各村都在十四日过节，俗称“七月节”。村民们做粄、宰鸡鸭以庆祝夏收、夏种的结束。

九、中秋节

农历八月十五日，为中秋节，蛟洋镇多数人于十五日过节；华家片的华家、再兴等11个村的人，先时都赴文都圩，文都圩期是逢四、九，十四圩日买肉方便也较新鲜，就定为十四日过节，俗称“八月节”。节前，群众大都购买月饼，亲戚朋友以月饼互赠给对方的小朋友。月饼以冬瓜条、糖、花生、肉、蛋黄等为馅，大小不等，价格各异，高档月饼有数百元一盒的。晚饭后家家团圆，品茶吃饼“聊月华”；儿童们手捧月饼嬉戏欢歌，称“逗月华”。

十、重阳节

农历九月初九为重阳节，俗称“九月节”。20世纪二三十年代，有“重九登高，桓振避灾”的习俗。那时再兴村和连城丰图村的一些文人，在这一天登上海拔近千米的石龙山（此山是再兴村与连城丰图村的界山）。他们把油炸豆腐、米粄等食物撒于山顶，以给山神与鸟雀享用（此俗在20世纪50年代后已消失）。如果“霜降”节气与重阳节重合的话，就是所谓的“霜降对重阳”，旧时有当天不在家中生火做饭之俗，人们会在前一天备好干粮，留作第二天食用。

1988年，福建省确定重阳节为“敬老节”，俗称“老人节”。此后，乡村举行爱老尊老宣传和举行一些适合老人的文体活动。2000年后，各村为80岁以上老人发放钱物。2010年始，国家为60周岁以上的老人每月发给55元的养老金（2013年年末已增至85元）。2013年起，蛟洋村的一些佛教信士与部分老人在敬老节前后到镇敬老院给老人们分送食物和纪念品，以示慰问。

十一、冬　至

冬至日，蛟洋镇人称为“过冬年”。这一天家家户户做包粄过冬年。此日始，白昼开始增长，气候进入数九寒天，家酿美酒也于冬至日放水，据说此日的水与平时的不同，称“冬年水”（旧时还有人将它贮入大瓮之中，以备以后放酒之用），将它放入“酒娘”中，酒味更显浓郁芬芳，谓之“冬酒”，久藏不坏。

十二、入年槛

农历十二月二十五日，称“入年槛”。此日始，室内要彻底大扫除，洗涤桌凳衣被备办年货，添置衣服鞋帽，谈有对象还未过门的青年要给女方送猪肉、年糕、衣物、红包，俗称“送年”。外出人员大多回家准备过年。

十三、公历节日

元　旦　公历1月1日，为一年之始，称元旦，又称新年，俗称“新历年”。机关、团体、学校等张灯结彩，悬挂“庆祝元旦”横幅，举办文娱活动。1980年后，随着生活水平的提高，农民也逐渐过起新历年，1990年后，青少年在新年之前互寄贺年卡庆贺新年。

国际劳动妇女节　3月8日，是国际劳动妇女节。这一天机关单位、学校给女同志、女学生放假。村镇妇联还举行庆祝活动和召开座谈会，表彰好人好事、评选三八红旗手。2010年，下道湖村两委还组织妇女到莆田湄洲岛妈祖祖庙参观学习。

民国时期的儿童节　4月4日，是新中国成立前（民国时期）的儿童节。这一天，一些大型完小举行童子军检阅。

国际劳动节　5月1日，是国际劳动节，是全世界劳动人民的节日。

中国青年节　5月4日，是中国青年的节日。

国际儿童节　6月1日，为国际儿童节，是孩子们的节日。为关心下一代健康成长，这一天党政部门、人民团体、厂矿企业家向幼儿园、小学赠送节日礼品；家长为小孩备新衣、买玩具、购新书；幼儿园和小学举办各种活动欢庆节日。

中国共产党诞生纪念日　7月1日，是中国共产党成立纪念日，俗称“党的生日”。乡（镇）村党组织举行纪念会，表彰先进党组织和优秀共产党员，进行党员教育。

中国人民解放军建军节　8月1日是中国人民解放军建军节。这一天乡（镇）武装部召开复员退伍军人代表座谈会，表彰在各条战线上表现突出的复退军人，县武装部也会发给部分复退军人慰问金。

教师节　1985年1月21日，六届全国人大常委会第九次会议通过《关于教师节的决定》，决定每年九月十日为教师节。教师节期间，学校举行庆祝活动，乡（镇）党委、乡（镇）政府表彰尊师重教先进单位和教育先进工作者，慰问离退休教师，社会各界开展各种尊师重教活动。

国庆节　1949年10月2日，中央人民政府通过《关于中华人民共和国国庆日的决议》，规定每年10月1日为国庆日。1950年起，蛟洋境内各单位升国旗、挂彩灯、张贴标语，隆重组织各种国庆庆祝活动。

附：外来节日

情人节　公历2月14日为情人节，20世纪80年代以后由国外传入。21世纪初逐步成为青年男女时尚浪漫的节日。

母亲节　公历5月的第二个星期日，是敬重母亲、弘扬母爱的节日。20世纪80年代，由国外传入，21世纪初，逐步在蛟洋民间流行。这一天，儿女们通过各种不同方式向母亲致意，表达对慈母的敬爱感激之情。

圣诞节　公历12月25日，是天主教、基督徒纪念耶稣基督“诞生”的节日。进入21世纪后，逐渐在民间尤其在天主教、基督教信徒中流行。

第四节　礼仪习俗

一、称　谓

民间家族亲属间称谓，严格遵守排行辈分。同姓族人一般按辈分称呼，对辈分低的年长者也可称“哥”，但该年长者却要称辈分高于自己的年少者为“叔”或“公”。娶入的媳妇生孩子后，可降低一辈跟着子女称呼男方的亲属，甚至祖父母也可跟着孙辈称呼，极为谦恭。新中国成立前，直接叫父母为爸爸、妈妈的甚少，大都疏称父亲为“叔”“伯”“哥”，称母亲为“姆”“嫂”等以避免“相冲”或“相克”。新中国成立后尤其是20世纪80年代后，叫父母为“爸、妈”的才逐渐增多。但严格遵守排行辈分称呼的习俗，在20世纪末以后逐渐淡化。

儿女亲家，初互称“亲家”“亲姆”；儿女生孩子后，互称“公爹”“娭毑”。

非家族亲属间或陌生人见面、问路、问事，主要视年龄差距称呼。尊称男性老人为“公公”或“叔叔”，称呼男性中年人为“叔叔”或“阿哥”，称男性少年为“老娣”；尊称女性老人为“婆婆”或“姆姆”，称呼女性中年人为“姆姆”或“大嫂”，称已婚女青年为“大嫂”，称小姑娘为“老妹”。

20世纪50年代以前，称教师为“先生”；60年代以后，才逐渐改称为“老师”。

新中国成立后，一段时间无论男女统称“同志”。1990年后，多以“老板”“老板娘”称个体私营企业主；务工人员多以“师傅”互称。

二、婚　嫁

蛟洋婚姻形式以嫁娶婚为主，男方向女方求婚，女方嫁入男家成婚。

（一）提　亲

旧时，婚姻讲究父母之命，媒妁之言的明媒正娶。有心媒人看到两个年龄相当、人才相配的适龄男女，便主动上门说合，或男家托媒人寻找门第相当的合适女子，到女家说合。女家如有意，媒人便向其索要用红纸开具的女子出生年、月、日、时，（旧称“年庚八字”）送到男家。20 世纪 60 年代后，通过媒人说媒的减少，亲戚朋友牵线搭桥充当婚姻“介绍人”的增多；20 世纪 90 年代后，青年男女之间依靠自己的交往相互结识从而缔结姻缘的越来越多。

（二）“看妹子”与“看人家”

男家将男女双方的生辰八字请算命先生卜算，如无冲克，称为“合婚”。双方交换“庚帖”（八字），男方带上鸡、肉等礼物在家长、朋友及媒人的陪伴下到女家相亲，看看闺女模样，俗称“看妹子”。相亲时，男女双方可单独面谈，男方遵循“妹子有白看”的原则要送给女方红包，俗称“见面礼”（看妹子以后，如果女家发现男家的某些较大的缺陷，无意与他联姻时，会将见面礼退还）。看妹子以后，女方也要在家长、朋友及媒人陪伴下到男家考察男方品貌家产，俗称“看人家”。这时男家要备办极为丰盛的酒席款待对方。

（三）交扎与约婚

男女双方合意，就可定亲。男方到女家议亲行聘，称为“交扎”“大扎”。由媒人作中介双方议定，或双方直接商定，写成“婚约”（俗称“打合同”），协议上写明男方须给女方的聘金、首饰、定情信物和起嫁菜肴（包括鸡、鸭、鱼、肉、酒、米、面、“桌面”等）的数额。男方也可向女方索要嫁妆，旧时有“三等”人家嫁女之说：即所谓“上等之人赔钱嫁女；中等之人将钱嫁女；下等之人卖男卖女。”旧时嫁妆多为衣物、首饰、鞋帽、箱笼之类，较富裕的人家才有“手指敬”（即戒指）、耳环、发簪、银链子、手镯、银元，极少数的官家还有田地、山场、婢女，谓“嫁妆田、嫁妆山、陪嫁婢”。20 世纪 80 年代始，有“三大件”之说，即嫁妆中需有“单车（自行车）、手表、收音机”，很快升级为“三转一机”，即增加缝纫机。嫁妆一般都由男方出钱购买，随着时代和经济的发展，“三转一机”发展为电视机、洗衣机、摩托车等。21 世纪后，婚约变为“大包干”，一切包括在聘金中。聘金从几千元升至几万元。少数富裕起来的家庭，并不在乎聘金的多少，主要看女婿的人品及家境，不谈聘金或聘金转为嫁妆送给女儿。

“约婚”即择吉完婚，男方选择好结婚的“良辰吉日”提前一个月左右通知女方，称为“送日子”。男方要带上礼金、猪肉等，将红纸写成的“良辰吉日”帖子送到女方。女方用笔、墨、书、纸、鞋、帕、手巾等回礼以示接受婚期。如果女方对送来的日子有异议，可以要求男方更改结婚的日期。

（四）迎　亲

婚期前一天，男方依约置备肉、鱼、米、面和“红帖”送到女家，这些物资以备女家当日备办“起嫁酒”。礼品数量以“9”为宜，如肉需 199 斤（1 公斤=2 斤），鱼需 99 斤等，寓意“结亲长长久久”。双方亲朋必须在婚前将贺礼送达：女方亲朋送衣料、代金等；男方亲友送喜幛（轴）、家用电器、代金等。女方或让男方带回嫁妆或派人直接送达。婚礼前夕，男家布置“新房”，安床挂帐，贴新婚对联。新娘出门、入夫家门都按择好的吉时进行。女方送嫁者有伴娘、新娘的弟弟等（如嫁妆中有箱笼，则皮箱钥匙由弟弟携带）。新人出门时，新娘的弟妹手擎用竹篾中间缠上红纸，两端点火的火把，含“婚姻两头（红）发”之意。古时新人坐花轿或步行，极少数骑马；新中国成立后不再使用花轿，多为步行（新娘在行进中如果碰到对面而来的另一新娘，两人应交换一条手帕）；1980 年后，逐步乘车，2000 年后，普遍乘小汽车。新娘抵达男家门口如还未到吉时，可在门外等候。吉时一到，鞭炮声大作，男家在大门边烧起一个小火堆让新娘跨越而过，象征以后日子过得红红火火。男家选择一个有福有寿的老年妇人牵新人（古称“引凤”）她一边手牵新人，一边说些祝福的好话。

（五）婚　礼

旧时婚礼由礼生唱赞，新婚夫妻跪拜天地、祖宗、父母，然后夫妻对拜，双双入洞房，祝寿老人点燃红烛，揭开新娘的红盖头，讲吉利话。晚上就寝前由新娘的婆婆（家娘）主持新婚夫妇的“合卺之酒”仪式。夫妇各人捧一个碗，中盛米酒、鸡蛋、鸡腿，婆婆祝曰：“两人婚后有商有量，白头到老”，祝毕两人各进酒肉。20 世纪 90 年代后，“拜堂”风俗淡化。

新婚庆典，男方大摆筵席。宾客的座次有严格的成例。蛟洋一般以正厅面朝大门左前方第一桌为主宾席，主宾席中又以朝大门的左位为主宾位，由女方的大宾公（俗称“大客”）就座。其余亲朋以各自的辈分、年龄、亲疏就座。1990 年后，婚礼有越来越奢华之势，聘礼和嫁妆的花费急剧上升，亲朋的贺礼也越来越重。有的婚宴办到酒店，有的请流动酒家到家中办理。

蛟洋闹洞房习俗不普遍。新婚之夜，男女双方亲友聚集新房与新郎新娘说笑嬉闹逗乐，称为闹洞房。闹洞房气氛热烈，不摆酒席只上茶烟、喜饼、糖果，以给新人出难题逗乐为主，如要新郎抱新娘咬红花(红包)、让新郎新娘合吃一个糖果，要新郎新娘面对面走过独木桥（长凳），要新郎新娘唱歌跳舞等。洞房往往因幽默诙谐的说笑或文明或粗俗的捧逗而高潮迭起，热闹异常。

（六）“转门”“三朝”

新婚第三天，新娘穿红吉服擎红伞回娘家，旧称“归宁”，今称“转门”“做三朝”。新郎新娘必须当天返回。

三、生　育

（一）祈　子

旧时，夫妻结婚多年无子，往往进寺庙上香，祈求观音菩萨、招娣哥子赐子。她们把红包放进招娣哥子（佛堂正殿如来、观音右侧较矮小像小孩打扮的菩萨）的口袋里，口中祝曰：“招娣哥！招娣哥！唔敢在冷庵冷庙坐，带你归来去做阿哥！”祝毕用手在招娣哥子的裤裆处象征性的一撮。新中国成立后，此俗已基本破除；随着生育知识的普及、生殖医学的发展，育龄妇女无子女者甚少。

（二）怀　孕

主要表现为对孕妇行为、饮食的约束和禁忌。如孕妇不可看木偶戏，不能看宰杀牲畜等。饮食禁忌，不宜吃兔子、蛇、狗肉、豆腐乳等。孕妇本身也被视为忌讳的对象，如不能看别人办喜事等。

新中国成立后，特别是 20 世纪 80 年代后，随着孕期保健知识逐步普及、孕产妇系统保健工作的开展与完善，没有科学根据的孕妇约束已渐消退。

（三）生　产

催生由娘家负责，母亲知女儿怀孕 9 个月之后，把干糯米粉、老阉鸡、鸡蛋等送到女儿家，给女儿分娩以后食用。

孕妇临产，旧时大多由接生婆（古称稳婆）用土法接生。她们缺少医学科学知识，器具又未经严密消毒，那时又无胎位检查与矫正，遇到难产则用辟邪驱鬼、家人在厅堂当天或寺庙公王坛等处上香等迷信方法处理，常常贻误抢救时机，造成产妇及婴儿的死亡率很高（婴儿死亡在“乱葬岗”上草草掩埋；产妇死后，永远是土坟—血棺—不可“捡金”和进行“二次葬”）。新中国成立后，推行新法接生；20 世纪 80 年代后，大力提倡产妇住院分娩，开展孕产妇系统保健，产妇及婴儿死亡率大大降低。

旧时，胞衣（胎盘）处理充满神秘色彩，将胞衣埋在产妇房间门槛下，每遇婴儿感冒或打嗝（打呃子）便用烧热的草木灰盖上，以保婴儿平安。20 世纪五六十年代后，此俗已除。

旧时，要在产房或房门口悬挂辟邪物，如破渔网、老通书（历书）、大制钱等；产房窗户要关严实。产妇保养讲究辟邪避风，增加营养。不论严冬酷暑，产妇都要头扎绉纱（头巾）、脚穿鞋袜，有的还要贴头风膏药；洗脸用热水，洗澡用石菖蒲煮的温开水；三餐肉食以阉鸡肉、煎鸡蛋为主；要吃用老干姜末、红糖、黑豆（乌豆子）熬制的“姜糖豆子”，吃蛋要加神曲，忌食寒凉之物。

旧时，女儿不能在娘家生育，如来不及回夫家，也要让她在厕所或“柴寮”“粪寮”生产。民间认为产妇之血是不吉之物，外人来家如遇产妇临盆，也应急急走避。

（四）诞　生

婴儿出生三天（称三朝）举行“洗三朝”仪式，给婴儿洗澡，木盆中放一个鹅卵石，婴儿入水大人边洗边说吉祥话。

诞生礼仪最隆重最热烈的仪式是“做满月”。男女婴儿满月前一段时间，男方都要准备阉鸡、酒、红包到外婆家“报酒”，外婆家接礼后，即操办婴儿用品作贺礼，待外孙家择定“做满月”的日期即便送去。

主家请“满月酒”（古称“弥月志喜”），各方亲朋皆来相贺。来客备红包（见贝）衣帽饰物等贺礼；外婆的贺礼最为丰厚，有衣服、鞋帽、披风（角被子）、背带和金银镯子、鱼肉、鸡鸭等。仪式开始，婴儿被抱到厅堂接受众亲友的祝贺。旧时做满月蛟洋境内还有“喊鹞婆”之俗：产妇擎着伞，背着小孩绕房兜圈，祝寿老人口喊：“鹞婆屙杳（稀）屎，妹妹屙硬屎！”意为此后小孩能健康成长。

做满月还有一项内容就是给婴儿取名（安名）。这一天，主家要做米粄（“安名粄”）分发给隔壁邻舍。旧时孩子命名会请算命先生查看生辰八字，倘若五行有缺，则在名字中补上所缺五行的偏旁，再与族中的辈分联在一起。除正式命名外，还有给婴儿取乳名或小名的习俗。乳名和小名一般贱称较多：牛、马、羊、狗等动物；松、樟、桃、李等植物；石头、路亭、出生排行……都可成为取名的素材，传说是叫得贱好养。女孩取名比较简单，梅、兰、菊、竹，金、玉、满、堂，甚至天干、地支都可用来取名，如：甲秀、壬凤、寅连、酉香等。

男孩的名字取定后，将它写在红纸条上贴于厅堂天子屏及祖祠正厅壁上。次年正月有的还要向祠堂捐献桌凳或请新丁酒，以酬谢祖宗赐嗣之恩。20世纪七八十年代以后，许多人不再按照老祖宗规定的字辈取名，为应对填写出生证的需要，有的孩子尚未出生，名字已经取好了。

整个满月仪式充满喜庆吉祥气氛。2000年后，“做满月”之俗已渐消退；“喊鹞婆”之俗已不复存在。

孩子出生一百天就要做“百济”（也有些人家做了满月就不再做百济）。百济的一项主要活动就是给婴儿举行“开荤”仪式。主家先备好一两条“千岁公”（田里和溪流中的一种小鱼。用它开荤，寓意小孩能长命百岁），将蒸熟的“千岁公”，用手指蘸一点往婴儿唇上轻轻一抹。

婴儿出生一周年，主家要请周岁酒（俗称“做对岁”）。客人备办对岁鞋子等衣物作贺礼。小孩周岁旧时有“抓周”（摸岁）的习俗。中午抱婴儿坐于爬篮内，爬篮里放有书籍、文房四宝、算盘、厘戥秤、玩具、食品、钱币、新衣等物任由小孩抓取，以先取之物预示其将来志向前程。如摸取书笔，预示好文，会读书；摸取算盘、厘秤预示会做生意，赚大钱；摸取新衣预示爱漂亮；摸取食物预示有食禄，将来生活富裕……这些虽不足信，但却增添了乐趣和喜庆气氛。20世纪五六十年代后，“摸岁”之俗逐渐消失。

四、寿　诞

民间从人们的周岁开始，每年以农历诞辰日做“小生日”（俗称闲生日），通常以面条（或粉干）煮蛋，或搞点肉食简单庆祝。一般人到了50岁，则由儿女发起为父母做寿。60岁以上称为上寿，讲究“男做齐头女做一”，男逢60、70、80、90岁为大生日；而女性则需加一岁，逢61、71、81、91岁为大生日（按蛟洋习俗，不到21岁就出嫁的女儿，待她到21岁时，娘家会给她做生日，称为“记日子”）。“大生日”隆重而热烈。

寿庆一般由子孙筹办，布置寿堂：正厅天子屏上贴个大“寿”字，宴请亲友表示孝心。旧时老人做寿一般送五色礼：寿饼、寿面、寿轴（布料）、寿鸡、寿酒、鞭炮等。嫁出之女要于寿诞前备送寿礼，礼品有寿烛、寿饼、寿面、鞭炮、鸡、蛋、肉和寿星穿的衣服鞋帽等，祝福长者健康长寿。有些人家做寿有举行“拜寿”仪式，厅堂中摆开香案，请寿星夫妇端坐两旁。拜寿时，按长幼内外顺序，依次在寿星面前行鞠躬或跪拜礼。中午举行寿筵，宴请祝寿亲朋，头道菜为寿面，寓意健康长寿。有些人还有另一种做寿方式，即做生日不宴请宾客，将省出的钱修一段路；1964年，文都村医师陈香书，在文都的圩岗上修了一段50多米长的石砌路；有的将钱捐给公家做其他公益事业或作外出旅游的费用。

寿庆只可提前，不可推后。

五、丧　葬

老人辞世，男称“寿终正寝”，女称“寿终内寝”。老人去世后，亲房叔伯立即成立一个临时治丧组织。治丧组织派人往择日先生处择定入殓、出殡、做法事的时间表，再着人通知至亲好友（俗称“报生”），告知丧事安排情况。实行火化前，着人落实土工师傅、鼓手、道士人选实行火化后则和殡仪馆联系，请殡仪馆按时派人接尸。

（一）乞　水

老人断气后，立即为死者穿寿衣；放鞭炮，逝者家属举哀（大声哭泣）以通知乡邻，并携香纸及死者生前穿过的鞋一只、硬币数枚、火笼钵一个到水口溪畔，把纸摊开，插上香，把鞋倒扣于纸上，把硬币投入溪流，再用火笼钵向溪中舀水，谓之“乞水”。舀水时顺水、逆水各舀三下，再将此水带回家象征性地给死者擦脸洗身。

（二）小　殓

死者入棺前要给整容（妇女梳头，包以罗帕；有的戴上纸做的凤冠——如果是二婚亲嫁来的戴片冠）、翕闭双眼、盖面冥巾，移尸厅堂入棺，垫上“羊角枕”，蒙上“斗尸被”，纳入“含口银”，将死者穿过的一双鞋放入棺内（鞋尖向上），男执白扇，女握手巾，用几条竹片将棺盖留出空隙，待亲戚验视，称为“小殓”。

（三）大　殓

出殡前夕，把棺盖盖严实，钉上“子孙钉”（若逝者是女的，子孙钉由逝者娘家来吊唁的人打；若逝者是男的，由丈母娘家亲戚来打），孝子跪地，双手举茶盘，内放一红包、一把小斧，钉棺之人手举斧子在棺材上象征性地敲三下（棺盖先已钉好），收起红包，此谓“入大殓”。

（四）做超度法事

做超度法事蛟洋境内早已有之，在20世纪六七十年代几近绝迹，八九十年代以后，又逐渐恢复起来。做法事视主家经济状况有全灯、半夜灯、开冥路三种。今以“全灯”为例具体叙述。

1. 发午时表

道士于上午十一时前抵达，立即挂起孝帐、安奉诸神。灵堂内的横幅与对联由道士事先用白纸写就。横幅是：“拔亡过案功德道场”；对联为：“孔子谈经常训人间行孝道；慈尊说法流传世上度亡灵。”道士敲打法器，口念经文谓之发午时表。

2. 告　祖

当日下午四五时，孝子孝孙随道士、鼓手往本家族的祠堂内，摆供点烛焚香，道士诵念经文、割鸡，宣布超度仪式开始。孝男孝女腰缠稻草绳，如与死者同一生肖则须将一支镰刀放入小刀鞘，背在背上，头戴白帽（白头）这一过程叫告祖。

3. 安　灵

孝男孝女从祠堂回来，穿起孝服，返回灵堂。灵堂内安起死者牌位、遗像及灵屋。随着时代的发展，单位、亲朋送的花圈摆放于灵堂内外；灵屋的造型与设计也不断更新；汽车、家用电器、佣人等也用纸扎的方法做就，摆放于灵堂中。

4. 超度法事

法事开始　道士诵经、鼓手（乐队）奏乐，孝子孝孙哀哭，他们轮番进行，道场不至冷清。道士鼓手视逝者性别，分别吟唱《十二月古人》《十月怀胎》《三十六哭》等，内容主要是做父母的艰辛，劝人从善，勿作恶；要孝顺，勿忤逆；劝死者亡魂割舍事业亲情，愉快上路。歌词本身凄切，加上道士、鼓手声情并茂的演唱，令孝子孝孙，甚至旁观者都潸然泪下！

“过十王” 道士的助手，手持招魂幡，领着众孝子在灵堂上慢步转圈。道士口念经文，每“过”一殿阎君，道士独白：“引魂童子，引导亡魂来到X殿XX王前，有罪无罪？”众孝子齐声回答：“无罪！”……如此反复，遍告十殿阎君。死者如系女性，主家要求道士念《血盆经》，这时孝子中的女眷表现得更加哀戚！

“还 钱” 过十王后便是还钱，这时由孝子中辈数最小的（一般为男性）肩挑“还钱担子”。竹片制作的小柴夹内放置着打了圆孔的纸钱和冥币等物。道士敲法器，念经文，众孝子继续转圈。肩挑还钱担的孝子，手握不足一尺（33.3厘米）的孝撑棍（哭丧杖），腰部必须高度弯曲，才能触及地面，几十分钟不停转圈，甚为辛苦。

烧 柜 午夜以后，将纸做的方柜、还钱的担子上的纸钱、冥币、金银锭等物放在室外一起焚烧。孝子们在火堆外围成一个圆圈，一边号哭，一边用竹鞭敲地以防孤魂野鬼抢夺冥钱。

烧柜以后杀猪、点心，休息一下开始祭奠。有些村子先让大家睡几个小时，凌晨再起来祭奠。

祭 奠 礼生按前来吊唁人员的亲疏事先排好了名单。古时的三献礼，左边上右边下，行三跪九叩首，程序异常繁复，遇到亲朋多的四五个小时还祭不完。20世纪八九十年代以后，礼生们对祭祀进行了改革，简化了程序。蛟洋村的庄下等地改革得更为彻底。他们不进行祭奠，只开个追悼会，由族长或村主任或村党支部书记致辞，在会上简介死者的生平及对家属的慰问。

5. 移灵 通棺

出殡前夕，将灵堂内的灵屋、供桌移侧，把灵柩抬出厅堂，架在大门口的两条板凳上。

（五）出 殡

1. 土葬出殡

由亲族中挑出身体健壮的八人协助土工师傅扛扶灵柩。孝子孝孙全身重孝，较疏亲朋只戴白头。送葬队伍走在最前面的是撒纸钱的人，凡遇沟渠或三岔路口都得用香插一张草纸在旁边，放鞭炮的、鼓手（仪仗）紧随其后。接着是八人扛扶的灵柩，后面是孝子孝孙及亲朋。约莫行了七八百米，孝子孝孙跪地恭请送葬之人返回。抬棺者抬到事先做好的墓地下葬，死者的儿媳等将其生前用过的衣物、火笼等置于三岔路口烧化。

2. 火葬出殡

20世纪90年代，蛟洋实行火葬后，人们把将死者遗体送殡仪馆火化视同土葬时的出殡。其时用担架把遗体抬出厅堂送上灵车。灵车按主人的要求慢速行驶（送葬队伍人员、顺序同土葬），孝子孝孙跪地目送灵车远去；送葬队伍返回，主家选派两三个亲人到火葬场办理火化手续，并带回骨灰。

3. 偷 出

逝者逝世的日期择日先生认为是犯“重丧”或“三丧”、而逝者亲属又希望尽快处理后事的，还有孕产妇死亡的，择日先生或建议采取特殊的出殡形式：出殡时禁止家属哀哭，禁鸣放鞭炮，禁道士念经和鼓手奏乐，偷偷地把灵柩送上山下葬，这种特殊的丧仪俗称“偷出”（出冷棺）。实行火葬后，灵车亦“静悄悄”地驶离丧家。

（六）化灵合火

出殡以后，众孝子（其中二人扛着灵屋）跟着道士、鼓手去入屋场（祠堂），摆上供品，礼生读祭文，恭请逝者上座。此后逝者英灵便可享受子孙祭祀。接着烧化灵屋，众人返回。

（七）筛七酒

老人去世请择日先生择日时，已排好了“筛七酒”“百日”“小祥”（周年）“大祥”（三年）的时间表。从老人去世那一天起，每过七天，都要筛一次酒，家属要携香、纸、油烛、鞭炮及三牲供品到祠堂去上供、焚香筛酒，表示对逝者的怀念，俗称“筛七酒”，直到七七四十九天完七（满七）。按蛟洋习俗还有这样一种说法，即第一个七（首七）就碰到日期的个位数是七（如初七、十七、二十七）的日子，就叫“撞头七”，表示死者很乐意、主动地前往西方极乐世界；如开始两三个“七”都没有遇到逢“七”日，也可人为地编个“七”。

第二个七日（二七），逝者出嫁的女儿要备酒，猪肉、鸡鸭肉等，送到娘家，请娘家的亲房叔伯吃一顿饭，感谢他们帮自己的兄弟办完了丧事，对他们的付出表示敬意。

（八）筛百日酒

老人去世一百天，子孙们应备办香、纸、油烛、鞭炮、酒礼三牲等供品到祠堂上供，表示对逝者的怀念，叫筛“百日酒”。按蛟洋习俗，有“周年前，百日代（退），三年登登碓（对）”之说。即假如逝者有三个儿子，周年得提前三天；百日应推后三天；三年即正好两周年，不必提前与推后。

（九）筛周年酒

老人去世一周年（称“小祥”），子孙们要到祠堂去筛周年酒。

（十）筛三年酒

老人去世两周年（称“大祥”），必须筛三年酒。按古制，“三年”后就算孝服已满（“丁忧”告假的官员就可回京复职），主家应往祠堂筛三年酒并宴请亲朋，贴上“否极泰来”及“守制三年易满，亲恩百世难忘”的红对联。

（十一）“捡金”“二次葬”

泥坟（血棺）葬下八九年死者化尸后，可择吉开墓，开棺捡骸骨，称“捡金”“捡骨石”（产妇死后，永远不可捡金）。“捡骨石”一般选择在清明日或“大天赦日”（一年一般有四个大天赦：春戊寅，夏甲午，秋戊申，冬甲子）。骸骨取出后，土工师傅支起一把伞，将骨石用炭火烤干，再按人体骨骼结构自下而上将骸骨装入“金斗”（骨头罐）内（脚趾骨置最底层，头盖骨置最上层）。金罐的副盖上写明逝者姓名、生卒年月。

“捡金”后再择吉日觅“灵地”（有的在原址）将“金斗”葬入新坟墓（如果一时找不到合适的墓地或暂无条件造坟的可将金斗临时寄放在祖祠或山间岩洞内），称“二次葬”。墓碑上写明逝者生年国号、代别、姓名。写姓名时男的“考”字当头；女的“妣”字为先。落葬前地理先生举行“出煞”仪式。接着把杉毛（杉树枝）在墓穴内点燃，烘烤墓穴四壁泥土，叫“暖金”。落葬时最重要的一个环节是“进金”（将金斗放进墓穴内），金斗由孝子端着，若有三四兄弟的由几个人传递至墓穴边缘；如果是单丁独子，则一个人端至墓穴边缘，再由泥水匠师傅按地理先生的指点放进墓穴内。掩土后地理先生、泥水匠师傅呼龙、发粮米。此时鞭炮齐鸣，锣鼓喧天（条件好的家庭还清有鼓吹师傅）。

进入21世纪后，不少家族或个人建有骨灰堂，几十个骨灰盒都可以放进骨灰堂内，既省钱，又省事。未建骨灰堂存放骨灰的村（家族），死者骨灰入土再葬，葬仪同“二次葬”。

第五节　宗教信仰

一、道　教

民间流传道教属正一派，祀太上老君，信奉张天师（东汉张道陵）。教务活动有画符、诵经、念咒、祈祷、驱魔、结幡、做道场、开花园等。其活动多与多神信仰相结合，城乡迎神打醮、祈雨保收、安神请神等活动，道士均被邀做“六神忏”。民间丧葬仪式，常请道士设坛诵经，引魂、超度亡魂。常有病家请道士“做卦”“寻物”“驱魔”“禳解”等事。

二、佛　教

佛教在唐代已传入蛟洋。唐天宝十二年（753 年），由僧人在华家麻公凹亭的对面山腰募建普园山岖山庵（后称修心寺）。

明弘治十二年（1499 年），僧人应祥在华家村东北部募建白云寺。

明正德三年（1508 年），丘坊地理名师丘占魁与僧人在黄崔巍将山寮改成庙宇。清嘉庆六年（1801 年）庙宇被山火烧毁，该村商人丘王槐与其第四子丘琢轩出巨资重建寺庙，并购买周边山场田地给僧人耕管，以做香火之资。

明万历十六年，（1588 年）再兴人张显能、张显胜、张显兴三兄弟在再兴北部公家田（地名）山上为其父张文琮（号古西）创建古西公祠，招僧奉灯，寺庙称“益善堂”。寺庙正厅右侧有十余间住房，庵主购买周围田亩、山林以作寺庙资产，鼎盛时有僧人 30 多个。

民国 4 年（1915 年），再兴人张钖禧、张汝荣（下村）、罗翠梅等人筹资在再兴下村石峡下兴建佛堂，成立“再兴念佛社”。佛堂正厅两边壁上有专业画师绘制的精美壁画（至今尚存）。每逢朔、望之日，念佛社众信士前来念经拜佛，钟磬齐鸣，香火颇盛。

佛教的主要活动为拜佛、诵经、讲经、受戒、灌顶、朝圣、开光、为丧葬超度亡魂等。

三、基督教

基督教传入蛟洋较迟，直至 20 世纪末才有个别村的少数人加入基督教，至 2013 年，教徒较多的村有丰年、华家、中村、蛟洋等，总共 20 多人。蛟洋境内未建教堂，平时做礼拜及教务活动暂用民房。

基督教的主要活动为祷告、礼拜、讲道、唱圣诗（歌）、过宗教节日等。

四、民间信仰

（一）定光信仰

定光信仰起源宋代。定光佛又称定光古佛，是历史上唯一被朝廷正式赐封“定光佛转世”的高僧。定光佛俗姓郑，名自严，泉州府同安（今厦门市同安区）人，生于五代闽国龙启二年（934 年），圆寂于宋大中祥符八年（1015 年）。宋乾德二年（964 年），郑自严在武平岩前狮岩建寺庙设道场，弘法传道达 50 多年，在闽、粤、赣边留下除蛟伏虎、疏通航道、活泉涌水、祈雨求阳、赐嗣送子、筑陂止水以及屡显神异护国佑民的传奇故事。因“大师生前乐为善举，有求必应，且法力无边”，故在其寂化后，人们仍把他奉为神明、佛祖，视作自己苦难生活的救星。在当时朝廷和文人的推动下，宋熙宁八年（1075 年），定光被号为“定应大师”，而后朝廷曾 5 次敕封，最终敕赐“定光园应普慈通圣大师”。

定光二佛

南宋晚期，定光信仰传入蛟洋。蛟洋人已视定光佛为保护神。在蛟洋，除了上文提到的传奇故事外，还有“定光二佛”传说。据传，武平人叶伏虎家境富有，青年时期的郑定光来到他家当长工，在长期的劳动生活中，叶伏虎对郑定光的道德为人十分赞赏，遂与郑结拜为异姓兄弟（郑年纪较大居长）。从此，蛟洋境内的信士均尊称他们为“二佛祖师”“定光二佛”“二佛菩萨”。今安奉在华家白云寺等处的神像都是兄弟二人的塑像。人们为他们雕塑金身（白云寺原两尊定光二佛金身被人窃卖，1985 年，华家片 13 村人募款重塑金身）置于庵观寺庙的显著位置，而备受崇拜与尊敬。每逢乡间迎神打醮，“定光二佛”都会被乡民抬到醮台供奉，接受信徒的香火斋供。

（二）迎神打醮

随着南宋晚期，定光信仰传入蛟洋，扛菩萨、打醮在蛟洋各地盛行。有些村一年扛菩萨、打醮两三次。四五月扛菩萨保禾苗，九至十一月为冬醮。蛟洋扛菩萨打醮的主神为“定光二佛”，但还有迎请五谷老仙、仙师公爹、妈姐娘娘、观音菩萨、生佛太太等众多神灵。

扛菩萨打醮前夕，由轮到值年（俗称“头家”）的人牵头，安排执事分工，分为吹打组、旗牌组、扛抬组、鸣炮组、膳食组等；吹打组原先由本村的俱乐部负责，20世纪六七十年代以后一般请专业鼓手和乐队。扛菩萨时，全班人马来到寺里，先摆上供品，后点烛、焚香、鸣炮；尔后请下定光二佛及其他菩萨，较重的菩萨坐在轿内由二人扛抬、较轻的由一人端着（改革开放后大部用皮卡车接送）按序走出寺庙；乐队奏乐。最先二人举着横彩，接着二人扛着大香炉，后面是举着“回避”“肃静”“风调”“雨顺”的牌子，再后是彩旗，扛菩萨的，乐队和放鞭炮的殿后，浩浩荡荡有如古代朝廷命官出巡；一路上吹吹打打，鞭炮齐鸣，煞是热闹。

迎神队回到村里，按原定路线绕村一周，每到较大居民点（称“总坛”），菩萨停下让群众摆上供品，敬香。一些较大的村子往往要三四个小时才能回到临时安奉菩萨的住所。和尚、道士做忏诵经，祈求平安消灾解厄。扛菩萨当日人们吃素，次日清早，菩萨送回寺庙后才可杀猪开荤。

冬天，如果是打三日三夜或五日五夜的大醮，仪式就更加繁复了，首先要请做纸扎的师傅扎山大人、功曹、土地、金山、银山、牛头、马面，前一天起好幡竹。在主要的大道边或三岔路口竖起“天灯火把”（用十多米长的大竹劈开，绑上干竹片、松明子）。第一日上午道士要张挂榜文，开始坐台诵经。如果是三日三夜的醮，第二天为“正日”，是最热闹的日子，当日请来的傀儡戏或汉剧要做“中台”（即上午也要安排演出；而第一日、第三日只下午、晚上演出两场即可）。道士盘腿坐在法台上，吹锡角（用锡制成像水牛角一样，可以伸缩折叠的法器），念经作法。第三天（最后一天）的下午，道士、鼓手等人要到水口溪里放水灯及放生。水灯：用色纸做成单瓣莲花状，中置草纸捻成的沾有油脂的油芯；放生水桶装着放生用的鱼虾。到了目的地，道士念经，把几十只水灯点燃，放入溪流；接着把桶中的鱼虾倒入溪中，道士再往水中撒米粄、油炸豆腐。一挨天黑，所有路旁的天灯火把全部点亮，把全村照耀得如同白昼。到午夜零时，道士念经，宰猪“倒（砍）幡竹”。幡竹必须一刀砍断。小工将煮好的十多桶稀饭随路泼施，称为“施孤泼粥”。道士大声念经，小工猛烧纸钱，召请本地无人祭祀的孤魂野鬼前来饱餐一顿，不至作恶。

保苗醮一般在农历四月中旬进行，相邻村落的日期，一般错开。保苗醮以保禾苗、祈丰收为主要诉求。其时正是禾苗生长的关键时期，古时科技不发达，农民为求得禾苗生长旺盛，夏季丰收，便把希望寄托在神灵身上。

“文化大革命”期间，扛菩萨打醮被视为封建迷信活动遭到禁止。

改革开放后，人们的信仰自由得以恢复，扛菩萨打醮又在乡间活跃起来。食谱也被“改革”，拿到醮场去供奉菩萨的供品全都是素的，而家中招待客人却允许用鱼用肉。1990年后，许多村子雇请铜管乐队，除了吹奏，还有男女声独唱及跳舞，以增加喜庆气氛。醮会期间，亲戚朋友互相串门，交际。扛菩萨打醮，已把宗教信仰与百姓的经济、娱乐和社交活动融为一体，变成一种包

再兴村“扛菩萨”

含多种社会功能的民俗活动。

（三）妈祖信仰

妈祖，姓林名默，宋建隆元年（960年）农历三月二十三日生，南唐清源军莆田县湄洲人（今福建省莆田市秀屿区湄洲岛）。长大后，她决心终生以行善济人为事，矢志不嫁，专心致志地做慈善公益事业。平素精研医理，为人治病，教人防疫消灾。林默还洞晓天文气象，熟习水性。事前告知船户可否出航，人们称她为“神女”“龙女”。宋雍熙四年（987年）九月初九，年仅28岁的林默与世长辞。这一天湄洲岛上群众纷纷传说，他们看见湄峰山上有朵彩云冉冉升起。林默羽化升天后，曾先后被敕封为“天妃”“天后”“天上圣母”，成为举世闻名的“海上神女”，历代船工、海员、旅客、商人和渔民共同信奉的神祇。

丘坊天后宫

明万历四十八年（1620年），下崇头村水口荫桥边建天后宫。清乾隆二十年（1756年），丘坊村人建水口五层天后宫，安奉妈祖娘娘圣像。民国37年（1948年）冬，丘坊村人给妈祖娘娘换袍打了五天五夜的大醮，请了潮州班子的人戏（广东汉剧）来演出。

咸丰十年（1860年），再兴村人于水口金粟山顶建七层天后宫，同治七年（1868年）因起雷被烧毁，村人将它改建成一层妈祖娘娘庙。村人传说庙中的妈祖娘娘异常灵验。一天有个老人见一美貌年轻女子在福兴庵门口溪中洗衣（福兴庵在金粟山天后宫下约四百米处），待她回到妈祖庙门50米处时，突然消失不见。当时村人认为是妈祖显灵。

20世纪90年代以后，华家村建起妈祖庙。

（四）敬　神

旧时，蛟洋人民多数生活在社会底层，缺衣少食，为求得心灵的满足，只得托附神灵，企望神灵庇佑，故境内民众普遍崇尚神灵，敬神活动频繁。每月的初一、初九、十五、二十九日和主要神佛的诞辰都有人敬神。玉皇大帝、如来、观音、关帝、五谷老仙、妈祖甚至公王老、土地公都可接受人们祭拜，猪头三牲、斋盘果品、香烛纸钱，愈多愈好。每年的正月初三，许多村子都有“起神”的习俗，当日将肥猪抬到寺庙或祖祠宰杀，中午大家聚餐，祈求菩萨、祖宗保佑，一年诸事顺利。人们每逢经商、求学、谋职、求婚、营造、远行等大事，总是要求神问签，祈求神灵保佑事事平安。若遇突发的伤害事故，人们会用稻米粉做的馒头、连毛皮煮熟的芋子敬献“天灾菩萨”祈求祛病消灾。每年农历十二月下旬（日期由各寺庙自定），众信士来庵举行“完经”（有些地方称“谢冬”）典礼，感谢众神佛一年来对众弟子的精心庇护。

（五）信风水

蛟洋民间十分注重住居、祖先坟墓及祖祠的风水。修造房屋、坟墓都要请地理先生“看风水”。住居除看重靠山龙脉风水外，还特别注重坐落、朝向、灶位等，要请地理先生用罗盘测定；如果正大门外还有院子门楼的，门楼的坐向更是马虎不得，素有“千斤门楼，四两屋”之说。坟墓和祠堂的选址也注重坐落和朝向、两砂、来水去水、面山等，中轴线和墓碑的定位最为重要，墓址一经选定，前后左右忌随便挖沟掘池，中轴前方忌植树木，以免触犯灵气。

据族谱资料，从明万历到清末这340年间，境内出过四个地理名师：他们是东乾村的邓仰峰、再兴村的张允素、苏康村的张怀山、丘坊村的丘占魁。

东乾村的族谱载：明代地师仰峰熟谙天文地理，曾获得明崇祯皇帝御赐的“山川神镜”金匾一块（“文化大革命”中被毁）。张允素、张怀山（1575–1638年）、丘占魁，是一师相传的师兄弟（允素居长，占魁为三师弟）。再兴《张氏族谱》载：清雍正间，本族名地师允素公主针拨土修建水口福兴庵。族谱主编、举人张应元在允素名下注：“公精地理，名驰各邑。留有遗则，传之子孙。”张怀山曾主针兴建文都村坑头丘氏宗祠（形取下山虎）；丘占魁曾主针创建黄崔巍寺庙。

（六）占　卜

旧时，蛟洋群众多相信命运“八字”，认为富贵贫贱是命中注定的，甘愿听从神的摆布和命运的安排，占卜之风盛行，常见的有询问性占卜（如求签、纸牌占卜、跌珓、算命、做流年等）。新中国成立后，破除封建迷信，公开占卜活动大为减少，至20世纪60年代后期已基本停止。20世纪80年代后，此俗又呈死灰复燃之势。

算　命　算命先生大部分为盲人。求卜者先报出出生的年、月、日、时（所谓“四柱”算命法；还有紫薇斗数算命法等），再问所问之事，或生子或婚娶或经商等。卜者就按天干、地支依次掐算，排列组合为“八字”，再用该干支五行来反映吉凶、推断祸福。算命还有一种方式为抽贴，（即用纸牌占卜，俗称“邦书子”）。卜者自备一套纸牌，内有描摹的历史故事图，如“姜太公八十遇文王”“朱买臣马头覆水”“鲤鱼跳龙门”“李三娘磨面”等。求卜者先抽一牌，根据纸牌中的故事与人物，由卜者分析吉凶祸福。

做流年　做流年也是算命的一种，只是它比算命更详细、更具体。占卜者按求卜者的“四柱”给排出了一生的“大事年表”。如系小孩几岁“上运”，几岁结婚生子，终生有几朵白花（儿子），几朵红花（女儿），几岁会破财，几岁有一跳（指较严重的疾病或重大伤害事故），那一岁的跳跳得过去，便可活到76岁……求卜者有时偶尔“碰对”一两件事，多数没有应验，没有什么“准确度”可言。

看　相　占卜者根据《麻衣相法》等相书的理论，仔细察看求卜者的五官、四肢、腹背等部位，用模棱两可的语言推断求卜者一生的休咎、贫富、荣辱；还有一种是专门看“手相”的，根据求卜者双掌的掌心、掌背、手指、指纹、掌心脉络等作出推断，皆是一些骗人的伎俩。

求　签　为占卜方式之一。旧时民间如有所求，往往去寺庙求签，祈神析解吉凶。签为竹制卜具，贮于签筒，其筒多置于神案上，供香客或求卜者占卜之用。每一支竹签上都刻有号数，另备纸片，写上诗语，编号与竹签相符，或悬贴在庙壁上，或放特制柜中，俗称“签判”“签诗”。求签时求卜者先焚香点烛，虔诚地向神像或佛像磕头祷告，详诉欲求何事，尔后从签筒中任抽一签，也有不断摇晃签筒，取先掉出筒外的那支竹签，即按签上号码去取签诗，凭其语句以卜休咎。一般庙宇的签诗，分为九等（上上，上中，上下；中上，中中，中下；下上，下中，下下）。签诗文字无标点，一般为四句七言或五言诗，可作多种解释，以适应不同求签者的心理需求。俗传求得上签得福，求得下签有祸。求得头签者（第1号签），要罚油两斤（买两斤油给寺庙）。一般的签诗有“婚姻”“求子”“杂解”等三类。求签之俗，寺庙尚存。

跌　珓　跌珓也是占卜的一种。珓，当地选取较小老竹的根部削成圆锥状，再从中将其剖为两半，珓也多放于神案上。跌珓前，求卜者在神佛前烧香跪拜，将两珓合起在香烟中不断转圈，口中念念有词，向神佛详诉欲求之事，祝毕将两片竹珓向上抛起，待其落地，一般会出现三种情况：两块背部（削圆的那一边）都朝上为“阴”；两块背部都朝下为“阳”；一块朝上，一块朝下为“圣”。一人问卜只能抛掷三次（有可能是阳圣阴；阴阴圣；圣圣圣等，有二十多种排列），珓书上也有与之相对应的二十多首诗句。如跌到“圣圣阳”，就取“圣圣阳”那首诗句。按蛟洋习俗，阴、阳、圣三珓中，以圣珓最为吉利。庵庙中有重大抉择（如修寺庙、迁徙寺庙、重塑金身、给神佛换袍等）都要在神佛前跌珓，如跌得“圣”珓，即表示神佛已允诺。

（七）事　鬼

旧时，事鬼活动在民间盛行。除丧事期间要请僧道大做法事、超度亡灵外，人们还惧怕邪鬼、孤魂。家人尤其是小孩生病、受惊吓（旧时请巫婆神汉“收惊”），更是要在夜晚备祭品到三岔路口焚香祭拜（俗称“送刹子”）或请巫婆神汉驱鬼。遇有自杀或非正常死亡者，则认为是凶鬼作祟，要请巫婆神汉作法。此外民间还流行问仙、请亡魂、关三（生）魂、招魂扶乩、伏月山歌、伏上娇、许麻公等事鬼迷信习俗（且这些活动常在农历的八月进行）。新中国成立后，破除封建迷信，事鬼活动大为减少。20世纪60年代后，除办丧事期间做法事外，其余已绝迹。

（八）禁 忌

旧时，人们祈神赐福，凡事都图个吉利，沿袭形成种种禁忌，与民间信仰相伴相生。新中国成立后，提倡移风易俗，这些禁忌，有的在人们（尤其是年轻人）的观念中日趋淡漠，有的则作为民间礼俗仍在流行。境内民间禁忌主要表现有：

原始崇拜产生的禁忌 民间相信万物有神有灵，由此产生对神灵化身的畏惧和禁忌。如禁砍“伯公树”及神坛、寺庙、宗祠、居住后山的“风水树”“风水林”；寺庙祠堂禁养家禽家畜，忌打入屋蛇、入屋野兽，不捡落入水中淹死的飞禽走兽，不抓爬上陆地的龟鳖水族等。

冲克禁忌 人们逢婚嫁、祝寿等活动，择定吉日时特别注意避免与当事人及直系亲属冲克的日子。房屋选址忌宫前庙后，在宫庙近旁也忌前墙和高度超过宫庙，惧怕冲犯神灵。房子大门忌正对路、桥，忌正对去水。住房正厅右侧建筑物高度超过正厅认为不吉（犯“白虎煞”）。新娘出嫁忌遇丧家出殡，忌迎面过来另一支送嫁队伍（如遇这种情况，两位新娘交换手帕），新娘入门翁姑至亲均应暂避，以防“入门冲”。小孩冲克禁忌更多，“八字”中与父母相冲者应“过房”或“喊疏”；有的让小孩认三位夫人（一种神）、讨食女人甚至松树、石头做“哩”（母亲）。

言行禁忌 民间逢年过节、婚嫁、寿诞等重大喜庆日子，忌说不吉利的话，尤其忌说死、病、冇、了（完）等不吉利字眼及其谐音。“舌”“蚀”谐音，屠户便将猪舌称为“猪利”。年初一不扫地，忌钱财被扫地出门。

时间禁忌 农历十二月二十五日，“入年槛”后不许骂人；农历初一、十五、逢七、逢八、忌办喜事、出远门、探望病人；所谓“替死日”不探望病人；交春（立春）日不走亲戚。

其他禁忌 给人倒茶、筛酒忌壶嘴朝客人；饭粒不许落地、践踏。吃饭或宴客，忌筷子敲空碗，不许蹲在门槛上或倚柱靠壁，谓是“讨食相”。忌筷子架在碗上或插入饭中，谓向亡人摆供，不吉。女子出嫁，三日“转门”，忌在娘家与夫同房；婚后第一个节及每年过年，忌住在娘家，以避免“家不团圆”。人死了应说人“老了”或“过身了”或“百年归寿了”，忌直说“死”。孩子入学后，家长禁孩子吃猪尾巴、猪脑髓，谓防孩子“写字手颤”“呆头呆脑”。小孩换牙拔下的牙齿，上牙往床底下丢；下牙往屋顶上扔，忌随意乱扔。人人要敬惜字纸，不许践踏。

五、寺庙选介

（一）岖山庵修心寺

修心寺位于华家村南部麻公凹亭对面山腰，由僧人募建于大唐天宝十二年（753 年）仲秋，因山势陡峭故名“岖山庵”。唐咸通二年（861 年）重修。宋皇佑五年（1053 年）又重修。宋绍兴七年（1137 年）再重修。清康熙十六年（1677 年）由僧人玄鉴重修，取名普圆山；康熙二十四年（1685 年），由众施主捐资买下附近山林田亩充实寺庙资产。庵左侧建有学堂，许多华家学子在该处攻读，多人中了秀才、举人。岖山庵于 1971 年被毁，1983 年由信众发起重修，改名普圆山修心寺。该寺占地面积 600 多平方米，建筑面积 400 多平方米。寺内有大小佛像（如来、观世音、十八罗汉、二十四诸天、四大天王等）50 余尊，寺门前有千年红豆杉十多株。2009 年，华衍文捐资人民币 71267 元；陈振元捐资 480 元，铺设从山脚直通寺门的水泥路面。

（二）白云寺

白云寺位于华家村东北部，华家村至文都村公路左侧，是华家周边十三乡（村）人共有之庙宇。明弘治十二年（1499 年），僧人应祥募建，崇祯十五年（1642 年），僧人道宗重修。民国 18 年（1929 年），寺庙被拆毁，20 世纪 80 年代，十三乡（村）信众集资重建。寺内安奉如来佛祖、定光二佛、观音菩萨等神佛；左侧偏殿安奉妈祖娘娘，寺内香火鼎盛。

（三）黄崔巍庵

黄崔巍庵在丘坊村北隅。明正德三年（1508年），丘坊地理名师丘占魁偕僧人募款将山寮改建为寺庙，当时建有上下厅与横屋。清嘉庆六年（1801年），庙宇被山火烧毁，本村商人丘王槐修复寺庙，他与其四子丘琢轩出巨资买下寺庙周边的山场、田地给僧人耕管，以作香火之资。2008年农历九月初六，寺庙因碰电起火被焚毁，后由本村丘发祥等人主持集资十余万元改建成现在的砖混结构庵堂。寺内安奉如来佛祖、观音菩萨等圣像，每逢会期连城及周边各地香客二三百人到此进香祈福。2005年起，人民政府拨款，在寺庙门前建停车场、池塘亭台，黄崔巍庵已成了朝圣、旅游的胜地。

（四）双髻山通宝寺

民国版《上杭县志》载：双髻山又名文笔峰，为本邑境内最高山，山顶有刹名为通宝寺。大殿正门篆书"福地名山"；侯官（今福州市）丘振芳（丘滋九）题联云："日月肩边过，风云足下生。"寺庙建于清道光十年（1830年）前后，华步鳌、杨奇松等置庵田谷三十余石以供香火。寺前池中生子午莲（又名午时莲、午时花）。寺庙占地面积2000平方米，建筑面积1000平方米。大雄宝殿供奉如来佛祖、观音菩萨等神祇。每逢诸佛寿诞及朔望之期，附近各县甚至外省信士皆来进香，实属名副其实的名山福地。

（五）崇泉观音寺

小和村的东南部有庙宇崇泉观音寺。原寺建于清乾隆十二年（1747年），规模极小，建筑面积不到30平方米。1989年以后，在住持其宾（法名道伟）的主持下，不断筹资扩充庙宇。到1992年，先后建有大雄宝殿及住房、膳厅等生活设施。到2013年，寺庙占地面积1200平方米，建筑面积1000平方米，建设资金近300万元。寺内安奉观世音菩萨、如来佛祖等。周边信士都盛传本寺的观音菩萨十分灵验，两百多年来香火鼎盛。

（六）夫人宫佛灵寺

蛟洋村西部山麓有夫人宫佛灵寺，该寺建于清乾隆五十一年（1786年）。佛灵寺占地面积380平方米；建筑面积300平方米，寺内供奉陈、林、李三位夫人及观音大士等；左殿安奉至道生佛。每逢菩萨诞辰和朔望日，周边信士一二百人来此进香朝拜。

第二十一章 人 物

蛟洋钟灵毓秀，地灵人杰。奇山秀水孕育着优秀的人才，历代都涌现许多杰出人物，他们在政治、经济、文化领域，各有建树。

明清时期，士子勤学，文艺荟萃，科甲风流。中村、华家涌现 4 名进士；华嵒的诗、书、画出类拔萃，成为中国画坛一代宗师。

第二次国内革命战争时期，蛟洋儿女用自己的鲜血和生命谱写了中国人民革命史上威武壮观、可歌可泣的英雄史诗，壮烈牺牲的革命烈士有 220 人，他们名垂青史，千古流芳！

新中国成立后，蛟洋人民艰苦创业，励精图治，涌现出众多的专家学者、英雄模范。他们为建设美好的家园而呕心沥血，成绩斐然。他们将为民称颂，光耀桑梓！

本章分别以人物传、人物简介、人物表列载已知并收集到资料的蛟洋籍人物。人物传按传主的生年为序排列；人物简介分类以生年为序排列；人物表中，除另有注明外，表内人名以行政村排列惯例为序。

第一节 人物传

邹子德

邹子德（1363—1415 年），字忠义，号用宜，塘厦村人。据浙江《邹氏族谱》载：明洪武二十三年（1390 年）庠生，永乐三年（1405 年）拔贡，永乐六年特授交趾 (今越南) 清化府古滕县知县。有惠政，诰赠文林郎貤封三代，其时吏治彰，闻贤声显著，边民畏若神明亲如父母，召棠郇黍之风，颂声载道，洵堪为祖父增光矣！易曰令子克家义公有焉，已而任满致政回寓永宁客邸，劳顿而终。赞曰：冰清镜朗，讼理政平；惟公德化，浃洽边民；颂声载道，遗爱令名；潜光阐发，日月同明。（民国版《上杭县志》第 382 页载：邹忠义，洪武间任交趾古滕知县）。

邹子德次子邹景观，岁进士，授“迪功郎”，任上海县丞。（民国版《上杭县志》第 449 页载：邹景观，任江苏上海知县）。

邹子德后裔为弘扬子德公廉政爱民精神，明崇祯十三年（1640 年），在塘厦村修建“龙归福”祠堂，后朝廷特颁诏在“龙归福”大门前修建“一字墙”，褒扬邹子德象一字墙那样廉明为官、正直做人。此后，凡经此地的文武百官均需自觉下轿、下马，以示敬意。“龙归福”大门对联“父是古藤清廉吏，子为上海父母官”。

华 喦

（雕像）

华喦（1682—1756年），华家村人。原字德嵩，后改字秋岳，号新罗山人、白砂道人、离垢居士。

华喦的父亲常五是一个务农兼手工业造纸的工人，生有三子（兄东升，弟德丰）。华喦幼时读过蒙馆，不久因父逝而辍学，乃往寓浙东族人开办的造纸坊当学徒。少年时代的华喦便显露出绘画天资，相传曾为土地庙、龙王庙画过壁画。清康熙四十二年（1703年），华喦由浙返里住其叔祖家。适值村中重修华氏宗祠，欲绘壁画，叔祖命其试绘，因未经族长认可，其叔祖依族规受罚，重新将墙壁涂刷，准备请画师绘制。华喦十分恼怒，遂连夜越墙爬进祠堂，重新绘好《高山云鹤》《青松悬崖》《水国浮牛》《倚马题诗》四幅壁画，不待天亮就远离故乡。

华喦到杭州后，凭藉绘画的技艺开始了卖画的生涯。当年，结识了“乐贫著书”的徐逢吉，后来又结识蒋雪樵、吴石仓等淡于功名勤于著述的文人学士、画朋书友。在他们的熏陶下，华喦怀着“学优识亦弥，神完志自固”的志向，“壮年苦读书”；喜学六朝骈体诗和唐代元稹、白居易、孟郊、贾岛、李贺诸名家诗词；远师南宋画家马和之，近学明末清初画家陈洪绶、恽寿平（南田）、石涛诸家绘画技艺；酷爱三国钟繇由隶入真的楷书和唐初虞世南的草书；为后成为诗、书、画“三绝”的艺术家奠定了基础。康熙四十六年左右，华喦和蒋妍结婚，生子已，但随后就夭折。八年后蒋妍不幸病故，华喦悲痛不已，写诗怀念：“天长地久情还在，不许鸳鸯有断群”。

为了寻求跻身宦门施展抱负的机会，约康熙五十四年（无确切记载。据上海博物馆书画研究部研究员单国霖依一些作品推断），华喦带着作品，北游幽燕。他在京城得到朝廷召试，才学被列为优等，但终因非科举出身，只能被授予属八品阶位的微职。这对抱有“宝刀流金液”宏愿的华喦来说，是非常失望的。同时，那些称霸画坛的宫廷画师们，把华喦的作品视为左道旁门，对其十分冷落。他终于怀着沮丧的心情离开京城。北游数年间，曾到过天津，为查氏画花鸟大卷，曾游览承德、嵩山、泰山等地。康熙五十八年回归杭州后，他应友人陈六观的邀请，游览浙江会稽，探禹陵、兰亭、曹山诸奇，过天目，登庐山，饱餐山川秀色。走北闯南的壮游生涯，使华喦领略大自然的雄壮景色，为他的艺术创作积累了丰富的素材。在京城的不得志遭遇，也使他经受一番风雨的磨炼，对社会和人生有更深刻的认识。华喦自京城之行回来之后，潜心于诗文绘画创作。“自结香茅成小隐”“有时遣兴诗复画”。

华喦在40岁前后，续娶蒋媛为室，生次子华礼和三子华浚。为了维持家计，他辛勤地耕耘砚田。可是卖画的收入并不多，生活相当清苦，“常共妻孥饮粥糜，登盘瓜豉茹芹葵”。但他安贫自甘，慰解为“贫家自有真风味，富贵之人那得知”。

为了寻求更广阔的绘画商品市场，广交画友，探索艺术的新路，雍正二年（1724年），华喦首次来到画家云集的江淮名城扬州，开始了他中晚年频繁往返扬州、杭州的卖画生涯。华喦在扬州结识了同样无意于功名、“唯以山水云鸟自娱”的布衣生员果堂，两人一见如故，情谊笃厚。员家友人为华喦提供住宿和作画的场所。并先后结交“扬州八怪”金农、高翔、李鱓、郑燮等画家和诗人。其间，画艺突进。特别是花鸟画方面，他有意识地吸收和融合没骨花卉和水墨写意两大派系的技法之长，渐渐探索出一条兼容两法而又别出机杼的道路，即演化为小写意花鸟画的表现方法。

华喦是一位才能广博的画家，花卉、翎毛、走兽、人物、肖像、山水，兼善并长，并都能突破陈习，具有自己的风格面貌。

华喦绘画艺术成就最突出、影响最大的为花鸟画。他在表现花鸟画的主题意涵上，往往赋予“寄志寓意”的含义，倾注着对人生的关注，表达对社会美丑事物的爱憎态度，吐露对生活的真实情感；他强化花鸟画的观赏性，塑造了许多充满活泼生机的动人花鸟形象；构思奇巧，善于表现花草禽鸟富有情趣的境界。后世公认华嵒是继恽寿平之后又一花鸟画大家。

华嵒的山水画作品，题材内容和思想含义相当丰富。其中，有对大自然奇丽多姿景物的歌咏，也有对隐逸生活的美化，还有用艺术手法幻化出清朗无尘的天地。其创作观念和艺术特征，明显地体现出“解弢”的生活态度和“离垢”的审美理想。他以“解弢”名馆，以“离垢”名集，以“枝隐”自号。他遵循孔子“君子谋道不谋食”“君子忧道不忧食”的古训，在他的诗文和绘画作品中，毫不掩饰其安贫守素、修己敬身的志向和乐趣，并自我慰藉为“道胜固不贫，才俊多见抑”“离垢”体现了华嵒一种超现实的生活理想，并转化为艺术的审美理想。他在一首题画诗中写道：“作力事岩耕，荷插登南亩。翻翻川上云，逍遥离尘垢。”他坚持“浮云视富贵”“守拙何伤贫”的节操，把“离垢”的志向寄托到诗文绘画中，化为艺术中的理想审美境界。“笔尖刷却世间尘，能使江山面月新”，他用自己的笔墨，营造出一个扫除世间尘垢的清净之地。

华嵒善诗词。通过博览经籍，钻研诗词，诗文修养日趋精进，壮年时便能写下奇拔的诗句。他以诗志兴，以诗遣怀，以诗寄情，以诗析理，写下许多感悟自然、感悟人生的诗作。常在画上题诗，以点破画题，发挥画境；其自然淡雅、韵味天成的画风，与之轻快洒脱、景物相融的诗韵，相得益彰。徐逢吉赞其诗：“诗如晴空紫氛，层峦积雪，玉瑟弹秋，太阿出水，足称神品。”曹鸣銮称道：“画笔世所贵，诗情尤足奇。全从天籁出，尽得骚人遗。”华嵒遗诗约600首。部分诗作曾入选清嘉庆六年（1801年）刊行的《两浙輶轩录》。清道光八年（1828年），华嵒曾孙华世琮、华世璟将华嵒诗稿送时任安徽省太平县知县的族人华时中校阅，道光十六年刊行《离垢集》五卷。光绪五年（1879年），上杭人罗嘉杰重印于日本。民国6年（1917年），钱塘丁仁辑印《离垢集》补抄一卷。

华嵒的书法有钟王遗风，笔意高古，书随画意，不拘一格；笔法外柔内刚，圆润遒丽，楷书、行书多有异趣。其作品主要体现在诗稿及题画诗当中。他以一位文人画家的独到审美品位和高雅艺术秉性，将书法的意趣、意态等因素融入其绘画，甚至直接将书法作品结合进绘画作品，营造出清新秀劲、率意疏宕的绘画风格，傲立于名家之林。

华嵒离开故乡后，再未返回。但他“不忘桑梓之乡”，如取号新罗山人（西晋时，上杭属新罗县）、白砂道人（宋元明清时期，华家亭属白砂里）。他的许多诗作里，充满思乡心绪。如《沙路归来》：“我望乡，乡何处？隔春烟，渺春雾；此时闲坐绿窗前，梅子累累不知数。”《丁酉九月客都门思亲兼怀昆弟作》：“何处抛愁好，穿庭复绕廊。东西经夜月，南北梦高堂。有眼含青泪，无山望故乡。纷纷头上雁，联络自成行。”

华嵒晚年定居杭州,仍以绘画为生,画艺虽高,但聚财无术,贫病常伴其度过艰难岁月。66岁时,继配蒋媛病故,他身心深受打击,病魔缠身,每况愈下。乾隆二十一年（1756年），在艺术园地上耕耘了一生的华嵒，终于在贫病中离开了人世，享年74岁。

华嵒的画风一直对中国画坛起着积极的影响。华嵒遗画，现被珍藏于国内各大博物院和日本、美国、法国等美术馆，成为世界艺术珍宝。

邹文士

邹文士，生卒年不详，字简兹，塘厦村人。康熙二十九年（1690年）中武举。性笃孝，为乡邻所推。父母年八十余，依依孺慕，有老莱子风。初，同里鲜知学。文士购经史，筑书舍，选族子弟之俊秀及各村子弟之有志向学者，岁时讲读其中，师生脩脯概为捐给。自是文风日振，游泮水掇巍科者踵相接。邹文士生子五：尚志，字肃斋，呈庠；尚仁，雍正四年（1726年）举人，历任瑞昌、临川知县；尚易，号古塘，雍正十年举人，登明通榜，任龙溪、建宁教谕，历阜平知县、广西永安州知州，署柳州正定知府。兄弟志在正学。乾隆四十八年（1783年），学宫栋宇榱题皆就耗蠹，佥议修复。值尚易至仕归，年八十余，摊总其事，人情大悦。在城捐一万六千金，四乡捐九万余金，修学费一万四千金，羡者城乡分建儒业、培英二祠，置田为培儒之资。其余诸子皆守训能文章，人以为食报云。（民国版《上杭县志》第914页）。

傅维清

傅维清，生卒年不详，字斯琏（民国版《上杭县志》第888页载：斯涟），号存一，监生。居父丧，擗踊号泣，水浆不入口者数日。母病侍汤药，七十日夜不解衣带。母殁，泣血哀痛，丧厥明。服阕，双眸如故，人以为孝感所致。里有浮粮百余石，贫民赔累甚苦，父在日尝恻然为念。继清多费已资，呈清豁免，以成父志。俾里人永免其累，孝义兼尽如此。乾隆五年（1740年），督抚奏闻，奉旨旌表孝子，崇祀学宫。事详《福建通志》。

张国宝

张国宝（1727—1785年），字继房，号荆岩，中村村人。生平雅好诗书，勤于文翰，器宇端凝，浑含不露。清乾隆十八年（1753年）中邑庠，乾隆三十年，会试中第58名举人。旋即赴苏州紫阳书院拜廖鸿章为师，学习3年成绩甚佳，为先生所钟爱，令其暂缓会试，欲使他成为大器；但是家兄再三催其赴京会试，不得已而从之。乾隆三十四年中58名进士。乾隆四十五年，受朝廷委派任浙江省温州府乐清县正堂。乾隆四十八年为同考试官。未满任卒于官署，时年58岁。当地人民为之叹息，悼念他为官清廉，有爱民如子之风范。

张虎臣

张虎臣（1735—1792年），字智孚，号实堂，中村村人。自幼志气高迈，通经史，明韬略，曰大丈夫当建功济民，宁呫哔作章句，弃文习武。清乾隆十六年（1751年）进邑庠，是年乡试中第6名举人（亚魁），选兵部差官；乾隆十九年第27名进士，任湖北抚标右营守备，率师征金川凯旋。内庭赐宴两次，升湖靖州都司护理，靖州协镇，山东高唐营游击，署漕州参将。乾隆五十五年恭逢皇上八旬万寿加一级，诰封三代武翼都尉。生平忠孝，有矢亲友以义待兵士，以恩行师号令，严肃纪律，所过地方鸡犬不惊，秋毫无扰。临阵身先士卒，矢石交攻，毫无退避，所到成功，居官廉明正直，敬老尊贤，凡有害民之弊无不革，有益民之利无不兴，禁暴除奸，风醇俗美。57岁终于官署，民思其德无不为之流涕。

张攀龙

张攀龙（1737—1806年），字田园，号甘雨，原名张丹桂，中村村人。小时风流倜傥，气力过人，然性耽经，史工书翰，善为诗词彬彬，有文士风采。清乾隆十九年（1754年）进取第5名武庠；乾隆二十四年，乡试中第四名举人（经魁）；乾隆三十一年，会试中第六名进士（武进士），钦点花翎侍卫第四名；乾隆三十二年，钦赐銮仪卫行走，从圣驾木兰出围。乾隆三十四年任湖北卫昌营游击，乾隆三十五年任湖南镇筸游击，乾隆三十六年诰授武巽大夫，乾隆三十九年任湖北襄阳干州黄靳湫协镇副将，武闱同主试管。乾隆四十年告假返乡（民间传说是因遭陷害，被革职回乡后被追封为武状元）。嘉庆十一年（1806年）病逝于杭城，终年69岁，葬于驷马桥旁。

张长泰

张长泰（1766—1848年），字恒雍，号融轩，中村村人。性情清静、善良勤俭、喜读诗文、交友均是正人君子。清乾隆四十九年（1784年）中武庠，乾隆五十四年，登乡榜中第37名举人。乾隆五十九年任督标右营千总，嘉庆二年（1797年）任建宁中营守备，嘉庆十年任延平右营千总，嘉庆十一年出师台湾，船行途中遇险，众人惊惧，他镇静自如，泰然处之。嘉庆十五年任延平都司，在任以德待民率兵捕盗，对盗贼晓之以理、动之以情予以感化，遂使盗贼感恩涕泣，改过自新。

华时中

华时中（1782—1848年），华家村人。字徵庸，号榕轩。清嘉庆二十一年（1816年）中举人，道光三年（1823年）登进士。道光七年至十九年，连续四任安徽宁国府太平县知县，候补直隶晋州知州。其间，遵循“修身、齐家、治国、平天下”的理念，从“修身”做起，律己甚严，襟怀坦荡，以息民讼著称，“凭心理法情”。到任初期，他发现积案甚多，影响社会的安定和谐，便从中拿出一件历百年而未解决的富豪占房积案，决心突破这个“顽疾”来打开局面。他不厌其烦地阅历次审案卷，理清双方争议症结所在，在查清争议双方症结后，开庭判决：以适当房价银归还给原业主，双方口服心服。消息传开，前来请清积案的络绎不绝，他随到随审，不到百日，判决积案百余件。民众大为叹服。他在审理的过程中，不畏权势，不谋私利，铁面无私，秉公执法。其公正廉明的形象，深为百姓和士绅所称道。他们敬献一联，以感其德，联曰：“果达艺兼全，一日能销三尺案；清慎勤并著，寸心可对九重天”。

在办理公事之余，常与县学诸生共同校勘古书文籍，还多次捐资供给贫困生员，奖励后学，使之专心向学。由于精心培育，道光十四年，全县登甲榜的有三名，一改70多年无人中进士的落后状况。道光十四年任乡试同考官，所荐中举都属知名人士，深得士子称誉。道光八年，华嵒曾孙华世琮、华世璟将华嵒诗稿呈送华时中，华时中感叹诗稿“真神品也！”于是将其校阅，于道光十六年刊行《离垢集》五卷。

华时中一生热于助人，好义从公，且有胆识，遇事敢为。如会元焦春宇，主政孙瑞鳞，举人项樊昭、崔文泰、李馥等均是他平日所器重并曾帮助过的生员。同乡举人袁礼修、邹志中入京应试，客死京都旅舍，身无余物。那时，华时中也正好在京都，见此形式，他义无反顾，毅然发起捐助，募集资金，为之殡殓尽礼，将灵柩安全运回到故里安葬，还将余款全数送给其家人。此一义举，广为百姓称道，传为美谈。

华时中在太平县连任四个任期，因“处事寡营谋”，不谙官场权术，虽政绩斐然，却一直在知县的位置上挂着候补知州的空衔。四个任期届满，华时中辞官归里。当他离开太平县时，当地生员和百姓，还特地制了一把“万民伞”送给他，以表达太平县民众对他的敬爱和感激之情。足见其人品之高！

华时中自登进士至赴任期间，在家乡整合闽汀华氏谱牒资源，编纂《闽汀华氏族谱》，筹资兴建汀州华氏祠堂。辞官归里后，仍十分重视开民智，不遗余力发展家乡文化教育事业。道光二十二年七月，县学宫毁于水，他倡议复修，还带头筹资在县城建念典堂，并将余资置儒庄26处。他倡议族人捐资在村里创建

“歌风馆”书院，购置儒资田，以供书院日常开支，亲自为学子授课。整合闽汀华氏谱牒资源，编纂《闽汀华氏族谱》，筹资兴建汀州华氏祠堂，兴建文昌阁，重建石溪祖祠等。晚年还努力写作著书，著有《典制粹精史论》《摭余慎余堂文集》等。华时中留下许多自喻楹联，如“处世寡营谋，一生清福茶烟酒；居官无矫揉，十载凭心理法情。”“圣贤有教，修身可以齐家；天地无私，为善自然获福。”等，表白自己清正廉洁、公正执法的为人为官之道；用儒家的基本理念‘修身’和佛家的基本理念‘为善’来戒勉子孙。

道光二十八年，华时中病逝于家，享年66岁。

张镜荣

张镜荣（1878—?），字荣芳，号英初，中村村人。清光绪二十年（1898年）中12名邑庠，宣统二年（1910年）修业全闽法政别科。宣统三年10月，任延平郡道彭扎随员，11月任庶务官兼裁判官。民国元年（1912年）2月，任延平府统计官，4月任永安县知事。民国2年，卸任回乡任上杭县议事会议长兼县禁烟局副局长，民国4年辞职。镜荣秉性刚直、仁慈宽厚、淡泊人生、治家严谨，深爱教育事业，民国2年倡议并主持创办中村成德学校，培育人才。

傅赉弼

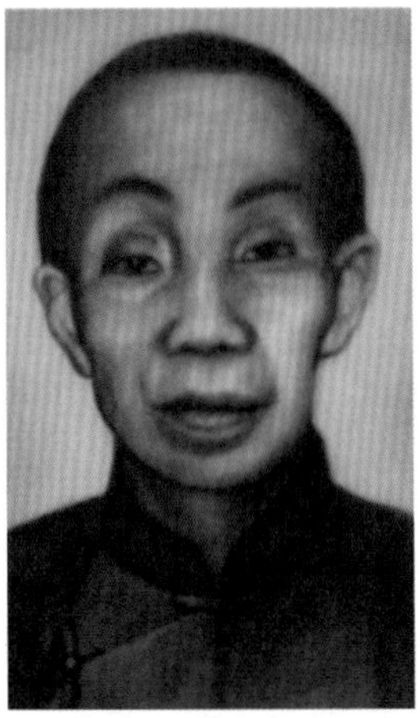

傅赉弼（1879—1941年），字桂棠，号丹初，别署知稼山人，蛟洋村人。清光绪间郡优廪生，宣统元年（1909年）己酉科府学选拔贡。同年他应聘于汀州府立中学任国语教员。民国元年（1912年），受聘上杭县立中学（今上杭一中前身）首任校长。任职十年他敢为人先，进学府选第一文登八闽校士录，传诵一时；带领教职员工白手起家，兴学育人，造就甚多，成材甚众。民国初年，县议事会成立，他以县立中学校长的身份被选为首届县议事会议员。

民国17年后，家乡惨遭国民党军摧残，他家祖屋和家藏书籍诗作及财产均被焚毁，他却动员夫人丘美兰出任区苏维埃政府妇女会主任。

民国18年6月，红四军创办蛟洋红军医院，他主动把“知稼山庄”后楼的自住房让出来收治红军伤病员。同年9月，军长朱德等红四军官兵曾住在他家。

民国20年，赉弼惨遭家难，夫人丘美兰蒙“社党”罪名惨遭杀害（1985年，中共福建省委为她冤案平反，恢复名誉）。他处境异常险恶，无奈背井离乡，颠沛流离，辟地泉、厦、江、浙等地躲过劫难。

民国年间上杭议修县志，“民国县志始，溯自民国6年迄今，时阅二十二载，局开三次，费近万金”，几易其人，未成其稿。民国25年夏，赉弼应新成立的上杭县修志委员会多次之邀，从浙江返回县城任副编纂，和总纂丘复等10人参与编修完成36卷志书，于民国27年出版发行。

赉弼知识渊博，嗜好吟咏，提倡风雅。“静读离骚万象该，蓬门懒为俗人开，无端忽触推敲兴，传得新诗一纸来”。他的诗饶有风韵，且多雄豪悲壮句。他曾结“鸡声诗社”吟咏以对，极一时唱酬之盛。他的《知稼山人原唱》诗曰：“胡元远逐六师张，还我河山祚正长；一雪宋人亡国耻，中华日月喜重光”“绥安西域卅余年，伟略曾留里海边；不负立功投笔志，玉关生入已皤然”“力撑危局守维扬，十日屠城痛国殇，碧化孤臣明社屋，梅花千古沁寒香”。字里行间充满着爱国爱乡的深厚情怀。他所作40多首诗被收录于《古蛟诗选》，其前不可得。60岁时作《六十感言》诗和者甚众。

赉弼生长农家，品端学醇，自称“知稼山人”。他兴学治校极富名儒风范，且矢志如一，保持着农家人的本色。“满院花栽知稼墙”“还乡尤爱课农田”“良材輙令随山植”。晚年仍倡种果木油桐甚力。

民国30年春，赉弼病逝于家。华彩琛赋《哭丹初夫子》诗云：“少微星殒满城惊，凄绝愁听杜宇声；四载师门感恩厚，抚棺一恸泪千行”“一抔土从此长埋毕竟难埋惟姓字，七尺躯任他速朽须知不朽在文章”。

袁国嘉

袁国嘉（1890—1940年），字石珍，号云泰，坪埔村人。曾出席红四军党的第九次代表大会（古田会议）。

袁国嘉虽然出身贫苦，但他勤奋好学，知书达理。青壮年时期思想进步，工作认真，为人忠厚，乐于助人，颇受乡人尊敬。民国16年（1927年），蛟洋村进步知识分子傅柏翠回家乡把农民运动的烈火点燃，袁国嘉深受影响，积极投身革命，是由傅柏翠最早介绍入党的党员之一。袁国嘉加入党组织后，积极宣传革命思想，发动群众，组织农会，开展抗税、减租、退租的斗争。

民国17年6月25日，袁国嘉参加了中共上杭县委和傅柏翠等人领导的蛟洋暴动。蛟洋暴动受挫后，协助傅柏翠处理重要事务，受到称赞。

袁国嘉生性忠良，为事牢靠，担任苏维埃政府主席，工作认真负责，成为毛泽东的朋友。毛泽东去苏家陂之后，在一次会议上表扬了坪埔村赤卫队员的工作。

民国18年12月，红四军党的第九次代表大会在古田召开，应出席会议的代表傅柏翠因家中有事未能出席会议，受傅柏翠的指派，袁国嘉和傅增来代表北四区出席了古田会议。

“古蛟自治”时期，袁国嘉以其事业心和管理才能，被傅柏翠任用为模坑炼铁厂负责人连续工作了八九年，尽心尽责抓好各项事务的管理，取得显著的工作业绩。

民国29年，袁国嘉突发急病，不久在家病逝。

傅赞谟

傅赞谟（1890—1995年），字际陶，号相甫，蛟洋村人。年长随长兄赴上海和浙江一带，在其兄药铺当学徒。闲暇时熟读《汤头歌诀》，每遇病人寻医，处方信手拈来，深得其兄信任。在上海他初识西医。观西方矿物药和针剂注射之功效殊异，乃欲必得其理而后快，昼夜刻苦，潜心研习，聪颖而极具悟性的他自学成才，成为古蛟一带最早的西医并名传上杭、连城、龙岩三县各地。

民国18年（1929年）6月，他被农会推荐到根据毛泽东指示在蛟洋傅氏宗祠创建的闽西红军医院，是医院唯一的既懂中医又懂西医的医生；他用精湛的医疗技术，中、西、草药并用，治疗好许多红军伤病员的枪伤、弹伤。因战争形势，半年后，红军医院迁移，他还随医院、伤病员一起先后搬迁小吴地、小池、大洋坝等地。

民国期间，乡村缺医少药，医用酒精奇缺，他大胆创新，自建酒精生产锅炉，生产的酒精纯度达98%，改变古蛟一带医用酒精严重缺乏的现状。为了解决日益增加的家庭人口生计问题，他租赁稻田，引进漳州芦柑树种，种植数十亩，效益显著，一时引人效仿，既改善当地农业生产结构，又增加了收入。

他开诊所自定规矩，有穷苦群众就医，一律免收诊费，确有困难者减收药费。

每遇过路灾民或乞讨流浪人员也不拒之门外，尽力救助。

傅赞谟享年 105 岁，为蛟洋男子长寿第一人。他长寿跨百秘诀：常怀仁爱之心、感恩之心、恬淡之心；常练自创之老年健身操而不懈；不沾茶烟酒之陋习；不食过量之饮食；炊事、浆洗之事，从来亲力亲为；儿孙绕膝，从不嗔怒；向往山水，不忌高龄；喜好戏曲，不辟地远。尤以生死之念，虚怀达观，已然忘我。

傅柏翠

傅柏翠（1896—1993 年），又名秀中，蛟洋村人，是一位极富传奇色彩的中共党史人物。他天资聪颖，7 岁破蒙读书，学业精进。宣统三年（1911 年）考入福建高等预科学校，并在当年加入了同盟会。民国元年（1912 年）就读于福州海滨法政学校。民国 3 年，自费东渡日本留学，就读于日本政法专科学校。民国 4 年，参加了反对“二十一条”的罢课归国运动。次年返回日本继续学习，民国 6 年，学成回国。在日本留学期间，见过孙中山，接受孙中山的革命思想，加入了中国国民党的前身中华革命党。

傅柏翠于民国 7 年获得了政府签发的律师证书，民国 8 年在上杭县城组织了历史上第一家律师事务所“法学社”，通过与进步青年和学生联系，阅读进步刊物，接受马克思主义思想。民国 15 年，出任中国国民党上杭县党部常委兼秘书。民国 16 年，上杭发生国民党右派的“五七清党”事件，屠杀中共党员和国民党左派人士，他侥幸脱险。

民国 16 年 8 月，在政治局势紧急时期，傅柏翠经罗明和陈祖康介绍，加入了中国共产党。与罗明一同到上杭城迎接南昌起义军，积极协助办供给和运输等。他随后回到蛟洋，积极发展中共组织，开展农民运动，并带头把自家土地拿出来与农民平均分配。民国 17 年 6 月 25 日，发动了著名的闽西四大暴动之一的“蛟洋农民暴动”，揭开了上杭人民武装斗争的序幕。民国 18 年 5 月，傅柏翠迎接朱德、毛泽东率领的红四军第二次到闽西，直下龙岩上杭。6 月，由傅柏翠领导的红军第 59 团等闽西地方武装，升编为红四军第四纵队，傅柏翠首任纵队司令员，后任党代表，并在红四军党的“七大”“八大”会上当选为红四军前委委员。

傅柏翠是闽西革命武装和闽西革命根据地的主要创建者和领导者之一，得到毛泽东、朱德和陈毅等人的倚重。毛泽东称他是“大名鼎鼎的闽西傅先生”。民国 19 年 1 月，红四军转战江西，毛泽东要求傅柏翠跟部队一起行军，但他家乡观念强烈，执意留守家乡，极力推行共生产、共消费的“农村共产团”试验。

傅柏翠因与中共闽西特委某些领导人有意见分歧，他采取了消极的态度，拒绝出任闽西苏维埃政府执委、财经部部长，留在蛟洋搞农村共产主义试验。民国 19 年底，在傅柏翠的缺席状况下，被闽西中共组织宣布开除其党籍。民国 20 年初，闽西苏区发生“肃清社会民主党”的大冤案，傅柏翠被诬指为闽西“社会民主党首领”、古蛟地区为“社会民主党巢穴”。3 月，闽西苏维埃裁判部长林一株，竟率闽西红 12 军独立团及永定、上杭两县的赤卫大队共 2500 余人枪，分两路攻打古蛟，武力讨伐傅柏翠及北四区的“叛逆分子”。傅柏翠不愿意与农民兄弟打仗，即率数百人队伍退入深山。林一株进据古蛟 3 个月之久，至古蛟地区有 100 多人被冤杀。迫使当年“闽西大名鼎鼎的共产党人”傅柏翠和闽西苏区火红的中心地蛟洋，被逼走坎坷不平、艰难曲折之路。傅柏翠和古蛟地区是“被推离了革命”的受害者。

民国 23 年，傅柏翠参加了李济深、陈铭枢、蔡廷锴等人在福州发动的“福建事变”，就任闽西善后委员会（后改为善后处）委员。“福建事变”失败后，蔡廷锴等人到蛟洋，送给他 1000 余支马枪和 21 两黄金。1959 年 4 月，傅柏翠出席全国政协第一次会议时，拜见民革中央副主席蔡廷锴，当面归还剩余 17 两黄金，蔡不收；后傅柏翠以蔡廷锴的名义全部献给了国家。

傅柏翠被推离革命队伍后，仍心向革命，成为特定历史时期“白皮红心”式的典型人物。在闽西三年游击战争和抗日战争期间，傅柏翠与中共组织及红军游击队达成了互相协作的秘密协议。中共的谭震林、王直、陈茂辉等当事人，评价傅柏翠对于红军在闽西的三年游击战争是“有功的”。

傅柏翠淡泊名利，一直不愿为官。在政治斗争夹缝中求生存的条件下，又值抗日救国、国共合作的时期，被国民党福建省主席陈仪、刘建绪先后邀请，不情愿地出任过永定县长（1939年任期4个月）、宁化县长（1944年任期半年）及福建省保安第11团团长（任期1941—1942.4）。赴任永定前，他同闽西的中共负责人打招呼，到任后两次释放被关押的中共人员，并掩护了一支中共游击队。赴任宁化，把他名下薪资交给救济院，他只当个“义工县长”；他关心民众生活，筹资创办了县城第一座碾米厂，还对匪患采取招安政策，使其时县境呈现社会秩序的安定。任省保安团长时，倚重着被强制编入其中第一、二大队的古蛟“抗日志愿兵”力量，有半年间实做调停“杭武事件”，顺利平息后，请辞团长职未准，团务便交给中校团副代行，自己回到蛟洋，这竟导致“王涛事件”发生，即保安团的第三大队（不是古蛟志愿兵）被反共势力用于袭杀中共闽西特委书记王涛，使傅柏翠难辞其咎，困扰良久。

20世纪三四十年代，傅柏翠苦心经营古田蛟洋地区，提出“一切以农民利益为中心”的口号，坚持走“农村社会主义道路”。他把苏维埃时期建立起来的各项规章制度加以改造，进行了政治、经济、文化教育、卫生、社会福利、武装和治安等各方面事业的建设。实行“耕者有其田”，保留按人口分田的制度；创办了各类小型工业企业和生产合作社，开辟郭车、西山下等新圩场；植树造林，保护环境，保护河道；关心群众生活，实行婚姻自由；重视文化教育以及其他各项社会事业，筹建私立古蛟初级中学，以后又办郭车小学，提倡教书育人；成立了乡村警察所，维持秩序；在庄背岭、蛟洋圩建立了烈士祠、纪念亭，进行革命传统教育；从而使古蛟地区的经济发展，民生发达，民众安居乐业，社会稳定，风尚良好，成为闽西一方的“世外桃源”“独立王国”。

随着人民解放战争的节节胜利，傅柏翠审时度势，策动闽西起义，于1949年5月22日，和练惕生、李汉冲等人在上杭通电，宣布脱离国民党，接受共产党的领导。成立了闽西义勇军临时行动委员会，傅柏翠任主任委员，迎接人民解放军南下，协助中共组织接管闽西全境。

新中国成立后，傅柏翠得到毛泽东的亲自过问和关照，走出家门，参加了新中国建设工作，历任福建省人民法院院长、省文史研究馆馆长、省人大常委会副主任、民革福建省主任委员、民革中央委员等职。傅柏翠为人正派，工作热情认真，生活简朴，待人谦和。在新中国成立后的40多年工作生涯中，他恪守为人民服务宗旨，不顾年老体衰，关心国家大事，为社会主义建设事业和党的统一战线工作做出了宝贵的贡献。1985年5月，中共福建省委为傅柏翠1931年被诬指为“闽西社会民主党首领”这个历史冤案平反，恢复名誉。1986年1月，傅柏翠90高龄重新加入中国共产党。

傅柏翠文化底蕴深厚，诗词功底扎实，爱好吟诗作对，有《柏翠诗集》存世，并撰写了很多革命回忆史料。

1993年1月30日，傅柏翠在福州逝世，享年97岁。中共福建省委领导人贾庆林等前往吊唁。

袁梅招

袁梅招（1898—1976年），女，革命接头户，贵竹村人。上杭县第一、二、三届人大代表。

民国20年（1931年），她与丈夫华远成（后评为革命烈士）一起参加红军游击队，成为革命接头户之一。民国21年，由于叛徒的告密，丈夫不幸惨遭国民党民团杀害，但她仍然坚强地带着两个年幼的孩子，早出晚归、辛苦劳作，节衣省食继续做好革命接头户工作，经常借着上山砍柴的机会为游击队送粮食、衣物、药品。民国 23 年 6 月的一天，支队政委谭震林和队长蓝荣玉带着游击队战士们来向她告别，当她得知因情况紧急，战士们连夜空着肚子下山，连一口水也没来得及喝时，她万分难过，说话也哽咽了，用她那颤抖的双手从床底下摸出一小袋米和一坛久藏的腌菜交给蓝队长，要他们熬些稀粥让战士们充饥。当谭政委拿出两块光洋让她收下时，她怎么也不肯收下，政委和队长只好依依惜别，带领战士们踏上新的征途。

新中国成立后，她积极参加土改工作，光荣地加入了中国共产党，成为一名杰出的妇女干部。

傅增来

傅增来（1901—1945 年），蛟洋村人，少时家贫未上学，缺少文化，但喜欢练拳习武，常为村中或毗邻村的事而出头露面讨“不平”。20 多岁加入农民协会并担任会长，是北四区较早发展的共产党员之一。

民国 17 年（1928 年）6 月，傅增来参加蛟洋暴动，为“敢死队”队员。蛟洋暴动当日，暴动队伍在蛟洋与塘厦交界的黄泥岗打击来犯之敌，因敌我武器悬殊，暴动队伍与来犯之敌激战数小时后准备撤退。当时有一位队员要冲向敌人与之决战，傅增来为了阻止那位战友并劝其快撤退。就在这时，敌人的一颗子弹飞来，从傅增来的头顶穿过，头上戴的斗笠被打了一个洞。

蛟洋暴动受挫后，傅增来被迫外出逃到长汀做工时，见到了红军队伍，听到、看到红军是为劳苦大众的。回到蛟洋后他积极参加农会，加入共产党组织，担任农会会长，协助傅柏翠参与古蛟区的农运工作。有一次，在区委听到一个消息，说是旧县有土匪抢了 4 担鸦片，傅增来就召集了 10 多位蛟洋农民军的同志前往旧县打土匪，收缴了土匪抢去的 4 担鸦片。他们将鸦片变卖，买回粮食送给红军，改善部队生活。

民国 18 年 7 月，毛泽东来蛟洋指导召开中共闽西第一次代表大会。傅增来家在文昌阁对面，他作为区农会代表，负责照顾红四军前委来的同志，天天值勤，负责给毛泽东等人做饭、炒菜。傅增来很听毛泽东的话，叫他干啥他都乐意干。闽西“一大”闭幕后，毛泽东离开文昌阁时还送傅增来一床军用棉被和一个小巧的枕头皮箱。

民国 18 年 12 月，傅增来受傅柏翠的委托以临时代表的身份，到古田出席红四军第九次党代会（即著名的“古田会议”）。

民国 21 年，蔡廷锴委托傅柏翠在蛟洋建“避贤庐”，傅增来负责管理财务，“避贤庐”建好后，因家庭负担过重，傅增来回家务农并兼开小店做些买卖。民国 24 年，傅增来得了“肺痨病”。民国 34 年在家去世。

林凤招

林凤招（1902—1982 年），女，共产党员，革命接头户，贵竹村人。福建省第五届人大代表，上杭县第七、八届人大代表。

民国 21 年（1932 年），她与丈夫张新周（后评为革命烈士）一起参加红军，负责红七支队的给养，担任联络员工作。她积极配合丈夫做好部队采购工作，为红军游击队送米、送药、送情报。为了采购消炎药和枪伤药，她只身深入国民党联保办事处驻地文都村，靠她的智慧和勇敢，每次都能巧妙地躲过敌人岗哨的盘查，胜利地完成药材采购任务。民国 23 年 5 月丈夫被叛徒出卖壮烈牺牲后，她仍然坚强地担当革命接头户的工作，仍然整天携男带女奔波在深山密林中，直到红军北上抗日，红一军团撤离双髻山游击区。新中国成立后，党和政府给予了她至高的荣誉，先后当选为省人大代表和县人大代表。1953 年和 1958 年，时任福建省副省长兼省监察厅长的蓝荣玉，先后两次专程到贵竹村看望她。

林淇禄

林淇禄（1906—1971 年），贵竹村人。参加过农民暴动。民国 18 年（1929 年）10 月，他由华义堂、华林书介绍，光荣地加入了中国共产党，先后担任过北三区苏维埃农会主席，乡苏维埃政府财政委员，赤卫队政治委员，带领贫苦农民打土豪分田地，建立红色政权。民国时期历任过云田乡、白砂乡、华洋乡乡长等职。民国 38 年 5 月，参加傅柏翠等人领导的闽西军政人员起义。1950 年，参加土改工作，任上杭县土改工作团第二分团主任；1951 年，当选为古蛟区第一任区长兼古蛟中学董事长；1953 年，任古田供销社主任；1954 年，因历史问题被开除党籍，1955 年，被判刑 15 年，1970 年劳改释放，1985 年平反，恢复名誉。

傅纬武

傅纬武（1907—1998 年），原名傅衍鑫，崇头村人。民国 13 年 (1924)，加入中国国民党；同年获保送资格至上海大学社会系深造， 15 年奉命回龙岩参加国民革命军北伐。17 年立法院担任书记，20 年任国民政府一等科员，21 年任文官处文书局科员，担任主席机要，并兼管国玺印信，26 年随南京政府迁重庆，担任文书局第三科科长，任记录要职。获国民党中央政府颁发的效力国民革命十年以上卓有勋绩证书、景星勋章；日本无条件投降，获颁胜利勋章。民国 34 年 8 月 15 日，日本战败并签署《降伏文书》，傅纬武参与国民政府从重庆往台湾接收公务。同年 12 月 27 日首任澎湖县县长。1950 年 8 月，傅纬武辞去官职，调任桃园县立大溪初级中学第三任校长。20 余年间，力求充实设备，安定人事，革新校务，加强教学，良好校风得以树立，校誉因而蒸蒸日上，桃园、中坜、龙潭、莺歌、三峡、复兴各乡镇子弟纷纷到校受教，学生人数骤增。

傅纬武 1977 年退休后担任红十字会桃园县支会总干事，长达 20 年之久，可见其热心地方事务之心意。傅纬武生于忧患，长于烽火，被颂为“儒者风骨，与人为善；忠勤任事，清廉自持；博爱大众，有教无类；培植学子，功凝教育；厚德高寿，兰桂腾芳”。

傅松茂

傅松茂（1909—1955 年），蛟洋村人，是闽西起义发起人之一，革命烈士傅显仁后代。他小时候就常跟着父兄为百姓群众学做事。民国 17 年（1928 年），19 岁的他跟随父亲傅显仁从事革命活动，参加“蛟洋暴动”。“蛟洋暴动”受到了国民党残酷镇压，身为区农会主席的其父傅显仁被敌人抓获并押往古田圩杀害并斩首，示众多日。国民党的暴行并没有吓倒傅松茂，反而更增强了他的革命斗志，他成为闽西红军第 7 军 59 团的一名战士，英勇善战，逐步提升为小队长、分队长、大队长等。民国 18 年 71 月中旬，傅松茂担任红四军第四纵队第七支队党代表，从此转战于闽西各地。尤其在攻占“铁上杭”的战斗中，四纵队配合粟裕率领的一纵队负责主攻南门，他们冒着敌人炮火，越过汀江浮桥，强制突入南门，一举歼灭了守敌，取得了胜利。

“古蛟自治”时期，傅松茂是古蛟自卫队总队长。抗日战争时期被委派到汀漳师管区任营长，驻龙岩一带，期间经常秘密地和当时在龙岩领导红军游击队战斗的共产党人张鼎丞、谭震林等联络，互通有关信息，并在物资上尽力支持，为革命做些力所能及的工作；傅柏翠任保安团长时他曾受命任大队长等职。民国 31 年离开部队，在上杭、潮汕一带做土纸、米、盐等生意。

民国 38 年 5 月，傅柏翠等人组织发动了闽西起义，傅松茂积极参与其中，为起义的发起人之一，为闽西的解放贡献了一分力量。

新中国成立后，1950 年任蛟洋乡人民政府副乡长。1952 年，傅松茂遭逮捕，并于 1955 年被处以极刑。1980 年，傅松茂的冤案终于得到平反，宣告无罪，按起义人员对待。

邹纯忠

邹纯忠（1910—1969 年），字太勋，塘厦村人。民国 16 年（1927 年）上杭县立中学毕业后回村教书。民国 17 年 1 月，投考黄埔军校，为黄埔军校学员。先后在国民革命军 26 师、黄埔失业同学管理委员会、蒙疆训练班任司书（文书）。民国 18 年 10 月至 20 年 6 月，先后在河北沙河县、山东朱陵县政府任职。民国 20 年 7 月至 11 月任南京铁道训练班司书，同时进入文化大学学习。民国 20 年 12 月至 24 年 3 月任国民革命军总司令部侍卫总队司书（民国 21 年国民革命军总司令部侍卫总队改称国民革命军军委会特务团政训处）。民国 24 年 4 月至民国 38 年 1 月，先后在江西省河口地方法院、立煌地方法院、安徽省高等法院任推事兼书记官。民国 31 年加入国民党组织，民国 35 年至 38 年 8 月，任国民党安徽省党部 19 分区（高等法院）书记。1950 年夏，回到蛟洋塘厦。1969 年病故。

张希尧

张希尧（1914—2008 年），苏康村人。民国 21 年（1932 年）2 月参加中国工农红军，红十二军十六师二团通讯员；次年 2 月，调红十二军十六师宣传员；同年，加入中国共产主义青年团；民国 23 年，转为中国共产党党员；同年 5 月，调红一军团一师三团团部任警卫员；民国 24 年 2 月，调红一军团一师师部任警卫员。参加了第四、五次反“围剿”战斗，担任红一方面军前敌总指挥部警卫，参与遵义会议的警卫工；长征中，先后担任过毛泽东、朱德、周恩来、林彪、聂荣臻、罗荣桓、陈赓、左权等红军将领的安全保卫任务。抗日战争时期，参加平型关大战、百团大战，曾任左权、聂荣臻副官，先后任八路军 115 师通讯连指导员；任晋察冀军区教导团一营副营长；任冀中八分区新兵团副团长；民国 31 年 5 月，参加“抗大”学习后，任松江军区哈东军分区副司令员。解放战争时期，先后任延寿地区剿匪司令部司令员，五常地区独立团团长，松江军区独立八团团长，第四野战军 10 纵队 206 师 3 团团长，168 师 502 团团长。1950 年 2 月，任 18 师 52 团团长。参加抗美援朝，1951年3月，任公安18师副师长。1958年8月，任黑龙江公安一团副团长；1969年，任河北廊坊军分区司令员。1955年，被授予大尉军衔，后晋升为大校军衔。同年，荣授三级八一勋章、二级独立自由勋章、三级解放勋章。1988年，中央军委授予二级红星荣誉勋章。2005年，中共中央、国务院、中央军委授予中国人民抗日战争胜利60周年纪念章。2008年9月逝世，享年94岁。

张森芳

张森芳（1932—2010年），中村村人。沈阳无线电学院毕业，中共党员。1951年，参加中国人民解放军，在空军832部队先后担任技师、科长等职，因工作表现突出，曾先后荣立二等功一次，三等功三次。1972年，转业到电子工业部第42研究所担任两年技师、处长等职，1980年退休。2010年因病在安徽蚌埠逝世，享年78岁。

第二节　人物简介

一、正处级以上领导干部

邓剑雄　民国17年（1928年）10月生，东乾村人。龙岩地区技工学校（今龙岩技师学院）正处级离休干部。1949年参加闽西武装起义后，被安排在中国人民解放军闽西义勇军政治部工作；参加解放长汀县时被任命为第一挺进队（主力团2000多人）政工队队长，先后在连城、上杭等地参加革命斗争活动。11月，被中共闽西地委任命为长汀工作队长，1950年后任河田区、大同区区长。11月成立汀北三县毗邻（长汀、宁化、石城）剿匪指挥部时任副指挥、副队长；剿匪胜利后，调长汀县人民政府任秘书。1957年被打成“右派”下放农场劳动，1978年平反，安排在龙岩地区技工学校工作；曾被评为福建省技工教育先进工作者；1984年离休。2010年，被中共龙岩市委组织部、老干局授予“全市离退休干部先进个人”荣誉称号。邓剑雄事迹被先后编入《共和国史册上的优秀儿女》《中国当代优秀儿女》《中国转业军官风采录》《热血铸军魂》《楷模》《中华民族的榜样》《福建省闽粤赣边区革命史》《世界华人杰出文化名人》等。

张启腾　民国34年（1945年）生，再兴村人。1969年东北大学毕业，分配到辽宁省本溪钢铁（集团）公司工作；1995年中国科学院干部管理学院毕业（函授）。先后担任辽宁本溪钢铁（集团）公司科长、处长、厂长、党委书记；后任中共南芬区委书记、区政协主席；2005年退休。曾参与辽宁省《中共历次重大事件》一书的编写工作。有多篇党建方面论文被编入辽宁人民出版社《企业思想政治工作》。

张文丕　1951年7月生，中村村人。南昌陆军学院毕业，中共党员，1972年参加中国人民解放军，在32834部队先后担任排、连、营职干部，曾被树为雷锋式干部，并先后多次荣立三等功，多次受到部队嘉奖。1986年转业到机械电子工业部第四十研究所工作，先后担任科长、所长（正处）等职。

华炳荣　1952年1月生，小和村人。1970年12月参加中国人民解放军，先后任战士、技师、副指导员。1985年，在云南砚山轮战中荣立三等功一次。部队转业后，先后担任大连市甘井子区工商局人事科干事，区委组织部干事，区机关事业服务中心主任，区矿产资源管理办公室主任，区规划和国土资源局副局长，大连市国土房屋局甘子分局副局长，调研员（正处）。

张启松　1957年5月生，苏康村人。1976年2月参加中国人民解放军，1978年10月入党。先后在空军崇安、连城、漳州机场服役，历任战士、排长、指导员、教导员、政治处主任、政委。1996年参加空军“联合96”演习、2000年空八军年度综合评比，分别荣立三等功。2003年12月，转业到福州市公安局工作，任副调研员；2006年12月，被福州市公安局评为“优秀人民警察”。

郭守尧　1962年3月生，丰年村人。1983年7月，空军第二高射炮兵学院（现空军导弹学院）毕业，分配到原福州军区空军地空导弹某团（现为南京军区空军地空导弹某团），历任排长、连长、营长、团参谋长、副团长、团长。期间多次带领部队参加军事演习和实弹打靶，多次立功受奖。1994年3月至1996年1月，被选送到俄罗斯国防空军学院学习。1998年9月至2000年9月，攻读国防大学与空军指挥学院联合录取的硕士研究生。2001年3月，任空军第八军（现为空军福州指挥所）地面防空兵处处长。2006年9月，转业到福建省科学技术厅工作，后任省科技厅社会发展科技处处长。

傅旺隆 1963年1月生，蛟洋村人。1980年9月考入军队院校；曾先后就读于中国人民解放军汽车管理学院、吉林工业大学、中国人民解放军后勤指挥学院、南京政治学院，研究生学历。1985年10月加入中国共产党。军旅生涯30年，历任原昆明军区某师汽车排长、连长，中国人民解放军汽车管理学院助教、讲师，南京军区海防某师运输科长（副团职）、后勤部长（正团职）、福建省军区司机训练大队大队长（正团职）、晋江市人民武装部部长。参加了1984年中越边境收复老山战斗。2010年转业到地方工作，任中共晋江市委常委等职。在军队工作期间，多次受到嘉奖、三次荣立三等功。2010年，作为晋江市双拥模范城的驻军领导，进京受到胡锦涛总书记等政治局9位常委的接见。现任中共泉州市委农工办系统党委专职副书记（正处级）。

郑锦兴 1963年6月生，文都村人。厦门大学工商管理硕士，会计师。1993—2002年，任上杭县财政局副局长、局长；其间，1999年，被福建省人事厅、财政厅评为1997—1998年度福建省财政系统先进工作者。2002—2006年，任上杭县人民政府副县长。2006—2009年，任紫金矿业集团公司监事会主席。2009—2012年，任武平县委常委、常务副县长。2012年起，任龙岩市财政局党组书记、副局长（主持工作）、局长。

陈庆荣 1964年12月生，陈坊村人。1984年8月参加工作，在监狱系统，先后任厂长、大队长等职；2001年6月，任龙岩监狱副监狱长、龙岩青草盂水泥厂厂长（副处级）；2005年11月，任永安监狱监狱长、党委书记（正处级）；2012年6月起，任福建省闽西监狱监狱长、党委书记；三级警监。2011年，被福建省司法厅评为先进工作者。多次被省司法厅、省监狱管理局嘉奖，并获“福建省监狱系统优秀人民警察”“福建省监狱系统优秀党员”等多种荣誉称号。

张明海 1966年5月生，邹坑村人。1985年参加工作，历任中国人民财产保险股份有限公司上杭县支公司经理、龙岩市分公司副总经理；中国人寿财产保险股份有限公司龙岩市中心支公司党委书记、总经理、福建省分公司党委委员、总经理助理，中国人寿财产保险股份有限公司厦门市分公司副总经理兼纪委书记。1998年，被共青团中央评为“全国青年岗位能手”；2003年，被福建省委、省政府评为福建省第三届（2000—2002年度）创建文明行业先进个人；闽西第七届“十大杰出青年”。

傅柒生　1967年7月生，蛟洋村人。1989年毕业于厦门大学人类学系考古专业，获历史学学士学位，2005年9月至2008年6月，厦门大学历史系考古与博物馆专业在职研究生学习。1993年7月加入中国共产党，现任中共龙岩市委宣传部副部长（正处级）、研究员。国防大学、国防科技大学、南昌陆军学院、厦门大学、龙岩学院等十多所大学兼职教授。福建省第九次党代会代表，中国作协会员、福建省中共党史学会、旅游协会、省作协常务理事、省青年联合会常委，第二、三、四届龙岩市政协委员，龙岩市管拔尖人才、首批优秀人才。在古田会议纪念馆任职期间，亲自为瞻仰古田会议会址、参观古田会议纪念馆的习近平、胡锦涛、江泽民、李克强等众多党和国家领导人讲解。刻苦钻研，业务熟练，撰写出版和参加编著《军魂：古田会议纪实》《古田会议》等著作20多部，撰写了《古田会议》《古田1929》等电视文献片和数字电影剧本，发表上百篇论文，赴美国、中国台湾等地参加学术研讨会数十场次，为中央军委、国防大学、各大兵种、各大军区、福建省委学习中心组等领导和干部上课300多场次，受到高度评价，获得全国红色旅游十大人物、全省爱国主义教育示范基地工作先进工作者等多项荣誉称号。

邹宣永　1970年1月14日生，塘厦村人。1988年7月，泉州电力学校发电厂及电力系统专业毕业，毕业分配到福建安砂水电厂工作，历任团委书记、人资部主任、厂办主任；1993年6月加入中国共产党，1999年1月，任福建安砂水电厂工会主席、纪委书记、党委副书记，2005年6月，任福建金湖电力公司总经理(正处)，2006年7月，研究生毕业；2006年12月，取得高级政工师职称；2008年12月，取得高级工程师职称。2013年7月，任华电福能新源股份有限公司综合管理部(法律事务部）主任。

傅盛阳　1970年1月21日生，字耕心，号八岭山人，又号水佛，蛟洋村人。先后在厦门大学、香港公开大学学习，获文学学士、MBA硕士学位。毕业分配至中篇小说选刊杂志社，担任编辑、记者工作。后调至中国人民银行福建省分行。6年后，又调任平安保险福建分公司，历任文秘室主任、漳州中心支公司总经理，多次获得公司嘉奖。热爱文学，曾任衿秋诗社主编、鼓浪文学社理事，文学、摄影作品多次获奖。在国内外各类刊物发表文学作品、财经评论多篇，公开发表文字达10万多字，摄影作品多幅。现任中国保监会福建局稽查处处长、稽查委员会办公室主任，高级经济师。

张培和　1972年4月生，再兴村人。1990年上杭一中毕业，考入海军广州舰艇学院，毕业后分配在海军某部工作。1997年后，任海军某部舰艇副舰长、参谋、副大队长、处长（上校）等职；现任海军某部副参谋长。

袁友庆 1972年11月生，坪埔村人。上海财经大学、中央电大毕业，2012年，获美国注册管理会计师。先后任水电十三局青海指挥部主管会计、水电十局机械厂科长、中国水电十三局阿尔及利亚米纳项目部副总会计师、水电十三局机电安装分局副总会计师、水电十三局东非经理部总会计师、水电十三局财务部主任（正处）。

二、正高级专业技术职务及其他科技人员

陈哲人（1911—1981年） 贵竹村人。民国23年（1934年），中山大学毕业。毕业后，在集美高等农林学校任教师；民国31年，任蛟洋中学校长；民国33年，任福建省农学院副教授；民国38年6月至1957年12月，任龙岩农校校长；1958年1月至1962年8月，任福建省漳州绍安建设农场副场长；1962年8月—1980年5月，任福建省亚热带作物科学研究所副所长（高级农艺师5级）；1980年5月退休。1964年始，曾当选为福建省第三届、第五届人大代表；漳州市人大代表；福建省科学技术大会特邀代表；政协委员；科学技术代表。

张宗宇 民国17年（1928年）10月生，中村村人。民国37年，考入福建省立农学院。1950年4月参加中国人民解放军，同年12月赴朝参加抗美援朝战争。1952年，考入清华大学水利工程专业学习。1954年毕业，分配到水利部沈阳勘测设计院。1958年下放到辽宁省水利水电勘测设计院。从事水利工作直到退休。历任工程师，专业主任工程师，高级工程师等职。1978年，与有关部门合作，编制《全国可能最大24小时雨量等值线图》，填补了国内空白，获全国科学大会奖。1979年，参加辽宁省历史上一次特大暴雨洪水调查，提出了《“308”特大暴雨调查报告》，为该地区水利建设提供了重要的基本资料，获辽宁省科技成果三等奖。1984年，主编《辽宁省暴雨洪水查算图表》，获得辽宁省科技成果二等奖，解决辽宁省无水文实测数据地区设计洪水计算问题，在水利、铁道、交通、城建等部门得到广泛应用。1985年，他参加编制《中国最大一、六小时垣统计参数等值线图》，其中辽宁省部分由他主编，这项成果，获国家科技进步三等奖。

张汝骧 民国17年（1928年）11月生，中村村人。1951年厦门大学土木工程系毕业。曾在鞍山、北京、武汉、渡口、厦门等市冶金建筑系统人事设计施工及科研部门工作。教授，研究员级高级工程师。工作40多年来，参加了鞍钢、首钢、太钢、武钢、马钢及攀枝花钢铁基地的大型工程建设，解决了数十项重大工程技术问题。1983年，作为尖端人才引进厦门特区，任中国房屋建设开发公司厦门分公司副总工程师。主要论著有：《预应力钢结构的实验研究》《53米预应力钢栈桥》《轧板厂吊车梁加固》《折板挡墙》《太阳能蒸汽锅炉及其自动跟踪》《半蛐栓球节点网架结构》等20余篇。科技成果主要有：1.在预应力钢结构研究中，建成中国

第一座预应力钢结构，跻身于当时国际建筑的先进行列，被选入《建国十年建筑结构》及清华大学编著的教科书。2.“折板挡墙研究”“太阳能蒸汽锅炉的自动跟踪”研究项目，荣获1983年四川省及渡口市的科技成果奖。3.“半蚰栓环节点网架结构”的研究，荣获1984年四川省重大科技成果三等奖，1984年全国建筑科技成果优秀奖。科技成果已收录福建人民出版社1986年7月出版的《福建省学者暨厂长(经理)名录》。

傅希泰　民国21年（1932年）12月生，蛟洋村人。1954年3月参加监狱管理工作，先后荣获监狱系统先进工作者称号6次，获司法部四等奖一次，省监狱管理局二等奖2次，三等奖2次，科技进步奖7次，1992年、1994年，获省监狱管理局科管先进工作者称号，1987年评为高级农艺师，1992年，被司法部授予中华人民共和国人民警察三级警监。

华嘉祺　原名华福生，民国24年（1935年）12月生，华家村人。1964年哈尔滨工业大学毕业后，分配到重庆长江电工厂研究所工作，1981年任工程师，1988年，被北方工业总公司西南兵工局聘为高级工程师。现定居重庆。

华福昌　民国25年（1936年）1月生，华家村人。1960年厦门大学数学系毕业后，先后在国防部第五研究所作战研究处、四川中国人民解放军750部队（固体火箭发动机研究所）、七机部（航空航天部）第四研究院、航天部第一研究院（中国运载火箭研究院）工作。1979年，被国务院任命为弹道设计工程师。1987年，被聘为弹道研究与设计高级工程师。

华敦五　民国25年（1936年）1月生，华家村人。1954年被选送南京航空学院(现为南京航空航天大学）学习；1958年，在陕西宝鸡212厂设计所，从事苏联产品航空感应式陀螺磁罗盘改进改型工作；并在厂办业余大学教授高等数学；1959—1963年，在北京青云仪器厂（现为北京青云航空仪表公司）工作，从事缝纫机，电动机等民用产品设计，满足当时民用产品紧缺，并在业余大学教授电工原理；“文化大革命”期间下放到冲塑压车间劳动，解决了生产中许多实际问题，设计了机械去毛刺机，把生产效率提高上万倍，又设计了40吨塑压机和160吨全液压精密冲切机；1979—1983年，任该厂工艺研究所副所长，组织新工艺研究，参照英国产品设计了一台丝网绷网机，同时兼任航天工业部第三技术交流站站长；高级工程师。1983—1984年，被派往广州燕华仪器设备厂任副厂长；1984年回北京后，任厂科技委秘书长和科协秘书长，被招聘到四季青电器修造厂，从事新产品开发，曾获《室温控制器》《取液器》等多项国家专利。

傅先庆 民国25年（1936年）4月生，崇头村人。1958年福建农学院林学系毕业后留校工作，教授。奉事高等教育职业50载：1958—1988年，在福建林学院从事林学系和院部门管理工作与政治经济学、遗传育种学等多门课程教学；1979年，发起和组织学系的研究生教育（学院由此创建首个硕士学位授权点），并为该专业1979级和1980级研究生修《遗传学史》开课；1989—2001年，在福建省高等教育研究室专事高等教育研究兼管理；2002—2008年，受聘教授承担课程远程教学及省社会科学立项课题研究。主要著作有《教育创新的求索》《学路凡程》和主撰（合作）《福建高等教育发展研究》《林业社会学》等专著10本；发表《论生态文明的理论内涵与实践方向》（1997年），《教育价值·教育实体·教育知识的世纪创新》（2000年），《合作教育的形式与重点》（1991年），《树人为树木之本》（1983年）等论文200余篇；出版远程教学光盘、撰写教材、讲稿和其他文稿600万字。

傅骏美 民国27年（1938年）1月生，字扬能，号为峰，蛟洋村人。2005年收录于全国优秀人才名典。他出生在医学世家，父亲傅赞谟是古蛟地区的第一位西医，民国18年曾在蛟洋红军医院任医官。1959年，考入福建医学院（今福建医大）医疗系学习。毕业后到宁化安远社教分团参加社会主义教育运动。后到永安向阳伐木场卫生所、永安卫生局医药卫生研究所、永安林业局、永安市立医院、永安市卫生防疫站工作。1992年评为副主任医师，1993年任市红十字会会长，2004年评为主任医师。先后在全国、省、市刊物发表过10多篇科研论文和调查报告，如《山楂精降脂片的试验》《无排卵型功血的中西医结合治疗》《永安林业职业健康调查报告》《永安林区肺吸虫病调查报告》《永安市八个国营伐木场恶性肿瘤死亡流行病学的调查》《二联疗法加自拟中药方治疗慢性胃炎108例》《永安林区恶性肿瘤回顾性队列调查》《永安市灭虐后期残存病例流行病学特点》等。

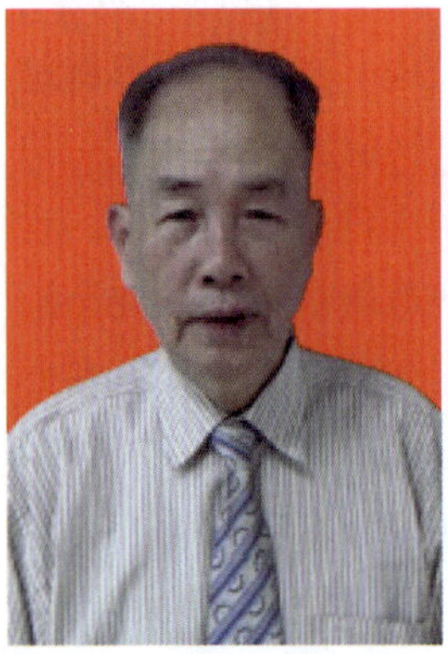

张焕腾 民国28年（1939年）9月生，再兴村人。1963年福建医科大学医疗系本科毕业，先后在武平县医院、龙岩人民医院工作。曾任武平县医院内科副主任、传染科主任；龙岩人民医院内科主任。1989年，晋升内科副主任医师，1996年，晋升内科主任医师。善于运用中西医结合方法诊治疾病。曾多次被卫生局评为先进工作者，获得群众好评。曾在《北京医学》《福建医药杂志》《海峡药学》《闽西医药》等杂志发表《血栓性血小板减少性紫癜》《紫外线照射血液疗法治疗ARDS》《激素、硫酸镁治疗支气管哮喘80例》《脑-内脏联合综合征》等论文多篇。

张金安　民国30年(1941年)3月生,中村村人。1963年厦门大学物理系毕业,分配到广州电子第七研究所工作。历任中国电子科技集团公司第七研究所专家委员会主任、研究员、原信息产业部电子第七研究所副所长。因对国家无线电通信工程技术作出突出贡献,被国务院授予享受政府特殊津贴专家。领导策划的解放军战术通信领域急需的6项国家科技进步奖,4项获得部级科技进步奖。曾代表国家多次出席国际电工委员会和国际会议,提出的《用相对法测量具有装天线发射机之间互调》的创新技术原理,填补了国际空白。在国内外学术会议和期刊发表论文《移动通信无线数字信息技术》《专用移动通信展望》《单边带发射标准试验调剂》等30多篇。

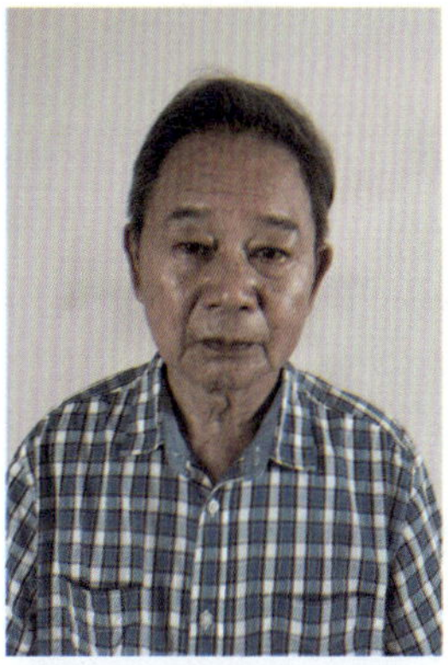

傅寿宁　民国30年（1941年）8月生，蛟洋村人。1965年毕业于福建医学院，分配到海军东海舰队福建基地当军医。1973年3月加入中国共产党，历任海军福建基地医院外科主任、副主任医师。1988年被授予专业技术上校军衔，1992年晋升为大校军衔。擅长神经外科特别是颅脑损伤的救治。因爱岗敬业，医术精湛，医德高尚，在救死扶伤的岗位上做出了骄人的业绩，先后荣立集体三等功二次；荣立二等功一次，三等功2次。被海军各级领导机关先后授予各种表彰和荣誉称号十余次。荣获1994年度福建省医学卫生科技进步二等奖，1997年度福建省促进科学技术重大贡献三等奖。被驻地媒体及广大群众称为“穿军装的白衣天使”。

华松年　民国36年（1947年）1月生，华家村人。1970年福建医学院毕业，先后在基层农村卫生院和县中医院、县人民医院从事临床医疗工作30多年。1986年，县医院率先设立急诊科，他担任科主任，在这被人们称为“生命绿色通道”的平凡而又重要的岗位上一干就是12年。曾担任古田卫生院院长和上杭县人民医院院长、党总支书记，1997年被龙岩市人事局、卫生局授予龙岩市卫生系统学习白求恩创“双十佳”活动先进工作者称号。2003年晋升为主任医师，主要医学论文《心脏神经官能症38例分析》《谷维素替代别嘌醇治疗高尿酸98例》《斑蝥制剂致肾绞痛三例报告》等在省医药杂志发表后被全国多家杂志转载。

邹开煌　1953年10月生，塘厦村人。1979年12月毕业于福建师范大学化学系，分配到福建教育学院化学教研室工作。曾任福建教育学院化生系副主任、主任，现任福建教育学院报刊社社长，《福建基础教育研究》主编，福建教育学院闽派特色教育研究所所长。先后被评为院首届十佳教师、教学名师、首席教师、师德标兵，福建省优秀共产党员、省教育系统优秀共产党员、省实施“中小学教师继续教育工程”先进个人、省“三育人”先进个人等。入选教育部“国培计划”专家库首批人选。获省基础教育课程改革教学研究成果二等奖、省高等学校教学成果二等奖。长期从事陶行知教育思想、闽派特色教育等教学教研工作。主持或参与国家课题和多项省级课题研究，发表50多篇文章，出版《求索综合实践活动常态化之路》《综合实践活动研究性学习手册》等8部著作和教材；《走进树叶吹奏艺术》现场展示课及送教下校进省内外180多所中小学，网络专递课同时进省内1230多所小学课堂。个人业余爱好树叶吹奏，曾两次登上央视舞台。

傅海香 1958年8月生，蛟洋村人，1982年福师大生物系毕业后到上杭一中任教。在30多年的教学生涯中，全身心“传道、授业、解惑”，开发学生的智力，培养学生的能力，取得显著成绩，为祖国培养了大批栋梁之材。1999年2月，被评为中学高级教师；2008年4月，被评为福建省学科带头人；2009年4月，被评为龙岩市首届名师；2011年1月，被评为龙岩市首届优秀人才。有30多篇论文在生物专业杂志（CN）上发表。

华碧春 女，1962年7月生，华家村人，1984年7月福建中医学院毕业；1989年7月福建中医学院中医学史专业硕士研究生毕业；2006年7月获医学博士学位。2004年11月至2007年2月，福建中医学院药学系临床中药学教研室中药学教授，研究生部副主任；2006年3月至2007年2月，香港浸会大学中医药学院访问研究学者。发表的主要学术文章有《中药学分段教学模式的探讨》《中医基础理论在函授〈中药学〉教学中的应用》《中医临床安全与合理用药》等。

华雪玲 女，1962年12月生，华家村人。1984年7月，福建医科大学医学系毕业，2000年晋升副主任医师，2003年晋升副教授，2006年晋升主任医师。擅长小儿哮喘、慢性咳嗽等变态反应疾病及小儿肾脏疾病的诊治。先后在国家级、省级医学专业杂志发表学术论文20余篇，主要有《儿童狼疮性肾炎肾功能衰竭预告指针》发表于《中国新药与临床杂志》；《儿童哮喘防治简易方案临床应用》发表于《福建医科大学学报》；《危险因素对哮喘、变应性鼻炎的影响》发表于《海峡预防医学杂志》；《肝素钠预防过敏性紫癜患儿肾损害的临床观察》发表于《海峡药学》；《β受体亢进综合征26例的临床分析》发表于《临床误诊误治》等。参编医学专著5部，主要有《儿科症状鉴别学》《儿科诊断和治疗常规》《中西医结合治疗变态反应疾病》，分别由人民卫生出版社、福建科技出版社出版。现为福建医科大学附属协和医院主任医师。

袁友珠 1963年1月生，坪埔村人。1982年福建林学院毕业，获工学学士学位。1986年南京林业大学硕士研究生毕业，1987年南京林业大学化学工程学院博士研究生，其间1988—1989年，参加日本近畿大学应用化学系联合培养博士研究生，2000年3月获东京大学化学系理学博士学位。1990年后，任厦门大学化学系博士后、副教授、教授、研究员、博士生导师。2000年后，任厦门大学化学系副主任、主任。2008年后，被聘为醇醚酯化工清洁生产国家工程实验室技术委员会委员，兼任厦门大学固体表面物理化学国家重点实验室和醇醚酯化工清洁生产国家工程实验室研究人员。2000年，获中国高校自然科学二等奖；2002年，获教育部优秀骨干教师称号；2003年，获厦门市拔尖人才称号；2004年，获福建省教学成果奖一等奖；2005年，获国家教学成果二等奖；2006年，入选福建省第七批百千万人才工程第三层次人选。承担包括国家自然科学基金重大和重点项目、973项目和省部委科学基金等各类科研课题20余项；以第一作者、通讯作者和合作者的身份，发表学术刊物论文百余篇，同时，获发明专利5项（中国专利2项、美国专利1项和日本特许2项）。

张永柏　1964年4月生，苏康村人。1987年毕业于厦门大学生物系，毕业后分配在龙岩地区农业科学研究所工作。2003年12月起，任农科所党委副书记兼工会主席。2010年7月，获得研究员资格，2011年4月，被聘为研究员。近10年主持完成省、市科技重点项目9项，获省、市科技成果奖3项，其中主持完成的“蝴蝶兰品种引进选育及产业化关键技术研究与示范”项目，于2010年2月荣获福建省科学技术二等奖；在省级以上CN号学术刊物发表科研论文21篇（其中省级以上学报论文8篇）。2009年，被省委组织部、人事厅、教育厅联合授予“福建省第二届长期坚持在基层工作的优秀高校毕业生”称号；2011年，荣获龙岩市技术创新人才奖，并被评为龙岩市首届优秀人才。

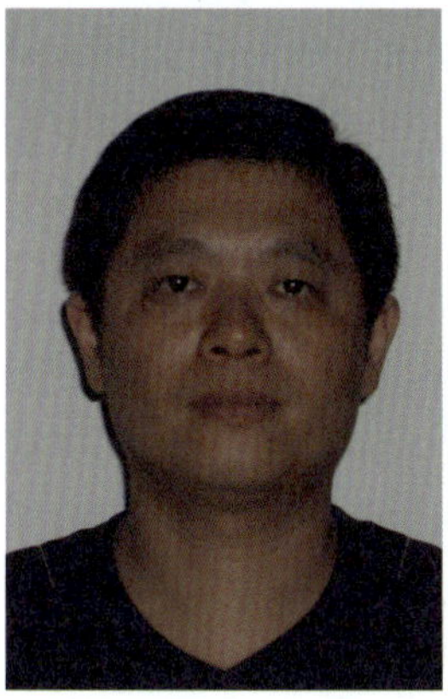

傅国兴　1965年1月生，蛟洋村人。1987年毕业于福建师范大学历史系，曾任教于才溪中学。1990年后，任教于上杭一中至今。福建省特级教师、福建省学科教学带头人、福建省中小学中青年骨干教师，龙岩市首批“名师”和“千名名师”，龙岩市优秀青年专业人才、上杭县首届优秀人才。长期担任高三历史教学工作，教学成绩突出，所教学科曾多次获平均分全省第一和学生个人历史单科全省第一。在《历史教学》《中学历史教学》《历史学习》《福建教育》《福建基础教育研究》《海峡教育报》等刊物发表数十篇论文。主编各类教材和教辅材料19种，其中，由海南出版社出版的《高中新课程同步攻略》系列、长江出版社《新课程高考历史二轮复习》、现代教育出版社《新课程高考历史一轮复习》和首都师大出版社《学海导航·高三历史一轮复习》《学海导航·高三历史二轮复习》，获得广大师生的广泛认同，深受好评。2012年，主编人民出版社《高中新课程学生自主学习评价·历史必修三》，2012—2013年，参与编写全国中小学教材审查委员会认定的北京师范大学学出版社《高中历史》教材，在全国多个省（市、自治区）使用。

邓小援　1965年9月生，东乾村人。1989年7月毕业于福建医科大学医疗专业，同年获学士学位。2011年9月，取得呼吸内科主任医师资格，现为福建医科大学附属龙岩第一医院内科主任医师，老年病科科主任，体检中心主任，中华医学会龙岩市老年医学分会会长。擅长医疗保健、呼吸系统疾病及老年病的诊疗。2002年5月，在《医学研究通讯》发表《老年人甲状腺功能亢进症误诊分析》；同年8月，在《福建医药杂志》发表《机械通气并发症58例临床分析》；2008年6月，在《中国医刊》发表《老年人阻塞性睡眠呼吸暂停低通气综合症56例分析》；2010年9月，在《中华老年医学杂志》发表《老年患者医院获得性肺炎耐药性临床分析》等论文多篇。

傅小锋 1966年2月生，蛟洋村人。科学技术部基础研究司重大科学研究计划处处长，博士、研究员。1984年7月福建师范大学地理系本科毕业后支边新疆。1984—1987年，在新疆师范大学地理系区域地理教研室任助教；1987—1993年，在中国科学院新疆地理研究所经济地理室助理研究员。1993年，考入南京大学城市与资源学系博士研究生；1997年博士毕业后，到中国科学院地理研究所从事博士后研究，副研究员；2000年调入中国21世纪议程管理中心工作，历任副处长、处长，2004年评为研究员，2005年年底调入中华人民共和国科学技术部基础研究司。发表《中国可持续发展—现状、挑战与行动》等论文50余篇，出版《绿洲经济可持续发展研究》专著1部，参与编写《中国可持续发展管理的理论与实践》等著作20余部。

张永福 1966年3月生，再兴村人。1985年7月毕业于淮南矿业学院（今安徽理工大学）；先后在中国矿业大学、上海财经大学进修法律，1990年获得律师资格。1995—1999年，先后在南京大学、德国哥廷根大学攻读研究生，获得南京大学、德国法学硕士学位。1999—2002年，回辽宁工程技术大学任教，先后任政法系副主任、法律系主任；兼任阜新市司法局副局长、仲裁员，阜新市人民政府首席法律顾问，政协委员。2002年10月始，在北京创办华沛德律师事务所，后与德权律师事务所合并，成立华沛德权律师事务所，任主任。被聘为北京市人民政府特约监督员，北京市九三学社社会法制委员会委员；现任北京市朝阳区律师协会金融证券委员会副主任，朝阳区人民政府法制办特聘法律专家。

邱海滨 1966年7月生，坪埔村人。1989年毕业于东南大学医学院，2003年在北京中医药大学研究生班学习；曾任清华大学第一附属医院科教处长，现为骨科副主任医师，创伤骨科学术带头人；中华医学会会员，科技部专家库成员，兼任《中国骨与关节损伤杂志》、《中华中西医杂志》、中华医学会“骨科在线”编委。擅长骨折创伤的诊治，其中“螺旋内固定器治疗肱骨近端骨折”“髋关节周围骨折的系列治疗”和“下胫腓韧带的分型和内固定选择”等研究均处于国内先进水平。曾在《中华骨科杂志》《中国急救杂志》《中国骨与关节损伤杂志》发表《髋关节周围骨折的诊治》等学术论文20余篇，开创性地提出了“脊柱骨折的急诊分型”和“深静脉血栓的分期”等理论。在《健康报》《健康时报》发表《腕关节骨折的老病新治》等科普文章十余篇。业余时间热心家乡的建设和客家文化的研究，为祖祠撰写对联：“崇吾祖营丘，恩承北寿；源宽宗渭水，景定南山。”在《客家》杂志连续发表《邱丘千年变迁史》《骑牛归去趁斜阳》《我为祖祠写对联》等文章，并出版《客家祖地，闽西上杭》和《诗话上杭》等书籍，为宣传家乡、传承客家文化、促进红色旅游做出了积极贡献。

傅龙顺　1966 年 10 月生，蛟洋村人。福建农学院毕业，农学学士。2000 年 12 月评为高级农艺师。现任龙岩市植保植检站副站长、龙岩市农业利用外资办公室负责人。长期从事植保技术工作，专长于农作物病虫害防治技术、农药应用推广研究和探讨，特别是在茶叶病虫害防治技术方面有丰富的实践经验，指导茶园生产出符合国家、中国台湾地区、日本、欧盟农残限量指标的茶叶产品。先后在《昆虫知识》《植保技术与推广》《福建农业科技》等杂志上发表《柑橘介壳虫及其天敌的研究概况》《有机无机复混肥在小白菜上的肥效试验》《克菌康防治大白菜软腐病试验》《几种吡虫啉类农药对稻飞虱的防治效果》《锐劲特防治水稻害虫试验初报》《茶园茶毛虫发生及其防治》《增产菌的使用》等 10 多篇专业论文。1998 年，被福建省农业厅评为“先进个人”；1999 年，获得农业部“丰收奖”三等奖；2007 年，获上杭县政府科技进步奖一等奖；2008 年，获龙岩市科学技术奖三等奖；2013 年，获农业部“全国农业先进个人”称号。

杨才生　1967 年 10 月生，文地村人。解放军第四七六医院副主任医师，专业技术 8 级文职干部（正团职）。1990 年福建医科大学临床医学本科毕业，同年入伍，1997 年解放军第一军医大学（现南方医科大学）研究生毕业，获病毒性肝炎专业医学硕士学位。现为中国抗癌协会肿瘤微创治疗专业委员会委员，从事肝脏疾病内科临床和科研工作 25 年，具有扎实的肝脏病内科基础和丰富的临床经验，专治慢性乙型肝炎、乙肝肝硬化、肝衰竭和肝癌，是福建省肝病内科领域权威专家之一。1999 年，课题《胸腺因子 D 治疗慢性乙型肝炎 1145 例》获军队临床医疗成果二等奖；2001 年，课题《除湿解酒方对大鼠慢性酒精肝损伤防护作用的实验研究》获军队科技进步三等奖。发表学术论文 34 篇（第一作者 17 篇）。第一副主编专著《病毒性肝炎》，2002 年人民卫生出版社出版，获第七届福建省自然科学优秀学术论文二等奖；主编《乙型肝炎的恐慌和对策》，2003 年人民卫生出版社出版。

傅海鹰　1968 年 6 月生，蛟洋村人。1985 年考入第一军医大学，1990 年毕业，任职解放军济南军区第 91 医院。1993 年考入第一军医大学硕士研究生，1996 年毕业，取得医学硕士学位，任职于解放军广州军区第 168 医院。2000 年，转业至广东省珠海市第二人民医院任职。长期从事临床医学工作，取得骨外科主任医师职称，受聘骨科主任职务，在脊柱、四肢的疾病及创伤的诊治方面有一定研究。

张炎安　1968 年 8 月生，再兴村人。1991 年 8 月毕业于福建医科大学医学系，同年 9 月分配到福建省龙岩市第一医院急诊科，长期从事急诊医学工作，2012 年 12 月取得主任医师资格。龙岩市第一医院急诊科主任，主任医师。担任龙岩市急诊医学住院医师规范化培训基地主任、龙岩市医学会急诊分会主任委员、福建省急诊医学分会常务委员、福建省急诊医学会中毒学组和灾害学组的委员、中国中西医结合会急诊分会特邀委员、卫生部中国初级创伤救治委员。1998 年，获福建省新长征突击手称号；2000 年 5 月，获福建省十大杰出青年志愿者、中国杰出青年志愿者称号；2013 年，获卫生部初级创伤救治培训组织贡献奖。

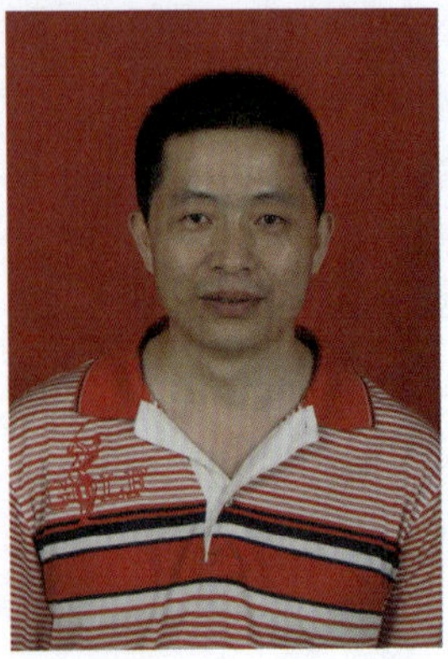

傅德生 1969年6月生，蛟洋村人。福建医科大学附属协和医院副主任医师，医学博士。2004年，硕博连读毕业于中南大学湘雅医学院。从事眼科的临床、科研和教学工作。从事白内障、青光眼、眼眶病、玻璃体视网膜、眼外伤等疾病的诊治工作，擅长白内障摘除联合人工晶体植入、小梁切除、眼眶肿瘤摘除、玻璃体视网膜手术、翼状胬肉等手术。多年参与中国复明扶贫流动眼科手术车的工作，为贫困地区的白内障患者带来了光明。2012年，被亚洲防盲基金会授予中国复明扶贫流动眼科手术车先进个人奖。承担多项科研课题，主要从事眼科疾病的临床和基础研究，发表学术论文10余篇。承担福建医科大学眼科学的临床本科及研究生的教学工作。

张和辉 1970年10月生，再兴村人。高级经济师、国家高级验光师、厦门鹭达眼镜集团公司董事长。1994年毕业于厦门大学艺术教育学院；2007年毕业于厦门大学研究生院，获硕士学位；2009年毕业于中国政法大学商学院，获博士学位。作为福建省首位国家高级验光师，他发挥学科带头人的领军作用，带领科研团队成功推出多项视光专利产品及11个注册商标，1个福建省著名商标及中国商业名牌，个人技术专利：复合光学眼镜，著作《好视力是训练出来的》；研发多项矫正弱视软件；他还开创了福建眼镜视光行业的四个第一，填补了省内配镜矫正斜弱视、视力研究机构、视光技术培训及视力保健等空白。2005年2月，被评为“中国企业百名杰出人物”；2006年1月，被评为“福建省十佳商贸企业家”；2006年4月，被评为“中国十大卓越管理创新人物”；2011年3月，获“中国青年创业奖”；2006年5月，荣获“中国有突出贡献专家”称号；2011年3月，获“福建青年创业成就奖”；2010年5月，获“福建青年五四奖章”；2006年11月，被评为“厦门市十大杰出创业青年”；2006年11月，获“特区建设青年突击手标兵”称号；2007年3月，被评为“厦门市有突出贡献高级技师”；2007年3月，获“厦门优秀中国特色社会主义事业建设者”称号；2009年4月，获“厦门市五一劳动奖章”；2010年5月，获“厦门市拔尖人才”称号；2011年4月，获“厦门市劳动模范”称号。2006年5月，他为故乡中学品学兼优学生捐物价值17000多元，鹭达眼镜集团公司曾为全国各大中小学校贫困生和特困老人等捐款捐物累计价值达数百万元。

雷玉秀 女，1971年7月生，畲族，华家大坪自然村人。1988年6月以全县高考第三名的优异秀成绩被北京师范大学录取。毕业后就读本校硕士研究生，研究方向为非线性系统，并在北师大《自然杂志》发表论文《城市土地优化利用》。1995年研究生毕业，留校任教至1998年。尔后赴美国波多黎各大学攻读博士研究生，研究方向为激光化学，并在《物理化学》杂志上发表论文《五大气中的化学分子》，2003年获美国博士学位。2003—2008年，先后在美国宾夕法尼亚大学和美国肯塔基大学博士后工作，研究方向为激光化学和生物化学，并在《物理化学》杂志上发表论文《八金属有机物》。2010年后，在美国麻省拉海医疗中心任临床研究，研究方向为抗生素和感染病，在美国《重病医药》杂志上发表论文《六呼吸器引起的肺炎》。

杨其川　1977 年 5 月生，文地村人。人格结构与人格障碍心理学硕士，制度经济学博士。现任国务院发展研究中心融生智库与东南智库联席主任、研究员。

2000—2010 年，先后在日报、周刊、电视台担任调查记者、专栏作者、节目总撰稿与主持人。其间，2000 年成为福建新闻史上最年轻的专栏作者；2002 年，《正规学校假文凭》一文，获得中国新闻奖二等奖。代表作有《镇政府里有一座监狱》《正规学校假文凭》《本报记者卧底直击不法商家黑幕》《本报记者探访神秘推销》《福建大田县政府部门倒卖被拐孩童》《泉州的缺工之痛》《谁来破解外来民工子女受教育难题》等。

2010 年始，专事政策研究。主要研究领域，战略与管理、世界格局与中国发展、意识形态变迁与中国发展、新型城镇化、城乡统筹发展研究等。《关于全面启动构建创新创业型社会战略的若干建议》《福建构筑海洋强省的战略研究》《福建争创国家级生态示范省建设的战略意义》《关于在全省推广龙岩“三农”综合保险及其模式的若干建议》《关于构建新型高端智库的若干建议》等政策专报，获得中央、福建省、龙岩市领导的批示，《地方政治精英构成决定地方经济增长绩效差异的内在逻辑研究》收入中国博士文库。是福建省、河北省、湖北省、湖南省等省级重大课题与多个县、市、区“十二五”与“十三五”规划纲要的主笔。

邹鸿强　1977 年 7 月生，下道湖村人，研究员。2001 年，南京理工大学大专毕业，2011 年，中国人民大学情报学研究生毕业；2003—2007 年，南京大汉网络有限公司北京公司总经理，2007 年至今，谷尼国际软件（北京）有限公司董事长兼总经理、南京大学谷尼舆情监测分析实验室研究员、清华大学媒体融合研究中心舆情技术主任。主要论著：《从新闻出版业特点出发运用互联网发展电子商务》（2000 年 5 月《出版广角》）、《浅析风险沟通的技术框架与运用》（2010 年 12 月《新闻传播》）、《沸点的冰点 2009 年中国网络舆情报告》（2010 年 4 月浙江大学出版社）、《危如朝露 2010—2011 年中国网络舆情报告》（2010 年 4 月浙江大学出版社）。

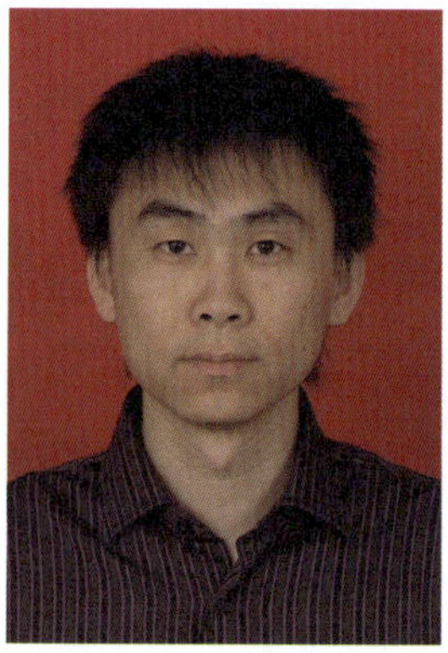

张建东　1978 年 5 月生，再兴村人。2001 年毕业于清华大学，2004 年中国科学院声学研究所硕士生毕业，2006 年中国科学院声学研究所博士生毕业，2006—2008 年中国科学院声学研究所博士后，博士后出站后留声学研究所工作，现任中国科学院助理研究员，是国家高科技人才。获得六项国家专利局个人技术发明专利：《一种嵌入式网络应用中 UDP/IP 协议栈实现方法》《一种嵌入式系统中以太网接口实现方法》《一种嵌入式路由器的方法》《带有路由功能的嵌入式网络终端及其路由功能实现方法》《一种用 DSP 实现VoIP 模拟电话适配器》《一种对接联网文件共享服务网络架构》。在中文核心期刊发表计算机运用方面的论文多篇。

华志彬 1979年8月生，丰年村人，成都理工大学毕业，凹凸科技深圳分公司总经理（美国纳斯达克上市企业），东莞星空之南公司总经理，个人有4项发明获全球专利：《Network devices with log-on interfaces》（2010年4月分别在中国大陆和台湾地区发布）；《Battery power watchdog for portable devices》（2011年5月分别在美国、欧洲、中国发布）；《Multi-media systems, controllers and methods for controlling display devices》（2012年1月分别在中国大陆和台湾地区发布）；《Devices with battery remaining capacity estimating functions》（2012年8月分别在美国、中国大陆和台湾地区发布）。

邹柏程 1981年6月生，下道湖村人。2005年桂林电子科技大学毕业，随后就读硕士，2008年，安排在中国移动广西桂林市公司工作，2011年获博士学位。先后任桂林移动公司高级工程师、渠道部总经理。2009年，被评为广西移动公司先进工作者；2010年，被中共广西移动公司党委评为优秀共产党员；2011年，被评为广西桂林市优秀党务工作者；2012年，被评为广西壮族自治区劳动模范；2013年，被评为桂林市先进个人。

三、文化艺术界

袁松树 民国22年（1933年）7月出生于旧县，祖籍丰年村袁小坪自然村。1954年8月参加工作，至1974年8月在长汀县农业部门服务，随后转调县委宣传部从事宣传报道。1983年，调上杭县委宣传部，负责宣传报道，1994年年底退休。20世纪五六十年代，被聘为省地报刊通讯员及《闽西日报》特约记者，70年代初成为专业新闻工作者，记者职称。曾被评为《福建日报》十佳优秀通讯员，酷爱摄影艺术，1956年开始与摄影结缘，为中国新闻摄影学会会员，福建省摄影家协会会员。摄影作品每年有上百篇在国内外报刊发表，并有好作品获奖，个人简历收入《中国摄影家全集·入集摄影家》。2013年12月，出版大型画册《汀江风情》。作品风格力求真实、自然、生动、感人。

华学文 民国25年（1936年）11月生，华家村人。1964年福建医学院毕业，相继在福建医学院附属医院、连城县医院、福建医科大学工作。2007年，任医科大学教务处副处长，2008年起任处长；曾聘为北京中国管理科学研究院研究员。自幼喜爱美术，退休后从事绘画学习，现为福建省美术家协会会员、中国书画学会副主席、中国国家书画院终身名誉院长、台北故宫书画院终身名誉院长、香港特别行政区书画社名誉社长、联合国美术家协会会员（曾任副主席）、世界教科文组织艺术委员会执行委员等社会民间组织职务。艺术作品参加全国性征稿的画展中曾获特等奖、金奖、银奖、铜奖30多项，作品入编《中国书画家年鉴》《人民艺术家》《中国艺术百年》等百余部书画集。出版华学文《丹青墨韵》个人书画专集。

邓志仁　民国29年（1940年）12月生，东乾村人。中专毕业，中学美术教师，自学成材，1996年取得中学高级职称。福建省美术家协会会员，福建省水彩画研究会会员，中国画院签约画家（2008年1月）。1995年，作品入选香港“中国当代油画、水彩作品精选展”；1997年，作品入选中央电视台“新亚欧大陆桥美术作品展”并获佳作奖，作品被中央电视台书画院收藏；1999年，作品《客家山村》入选中国美术家协会主办的“庆祝澳门回归全国书画展”；2001年，作品入选“第四届当代中国山水画展”并获创新奖；2008年，作品入选“首届中国山水画艺术双年奖”。

丘宜寿（1940—2012年）　达理村人，中医内科副主任医师。自幼酷爱书画，2001年结业于中央电视台“夕阳红”老年书画学习班。福建省美术家协会会员、龙岩市老年书画协会理事，他予牡丹情有独钟，他画的牡丹有“丘氏牡丹”的美誉。其作品常刊登在省市报刊，入选县、市、省和跨省画展，出版《丘宜寿画集》，中国美术家协会会员、福建师大美术学院特聘教授宋展生为画集作序。

连慧碧　民国33年（1944年）生，丰年村人，福州画院专职画家，国家一级美术师。1964年福建师范学院艺术系国画专业毕业，同年在福州画院附属学校任专职美术教师。1983年调入福州画院任专职画师；1988年浙江美术学院中国画系花鸟专业进修，同年被评为国家三级美术师；1994年被评为国家二级美术师；2000年被评为国家一级美术师。其作品《清风盈怀》被选送美国参加“世界女艺术家作品展”，《花瀑》《瑞雪》被评为国际水墨画展“佳作奖”。2001年，获“世界艺术交流功勋者”称号；2007年，荣获中国国画研究会、中国书画艺术家协会“人民书画艺术家”称号。

陈华杰　1951年6月出生于新罗区大池镇，祖籍贵竹坑。中国音乐家协会会员，音乐教育家，曾任重点中小学及龙岩教育学院音乐教师。1987—1990年，任龙岩地区教育行政总管，福建省音乐教育研究会常务理事；1988—2008年，任龙岩地、市音乐家协会常务副主席兼秘书长；1992—2011年，任龙岩市文化馆副馆长。创作、发表了《我们从这里起航》（蛟洋中学校歌），《中国龙工之歌》（龙工集团行业歌），《小桥弯弯》《人逢佳节倍思亲》等大量歌曲。主编出版闽西音乐家优秀歌曲专集《山茶花》。多次组织大型广场音乐会。1984年、1987年、1988年，三次获省教委、省文化厅、团省委的联合表彰。

傅长盛 1967年12月生，崇头村人。江西大学（今南昌大学）新闻系1989届毕业，文学学士。在闽西日报社任职，主任记者。近年以财经写作为研究方向，有十余项新闻摄影作品和通讯作品，分别获福建省年度新闻摄影奖和新闻通讯奖的一、二、三等奖，中国地市报的年度新闻奖。新闻摄影作品《路边叫卖野生动物》，获“福建省改革开放30年新闻摄影展”的金奖。著有《把信送给周恩来》，中共中央党校出版社2012年10月出版；长篇财经传记《紫金矿业真相》，中国财经出版社2013年3月出版。

傅建华 1973年4月生，蛟洋村人。1994年任福建省射箭队教练员兼运动员，1997年加入中国共产党，2005年毕业于上海体育学院。担任运动员期间，达“国家级运动健将”，曾多次入选国家射箭队，代表国家和福建省参加过国际、国内大赛50余场。共获得金牌18枚，银牌22枚，铜牌16枚。其中，1997年10月荣获全国第八届运动会射箭比赛男子团体奥林匹克淘汰赛决赛第一名、男子个人奥林匹克淘汰赛决赛第二名。在第十四届亚洲运动会获得第四名。2001年退役后，留任福建省体育局射箭队教练员。2008年，担任世界运动会中国射箭队教练，2009年11月，借调国家队任教一年。省射箭队高级教练，省射击射箭运动训练管理中心纪检书记。执教以来，共获得全国比赛的金牌16枚，银牌26枚，铜牌26枚；先后输送过7名队员入选国家队。获省政府记功一次，被团省委授予“新长征突击手”等荣誉称号。

邹淑华 女,1979年4月生，下道湖村人。2006年，北京师范大学本科毕业，2013年，在读北师大研究生，北京青苗国际学校教师、北京市青少年宫手风琴教师。2002年8月，获得中国音乐家协会手风琴10级证书，2010年8月，获得“鹦鹉杯”全国手风琴比赛银奖，2012年8月，获得北京“霍纳杯”全国流行手风琴邀请赛银奖。2006年，被评为北京市优秀教师；2008年，被评为北京市优秀教育工作者。

四、驻镇单位、工商界和社会知名人士

袁梓辉 民国27年（1938年）生，坪埔村人。长汀师范毕业，经济师，曾任小学校长，蛟洋公社管委会副主任，龙岩地区水泥制品厂厂长；退休时为上杭县人大常委会正科级干部。1958年11月，当选代表参加全国青年社会主义建设积极分子代表大会；1986年12月被福建省人民政府授予“福建省安全生产工作者”称号；2003年至今任古蛟厦门同乡会（古田、蛟洋、步云在厦门同乡联谊会）会长。2009年，组织蛟洋在厦创业、工作的企业家、厦门知青（上山下乡到蛟洋的厦门知识青年）回故乡蛟洋参与联谊活动。2012—2013年，每年组织由蛟洋在厦门的企业家资助蛟洋中学选派优秀学生24名参加的“夏令营”活动。

陈宣年 1962年10月生，陈坊村人。1989年加入中国共产党，历任乡宣传委员、副乡长。1997年辞去副乡长职务（保留副科级待遇），接管原上杭县蛟洋丰农食品厂。1998年3月，创办闽西丰农食品有限公司任总经理，2012年12月公司改制，任福建丰农食品股份有限公司董事长。他带领公司致力于有机健康食品的开发，使该公司成为福建省农业产业化重点龙头企业、福建省科技型企业、福建省知识产权示范单位、福建省科技星火计划项目实施单位，龙岩市工商信用AAA级单位；具有2个省著名商标，8个注册商标和9项发明专利。2010年11月，获龙岩市总工会、龙岩市经贸委2010年度职工自主创新成果银奖，同年12月，陈宣年被龙岩市人民政府评为先进个人；2012年3月，被上杭县委、县政府评为2011年度先进个人；2013年1月，被县委、县政府评为“上杭县首届优秀人才”。

袁 海 1964年7月生，坪埔村人。1985年毕业于厦门大学企业管理系，2006年，入读中欧国际商学院，2008年获得工商管理硕士学位。1985年大学毕业后，首先服务于深圳招商局蛇口工业区有限公司。1987—1988年，先后担任过广东五矿进出口公司董事，深圳四达电子公司及深圳通广电子公司董事，深圳美梦思床上用品公司董事长，深圳曼德林实业公司董事长。1989年后，先后担任百丽鞋业、新意皮鞋、利兴丝绸、百事威日用制品公司总经理。1997年，创立保利源公司。2002年，创立金其美实业公司。2005年，创立保利源国际（香港）有限公司，出任董事长。2006年，创立金其美科技有限公司至今（以上企业均为独资拥有）。经十几年发展，保利源公司在网络能源提供商方面拥有龙头地位，金其美科技在医疗耗材、电子烟行业均有较高知名度。

陈文生 1968年1月生，上杭旧县镇人，中共党员，1992年参加工作，2002年3月至今任蛟洋公路站站长。他以路为业，以站为家，始终发挥模范作用。面对急难险重任务，自己总是在第一时间出现在抢修现场。注重激发养路职工的主人翁精神，使全站职工全力以赴确保各项任务完成。特别是在绿化、美化公路环境方面，创造了在公路两边种植花草的经验，使全市得以由此开展“闽西千里文明风景长廊”建设，也使龙岩的这一做法成为海峡西岸备受推崇的经验。他还按照布局合理、规模适宜、设施适用、适度超前的原则对班站建设进行了精心规划。2009年7月16日，交通部部长李盛霖到蛟洋站，对良好的路况、整洁美观的路容路貌、规范的安保工程给予充分肯定，称赞说：“你们的公路养护得很好、很漂亮，你们班站环境也整洁、美观”。2005年6月22日和2013年4月2日，交通部副部长翁孟勇到蛟洋公路站调研,对蛟洋站管理路段优美的路容路貌、赏心悦目的绿色长廊、班站建设等给予很高的评价。陈文生先后获得“优秀共产党员”“先进工作者”“优秀养路工”“职业道德标兵”等荣誉30多次。2000年9月，被福建省人民政府评为福建省先进工作者；2007年，被中华全国总工会授予“五一劳动奖章”；2008年，被全国绿化委员会评为“全国绿化先进个人”，2010年，被国务院授予“全国先进工作者”称号。

张万能 1969年生，再兴村人，农工民主党党员。1991年毕业于浙江大学。毕业后进入福建实达集团工作。1998年，创立神盾信息技术公司，所发明之电脑硬盘数据保护卡曾获“国际发明金奖”。2000年9月，创立健康之路公司，公司开创的便捷就医新模式成为数字福建“百件实事网上办”工程和12345政府便民热线的服务项目。公司以“服务健康中国、服务百姓健康”为使命，致力于用社会化、人性化、市场化和互联网化服务缓解中国老百姓“看病难、看病贵”难题。张万能曾获“海西十大新经济英雄”“亚太新经济人物”等称号。

第三节　人物表

一、已知明清至民国时期蛟洋籍任县级以上职官名表

表 21-1

姓　名	村 别	主要职务	附　注
傅泽鹏	蛟 洋	浙江义乌县丞	
傅天伟	蛟 洋	任直隶滦州州判、清苑县县丞	《蛟洋傅氏族谱》
傅廷英	蛟 洋	安徽望江县知县	
傅　信	蛟 洋	任德化、连城、福鼎、泰宁等县知县	
傅翰邦	蛟 洋	先后任云南广通、宁洱，大和、楚雄、禄丰，湖北武昌等县知县	
傅荣光	蛟 洋	郴州州判、宜章县知县	
傅锡璋	蛟 洋	邵武、安溪县知县，永春直隶州知州	
傅祥麟	蛟 洋	湖南辰州府辰溪县知县	
傅庆澜	蛟 洋	国民党保安团副团长	
傅柏翠	蛟 洋	龙岩、宁化、永定县长	1993 年版《上杭县志》954 页
丘光庭	崇 头	红军第四军第一纵队政治部秘书长	1993 年版《上杭县志》956 页
傅纬武	崇 头	台湾澎湖县长	1993 年版《上杭县志》954 页
邹洪志	塘 厦	明任建宁营游击	民国版《上杭县志》403 页
邹德明	塘 厦	永定、大田县长	1993 年版《上杭县志》953 页
邹忠义	塘 厦	明交趾古滕知县	1993 年版《上杭县志》382 页
邹履亨	塘 厦	广东河婆巡检	民国版《上杭县志》448 页
邹扬孚	塘 厦	江西阜田相安巡检	
邹鸿达	塘 厦	江苏上海县丞	
邹景观	塘 厦	江苏上海县知县	民国《上杭县志》449 页
邹孟和	塘 厦	浙江慈溪县知县	民国《上杭县志》449 页
邹　兆	塘 厦	康熙间任沾益州副将	民国版《上杭县志》451 页
邹公铎	塘 厦	本省游击，封怀远将军	
邹尚仁	塘 厦	江西抚州临川知县	
邹尚易	塘 厦	直隶永安州知州	
邹扬林	塘 厦	南平教谕	
杨　芳	塘 厦	湖南永兴知县	
邓　瑝	东 乾	江南、崇明、上海千总	民国版《上杭县志》453 页
邓嵩祥	东 乾	布经历衔议叙盐运司知事	
邓岳祥	东 乾	布政司理问、盐运司知事	
邓云汉	东 乾	授守御所千总，升广东惠州守备	
邓拨萃	东 乾	道光甲申任江西吉安营把总	

续表 21-1

姓　名	村 别	主要职务	附　注
丘　新	丘 坊	明任广东大埔珊河巡检	民国版《上杭县志》403 页
丘凤翥	丘 坊	直隶巨鹿县典吏、代知县事	民国版《上杭县志》448 页
张虎桓	苏 康	乾隆年间厦门水师营千总	
张凤仪	苏 康	道光年间广西柳州府怀远县知县	
张复初	苏 康	阳春推事、厦门法院院长、潮州首席检察官	
张永元	苏 康	云南省参议员	
华　封	小 和	湖南长沙府黄岭冈巡检	民国版《上杭县志》436 页
华有孚	小 和	候补云南巡检	
郭南勋	丰 年	苏维埃时期任全国总工会执行局秘书兼文教部长	
华其渊	华 家	巡检	
华进忠	华 家	侯官训导	
华桂清	华 家	云南腾越州吏目、普洱府他郎知事	
华怀德	华 家	江西长宁典吏	民国版《上杭县志》447 页
华时中	华 家	安徽宁国府太平县知县	
张萌生	再 兴	浙江龙游千总	《再兴张氏族谱》
张道贯	再 兴	闽西苏维埃政府政治委员	《上杭县志》959 页
张朝忠	再 兴	浙江严州协右营把总	民国版《上杭县志》451 页
张虎步	中 村	太平知县、台州通判	民国版《上杭县志》410 页
张镜荣	中 村	永安县知县	1993 年版《上杭县志》953 页
张国金	中 村	浙江乐清知县	民国版《上杭县志》406 页
张印忠	中 村	江南淮安漕运大仓卫千总	
张芝龙	中 村	红军第十二军政治部主任	1993 年版《上杭县志》958 页

二、已知新中国成立后蛟洋籍处级以上干部名表

表 21–2

姓　名	村 别	主要职务	附　注
傅燕生	蛟　洋	广东茂名石油公司经理	
傅跃华	蛟　洋	广东省农业厅办公室主任	正处
傅小锋	蛟　洋	科技部信息处处长	
傅柒生	蛟　洋	龙岩市委宣传部副部长	正处
傅旭辉	蛟　洋	广东省电子技术研究所党委书记	正处
傅立民	蛟　洋	闽西大学党委办公室主任（处级待遇）	离休
傅增铫	蛟　洋	广东河源东源县	副县长
卢　峰	蛟　洋	广东省卫生厅医教处	副处长
傅志林	蛟　洋	福州马尾海关副关长	副处
袁友萍	坪　埔	解放军总参谋部	中校
袁佑庭	坪　埔	福建省人民法院	处长
袁友珠	坪　埔	厦门大学化学系	主任
罗金祥	梅　坝	福建省银监会金融处	处长
罗亮荣	梅　坝	泉州市司法局副局长 (2011 年)	
邹新传	下道湖	交通部广州海上安全监督局党委书记	正处（退休）
邹仕恭	下道湖	福建师范大学外语系党总支书记	正处（退休）
邹庆欣	下道湖	福建建筑工程公司副总经理、副董事长	
邹德章	塘　厦	省电力集团监察部副主任	副处
邹荣生	塘　厦	厦门集美区建设局局长、书记	正处
邹耿良	塘　厦	龙岩学院国有资产管理处处长	
张启松	苏　康	连城空军政委、福州市公安局副调研员	
张　然	苏　康	哈尔滨市国家安全局副局级巡视员	退休
张　伟	苏　康	哈尔滨市住房公积金管理办公室党委书记	退休
杨小青	苏　康	哈尔滨市发改处处长	退休
张　滨	苏　康	哈尔滨市国家安全局副局级巡视员	退休
华大和	秋　竹	福建建发集团有限公司总经理	
华敦祥	华　家	上杭县人大常委会副主任	退休

续表 21–2

姓　名	村　别	主要职务	附　注
华　斌	华　家	广东省人民政府统计处副处长	1995 年《上杭年鉴》
华善鸿	华　家	北京通州机械厂党委书记	
华一梅	华　家	广州市政府外事办公室	处长
郑锦兴	文　都	龙岩市财政局	局长
李　坚	文　都	龙岩佳丽斯公司副董事长、董事长	
丘文君	文　都	省交通厅财务处副处长	女
华炳荣	小　和	辽宁省大连市甘井子区土管局局长	
陈哲人	贵　竹	福建省热带作物研究所副所长	厅级
张国林	再　兴	广东暨南大学华文学院党委副书记	
吕　萍	再　兴	广东暨南大学英语系主任	
张培和	再　兴	海军某舰舰长、军训处处长、上校	
张焕章	再　兴	浙江省舟山市定海区	副处
张毓章	中　村	上杭县人民政府党组成员、副县长	
张镇源	中　村	龙岩市公安局禁毒支队支队长	副处
王占柱	坪　上	河北省军区卫生处处长、上校	
赖国安	再　嘉	辽宁省抚顺市人大常委会副主任（2010 年故）	1993 年版《上杭县志》963 页
赖一穗	再　嘉	广州经济技术开发区	

三、已知蛟洋籍获县团级以上表彰的先进人物名表

表 21-3

姓　名	村　别	所在单位	荣誉称号	授奖机关	获奖年份
邹礼忠	下道湖		三等功	抗美援朝（某部）	1953
袁梓辉	坪　埔	古田工委	全国青年社会主义建设积极分子	共青团中央	1958.11
华清煌	小　和		先进工作者	上杭县政府	1958、1959、1961
邹李保	塘　厦	3833 部队	三等功	3833 部队（团部）	1959、1960
邹朴章	塘　厦	古田粮站	省财贸先进生产者	省人民政府	1959
华上梅	小　和		劳动模范	上杭县政府	1960
华上能	小　和		劳动模范	上杭县政府	1960
张天福	再　兴	9350 部队	三等功（军训）	团部	1960.7
张天福	再　兴	9295 部队	三等功	师部	1963.2
傅锡荣	蛟　洋	部队	三等功	空军后勤部	1961
邓惟仁	东　乾	古田中学	先进工作者	上杭县革命委员会	1972.2
华兆源	秋　竹	蛟洋中学	优秀共青团员	龙岩团地委	1976.5
张为联	苏　康	地质八队	先进工作者	福建省地质八队	1976、1978
邹佛才	杨梅坑	32844 部队	三等功	32844 部队（团部）	1979.4
郭守乾	丰　年	湖南武警总队	对越作战三等功	武警总队	1979
华兆源	秋　竹	蛟洋中学	文明建设积极分子	上杭县委、县政府	1982.2
张为联	苏　康	地质八队	先进工作者	福建省地质八队	1982、1983
张启贤	苏　康	空军 39831 部队	三等功（团部）	空军 39831 部队	1984
邹炎标	塘　厦	航空兵某部	三等功	航空兵某部师部	1985、1991
袁梓辉	坪　埔	龙岩水泥制品厂	安全生产工作者	福建省人民政府	1986.12
邹椿荣	下道湖	县林产化工厂	财务先进工作者	上杭县人民政府	1985、1986、1987、1988
张宗海	中　村	白砂林场	先进工作者	福建省林业厅	1986、1991、1992
邓惟仁	东　乾	古田中学	先进工作者	上杭县委、县政府	1987.1
傅　平	蛟　洋	龙岩电信	1986 年度全省社会主义劳动竞赛优秀工作（生产）者	福建省邮电管理局、中国邮电工会福建省委员会	1987.3
邹椿祥	下道湖	蛟洋卫生院	优秀共产党员	中共上杭县委	1984.6、1991.7
傅　平	蛟　洋	龙岩电信	优秀共产党员	中共龙岩地委	1987.7
邹椿祥	下道湖	蛟洋卫生院	升级奖励工资 1 级	龙岩地区人事局	1988.4
袁祥辉	坪　埔	坪埔村	优秀共产党员	中共上杭县委	1988.7
邹椿荣	下道湖	县林产化工厂	省级优秀财会人员	福建省林业厅	1988
张宗海	中　村	白砂林场	科研三等奖	福建省科学技术委员会	1988
张炽林	再　兴	蛟洋乡政府	优秀共产党员	中共上杭县委	1989.7
张天福	再　兴	白砂中学	优秀共产党员	中共上杭县委	1989.7
邓惟仁	东　乾	古田中学	优秀人民教师	上杭县委、县政府	1989.9

续表 21-3

姓　名	村　别	所在单位	荣誉称号	授奖机关	获奖年份
邹椿荣	下道湖	县林产化工厂	先进工作者	上杭县委、县政府	1989、1990
张炽林	再　兴	蛟洋乡政府	先进工作者	上杭县委、县政府	1990.2
袁祥辉	坪　埔	坪埔村	先进工作者	上杭县委、县政府	1990.2
邹椿荣	下道湖	县林产化工厂	会计先进工作者	福建省人事厅、财政厅	1990.12
张宗海	中　村	白砂林场	国家科技奖	国家科学技术委员会	1990
袁美钦	坪　埔	县农业局	优秀共产党员	中共福建省委	1991.9
邹振荣	下道湖	丘坊中心小学	优秀教育工作者	福建省人民政府	1991.9
华如生	贵　竹	上杭职高	全国优秀教师	国家教委	1991
丘天来	丘　坊	蛟洋乡政府	计划生育先进个人	龙岩地委、行署	1991
丘柏寿	文　都	文都村	计划生育先进个人	龙岩地委、行署	1991
张炽林	再　兴	蛟洋乡政府	1991 年度先进工作者	上杭县委、县政府	1992.2
傅清源	蛟　洋	蛟洋村	两个文明建设先进工作者	上杭县委、县政府	1992
张炽林	再　兴	蛟洋乡政府	先进工作者、优秀共产党员	上杭县委、县政府	1993.3
张为联	苏　康	地质八队	1992 年度先进工作者	龙岩市人民政府	1993.4
张为联	苏　康	地质八队	优秀共产党员	福建省地质八队	1993.7
华兆源	秋　竹	蛟洋中学	优秀教师	上杭县委、县政府	1993.9
傅清源	蛟　洋	蛟洋村	两个文明建设先进个人	上杭县委、县政府	1993、1995
张炽林	再　兴	蛟洋乡政府	两个文明建设先进个人	上杭县委、县政府	1994.2
黄仲华	杨梅坑	上杭造纸厂	省劳动模范	省政府	1994
傅清源	蛟　洋	蛟洋村	优秀党务工作者	上杭县委、县政府	1994
华文彬	丰　年	丰年村	农村两个文明建设先进个人	上杭县委、县政府	1995、1996
傅春兰	蛟　洋	蛟洋村	“双学双比”先进女能手	上杭县委、县政府	1995.10
陈柏高	陈　坊	蛟洋中学	优秀教师	上杭县委、县政府	1995
张炽林	再　兴	蛟洋乡政府	优秀共产党员	中共上杭县委	1996.1
傅清源	蛟　洋	蛟洋村	优秀共产党员	中共龙岩地区委员会	1996
黎菊英	蛟　洋	蛟洋乡	残联先进工作者	上杭县人民政府	1996
华能宝	小　和	某部 45 团	三等功	某师	1996、2004、2010
华绪林	小　和		省、市优秀共青团员	共青团福建省委、共青团龙岩市委	1997.5
华兆源	秋　竹	蛟洋中学	优秀教师	上杭县委、政府	1997.9
华文彬	丰　年	丰年村	1996 年度优秀共产党员	中共上杭县委	1997.6
陈桂渊	陈　坊	蛟洋乡政府	先进工作者	上杭县委、县政府	1997
傅雁红	下道湖	蛟洋中心小学	优秀教师	福建省人民政府	1998.10
黎菊英	蛟　洋	蛟洋乡	老龄工作先进个人	上杭县人民政府	1998
陈桂渊	陈　坊	蛟洋乡政府	先进工作者	上杭县委、县政府	1998
傅龙顺	蛟　洋	龙岩市农业局	先进个人	福建省农业厅	1998
陈柏富	陈　坊	蛟洋中学	先进教育工作者	上杭县委、县政府	1999
傅龙顺	蛟　洋	龙岩市农业局	丰收三等奖	农业部	1999

续表 21–3

姓　名	村　别	所在单位	荣誉称号	授奖机关	获奖年份
郑锦兴	文　都	县财政局	1993—1998 年度省财政系统先进工作者	福建省人事厅、财政厅	1999
张明海	邹　坑	上杭县人民保险公司	1998 年度全国青年岗位能手	共青团中央、国家经贸委、劳动和社会保障部	1999
张启松	苏　康	空八军	三等功两次(演习和年度各一次)	空八军	2000
华兆源	秋　竹	蛟洋中学	省交通安全创建活动先进工作者	福建省公安厅、教育厅、未保委	2001.4
邹潮林	下道湖	蛟洋中心小学	第一、第二届上杭县十佳校长	上杭县人民政府	2001.9、2004.9
邹椿祥	下道湖	蛟洋乡政府	优秀计生人才	龙岩市人民政府	2001.9
张柏祥	苏　康	省三建公司	优秀共产党员	省三建公司	2001
傅雁红	下道湖	蛟洋中心小学	优秀教师	省人事厅、教育厅	2001
张为联	苏　康	地质八队	先进个人标兵	福建省地质八队	2002.4
邹潮林	下道湖	蛟洋中心小学	优秀党务工作者	龙岩市人民政府	2002.9
华喜秀	下道湖	蛟洋中心小学	优秀班主任	龙岩市教育局	2002.3
傅志膺	蛟　洋	供电所	优秀农电工	福建省电力公司	2002、2003
张明海	邹　坑	中国人民保险公司上杭县分公司	福建省第三届（2000—2002 年度）创建行业文明先进个人	中共福建省委、福建省人民政府	2003
陈柏高	陈　坊	蛟洋中学	优秀共产党员	上杭县委、县政府	2003
邹炎生	下到湖	蛟洋中心小学	优秀教师	龙岩市政府	2004.9
邓金标	东　乾	蛟洋中学	优秀教师	龙岩市人民政府	2004.9
丘锦荣	崇　头	县供销社	2001—2003 年度福建省供销合作社系统先进工作者	省人事厅、省供销合作社联合社	2004
张柏祥	苏　康	省三建公司	龙岩市规划建设系统先进工作者	龙岩市人民政府	2004
傅志勇	蛟　洋	供电所	优秀农电工	福建省电力公司	2004、2006
袁友珠	坪　埔	厦门大学	教学成果二等奖	国家教委	2005
邹淑华	下道湖	北京市青苗国际学校	优秀教师	北京市人民政府	2006.9
邹炎生	下道湖	蛟洋中心小学	优秀教师	上杭县人民政府	2006.9
陈振明	陈　坊	蛟洋乡政府	先进工作者	上杭县委、县政府	2006
华敦耀	华　家	县劳动与社会保障局	2004—2006 年度福建省劳动保障系统先进工作者	省人事厅、省劳动和社会保障厅	2006
陈柏富	陈　坊	蛟洋中学	优秀教师	上杭县委、县政府	2006
傅举梁	蛟　洋	蛟洋村	抗洪救灾先进个人	中共龙岩市委、龙岩市人民政府	2006
张启松	苏　康	福州市公安局	优秀人民警察暨公安工作标兵	福州市人民政府	2006
傅龙顺	蛟　洋	龙岩市农业局	科技一等奖	上杭县人民政府	2007
邹淑华	下道湖	北京市青苗国际学校	优秀教育工作者	北京市人民政府	2008.9
袁祥辉	坪　埔	坪埔村书记	龙岩市计生协会工作先进个人	中共龙岩市委、龙岩市人民政府	2008.9

续表 21–3

姓　名	村　别	所在单位	荣誉称号	授奖机关	获奖年份
傅龙顺	蛟　洋	龙岩市农业局	科技三等奖	上杭县人民政府	2008
华伦标	华　家	县委宣传部	十七大"安全播出"先进个人	广播电影电视总局	2008
张毓章	中　村	古田镇政府	优秀共产党员	福建省委	2008
吴美满	崇　头	石狮市人民检察院	福建省优秀女检察官、福建省"三八"红旗手、福建省巾帼建功标兵	福建省政法委、省检察院、省妇联	2008
邹柏程	下道湖	广西桂林市移动通信公司	优秀党务工作者	桂林市委、市政府	2009.7
傅雁红	下道湖	蛟洋中心小学	优秀教师	龙岩市人民政府	2009.10
陈庆荣	陈　坊	龙岩监狱	先进工作者	福建省司法厅	2009
张永柏	苏　康	龙岩市农科所	第二届长期坚持基层工作优秀高校毕业生	福建省委组织部、人事厅、教育厅	2009
张永斌	苏　康	新罗区公安局	三等功	龙岩市公安局	2010.2
邹柏程	下道湖	广西桂林市移动通信公司	优秀央企经理	广西壮族自治区人民政府	2010.5
邹庆煊	下道湖	上杭四中	优秀教师	上杭县委、县政府	2010.10
张永柏	苏　康	龙岩市农科所	"科学技术"二等奖	福建省人民政府	2010
傅海香	蛟　洋	上杭一中	龙岩市首届优秀人才	龙岩市委、市政府	2011.1
张永柏	苏　康	龙岩农科所	龙岩市首届优秀人才	龙岩市委、市政府	2011.1
袁祥辉	坪　埔	坪埔村	优秀共产党员	中共上杭县委	2011.6
邓荣华	东　乾	蛟洋中学	优秀教师	上杭县委、县政府	2011.9
陈庆荣	陈　坊	清流监狱	先进工作者	福建省司法厅	2011
张永柏	苏　康	龙岩市农科所	"技术创新人才"奖	龙岩市人民政府	2011
丘小琼	杨梅坑	县工商联	福建省工商联系统先进工作者	省工商业联合会、省公务员局	2012.8
陈庆荣	陈　坊	清流监狱	先进工作者	福建省司法厅	2012
华能宝	小　和	福州市运政处	三等功	福州市委组织部、公务员局	2012
张永斌	苏　康	新罗区公安局	三等功	龙岩市公安局	2013.2
傅文源	蛟　洋	福建梅花山华南虎繁殖研究所	龙岩市劳动模范	龙岩市委、市政府	2013.4
傅龙顺	蛟　洋	龙岩市农业局	全国农业先进个人	农业部	2013
陈宣年	陈　坊	福建丰农食品股份有限公司	首届优秀人才	上杭县委、县政府	2013
陈兆钰	陈　坊	上杭矾头电站	先进工作者	福建省水利厅	
陈进松	陈　坊	上杭县国有资产投资公司	市劳动模范	龙岩市委、市政府	
陈进松	陈　坊	上杭县国有资产投资公司	先进工作者	上杭县委、县政府	
苏永华	贵　竹		优秀共产党员	上杭县委、县政府	

注：本表以获奖时间先后为序

四、已知蛟洋籍高级专业技术职务人员名表

表 21–4

姓 名	性别	村　别	职称（认定时间）	工作单位
傅勤生	男	蛟　洋	中学高级（1998.1）	蛟洋中学
陈筱红	女	蛟　洋	中学高级（2003.9）	上杭一中
傅勤生	男	蛟　洋	高级会计师（2004.5）	福州市医疗保险管理中心
傅海鹏	男	蛟　洋	中学高级（2005.3）	上杭四中
傅忠生	男	蛟　洋	中学高级（2005.3）	上杭四中
傅扬善	男	蛟　洋	中学高级（2005.3）	蛟洋中学
傅桃生	男	蛟　洋	中学高级（2005.3）	蛟洋中学
傅启荣	男	蛟　洋	中学高级（2005.3）	蛟洋中学
傅清华	男	蛟　洋	中学高级（2008.5）	蛟洋中学
傅国兴	男	蛟　洋	中学高级（特级教师）	上杭一中
傅跃荣	男	蛟　洋	中学高级（特级教师）	上杭一中
赖文燕	女	蛟　洋	副教授（副研究员）	闽西博物馆
傅茂华	男	蛟　洋	中学高级（2008.5）	蛟洋中学
傅叶生	男	蛟　洋	中学高级（2009.8）	蛟洋中学
傅卫坤	男	蛟　洋	中学高级（2010.11）	蛟洋中学
傅建安	男	蛟　洋	中学高级（2013.9）	蛟洋中学
傅　炜	男	蛟　洋	高级工程师	
张景英	女	蛟　洋	主任医师	
傅炳华	男	蛟　洋	中学高级	北京
傅存生	男	蛟　洋	主任医师	退休
李榕生	女	蛟　洋	主任医师	退休
傅广生	男	蛟　洋	教授	广州医科大学
傅源生	男	蛟　洋	教授	华南工学院
上官越华	女	蛟　洋	中学高级	离休
傅美凤	女	蛟　洋	中学高级（2011.12）	上杭三中
傅锡恩	男	蛟　洋	中学高级（2010.10）	蛟洋中学
傅炳文	男	蛟　洋	中学高级（2006.6）	蛟洋中学
傅发瑞	男	蛟　洋	注册会计师	厦门
傅扬兴	男	蛟　洋	高级工程师	移居加拿大
傅金水	男	蛟　洋	高级工程师	厦门
傅发春	男	蛟　洋	高级工程师	北京
刘凤金	女	蛟　洋	高级工程师	北京
傅锡元	男	蛟　洋	中学高级（2006.6）	蛟洋中学
傅岳坤	男	蛟　洋	副主任医师	光泽

续表 21-4

姓 名	性别	村 别	职称（认定时间）	工作单位
傅建荣	男	蛟 洋	中学高级	古田中学
傅扬珍	男	蛟 洋	高级工程师	移居加拿大
傅长盛	男	崇 头	主任记者	闽西日报社
傅衍锵	男	崇 头	主任医师	
傅 梦	女	崇 头	副教授	福州
傅安国	男	崇 头	教授	台湾
傅海庆	男	崇 头	副教授	福建农林大学
傅永庆	男	崇 头	中学高级（2005.3）	上杭三中
丘青山	男	崇 头	中学高级（2005.3）	龙岩二中
傅长盛	男	崇 头	主任记者	闽西日报社
丘晓平	男	崇 头	骨科主任、副主任医师	连城县医院
丘国才	男	崇 头	中学高级（2013.11）	蛟洋中学
邱冬荣	女	崇 头	中学高级	上杭二中
丘和生	男	崇 头	中学高级	古田中学
袁锡文	男	坪 埔	副教授	福州大学化学系
袁耀文	男	坪 埔	高级工程师	厦门市
袁松民	男	坪 埔	中学高级（2012.12）	蛟洋中学
袁谓春	男	坪 埔	中学高级	古田中学
袁美钦	男	坪 埔	高级农艺师	上杭县农业局
袁根发	男	坪 埔	中学高级（2007.8）	蛟洋中学
雷进云	男	坪 埔	中学高级（2010.10）	蛟洋中学
邹昌林	男	下道湖	副教授（1990）	福建农学院
邹椿荣	男	下道湖	注册会计师（1992.6）	闽西会计师事务所
邹庆欣	男	下道湖	高级工程师（2012）	福建建筑工程学校
邹坤林	男	下道湖	中学高级（2000.4）	蛟洋中学
邹潮林	男	下道湖	小中高	蛟洋中心小学
李素萍	女	下道湖	高级工程师（2013.12）	中国航空桂林国际机场
邹淑华	女	下道湖	高级分析师（2011）	谷尼北京舆情分析实验室
邹耿良	男	塘 厦	副教授	龙岩学院
江星辉	男	塘 厦	中学高级	上杭五中
邹伟文	男	塘 厦	中学高级（2005.8）	蛟洋中学
邹耀辉	男	塘 厦	中学高级（2006.6）	蛟洋中学
邹锡洪	男	塘 厦	中学高级（2010.11）	蛟洋中学
邹镇源	男	塘 厦	中学高级（2003.）	上杭二中
邹小燕	女	塘 厦	高级工程师（2010.1）	龙岩高速公路
邹伟辉	男	塘 厦	中学高级	上杭二中
邹其川	男	塘 厦	高级工程师	上杭县水电局退休
邹杭文	男	塘 厦	中学高级	上杭一中
丘瑞标	男	桃 源	中学高级（1998.10）	连南中学

续表 21–4

姓 名	性别	村 别	职称（认定时间）	工作单位
丘茂辉	男	桃　源	中学高级（2010.10）	连城一中
黄仲荣	男	杨梅坑	中学高级（2003.9）	上杭二中
黄翠琴	女	杨梅坑	中学高级（2003.9）	上杭二中
邹寿华	男	杨梅坑	中学高级（2002.9）	古田中学
邹南荣	男	杨梅坑	高级工程师（2013.8）	紫金矿业集团采矿工程研究所
黄海耀	男	杨梅坑	主任医师	上杭县医院
邹开明	男	杨梅坑	副教授	华南理工大学
黄仲雄	男	杨梅坑	副主任医师（1998.4）	上杭县医院
邹礼义	男	杨梅坑	副主任医师（2008.8）	古田中心卫生院
邹开茂	男	杨梅坑	副主任医师	才溪卫生院
邹寿华	男	杨梅坑	中学高级	古田中学
杨　冶	男	文　地	高级工程师	第一机械工业部重型机械研究所
邓惟仁	男	东　乾	中学高级（1995.9）	古田中学
邓志仁	男	东　乾	中学高级（1996.4）	上杭二中
邓炳荣	男	东　乾	中学高级（2010.10）	蛟洋中学
邓焕明	男	东　乾	高级工程师	武汉铁路局
邓庆周	男	东　乾	副教授	集美大学
邓　斌	男	东　乾	中学高级（2006.6）	蛟洋中学
邓　辉	男	东　乾	中学高级（2013.11）	蛟洋中学
邓金标	男	东　乾	中学高级（2013.11）	蛟洋中学
邓　辉	男	东　乾	中学高级（2013.11）	蛟洋中学
陈柏高	男	陈　坊	中学高级（2003.9）	蛟洋中学
陈进松	男	陈　坊	高级工程师	上杭县国有资产投资公司
丘锡春	男	丘　坊	中学高级（2003.2）	新罗区进修学校
丘瑞清	男	丘　坊	中学高级（2005.3）	蛟洋中学
丘华清	男	丘　坊	中学高级（2008.5）	蛟洋中学
丘　林	男	丘　坊	高级工程师	紫金矿业河南分公司总经理
丘则海	男	丘　坊	副教授	龙岩学院
丘国荣	男	丘　坊	中学高级（2011.12）	蛟洋中学
张维联	男	苏　康	副主任医师（1998.12）	福建省地质八队
王燕华	女	苏　康	主任护师（教授）	哈尔滨儿童医院
张晓兵	女	苏　康	主任医师（教授）	退休
丘宜寿	男	达　理	中医副主任医师（2000.4）	上杭临城卫生院
丘宜彬	男	达　理	副教授（1988）	中国科技大学
袁儒龙	男	丰　年	中学高级（2008.6）	蛟洋中学
郭焕秋	男	丰　年	副教授	福建师大
连慧碧	女	丰　年	国家一级美术师	福师大画院

续表 21–4

姓 名	性别	村 别	职称（认定时间）	工作单位
华志斌	男	丰 年	高级工程师	深圳奥凸科技有限公司
郭守楠	男	丰 年	中学高级（1996.5）	蛟洋中学
郭海峰	男	丰 年	中学高级	蛟洋中学
袁荣忠	男	丰 年	中学高级	古田中学
华大和	男	秋 竹	高级工程师	福建建发集团有限公司
华炳生	男	秋 竹	副教授、高级技师（2004.05）	闽西职业技术学院
华绍源	男	华 家	主任医师（1998.12）	上杭县中医院
华德才	男	华 家	中学高级	上杭一中
华嘉祺	男	华 家	高级工程师	重庆长江水电工程技术处
华敦祥	男	华 家	主任医师	上杭县医院
华金欣	男	华 家	中学高级	永安一中
华小孟	男	华 家	教授、工程师	广州中山大学
华绪罴	男	华 家	高级工程师	
华 路	男	华 家	高级工程师	
华 文	男	华 家	高级工程师	
华阳春	男	华 家	高级工程师	
华 明	男	华 家	高级工程师	
华文薰	男	华 家	中学高级	
华祥椿	男	华 家	主任医师	
华柏椿	男	华 家	主任医师、教授	江西上饶卫生学校
华 岳	男	华 家	高级工程师	上杭广电局
雷进云	男	华 家	中学高级（2010.11）	蛟洋中学
华子剑	男	华 家	中学高级（2011.12）	蛟洋中学
华善鸿	男	华 家	高级工程师	北京通州机械厂
丘竺轩	男	文 都	高级工程师	龙岩地区罐头厂
李 兵	男	文 都	中学高级	上杭古田中学
李志阳	男	文 都	中学高级（1997.2）	蛟洋中学
黄仁岳	男	文 都	中学高级（2000.4）	上杭白砂中学
李 坚	男	文 都	高级工程师	龙岩佳丽斯公司
华金铭	男	小 和	副研究员（2011.4）	福州大学
华敦洪	男	小 和	副主任检验师（1998.12）	上杭县医院
陈治平	男	贵 竹	中学高级	漳州三中
陈哲人	男	贵 竹	副教授	福建省农学院
华如生	男	贵 竹	中学高级（1992.7）	上杭职业高级中学
张耀明	男	贵 竹	中学高级（2011.12）	蛟洋中学
陈治文	男	贵 竹	主任医师	漳州市医院
张天福	男	再 兴	中学高级（1998.1）	上杭白砂中学

续表 21-4

姓 名	性别	村　别	职称（认定时间）	工作单位
张永福	男	再　兴	副教授（1999.9）	辽宁工程技术大学
张著兴	男	再　兴	中学高级（2003.9）	古田中学
张焕文	男	再　兴	中学高级（2008.5）	蛟洋中学
张焕洪	男	再　兴	高级农艺师（2002.12）	县种子公司
张文天	男	再　兴	高级农艺师（2002.12）	市农村工作领导小组办公室
张万能	男	再　兴	高级工程师（2006.6）	福建省工商联（健康之路）
吴金艳	女	再　兴	副主任医师	
张和兴	男	再　兴	中学高级	
张在林	男	再　兴	高级农艺师	
张春华	女	再　兴	高级农艺师	
张小斌	男	再　兴	高级会计师	上杭县粮食局
杜文华	女	再　兴	副教授、博士	中南民族学院管理系
张著森	男	再　兴	副教授	龙岩学院
张国清	男	再　兴	高级工程师	
张著岳	男	再　兴	高级工程师（2008）	厦门同致电子科技有限公司
张智聪	男	再　兴	高级工程师（2008.3）	浙江省杭州市龙湖房地产公司
吴文祥	男	邹　坑	中学高级（2009.8）	蛟洋中学
张汝骧	男	中　村	高级工程师	厦门筼筜新市区开发建筑公司
张宗宇	男	中　村	主任工程师、高级工程师	辽宁水利水电勘测设计院
张德仁	男	中　村	中学高级（1994.5）	蛟洋中学
张金安	男	中　村	研究员（1989）	电子工业部广州通讯研究所
石　江	女	中　村	教授	沈阳
张　娟	女	中　村	教授	福州大学
张汝缵	男	中　村	中学高级（1995.9）	蛟洋中学
张宗培	男	中　村	中学高级（1999.2）	蛟洋中学
刘重镇		中　村	高级工程师	
张宽雄		中　村	高级工程师	
张　绚		中　村	高级工程师	
李淑珍		中　村	高级工程师	
张昕育	男	中　村	高级工程师	
张先龙	男	中　村	高级工程师	
张皓彬	男	中　村	中学高级	
郭安莉	女	中　村	中学高级	
王荣娟	女	中　村	高级工程师	
张焕之		中　村	中学高级	
朱兆钟	男	再　嘉	铁路高级工程师	福州
赖久富	男	再　嘉	高级工程师	广州市（已故）
赖春华	男	再　嘉	高级工程师	厦门市

五、已知蛟洋籍获博士、硕士学位人员名表

表 21-5

姓 名	性别	村 别	学 位	工作单位
傅荣强	男	蛟 洋	博 士	山东
傅荣典	男	蛟 洋	博 士	定居美国
傅小锋	男	蛟 洋	博 士	科技部
傅永春	男	蛟 洋	博 士	瑞士伯尔尼大学（2010 年博士后）
傅国胜	男	蛟 洋	博 士	定居美国
傅耀华	男	蛟 洋	博 士	广州市农业局
傅增棣	男	蛟 洋	博 士	台湾大学
傅发春	男	蛟 洋	博 士	北京
傅德生	男	蛟 洋	博 士	福州协和医院
傅发春	男	蛟 洋	博 士	北京
傅锡洪	男	蛟 洋	博士（2013）	厦门
傅安国	男	崇 头	博 士	美国航空工程学院
吴美满	女	崇 头	博 士	石狮市人民检察院
邱建生	男	崇 头	博 士	福建农林大学
袁友珠	男	坪 埔	博 士	厦门大学化学系（博士后） 日本东京大学化学系理学博士
邹柏程	男	下道湖	博 士	中国移动桂林市公司
邹华生	男	塘 厦	博士（1998.7）	中宣部新闻局
江福能	男	塘 厦	博士（2013.6）	广州市第一人民医院
杨其川	男	文 地	博 士	国务院发展研究中心融生智库与东南智库联席主任、研究员
袁椿华	女	丰 年	博 士	美国俄亥俄州立大学
郭文熹	男	丰 年	博 士	北京中科院
华景生	男	华 家	博 士	美国
华碧春	女	华 家	博 士	福建中医学院
张长生	男	再 兴	博 士	
张建东	男	再 兴	博 士	中国科学院
杜文华	女	再 兴	博 士	中南民族管理学院
张昕育	男	中 村	博 士	华南理工大学
林文芳	女	中 村	博 士	厦门中科院
王灿进	男	坪 上	博 士	中国科学院
傅育生	男	蛟 洋	硕士（2008.6）	上海（律师）
黄 艳	女	蛟 洋	硕士（2008.6）	上海（律师）
傅 强	男	蛟 洋	硕士（2008.6）	厦门中医院
刘龙英	女	蛟 洋	硕士（2008.6）	厦门中信银行
傅勤生	男	蛟 洋	硕士（2009.7）	福州市医保中心
傅联丰	男	蛟 洋	硕 士	中国科技大学

续表 21–5

姓 名	性别	村 别	学　　位	工作单位
傅晓华	男	蛟　洋	硕　士	青岛
傅启明	男	蛟　洋	硕　士	部队
傅　琦	男	蛟　洋	硕　士	
傅联丰	男	蛟　洋	硕　士	
傅杭英	女	蛟　洋	硕　士	泉州
傅忠生	男	蛟　洋	硕　士	上杭二中
陈冬梅	女	蛟　洋	硕　士	龙岩学院
傅永程	男	蛟　洋	硕　士	天津
傅翠琴	女	蛟　洋	硕　士	成都科大
傅智丽	女	蛟　洋	硕　士	
傅秀华	女	蛟　洋	硕　士	
傅佳晨	女	蛟　洋	硕　士	龙岩移动公司
傅海鹰	男	蛟　洋	硕　士	广州第一军医大学
傅胜辉	男	蛟　洋	硕　士	上海大学
傅智辉	男	蛟　洋	双硕士（2007）	清华大学经管学院
傅志强	男	蛟　洋	硕　士	成都
傅水龙	男	蛟　洋	硕　士	闽江学院
傅盛阳	男	蛟　洋	硕　士	福州保监会
赵晓斐	女	蛟　洋	硕　士	福州人民银行
傅延安	男	蛟　洋	硕　士	上海
郑冉冉	女	蛟　洋	硕士（2006）	浙江大学
傅盈盈	女	蛟　洋	硕士（2013）	加拿大多伦多大学
傅丽云	女	蛟　洋	硕士（2013）	福医大附属第一医院
傅　梦	女	崇　头	硕　士	上海水产大学
傅安良	男	崇　头	硕　士	台湾中国文化大学
傅海庆	男	崇　头	硕　士	福建农林大学
傅旭华	男	崇　头	硕　士	福建农林大学
袁　青	男	坪　埔	硕士（1999）	浙江湖州华祥(中国)高纤有限公司
袁　海	男	坪　埔	硕士（2008）	广东深圳金其美科技有限公司
袁秋兰	女	坪　埔	硕　士	龙岩学院
邱红兴	女	坪　埔	硕　士	龙岩卫校
袁林珊	男	坪　埔	硕　士	
袁芳程	女	坪　埔	硕　士	
傅夏宇	男	坪　埔	硕　士	
袁晓华	男	坪　埔	硕　士	
袁蕴伟	男	坪　埔	硕　士	

续表 21-5

姓 名	性别	村 别	学 位	工作单位
张金先	男	梅 坝	硕 士	
彭 燕	女	梅 坝	硕 士	
张建彬	男	梅 坝	硕 士	
李素萍	女	下道湖	硕士（2010.7）	桂林国际机场
邹 丹	男	下道湖	硕 士	厦门中信银行
邹焕英	男	塘 厦	硕士（2007.1）	清华大学
邹志林	男	塘 厦	硕士（2008.7）	广东核电站
邹福辉	男	塘 厦	硕士（2009）	某部
邹雪华		塘 厦	硕 士	
邹丽芬		塘 厦	硕 士	
邹建林	男	塘 厦	硕 士	上海浦东新区
邹昱芳		塘 厦	硕 士	北京全路信号研究设计院
黄 茜	女	杨梅坑	硕士（2010.7）	中国工商银银行总行贵金属业务部
邹建荣	男	杨梅坑	硕士（2011.7）	上海核能源科学研究院
王晓琼	女	杨梅坑	硕士（2011.7）	上海安永华明会计师事务所
黄 祥	男	杨梅坑	硕 士	复旦大学附属医院
杨才生	男	文 地	硕 士	南京军区福州空军医院
杨 敏	男	文 地	硕 士	厦门
张 恋	女	苏 康	硕士（2011.7）	闽西职业技术学院
李年清	男	丰 年	硕士（2012.6）	中国政法大学硕士研究生毕业
华 路	男	华 家	硕 士	
华金铭	男	小 和	博士（2004.2）	福州大学
张著岳	男	再 兴	硕士（2008.7）	厦门同致电子科技有限公司
张长弓	男	再 兴	硕 士	
张永福	男	再 兴	硕 士	辽宁工程技术大学
张明周	男	再 兴	硕 士	福建信息工程学院
罗自灵	女	再 兴	硕 士	
张 晔		中 村	硕 士	北京电力大学
张晓伟	男	中 村	硕 士	中国政法大学
张先龙	男	中 村	硕 士	西安交通大学
张向安	男	中 村	硕 士	湖南大学
张皓彬	男	中 村	硕 士	北京师范大学
郭安莉	女	中 村	硕 士	华南理工大学
王 威	男	坪 上	硕 士	
王 锦	男	坪 上	硕 士	
王剑平	男	坪 上	硕 士	广东顺德区
赖中华	男	再 嘉	硕士（2012 年毕业）	广东
朱彩凤	女	再 嘉	硕士（2012 年毕业）	泉州

六、已知蛟洋籍科级干部名表

表 21-6

姓名	性别	村　别	单　　位	职　务	附注
傅庆求	男	蛟　洋	云田镇政府（1953.9）	主席	已故
傅庆福	男	蛟　洋	古蛟区公所（1955.8）	副区长	已故
傅晋云	男	蛟　洋	上杭北四区	区长	离休
傅永成	男	蛟　洋	梅花山保护区	副书记	退休
傅福标	男	蛟　洋	蛟洋人民公社	主任	退休
傅祥华	男	蛟　洋	龙岩市旅游局	科长	退休
傅松英	女	蛟　洋	上杭县太拔镇	党委书记	
傅玉斌	男	蛟　洋	部队	营教导员	
傅盛春	男	蛟　洋	清流监狱	科长	
傅年春	男	蛟　洋	清流监狱	教导员	
傅海伦	男	蛟　洋	龙岩电业局	科长	
丘建敏	女	蛟　洋	龙岩电业局	科长	
傅龙顺	男	蛟　洋	龙岩市农业局	科长	
傅少荣	男	蛟　洋	龙岩邮政储蓄银行	科长	
傅忠生	男	蛟　洋	上杭二中	书记、校长	
傅寿南	男	蛟　洋	蛟洋镇政府	副乡长	主任科员
黎菊英	女	蛟　洋	蛟洋乡政府	主任科员	退休
邹椿华	女	蛟　洋	蛟洋镇政府	主任科员	退休
傅骏炎	男	蛟　洋	海军	营级	
傅勤生	男	蛟　洋	福州市医疗保险管理中心财务科	科长	
傅能鑫	男	蛟　洋	73331 部队某部	科长	营级
傅骏源	男	蛟　洋	福建省工艺美术漆器研究所	所长	已故
傅元荣	男	蛟　洋	蛟洋乡	人大主席	已故
傅文源	男	蛟　洋	梅花山华南虎繁育研究所	所长	
傅国总	男	蛟　洋	上杭县教育局	副局长	
傅培昌	男	蛟　洋	蛟洋乡政府	副科	退休
傅锡荣	男	蛟　洋	县林业公安局	指导员	退休
陈丽红	女	蛟　洋	清流监狱	办公室副主任	副科
傅茂奎	男	蛟　洋	红炭山煤矿		退休
傅煜民	男	蛟　洋	漳平地税局	科级	
傅庆珊	男	蛟　洋	蛟洋公社	副社长	退休
傅国强	男	蛟　洋	上杭县台湾工作办公室	副科	退休
傅少波	男	蛟　洋	新罗区检察院公诉科	副科	
丘岳文	男	崇　头	上杭县农业局	主任科员	
吴美满	女	崇　头	石狮市人民检察院	正科级检察员	
丘玉林	男	崇　头	古田镇政府	副镇长	
丘佐铭	男	崇　头	步云、庐丰乡	副镇长	

续表 21–6

姓 名	性别	村 别	单 位	职 务	附注
丘锦荣	男	崇 头	洋境乡、县供销联社	副镇长	
袁梓辉	男	坪 埔	上杭县水泥制品厂	书记	正科，退休
袁永贵	男	坪 埔	上杭县农业局	主任科员	退休
袁建生	男	坪 埔	上杭县农业银行	行长	
袁耀良	男	坪 埔	上杭气象局	局长	
袁美钦	男	坪 埔	上杭县农业局	主任科员	
袁以文	男	坪 埔	上杭县农委	主任科员	
丘世周	男	坪 埔	上杭县医院	党支部书记	正科
袁友典	男	坪 埔	厦门海沧区发改委		正科
袁锦文	男	坪 埔	上杭县文化局	副局长	已故
彭绪荣	男	梅 坝	上杭县经贸局	副局长	
罗金福	男	梅 坝	上杭县石油公司	经理	
李松南	男	梅 坝	建欧县环保局	局长	
邹椿荣	男	下道湖	龙岩市会计师评估事务所	所长	退休
邹尚恭	男	下道湖	上杭县司法局	局长	已故
李素萍	女	下道湖	桂林国际机场信息科	科长	
邹贵钦	男	塘 厦	上杭县民政局	书记	
邹良辉	男	塘 厦	蛟洋镇人大	主席	
邹炎标	男	塘 厦	中国东方航空兰州中川机场	书记	
邹昌霖	男	塘 厦	步云乡政府	副书记	
邹煜才	男	塘 厦	长汀县铁长派出所	副科	
邹杭明	男	塘 厦	上杭县交通局	副局长	
邹永明	男	塘 厦	紫金集团党委	宣传部长	
			紫金金铜矿	党总支副书记	
邹炎标	男	塘 厦	西北航空甘肃分公司车队	书记、队长	
邹永华	男	塘 厦	步云乡党委	副书记	
邹汝荣	男	塘 厦	泉州永春煤矿地质大队	书记、大队长	
邹焕文	男	塘 厦	厦门海关	主任科员	
邹林生	男	塘 厦	农行龙岩分行计财处	副总经理	
邹福辉	男	塘 厦	人民解放军某部	营级	
黄仲华	男	杨梅坑	县工业区	书记	
丘小琼	女	杨梅坑	上杭县工商业联合会	主席	
邹佛才	男	杨梅坑	闽西监狱	科长	退休
黄林兴	男	杨梅坑	龙岩市民政局	科长	
黄海涛	男	杨梅坑	上杭县科协	主席	
邹南荣	男	杨梅坑	紫金矿业集团	矿长	
邓焕朝	男	杨梅坑	蛟洋乡政府	主任科员	
邹永茂	男	杨梅坑	漳州边防某部	营政委	

续表 21-6

姓名	性别	村别	单位	职务	附注
杨意林	男	文地	上杭县公安局	主任科员	治安队长
杨金祥	男	文地	龙岩市城市管理行政执法局	副科长	
邓日暄	男	东乾	寿宁、连城、永定县警察局	局长	民国时期
邓仰淮	男	东乾	上杭县第七区	区长	
邓立生	男	东乾	蛟洋乡人大主席团	主席	
邓良育	男	东乾	新罗区国税局	主任科员	
丘钦鸿	男	丘坊	郭车乡、蛟洋乡、白砂镇	副书记、乡长	
丘史新	男	丘坊	龙岩市林业局财务科	科长	
丘炳洪	男	丘坊	上杭县林业公安局	正科级侦察员	
丘敵祥	男	丘坊	上杭县公安局	副局长	已故
丘发祥	男	丘坊	古田农业银行	副行长	副科
丘海忠	男	丘坊	蛟洋派出所	副科	
张　健	男	苏康	哈尔滨市公安交通管理局	科长	
胡仲燕	女	苏康	哈尔滨市公安局出入境管理局	科长	
张启贤	男	苏康	上杭县水泥厂	部队(正营级)转业	
张柏祥	男	苏康	福建省第三建筑工程公司劳工科	科长	
张进云	男	苏康	蛟洋镇政府	副书记	
张永柏	男	苏康	龙岩市农科所党委	副书记	
丘念明	男	达理	蛟洋镇政府	副镇长	
丘戌生	男	达理	武平农业发展银行	行长	
丘万生	男	达理	龙岩农业银行	科级	
华琳琳	女	丰年	县编制办公室	副科	
郭焕发	男	丰年	厦门会展集团法律室	主任	
华伦松	男	丰年	乌鲁木齐独山子（石油公司）	科长	
郭南勋	男	丰年	上杭附城区、古蛟区	区长	
郭守乾	男	丰年	湖南省天心实业集团公司办公室	主任、保卫处长	
华兆泉	男	秋竹	蛟洋镇	主任科员	退休
华鸿昭	男	华家	南京钢铁公司生产科	书记	
华伦龙	男	华家	蛟洋乡人大主席团	主席	退休
华伦标	男	华家	县直机关党工委	常务副书记	
华彩文	男	华家	上杭县建设局	书记	
华泉生	男	华家	闽西大学	办公室主任	
华敦耀	男	华家	上杭县劳动和社会保障局	主任科员副局长	
华　勇	男	华家	华西都市报、重庆时报	副总编	
华　华	男	华家	重庆市规划局北碚分局	科长	
郑发兴	男	文都	泉州市林业局		
张茂华	男	文都	龙岩市农业局政法科	科长	
华能宝	男	小和	福州市道路运管处人事科	科长	正科
华绪澄	男	小和	上杭政协办公室	主任科员	

续表 21-6

姓名	性别	村别	单位	职务	附注
张才兴	男	贵竹	上杭县公安局出入境管理科	科长	
黄美清	女	贵竹	县林业局	主任科员	退休
华伦钟	男	贵竹	上杭县人民政府办公室	书记	
华炳生	男	贵竹	县科技局	副局长	
苏华坤	男	贵竹	龙岩市委办公室	秘书	
华铭辉	男	贵竹	龙岩市政府水土办公室	主任	
华如生	男	贵竹	上杭县教育局	局长	已故
华开燕	男	贵竹	蛟洋乡	副乡长	1994.7
苏发茂	男	贵竹	庐丰乡	副乡长	2011.5
华伦斌	男	贵竹	南阳镇	副书记	2006.9
陈进德	男	陈坊	邵武市林业公安局	教导员	退休
陈宣年	男	陈坊	蛟洋乡政府	副乡长	
陈桂渊	男	陈坊	蛟洋乡政府	副书记	
张用材	男	再兴	共和乡	乡长	
张树华	男	再兴	步云公社	社长	
张年清	男	再兴	广东大埔县长冶乡	乡长	
张材选	男	再兴	（民国）星太乡（今太拔乡）	乡长	
张炽林	男	再兴	蛟洋乡人大	主席	退休
张国庆	男	再兴	临江镇政府	主任科员	
张慧峥	男	再兴	龙岩市新华书店	正科	
邓慧勇	男	再兴	龙岩市银监局监察室主任	正科	
袁镇康	男	中村	上杭县质量技术监督局	主任科员	
张伟林	男	中村	才溪镇	党委书记	
张锋育	男	中村	上杭县文广新局党组成员、上杭县广播电视台	台长	
张宗海	男	中村	上杭县国营白砂林场	场长、书记	副科，退休
张力辉	男	中村	上杭县城市管理行政执法局	副局长	
张绪先	男	中村	上杭县建设委员会	党委书记	退休
廖吕红	女	中村	稔田镇	副镇长	
赖久厚	男	再嘉	永安市委组织部	主任科员	退休
朱兆钟	男	再嘉	福州铁路电务段党群工作办主任	主任	

七、已知蛟洋籍中级专业技术职务人员名表

表 21-7

姓　名	职　称	单　位
傅松亨	农艺师（1982.6）	大埔县农业局
邱梓清	工程师（1983）	县水利局（离休）
林　红	小学高级（1988.10）	蛟洋学区
傅骏蛟	小学高级（1988.4）	蛟洋学区
王佑进	中学一级（1988.7）	蛟洋中学
邹振荣	小学高级（1988.7）	蛟洋学区
张耀腾	小学高级（1988.7）	蛟洋学区
傅国总	中学一级（1988.7）	进修学校
张耀芳	小学高级（1988.9）	蛟洋学区
傅荣凯	小学高级（1988.9）	蛟洋学区
丘梓清	小学高级（1988.12）	蛟洋学区
邹镜荣	经济师（1988.12）	县印刷厂
袁永贵	农艺师（1988.12）	县农业局
袁肇煊	会计师（1991.8）	县财政局
丘天玉	小学高级（1991.9）	蛟洋学区
华敦洪	主管检验师（1991.9）	县医院
傅海龙	农艺师（1992.1）	蛟洋农技站
张雄兴	小学高级（1992.5）	蛟洋学区
傅丰生	会计师（1992）	梅州音像出版社
张沂光	小学高级（1993.3）	蛟洋学区
邹耿民	小学高级（1994.3）	蛟洋学区
袁秀英	会计师（1994.12）	兴杭信用社
丘启荣	小学高级（1995.3）	蛟洋学区
丘宇清	小学高级（1995.3）	蛟洋学区
傅茂忠	小学高级（1995.3）	蛟洋学区
张文天	经济师（1995.12）	外资办
孙辛菊	小学高级（1996.4）	蛟洋学区
郭龙桂	小学高级（1996.4）	蛟洋学区
华维明	小学高级（1996.4）	蛟洋学区
华洪声	小学高级（1996.4）	蛟洋学区
黄林兴	会计师（1996）	龙岩市老区扶贫办
陈丽霞	中学一级（1997.1）	蛟洋中学
傅福英	农艺师（1997.6）	蛟洋农技站
黄富炎	小学高级（1997.6）	蛟洋学区
杨集善	工程师（1983）	县企业局
张宗海	工程师（1985.7）	白砂林场
廖河南	小学高级（1988.4）	古田学区
傅棣生	小学高级（1988.4）	实验小学
华勋林	中学一级（1988.7）	蛟洋中学
张金提	经济师（1988.7）	农业银行
华友生	小学高级（1988.7）	蛟洋学区
黄仲雄	主治医师（1988.8）	县医院
傅举文	小学高级（1988.9）	蛟洋学区
高柏堂	小学高级（1988.9）	蛟洋学区
丘镜高	小学高级（1988.12）	蛟洋学区
张家松	经济师（1988.12）	县供销社
袁镇康	农艺师（1991.8）	蛟洋乡政府
郭寿源	小学高级（1991.9）	蛟洋学区
张文德	小学高级（1991.9）	蛟洋学区
黄海涛	工程师（1991）	县科协
彭绪荣	工程师（1992.4）	县林委
丘世周	政工师（1992.5）	县医院
邓在林	小学高级（1993.3）	蛟洋学区
张焕淮	经济师（1994.3）	县物价检查所
傅豪生	政工师（1994.11）	工商银行
邹复兴	小学高级（1994）	丘坊中心小学
丘史新	审计师（1994）	龙岩市林业局
郭守祥	小学高级（1995.3）	蛟洋学区
傅荣英	小学高级（1995.3）	蛟洋学区
黄仲坤	小学高级（1995.3）	蛟洋学区
丘建祥	中学一级（1996.4）	蛟洋中学
邹永东	小学高级（1996.4）	蛟洋学区
傅　平	工程师（1996.4） 监理工程师（2002.6）	龙岩电信
傅水英	三级警督（1996.9） 主管护师（2013.12）	龙岩监狱
黄仲华	工程师（1997.1）	县造纸厂
袁根发	小学高级（1997.6）	蛟洋学区
张著元	小学高级（1997.6）	蛟洋学区

续表 21–7

姓　名	职　称	单　位
陈柏富	小学高级（1997.6）	蛟洋学区
丘福增	小学高级（1997.6）	蛟洋学区
华喜雪	中学一级（1998.1）	上杭一中
张菊华	小学高级（1998.4）	蛟洋小学
林建昌	小学高级（1998.4）	蛟洋小学
华如林	小学高级（1998.4）	蛟洋小学
张宝珠	主管护师（1998.5）	龙岩一院
袁以文	农艺师（1998）	县农委
杨海华	中学一级（1999.2）	蛟洋中学
丘林才	中学一级（1999.2）	蛟洋中学
廖友煌	小学高级（1999.9）	华家小学
苏怀德	小学高级（1999.9）	小和小学
傅海伦	工程师（1999.12）	龙岩电业局
傅龙贞	经济师（1999.12） 会计师（2000.12）	县林化厂
丘青海	主治医师（2000.4）	溪口卫生院
邹耀辉	中学一级（2000.4）	蛟洋中学
郭海峰	中学一级（2000.4）	蛟洋中学
华瑞云	小学高级（2000.9）	实验小学
傅雁红	小学高级（2000.9）	蛟洋小学
张著营	小学高级（2000.9）	再兴小学
邹健标	小学高级（2000.12）	古田中小
丘岳忠	农艺师（2001.6）	蛟洋农技站
丘华清	中学一级（2001.8）	蛟洋中学
林槐招	中学一级（2001.8）	蛟洋中学
邓庚炘	小学高级（2001.12）	蛟洋中小
傅秀珍	小学高级（2001.12）	蛟洋中小
丘少华	小学高级（2001.12）	蛟洋中小
彭春辉	小学高级（2001.12）	蛟洋小学
袁向阳	小学高级（2001.12）	华家小学
袁儒龙	小学高级（2001.12）	塘下小学
张启明	小学高级（2001.12）	再兴小学
丘锦荣	经济师（2001.12）	县供销社
傅寿荣	小学高级（2001.12）	文地小学
邹春祥	小学高级（2001.12）	塘厦小学
华　文	小学高级（2001.12）	小和小学
袁衍岑	经济师（2001.12）	农技站
傅炳文	中学一级（1998.1）	蛟洋中学
张祥凯	小学高级（1998.4）	蛟洋小学
张茂兴	小学高级（1998.4）	蛟洋小学
华大杭	小学高级（1998.4）	蛟洋小学
傅永康	小学高级（1998.4）	蛟洋小学
华伦辉	经济师（1998.12）	县劳服公司
丘东蓉	中学一级（1999.2）	蛟洋中学
丘瑞清	中学一级（1999.2）	蛟洋中学
华兆申	小学高级（1999.9）	华家小学
华敦饶	小学高级（1999.9）	小和小学
华敦铭	小学高级（1999.9）	秋竹小学
邱建敏	会计师（1999.12）	龙岩电业局
邹礼义	主治医师（2000.4）	古田卫生院
华雪清	中学一级（2000.4）	上杭一中
邹庆煊	中学一级（2000.4）	蛟洋中学
谢玉秀	中学一级（2000.4）	蛟洋中学
傅道生	小学高级（2000.9）	坪上小学
华洪生	小学高级（2000.9）	蛟洋小学
丘东明	农艺师（2000.9）	蛟洋农技站
丘念明	农艺师（2001.6）	蛟洋农技站
吴文祥	中学一级（2001.8）	蛟洋中学
华瑞堂	中学一级（2001.8）	蛟洋中学
丘增荣	中学一级（2001.8）	蛟洋中学
华汉林	小学高级（2001.12）	蛟洋学区
张明天	小学高级（2001.12）	蛟洋中小
丘大卿	小学高级（2001.12）	蛟洋中小
邹增明	小学高级（2001.12）	蛟洋小学
邹炎生	小学高级（2001.12）	蛟洋小学
张春星	小学高级（2001.12）	华家小学
邹耿春	小学高级（2001.12）	坪埔小学
傅四清	小学高级（2001.12）	邹坑小学
张寿坤	小学高级（2001.12）	邹坑小学
丘银招	小学高级（2001.12）	塘厦小学
邓增德	小学高级（2001.12）	塘厦小学
华松林	小学高级（2001.12）	秋竹小学
邓园娣	经济师（2001.12）	上杭县房地产交易所

续表 21–7

姓　名	职　称	单　位	姓　名	职　称	单　位
吕荣坤	小学高级(2001.12)	蛟洋小学	傅秀玫	会计师（2002.12）	上杭县财政局
华小红	会计师(2002.12)	上杭会计师事务所	傅振松	经济师（2003.10）	农村信用社
丘湖香	中学一级(2004.4)	蛟洋中学	丘建海	中学一级（2004.4）	蛟洋中学
张著林	中学一级(2004.4)	蛟洋中学	丘建广	中学一级（2004.4）	蛟洋中学
张明星	中学一级(2004.4)	蛟洋中学	张耀明	中学一级（2004.4）	蛟洋中学
廖兆安	中学一级(2004.4)	蛟洋中学	谢文华	中学一级（2004.4）	蛟洋中学
丘向荣	中学一级(2004.4)	蛟洋中学	傅建荣	中学一级（2004.4）	古田中学
谢惠姝	主管护师(2004.7)	市第一医院	丘琰辉	小学高级（2004.9）	华家小学
华锦生	小学高级(2004.9)	华家小学	邹文辉	小学高级（2004.9）	丘坊小学
华碧辉	小学高级(2004.9)	再兴小学	华衍强	小学高级（2004.9）	塘厦小学
丘启贞	小学高级(2004.9)	东乾小学	王作安	小学高级（2004.9）	再嘉小学
张文明	小学高级(2004.9)	坪上教学点	华雪明	小学高级（2004.9）	小和教学点
华瑞洪	小学高级(2004.9)	文都初小	傅稼生	小学高级（2004.9）	中村小学
华丕炎	小学高级(2004.9)	中村小学	吴红莲	小学高级（2004.9）	蛟洋中小
华茂森	小学高级(2004.9)	蛟洋中小	邹礼辉	小学高级（2004.9）	蛟洋中小
苏华英	经济师(2004.9)	紫金矿业	华志红	小学高级（2004.9）	县特殊教育学校
杨意洪	营林工程师(2004.12)	步云林业站	周彦玮	小学高级（2004）	福州市象园小学
华碧青	主管护师(2005.6)	蛟洋卫生院	张永铭	主治医师（2005.6）	蛟洋卫生院
傅春英	主管护师(2005.6)	旧县卫生院	傅秀英	主管护师（2005.6）	县医院
傅卫琼	中学一级(2005.7)	上杭二中	丘仰先	中学一级（2005.7）	蛟洋中学
邹松彪	中学一级(2005.7)	蛟洋中学	孙建广	中学一级（2005.7）	蛟洋中学
华丁贤	中学一级(2005.7)	蛟洋中学	丘志坤	中学一级（2005.7）	蛟洋中学
邓绍民	中学一级(2005.7)	蛟洋中学	华绍萍	小学高级（2005.8）	华家小学
傅庆乾	小学高级(2005.8)	坪埔小学	罗金生	小学高级（2005.8）	坪埔小学
丘梅生	小学高级(2005.8)	丘坊小学	丘史雄	小学高级（2005.8）	丘坊小学
华镜明	小学高级(2005.8)	苏康小学	傅河润	小学高级（2005.8）	塘厦小学
丘春林	小学高级(2005.8)	再兴小学	邹永红	小学高级（2005.8）	蛟洋中小
张锦棠	小学高级(2005.8)	蛟洋中小	傅宝荣	小学高级（2005.8）	蛟洋中小
华连英	小学高级(2005.8)	蛟洋中小	丘景华	小学高级（2005.8）	蛟洋中小
邓凤连	小学高级(2005.8)	蛟洋中小	华祥春	小学高级（2005.8）	蛟洋中小
雷国宝	小学高级(2005.8)	蛟洋中小	张宝荣	幼儿高级（2005.8）	蛟洋中心幼儿园
丘银清	幼儿高级(2005.8)	蛟洋中心幼儿园	傅建明	经济师（2005.12）	蛟洋信用社
丘美招	主治医师(2006.5)	蛟洋卫生院	邹春梅	中学一级（2006.8）	蛟洋中学
华碧杭	中学一级(2006.8)	蛟洋中学	袁儒龙	中学一级（2006.8）	蛟洋中学
傅朝辉	中学一级(2006.8)	南阳中学	傅美玉	中学一级（2006.8）	上杭一中
刘华英	小学高级(2006.12)	蛟洋中小	傅春梅	小学高级（2006.12）	蛟洋中小
张桥娣	小学高级(2006.12)	蛟洋中小	傅丽英	小学高级（2006.12）	蛟洋中小

续表 21–7

姓　名	职　称	单　位
丘国昌	小学高级(2006.12)	蛟洋中小
王小云	小学高级(2006.12)	蛟洋中小
张细金	小学高级(2006.12)	蛟洋中小
傅春华	主管护师(2007.5)	古田卫生院
傅伟彪	中学一级(2007.11)	蛟洋中学
袁志发	中学一级(2007.11)	蛟洋中学
华兆源	中学一级(2007.11)	蛟洋中学
张寿华	小学高级(2007.12)	蛟洋中小
傅锡兴	小学高级(2007.12)	蛟洋中小
傅桃清	农艺师(2007.12)	蛟洋农技站
张文忠	中学一级(2008.8)	上杭三中
傅美秀	小学高级(2008.10)	白砂中小
邱锦才	小学高级(2008.10)	蛟洋中小
邹文长	小学高级(2008.10)	蛟洋中小
梁旭连	小学高级(2008.10)	蛟洋中小
杨兆铭	中学一级(2008.7)	蛟洋中学
邱新花	中学一级(2008.7)	蛟洋中学
傅永煜	中学一级(2008.7)	蛟洋中学
李晓英	中学一级(2009.10)	蛟洋中学
陈燕香	中学一级(2009.10)	蛟洋中学
邱新英	小学高级(2009.10)	蛟洋中小
华小青	小学高级(2009.10)	蛟洋中小
张小芬	小学高级(2009.10)	蛟洋中小
张永忠	小学高级(2009.10)	蛟洋中小
邹淑红	中学一级(2009.8)	蛟洋中学
张永鑫	农艺师(2010.1)	蛟洋农技站
丘水荣	会计师(2010.5)	上杭烟草局
傅民荣	中学一级(2010.11)	蛟洋中学
华　燕	中学一级(2010.11)	蛟洋中学
陈振明	工程师(2010.12)	蛟洋农技站
黄淑琴	小学高级(2010.12)	蛟洋中小
傅志华	小学高级(2010.12)	蛟洋中小
杨意坚	主治医师(2011.5)	蛟洋卫生院
傅海英	中学一级(2012.12)	龙岩四中
邹发林	中学一级(2012)	福州苍山中学
邹尚伟	经济师(2013)	福州乐语分公司
邹　丹	经济师(2013)	厦门中信银行
丘小彬	网络工程师(2004.12)	中国农业大学
张兴荣	小学高级(2006.12)	蛟洋中小
张秀连	小学高级(2006.12)	蛟洋中小
赖小琴	小学高级(2006.12)	蛟洋中小
邹永荣	中学一级(2007.8)	上杭二中
邓文柱	中学一级(2007.11)	蛟洋中学
马贵生	中学一级(2007.11)	蛟洋中学
廖洪琳	中学一级(2007.11)	蛟洋中学
陈水招	小学高级(2007.12)	蛟洋中小
林森昌	小学高级(2007.12)	蛟洋中小
张进兰	农机工程师(2007.12)	蛟洋农技站
华喜秀	小学高级(2008.10)	蛟洋中小
杜灵秀	小学高级(2008.10)	蛟洋中小
丘启鹏	小学高级(2008.10)	蛟洋中小
邹碧恒	小学高级(2008.10)	蛟洋中小
傅梅兰	中学一级(2008.7)	蛟洋中学
马玉春	中学一级(2008.7)	蛟洋中学
张明祥	经济师(2008.12)	农行龙岩分行
罗大荣	中学一级(2009.10)	蛟洋中学
华　德	中学一级(2009.10)	蛟洋中学
张其明	小学高级(2009.10)	蛟洋中小
傅玲华	小学高级(2009.10)	蛟洋中小
傅灿萍	小学高级(2009.10)	蛟洋中小
傅青梅	主管护师(2009.5)	白砂卫生院
林笑荣	会计师(2009)	龙岩广电局
唐长秀	主管护师(2010.5)	蛟洋卫生院
朱燕生	中学一级(2010.11)	蛟洋中学
张文波	中学一级(2010.11)	蛟洋中学
傅　越	中学一级(2010.11)	蛟洋中学
廖来金	小学高级(2010.12)	蛟洋中小
傅梅英	小学高级(2010.12)	蛟洋中小
华国春	小学高级(2010.12)	蛟洋中小
林槐招	小学高级(2011)	上杭四中
邹柏峰	会计师(2012)	厦门方华评估公司
邹柏林	经济师(2012)	厦门禾山城市信用社
秦　颖	小学高级(2013)	北师大实验小学
丘阳春	电脑软件工程师	北京
丘　玲	工程师	杭州
常莉丽	网络工程师(2004.12)	北京“百度”在线网络有限公司

续表 21-7

姓　名	职　称	单　位	姓　名	职　称	单　位
丘小芹	小学高级	连城	丘松谦	小学高级	蛟洋小学
丘华月	讲师	福州大学	廖秀梅	中学一级	古田中学
丘新招	会计师	龙岩医药站	丘世锦	主治医师	上海东芝医疗
傅煜森	工程师	三明光学厂	傅振坤	工程师	龙岩卷烟厂
傅院兰	主管护师	龙岩第二医院	傅振洪	会计师（2004.12）	龙岩建筑公司
傅晓强	工程师	上杭电信分公司	詹梅芬	小学高级	
李小红	中学一级	连城三中	傅志华	工程师	深圳电焊机公司
穆云露	讲师	北京大学医学部	傅　晔	讲师	北京
傅茂兰	中学一级	北京龙潭中学	傅燕梅	中学一级	厦门三中
傅惠芳	工程师	梅花山保护区	傅小玲	记者	广州晚报
傅年春	一级警督	清流监狱	李红招	小学高级	清流实小
陈丽红	一级警督	清流监狱	傅盛春	一级警督	清流监狱
傅联春	经济师	茂名市石油公司	傅明春	一级警督	清流监狱
邓丽莺	主管药剂师	龙岩人民医院	张柏行	中学一级	上杭一中
张生亮	工程师		张慧铭	会计师	新罗区防疫站
张国林	政工师	暨南大学华文学院	张志锋	主治医师	
张立明	电气工程师	亚泰经济发展有限公司	张材芬	主治医师	蛟洋卫生院
杨香莲	会计师		张　华	主治医师	
华晓英	图书馆馆员	龙岩职业技术学院	张茂华	工程师	
张秋进	经济师		张　健	总工程师助理	
张华彬	中学一级		赖小华	法院法官	
袁芹开	电子工程师	上杭六0四台	谢素红	工程师	
袁建生	经济师	农行龙岩中心支行	张永华	中学一级	白砂中学
傅　欣	工程师	福州	袁梓辉	经济师	县人大常委会
傅火庆	中学一级	古田中学	袁耀良	工程师	上杭气象局
林□芬	妇科主治医师	蛟洋卫生院	傅长生	主治医师	泉州仁福骨外科医院
丘仲琼	主管检验师	福州传染病院	丘海香	小学高级	连城庙前小学
傅兆清	主治医师	蛟洋卫生院	丘海燕	主管护师	上杭
傅海坤	会计师(2008)	龙岩地建公司	邹椿祥	外科主治医师(2002.8)	蛟洋镇政府
	工程师(2013)		傅善荣	经济师	福州
傅增锴	会计师	蛟洋乡政府	傅玉田	会计师	古田农技站
丘德菊	小学高级	古田中小	傅华生	三级记者	龙岩市政府
陈冬梅	讲师	龙岩学院	傅玉鹏	主治医师	官庄卫生院
傅洪生	中学一级	古田中学	傅少波	检察员	新罗区人民检察院
王华英	中学一级	南阳中学	杨　英	会计师	北京

续表 21-7

姓　名	职　称	单　位
傅启先	工程师	退休（住长沙）
傅建文	工程师	上海中兴公司
黄翠琳	小学高级	县实验小学
邓增荣	中学一级	蛟洋中学
陈柏龙	会计师	县财政局
陈龙焕	会计师	梅花山自然保护区管理局
张柏祥	工程师	省三建公司
袁明辉	工程师	龙岩三建公司
孙辛招	经济师	
华开明	工程师	紫金矿业黄金冶炼厂
华伦松	工程师	乌鲁木齐独山子
华德明	工程师	
华敦善	农艺师	中都农技站
丘华英	小学高级	
邹晓雪	主管检验师	连城县医院
傅炳荣	注册监理工程师(2010)	福建互华土木工程有限公司
华卫蓉	工程师	南京理工大学
邹　涵	注册会计师	紫金集团
钟小英	评估师	福州评估公司
傅镜高	小学高级	蛟洋中学

姓　名	职　称	单　位
傅炎标	讲师	龙岩地委党校
傅煜民	会计师	漳平地税局
杨卓生	工程师	厦门房地产
马增德	小学高级	蛟洋小学
陈兆忠	会计师	
陈兆钰	工程师	汀江水电有限公司
张瑞文	会计师	马坑钢铁厂
华庆云	工程师	龙岩评估公司
傅晓岩	中学一级	连城一中
王清兰	中学一级	古田中学
华崧年	工程师	
华祥涛	主治医师	
华敦鸿	工程师	
张文旺	小学高级	
傅茂奎	工程师	红炭山煤矿（离休）
邹建荣	工程师	上海核能源科学研究所
邹汉祥	中学一级	才溪中学
邹培珍	工程师	上杭电力公司
傅志腾	评估师、经济师	福州评估公司

八、蛟洋镇革命烈士名表

表 21-8

姓　名	性别	出生年月	村别	是否党团员	原工作单位及职务	牺牲时间、地点及原因
傅显仁	男	1885	蛟洋		北四区农民协会主任兼暴动队长	1928.7 被敌围捕杀害并斩首示众
傅希孟	男	1889	蛟洋	党员	中共北四区区委书记	1929.9 误伤致死
傅岩湘	男	1905	蛟洋	党员	北四区苏维埃主席	1932.6 在乡被敌捕杀
傅岩辉	男	1897	蛟洋		红四军第四纵队战士	1931 年在赣州战斗中牺牲
傅炎明	男	1907	蛟洋		红 55 团战士	1928.6 在黄柰岗与敌作战牺牲
傅辉彬	男	1911	蛟洋		红 55 团炊事员	192 年 8 返乡取军需品时被俘杀
傅明周	男	1905	蛟洋		红 55 团通讯员	1928.7 侦察敌情时,被俘杀
傅翊翔	男	1877	蛟洋		北四区农军守望队队员	1928.10 在乡被郭凤鸣部杀害
傅春煌	男	1894	蛟洋	党员	农会敢死队战士	1928.6 在甲子凹作战时被俘杀
傅位攀	男	1899	蛟洋	党员	农会敢死队战士	1928.8 在本乡放哨被俘,在中和圩被杀害
傅琼璜	男	1902	蛟洋		农会敢死队战士	1928.12 在本乡放哨被俘,在中和圩杀害
傅守源	男	1898	蛟洋		红 55 团战士	1928 年在塘厦与敌作战牺牲
傅如茂	男	1901	蛟洋	团员	红军后备队分队长	1929.10 在本乡放哨被俘,在中和圩被害
傅汉荣	男	1888	蛟洋		北四区自卫队员，敢死队战士	1928.6 参加蛟洋农民暴动, 黄柰岗战斗中牺牲
傅振隆	男	1899	蛟洋		北四区赤卫队员	1930 年在森坑被敌杀害
傅吉贵	男	1911	蛟洋		红四军第四纵队战士	1930.2 在南昌战斗中牺牲
傅寿开	男	1888	蛟洋	党员	红四军第四纵队副官	1930 年在江西战斗中牺牲
傅职昌	男	1911	蛟洋		红四军第四纵队战士	1930.7 在平和县战斗中牺牲
傅翔云	男	1905	蛟洋		红四军第四纵队传令兵	1930.7 在平和战斗中牺牲
傅质龄	男	1898	崇头		红 59 团军需官	1929.12 侦察时遇敌,被俘杀
傅则丰	男	1879	崇头		北四区自卫队员	1928.6 参加蛟洋农民暴动被俘杀
傅衍玉	男	1908	崇头		新编红 12 军战士	1930.4 在广东大埔战斗中牺牲
丘秉斌	男	1889	崇头		北四区农会执委	1928.8 因送信,在中和圩被敌杀害
丘光庭	男	1907	崇头	党员	红四军一纵政治部秘书长	1931.6 在上杭星太坑口被冤杀
丘瑞庭	男	1902	崇头		永定游击队员	1931 年因误为“社会民主党”在永定虎岗被冤杀
傅衍辉	男	1908	坪埔	党员	县赤卫团排长	1930 年在龙岩战斗中牺牲
袁可兴	男	1896	坪埔	党员	北四区农军班长	1928.7 在龙岩战斗中牺牲
袁增辉	男	1904	坪埔		北四区敢死队战士	1929.6 在蛟洋牛角寨与郭凤鸣部作战牺牲
袁佐良	男	1898	坪埔	党员	二区苏维埃特派员	1931.4 因误为“社会民主党”在白砂被冤杀
邹尚云	男	1903	下道湖		北四区农军战士	1928.5 在古田乡与民团作战牺牲

续表 21-8

姓　名	性别	出生年月	村别	是否党团员	原工作单位及职务	牺牲时间、地点及原因
邹芳传	男	1908	下道湖	党员	北四区农军战士	1928.7 攻打龙岩被陈国辉部俘杀
邹桂兰	男	1906	塘厦	党员	北四区农军班长	1928 年病逝
邹维炎	男	1912	塘厦		闽西红军学校宣传员	1930 年之后无音讯
邹石江	男	1911	塘厦		红四军第四纵队传令兵	1929 年往江西宁都后无音讯
陈礼根	男	1898	陈坊	党员	陈坊乡苏维埃主席	1932 年在乡被敌杀害
邓石生	男	1906	东乾		红四军第四纵队战士	1929.9 在长汀涂坊战斗中牺牲
丘门子头	男	1905	达理		红十二军战士	1932 年之后无音讯
丘昭辉	男	1894.8	丘坊		红新编 12 军炊事班长	1930 年在古田乡与敌作战牺牲
丘捷登	男	1912	丘坊		红新编 12 军战士	1930 年往南阳之后无音讯
丘玉辉	男	1901	丘坊	党员	北三区赤卫队大队长	1931.6 在白砂被冤杀
丘仰勋	男	1912	丘坊	团员	宣传员、北三区简报社编辑	1931.5 在华家被冤杀
丘在熬	男	1905	丘坊	党员	文书、北三区简报社编辑	1931.4 在白砂被冤杀
丘韶久	男	1906	丘坊	党员	北三区简报社编辑，华家劳动动高级小学校长	1931.4 在华家被冤杀
丘质生	男	1912	丘坊	团员	北三区简报社编辑	1931 年因误为“社会民主党”在旧县被冤杀
丘维民	男	1909.6	丘坊		红四军第三纵队战士	1932 年往江西石城后无音讯
丘兆周	男	1906.4	丘坊		红十二军战士	1930 年之后无音讯
丘降明	男	1914.6	丘坊		红十二军战士	1930 年之后无音讯
丘子明	男	1909	丘坊	党员	闽西雇农工会秘书、主席，后任第四乡支部书记	1930.6 下乡调查时在丘坊被敌杀害
丘水生	男	1903	丘坊		红新编 12 军战士	1930.10 在永定县战斗中牺牲
丘映波	男	1911	丘坊	团员	1928 年任团支书，后任北三区苏区苏维埃政府宣传员	1930 年在武平战斗中牺牲
丘文双	男	1909	文都		红新编 12 军战士	1931.6 年在白砂丰源战斗中牺牲
丘峰松	男	1906	文都	团员	红十二军战士	1930 年之后无音讯
丘志元	男	1913	文都	团员	红新编 12 军战士	1931 年在连城朋口战斗中牺牲
华彭林	男	1896	文都	党员	北三区区委秘书	1931.10 在蛟洋被敌杀害
黄玉史	男	1905	文都	党员	第四区区委书记	1931 年因误为“社会民主党”在白砂崇福寺被冤杀
张香茂	男	190	文都	党员	第四区赤卫团事务长	1931.4 因误为“社会民主党”在白砂被冤杀
丘仰琴	男	1911	文都	团员	第四区赤卫团中队长	1931.4 因误为“社会民主党”在白砂被冤杀
丘锦垣	男	1893	文都	党员	县互济会书记	1931 年因误为“社会民主党”在白砂被冤杀
丘启初	男	1905	文都	党员	第四区赤卫团副大队长	1931 年因误为“社会民主党”在本村被冤杀
丘鸿龙	男	1912	文都	党员	第四区团支部书记	1931.8 因误为“社会民主党”在南阳被冤杀
丘鸿良	男	1905	文都	党员	第四区赤卫团班长	1931 年因误为“社会民主党”在本村被冤杀

续表 21–8

姓　名	性别	出生年月	村别	是否党团员	原工作单位及职务	牺牲时间、地点及原因
郑贵生	男	1907	文都	党员	北三区区委组织委员	1931 年因误为“社会民主党”在白砂被冤杀
丘鸿彬	男	1901	文都	党员	北三区合作社采购员	1931 年因误为“社会民主党”在白砂被冤杀
丘鸿章	男	190	文都	党员	第四区赤卫团中队长	1931 年因误为“社会民主党”在本村被冤杀
丘发双	男	1914	文都	团员		1932 年在赣州战斗中牺牲
丘鸿源	男	1903	文都	党员	北三区第四乡苏维埃主席	1932.2 病故
华西朝	男	1894	华家		上杭县赤卫团特务大队班长	1929 年攻打上杭城牺牲
华敦元	男	1905	华家		上杭县赤卫队队员	1929 年攻打上杭城牺牲
华丕荣	男	1904	华家		红新编 12 军排长	1929 年攻打上杭城牺牲
华诰兴	男	1898	华家		上杭县赤卫团战士	1929 年攻打上杭城牺牲
雷开田	男	1902	华家		北三区赤卫队员	1929 年攻打上杭城牺牲
华得进	男	1911	华家		红四军战士	1929 年之后无音讯
华绪官	男	1908	华家		红新编 12 军战士	1930 年在上杭大拔大地战斗中牺牲
华其贞	男	1908	华家		北三区赤卫队队员	1930 年在广东大埔高陂战斗中牺牲
华其德	男	1903	华家	党员	北三区赤卫队员	1930 年在蛟洋被敌捕杀
华敦荣	男	1904	华家	团员	闽西红军学校宣传委员	1930 年在连城坑子堡战斗中牺牲
华寿天	男	1901	华家		北三区第四乡苏维埃主席	1931 年因误为“社会民主党”在华家被冤杀
华松应	男	1907	华家	党员	北三区第三乡苏维埃主席	1931 年在溪口被冤杀
华三江	男	1901	华家		红新编 12 军战士	1931 年因误为“社会民主党”在白砂被冤杀
华康禄	男	1903	华家		红十二军战士	1932.8 在长汀病逝
雷丰能	男	1909	华家	团员	上杭县独立团卫生员	1932 年后无音讯
华五星	男	1911	华家		北三区赤卫大队队员	1933 年在袁小坪战斗中牺牲
雷开添	男	1911	华家	党员	北三区教导队战士	1933 年在永定县战斗中牺牲
华汝明	男	1901	华家		红新编 12 军战士	1933 年在江西战伤,于上杭南阳 13 医院去世
华炎烈	男	1911	华家	团员	红十二军战士	1933 年开往连城后无音讯
郭汝隆	男	1905	丰年	党员	红新编 12 军战士	1930 年后无音讯
华成斤	男	1911	丰年		红十二军补充团战士	1930 年后无音讯
华传兴	男	1913	丰年		红十二军补充团战士	1930 年后无音讯
李炎祥	男	1912	丰年	团员	区独立赤卫大队队员	1931.6 在丰年乡战斗中牺牲
袁瑞昌	男	1905	丰年		乡赤卫队队员	1931 年在袁小坪被敌杀害
郭显勋	男	1917	丰年	团员	中央军委第二科科员	1934 年后无音讯
郭进勋	男	1915	丰年		北三区团支部书记	1931.4 因误为“社会民主党”被冤杀于华家
张武山	男	1885	梅坝	党员	红四军大队长	1929 年后无音讯

续表 21-8

姓　名	性别	出生年月	村别	是否党团员	原工作单位及职务	牺牲时间、地点及原因
彭上达	男	1890	梅坝	党员	北三区梅坝乡苏维埃主席	1931 年肃社党被冤杀于华家
罗集荣	男	1899	梅坝		北三区苏维埃财粮干事	1931 年因误为“社会民主党”在白砂被冤杀
赖子豪	男	1898	梅坝	党员	北三区梅坝乡党支部书记	1931 年被冤杀于上杭坑口
张澄书	男	1908	梅坝	团员	北三区第一乡苏维埃主席	1931 年因误为“社会民主党”在华家被冤杀
张志明	男	1898	秋竹		北三区赤卫队队员	1931.6 在秋竹放哨时被杀害
华炳兴	男	1899	秋竹		北三区第六乡赤卫队员	1929 年在秋竹放哨时被杀害
华寿南	男	1904	秋竹	党员	红新编十二军班长	1930 年后无音讯
丘胜文	男	1910	秋竹	团员	长汀县赤卫团大队长	1930 年后无音讯
丘汉新	男	1896	秋竹	党员	长汀县赤卫团班长	1930 年后无音讯
华玉先	男	1905	秋竹	党员	红十二军一〇二团班长	1930 年后无音讯
华任昌	男	1918	秋竹		红十二军战士	1930 年后无音讯
丘上功	男	1911	秋竹		北三区第六乡团支部书记	1931.4 因误为“社会民主党”被冤杀于白砂
华启鸿	男	1906	秋竹	党员	北三区苏维埃政府文书	1931 年因误为“社会民主党”被冤杀于白砂
华文高	男	1906	秋竹	党员	北三区苏维埃政府财粮员	1931 年因误为“社会民主党”被冤杀于白砂
华汉卿	男	1906	秋竹	党员	北三区赤卫队中队长	1931 年因误为“社会民主党”被冤杀于华家
丘成梅	男	1899	秋竹	团员	北三区第二乡苏维埃主席	1931.3 病故
华绪龙	男	1902	秋竹	党员	北三区区委书记	1933 年在长汀四都医院病逝
丘子攀	男	1900	秋竹	党员	北三区苏维埃政府秘书	1931.6 因误为“社会民主党”被冤杀于白砂
傅家居	男	1909	中村		红四军号兵	1930 年后无音讯
张进江	男	1906	中村		红新编十二军战士	1931 年在龙岩小池作战牺牲
张天福	男	1912	中村	团员	北三区赤卫队队长	1931 年因误为“社会民主党”被冤杀于华家
张远江	男	1902	中村	团员	第四区苏维埃政府文书	1931 年因误为“社会民主党”被冤杀于华家
张开文	男	1906	中村	团员	第四区中村赤卫队号兵	1931.5 因误为“社会民主党”被冤杀于华家
张梦熊	男	1905	中村	党员	上杭县苏维埃政府文化馆主任	1931.5 因误为“社会民主党”被冤杀于白砂
张锡和	男	1900	中村	党员	上杭县苏维埃政府粮食科长	1931.4 因误为“社会民主党”被冤杀于白砂
张学富	男	1896	中村	党员	中村乡苏维埃政府宣传委员	1931.6 因误为“社会民主党”被冤杀于华家
张邦荣	男	1914	中村	团员	县第四区团委工作人员	1931.4 因误为“社会民主党”被冤杀于华家
张开源	男	1895	中村	党员	中村乡苏维埃政府主席	1931.5 因误为“社会民主党”被冤杀于华家
张宣荫	男	1904	中村	团员	红十二军三十四师战士	1932.12 在长汀四都医院病逝
张天德	男	1906	中村	党员	红新编十二军三十五师战士	1933 年在长汀作战牺牲
张清华	男	1913	中村	团员	红十二军一〇〇团战士	1933 年在江西南丰县战斗中牺牲
张正升	男	1909	中村		上杭县赤卫团第八大队战士	1933 年在永定作战牺牲
张炳初	男	1903	中村		北三区警卫第四连战士	1933.12 在本乡文都作战牺牲

续表 21-8

姓 名	性别	出生年月	村别	是否党团员	原工作单位及职务	牺牲时间、地点及原因
张品其	男	1904	中村		北三区警卫第四连战士	1933 年在本乡文都作战牺牲
张芝龙	男	1909	中村	团员	红十二军政治部主任	1933.4 在长汀四都医院病逝
张善庆	男	1903	中村	团员	红十二军排长	1933 年后无音讯
张显丕	男	1903	中村	团员	北三区赤卫队队员	1931.4 因误为“社会民主党”被冤杀于华家
张宪光	男	1912	中村	团员	闽西苏维埃政府人员	1931 年因误为“社会民主党”被冤杀于龙岩
张克定	男	1908	中村	团员	北三区苏维埃政府人员	1931.5 因误为“社会民主党”被冤杀于华家
张竟照	男	1911	中村	党员	杭武县苏维埃政府粮食科长	1931 年因误为“社会民主党”被冤杀于白砂
张锡照	男	1899	中村	党员	北三区赤卫大队队长	1931.5 因误为“社会民主党”被冤杀于华家
张接初	男	1908	中村		红四军警卫连战士	1929 年在广东大埔县石市作战牺牲
张福庆	男	1895	中村		红十二军二纵队五支队班长	1931 年在江西吉水县作战牺牲
华近成	男	1907	贵竹		红新编十二军战士	1930 年在上杭兰家渡作战牺牲
林志珍	男	1913	贵竹	团员	红新编十二军战士	1930 年后无音讯
华莱人	男	1910	贵竹	团员	北三区团委书记	1931.3 在上杭兰家渡被杀害
林友雄	男	1903	贵竹		红十二军汀州补充团战士	1931 年在连城作战牺牲
廖贞喜	男	1872	贵竹		红军第五军团民工	1933 年在龙岩新岭作战牺牲
廖富钦	男	1903	贵竹	党员	闽西红军医院财务人员	1934 年在蛟洋被敌捕杀
张新周	男	1902	贵竹	党员	代英县游击队采购员	1934.5 在朗星村作战牺牲
华远成	男	1906	贵竹		杭代游击队员	1935.4 被反动民团华元亮捕杀于华家
华双胜	男	1905	贵竹	党员	杭代游击队员	1935.4 出售游击队没收的布匹，在蛟洋被捕杀
张寿荣	男	1920	贵竹	团员	杭代游击队员	1935.7 在白砂禾仓角被杀害
华玉章	男	1897	贵竹	党员	北三区苏维埃调粮主任	1931.9 病故
温维煊	男	1903	贵竹		杭代游击队员	1935 年后无音讯
张其清	男	1911	苏康		北三区赤卫队班长	1929 年攻打上杭城牺牲
张维桢	男	1907	苏康		北三区赤卫队队员	1929 年攻打上杭城牺牲
张维琛	男	1902	苏康		北三区赤卫队队员	1929 年攻打上杭城,在水西渡牺牲
张锡恩	男	1911	苏康		红新编十二军班长	1930 年后无音讯
张其善	男	1899	苏康		红新编十二军班长	1930 年后无音讯
张锡宽	男	1891	苏康	党员	乡苏维埃政府财粮主任	1930.9 给红军送情报被杀于丘坊
张锡进	男	1904	苏康		红十二军文书	1931 年往龙岩后无音讯
张景开	男	1905	苏康	党员	杭武县苏维埃政府政治部宣传员	1931.5 因误为“社会民主党”被冤杀于华家
张锡馨	男	1903	苏康	党员	北三区赤卫队班长	1931.5 因误为“社会民主党”被冤杀于华家
张作钧	男	1906	苏康	团员	北三区赤卫队中队长	1931 年因误为“社会民主党”被冤杀于白砂
张兆禧	男	1907	苏康		北三区赤卫队班长	1931.5 因误为“社会民主党”被冤杀于华家

续表 21-8

姓　名	性别	出生年月	村别	是否党团员	原工作单位及职务	牺牲时间、地点及原因
傅福娣	男	1914	苏康	团员	乡妇女会主任	1932 年给游击队送信被捕,在蛟洋就义
黄全坤	男	1907	邹坑		上杭县赤卫团第二中队长	1929 年攻打上杭城牺牲
马美景	男	1896	邹坑	党员	北四区邹坑暴动队班长	1929 年在上杭旧县战伤被俘杀
马文星	男	1902	邹坑		红十二军战士	1931 年往江西后无音讯
马钟庆	男	1915	邹坑		红十二军战士	1931 年在连城朋口作战牺牲
马兴汉	男	1885	邹坑	党员	北三区第八乡苏维埃政府主席	1931 年因误为“社会民主党”被冤杀于中村
王正松	男	1904	坪上	团员	县赤卫团第八大队中队长	1929 年攻打上杭城牺牲
王文家	男	1902	坪上	党员	红四军中队长	1929 年后无音讯
王中兴	男	1905	坪上	团员	红十二军一〇四团战士	1929 年攻打上杭城牺牲
王占益	男	1904	坪上		上杭县赤卫团第八大队战士	1929 年攻打上杭城牺牲
王润兰	男	1915	坪上	团员	红十二军班长	1930 年后无音讯
王正梓	男	1911	坪上	团员	红新编十二军班长	1930 年后无音讯
王潘泰	男	1906	坪上		红十二军战士	1930 年后无音讯
王正忠	男	1906	坪上		红新编十二军 104 团班长	1931.3 在江西作战牺牲
王正富	男	1897	坪上		红四军战士	1929 年后无音讯
王占铜	男	1914	坪上	团员	红新编十二军班长	1931.5 在宁化泉上作战牺牲
赖如琼	男	1913	坪上	团员	红五军团旗兵	1933 年在江西作战牺牲
王富泰	男	1902	坪上	党员	红十二军战士	1933 年在永安作战牺牲
王文章	男	1894	坪上	党员	华佳区第六乡党支书	1933 年被敌捕杀于本村
王占锐	男	1912	坪上	团员	福建军区特务营七连连长	1934 年在连城四堡作战牺牲
王龄进	男	1909	坪上		华佳区独立营炊事员	1934 年在上杭南阳南岭作战牺牲
王桐兴	男	1906	坪上		再兴乡苏维埃政府主席	1934 年在坪上村被杀
王彬泰	男	1905	坪上		新杭县游击队员	1934 年在长汀作战牺牲
朱祥开	男	1916	坪上		红十二军战士	1931 年在江西作战牺牲
张树源	男	1905	中村	团员	红十二军战士	1929 年攻打上杭城牺牲
张炳金	男	1911	再兴		红四军第四纵队战士	1929 年攻打上杭城牺牲
张立熙	男	1879	再兴	党员	再兴乡苏维埃政府主席	1931 年在本村被杀
张正夫	男	1900	再兴		杭武县苏维埃政府秘书	1931 年因误为“社会民主党”被冤杀于白砂
张洪辉	男	1905	再兴		红四军第四纵队战士	1929 年攻打上杭城后无音讯
张清良	男	1894	再兴	党员	再兴乡党支书	1931 年在本乡被杀
张年馨	男	1891	再兴	党员	北三区苏维埃政府收发员	1931.6 因误为“社会民主党”被冤杀于长汀涂坊
张材选	男	1915	再兴		北三区赤卫队号兵	1931 年因误为“社会民主党”被冤杀于华家
张富奎	男	1913	再兴		北三区团支部书记	1931 年因误为“社会民主党”被冤杀于白砂

续表 21-8

姓　名	性别	出生年月	村别	是否党团员	原工作单位及职务	牺牲时间、地点及原因
张鉴清	男	1913	再兴		北三区少先队中队长	1931 年因误为“社会民主党”被冤杀于华家
马彬传	男	1907	邹坑		红十二军战士	1931 年在江西作战牺牲
张子明	男	1905	邹坑	党员	北三区苏维埃政府秘书	1931 年因误为“社会民主党”被冤杀于华家
张道贯	男	1900	邹坑	党员	闽西苏维埃政府政治委员	1931 年因误为“社会民主党”被冤杀于大洋坝
张汝楷	男	1910	再兴		红四军第四纵队战士	1929 年后无音讯
朱如清	男	1896	再嘉	党员	北三区第六乡苏维埃政府主席	1929 年后无音讯
朱宜寿	男	1895	再嘉		红新编十二军战士	1931 年后无音讯
朱两进	男	1916	再嘉		上杭县独立团战士	1931 年在文都作战牺牲
朱　英	男	1906	再嘉	党员	杭武县总工会文书	1931.5 因误为“社会民主党”被冤杀于华家
朱在天	男	1910	再嘉	团员	杭武县北三区团支书	1931.5 因误为“社会民主党”被冤杀于华家
朱兆蛟	男	1890	再嘉	党员	红十二军战士	1932 年在长汀新桥作战牺牲
朱宜松	男	1915	再嘉	团员	红十二军战士	1933 年在江西横岗作战牺牲
朱伊桢	男	1911	再嘉	团员	红十二军连长	1933 年在永安小陶作战牺牲
赖裕发	男	1914	再嘉	团员	上杭县独立团战士	1933 年在连城大坑头作战牺牲
赖久俊	男	1908	再嘉	团员	上杭县独立团战士	1933.5 在连城作战牺牲
朱立昆	男	1900	再嘉	党员	杭中游击队员	1935 年在新泉被俘,至漳州牢狱牺牲
朱伊必	男	1916	再嘉	团员	杭中游击队员	1935 年在新泉被俘,至漳州牢狱牺牲
华金崇	男	1897	小和	党员	北四区小和暴动队交通员	1929 年在丰年白石碑被杀
华邦春	男	1886	小和	党员	县赤卫团第八大队战士	1929 年攻打上杭城牺牲
华贵元	男	1883	小和		县赤卫团第八大队战士	1929 年攻打上杭城牺牲
华杰成	男	1910	小和		县赤卫团第八大队战士	1929 年攻打上杭城牺牲
华宝荣	男	1893	小和		县赤卫团第八大队战士	1929 年攻打上杭城牺牲
华为贵	男	1910	小和		上杭县赤卫团第八大队战士	1929 年攻打上杭城牺牲
华德邦	男	1908	小和	团员	红十二军战士	1930 年在永定作战牺牲
华为昌	男	1893	小和		北三区第七乡苏维埃政府交通员	1930 年在蛟洋苦竹乡作战牺牲
华美仁	男	1902	小和		红新编十二军战士	1930 年后无音讯
华东禧	男	1895	小和		北三区第七乡苏维埃政府主席	1931 年因误为“社会民主党”被冤杀于白砂
华上林	男	1903	小和	党员	北三区互济会文书	1931 年因误为“社会民主党”被冤杀于长汀涂坊
袁锡海	男	1939.3	坪埔	党员	解放军 6633 部队班长	1963.6 在厦门因公牺牲

注：1. 本表据《福建省上杭县革命烈士英名录》（简称《英名录》）整理。

2. 表中个别烈士的姓名，1993 年版《上杭县志》与《英名录》不一致，应以民政部门核发的烈士证件为准。

3. 表中个别烈士所在村，已根据实际情况作了调整

第二十二章　行政村简介

第一节　蛟洋村

蛟洋村地处北纬25°13′20″、东经116°43′46″，为蛟洋镇政府所在地；东与古田镇的金湖、荣屋、文元、郭车村毗邻，南靠崇头村；西连塘厦、陈坊、文地村，北邻古田镇的新生、外洋村。蛟洋村是蛟洋镇最大的行政村，曾是多届区、乡、公社的驻地，是蛟洋镇的政治、经济、文化、教育中心。

宋、元、明时期，蛟洋村隶属古田里。清光绪二十四年（1898年）“戊戌政变”后，隶属上杭县北三区；民国18年（1929年），隶属北四区；民国19年，隶属古蛟区；新中国成立初，隶属第七区，1958年后，隶属蛟洋公社（以上区、公社治所均设蛟洋）。1972年3月，蛟洋、新庄、维新三个大队合并成蛟洋大队，时为蛟洋公社最大的大队；1984年9月至2012年10月，隶属蛟洋乡；2012年10月始，隶属蛟洋镇人民政府。聚居姓氏90%为傅姓，另有陈、沈、邹、孙、黄等姓氏。2013年，全村有40个村民小组，1040户、3859人。山地面积36081亩，其中可耕地面积2776亩。

蛟洋村历史悠久。早在新石器时代中晚期，蛟洋村平岗尾一带已有人类（古越族人）繁衍生息，农耕渔猎。宋末元初，傅念七郎卜居蛟洋开基创业，至今已700余年。清代桥涵石拱桥——回澜桥，乾隆四十三年（1778年）的镇龙桥建桥碑，道光十年（1830年）余坑禁山碑，乾隆、道光年间修建镇水亭的许多石刻、碑记等，至今保存完好。

蛟洋村区位独特。唐置汀州特别是上杭设县后，逐步辟建驿道，蛟洋为东西古道（上杭旧县至龙岩）、南北古道（汀州、连城至龙岩、漳州）的交叉点，交通方便。1957年杭郭公路开通，1994年319国道改线途经蛟洋，2004年赣龙铁路开通，2007年龙长高速的建设，使蛟洋成为闽、粤、赣边的交通要冲。独特的区位优势，便捷的交通，促进蛟洋村的经济和社会发展。

蛟洋村具有光荣的革命传统，先后在蛟洋、上杭、闽西、全省乃至全国创立了许多个第一；在这片红土地上，留下了毛泽东、朱德、陈毅、谭震林、邓子恢、张鼎丞、罗瑞卿等老一辈无产阶级革命家的征战足迹；蛟洋曾是闽西革命根据地的领导中心之一。民国16年8月，傅柏翠、傅希孟等革命青年组织建立了蛟洋最早的党小组、党支部。民国17年6月25日，在中共上杭县委和傅柏翠等人的领导下，蛟洋农民800余人举行“闽西四大暴动”之一的蛟洋暴动，打响上杭反对国民党反动统治的第一枪，揭开了上杭武装斗争的序幕；同年8月，蛟洋的暴动武装与龙岩后田游击队、闽西工农红军独立营共200多人，组建成工农革命军第7军第19师。民国18年初，曾省吾、罗瑞卿受中共中央和福建省

原蛟洋红军医院病房之一——石背傅氏宗祠

委指示到蛟洋，以蛟洋暴动留下的武装队伍为主编成教导队，进行军事训练，随后以此为骨干，在蛟洋编成红军第59团，傅柏翠任团长；这是闽西第一支主力红军，后来成为红军第四军第四纵队的骨干力量。同年春，傅柏翠等回到蛟洋积极推动苏维埃政权建设，成立北四区苏维埃政府，成为上杭最早建立苏维埃政权的区域之一。同年夏，根据毛泽东的指示，红四军在闽西特委的支持下，在石背傅氏宗祠创办了红四军第一家红军医院，为保存革命力量，壮大红军队伍发挥积极的作用。7月10日至29日，在蛟洋文昌阁召开了中共闽西“一大”会议，总结闽西创造土地革命经验，对苏区的土地改革运动产生了深远影响；这次会议是毛泽东离开井冈山到赣南、闽西创建革命根据地以后亲自参加并指导的规模最大的一次中共地方党组织代表大会。7月底，红四军前委在蛟洋文昌阁召开紧急会议，研究布置粉碎国民党对红军的“三省会剿”。民国20年始，傅柏翠在古蛟地区实行“耕者有其田”“计口授田”直至新中国成立，被国民党政府承认合法，19年间保持土地革命果实，蛟洋是“保田斗争”成果最突出的一个乡村。此外，民国16年冬，傅柏翠在蛟洋村“议合祠”创建蛟洋农民银行，曾印发1元、1角流通券，供当地使用与银圆、铜圆等值；蛟洋农民银行是土地革命战争时期中国共产党领导创建较早的金融机构。民国18年10月，蛟洋建立全省第一个农村信用合作社，曾发行小面额纸币，在古蛟当地使用，并曾通行于连城庙前和龙岩大池、小池等地。民国30年8月22日，设立中国银行蛟洋储蓄所；同年11月22日复设临时通讯处。民国34年1月30日，在蛟洋傅氏总祠（笃叙堂）设上杭县古蛟医院。蛟洋村至今保存的革命文物有：全国文物保护单位蛟洋文昌阁，县级文物保护单位蛟洋烈士纪念碑、蛟洋红军医院；蛟洋暴动遗址，苏维埃政府旧址，蛟洋农民银行遗址，朱德旧居，罗瑞卿旧居，傅柏翠故居（避贤庐）。

蛟洋人弘扬客家人崇文重教、耕读传家精神，悠远而深厚的文化积淀使蛟洋村人才辈出。明初，乡村私塾逐步发展。清乾隆六年（1741年），蛟洋人民为了祈求文化昌盛，于村中心倡建了文昌阁。清光绪年间（1875—1905年），创办崇文达书院。光绪三十一年（1905年），崇文达书院更名为广智小学。20世纪20年代，邓子恢等人曾在广智小学担任教员，并以此为阵地，一方面教授文化知识，一方面传播革命道理。民国28年，在傅柏翠的倡议和带领下，蛟洋人创办了私立古蛟初级中学，继而面向全省、全国聘请教师，首届招收蛟洋周边乡村，连城、龙岩、长汀、永定以及江西省的高安等地经考试合格的100名优秀学子。蛟洋村青少年因“近水楼台”，读书人较多。教育的发展，促进人才的培养。明清时期，蛟洋涌现11位举人，宣统元年（1909年）己酉科府试拔贡、上杭县立中学（上杭一中前身）首任校长傅赉弼。民国和新中国成立之后，涌现福建省首任高等法院院长、福建省文史馆馆长、福建省人大常委会副主任傅柏翠；台湾金融界知名人士傅雪梅，祖孙三代行医傅赞谟、傅祥鹏、傅濂攀家族；研究员傅柒生，副研究员傅增铫，主任医生傅寿宁、傅骏美、傅海鹰等；国家级运动健将、福建省体育局射箭队高级教练傅建华等杰出人员。据2013年不完全统计，蛟洋村有大学生达531人，其中教授8人，博士、硕士39人，副科以上干部39人，中级职称以上专业技术人员126人。

蛟洋村基础设施、公共设施不断完善。1966年冬，村民集资购进首台54匹马力（40千瓦）的“东方红”柴油机发电，从而结束千百年照明点松火、油灯，加工稻谷靠人工推磨、水碓的历史。此后，村民先后参加建设竹背（际丰下水电站）、中心坑水力发电站。1972年，开通蛟洋圩至文昌阁、连接省道杭郭线的3公里简易公路。1973年，修通贯穿全村、全长7公里的第一条村道，自行车、拖拉机进入村庄。1976年，建起能容纳1400多人的大礼堂，结束群众露天看电影、看戏的历史。1999年6月，蛟洋邮电所兴建，开通光纤通信，程控电话进入千家万户。1997年，兴建自来水厂，百姓喝上自来水。2001年，建设占地面积680平方米、建筑面积1550平方米、总投资60万元的三层砖混结构村部办公大楼。2002年10月8日，蛟洋乡政府从丘坊搬迁蛟洋村，大大促进集镇建设。2002年10月25日，占地20000多平方米、有410多个固定摊位的边贸市场建成开业。2004年后，投资300多万元硬化村与自然村间的环村公路16公里；投资33万元，全村安装了太阳能路灯60盏，普通路灯540盏。2013年，政府新建“蛟洋文昌公园”，铺设了沿河边到烈士纪念碑的环山木栈道，村民学习、休闲、娱乐有了好去处。蛟洋村中已建有多座十层以上的电梯楼房，村中大厦林立，人口稠密，客商云集，市场繁荣，人民安居乐业。

村文化活动中心

村民长期以农业生产为主，部分村民依托丰富的毛竹资源，从事土纸生产。但在漫长的封建时代，由于受封建土地所有制的束缚，农业生产方式原始，耕作技术落后，生产力水平低下，农民终年劳累，生活仍相对贫困。新中国成立后，特别是中共十一届三中全会后，村民继承和发扬光荣的革命传统，解放思想，开拓进取，发挥赣龙铁路、龙长高速公路和国道、省道汇合蛟洋的交通优势，不断调整产业结构，发展高山反季节蔬菜，大力发展个私企业，兴办农资、家电、服装、饮食、建材等商贸服务业，经济发展快，村民生活显著改善。2013 年，农村经济总收入 5391 万元，村民人均纯收入达 9618 元,比 1990 年增长 22.57 倍。全村 80%以上的农户盖起砖混结构的楼房；电视机、电冰箱、电磁炉、洗衣机、太阳能热水器等家用电器已进入大部分农家；摩托车在村内普及，村民拥有各类运输汽车 73 部，小汽车 152 部；群众生活由温饱型过渡到小康型。

蛟洋村是一个四面环山的高山盆地，平均海拔 660 米，自然条件优越，气候温和，冬暖夏凉，雨量充沛，物华天宝，美丽富饶，被人们称为“天山盆地”“桃花源山村”；村中三条小溪自北向南穿村而过，在文昌阁旁汇集后往东流去；村中大厦林立，人居稠密，市场繁荣，客商云集，路通八方，车水马龙；勾画出一幅蛟洋新十景：八岭旭日、双髻凌霄、古阁文昌、镇水观布、金笔生辉、佛灵晨钟、古樟佑福、凤起蛟腾、园校三连、蛟龙晋京。

2003 年，蛟洋村获省级“民主法治示范村”称号。2008 年，村妇代会获福建省妇女联合会“先进妇代会”称号；同年，村妇代会获中共龙岩市委组织部、龙岩市妇女联合会“先进村（居）妇代会”称号。蛟洋村被中共上杭县委、县人民政府评为 2002—2003 年度、2004—2005 年度、2009—2011 年度“文明村”。

若干年份蛟洋村主要经济指标情况表

表 22–1

年　份	农村经济总收入（万元）	农民人均纯收入（元）	年　份	农村经济总收入（万元）	农民人均纯收入（元）
1989	216.66	442	1994	706.79	1180
1990	212.37	408	1995	822.20	1662
1991	267.97	522	1996	1026.90	2106
1992	362.24	676	1997	1136.00	2708
1993	479.00	982	1998	1016.85	2920

续表 22-1

年　份	农村经济总收入（万元）	农民人均纯收入（元）	年　份	农村经济总收入（万元）	农民人均纯收入（元）
1999	1366.58	3414	2008	2335	4796
2002	1591.00	3640	2009	2881	5138
2003	1740.00	—	2010	3505	5754
2005	1710.00	3896	2011	4017	6633
2006	1758.00	4189	2012	4682	8288
2007	2245.00	4523	2013	5391	9618

注：数据来自《蛟洋镇（乡）统计年鉴》

蛟洋村历任主要负责人名表

表 22-2

	姓　名	职　务	任职时间		姓　名	职　务	任职时间
党支部负责人	傅坤佑	书　记	1954—1957	大队、村委会负责人	傅茂进	主　席	1950—1951
	丘达明	书　记	1957—1958.7		傅海潭	乡　长	1951—1952
	傅昌希	书　记	1958.8—1961		傅志先	乡　长	1952.10—1954
	傅骏禧	党支书	1961—1962		傅庆福	代乡长	1953.7—
	傅坤佑	党支书	1961—1962		丘达明	乡　长	1956.4—
	傅吉千	书　记	1961—1965.12		傅延生	乡　长	1956.10—1958.3
	傅骏禧	党支书			傅玉林	社　长	1957—1959
	傅吉千	书　记	1966—1972.4		张天赐		1960—1961
	傅寿新	党支书			傅寿新	大队长	1961—1965.12
	傅福生	书　记			傅林明	大队长	1961—1962
	傅元荣	书　记	1974.4—1975.2		傅刚辉	大队长	1966—1969
	傅坤标	书　记	1975.3—1994.4		傅来鸿	大队长	1965—1972
	袁梓辉	第一书记	1977.11—1978		傅福生	大队长	1973—1978
	傅清源	书　记	1994—1997		傅炎生	大队长	1972.4—1984.12
	傅岳和	书　记	1997—2006		傅惠州	主　任	1985—1991
	傅庆官	书　记	2006.8—2009		傅清源	主　任	1991—1994
	傅春兰	书　记	2009—		傅仲生	主　任	1994—1997
					傅庆辉	主　任	1997—2000
					傅卫青	主　任	2001—2004
					傅举梁	主　任	2003—2009
					傅文华	主　任	2009—

注：1958—1984 年，实行政社合一的人民公社体制，时“村”称大队，负责人为大队长；其间，1966—1979 年，大队设立临时性机构“革命领导小组”，负责人为组长，本志对“组长”仍称大队长。1984 年后，设立群众性自治组织村民委员会（简称村委会）。以下各行政村亦同，不另加注

第二节 崇头村

崇头村东邻上、下郭车（古田），南接苦竹（坪埔），西邻下道湖村，北接蛟洋村；319国道南北贯穿村中，赣龙铁路穿洞于村东山中；龙长高速经村南端横穿而过。上杭火车站距村2公里，交通十分便利。地理坐标为北纬25°12′、东经116°45′，海拔640米。全村有7个村民小组，225户、767人（男性377人、女性390人）；2013年，农村经济总收入906万元，农民人均纯收入9616元。耕地面积580亩，林地面积9380亩，其中毛竹林约3000亩（连片300亩）。境内蕴藏有锰矿、金铜矿、铅锌矿（未开采）。

宋、元、明、清期间，崇头村隶属古田里，民国17年（1928年）土地革命时期隶属北四区，民国19年后隶属古蛟区。崇头早期谱牒称“崇源”，后来人们在书写时图简单常写成“崇头”“松头”。新中国成立初，上崇头、东山自然村属华洋乡，下崇头自然村属郭车乡。1952年属苦竹乡，1956年划归蛟洋乡；1958年属蛟洋公社，1961年2月成立崇源大队。1966年，下崇源自然村划入苦竹山与下道湖、坪埔合并为苦竹大队（“文化大革命”期间称红卫大队），上崇头、东山自然村划蛟洋大队。1971年红卫大队恢复为苦竹大队，1973年1月，下崇源从苦竹大队划出，与上崇头、东山自然村设称崇头大队。1984年冬撤社建乡，称蛟洋乡崇头村；2012年10月撤乡改镇，称蛟洋镇崇头村。

崇头村辖3个自然村，下崇头自然村姓丘，上崇头、东山自然村姓傅。下崇头丘寿山，明朝景定年间（约1259年）从永定山塘背迁居崇头杉树下开基，已750余年；下崇头村是古蛟一带丘氏的开基发源地；下崇头村丘姓533人。蛟洋傅念七郎第8世傅盛，开居于上崇头繁衍20代320人。

崇头人民具有光荣的革命传统。第二次国内革命战争时期，拥护共产党主张，踊跃参军，为革命为人民，勇敢与匪军、民团交战，不怕牺牲（烈士8名）。新中国成立后，村民踊跃参军保家卫国，据不完全统计，全村有35位青年参军；其中丘和熙一家祖孙三代7人参军。

崇头村崇文重教、人才辈出。村中先后设“崇文书院”（上崇头）、“崇头学堂”（下崇头）。民国时期涌现首任澎湖县县长傅纬武，民国34年代表国民政府参加接收被日本占据50年的台湾；上杭国民政府县长副官丘焕庭等。新中国成立后，崇头村培育教授2人（傅先庆、傅安国），副教授2人（傅海庆、傅梦），主任医师（傅衍锵），副主任医生（丘晓平），主任记者（傅长盛），中学高级教师（丘青山、傅永庆）等高级职称人才；涌现出福建省“优秀女警官”“福建省巾帼建功标兵”吴美满，中级职称和大学毕业生近百人。

崇头历史悠久，是古老文明的村庄。明万历四十八年（1620年），下崇头村水口，建造一座长29米、宽5米荫桥（1990年改建石拱桥），桥边建天后宫。民国18年，毛泽东经常来往蛟洋苏家坡两地，常经过此桥并歇息纳凉。天后宫历三四百年沧桑至今保存完好。村中五谷殿、官厅、添丁座、演讲台、广场遗址犹存。建于清嘉庆十八年（1813年）的丘吾宽祠，两百年香火不断，2011年，村民自发修缮一新；祠堂门口竖桅杆的基座石夹板仍在。村东的连四坑纸厂和木屋（明国18年曾为蛟洋红军区医院医疗点）遗址仍存。

上崇头土楼（永仁楼），约建于清康熙三十九年（1700

年），土木结构，方形，长宽各22米，土墙厚度下层1.2米，中层1.0米，上层0.8米；三层计四十八间，5条扶梯，各层内均有走廊，中置大天井，内坪挖有水井，建有踏碓、石臼；建有演讲台，供做木偶戏，集会演讲用，土楼日照充足空气新鲜，用水方便，砻谷碓米不出门，生活方便风雨无愁；民国18年8月遭兵灾，被放火烧；1949年，遭遇风暴，土楼右侧裂缝；1976年，右侧三间倒塌，随后拆旧木料；1996年，上厅一排拆除改建新房，300年的土楼消失，只留下左下厅部分泥墙土屋。

崇头村土壤肥沃，涧圳流水贯穿山谷，自然资源丰富。上崇头、东山自然村，重峦叠嶂，丘陵缓坡连绵，古时村中森林茂密；杉树、松树、樟树、枫树、凿树（石楠）、园仔树（米槠）、扁杉、柏仔树（乌柏）、荷树等满山遍野。许多珍贵树木在1958年"大跃进"大炼钢铁时被砍伐光。20世纪五六十年代前，乡村常见老虎、豺狗、黄獐（麂）、野猪、豪猪、水獭、穿山甲等动物。

新中国成立后，崇头人民生产生活红红火火，历经初级社、高级社、人民公社，搞生产不分昼夜，炼钢铁不分男女，家家户户积极支持。1957年，杭郭公路穿村而过。1969年，下崇头村青年建设热情高涨，自己设计，自己施工建造黄石塘水电站，解决了群众的生活照明用电。1980年，接上公社电站的供电线路，家中接上电灯，安装碾米机，结束水碓加工粮食的历史。

崇头村文化底蕴深厚。清末至民国初，村中曾有三堂木偶戏班（丘琅章"福兴堂"、丘际熙"福茂堂"、丘茂猷"福生堂"）。1969—1971年，崇头村办起宣传队，演出革命"样板戏"《红灯记》《智取威虎山》，场场爆满，当时轰动古田、蛟洋附近十几个村庄，蛟洋村曾先后出演出数次。

崇头村是一个做火笼出名的村庄，以前村民冬天时兴烤火笼，大部分男性村民白天参加劳动，晚上编织火笼，圩天，村民大挑小担，把特产火笼挑往古田、丘坊、大池等地销售，换得零钱维持生计；今仍有丘先盛、丘源香、傅衍钊等竹篾师傅做火笼出卖。

崇头村是绿茶生产基地，是远近闻名的茶叶村，由于土质好，生产的茶叶经过村民认真细致的加工，味道特别香醇甘甜，受到广东及本地饮茶爱好者的青睐。

2005年，上崇头村西北部110亩良田及周围山冈被征用推平兴建厂房，坤华电气厂、富康饲料、海西铜业、旗乾玻璃、大光明集团等企业先后落户崇头；蛟洋工业区管委会办公大楼坐落在上崇头村头，崇头村成为蛟洋工业园区的第二大产业基地。崇头村许多村民先后在工业园区周围盖房，开店、上班，90%的村民把土木结构房子重新改建成砖混结构的三层、五层、七层楼房，室内设施现代化。2013年，农民人均纯收入达9616元，比1990年增长21.68倍；60%的农户购买了汽车。2013年3月，建起了占地400多平方米，建筑面积200多平方米，造价近200万元的全镇第一座环保型垃圾处理站。

初级社时，崇头村曾获过上杭县委、县政府"农业模范村"称号；2004—2011年，连续8年被县委、县政府评为第九届、十届、十一届"文明村"；2010年，村妇代会被龙岩市委组织部、龙岩市妇联评为"先进妇代会"；2011年5月，崇头村被省环保厅授予"福建省生态村"称号。

若干年份崇头村主要经济指标情况表

表 22-3

年 份	农村经济总收入（万元）	农民人均纯收入（元）	年 份	农村经济总收入（万元）	农民人均纯收入（元）
1989	40.47	440	2002	303	3419
1990	41.53	424	2003	350	—
1991	59.96	551	2005	333	3902
1992	80.81	681	2006	379	4188
1993	109.00	1009	2007	455	4526
1994	146.60	1180	2008	441	4793
1995	157.20	1584	2009	504	5134
1996	195.60	2150	2010	559	5753
1997	244.00	2833	2011	665	6628
1998	217.63	2874	2012	781	8292
1999	299.80	3177	2013	906	9616

崇头村历任主要负责人名表

表 22-4

	姓 名	职 务	任职时间		姓 名	职 务	任职时间
党支部负责人	丘达明	书 记	1963—1966.5	大队、村委会负责人	丘林香	高级社长	1957—1958.2
	邹清林	苦竹大队书记	1966.6—1968.8		丘仰荣	大队长	1958.3—1963
	邹侍忠	苦竹大队书记	1968.8—1973.1		傅则良	大队长	1963—1966.5
	丘阳林	书 记	1973.1—1975.9		丘林香	大队长	1966.5—1968.7
	丘岳文	书 记	1975.10—1980.12		丘林香	大队长	1968.8—1973.1
	丘林香	书 记	1981.3—1987.5		傅衍祥	大队长	1973.1—1981.1
	傅茂康	书 记	1987.6—1997.4		傅衍祥	大队长	1981.1—1984.4
	丘亲锋	书 记	1997.5—2008.10		傅茂康	村主任	1984.4—1997.5
	袁衍苓	乡派书记	2008.11—2009.7		丘佐金	村主任	1987.6—1997.7
	傅翠连	书 记	2009.8—2012.7		傅衍洪	村主任	1997.8—2006.7
	丘玉东	书 记	2012.8—		丘玉东	村主任	2006.8—2010.1
					丘林祥	村主任	2010.1—

第三节 坪埔村

坪埔村位于蛟洋镇南部，东与古田镇下郭车村毗邻，南邻古田镇苏家陂村，西与本镇梅坝村连接，北靠下道湖村。坪埔村是武平、上杭、连城通往龙岩城区的必经之地。

明清时期，坪埔隶属古田里；民国时期，先隶属北四区，民国34年（1945年）至民国37年隶属华洋乡。新中国成立后隶属古蛟区，1958年人民公社化后隶属蛟洋公社、郭车公社，1984年撤社设乡后隶属蛟洋乡，2012年撤乡设镇后隶属蛟洋镇。

坪埔村境内，聚居姓氏60%为袁姓，另有丘、傅、雷姓，其中雷姓为畲族。坪埔村原辖有坪埔、苦竹山、石埔岭、上石埔岭四个自然村，现上石埔岭自然村人员搬迁，已无人居住。2013年，有村民小组7个，257户、897人。全村原有山林面积5000多亩，山地面积500多亩，可耕种地面积原有900多亩。20世纪90年代后因修建公路、铁路、高速公路，建设蛟洋水泥厂、蛟洋工业区等，被征用山林地、耕地共有2000多亩，其中耕地征用800多亩，现可耕地只有100余亩。

坪埔村历史悠久。唐上元元年（674年），赖标（赖氏入闽始祖）奉旨统兵从浙江松阳进入闽北建宁，再到闽西，最后在坪埔驻守，偕眷而家，开基创业。明嘉靖年间（1522—1566年），袁氏六世祖袁璋公从白砂移居坪埔开基创业，至今近500年历史；苦竹自然村的丘氏祖先在明朝中期在此开基创业，至此也有500年历史。

坪埔村具有光荣的革命传统。民国17年，坪埔村的袁国嘉、袁佐庭两人由傅柏翠介绍加入了共产党组织，袁国嘉参加中共闽西第一次代表大会；同年冬，袁国嘉为北四区代表之一出席了红四军党的第九次代表大会，即古田会议。同时，坪埔村也留下了毛泽东、邓子恢、谭震林等老一辈无产阶级革命家的足迹。

坪埔村区位优越。1958年，杭郭公路开通（郭车至上杭），途经坪埔村。1994年，319国道改线在坪埔村穿过。2004年赣龙铁路贯穿坪埔村，并在坪埔村设置火车站，占地面积100余亩。2007年，龙长高速公路又在坪埔村境内穿过，并设置高速公路服务区“古田服务区”，占地面积80多亩。坪埔村成为闽粤赣边的交通枢纽。便捷的交通使坪埔开发建设蛟洋工业区。2012年，铁路专用线建成。正是赣龙铁路和上杭火车站及铜产业铁路专用线的建设需要，坪埔村民曾先后经历了两次征拆迁房屋搬移居住地，2002年实施第一次搬迁，共有48户（包括苦竹自然村）迁至坪埔新村；2010年始，全村村民近100户进行搬迁，被迁移至坪埔安置小区。从此，坪埔老村址已不存在，已成为铁路专用线运载货场。

坪埔新村一角

坪埔人重视教育事业。20世纪30年代，村人渴望祈求文化兴盛办学堂兴教育培养后代，通过捐资献工创办“进德学校”。新中国成立后读书人逐渐多起来，原有的学校校舍不相适应教学，70年代，发动村民兴建了坪埔小学。由于国家建设需要，坪埔小学曾先后五次搬迁。今坪埔小学是一所崭新的全日制完全小学；2013年，第一届高小毕业生毕业。新中国成立后至2013年，坪埔村共有40多位大学毕业生，其中有大学教授袁锡文（福大教授）、袁友珠（厦大教授、博士生导师），硕士9人，正科级以上干部10人，中级职称以上16人。

基础设施、公共设施不断完善。1971年，坪埔与蛟洋两个村自筹资金合建再丰水电站，装机容量40千瓦，该电站在当时是蛟洋乡的骨干电站，1972 年春节发电，从而解决村民照明加工用电问题。1992 年，依托蛟洋水泥厂光纤电缆线路自筹资金，村里架设开通了程控电话，成为当时蛟洋乡最早开通程控电话的村。卫生设施方面，坪埔村有坪埔和苦竹山 2 个卫生室，有 2 个医生，能处理农村的常见病多发病。2006 年，新建了四层楼的村部，建筑面积 800 平方米。2008 年，全村道路及居民点均安装了太阳能路灯。上级政府有关部门支持在火车站前面建成宽畅的“唱大风”广场和公园，公园内有大型华南虎石雕，整个广场和公园可供村民游人休闲、娱乐，壮观的铜业大酒店前修建集商贸、饮食于一体的街道，呈现出繁荣的新农村景象。

群山环抱的坪埔村，平均海拔 610 米—660 米，最高山峰是南山岽，海拔 874 米，赣龙铁路穿越南山，山上竹林茂盛，原盛产优质红菇。新中国成立前，村民充分利用毛竹资源，从事土纸生产，曾开设近 20 家纸坊（纸厂）从事土纸制作，在当时是村民的主要产业之一，也是村民的主要经济收入。山脚下南山溪是蛟洋镇内流量及流域面积最大的溪流，自西北向南流，经大洋坝汇入黄潭河。蛟洋乡利用南山溪上游的水力资源，从 1972 年开始筹办水电站，通过全乡人民的努力，1980 年，装机容量为 450 千瓦的一号水电站在坪埔竹背建成发电；1982 年，装机 160 千瓦的二号水电站在坪埔南山建成发电，从而解决了蛟洋乡境内人民生产、生活用电，也带来了企业的发展。2012 年 7 月，在南山溪上游的竹背开始兴建竹背水库，2012 年 5 月建成使用。竹背水库为蛟洋工业区 20 万吨铜冶炼等项目提供工业生产用水，也可供游人旅游休闲。

20 世纪 90 年代以后，坪埔村的交通和区位优势，吸引蛟洋水泥厂、光明制氧厂、机砖厂等多家民营企业在坪埔落户。2006 年后，建成大型的蛟洋工业园区，企业的发展壮大给坪埔带来生机。坪埔人不断调整产业结构，解放思想，开拓进取，以美丽乡村为蓝图，拓展产业发展，兴办农贸、建材、家电、饮食、服务等商贸业，进一步加强基础建设。经济的发展得以村富民富，90%多农户建起新房。2013 年，全村拥有各类货车，运输车 17 部，小汽车 133 部，铲车 5 部，勾机 5 部；全村农村经济总收入 884 万元，农民人均收入 9630 元，村民生活由温饱型过渡到小康型。

2013 年 3 月，村妇代会被龙岩市委组织部、龙岩市妇联授予“先进村（居）妇代会”称号。

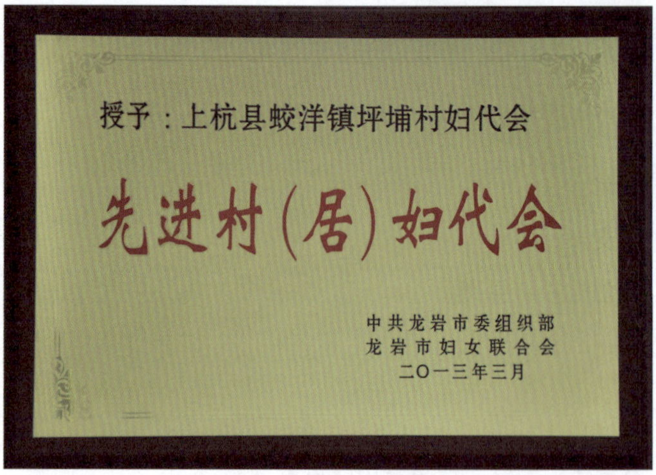

若干年份坪埔村主要经济指标情况表

表 22–5

年　份	农村经济总收入（万元）	农民人均纯收入（元）	年　份	农村经济总收入（万元）	农民人均纯收入（元）
1989	41.52	444	2002	336	3435
1990	43.21	424	2003	348	—
1991	59.69	559	2005	399	3903
1992	85.28	743	2006	363	4192
1993	101.00	991	2007	415	4527
1994	144.93	1186	2008	447	4794
1995	171.00	1477	2009	485	5140
1996	197.20	2120	2010	572	5764
1997	245.00	2658	2011	667	6638
1998	207.40	2820	2012	760	8301
1999	306.00	3206	2013	884	9630

坪埔村历任主要负责人名表

表 22–6

	姓　名	职　务	任职时间		姓　名	职　务	任职时间
党支部负责人	雷木生	书　记	1963—1965	大队、村委会负责人	袁汝标	大队长	1961—1963
	邹清林	书　记	1972—1977		傅瑞荣	大队长	1963—1966
	袁锡河	书　记	1978—1987		邹侍忠	大队长	1967—1972
	袁祥辉	书　记	1987—1997		袁祥辉	大队长	1972—1976.12
	袁春阳	书　记	1997—2009		邹侍忠	主　任	1977.1—1977.12
	袁天发	书　记	2009—		袁祥辉	主　任	1978—1987
					袁衍兄	主　任	1987—1990
					袁增松	主　任	1990—1991
					袁炳开	主　任	1991—1996
					袁天发	主　任	1997—2000
					袁炳开	主　任	2000—2003
					袁永丰	主　任	2003—2006
					丘荣生	主　任	2006—2009
					袁桂山	主　任	2009—2012
					袁文芳	主　任	2012—

注：邹清林任书记时是苦竹大队

第四节 梅坝村

梅坝村位于蛟洋镇西南部，东与坪埔村毗邻，南靠小和村，西连秋竹村，北邻下道湖村。全村总面积6.67平方公里，由田螺坑、马赖礤、张彭岗、罗屋、连塘、上马坑、下马坑7个自然村、10个村民小组组成。2013年全村有220户、840人。全村原有山林面积7871亩，耕地面积187亩。聚居姓氏有张、彭、罗、赖、李、丘、严、邹、傅、华、邱11个姓氏，是蛟洋镇姓氏最多的一个行政村。

明清时期，梅坝村隶属上杭县白砂里；民国18年（1929年）苏维埃政府时期隶属北三区华家乡；民国37年隶属上杭县华洋乡；1949年9月隶属上杭县古蛟区；1961年隶属上杭县华佳公社；1965年隶蛟洋公社；1984年撤社设乡后隶属蛟洋乡；2012年12月属蛟洋镇。

梅坝村具有光荣的革命传统，留下了老一辈无产阶级革命家的征战足迹，涌现出一批不怕牺牲、勇于战斗的革命烈士。全村有革命烈士5人。民国20年，张澄书、彭上达曾任苏维埃主席，赖子豪任党支部书记，罗集荣任财粮干事，张武山任红四军大队长职务，起义人员张赞元（离休干部）曾任秘书。

梅坝村自然条件优越，气候温和，土壤肥沃，平均海拔600米，有利于种植、养殖业的发展。水资源丰富，主要溪流发源于华家、小和、苏康三个村，流经秋竹汇入溪流梅坝水库。该村村民勤劳致富，勤俭持家，优越的自然条件和吃苦耐劳精神，促进梅坝村经济发展和生活的改善，村民长期以农业生产为主兼种植养殖，以长养短，搞特色产业，特色产品。1998—2010年，全村种植状元豆300多亩，品质、产量居全乡第一，直销莆田涵江，出现一批种植大户，收入增加，生活改善。

2007年，紫金铜业下游产品企业在梅坝村落户；2008—2009年，马赖礤搬迁至坪埔移民小区安置48户；2009—2010年，瓮福紫金化工项目征地搬迁张彭岗组54户；2011—2012年，泰山石膏项目罗屋征地搬迁43户；2012—2013年，连塘征地搬迁35户，2013年，因在安全防护距离内，上马坑、下马坑征地移民搬迁46户。坪埔小区共安置213户、蛟洋小区安置13户。全村村民由农业户逐步转变为居民户，全村粮田、山林绝大部分被征用，梅坝村从此变成上杭县蛟洋循环工业园区的企业用地。安置小区为省造福工程示范点，统一规划、统一设计，每户前后水泥路通道，每2户一单元，三面采光，每户4层楼房，小区内设有绿化带、草坪、公园，各道路安装了路灯，自来水、排污设施完善，新村基础设施、公共设施完善，村民的生活得到很大的改善，社会各项事业如教育、文化、卫生等得到了新的发展。建立了新村部，内设农村书屋、计生服务点、老年活动室。梅坝新村，面貌焕然一新。全村有轿车100多辆，货车11辆，铲车9台，挖机5台，大力发展第

梅坝新村一角

三产业，部分村民办起了个私营企业，兴办农资、家电、服装、饮食、建材建筑等商贸服务业。2013 年，全村农村经济总收入 1039 万元，村财收入 26.25 万元，农民人均收入 9635 元。

2013 年，梅坝村有处级干部 2 人，硕士学位 3 人。同年，梅坝村被列入上杭县美丽乡村。

若干年份梅坝村主要经济指标情况表

表 22-7

年　份	农村经济总收入(万元)	农民人均纯收入(元)	年　份	农村经济总收入(万元)	农民人均纯收入(元)
1989	46.82	462	2002	285	3431
1990	42.86	427	2003	290	—
1991	65.97	644	2005	346	3902
1992	92.76	868	2006	381	4188
1993	119.00	1205	2007	599	4536
1994	155.35	1266	2008	638	4800
1995	177.50	1554	2009	632	5144
1996	203.20	2101	2010	701	5769
1997	290.00	2718	2011	762	6643
1998	193.50	2785	2012	933	8304
1999	258.30	3040	2013	1039	9635

梅坝村历任主要负责人名表

表 22-8

	姓　名	职　务	任职时间		姓　名	职　务	任职时间
党支部负责人	张同沈	书　记	1963—1966	大队、村委会负责人	张同沈	大队长	1963—1966
	赖求睦	书　记	1966—1968		张焕先	大队长	1966—1968
	张焕先	书　记	1968—1972		张焕先	大队长	1968—1972
	严桂松	书　记	1972—1991		李培堂	大队长	1972—1981
	彭宜生	书　记	1991—2003		张赞兴	大队长	1981—1984
	李桂华	书　记	2003—2006		张茂春	主　任	1984—1991
	张茂春	书　记	2006—2009		张松明	主　任	1991—2003
	张松明	书　记	2009—2012		赖永先	主　任	2003—2006
	张铭先	书　记	2012—		赖永祥	主　任	2006—2009
					赖竹田	主　任	2009—2012
					赖荣田	主　任	2012—

第五节　下道湖村

下道湖村位于蛟洋镇东南部，处于蛟洋循环工业区内，东临崇头村，南与坪埔村相接，西与梅坝村相毗邻，北靠塘厦村。

宋、元、明时期，下道湖村隶属古田里；清光绪二十四年（1898 年）“戊戌变法”后，隶属上杭县北三区；民国 18 年（1929 年）隶属北四区，民国 19 年隶属古蛟区。新中国成立初，隶属上杭县第七区郭车乡光明大队（包括下道湖、苦竹村），1972 年，隶属蛟洋公社坪埔大队，1984 年 9 月，设下道湖村，隶蛟洋乡；2012 年 10 月始，隶属蛟洋镇。聚居姓氏 96%为邹姓，另有姓张一户。2013 年，全村人口 404 人，4 个村民小组，106 户，先后五次农田林地征用，当前山林面积只剩 2000 余亩、农田 116 亩（人均不足 0.3 亩）。

下道湖村原聚居华、张、傅、李等姓氏。邹氏先祖肇湖于明万历年间（1573—1619 年）在此开基。清朝时期的一次特大洪灾冲塌民房，有些村民被淹死，只剩下邹、傅、张三姓村民在此居住。新中国成立前夕，只有 150 余人。

下道湖村祖先辛苦开垦耕作，有水田 400 余亩，所有水田水源充足，排灌方便。民国 17 年（1928 年）蛟洋暴动后，村里一直分田到户，按照“耕者有其田”的原则，实行“计口授田”“抽死补生”，每人都有一份田耕作，19 年间，保持了土地革命果实，大部分村民耕守一份田，少数村民出外经商或打零工，经济收入微薄，农民生活艰辛。

下道湖村人，弘扬崇文重教、耕读传家精神。新中国成立前，邹斌选、召忠等人牵头，曾先后建造两座私塾学校（一座至今仍在），在校学生一般在 15 人左右。新中国成立前夕，还从白砂岭背请来一位教学严谨的先生刘仲山，教学质量提高，如副教授、农技师邹昌林，曾任广州海上安全监督局书记邹新传，曾任新疆生产建设兵团独立营营长、转业后曾任上杭县人民法院副院长的邹尚忠等，都在这私塾小学受过启蒙教育。

新中国成立后，群众办学热情高。2007 年，曾获乡捐资办学先进单位，村庄虽小，但外出工作人员不少。2013 年，下道湖村有大学本科以上毕业生 32 人，其中博士 1 人，硕士 2 人，正处级干部 2 人，正科级干部 3 人，中高级职称 24 人。

1969 年，为了改善人民生活，村干部组织起动员出外工作人员捐款，村民出劳力开水渠，把溪上游的溪水引进村庄，在村里建起第一座小型水力发电站，白天供村民碾米，晚上供电照明，村民生活条件改善。

20 世纪 70 年代，下道湖村的多种经营搞得好。1972 年，蛟洋公社的多种经营现场会在村里召开。中共十一届三中全会后，下道湖村农民按户承包土地，在自己承包土地上，按土质情况，进行烟、稻或菜、稻轮作，阳光较差的山坑田则种一季。由于政府大力推广优良品种，及时发布烟、稻、蔬菜病虫害信息，宣传肥料的科学使用，让农民及时进行田间管理，从而使单位面积产量大大提高，亩产实现了千斤稻的梦想，烤烟收入万元户占全村户数的 70%左右。农民没有忘记国家，每个农户夏收后及时把公余粮入库，烤烟收成后也及时运送烟草公司收购。1995 年、1997 年，获得乡“粮食入库先进单位”奖，2007 年，烟草公司为了奖励村农民种植烤烟的

甜槠林保护小区

积极性，拨款修了一条长1000余米的水渠。

1990年，村“两委”号召大家向山地进军，农民大量开垦山坡地，种上果树，到了秋季桃子、梨、柑橘挂满枝头，把荒山变成花果园的举措，得到地区的好评，1993年，村获得地区“山地开发先进单位”奖。1994年，县财政拨款2500元，加上村财付出，把原来只有1.5米宽的狭窄村道扩大至4米的公路，与319国道连接，下道湖村与外界的交通通畅，从此改变靠肩挑手提的落后局面。1997年，村“两委”决定把3800亩山林实行山林承包制，除了两块风景山，与每组一块造林山外，其余山地全部划给各农户承包管理，刹住了乱砍滥伐的歪风，山上树木、竹子茁壮成长。

贯穿村中的蛟上高速大桥

因国家建设需要，下道湖的土地多次被征用。2005年，龙长高速公路开工征地；2006年，黄金二冶厂开工征地；2007年，龙氟化工厂开始征地；2009年，20万吨铜冶炼厂开始征地；2010年，蛟上高速公路开始征地。由于征地，每户农民得到一定数额的征地补偿款，农民在建设工地上打工，经济收入增加，生活进一步改善，全村每户人都建有三四层宽敞明亮砖混结构的新房，每户有摩托车二三部，各类型汽车40多部，手机几乎人人都有；2009年，电脑也进入了村庄。2008年，建起一座三层砖混结构的村部，内设会议室、办公室、活动室、图书室等，村民空闲时可活动、娱乐、看图书，召开各种会议更加方便舒适；为了方便村民夜间出行，在村庄道路两旁安装了路灯。2010年，在村庄主线上安装了监控器；在村庄泉水涌出处修建水塔，把泉水引进各家各户，让村民喝上天然山泉水。2008年，在周边企业支持下，每年给小学的“三好学生”、考上大学的学生发放一定数额的奖学金。为了更好地解决下道湖村公益事业资金，在村“两委”的倡议下，2013年夏，成立“下道湖邹氏基金会”。

若干年份下道湖村主要经济指标情况表

表 22-9

年　份	农村经济总收入（万元）	农民人均纯收入（元）	年　份	农村经济总收入（万元）	农民人均纯收入（元）
1989	23.51	463	2002	151	3395
1990	21.28	416	2003	150	—
1991	33.25	665	2005	155	3889
1992	47.69	908	2006	164	4187
1993	56.00	1153	2007	184	4526
1994	77.43	1289	2008	218	4797
1995	97.20	1840	2009	238	5139
1996	129.60	2204	2010	272	5756
1997	157.00	2671	2011	327	6632
1998	124.61	2758	2012	376	8295
1999	135.20	3215	2013	421	9617

下道湖村历任主要负责人名表

表 22-10

	姓　名	职　务	任职时间		姓　名	职　务	任职时间
党支部负责人	邹清林	光明大队书记	1960—1964	大队、村委会负责人	邹清林	光明大队大队长	1954—1957
	邹清林	红卫大队书记	1964—1968		邹辛林	大队长	1980—1984
	邹侍忠	红卫大队书记	1969—1972		邹辛林	主　任	1984—1988
	邹侍忠	坪埔大队书记	1972—1980		邹仁成	主　任	1988—1994
	邹炜成	下道湖村书记	1980—1989		邹庆荣	主　任	1994—2000
	邹永辉	书　记	1989—1997		邹永梅	主　任	2000—2003
	邹仁成	书　记	1997—2006		邹金伟	主　任	2003—2006
	邹金伟	书　记	2006—2009		邹鸿滨	主　任	2006—2012
	邹庆荣	书　记	2012—		邹璋殿	主　任	2012—

第六节　塘厦村

塘厦村位于蛟洋镇中部，东临蛟洋村，南靠下道湖村，西接丘坊村，北与东乾村毗邻。辖塘厦、塘尾、鞍利背、大洋溪、大坪源（2012 年搬迁）5 个自然村。2013 年，全村有 26 个村民小组，546 户、1863 人；全村邹姓人口 99%，有 2 户江姓 10 人。全村山地面积 10796 亩，耕地面积 1625 亩。

宋、元、明时期，塘厦村隶属古田里。清光绪二十四年（1898 年）“戊戌政变”后，隶属上杭县北三区；民国 18（1929 年）年，隶属北四区；民国 19 年，隶属古蛟区华洋乡；新中国成立初，隶属第七区；1958 年公社化后，属上游公社塘下大队；1959 年改称蛟洋公社塘厦生产大队；1984 年 9 月至 2012 年 10 月，隶属蛟洋乡； 2012 年 10 月，隶属蛟洋镇。

塘厦，曾称塘下，古时村中鱼塘多达 48 口，村舍傍山沿塘而建。塘厦村范围约 10 平方公里，呈长形散布，村中丘陵，此起彼伏，塘厦古地名有“七井、八凹、九头、十尾”之称。塘厦始祖邹崇小三郎在明末元初（约 1300 年前后）由连城四堡迁小吴地石坪，不久后迁塘厦开基为始祖至今已七百多年历史。

塘厦人民具有光荣的革命传统。民国 18 年，塘厦邹氏总祠曾设为红军政治部住地；邹桂兰、邹维炎、邹石江等烈士为革命事业献出了年青的生命。

塘厦人弘扬客家人崇文重教、耕读传家精神，人才辈出。明朝年间，邹忠义父子，曾被民间誉为“父是古滕清廉吏，子为上海父母官”；邹忠义，明洪武二十三年（1390 年）生员，永乐三年（1405 年）拔贡，永乐六年特授交趾布政司、清化府古滕县（现属越南）知县；其子邹景观授江苏上海县知县。朝廷颁诏在“龙归福”祠堂大门前修建“一字墙”，褒扬邹子德廉明为官，正直做人。据《塘厦族谱》载：塘厦第 14—17 世曾有“一门九举子，四代五登科”的“书香”之赞。清康熙三十年（1690 年）至道光元年（1821 年），涌现举人 9 人。塘厦在外任知县的职官 9 人，明代职员有沾益州副将邹兆；清代福建省游击、封怀远将军邹公铎，广东河婆巡检邹履亨，江西阜田相安巡检邹扬孚；民国年间，上海县丞邹鸿达，浙江慈溪县知县邹孟和，永定、大田县长邹德明，安徽省高等法院推事、书记邹纯忠等。新中国成立后,涌现大学教授邹开煌、邹耿良等人，处级干部邹德章、邹荣生、邹永增、邹宣永等人，科级干部邹贵钦、邹良辉、邹杭明等人，博士邹雪华、硕士邹焕英、邹显旻等杰出人才。

塘厦人修身向善，文物古庙居多。福利坊遗址（面积达 750 平方米）的发现，说明夏商周时代就有人类（古越人）在塘厦居住生存。清代，修建邹氏总祠、马齐堂祠、子春公祠、龙归福。清咸丰年间（1851—1861 年），乡间人士捐田建立的育婴堂，“以田租为基金，雇用乳娘收养女婴，远近无力育女者多送乳哺，於衣襟缝缀暗记以资识别；办理颇得法，地方利赖之；解放前夕消失”。

塘厦人勤劳朴实，鱼塘养鱼、稻田养鱼，房前屋后种植柿树，全村柿树多达上百株，鞍利背一株柿树，树龄 360 年；钟字前有一株 600 年古杉木，树高 28.2 米，胸经 1.71 米,冠幅 15×10 米；塘厦的银杏树，树龄达 562 年，树高 15 米，胸围 315 厘米，冠幅 12.5 米。塘厦村气候温和且昼夜温差大，雨量充沛，适宜种植高山反季节蔬菜，村民大量种植烤烟、蔬菜，特别是种植状元豆，形成规模，年产量达 15 吨，产值 600 多万元。

2004年，塘厦村试种10亩航天育种超级杂交水稻新组合获得成功，平均亩产650公斤；10月30日，经省农科院专家鉴定，该稻的“千粒重”和结实率均超过杂交稻。

塘厦村基础设施、公共设施不断完善。2003年，开通至各自然村的环村道路；2011年，重新拓宽并完善硬化3公里水泥路；同年，筹集资金120多万元，兴建一栋占地280平方米、建筑面积800平方米的三层村办公及老年活动中心大楼。2009年，塘厦村迎来最大的基建征地项目，涉及4个村民小组100多亩良田、农地的220千伏变电站工程施工，2011年建成。(2014年，兴建全县首个村级羽毛球场)。

中共十一届三中全会后，塘厦村面貌发生较大变化，村民生活水平不断提高。20世纪80年代末，有部分村民择地新建砖混结构楼房。针对用地困难，村“两委”制定新村规划，利用在公路沿线的荒坡地和部分旱地作为村民建设用地。至2013年，全村80%以上的村民住房都改建成砖混结构的楼房，农民生活由温饱型逐步转向富裕型。电磁炉、冰箱、洗衣机、太阳能热水器等家用电器进入平常百姓家，摩托车在村内普及，许多村民还购买小汽车。2013年，农村经济总收入2880万元；农民人均纯收入9618元，比1990年增长22.75倍。

2012年10月30日塘厦村村级组织活动场所落成

羽毛球场

若干年份塘厦村主要经济指标情况表

表 22-11

年　份	农村经济总收入（万元）	农民人均纯收入（元）	年　份	农村经济总收入（万元）	农民人均纯收入（元）
1989	126.65	445	2002	762	3623
1990	116.40	405	2003	912	—
1991	161.63	540	2005	954	3896
1992	225.00	748	2006	1015	4189
1993	292.00	1058	2007	1427	4522
1994	417.40	1227	2008	1461	4794
1995	616.90	1670	2009	1623	5136
1996	620.00	2095	2010	1972	5753
1997	709.00	2651	2011	2301	6632
1998	670.68	2859	2012	2587	8289
1999	807.63	3213	2013	2880	9618

塘厦村历任主要负责人名表

表 22-12

	姓　名	职　务	任职时间		姓　名	职　务	任职时间
党支部负责人	邹维善	书　记	1969—1977	大队、村委会负责人	邹鸿灯	大队长	1969—1977
	邹林保	书　记	1978—1983		邹赞清	大队长	1978—1983
	邹长寿	书　记	1984—1988		邹应坫	主　任	1984—1988
	邹贵荣	书　记	1989—1991		邹开生	主　任	1989—1991
	邹水保	书　记	1992—1994		邹文学	主　任	1992—1994
	邹景荣	书　记	1995—2000		邹宣辉	主　任	1995—2000
	邹炎祥	书　记	2001—2009		邹梓明	主　任	2001—2006
	邹增和	书　记	2010—		邹开炎	主　任	2007—2009
					邹小明	主　任	2010—

第七节 桃源村

桃源老村地处北纬25°17′、东经116°70′，位于蛟洋镇西北部，东与连城县庙前镇芷联（砂里）老村接壤，南与达理村毗邻，西与庙前镇丰图村、板寮村相接，北近桃源山（海拔960米）。桃源村山地面积7675亩，耕地面积347亩，辖3个村民小组，85户、322人；2013年，农村经济总收入334万元，村民人均纯收入达9608元。

桃源村（老村）是个偏僻的穷山乡，山高林密，周围山冈竹木青翠，古树参天，村中房屋一簇簇、一栋栋散落在各条坑中；村中地名“戏称”九猪落槽形（即九支山冈从不同方位向一条坑槽落下）；村民居住在山野，与世隔绝，似世外桃源，故名“桃源”。长期以来村民靠耕田、管山（砍伐、造纸）、养殖为生(1983年，为全县养牛第一村，户均养牛1.45头)。新中国成立前，桃源村属北四区的一个乡,原有50余户，后遭国民党、土匪残杀，仅剩10多户50多人。1958年，曾被划给连城县庙前镇芷溪村，1963年，划回归属蛟洋公社达理大队管辖；1980年，从达理大队分出单独成立桃源大队，辖2个自然村（桃源、老君)、3个村民小组。1984年属蛟洋乡，2012年10月属蛟洋镇。村民大部分为邱氏，据2002年桃源《丘氏族谱》载，邱三五郎第9世邱仲十一约在元末明初（1330—1370年）从达理移居桃源，六百多年已繁衍21代。桃源杨姓人口50人，相传，桃源杨氏比丘姓早迁桃源，根据2012年版《闽西杨氏族谱》载，为杨氏九三郎第8世杨春茂迁桃源开基，繁衍至今24代。

桃源村是革命基点村。民国17年（1928年），“蛟洋暴动”后，桃源村人民积极响应，很快成立了“桃源乡革命委员会”；成立农会和赤卫队等红色组织，邱如良为桃源乡革命委员会书记兼农会主席。7月，桃源、达理、连城芷溪的长坑里等乡村举行了“农民暴动”，成立了桃源乡苏维埃政府；邱如良任苏维埃主席，邱维试任副主席。桃源村红色组织成立后，组织和发动群众抗租抗税，没收了连城芷溪大恶霸、大地主黄永滋霸占的田地，并分给了桃源人民。桃源人民为保卫革命果实，在寨头岗的上岗挖战壕、设哨所，成为北四区苏维埃政权在连城和上杭县界上的一个桥头堡。民国19年3月，民团罗藻部200多人突然袭击桃源村，桃源村民进行了英勇反击，邱如美、邱佛保、邱如击、邱如泰、邱如魁等赤卫队员不幸牺牲；村里来不及转移的3名群众被活活打死；凶狠的罗藻部还放火烧掉了桃源村苏维埃政府驻址和民房3座，全村所有的粮食被抢光，猪、牛等家禽家畜被洗劫一空；惨不忍睹的情景让全村人民更加团结在共产党组织周围，继续支持游击队开展革命活动，发展革命力量。老接头户邱万基、邱如良等人的亲属至今保留的苏维埃政府的小红旗，赤卫队印章就是桃源人为革命流血牺牲的见证。

桃源村地处上杭、连城两县边境桃源山（海拔960米）的山坡上，交通闭塞，水资源贫乏，全大队50多户人家，长期使用松竹火把照明。1977年11月，办起全县第一个5.5千瓦微型电站，靠500立方米容量的调节池，引用流量35升/秒，渠道长700米，水头27米，仅投工760工日，投资2000余元，由县水利电力局赠送机组及输电线路，翌年2月正式发电，白天碾米、夜间发电，为全村带来了光明，结束水碓碓米的历史。

桃源史上因交通闭塞，先辈们主要靠双手、凭力气耕田，养鸭，烧炭，卖柴生活，读书人不多。相传到明朝天启元间（约1627年），15世祖在换取吴姓小坑田垅兴盖祖祠后，人丁兴旺，桃源丘氏达上百家族，丘氏祖祠现存乾隆年间知县徐兆骐为布政使司布政使加二级高山（丘焕乔）题的“雍宫雅望”匾牌，以及清末监元（即监生、秀才）丘龙泰、丘荣光、丘佩麟等人的恩授礼科（捷

报)。桃源村原有50余户250人的村庄，因遭受国民党、土匪残杀，至大革命时期仅剩10多户50多人。新中国成立后，桃源村人民生活逐步好转，人口逐年增加，村中曾办过多年小学初小班；2010年，全村有60多户近300人；读书人增多，有中学高级教师丘瑞标、丘茂辉，中学一级教师丘淦，小学高级教师丘七妹等人，以及不少大中专毕业生。

桃源老村旧房

桃源老村原驻地距镇政府25公里，3个自然村分散，仅有一条坑坑洼洼的机耕路通往村外，生产、生活条件较差。2002年，被列为省级扶贫开发重点村，由福建日报报业集团挂钩帮扶出资85万元，政府有关部门及挂钩单位对桃源村扶贫开发投资达200多万元，经过三年时间努力，2005年11月29日，全村79户，291名居民，整体搬迁至距镇800米的蛟洋村马坪里由谷口319国道旁。桃源新村占地45亩，绿化面积达35%。2008年，创办了4家竹席加工厂，还开起了皮鞋专卖店、食杂店等。全村150多个劳动力，有60余人被邻近的企业安排就业，30多人在竹凉席加工厂灵活就业。2010年7月，桃源村成立了计生照料服务社，由村支部书记任社长，社员有村主任、村妇女干部、计生协会成员、中心户长等，该社为民间组织，主要为本村计生困难户、五保户、残疾人、孤寡老人、留守儿童等提供护理、照料、就业推荐等生产、生活和生育等方面的帮扶服务；受到帮扶对象的支持欢迎及政府的肯定。如今，这一措施一直延续下来，服务事项达几百件，包括帮助计生贫困户盖房，为五保户送米、菜，护理留守儿童，为村里孕妇、残疾人联系力所能及的工作，助其增加一些经济收入。如今，桃源新村新建的79栋崭新小洋楼格外引人注目，村里绿树、花丛、公园、广场各种配套设施一应俱全，新村公园绿化面积达1000多平方米，真像一个城市化小区；2010年，桃源新村成为县级“文明村”、“生态文明村”建设示范点。2013年，村民收入从搬迁前的2002年人均3387.00元，增加到9608元。2012年6月，桃源村被省环境保护厅授予“福建省生态村”称号。

新村一角

若干年份桃源村主要经济指标情况表

表 22–13

年　份	农村经济总收入（万元）	农民人均纯收入（元）	年　份	农村经济总收入（万元）	农民人均纯收入（元）
1989	12.50	401	2002	107	3387
1990	11.78	353	2003	111	—
1991	15.71	369	2005	140	3865
1992	19.04	463	2006	147	4185
1993	28.00	654	2007	162	4512
1994	47.98	1002	2008	169	4782
1995	53.01	1483	2009	182	5117
1996	60.50	1980	2010	230	5740
1997	107.00	2463	2011	259	6621
1998	86.97	2463	2012	301	8278
1999	111.30	3007	2013	334	9608

桃源村历任主要负责人名表

表 22–14

	姓　名	职　务	任职时间		姓　名	职　务	任职时间
党支部负责人	邱堂生	书　记	1958—	大队、村委会负责人	邱成钧	大队长	1958—
	邱庆梧	书　记	1980—1995		邱瑞才	大队长 主　任	1980—1987
	邱各煌	书　记	1995—1998		邱庆华	主　任	1987—1989
	邱庆梧	书　记	1998—2000		邱庆松	主　任	1989—2000
	邱瑞仁	书　记	2000—2009		邱庆禧	主　任	2000—2006
	邱庆镛	书　记	2009—		邱福明	主　任	2006—2009
					邱茂增	主　任	2009—2012
					邱茂祥	主　任	2012—

第八节　杨梅坑村

杨梅坑村地处蛟洋镇北部，大人顶南麓，距镇政府 21 公里。东与文地村相邻；南与东乾村接壤；西与达理毗邻，北靠桃源村。全村面积 4.11 平方公里，下辖上村、下村、俄麻畲、牛七、大斜头、马峡岭 6 个自然村，8 个居民组。2013 年，全村有 142 户、481 人，汉族，讲客家方言。聚居姓氏有邹、邓、黄等。邓姓先人于明嘉靖后期（约 1565 年）从连城丰图迁此开基；邹姓 15 世斯梅于清康熙年间（1662—1722 年）从塘厦迁入；黄姓从连城芷溪迁入。他们的祖先由外地来此时，因村中山深林密，盛产杨梅，故名杨梅坑。全村有可耕地 550 亩，山林 4841 亩。

杨梅坑村明清时期隶属古田里；民国时期隶属云田乡；1949 年，隶属古蛟区云田乡；1953 年，隶属十三区云田乡；1957 年，隶属苎园公社太阳大队；1965 年，隶属蛟洋公社；1984 年，隶属蛟洋乡；2012 年 10 月后，隶属蛟洋镇。

杨梅坑的农业以种植水稻为主，新中国成立前，俄麻畲自然村的居民有种植黄姜（造黄纸的原料）的，当时黄姜的经济价值颇高，群众有“一块黄姜可换一块猪肉”之说。新中国建立后，因销路问题，境内再无人种植黄姜。杨梅坑村针对本村毛竹林面积较大的特点，努力将毛竹生产发展成为全村的支柱产业。2010 年，党支部领导班子带领村主干参加了多次毛竹林专业及其他农业技能知识培训班。村民们运用学得的知识对 2000 多亩毛竹施行科学种植，平均每亩增收 300 元，共增收 60 多万元。现已有 2000 多亩竹林列入龙岩市毛竹丰产林项目，每亩获得 60 元补贴。现有一家养羊专业户，存栏数 100 多头，十多家养猪专业户，养肉猪 2000 多头，母猪 200 多头。

手工业生产方面，土纸生产较兴盛。新中国成立前夕，全村有 11 座纸厂，一年可生产 800 多担土纸。造纸业除了可以容纳本村剩余劳力外，也带来可观的经济收入。1968 年以后，由于原材料缺等原因，不再生产土纸。

新中国建立前，上村、下村、大斜头三个自然村设有私塾，学童诵读“四书”“五经”。1952 年，在上村转办公立 1—3 年级小学，1984 年因校点撤并被撤销。

1961 年，上村办有合作医疗站，由于医师擅长小儿科，附近村庄甚至蛟洋集镇也有人背着小孩来看病。1981 年，因医师回原籍赤坑，医疗站停办。

20 世纪 30 年代始，杨梅坑村正月有舞狮的活动。1989 年以后，因村民居住分散及舞狮人员后继乏人而终止。

杨梅坑村领导集体团结进取，艰苦奋斗，带领全村群众发展毛竹林，生姜种植业，群众生活水平有较大改善，乡风文明水平进一步提高，村容村貌整洁有序，村务村财公开透明、管理民主。基本上达到了“生产发展、生活宽裕、乡风文明、村容整洁、管理民主”的社会主义新农村目标。

2013 年，杨梅坑村有正科干部 6 人，中级职称 2 人，高级职称 8 人，硕士 2 人。

1995 年，农民人均收入仅 1441 元，远低于全县农村居民的平均收入。大部分家庭年收入在万元以下，道路、饮水、住房条件较差。

2008 年，村委投入 11 万元，建人饮工程，解决村民饮用水问题；投入 14 万元修建了建筑

面积200平方米、三层的村部，内有会议室、党员活动室、图书报刊阅览室、老年活动室、计生服务室、篮球场等；投入5万元建设农家书屋，藏书3100多册；投入7万元建造老年活动室、文体娱乐室；投资5万元建立了网络文化中心和远程教育室；投入5万元建设农民健身工程；投入5万元开展“清洁家园”行动。

杨梅坑村原有的道路弯曲狭窄，雨天泥泞难走；晴天尘土飞扬。2009年，投入近100万元，硬化了所有自然村村道；投入13万元兴建2000米的田间耕作道、20000米的竹林便道、6座小桥、拓宽了2000米的自然村村道。

为解决村中居民住所边远偏僻、住房破旧的问题，村“两委”争取到造福搬迁的项目。2009年，已有43户、200余人共获得40万元的补贴，搬迁到集镇上居住。2010年，有3户低保户盖起新房。

2013年，农村经济总收入625万元，农民人均纯收入9608元。

若干年份杨梅坑村主要经济指标情况表

表22-15

年　份	农村经济总收入（万元）	农民人均纯收入（元）	年　份	农村经济总收入（万元）	农民人均纯收入（元）
1989	22.20	440	2002	175	3396
1990	22.10	400	2003	187	—
1991	26.76	403	2005	237	3878
1992	40.25	584	2006	259	4185
1993	57.00	788	2007	276	4509
1994	83.87	1173	2008	300	4783
1995	115.25	1440	2009	335	5121
1996	105.50	2016	2010	384	5753
1997	156.00	2575	2011	474	6625
1998	128.28	2575	2012	557	8281
1999	163.64	3022	2013	625	9608

杨梅坑村历任主要负责人名表

表 22-16

党支部负责人	姓　名	职　务	任职时间	大队、村委会负责人	姓　名	职　务	任职时间
	邹承昌	书　记	1968.10—1987.7		邓在明	大队长 主　任	1965.8—1990.7
	邓在明	书　记	1987.8—1990.6		邹本才	主　任	1990.8—1997.7
	邹培永	书　记	1990.7—1993.6		邓在文	主　任	1997.8—2000.6
	邓在明	书　记	1993.7—1997.5		邹南辉	主　任	2000.7—2006.6
	邹开彪	书　记	1997.6—2003.6		邹开龙	主　任	2006.7—2012.8
	黄　兴	书　记	2003.7—2006.6		邹南台	主　任	2012.9—
	邹南辉	书　记	2006.7—2012.7				
	邹开龙	书　记	2012.7—				

第九节　文地村

文地村位于蛟洋镇西北部，地处尖峰岽东麓，全村总面积4.13平方公里。东与蛟洋村毗邻，南连陈坊村，西与杨梅坑接壤，北靠古田镇新生村，距镇政府10公里。全村聚居姓氏为杨姓。由8个村民小组组成，2013年有121户、445人；有山林面积4912亩，耕地面积649亩。

文地村四面环山，是典型的山间盆地。明初杨姓始祖尚宝从连城芷溪背园村迁来，开辟用黄土兴建房屋，便命名为黄地。清同治年间（1861—1874年），村里文风鼎盛，出有举人、秀才、监生，便将黄地改为文地，取意雅音近。

文地村明清时期隶属古田里，民国18年（1929年）苏维埃政府时期，隶属上杭县北四区苏维埃政府；民国31年隶属上杭县华洋乡；1949年隶属上杭县古蛟区；1958年公社化后隶属古田公社；1961年隶属苎园公社；1965年隶属蛟洋公社；1984年隶属蛟洋乡；2012年10月隶属蛟洋镇。

文地村至今尚保留着浓厚的客家文化，村民用客家话进行日常交流，保留着客家传统的节日，每年农历二月初二的“龙抬头”，村民编有歌谣：“二月二，扛猪上文地”，这一天，村民制作各种美食，其中包括传统的特色小吃“包粄”，款待来自四面八方的亲朋好友；为了庆祝五谷仙（五谷仙，即传说中的炎帝）生日，每年农历五月二十五的“扛菩萨”，节日当天，村民会用精心制作的特色美食“糖枣”，杀鸡宰鸭，虔诚供奉，以祈祷来年风调雨顺，五谷丰收。

文地村海拔650米，气候温和，雨量充沛，村民以种植水稻和经济作物为主。新中国成立之前村民利用丰富的毛竹资源从事土纸生产，以生产的土纸来换取外汇，是村民的主要经济来源。但由于生产力低下，耕作技术落后，村民即便常年劳作，还是过不上好日子。新中国成立后，特别是中共十一届三中全会后，村民不断开拓进取，积极调整农业产业结构，大力发展种植、养殖业，种植状元豆、反季节蔬菜；养猪、养鸡。2013年，全村有较大的生猪养殖场10个，森宝养鸡场1个。同时发展个体企业，如开设汽车、摩托车修理厂，从事水电安装、农产品销售、房屋建筑装修等商贸服务业，经济得到较快发展，村民的生活水平得到显著提高。2012年，全村90%以上的农户盖起了砖混结构的楼房；全村有29户在蛟洋集镇有住房。电视机、电冰箱、洗衣机等家用电器已进入大部分农户家中，其中有16户农户已经实现用沼气煮饭。2013年，全村共有各种车辆25部，其中小轿车20部，农用运输车5部；摩托车100多部。2013年，全村农村经济总收入652万元，农民人均收入9611元。

文地村基础设施、公共设施不断完善。1970年，村民自筹资金建造了蛟洋乡第一个小水电站（文地水电站），结束照明靠点松枝、油灯，加工稻谷靠水碓的历史。2004年，铺设了从国道319线文地村入口到文地村内的水泥路；2012年冬，又铺设了村内水泥道。1998年，村民自建了自来水池，喝上了清洁干净的自来水。2007年，兴建一座占地130平方米、建筑面积为280平方米、砖混结构的村部大楼，解决了村“两委”开会、办公地点的问题，同时在村部设立农家书屋、老年活动室，并在村部门口修建篮球场、活动场，相应配套健身器材。2013年冬，上级拨款和村民自筹资金，在村道两旁安装30盏太阳能路灯，提高村民夜间出行的安全性。

新中国成立后，村民重视教育事业的发展，

文地村涌现出一批优秀人才，其中有第一机械工业部研究所高级工程师杨冶（研究员），福州空军医院主任医师杨才生等。2013 年，全村共有大学本科毕业生 25 人，其中博士 1 人，硕士 3 人，正科级干部 1 人，中级职称以上 4 人。2010—2013 年，全村有 6 人先后被中南大学、华中农业大学、华侨大学、南京理工大学等国家重点大学录取。

村内杨氏宗祠和至马岐山岑的路亭都是建于清代的建筑物，其中，杨氏宗祠被列为文物。

1991 年至 1992 年度，文地村被中共上杭县委、县人民政府评为“文明村”

杨氏宗祠

若干年份杨梅坑村主要经济指标情况表

表 22–15

年　份	农村经济总收入（万元）	农民人均纯收入（元）	年　份	农村经济总收入（万元）	农民人均纯收入（元）
1989	27.97	451	2002	196	3403
1990	27.70	421	2003	209	—
1991	38.65	552	2005	228	3883
1992	55.67	714	2006	271	4178
1993	55.00	775	2007	289	4510
1994	85.79	1188	2008	309	4786
1995	125.08	1672	2009	340	5122
1996	146.80	2040	2010	410	5749
1997	188.00	2449	2011	491	6625
1998	147.83	2807	2012	580	8282
1999	182.80	3067	2013	652	9611

文地村历任主要负责人名表

表 22-18

	姓　名	职　务	任职时间		姓　名	职　务	任职时间
党支部负责人	杨如山	书　记	1965—1968	大队、村委会负责人	杨洪善	大队长	1975—1985
	杨宝书	书　记	1969—1974		杨意诚	主　任	1985—1988
	杨春培	书　记	1992—1998		杨永兴	主　任	1988—1989
	杨意新	书　记	1998—2003		杨文辉	主　任	1989—1990
	杨辅林	书　记	2003—2006		杨意新	主　任	1992—1995
	杨荣贵	书　记	2006—2013		杨文辉	主　任	1995—1996
					杨兴祥	主　任	1997—1998
					杨宜平	主　任	1998—20043
					杨荣贵	主　任	2003—2009
					杨建平	主　任	2009—2013

第十节 东乾村

东乾村地处蛟洋镇政府的西面，黄崔巍山东麓，东邻陈坊村，南接塘厦村，西靠达理村，北接杨梅坑村；海拔660米；全村两个自然村（上、下东乾）。2013年，有6个村民小组，159户、553人。全村有山地面积6944亩，耕地面积645亩。

东乾村，清代属古田里，民国17年（1928年），土地革命后属北四区；民国20年属华洋乡。新中国成立后，先后属第七区、古蛟区东乾乡；1956年设东乾高级社，1958年属上游人民公社，1959年4月隶蛟洋公社，“文化大革命”期间，东乾、陈坊、文地三个行政村一度合并改称“红星村”。1984年撤社设乡，属蛟洋乡，2012年10月，撤乡建镇，属蛟洋镇。

宋嘉定年间（1208—1224年），邓太二郎由连城庙前芷溪山门（丰图）迁居东乾开基。东乾村名有两种说法：一是因村庄坐落在丰图的东部，故称东乾；二是村名原称礤头坑，传乾隆年间（约1750年）改为东乾村。700多年来，邓姓繁衍27代；张氏来源未详，待考；多代单传，现有2户，11人。

公王坛

东乾村人具有光荣的革命传统。在第二次国内革命战争时期，热血青年踊跃报名参军，红四军第四纵队战士邓石生就是杰出的一员。2007年，政府和村民在东乾村口建立一座邓石生革命烈士纪念碑，每逢清明节日，村民都会自发前往祭祀纪念缅怀烈士，进行革命传统教育。

东乾村文化底蕴好，凉亭、宗祠、庙宇俱多。传明代地师（地理先生）邓仰峰，熟韵天文地理，明崇祯皇帝曾赐《山川神镜》金匾一块（毁于“文化大革命”期间）。东乾村水口的神坛“公王坛”，每年农历十月十五日为公王寿辰纪念日，全村百姓邀请亲朋好友共祭，称为“东乾节”，公王坛被列为文物。“其盛寺”，坐落在上东乾阳四科大山深处，环境优美，香火旺盛；寺门对联：“其居秀川修德性，盛世太平听经禅”，每年农历七月，村民及各地的信男信女在此举行隆重的寺庆活动。东乾村路口，由离休干部邓剑雄策划、筹备、集资兴建一座“人民亭”，供过往行人休息、避雨、纳凉，门联为：“人世烟云观眼底，民间忧乐在胸中”。上东乾自然村的分水凹，面对崔巍雄峰，建有一座“峥嵘亭”，门联为：“崔巍雄峰迎宾至，分水清泉送客还”。在李富甲建有一座“富客亭”，是村民根据邓福连（外嫁华家）的遗愿筹资兴建，门联为：“闲亭小憩话天下，田园大计有丰年”。邓氏宗祠“惇叙堂”建于康熙二十九年（1690年）；“笃叙堂”建于康熙五十三年（1714年）；“笃宗堂”建于乾隆二十七年（1762 年），祠内“文经武纬”“龙跃云衢”牌匾至今保存完好。

东乾村人杰地灵，人才辈出。清乾隆三十四年（1769 年）举人邓伯葵，民国年间任职县警察局局长邓日暄。新中国成立后，有集美大学副教授邓庆周，离休处级干部邓剑雄，科级干部邓仰淮、邓立生、邓良育等；中专毕业的邓志仁，长期从事美术教学，1996 年聘为中学高级教师；1988 年，他的水彩画《土楼情》入选中国文联办公厅、中国书协等主办的“中国国际文艺作品博览会”，1997 年，《秋艳》入选中国文联主办的“中国国际文艺作品博览会”；2003 年，《山居热闹》国画入选中央电视台、中央书画院主办的“中央电视台庆祝建台 45 周年书画展”，有 20 多篇作品获国家级活动奖，不少作品被中国台湾、香港地区和新加坡、美国等国内外书画爱好者购买收藏，成为海内外知名画师。据不完全统计，全村大学本科毕业生已达 50 余人，大专以上学历人数占全村人口的 15%以上，许多已取得高中级技术职称。

东乾村民大都以农、林为业，村山林面积大，雨量充沛，地质肥沃，资源丰富；马尾松、杉木、毛竹及阔叶林等山林植被保护很好。1978 年开通县道 304 线塘厦至东乾、陈坊、文地等村级公路，从而解决了村民步行肩挑的日子；1996 年村道铺设水泥路面；全村近 20 个桥梁、涵洞都改为石拱桥、混凝土钢筋水泥桥；县 12 届人大代表邓延春和堂兄邓延宾（去台人员）年逾花甲，热心公益事业，慷慨解囊捐款 3 万元，改建 5 座水泥平板桥，得到村民的高度赞誉；偏僻山村道路四通八达，方便村民出行、生产。2005 年，利用学校搬迁费用、征地款，新建占地 150 平方米，建筑面积 240 平方米的村部，增设村老年活动中心，安装篮球架和配备健身器材；改善村办公条件。

中共十一届三中全会后，经济发展较快，人民生活水平大大提高。近 90%的老房已改建成砖瓦房，自来水、电话、汽车、摩托车相当普及，生活极为方便。村民人均收入由 1987 年的 445.16 元，提高到 2013 年的 9610 元。村民生活提高，小山村也飞进了“金凤凰”，娶进的新娘、招进的儿郎来自五湖四海，有越南新娘 1 人，贵州等外地新娘 10 人；外地男郎也有近 10 人到村中安家落户；村民过上安居乐业的好日子。

若干年份东乾村主要经济指标情况表

表 22–19

年　份	农村经济总收入（万元）	农民人均纯收入（元）	年　份	农村经济总收入（万元）	农民人均纯收入（元）
1989	36.46	445.16	2002	234.00	3392.00
1990	35.59	408.00	2003	232.00	—
1991	55.86	607.00	2005	264.00	3884.00
1992	74.68	788.00	2006	268.00	4183.00
1993	80.00	927.00	2007	293.00	4516.00
1994	116.70	1175.00	2008	304.00	4787.00
1995	144.58	1732.44	2009	352.00	5124.00
1996	189.10	2106.00	2010	502.00	5748.00
1997	238.00	2692.00	2011	479.00	6626.00
1998	177.82	2768.00	2012	557.00	8283.00
1999	225.00	3193.00	2013	657.00	9610.00

东乾村历任主要负责人名表

表 22–20

	姓　名	职　务	任职时间		姓　名	职　务	任职时间
党支部负责人	邓仰淮	书　记	1950—	大队、村委会负责人	邓仰淮	农会主席	1950—1952
	邓崇英	书　记			邓崇英		1952—1955
	邓汉周	书　记			邓兆松		1955—1956
	陈佳文	书　记	1974—		邓富生	大队长	1974—1984
	邓长寿	书　记	1974—1984		邓冠豪	主　任	1973—1988
	邓长禧	书　记	1984—1991		邓炳炘	主　任	1988—1994
	邓灿坤	书　记	1991—2003		邓长寿	主　任	1994—1997
	邓灿禧	书　记	2003—2006		邓柏增	主　任	1997—2000
	邓孟炘	书　记	2006—2009		邓庆炎	主　任	2000—2003
	袁兴贵	镇派书记	2009—2012		邓柏福	主　任	2003—2006
	邓丽珍	书　记	2012—		邓柏增	主　任	2006—2009
					邓小鲁	主　任	2009—

第十一节　丘坊村

丘坊村地处蛟洋镇中部，是原乡政府所在地，省道308线贯穿村中。丘坊村东邻塘厦，南与梅坝的上马坑和秋竹的营上自然村接壤，西和苏康、再兴相连，北近黄崔巍大山，和东乾、达理及连城庙前丰图村的板寮自然村毗邻。2013年，全村山地面积14540亩，耕地面积2520亩；辖19个村民小组，583户、2035人。

元朝中叶（约1320年），开基祖丘三益从下崇源迁至丘坊“新溪里油皇背”时，村里住有杨、罗、马、沈姓；后因其他姓氏陆续迁走，全村为丘姓，故取名丘坊；丘姓至今繁衍30代，人口1881人。井背坑自然村杨氏为连城杨九三郎第六代杨三哥从连城芷溪迁入（具体时间未详），杨三哥时为十甲杨富户，至今已400多年，繁衍16代，人口154人。

丘坊村区位独特，元、明、清时期分属鳖沙里、白砂里；民国时期先后隶属北3区、文都乡、古蛟区管辖；新中国成立后隶属第7区、古蛟区、华洋乡、蛟洋公社、蛟洋乡、蛟洋镇。1950年隶属古蛟区文都乡，在“义仓里”设乡人民政府；1952年属第3区；1955年初级社时属第7区；1956年高级社时属古蛟区公所；1958年公社化，属上游人民公社丘坊大队；1959年，蛟洋公社搬迁至丘坊为公社所在地。1964年冬，蛟洋、华家两公社合并为蛟洋公社，公社迁址“古琳房”办公；1970年，在“水美祠”地基上新建乡政府办公场所，1972年，公社搬迁新地址；2001年，乡政府机关搬迁蛟洋集镇。丘坊村曾是蛟洋公社、蛟洋乡政治、经济、文化中心。

丘坊村民具有光荣的优良传统。第二次革命战争时期丘坊属北三区，井背坑归属北四区，村民积极参加“蛟洋暴动”，参加红军，参加革命，有的参加二万五千里长征，有的牺牲在枪林弹雨中，有的被冤为“社会民主党”杀害；有丘映波等18位烈士。

丘坊村历史悠久。早在新石器时代中晚期，下科山遗址已有人类繁衍生息。名山古刹远传四方，黄崔巍俗呼黄魁垒，雄镇一方，既高且大，为南麓塘厦、丘坊诸乡之主山。海拔1141.5米，其峰博大，俯压四山。峰顶有块约18平方米的坪地“棋盘石”，可远眺连城的新泉、庙前和上杭的白砂、古田、蛟洋全景。“崔山净土似仙境，巍峰云山显莲台；双髻紫金崔巍山，三峰耸立荣杭川”。明正德三年（1508年）村民把山寮改建成庙堂供奉佛祖。清嘉庆六年（1795年）庙堂烧毁，村人重建庙宇。现崔巍山开通公路，有识之士投资开发崔巍山，挖鱼塘，建停车场，铺水泥路，发展种、养殖业，把崔巍山办成为绿色生态风景旅游区，每逢会期、节假日，方圆百里香客来此念佛诵经，木偶戏、乐队演奏得十分热闹。

丘坊文昌阁始建于乾隆三十五年（1770年），位于村水口，原是全村人的神坛，每逢初一、十五日香客众多，1952年始局部倒塌；1971年，文昌阁被拆。1996年，村民自发重建，2001年竣工落成。官厅里“敦厚堂”（又称船形屋）为第16世丘王槐建造，他在温州经商发了财，曾出资花费白银千两为当地民众修桥铺路，浙江官员和民众联名奏请朝廷给予褒奖，清嘉庆九年（1804年）被皇帝诰封“州同知加二级奉直大夫”。丘王槐告老返乡后，在村中建“一层楼”书堂，供村民幼童读书之用。

丘坊人杰地灵，明清时期文武官员、能人俱多。参加科举考试进入仕途有近百人，如明朝年间丘新（广东大埔珊河巡检）；乾隆七年（1742年）附贡丘占鳌，道光二十九年（1849年）岁贡丘以礼，咸丰九年（1859年）恩贡丘钟铭；清朝例授州同职丘王槐、丘铨、丘鹏翥、丘明文、丘鼎、丘盛芳；民国丘福聪（广东高州兴宜县知县），丘彪（台湾镇城守营右军守府）等。精通医药的丘泮林、丘宏济，精通喉科丘海潭，有“丘华佗”之称的丘应琪（第18世）祖孙（次子丘吉行、孙丘绍周），传至丘荣发、丘文祥、丘世昌（现为村卫生所医生），已是六代医药世家。近代，有华北电力大学教授、博士丘启荣，北京外语学院毕业、留学新西兰博士丘贵森，北京师大博士后生物研究所博士丘淑兰；本科以上大学生120人。

丘坊村的文化生活一直很活跃，村中曾有舞狮队、武术队、木偶、船灯、汉剧、京剧、十番民间乐队等，村民有爱唱山歌的习俗，古传有一对男女在两座山上劳动时对唱山歌，一唱一和，从山顶唱到山脚，走近一看原是一对夫妻。

丘坊人勤劳致富，改革开放好政策为村民脱贫致富奔小康带来致富路。村民们从事粮食加工、饲料加工、石材加工、机砖厂、养猪场、果茶场、屠宰场、大棚蔬菜种植，大小村办、个体企业遍地开花。丘坊机砖厂建于2004年，占地面积达6000平方米，总投资100多万元，安排当地农民工多时达30人，年产红砖5000万块，产值200多万元。村民建成规模的养猪场4座，总投资达600多万元，年可产生猪7000多头，产值1500万元。每个养猪场都建有大型沼气池，沼气除供猪场生产、生活外，还给村民烧水煮饭用。10年间，建发、生大、振华养猪场先后获福建省农业厅无公害生猪养殖基地和龙岩市标准化养殖场；建发养猪场负责人丘怡凡，2008年获上杭县“十佳养殖大户”称号，2009年被评为县劳动模范。村民还建有规模养鸡场、养羊场多个，其中年产羊300多只，产值30多万元。

丘坊村基础设施、公共设施不断完善。丘坊圩1955年开圩以后，每逢五、逢十，四周群众，八方宾客云集丘坊，热闹非凡。2011年冬，丘坊原有市场折旧建新，成为一个村级大型农贸市场，市场配置垃圾车、清洁人员，人来人往，生意兴旺。中共十一届三中全会后，农村实行家庭联产承包责任制，农民有了生产经营自主权，促进生产发展，人民生活水平明显提高。村民生活一天比一天好，仓里有了粮，袋里有了钱。全村90%的农户盖了新房；村投入100多万元，铺设了到各村民小组及群众家门口的水泥路面约6公里；建成自来水厂，街道、公路、村道安装路灯100多盏。农户家家基本实现电器化，电饭煲、电磁炉、电冰箱、液化器、太阳能热水器，村民一般不烧柴火，既环保又节约能源，村中环境慢慢向山绿水清转变。摩托车已在村内普及，全村购置100多部大汽车、小汽车。2013年，农村经济总收入3341万元；农民人均纯收入达9617元，比1990年增长22倍，基本过上了小康生活。

若干年份丘坊村主要经济指标情况表

表 22–21

年份	农村经济总收入（万元）	农民人均纯收入（元）	年份	农村经济总收入（万元）	农民人均纯收入（元）
1989	134.57	455	2002	830	3617
1990	124.51	417	2003	987	—
1991	181.66	560	2005	1035	3984
1992	245.40	752	2006	1099	4187
1993	307.00	1037	2007	1607	4522
1994	440.48	1174	2008	1655	4793
1995	540.00	1683	2009	1873	5132
1996	632.00	2110	2010	2246	5754
1997	696.00	2653	2011	2655	6629
1998	791.00	2873	2012	2982	8287
1999	866.50	3373	2013	3341	9617

丘坊村历任主要负责人名表

表 22–2

	姓名	职务	任职时间		姓名	职务	任职时间
党支部负责人	丘焕春	书记	1961—1962	大队、村委会负责人	丘树森	主任	1948—1950
	张家松	书记			丘茂荣	主任	1950—1955
	丘兆鸿	书记	1963—1966		丘焕春	社长	1955—
	丘发祥	书记	1966—1968		丘文英	大队长	1960—1962
	丘步椿	书记	1972—1978		丘谨祥	大队长	1963—1966
	丘万堂	书记	1979—1984.6		丘钦富	大队长	1967—1968
	丘史才	书记	1984.7—1988		丘步椿	大队长	1968—1971
	丘维新	书记	1988—1993		丘万堂	大队长	1972—1974
	丘国焕	书记	1994—2003		丘观铭	大队长	1974—1980
	丘启文	书记	2003—2006		丘国辉	大队长	1980—1983
	丘春玉	书记	2006—2009		丘维新	主任	1984—1987
	丘必胜	书记	2009—		丘庆希	主任	1987—1988
					丘观铭	主任	1988—1994
					丘国辉	主任	1994—1997
					丘启文	主任	1998—2003
					丘文彬	主任	2004—2006
					丘炎生	主任	2006—2012
					丘世昌	主任	2012—

第十二节　苏康村

苏康村位于蛟洋镇西北部，东连丘坊村，南靠丰年村，西接华家村、文都村，北邻连城庙前丰图板寮村。分上村、下村 2 个自然村。2013 年，全村有 8 个村民小组，212 户、783 人；其中男 384 人、女 399 人。全村耕地面积 985 亩，山地面积 5796 亩，海拔 670 米。

宋、元、明时期，苏康村隶属鳖沙里、白砂里，清光绪二十四年（1898 年）“戊戌变法”后，隶属北三区，民国 19 年（1930 年）隶属古蛟区，1951 年成立文都乡政府（辖苏坑、丘坊、文都、外洋 4 村），驻苏坑；1954 年属丘坊乡，1958 年成立人民公社隶属蛟洋公社；1984 年 10 月撤社建乡，隶属蛟洋乡；2012 年 10 月撤乡建镇，隶属蛟洋镇。

苏康自明洪武元年（1369 年），张三七郎从龙岩大池北溪迁居苏康（长坑里）开基至今，600 多年繁衍 25 代裔孙。村民勤劳致富，村舍傍山而建，青砖绿瓦，全村留存下许多砖木、土木结构建筑的房屋。至今保存完好的贵州式砖瓦房“大夫第”，始建于清光绪二十三年（1897 年），以建筑奇特、布局新颖、精工细作、雕龙画凤，保存完好令人赞叹不止。建造者张永元时任四品知府、同知衔加五级诰封通奉大夫，军功六品授昭武都尉。该建筑采用徽派建筑形制，同时结合客家传统建筑布局、技法等特点融汇而成，在建筑设计和外观构造装饰上有别于其他客家土楼、围龙屋。内有客厅 6 间，房 30 余间，建筑面积 1020 平方米。“大夫第”建筑充分继承和发扬了客家传统建筑特点，承载的历史信息和文化内涵体现客家人“出仕文化”和“行商文化”，是传统民俗文化和客家文化的典型代表。“大夫第”宅第古民居，2011 年县文物普查时，被列为蛟洋乡不可移动文物。

苏康人民具有光荣的革命传统。民国 18 年，张其善、张锡恩、张锡进、张锡宽等热血青年参加红十二军，投身革命，在长征途中献出了年轻生命；张其清、张维桢、张维琛参加红军攻打上杭城时英勇牺牲；张景开、张锡声、张作钧被“肃社党”冤杀；18 岁的乡妇女会主任傅福娣，在给游击队送信途中被捕遭杀害牺牲；杭武县赤卫队员张为林、张兆枢、张其岸、张其进等在战斗中牺牲。为纪念这些为革命而英勇牺牲的 16 名烈士，民国 20 年，北三区政府和苏康人民在村中的石岗上建立一座革命烈士纪念碑。苏康村民为人民政权的建立做出重大牺牲和贡献。张希尧 16 岁参加红军后，经历二万五千里长征，参加了抗日战争、解放战争、抗美援朝，身经百战；新中国成立后，先后任沈阳军区某部团长、副师长、河北廊坊军分区司令员，大校军衔。

苏康村民风淳朴。村民开拓进取、吃苦耐劳、崇文重教，敬祖睦亲、尊老爱幼、乐善好施。明万历年间，张万鳌（字仲达、怀山），精地理，名驰各邑，留有遗训，传之子孙。张其集在清顺治十七年（1660 年）创建“松山书屋”。此后村民耕读好学，送孩念书蔚然成风，一时家家有学子，户户学生考秀才，在一个仅 800 人的小山村，先后出有贡生 13 人，文庠 25 人，武庠 19 人，监生 140 人，职监 23 人；特别是乾隆年间有举人 6 人和副举人 1 人。清末，张永元受清皇朝加官晋爵；民国初，投身孙中山先生领导的民主革命运动，民国政府成立时先后在云南和贵州等地任职，参加蔡锷和唐继尧等人领导的护国、护法运动，维护民主共和。云南都督、将军蔡锷，贵州

“大夫第”门楼

都督、将军唐继尧等云贵要人曾题赠楹联、牌匾及相应的石刻（“文化大革命”期间遭毁）。张永元在民国初担任云南省参议员。“大夫第”门楼“恩迎北阙”、楹联“宠命荣司马家风仰篆鱼”的石刻镀金和大门两边“晋爵 簪花”雕刻金字，至今清晰可见，彰显张氏当年家门显赫、文风鼎盛。张复初，原名张善修(1902—1951)，毕业于北京朝阳大学（北京大学前身）法律系，先在厦门从事律师职业，随后任安徽芜湖、福建厦门法院院长，广东省高等法院驻潮州市首席检察官，南京最高法院推事等职。民国末期，张复初先后在广东大埔、福建厦门等地任教；后在潮州市中源中学任校长。新中国成立后，苏康村优秀人才逐年增多，据不完全统计，2013年，全村有大学生89人，其中教授1人，硕士研究生4人；处级干部张启松、张永柏、张然、张伟等6人，科级干部张启贤、张柏祥、张进云、张健等10人。据宣统二年（1910年）《苏康张氏族谱》载，旧时张氏先辈寿星多，张宏三（应富、诚冬）寿103岁，四世同堂，“旌表昇平人瑞，建坊囦池之上”，钦赐六品顶戴；全村70岁以上43人，80岁及以上者23人，90岁以上7人。

苏康村基础设施、公共设施不断完善。民国19年在石岗上建“大礼堂”（戏院）。新中国成立后，建乡政府（文都乡）办公房，小学校舍，村部办公楼。1969年，村里购进一台12匹马力柴油机加工大米。1971年始，村民大量种植烤烟喜获丰收，成为全乡第一村，多次荣获县、乡烤烟生产先进单位。1972年，组织村民投工投劳，挖掘2000米长水渠，改善农田水利灌溉条件，兴建水电站，村民结束松明火、煤油灯照明的历史。1973年修建机耕路，购买手扶拖拉机。90年代，新建小学校舍，学生从民房搬进了砖混结构的宽敞教室。1994年，为了学生有活动场所，建操场。2008年，新建一座占地100平方米、二层砖混结构村部办公大楼。兴建砖混结构的村卫生所，停车场。扩建连接省道进村公路1.2公里。硬化村道水泥路面4公里，安装路灯80盏。修建蓄水池，铺接水管，使全村百姓都用上了自来水。2008年，村党支部被县委授予先进基层党组织称号，2012年12月，苏康村被省司法厅、民政厅、法宣办评为“省级民主法制示范村”。

苏康村经济发展较快，村民生活显著提高。1989年，利用村冬暖夏凉的气候和易排晚灌的沙质土，大量种植短、平、快的反季节蔬菜，推广“烟—菜—菜”栽培模式，即春种一季烤烟，夏秋两季种夏阳大白菜；白菜亩产1178公斤，产值3000元。同年，在县乡农技部门的扶持下，苏康村率先成立蔬菜协会，办高山反季节蔬菜种植技术培训班，邀请龙岩市农科所蔬菜专家和县、乡农技员讲课并进行实地指导，提高了村民蔬菜种植水平。村民种菜技术日益成熟，蔬菜种植面积年年扩大。全村670亩耕地种上蔬菜，产量达6700吨，总产值670万元，人均收入3000多元。2009年，苏康村被县评为“一村一品”蔬菜生产专业村。1996年，全村种植烤烟700亩，产值近百万元，人均种烟0.96亩，仅此一项人均增加收入1500多元，户均收入6000元。乡组织400余名烟农，分两批来村参观指导学习，乡烟草站又无偿提供耐火材料，免费对56座烤房进行节能改造。1985年，购置第一台电视机，1991年，安装第一部电话；1990年，村民购买第一部汽车，至今全村汽车达到上百部。如今群众家家有电话，户户有手机，电脑、宽带、电视普及所有家庭；村民利用网络扩展渠道销售蔬菜到广东及省内外县市。全村85%以上的村民建起了砖混结构的楼房，楼上、楼下，电灯、电话，农村也有和城市一样的生活条件；村民生活向小康迈进。

若干年份苏康村主要经济指标情况表

表 22–23

年　份	农村经济总收入（万元）	农民人均纯收入（元）	年　份	农村经济总收入（万元）	农民人均纯收入（元）
1989	61.85	473	2002	308	3413
1990	59.29	427	2003	350	—
1991	99.34	723	2005	424	3901
1992	125.25	989	2006	471	4184
1993	133.00	1152	2007	846	4520
1994	204.06	1414	2008	870	4794
1995	255.60	1411	2009	925	5129
1996	344.20	2302	2010	1028	5743
1997	363.00	2857	2011	1155	6629
1998	234.00	2289	2012	1310	8287
1999	347.00	3476	2013	1506	9615

苏康村历任主要负责人名表

表 22–24

	姓　名	职　务	任职时间		姓　名	职　务	任职时间
党支部负责人	张维先	书　记	1961—1964	大队、村委会负责人	张善芳	社　长	1957—1961
	张善芳	书　记	1964—1971		张善芳	大队长	1961—1964
	张鸿昌	书　记	1971—1973		张鸿昌	大队长	1964—1967
	张为德	书　记	1973—1975.3		张鸿昌	大队长	1968—1973
	张善琼	书　记	1975.4—1991.5		张善忠	大队长	1973—1975
	张为进	书　记	1991.6—2000		张为进	大队长 主　任	1975—1991
	张善星	书　记	2000—		张善扬	主　任	1991—2000
					张永辉	主　任	2000—2009
					张善宜	主　任	2009—2012
					张文辉	主　任	2012—

第十三节　达理村

达理村位于蛟洋镇西北部，地处黄崔巍山北麓，距镇政府14公里；东与杨梅坑村毗邻，南与连城县板寮村接壤，西接连城县丰图村，北靠桃源村。全村总面积7.2平方公里，聚居姓氏单一丘姓，全村由达理、老君2个自然村、8个村民小组组成；2013年，有174户、609人；有山林面积9413亩，耕地面积635亩。

达理村明清时期隶属古田里，民国时期隶属北四区；1949年隶属古蛟区；1958年隶属蛟洋公社；1960年隶属古田公社；1961年隶属苎园公社；1965年隶属蛟洋公社；1984年撤社建乡后隶属蛟洋乡；2012年撤乡设镇后隶属蛟洋镇。

达理村原名塔里村，又名水竹洋。北宋时期，丘氏三五郎，迁居上杭县大拔乡，三五郎后裔第九代原一郎、善夫郎在塔里村开基创业，繁衍后代。民国12年（1923年）年，经村民建议，将塔里村改名为达理村，即四通八达之意，后经古蛟地区领导人傅柏翠批准，从此改名为达理村。

达理村是个偏僻的小山村，新中国成立前有20多家土纸作坊，土纸生产是当时村民的主要副业，也是村民经济来源之一；村民另一经济来源靠上山采摘蘑菇，由于山林面积广，阔叶林多，每年夏、秋季节，黄崔巍、大山下等处森林内生长许多红茹、黎菇、青面菇等，村民上山采摘鲜菇出卖。

达理村内有两条小溪，一条发源于尖峰岽和陈地峡岭；另一条发源于井水山和黄崔巍；两条小溪各长5公里多，在村口龙角尾汇合，流经连城县丰图、芷溪、新泉后，流入旧县河，汇入汀江河。

达理村基础设施、公共设施不断完善。1985年，在上级政府关心支持下，经过村民的共同努力，在龙角尾建设一座装机10千瓦的水轮泵发电站，供全村照明、农产品加工；1992年，安装变压器，使用联网电。1994年，用“以林换路”的形式开通一条从达理到东乾长7.5公里的机耕路，2006年进行道路硬化，可通大卡车。2005年至2008年，开通从达理到连城县丰图村的公路；2012年冬，全线铺设水泥路；开通从凹坦到对门排全程5公里的自然村道路，2013年，实现全线水泥硬化。2000年后，全村共建钢筋水泥桥8座。

达理村人民重视教育事业。新中国成立初，设立初级小学一所，吸收本村适龄儿童入学。1988年，上级政府拨款建设两层砖混结构学校楼房一座，占地面积1335平方米、建筑面积956平方米、总投资16万元。

2013年，全村有大学本科毕业生11人，中级职称以上5人（其中高级职称2人）。

1981年实行家庭联产承包责任制后，村民不断调整农业产业结构，大力拓宽生产渠道，除外出打工外，村民以种养为主，种植状元豆和反季节蔬菜，养猪、养牛、养鸡等。2013年，村民丘兴明在村水口养殖4亩牛蛙，年产值达10多万元。另有养猪专业户5家，养牛专业户2家。经济发展后，村民生活显著改善；2013年，达理村农村经济总收入664万元；农民人均纯收入9607元，比1989年（439元）增长20.88倍。全村新建砖混结构房屋30多座。摩托车、电视机、微波炉、洗衣机、太阳能热水器等家用电器进入寻常百姓家。截至2013年，全村有6户在上杭县城建房，还有的在广东、厦门、永安、龙岩等地购有商品房，村民逐步摆脱了世代耕山种田的生存方式，寻求更大的发展空间。

达理村现存古建筑两处，一是村水口潭弯的五谷仙阁，二是村水口的石拱桥，都建于清代，保存完好。

若干年份达理村主要经济指标情况表

表 22–25

年　份	农村经济总收入（万元）	农民人均纯收入（元）	年　份	农村经济总收入（万元）	农民人均纯收入（元）
1989	29.71	401	2002	228	3412
1990	26.58	362	2003	233	—
1991	25.72	302	2005	249	3879
1992	51.65	586	2006	287	4182
1993	57.00	633	2007	307	4512
1994	89.81	1144	2008	315	4784
1995	130.72	1173	2009	348	5119
1996	148.80	2020	2010	438	5749
1997	200.00	2604	2011	496	6623
1998	162.57	2782	2012	593	8280
1999	205.80	3044	2013	664	9607

达理村历任主要负责人名表

表 22–26

	姓　名	职　务	任职时间		姓　名	职　务	任职时间
党支部负责人	丘德生	书　记	1958—1984	大队、村委会负责人	丘松基	大队长 主　任	1981—1988
	丘宜富	书　记	1984—1994		丘石生	主　任	1989—1992
	丘石生	书　记	1994—2005		丘才生	主　任	1992—1997
	丘煌明	书　记	2005—2008		丘树生	主　任	1997—2001
	丘石金	书　记	2008—2013		丘才明	主　任	2002—2005
					丘石生	主　任	2005—2008
					丘启和	主　任	2008—2012
					丘在明	主　任	2012—

第十四节　丰年村

丰年村位于蛟洋镇西南部，东与秋竹村毗邻，南靠贵竹村，西接华家村，北与苏康村相邻。全村由袁小坪、高乾、郭屋、大福 4 个自然村 6 个村民小组组成。聚居姓氏有郭、华、袁、李四个姓氏。2013 年全村有 185 户、650 人。耕地面积 639 亩，山地面积 3543 亩。

丰年村宋元时期隶属上杭县鳖砂里。明清时期隶属白砂里。民国 18 年（1929 年）隶属上杭县北三区苏维埃政府；民国 36 年隶属上杭县华洋乡；1949 年隶属古蛟区；1956 年隶属白砂区华丰乡；1958 年公社化后隶属上游公社丰年大队；1965 年 4 月华佳公社与蛟洋公社合并后，先后隶属蛟洋公社、蛟洋乡、蛟洋镇。

相传在大福自然村的对面田地上有华氏谷仓，名为丰年仓；新中国成立初期在此设乡，命名为丰年乡；故取名丰年。

丰年村具有光荣的革命传统。民国 23 年 10 月红军主力长征后，中共上杭县委、中共代英县委、杭代县军政委员会等党组织和中国工农红军代英独立营、代英县游击队、杭代县游击队红七支队等红军武装组织以双髻山为依托，建立双髻山游击根据地。民国 25 年 1 月，谭震林等人率领由闽西南红军游击队改编的新四军二支队告别这块红土地北上抗日。在这游击战中，丰年人民积极参军参战，积极支援游击队的各项工作，特别是在国民党对革命根据地发动第四次反革命军事“围剿”时，英勇杀敌。在革命战争时期，有 10 多人参加了红军游击队或从事革命工作和地下革命工作，如郭南勋 16 岁参加苏维埃宣传队，后调上杭县任工会文书，再调汀州任省工会秘书、全国总工会执行局兼文教部部长，后调吉安搞地下工作等；新中国成立后，先后任古蛟区副区长、上杭附城区区长等职。在闽西游击战中牺牲的烈士有：郭汝隆、郭显勋、郭进勋、华玉章、华龙书、李炎祥等人。

丰年村四周群山环绕，是一高山盆地，方圆数公里地势开阔，人居环山，民风淳朴，山峦葱翠欲滴，鸟语花香；四条小溪之水汇成一条溪流穿村而过向东流入黄潭河；大地母亲的乳汁哺育着村里一代代子孙。这里气候温和，雨量充沛。海拔 670 米，平均气温 18.2 摄氏度，无霜期 250 余天，年平均降雨量为 1650 毫米左右，千亩林地，松杉满山，竹海一片片，是大自然赐给的绿色宝藏。

1981 年实行家庭联产承包责任制后，村民们不断调整产业结构，大力拓宽生产渠道，除外出打工之外，以种养为主，养猪、养鸡场不断增加；到 2013 年年底，全村有较大型养猪场 2 个存栏 800 余头，小型猪场 3 个存栏 200 头，森宝全作养鸡场 5 个，每批进鸡苗 8 万余羽；种植烤烟、状元豆、白扁豆、反季节蔬菜等面积逐年增加；全村经济得到较快发展，村民生活显著提高。1989 年，村民人均纯收入 378 元，2010 年，村民人均收入提高到 4828 元。1999 年，率先种植反季节蔬菜上百亩，当年平均每户蔬菜收入 3600 元，种植烤烟 210 亩，状元豆 80 亩，实现全村农民收入人均 3650 元。2013 年，农村经济总收入 1080 万元，农民人均纯收入 9615 元。

随着村民生活水平的不断提高，丰年村 90%以上的村民新建了砖混结构的三四层楼房，摩托车、电视机、电脑、微波炉、洗衣机、太阳能热水器等家用电器进入百姓家庭。全村拥有大中型运输车 13 辆，小汽车 30 多部。跨进 21 世纪，村民们发展目标是向镇、县、市和大城市发展。全村有 15 户村民在上杭县城有住房，有 12 户在厦门、深圳、福州、龙岩等地有住房，有 12 户在蛟洋集镇建了住房。村民们逐步摆脱了世代耕山种地的生存方式，向其他产业寻求更大的发展空间。

丰年村基础设施、公共设施不断完善。1978 年前，丰年到袁小坪的路是一条弯弯曲曲的石砌路；1979 年，丰年村自筹资金，投工投劳，用锄头挖、畚箕挑，用了一年的时间开通一条 2.5 公里的机耕路。2003 年，进行了道路硬化，全面铺设了水泥路面。2005 年，建 20 立方米的自来水蓄水池一座，铺设自来水管 10 公里，从此，郭屋、大福 2 个自然村用上了自来水。

2006年11月，改造了甲子门口至段上2公里左右的水圳工程，解决了百亩良田灌溉困难的问题。2009年，修建袁小坪水口至苏加庄跨溪水渠圳300米，张苏坑至苏加庄的水圳1000米，进一步解决良田的灌溉问题。2009年，村“两委”多方筹资动工兴建一座三层、总面积240平方米，集办公室、计生室、会议室、老年活动室、娱乐室和图书室为一体的砖混结构村部大楼，同年冬又在火烧旗原丰年小学校地上建造标准篮球场一个，进一步充实了村民的体育活动。2013年，郭屋平岗上、大福上坑口新建水圳2公里，在袁小坪村里至蛇麻坑、水口至张苏坑、大福大同坑至崩彭坑新开三条机耕路，总长7公里。由于村民居住分散，自来水无法供应到全村村民，在袁小坪、大福各建蓄水池2座，铺设水管10余公里，从此解决了全体村民生活用水困难的问题。

1979年，丰年村创办合作医疗室，有赤脚医生1人。1981年，合作医疗室改称村卫生所，由医师袁风柏行医到2012年底。同年冬，村“两委”为了充实改善卫生室设施，向政府争取资金5万元，在郭屋桥边建了一座较为规范的卫生室，建筑面积60平方米，由傅国旺全科医生执医，从而大大方便了村民看病。丰年村民弘扬客家人崇文重教、耕读传家精神，悠远而深厚的文化教育，促进人才辈出。2013年，全村大学毕业生达31人，其中教授2人,博士1人，硕士2人，正科级以上干部3人，中高级职称23人。

若干年份丰年村主要经济指标情况表

表22-27

年　份	农村经济总收入（万元）	农民人均纯收入（元）	年　份	农村经济总收入（万元）	农民人均纯收入（元）
1989	57.79	453	2002	210	3317
1990	50.33	414	2003	242	—
1991	75.15	751	2005	309	3886
1992	90.96	906	2006	384	4174
1993	70.00	749	2007	424	4518
1994	93.02	1048	2008	433	4787
1995	149.80	1810	2009	601	5125
1996	193.00	2060	2010	776	5754
1997	256.00	2685	2011	821	6627
1998	153.00	2832	2012	934	7388
1999	188.10	3170	2013	1080	9615

丰年村历任主要负责人名表

表 22–28

	姓　名	职　务	任职时间		姓　名	职　务	任职时间
党支部负责人	华庆祥	书　记	1980.8—1987.7	大队、村委会负责人	李　清	大队长	1980.8—1983.7
	郭龙发	书　记	1987.8—1993.6		李　清	大队长 主　任	1983.8—1991.7
	郭龙清	书　记	1993.7—1996.6		华文彬	主　任	1991.8—1997.7
	华文彬	书　记	1996.7—1999.6		郭守星	主　任	1997.8—2000.7
	郭守忠	书　记	1999.7—2002.6		华庆文	主　任	2000.8—2003.7
	袁德生	书　记	2002.7—2008.6		李　清	主　任	2003.8—2006.7
	华茂龙	书　记	2008.7—		郭海荣	主　任	2006.8—

第十五节　秋竹村

秋竹村位于蛟洋镇南端，东临梅坝、小和村，南靠贵竹村，西与丰年村相接，北连丘坊村。全村总面积5.67平方公里，有山林面积5981亩，耕地面积1123亩；2013年，全村有269户、899人。全村由秋竹、外洋、营上3个自然村、13个村民小组组成。聚居姓氏有华、丘、张、姜四姓，以华姓居多。

秋竹村又名秋竹坪（《华氏族谱》记载为嵩祝乡），明朝末年，始祖文惠（十七世）从华家亭迁至秋竹坪开基。据传：文惠开始到该地养鸭，时值秋天，找到一处长有一丛“秋竹子”的地方搭棚养鸭、关鸭，结果发现鸭群下蛋特多，于是认为此地是吉祥之地，请来风水先生察看过后，就偕妻带女在秋竹坪开基创业，繁衍后代。因该村地势较坪坦，“秋竹坪”就由此得名。

明末清初，上杭通往龙岩的石砌古道（驿道）经过秋竹村、丰头桥。丰头桥还设有圩场，集市贸易繁荣，商贾活跃。秋竹村有三条溪流，一条发源于华家村，流经丰年村入境；另一条发源于双髻山流经贵竹村入境；两条溪流交汇于秋竹，而后经丰头桥汇合从苏康流入营上之水，流入梅坝溪。

明清时期，秋竹村隶属上杭县白砂里；民国16年（1927年）隶属上杭县北三区；民国24年隶属华洋乡；1949年隶属古蛟区丰年村；1957年隶属上杭县白砂区工委华丰乡；1958年隶属上游公社五星大队；1959年隶属蛟洋公社五星大队；1960年3月隶属华佳公社；1965年华佳公社与蛟洋公社合并后隶属蛟洋公社；1984年隶属蛟洋乡；2012年10月，隶属蛟洋镇。

秋竹村人民崇文重教。清朝末年，华尊先、华天麟2人为秀才；新中国成立后，村中的长岭下、横楼里及今文化活动中心所在地都先后办过学校，设有初小、小学。另外，村里还办过农民识字夜校，扫盲班等。1976年秋至1978年夏，秋竹小学还办过一期初中班，时为七年制学校，有6个班级，教职工12人，学生140多人。“文化大革命”时期，营上、外洋还设立过民办教学点。1980后，由于生源减少和教育体制改革，秋竹教学点被撤销。

1977年恢复高考制度后，秋竹村有一批学子先后考入中专、大学。其中，华任茂考入燕山大学，现为硕士研究生。华炳生1981年毕业于龙岩工业学校，现为副教授、高级教师。华大和，高级工程师，现任福建建发集团有限公司总经理。据不完全统计，全村现有大学本科以上毕业生31人。

秋竹村群众文化活动丰富多彩。早在新中国成立初期，就有十番音乐演奏、民歌对唱、花灯表演、打腰鼓等文艺活动。1957年，秋竹村与小和村合作创办起业余汉剧团，演出的剧目有《血手印》《黎花斩子》《大闹开封府》等，曾到周边乡村演出；1983年，村民华兆基热心文化事业，利用自家厅堂开办家庭图书室，免费供村里青少年阅览，深受群众好评，其事迹曾在《福建日报》刊登。2011年，秋竹村利用原小学校舍创办农民文化体育活动中心，建有篮球场，设有乒乓球室、康乐球室、图书阅览室，添置有健身器材。2013年，秋竹村在五谷庙后山建有农民公园，公园内有凉亭、小桥、石桌石凳，铺有浆砌鹅卵石人行道等。

秋竹村民勤劳忠厚，民风淳朴，这里土地肥沃、水源充足、气候温和，长期以来村民以耕种土地、饲养禽畜为业，农作物以水稻为主，改革开放后，村民大力调整种植结构，积极发展绿色食品，大力发展烤烟和反季节蔬菜种植，经济形势一年比一年好。2000年后，人民群众生活水

平有了很大的改善和提高。2013年，农村经济总收入865万元，村财收入93.4万元，农民人均纯收入9617元。建砖混结构的楼房也逐年增多，至2013年，已有90%以上的农户改建或新建了砖混结构的新楼房。冰箱、彩电、洗衣机、电磁炉等家用电器纷纷进入寻常百姓家庭。一部分家庭还有运输车、皮卡车、面包车、小车等。据不完全统计，2013年，秋竹村有运输车、小汽车等47部。

秋竹村公共设施、基础设施不断完善。新中国成立前，丰头桥设有医疗所、药店，一直延续至1965年。“文化大革命”期间，培训赤脚医生，办卫生所，为当地群众服务。卫生体制改革后，设立了农村合作医疗所，卫生设施更为完善，服务更为周到。1982年始，秋竹村民用上了电，结束用煤油灯、松火照明的历史。1999年，秋竹有了程控电话；现70%的村民用上手机。2004年，实施通路工程，由政府给予补助支持和村筹资及发动村民集资，先后铺设了秋竹至华家、秋竹至丘坊，秋竹至小和等村的水泥硬化路。2008年，秋竹村建成人饮工程，从此村民饮用上了干净清洁的自来水。,2012年12月竣工的蛟上高速公路经过秋竹村，境内全长9.5公里，并在秋竹外洋段预留通往梅坝工业区大道的出口。

秋竹村具有光荣的革命传统。不论是在民主革命时期，还是在三年游击战争及解放战争时期，秋竹村人民都走在革命斗争的前列，英勇斗争，不怕牺牲，为革命抛头颅，洒热血；全村有赤卫队员华炳兴、红军战士华寿南、苏维埃政府文书华启鸿等13位革命烈士。村民华潮发于1950年参加志愿军赴朝参战，抗美援朝结束后，随部队转山东，后复员回乡。

清末至1952年，村民华猷卿在上杭、潮州、汕头、峰市等地开店经商，经营水果、棉布、日杂等百货，为人忠厚，经商诚信，乐善好施；被誉为上杭东门出城的首富。

秋竹有三处名胜古迹，一是“丰头桥”，位于秋竹村水口，建于清光绪十年（1904年），是用优质花岗岩条石砌成，拱桥美观牢固，曾经历过多次特大洪水的冲击，安然屹立；二是“文瑞公祠”，是华姓开基祖祠，光绪十年重修，基本完好。三是“树德堂”，始建于清乾隆年间（1736—1795年），已有200多年历史，是一座占地2000多平方米，有三栋四摆（左右各二排横屋），有上、中、下三厅的古建筑。

1989年，秋竹村党支部被上杭县委授予“先进党支部”称号。

若干年份秋竹村主要经济指标情况表

表 22-29

年　份	农村经济总收入（万元）	农民人均纯收入（元）	年　份	农村经济总收入（万元）	农民人均纯收入（元）
1989	64.64	451	2002	339.90	—
1990	61.46	425	2003	364.00	3882
1991	79.57	604	2005	390.00	4180
1992	102.70	778	2006	481.00	4518
1993	117.00	940	2007	525.00	4787
1994	182.71	1242	2008	541.00	5127
1995	213.48	1467	2009	621.00	5742
1996	272.00	2132	2010	954.00	6629
1997	315.00	2795	2011	869.00	8287
1998	278.00	2833	2012	1003.00	9617
1999	308.82	3057	2013	865.00	9617

秋竹村历任主要负责人名表

表 22-30

	姓　名	职　务	任职时间		姓　名	职　务	任职时间
党支部负责人	丘师增	书　记	1973—1979	大队、村委会负责人	华大楠	大队长	1960—1962
	华成文	书　记	1979—1987		华绪恒	大队长	1962—1965
	华绪金	书　记	1987—1992		华善阳	大队长	1965—1966
	华成文	书　记	1995—2003		华绪金	大队长 主　任	1972—1989
	华兆龙	书　记	2003—2009		华敢峰	主　任	1989—1992
	华喜文	书　记	2009—		丘集文	主　任	1992—1995
					华敢源	主　任	1995—2003
					华玉文	主　任	2003—2006
					华绪良	主　任	2006—2009
					华敦宝	主　任	2009—2012
					华耀生	主　任	2012—

第十六节　华家村

华家村地处蛟洋镇西南方向，距政府所在地9公里，省道205线穿村而过。东与苏康村相接，东南和贵竹朗星自然村交界，西南与白砂镇的岭背村交界，北与邹坑村、文都村毗邻；有高寨头、猫头爪、文峰顶三个高峰，形成西南屏障；两条小溪在村口汇合，向东流出境。华家村辖凹背湖、外坎、黄塘背、官庄前、寨上、竹头背、寨罗背、水竹里、营背、新圩、六烈里、横岗、新村、溪头、大坪等15个自然村；全村总面积42平方公里，耕地面积2415亩，山地面积16757亩。2013年，全村19个村民小组，509户、1833人；80%的村民为华姓，大坪自然村为雷姓畲族村，有45户、221人；90年代以后有张、李、林等姓氏居民在华家购地建房定居。

华家村宋、元、明时期隶属白砂里。清光绪二十四年（1898年）“戊戌政变”后，隶属古蛟区、北三区。民国初期隶属华洋乡华家保；民国18年（1929年）为北三区苏维埃驻地；新中国成立时，属古蛟区丰年村；1952年设华家乡（华兴、华新二村），1956年设高级社，华兴、华新村合并设立华兴乡，隶属古蛟区公所。1961年8月，成立华佳公社，华兴乡改称华家大队，华佳公社属白砂工委管辖。1965年4月后，撤销华佳公社归属蛟洋公社，1968年间，华家村曾一度改为“卫东大队”，1984年撤社建乡，隶属蛟洋乡，2012年10月，撤乡建镇，称蛟洋镇华家村。

华家原名华家亭，古称“化蛟藤”，相传在今天的凹背村道与省道交接处（即华嵒亭处）原为交通要道，是通往上杭、连城、龙岩的三岔口，也是华家亭主溪流的交汇处，该处原有一小树林，溪边有两条粗大的藤条形如蛟龙，相互紧紧地缠绕在一起，横过溪流，可供人们当作桥梁行走，因此有人把此地称为“化蛟藤”。后有施善者在此地盖一凉亭，施茶与路人解渴，而又命名为化蛟亭。后人又在华家和岭背交界的“麻公凹”盖“茶亭”称“华政亭”，在历史的发展中，原居于此地的陆、陈、雷、江、林、王、谢、罗、丘、袁等姓人家逐渐迁往外地，村内聚居姓氏全为华姓人家，故改名为华家亭。

华家区位独特。古时是通往上杭、连城、龙岩等地的交通要道。上杭县城通往连城古道，由白砂圩经华家、大坪、邹坑、中村、坪上去新泉；经华家、文都、再兴、板寮往丰图、芷溪、新泉；蛟洋经华家往白砂去上杭。华家荫桥，建于清代，是蛟洋境内唯一保存完好的廊桥；凹背的万安桥，为道光年间贡生华宏邦在70寿辰时捐建，是凹背通往文都的近道；乾隆七年（1742年）建文昌阁，咸丰九年（1859年）毁于火，同治初重建，宣统二年（1910年）地震毁三层。2007年，在村民共同努力下，筹集资金在原址上重建文昌阁，2009年，建成外观七层，内部五层，围屋8间，面积达500平方米，现为华嵒纪念馆。2001年，村民捐资兴建华嵒亭，是集休闲和纪念于一体的六角形仿古式建筑，亭内悬挂张四教为其恩师所画追忆像。

华家村民具有光荣的革命传统，华丕荣等19名烈士在战争期间英勇献身；华丰谟等18名革命群众因“肃社党”事件被冤杀。

华家古民居具有江南民居及客家民居特色。有二厅、三厅等厅式结构，为华嵒、华时中等在浙江、安徽一带做事为官时引进建造；留存的古民居有大夫弟、敦厚堂、翠山公房、景阳堂、培荆堂、行一故居等。村中还建有大屋祠、寅山祠、甲山祠、坤山祠、文安公祠、宇安公祠、居安公祠等诸多宗祠。其中建于明朝建文二年(1400年）的“寅山祠”，华嵒当年曾在该祠内作过《高山云鹤》《水国浮牛》《青松悬崖》《倚马题诗》壁画；1988 年，村民修复寅山祠，并把华嵒青少年时期在祠中所作的壁画及《梅占春魁》和《八骏马》复原。华腾德约在清顺治七年（1650 年）建寨上城墙，是通往大坪、中村关隘，呈弧形，用来抵御外人的侵犯而筑，今仍可见到残留的墙体土坯。进士华时中、举人知县华惟明、奉直大夫华朝位等名人墓葬仍存。

甲山祠

寅山祠

华家有众多庵庙、寺庙、禅院。据民间记载，唐天宝十二年（753 年）仲秋月建“岖山庵”，清康熙十六年（1677 年）重修取名普圆山寺；1971 年被毁，1983 年重修；2009 年华衍文捐资 71260 元，铺设水泥路到寺庙门口。白云寺始建于明弘治十二年（1499 年），民国 18 年被毁；20 世纪 80 年代，华家片 13 村信众集资重建。

华家村中央有一株古银杏（白果），高 31 米，胸径 3.86 米，冠幅 1600 平方米。此树枝繁叶茂，雌雄异株，雄株傲然挺拔，枝叶稀疏；雌株奇特古雅，留着雷击的痕迹；树身 3 米以下，雌雄株粘连一起，盘缠交错；经专家确认，树龄达 1200 多年。2013 年，银杏树又一次荣登龙岩市第二届“银杏王”榜。华家村西山下、大坪水口连片生长 19 株红豆杉，树龄 120—450 年。

华家人崇文重教，文化底蕴深厚。清初，华家办有私塾，生于康熙二十一年 (1682 年) 的华嵒曾入私塾两年。道光年间（1837—1848 年），华时中辞官闲居家乡，创办“敬业书院”，购置儒资学田；清末民初“敬业书院”改为“义学”，民国 18 年改为“劳动小学”，民国 29 年改设“国民学校”。新中国成立后，1951 年，设“华家小学”，开设 1 至 4 年级；1959 年改为完小；1975 年小学增设初中班。1984 年，兴建砖木结构二层 4 间教室；1989 年，村民捐建教学楼；1990 年，华敦善等人倡导成立“华家村奖教奖学基金会”；2006 年，台湾王永庆捐资 40 万元，政府投资 26 万元建成 1218 平方米的三层砖混结构的新教学楼，并将“华家小学”命名为“华家明德小学”。2009 年，企业家华丕烈捐资建造标准化篮球场一个，华彩文捐资壹万元建“文化长廊”；如今，学校面貌焕然一新。2011 年，华家小学被评为“福建省农村义务教育标准化学校”。

华家历代人才辈出。清代，涌现诗、书、画“三绝”的艺术家、中国画坛的一代宗师华嵒，进士华时中以及一批举人秀才。民国时期，有华小孟、华柏岳、华德明等。新中国成立后，涌现出教授华碧春、华雪玲、雷玉秀，主任医师华学文、华敦祥、华松年、华绍源、华祥涛、华祥祯；高级工程师、高级农艺师、中学高级教师华敦五等 26 人。

华家毛竹资源丰富，手工制造土纸的历史悠久。土纸为传统的主要出口商品，成为华家的一大品牌产品。大斜里、梅苏林等地仍遗留有纸厂的断壁残垣和浸泡竹麻用的湖塘，大坪部分村民家中至今还保存有造纸用的纸廉、焙床及毛刷等工具。

华家村基础设施、公共设施不断完善。新中国成立后，先后组织成立 10 个互助组，6 个农业生产初级社；1956 年开设供销社、外贸站，1961 年至 1965 年 4 月，设立华佳公社，重修清末“鸿门圩”，农历逢四、逢九圩日，周边百姓云集，圩场周围的商店，粮站，经营的百货、食品、农资、化肥、小杂货店开始形成；1970 年，村筹资购置柴油发电机，加工碾米，群众摆脱了千百年沿袭的踏碓、水碓、砻谷手工做米。1973 年，村办铁厂，炼生铁铸造铁锅，畅销周边乡村；1975 年，村利用分配指标购进小型手扶拖拉机 3 台，农田耕作开始使用机械化生产。1983 年，乡电站供电发电，村民结束松明火、煤油灯照明的历史。90 年代，凹背千年银杏树每年产果 200 多公斤，成为远近闻名且名副其实的“摇钱树”；村“两委”紧紧抓住乡计划在“九五”期间建立万亩银杏基地山地开发模式契机，培育 30 亩银杏苗木，并率先在东斜岗、公堂背等山上连片种植银杏树；群众还在房前屋后整地挖穴，发展银杏庭院经济。改革开放使妇女成为农业生产的主力军，涌现出曾淑辉、张翠招、丘荣清等“信用妇女”360 多户，通过小额信贷发展生产，走上脱贫致富路。华家是华喦的故乡,村民筹资近 60 多万元,重建文昌阁，集展览、陈列、旅游、休闲为一体的华喦纪念馆。1999 年，在福建省水电厅资助下，村筹集部分资金，建设人饮工程，全村百姓喝上干净的自来水。村道全部铺上水泥路，安装了路灯，村民的生活和城里人相差无几。2013 年，农民人均纯收入达 9616 元，比 1989 年增长 21.69 倍。

若干年份华家村主要经济指标情况表

表 22-31

年　份	农村经济总收入（万元）	农民人均纯收入（元）	年　份	农村经济总收入（万元）	农民人均纯收入（元）
1989	131.36	443	2002	728	3548
1990	123.13	405	2003	824	—
1991	170.06	552	2005	934	3895
1992	255.97	828	2006	1034	4187
1993	301.00	1077	2007	1440	4522
1994	438.25	1202	2008	1474	4793
1995	543.30	1291	2009	1680	5132
1996	622.00	2150	2010	2109	5748
1997	669.00	2686	2011	2448	6628
1998	619.00	2852	2012	2788	8287
1999	760.50	3450	2013	3090	9616

华家村历任主要负责人名表

表 22-32

	姓　名	职　务	任职时间		姓　名	职　务	任职时间
党支部负责人	华丕烈	书　记	1959.3—1972.6	大队、村委会负责人	华发生		
	华全喜	书　记	1965.5—1969.3		华敦发	大队长	1950—1951
	华丕烈	书　记			华森春	乡　长	1952—1952
	华绍文	书　记			华发生	乡　长	1953—1955
	华寿仁	书　记			华崇养	乡　长	1955—1956
	华呈祥	书　记	1976.6—1983.6		华荫泉	社　长	1957—1960
	华贵勳	书　记	1984—1990		华秋荣	大队长	1961—1965
	华呈祥	书　记	1985.5—1989.6		华伟仁	大队长	1966—1974
	华喜发	书　记	1991.6—1997.6		华佳文	大队长	1975—1983
	华全喜	书　记	1997—1999		华喜发	主　任	1984—1991.6
	华品发	书　记	2000—2006		华敦燕	主　任	1991—1996
	华永生	书　记	2006.8—2009		华品发	主　任	1997—1999
	华耀明	书　记	2009—2012		华永生	主　任	2000—2006
	华永生	书　记	2012—		华彩锋	主　任	2007—2009
					华岳明	主　任	2009—2012
					华　奇	主　任	2012—

第十七节　文都村

文都村位于蛟洋镇西部，东与苏康村毗邻，南连华家村，西接邹坑村，北靠再兴村。全村由坑头、松福、斜尾、寨上、新圩、老圩、郑屋、刘斜、小塘下9个自然村，14个村民小组组成。总面积6.54平方公里。聚居姓氏有丘、华、郑、李、江、陈、孙、黄、朱、蓝、张等11个姓氏（其中以丘姓居多），是一个村落分散、姓氏较多的山村。2013年，全村有234户、835人，山地面积7281亩，其中耕地面积1147亩，毛竹林面积6894亩。

明清时期，文都村又名“黄土畲”，因村境内山上黄泥与邻村相比绝然不同，着色特别深黄，故名“黄土畲”；民国16年（1927年），地方人士认为“黄土畲”取名庸俗，以谐音改为“文都斜”，简称文都。隶属上杭县白砂里；民国18年苏维埃政府时期，隶属上杭县北三区；民国25年隶属第三区文都联保办事处(办事处驻苏坑)；民国29年隶属华洋乡。新中国成立后隶属古蛟区文都乡（辖再兴、邹坑、中村、坪上、苏坑、丘坊等），1961年隶属华佳公社；1965年，华佳公社与蛟洋公社合并后隶属蛟洋公社；1984年隶属蛟洋乡；2012年撤乡设镇后隶属蛟洋镇。

明清时期，文都村是一个商贾云集的地方，因设有集市——老圩，有客店、糕饼店、饮食店、药店等各类店铺几十间，南来北往的商人在此歇脚，是油、盐、米、豆、纸、烟、布等百货的“中转站”。北通连城、长汀，南往上杭，西去旧县、才溪，东达古田、龙岩，4条石砌大道（古道）交汇于此。每逢农历四、九日圩市热闹非凡，成为当时经济比较发达的地方。民国20年，一场大火烧毁老圩几十间店铺，民国26年后才开辟新圩。新中国成立后，区人民政府在文都圩设立蛟洋供销合作总社，1954年，合作总社搬迁至丘坊市场。

文都村具有光荣革命传统，在第二次国内革命战争时期，热血青年踊跃报名参军参战。全村为革命牺牲的烈士16人，其中有杭武县第四区区委书记黄玉史，中共杭武县北三区区委秘书华彭林，上杭县北三区第四乡苏维埃主席丘鸿源。

文都村民历来崇文重教，祈求文化昌盛，教育培养后代。新中国成立后，区人民政府在文都村老圩岗上设立文都中心小学，吸收中村、坪上、再嘉、华家、丰年、苏康、秋竹、小和等村适龄儿童入学就读，学校设1—6年级，第一任校长是华文勋，直至1962年文都小学才搬迁到华家。村“两委”重视教育事业的发展，1999年设立奖教奖学基金会，至2013年，基金会筹资4万余元，每年对当年考上大学本科学生和在中小学就读的品学兼优的“三好学生”进行奖励。教育事业的发展，促进人才成长。2013年，全村有各类大学毕业生17人，正科级以上干部2人，中高级职称2人，处级干部3人。其中，郑锦兴先后担任上杭县财政局局长、上杭县政府副县长、紫金矿业集团纪检书记、武平县政府常务副县长、龙岩市财政局局长等职。

标准化渠道

文都村基础设施不断完善。1978年，村民自筹资金、投工投劳，开通从文都坑头到华家全长3.4公里、宽3.5米的机耕路；1999年进行了道路硬化；2011年，将该路段扩大为4.5米宽的道路并实施了硬化；2013年，经向上级争取资金再次将该路段裁弯取直。村部大楼及农民文化广场项目，已列入“一事一议”财政奖补项目。2009 年，为解决村民饮水问题，在远离村 3.5 公里的铜锣坪建 50 立方米的自来水蓄水池一座，因自然村多而散，铺设自来水管总长达 30 公里，从此村民饮用上了卫生干净的自来水。2011 年，铺设连接小塘下、坑头和刘斜等自然村道 2.5 公里，并在村道两旁安装太阳能路灯 80 盏。

1962 年，文都村村民重视农田水利建设，先后修建连塘背 2 公里长的水渠和村中心 2.5 公里长的水渠 (2013 年再次重修)，现有两处山塘，凿树坪山塘和山背山塘，山塘面积均为 2 亩左右。

1998 年，在新圩上设立村合作医疗室 1 个，医师 1 名。2009 年，将原文都小学校舍改建为文都村村部，内设村委会办公室、老年活动室、文化娱乐室、图书室、计生室等。

文都村现存文物景观一处，为明末清初在湖洋寨建造一座“威济宫”，保存完好。

1981 年，农村实行家庭联产承包责任制后，村民们充分利用本地气候温和、昼夜温差大、雨量充沛的气候优势，不断调整产业结构，大力拓宽生产渠道。村委会积极推进土地流转，走规模种植、规模承包、规模经营的路子，努力提高土地流转的产出效益，通过政策引导、培育大户、科技兴菜 (烟) 等措施，激发农民种菜种烟的积极性，鼓励连片种植，稳定种植面积，村民们除外出务工外，以种植为主，养猪、养鸡、养兔专业户不断增加。2013 年年底，全村有较大型养猪场 2 家，存栏 6000 余头；养鸡场 3 家，存栏 8000 羽；食用菌种植户 3 户，每户种植一次 2000 筒左右。种植烤烟、状元豆、白扁豆、反季节蔬菜等面积逐年增加，全村经济得到较快发展，村民生活显著提高。2013 年，全村农村经济总收入 1633 万元，村民人均收入 9615 元。

文都村村部

随着村民生活水平的不断提高，文都村 95%以上的村民新建设砖混结构的楼房，99%的家庭都使用上了热水器、微波炉、洗衣机、摩托车、电视机等家用电器，较富裕的家庭还拥有运输车、小汽车，共 32 部。

2001 年，文都村获上杭县委“先进基层党组织”称号；2003 年，获上杭县社会治安综合治理委员会“治安先进二等奖”；2004 年，获龙岩市政府 1999—2003 年度“计生合格村”称号；2006 年，获上杭县“民主法制示范村”称号；2007 年，获上杭县人民政府“信用村”称号；2010 年，被上杭县人民政府评为 2008—2009 年度“计生先进单位”。

明末清初建“威济宫”

若干年份文都村主要经济指标情况表

表 22-33

年份	农村经济总收入（万元）	农民人均纯收入（元）	年份	农村经济总收入（万元）	农民人均纯收入（元）
1989	58.10	461	2002	362	3413
1990	47.50	435	2003	407	—
1991	78.99	560	2005	450	3888
1992	115.74	845	2006	509	4182
1993	124.00	987	2007	831	4520
1994	180.64	1180	2008	853	4789
1995	226.16	1803	2009	939	5127
1996	286.20	2062	2010	1073	5745
1997	324.00	2629	2011	1258	6626
1998	295.00	2843	2012	1427	8286
1999	372.50	3212	2013	1633	9615

文都村历任主要负责人名表

表 22-34

	姓名	职务	任职时间		姓名	职务	任职时间
党支部负责人	丘森轩	书记	1960—1967	大队、村委会负责人	丘天华	大队长	1956—1959
	张其德	书记	1968—1969		丘明先	大队长	1960—1965
	江兆柏	书记	1970—1986		江兆柏	大队长	1965—1970
	丘柏寿	书记	1987—1999		丘仰昇	大队长	1971—1985
	郑必兴	书记	2000—		丘培先	主任	1985—1988
					丘绍忠	主任	1988—1997
					郑必兴	主任	1997—2000
					丘岳忠	主任	2000—2003
					郑必兴	主任	2003—2006
					丘庆辉	主任	2006—2012
					丘志标	主任	2012—

第十八节　小和村

小和村位于蛟洋镇西南部，双髻山北麓，距镇政府 7 公里。东邻古田镇苏家陂村，南靠新罗区大池镇大和村，西接秋竹村，北与梅坝工业区毗邻。全村地域狭长，由上村、中村和下村 3 个自然村组成。2013 年，全村有 10 个村民小组，222 户、749 人，聚居姓氏华姓；总面积 12.22 平方公里，拥有山林面积 15809 亩，其中毛竹林面积 7116 亩，耕地面积 764 亩。

小和村宋元时期隶属鳖砂里；明清时期隶属白砂里；民国 18 年（1929 年）隶属北四区苏维埃政府；民国 32 年隶属古蛟乡；1961 年隶属古蛟区华丰乡；1959 年隶属华佳公社；1965 年隶属蛟洋公社；1984 年撤社改乡后隶属蛟洋乡；2012 年 10 月，隶属蛟洋镇。

小和村华氏开基始祖念三郎平生好猎骑，一天他登上双髻山眺望四周，领略山水，蓦然发现双髻山北麓有一块狭长的开阔地带，中间有一条小河流水，待下来到目的地察看，认为是个大有开拓创业前景的好地方，于是就在山脚下开基落户，繁衍后代。因有一条小河流水就取名叫“小河坑”，后来根据祖祠“和坑堂”，去“河”取“和”，改为小和坑，至今已有 600 多年。

小和村民风雅正，唯耕唯读。清顺治年间（1644—1661 年），华金铭得中举人；华登云敕封授卫千总，华榕封州同拔贡，华宗吉、华宗海科榜秀才，例授监生达三四十人。民国 33 年，在村中建造一所“笃因学校”，招收村里七岁以上儿童入学就读，教学内容有《三字经》《增广贤文》，“四书”“五经”等。教学方法沿用旧制式，红朱代墨，点书指教，熟读背诵。年终时出题考核，批修文章，教师邀集村族理事知名文士参加评选优秀学生名弟，优秀学生给予文具奖励。1951 年，人民政府在村里办起一所初级小学，招收适龄儿童入学。开设 1—4 年级四个班，附设幼儿班一个，有教师 5 人，学生 100 多人。2000 年后，由于生源减少，学校撤并，学生并入丘坊小学和蛟洋小学就读。教育事业的发展，促进人才成长。据不完全统计，2013 年有博士生 1 人，本科以上大学毕业生 21 人，正科级干部 2 人，中级职称以上 6 人。

小和具有光荣的革命传统，是省属重点革命基点村，在第二次国内民主革命时期，成为上杭县北三区第一乡苏维埃政府所在地。民国 17 年 3 月，小和坑青年农民在共产党领导下加入了农民协会，参加了傅柏翠等人领导的抗租抗税等斗争；6 月 25 日，小和坑农民协会会员参加了蛟洋武装暴动。民国 18 年 5 月 22 日，小和坑成立乡苏维埃政府，政府办公地点设在下村“文昌阁”内。民国 18 年 6 月，毛泽东曾到过小和坑。小和坑人民在乡苏维埃政府领导下，开展打土豪分田地斗争，为了支援革命战争，保卫红色政权，全村有 10 人参加了工农红军，有 10 人参加游击队，有 16 人参加赤卫队，有 2 人担任交通员。他们为了中国人民的解放事业，英勇作战，奋勇杀敌，有 17 人壮烈牺牲；涌现许多可歌可泣的动人故事和英雄人物，如华英妹，华东禧，黄福招，傅秀英，华荣禧等。革命群众多次到石岗寨路亭秘密开会，接受任务，为游击队转送信件，支援粮食、药材等。

民国 20 年春，“闽西医院”从龙岩小池迁至小和坑，驻在村中的文昌阁和大塘背等 10 个房子里，总部设在文昌阁，医务部设在中乡堂、后勤部设在贵孺家，病员住海塘背，重伤员住隆公楼和下屋塘，轻伤员住在余庆堂等房子里，共有伤病员 300 多人。红军医院在小和坑驻扎时间大约有半年左右，在此期间，小和坑人民为医院医务人员及伤病员提供一切条件和物资；妇女会成员为伤病员洗衣抹身；群众上山采草药为伤病员敷伤口、治病；乡苏维埃政府组织人员慰问全体伤病员；为牺牲的伤病员料理后事。

中央红军长征后，国民党反动派逼迫小和坑人民移民 4 次，全村被杀害的群众 19 人，被抓壮丁 3 人，被逼移民后造成房屋倒塌 5 座、20 间，因敌摧残灭绝户 4 户、6 人。小和坑人民在中国共产党领导下，坚持革命斗争直至新中国成立。

长期以来，小和村人民以耕田造纸为生。明清时期由于山多，竹林多造纸业十分发达，每年砍下竹麻

10多万担（1担约50公斤），全村有纸槽38个，每年生产黄纸2万多担，销往广东潮汕出口转东南亚各国。还有部分青年外出经营竹山，经营纸业或做其他贸易。但由于受到反动派统治的压迫和剥削，人民生活十分困难。

中共十一届三中全会后，小和人民解放思想，开动脑筋，实事求是，团结一致为社会主义现代化建设营造了爱国家、爱集体、爱家庭的良好氛围。特别是在实行家庭联产承包责任制后，通过不断调整产业结构，经济得到较快发展，广大村民大力发展种养业，开发毛竹林基地，富余劳力外出打工。2013年，全村劳务输出人数250人，劳务收入900万元；种植蔬菜755亩，状元豆27亩，同时发展养殖业，全村有养猪户6户。2012年，村民华丕成创办葛藤坪畜牧养殖农民专业合作社，养殖通贤乌兔和本地家兔；2013年，存栏13500只（其中母兔2200只），每天销售量350公斤，每公斤价32元，年产值达260万元。

2012年，村民华陈生接管养鹿场，2013年，梅花鹿存栏数25只（其中公鹿12只，母鹿13只），年产值15万元。

村民生活显著改善，由贫困变为温饱，由温饱进入小康。家家使用上家用电器，电视机由黑白改为彩色，再到液晶大屏幕，10%的家庭有电脑；60%的人有手机。全村95%以上群众建有混凝土结构的楼房。村级基础设施、公共设施不断完善。2010年，在原村部基础上改建一座混凝土结构的二层村部楼房，内设村“两委”办公室，计划生育室，卫生保健室，老年协会室等，村部楼前还建了篮球场、健身活动场所。村民都饮用上了干净清洁的自来水。2010年，铺设了小和到丘坊、小和到梅坝工业区总长13公里的水泥硬化道。2013年，全村经济总收入714万元，村民人均纯收入9617元。

此外，小和村至今保存了一座400多年前建筑的石拱桥，神农五谷仙宫和古民居“大夫第”；建于明正德年间（1506—1521年）的“崇泉观音寺”。

建于清代的石拱桥

若干年份小和村主要经济指标情况表

表 22-35

年　份	农村经济总收入（万元）	农民人均纯收入（元）	年　份	农村经济总收入（万元）	农民人均纯收入（元）
1989	50.11	460	2002	284	3399
1990	63.02	452	2003	283	—
1991	72.07	735	2005	339	3902
1992	82.59	710	2006	377	4178
1993	94.00	901	2007	477	4516
1994	146.36	1205	2008	485	4788
1995	139.60	1554	2009	597	5128
1996	225.30	2115	2010	697	5747
1997	285.00	2788	2011	752	6631
1998	198.70	2755	2012	599	8288
1999	258.80	3035	2013	714	9617

小和村历任主要负责人名表

表 22-36

类别	姓　名	职　务	任职时间	类别	姓　名	职　务	任职时间
党支部负责人	华清煌	书　记	1957—1962	大队、村委会负责人	华占中	大队长	1961—1964
	华上钦	书　记	1962—1972		华开增	大队长	1964—1966
	华敦奇	书　记	1972—1974		华上恩	大队长	1975—1985
	华裕成	书　记	1974—1984		华能斌	主　任	1985—1988
	华上恩	书　记	1984—1989		华丁茂	主　任	1988—1989
	华文贵	书　记	1989—1997		华丕前	主　任	1989—1991
	华丁斌	书　记	1997—2003		华超元	主　任	1991—1994
	华丕明	书　记	2003—2012		华丁茂	主　任	1997—1997
	华陈生	书　记	2013—		华绪榕	主　任	1997—2003
					华丕林	主　任	2003—2006
					华陈生	主　任	2006—2012
					华　云	主　任	2013—

第十九节　贵竹村

贵竹村位于蛟洋镇西南部，处于双髻山北麓，距镇政府12公里，东与丰年村相接，南与溪口乡交界，西与白砂镇樟黄村毗邻，北靠华家村。全村由贵竹和朗星2个自然村组成。聚居姓氏以华姓居多，还有苏、廖、林、张、陈、邓6个姓氏。2013年，全村有164户、590人。全村土地面积10603亩，其中耕地面积593亩，林地面积10110亩。

贵竹村平均海拔730米，平均气温17.2摄氏度。无霜期260天，年平均降雨量为1680毫米，气候温和，雨量充沛，农作物以水稻为主，经济作物有蔬菜和烤烟等。

明清时期，贵竹村隶属白砂里；民国18年（1929年）苏维埃政府时期隶属北三区；民国25年隶属第三区秋竹乡联保办事处；民国29年隶属北三区华洋乡；民国32年隶属古蛟乡；民国36年隶属华洋乡；1949年9月—1950年5月隶属古蛟区丰年村；1953年隶属第七区华家乡；1961年隶属华佳公社丰年大队；1965年隶属蛟洋公社丰年大队；1984年隶属蛟洋乡；2012年10月隶属蛟洋镇。

贵竹村是省重点革命基点村之一。贵竹人民具有光荣的革命传统，民国18年四月二十六日，贵竹坑人民在农会主席华盛初的领导下，高举红旗，臂戴红袖章，扛着大刀、鸟铳等举行了武装暴动。农会会员把红旗高高地插在村中山顶上，斗了地主华永白、华官禄，枪毙了地主华永钦。建立了以贵竹坑为核心的北三区苏维埃政府，选举华盛初为区苏维埃主席。革命武装斗争的初步胜利，苏维埃政权的建立，大大鼓舞了贵竹坑人民的革命信心。在三年游击战争时期，贵竹村人民出生入死支持红军游击队，从不间断地为红军游击队送粮食、盐巴、油纸、药品等，特别是在国民党反动派对革命根据地发动第四次反革命军事“围剿”时，贵竹村人民积极参军参战，青年踊跃参加红军游击队上战场打敌人；妇女们做草鞋送给红军游击队；广大群众纷纷组织起慰劳队，担架队、看护队、洗衣队等，帮助红军游击队洗衣、看护伤病员。全村各户纷纷捐献粮食、蔬菜、运送货物。三年游击战争中，贵竹村共有28人参加红军游击队或从事革命工作，其中有12人为革命光荣牺牲。因参加革命工作造成绝户的有14户，革命接头户10户。陈潭秋、谭震林、邓子恢、蓝荣玉、陈茂祥、廖海涛、刘永生、黄火星等老一辈革命家都在这里战斗过，生活过。

中央主力红军北上抗日后，白色势力卷土重来，不少在苏区时期被没收分给贫苦农民的土地，又都被地主翻案，乘机反攻倒算，纷纷夺回。收租逼债，使广大农民无田可耕，流离失所。闽西南军政委员会采取措施，领导各地农民开展保田斗争，保卫土地革命果实。民国25年2月，闽西南军政委员会副主席谭震林和杭武县军政委员会副主席蓝荣玉，秘密来到贵竹村，召集接头户和其他有关人员开会，研究保卫土地斗争问题，并根据群众强烈要求，在会后组织了一支武装，到白砂大田村捕杀了几个反攻清算特别嚣张的土豪劣绅。由于各级军政委员会的坚强领导，沉重打击了地主豪绅企图收回土地的叫嚣，保留了土地革命的胜利果实。

新中国成立后，通过互助组、初级社、高级社的建立，农业生产得到快速发展，人民生活得到迅速改善。党和政府给予了基点村人民极大的支持和帮助。革命接头户林凤招被选为福建省第五届人大代表。上杭县人民政府，为革命接头户、革命烈士亲属袁四姑、林志康、袁梅招、林凤招等10人建设新房屋10座。1958年8月，时任福建省副省长、省监察厅厅长的蓝荣玉专程回到贵竹村看望、慰问基点村人民和当年革命接头户和烈士亲属。1977年1月，革命接头户袁梅招辞世，蓝荣玉和夫人徐月明敬献花圈深表悼念。

1981年实行家庭联产承包责任制后，不断调整产业结构、大力拓宽生产门路，村民除外出打工外，以发展种养业为主。养猪、养鸡、养鸭、养羊；种植香菇，烤烟，蔬菜等。经济得到较快发展，村民生活显著改善。1999年，贵竹村利用高海拔的优势，率先种植高山反季节蔬菜380亩，全村种植烤烟150亩，地栽香菇19万袋。古田县一姓余老板在贵竹村办厂制菌种，建冰库，营销鲜菇。此后，在政府的引领下，村民除了种植水稻以外，仍然大力发展高山反季节蔬菜种植。比较大面积种植的有状元豆、大白菜，姜等。2012年，全村状元豆产量2万多公斤，产值12万元；生产姜5万多公斤，产值达25万元。2009年，开始建立万亩毛竹林基地，成为发展村级经济的一个品牌产业，年产毛竹30余万根，鲜笋20余万公斤。2013年，全村农村经济总收入567万元，农民人均纯收入达9616元。

进入21世纪，村民发展目标是向市、县城市以及集镇和福州、厦门。全村有5户村民在县城有住房，有6户村民在厦门建房，有10户在蛟洋集镇建有住房。他们摆脱了世代“靠山吃山”的生活方式，在工商、劳务及其他产业上寻求更大的发展空间。随着村民生活水平的不断提高，至2013年，贵竹村90%以上的村民建造了砖混结构的住房，摩托车，电视，电脑，微波炉，洗衣机，太阳能热水器等家用电器进入平常百姓家庭。据不完全统计，全村拥有大中型运输车7辆，小汽车23部。

贵竹村公共设施不断完善。1979年，村民自筹资金，投工投劳，开通了一条长4.5公里的简易公路。1991年，在县老区办支持下，开通改造了从华家到双髻山15公里长。宽2.5米的乡村公路。1997年，对从华家到贵竹4.5公里路面进行了道路硬化，全面铺上了水泥路面。1982年，架设了矶头至华家贵竹的高压线路，解决了山区村民历年来用煤油灯、松枝、竹篾照明的历史问题。1997年，开通程控电话。2012年宽带入户。2000年，村建蓄水池2座，铺设自来水管10余公里，解决了村民饮用水问题。2000年3月，龙岩市“创建老区小康村”现场会在贵竹村召开。2008年，村“两委”多方筹资动工兴建了一座二层占地面积200平方米，砖混结构的村部楼房。内设办公室、计生服务室、老年活动室、娱乐室和图书室。2012年，蛟上高速建成通车后，上级政府再次拨款对因修建蛟城高速道路而受到损坏的华家到贵竹的道路进行拓宽重新铺设。村“两委”多方筹资，在村主干道和岔道上安装了80盏太阳能路灯。

贵竹村民重视文化教育和卫生事业的发展。1950年，创办一所公办初级小学，校舍是借用华氏祠堂，招收适龄儿童入学就读，教师1人，学生11人。1952年，还开办夜校识字班，学员是一些中青年妇女，教员由初级小学教师担任，主要教材是《三字经》等，有时也教唱一些革命歌曲。1965年，贵竹初级小学学生人数增至17人，设1—2年级，三年级起到华家小学就读。1972年，上级政府拨款建设一座土木结构的平房校舍。学生人数增加到29人，教师2人，还开设幼儿班。1998年，上级政府再次拨款新建一座二层砖混结构的教学楼，学生人数达48人，有教师4人，设1—4年级，五年级起到中心完小就读。2009年，教育体制改革生源减少，贵竹初小、幼儿班撤并，初小学生进入蛟洋中心小学就读，有的随父母在外地打工地入学就读。1971年，村民一致推荐高中毕业生华如生上大学，1974年厦门大学生物系毕业后从事教育工作，先后曾任蛟洋中学校长，白砂中学校长，上杭县教育局长等职，1989年被评为福建省教育先进工作者。2007年，贵竹村设立助学基金会，对每年考中大学本科的学生进行资助1000元。据不完全统计，至2013年，全村有本科毕业生19人，研究生1人。

1970年，贵竹村创办合作医疗站，有“赤脚医生”1人，1982年改制后，合作医疗站改称村卫生所，有乡村医生2人，一直延续至今。2006年，实行新农村合作医疗制度，减轻了村民患病住院经济负担，村民得到实惠。

贵竹村陈氏是境内最早迁入的一个姓氏，其次是苏氏。明末清初，第九世祖陈文继从宁化县迁到贵竹村开基落户。台胞陈振棠已是第二十三代，他乐善好施，先后捐资数万元建造贵竹村牌楼门一座，中村学校大门，朗星自然村小学校舍维修等。陈氏人才辈出，陈哲人曾先后任职古蛟中学校长、龙岩农业学校校长，福建亚热带植物作物研究所所长。陈华杰毕业于北京音乐学院，擅长作曲和指挥，曾任龙岩市新罗区文化馆副馆长，龙岩市音乐教育家，中国音乐家协会会员。陈治文，漳州市立医院内科主任医师。陈立元，台湾东森电视台副总经理，陈仲凡，福建省高速公路局副局长。

贵竹村现存明代和清代文物古迹两处，一是位于双髻山顶南侧的石窟寺，二是贵竹自然村水口的天后宫（宝圣殿）。

此外，清代，上杭通往龙岩的一条驿道经过贵竹村，全长 3 公里。

陈振棠捐建的牌楼门

石窟寺

宝圣殿

若干年份贵竹村主要经济指标情况表

表 22-37

年　份	农村经济总收入（万元）	农民人均纯收入（元）	年　份	农村经济总收入（万元）	农民人均纯收入（元）
1989	32.07	473	2002	248	3607
1990	31.25	395	2003	266	—
1991	53.50	571	2005	284	3881
1992	87.48	949	2006	338	4174
1993	81.00	950	2007	528	4515
1994	138.21	1205	2008	397	4788
1995	145.5	1486	2009	429	5127
1996	186.30	2104	2010	626	5747
1997	220.00	2745	2011	558	6630
1998	181.00	2841	2012	649	8281
1999	240.00	3316	2013	567	9616

贵竹村历任主要负责人名表

表 22-38

	姓　名	职　务	任职时间		姓　名	职　务	任职时间
党支部负责人	廖兆南	书　记	1982—1985	大队、村委会负责人	华敦发	大队长	1982—1985
	林锦昆	书　记	1985—1998		华文贤	主　任	1985—1987
	华伦钦	书　记	1998—2003		华喜发	主　任	1987—1988
	华善荣	书　记	2003—2007		华锡福	主　任	1988—1989
	苏永华	书　记	2006—2009		华伦钦	主　任	1989—1998
	苏永华	书　记	2009—2013		林丙昌	主　任	1997—2000
					苏永华	主　任	2000—2006
					林雄根	主　任	2006—2009
					苏义生	主　任	2009—2013

第二十节　陈坊村

陈坊村位于蛟洋镇东北部，东与蛟洋村的沈坊自然村毗邻，南及西南连东乾村，北邻文地村，总面积5.5平方公里。

明末清初，赤坑念三郎的第五世孙陈德胜到陈坊开基为陈坊一世祖，属颍川郡。清光绪二十四年（1898年）后，陈坊隶属上杭北三区；民国18年（1929年），隶属北四区，民国19年隶属古蛟区。新中国成立初，隶属于古蛟区杨梅坑乡；1958年隶属蛟洋人民公社陈坊大队（包括东乾、文地两村），1974年分成陈坊、东乾、文地三个大队，隶属蛟洋乡；2012年10月，始隶属蛟洋镇。2013年，全村共有7个村民小组，有101户、384人，全村有山林面积6291亩，耕地面积565亩。

陈坊村具有光荣的革命传统。民国17年，陈友兄领导村民积极参加傅柏翠等人领导的蛟洋农民暴动，打响了上杭反对国民党统治的农民武装起义第一枪，之后响应傅柏翠提出的号召，在全村实行“计口授田”等政策，实现“耕者有其田”，直至新中国成立。其间，陈友兄一直担任古蛟区财经委员。

陈坊村人弘扬客家人崇文重教、耕读传家精神，悠远而深厚的文化积淀使陈坊村人才辈出。新中国成立前后，陈坊村均设有一个初级小学，只开设一二年级。20世纪90年代末，入学人数日益减少，无法单独开班。2007年校点撤并时，原有学校被撤销。2013年，有正处级干部陈庆荣（闽西监狱监狱长）、高级工程师陈进松和陈柏伟（清华大学毕业）；高级职称2人，中级职称6人，本科毕业生18人，副科级以上干部5人。平均每户有1.5个各类大专院校以上毕业生。

陈坊村基础设施、公共设施不断完善。1974年，在当地政府的领导下，村民投工投劳修通了塘厦到陈坊3公里长的乡村公路，同年在本村水口建成一座小型水电站，从而结束了千百年来照明点松火和油灯，加工稻谷靠人工推磨、水碓等历史。近年来，在村两委的领导下，路灯和水泥路通到各户的家门口，全村80%的耕地都通了水泥路。2013年，村里设有医疗所。

陈坊村是一个四面环山的峡谷地带，平均海拔650米，自然条件良好，气候温和，冬暖夏凉，优越的自然条件加上陈坊人的吃苦精神促进了陈坊村的经济发展和村民生活的改善，村民长期以来以农业生产为主，附带做些篾器等家庭副业。中共十一届三中全会以来，村民解放思想、开拓进取，不断调整产业结构，发展高山反季节蔬菜和养殖业，以及外出务工，经济快速发展，村民生活显著提高，人均收入快速增长，全村家家摩托、彩电等电器一应俱全，很多家庭都有小汽车，95%以上村民都盖起了砖混结构的楼房。村民生活已由温饱型过渡到小康型。2013年，全村农村经济总收入492万元，农民人均收入9612元。

村民陈宣年创办的福建丰农食品股份有限公司，多次评为省市农业产业化重点龙头企业，“丰农”商标被评为福建省著名商标。

若干年份陈坊村主要经济指标情况表

表 22-39

年　份	农村经济总收入（万元）	农民人均纯收入（元）	年　份	农村经济总收入（万元）	农民人均纯收入（元）
1989	23.47	464	2002	172	3406
1990	22.63	437	2003	159	—
1991	43.31	736	2005	188	3890
1992	52.76	932	2006	192	4186
1993	60.00	1122	2007	203	4518
1994	88.54	1201	2008	209	4789
1995	117.00	1732	2009	274	5126
1996	144.20	2250	2010	342	5754
1997	180.00	2908	2011	381	6630
1998	140.34	2835	2012	447	8284
1999	167.41	3123	2013	492	9612

陈坊村历任主要负责人名表

表 22-40

	姓　名	职　务	任职时间		姓　名	职　务	任职时间
党支部负责人	陈加文	书　记	1967—1974	大队、村委会负责人	陈均元	大队长	1974—1977
	陈加文	书　记	1974—1977		陈庆光	大队长	1977—1984
	陈均元	书　记	1977—1984		陈均荣	主　任	1984—1987
	陈桂阳	书　记	1984—1990		陈进秋	主　任	1987—1990
	陈进生	书　记	1990—1993		陈进云	主　任	1990—1993
	陈庆培	书　记	1993—1996		陈桂茂	主　任	1993—1996
	赖其昌	书　记	1996—1999		陈桂茂	主　任	1996—1999
	陈桂茂	书记（挂职）	1999—2002		陈庆银	主　任	1999—2002
	陈桂茂	书　记	2002—2005		陈庆芬	主　任	2002—2005
	陈桂茂	书　记	2005—2006		陈桂茂	主　任	2005—2006
	陈龙辉	书　记	2006—2013		陈庆阳	主　任	2006—2013

第二十一节　再兴村

再兴村位于蛟洋镇西北部，东与丘坊接壤，南与文都村毗邻，西与中村相连，北靠连城丰图板寮村。全村总面积12平方公里。2013年有19个村民小组、398户、1371人，聚居姓氏清一色张姓。

再兴村原名载兴，又称再投。清代及民国初年，再兴属上杭白砂里，以后区域变更多次：设区分制时，再兴属北三区，又划属上杭第十九区；民国18年（1929年）再兴列为第五乡，设乡苏维埃政府，乡政府设再兴，中村、邹坑列入第五乡；民国24年改保甲制，再兴属第三区称再兴保。以后取消联保成立古蛟区。新中国成立初为华兴乡，设区（列第七区）称共和村。1953年后，再兴自成一乡。1957年又属文都乡。1958年人民公社化后，再兴称生产大队，1960年属白砂工委。1961年，属华佳公社。1965年华佳公社撤并后，再兴又划入蛟洋公社。1984隶蛟洋乡，2012年10月隶蛟洋镇再兴村。

据传，宋末四四郎到再兴村之时，村中居住着杨、曾、陈、李等姓氏，后因种种原因，全村只留了张氏单一姓氏。再兴地处上杭北隅，20世纪二三十年代，当时桥墩头有酒店、豆腐店、杂货店、油盐布庄店、中药铺、理发店等30多间，还有客栈，连城商人每逢四、九赴文都圩者常在此住宿。

再兴人民有悠久的革命历史，民国18年的蛟洋武装暴动，再兴儿女积极投身其中，本村的革命烈士有张道贯等18人。当时本村的儿童团、少先队、妇女会等组织积极配合武装斗争，站岗、放哨，给红军送米、送菜，妇女为红军做草鞋，尽力支持革命斗争，其中表现最为突出的有桥墩头的妇女会员丘壬招，新中国成立后被评为“五老人员”，生前一直享受政府补贴；抗日战争中，张焕辉为抗击日本侵略军勇敢向前，生前一直享受政府固定补贴；原保安十一团团部准尉庶务张惟君、字富臣，驻守龙岩，民国31年6月17日日机轰炸龙岩时，壮烈殉国；抗日军人张材选是原保安十一团的上尉军需官，抗日中驻守永安（当时省政府驻地）常在报刊上发表诗文揭露日本侵略军杀戮中国人民的罪行。

再兴村海拔430米，气候温和（夏季温度平均23—27摄氏度），30摄氏度以上的时间仅20多天。再兴空气清新，少污染，特别适宜老年人居住。据不完全统计，截至2013年6月，80岁以上的老人有47人（其中90岁以上老人10人），占总人口的3.18%；70一79岁的老人有77人，占人口总数的5.22%。

20世纪四五十年代，再兴为闽粤赣三省及上杭、连城、长汀商旅必经之地，村与村往来石砌路宽大。再兴到华家或丘坊基本上都是步行，交易的货物都用肩挑。1976年沿老路开通再兴至华家的机耕路，但大型车辆无法通行，只能靠拖拉机运送物资。1981年，在同文桥建石拱桥，此后经多次扩修，再兴—华家简易公路开通。1997年，程控电话进村。2003年，道路硬化工程完成，紧接着人饮工程上马；2012年，安装太阳能路灯，再兴村基础设施逐步完善。

20世纪70年代，再兴村在公家田建小水电站一座，由于水量小，无法用于照明，只能用于加工。1984年，在张家凹修建水库，在南溪桥右畔再建电厂，因装机容量小（30千瓦），电量供不应求，直到2002年电力联网后，全村人才得以正常用电。

1958年，再兴曾设医疗室，上级派有医师常驻，1963年后医疗室撤销。卫生体制改革后，设立合作医疗所一个。2013 年，有农村医疗室 2 个，乡村医生 2 人，常见疾病或小外伤基本上能医治或处理。

再兴村的经济收入主要是靠种植，有耕地 1462 亩，山林 14418 亩，土地资源和山林资源丰富。1980 年全村稻谷总收入约为 35 万公斤。中共十一届三中全会后，再兴农业从单一经营走向多种经营，种烟叶、生姜、状元豆、白扁豆，杂交水稻的种植和推广，使村民增产增收；办猪场、鸡场，养羊、养骡马 (用于山地拉货)、竹业加工、大型车辆运输，齐头并进，再兴农村经济快速发展。到 2013 年年末，有可饲养 10 万只规模的鸡场 1 个，2 万—3 万只的鸡场 3 个，猪场 4 个，还有食用菌 50 亩。

再兴历史上纸业特别兴旺。20 世纪 20 年代，有纸厂 50 多座，至 30 年代还有 30 座左右。再兴草纸，纸质好，销量极佳。到 20 世纪 70 年代末，因山林管理不善，造纸原料（竹麻）日趋减少，加上机器纸的竞争，终止纸业生产。

再兴茶叶颇负盛名。由于土质好、制茶工艺讲究，再兴茶叶具有甘醇香甜、色青、耐泡、余味多等特点，善饮者喝过后争相购买，邻县连城人特别推崇，其中寨上的“德凤茶”更是再兴茶叶中的上品。

再兴石龙寨 (又称石山里) 的石材颇为有名，时称再投石。再投石石质坚白、石纹细而均，历史上多有工匠 (广东的、本县庐丰的) 先后前来采掘加工，产品有门楣、门框、石磨、墓碑、石狮、华表等，其中制作石磨销量尤多，因石质好，行销量大，远近都有前来定货者。坊间传，再兴石磨磨出的豆腐特别鲜嫩好吃，豆腐带点韧性、口感极佳。20 世纪 70 年代后因石窟崩塌，道路不通，石龙寨的石器生产因而停止。

再兴村南溪桥溪岸出产一种特殊竹子——方竹，其竹竿成四方形，许多人将它移到房前屋后种植，以供观赏。

另外，再兴境内有铜矿、钼矿等，仍在勘探。

再兴人民历来就重视文化教育，光绪二十四年 (1898 年) 由乡贤张辑卿、小沂、耿斋、晒谷等人倡议捐资创立“紫文书院” (即今再兴小学前身)，书院占地面积 2370 多平方米。光绪三十二年停科举，私塾废，乡中儿童都入书院读书。清末宣统初年书院改设旧制高等小学，称“万选学校”，首任校长张辑卿 (清光绪秀才)，最后一任校长张从龙 (清光绪秀才)。万选学校举办高等毕业班四届，每届学生平均 20 人左右。民国 18 年再兴暴动后学校改称“再兴国民学校”。50 年代再兴设立初级小学，教师 2—3 人，只有一到三个年级，四年级以上到文都小学、华家小学就读。后因学生数增多，1979 年扩充为完小，教师增至 9—10 人。后又因学生数减少，学校撤并，2003 年再兴停办高年级，只保留两个年级，另加幼儿班。多年来，再兴小学为国家输送了一批又一批人才。2013 年，再兴村有大学本科以上毕业生 81 人，其中博士 2 人，硕士 3 人，高级职称 7 人，正厅级干部 1 人，正处级干部 3 人。

再兴村文化底蕴深厚，民俗文化尤其突出。历史上有“上村出狮、下村出船”的说法 (再兴村分上村、下村)，狮，即舞狮；船，即船灯。“犁春”，又称“犁春牛”，这是村里每年迎春的必备节目。人们用“犁春”表达迎春纳福、祈求来年丰收的愿望。“犁春”节目由许多角色组成：犁手、春牛、村姑。节目表演选在“立春”日的夜晚，表演中，演员根据各自所扮演的角色特点表演各种动作，滑稽可爱。当犁春、船灯、舞狮，腰鼓、十番音乐一齐出动时，二三百人的队伍，鼓乐震天，鞭炮齐鸣，场景十分壮观。由于群众性的文化活动开展得好，再兴多次获上杭县委宣传部门的嘉奖。

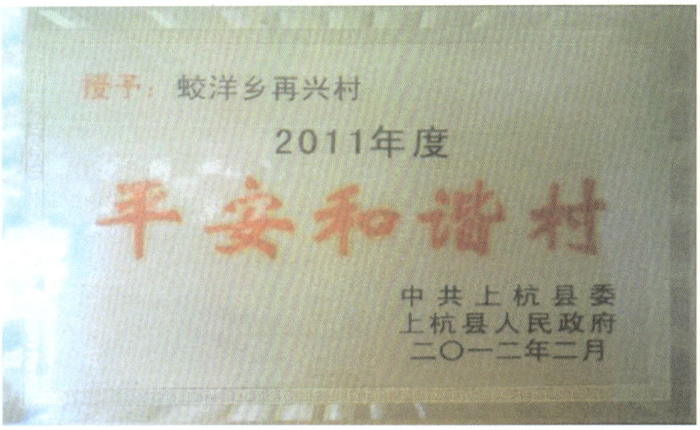

再兴人崇尚勤劳节俭，吃苦耐劳。中共十一届三中全会后，凭借好政策，再兴人走出山门闯天下，有的到厦门办餐饮业，有的搞运输，有的办实业，加工竹席片半成品致富，即使不出村留家的，也靠管山造林赚了钱。2013 年，全村农村经济总收入 2155 万元，农民人均收入 9613

元。至2013年，新建砖混新房240座，拥有大型运输车9辆、小型营运小客车11辆、小型面包客车4辆、非营运小车60多辆，摩托车300多部，电视机、洗衣机、热水器等家用电器几乎走进了所有家庭。

20世纪90年代以后，一批外来妹嫁入再兴，主要有广东、四川、湖南、湖北妹子，还有洋妹子越南姑娘；还有来自东北和贵州的俊小伙入赘再兴。

再兴村峰峦层叠、丘陵起伏、溪流纵横，不缺田园清静之幽。先人曾按村中山、水形趣取十景，并缀七言律诗十首，十景是金粟紫云、福兴回溪、天宝睛岚、石城北斗、游鱼激滩、松岗积翠、虎岽西屏、云龙卧波、钉岭樵歌、马槽钓月。

再兴村民多数崇信神佛，建有先农庙等多处寺庙，神佛并陈，大神小神颇为复杂，如金粟山天后宫，除供奉妈祖娘娘、文昌帝君、朱熹、关羽外，还安奉真武祖师神牌、福德土主等。天后宫位于水口金粟山顶，浑圆独立，群山环抱，殿宇宏伟宽敞，面积约3000平方米，地面铺三合土，宫内干燥整洁、凉风习习，是夏季避暑游玩的好去处。下厅两边的壁画甚为精美。1967年，村人拆去天后宫，将砖瓦木料用于建造桥墩头的大队礼堂，再兴天后宫从此消失。

先农庙中的清代石雕

再兴村是蛟洋镇著名的侨乡，20世纪20年代，张钖福、张清隆等到马来西亚槟榔屿一带谋生。到2013年，在马来西亚槟城定居的还有张汉武、张著猷等70余人。

1985年，龙岩市政府授予再兴村“文明村”称号；2010年，龙岩市委组织部、龙岩市妇女联合会授予再兴村妇代会“先进妇代会”称号。2011年，上杭县委、县政府授予再兴村“平安和谐村”。

若干年份再兴村主要经济指标情况表

表 22–41

年　份	农村经济总收入（万元）	农民人均纯收入（元）	年　份	农村经济总收入（万元）	农民人均纯收入（元）
1989	80.78	407	2002	415	3464
1990	74.13	363	2003	510	—
1991	84.45	394	2005	601	3896
1992	130.66	599	2006	659	4188
1993	142.00	684	2007	754	4519
1994	227.48	1058	2008	778	4793
1995	290.70	1291	2009	894	5130
1996	389.80	2042	2010	1110	5742
1997	459.00	2604	2011	1302	6628
1998	349.00	2786	2012	1782	8286
1999	434.00	3215	2013	2155	9613

再兴村历任主要负责人名表

表 22–42

	姓　名	职　务	任职时间		姓　名	职　务	任职时间
党支部负责人	华清煌	书　记	1958—1965	大队、村委会负责人	张斗才	大队长	1958—1970
	张学林	书　记	1965—1974		张焕淮	大队长	1970—1972
	张本铭	书　记	1974—1979		张富坤	大队长	1972—1979
	张焕传	书　记	1979—1980		张焕梁	大队长	1979—1980
	袁勤章	书　记	1980—1982		张焕梁	大队长	1980—1982
	张松煌	书　记	1982—1984		张耀光	大队长	1982—1984
	张焕梁	书　记	1984—1985		张炎才	主　任	1984—1986
	张焕嘉	书　记	1985—1987		张炳扬	主　任	1986—1988
	张焕梁	书　记	1987—1988		张柏金	主　任	1988—1994
	张焕梁	书　记	1988—1994		张国周	主　任	1994—1997
	张柏鑫	书　记	1994—1997		张焕美	主　任	1997—2000
	张柏鑫	书　记	1997—2000		张焕东	主　任	2000—2003
	张天任	书　记	2000—2003		张国周	主　任	2003—2009
	张启生	书　记	2003—2009		张战生	主　任	2009—2012
	张启生	书　记	2009—2012		张焕先	主　任	2012—2013
	张喜发	书　记	2012—				

第二十二节　中村村

中村村位于蛟洋镇西北部，距镇政府21公里，东与连城县丰图村相邻，南连邹坑村，西接旧县乡福村，北与坪上村葛坊毗邻。全村由18个村民小组组成。全村总面积16.67平方公里，海拔485米，年平均气温20摄氏度，无霜期290天，年降雨量2200毫米左右，气候温和、雨量充沛，农作物以水稻为主，经济作物有烤烟、蔬菜等。2013年，全村有421户、1627人，聚居姓氏以张姓居多，还有傅、林两姓。全村山地总面积11264亩，耕地面积935亩，是一个山多田少的村庄。境内溪流中村溪是由邹坑、大坪两条小溪流汇合后，几经曲折流入村中，而后向北，流经坪上、再嘉至矶头汇入旧县河。

宋元时期，中村村隶属上杭县鳖砂里；明清时期隶属白砂里。民国18年（1929年）隶属北三区，民国19年隶属第四区苏维埃政府，民国25年隶属第三区文都乡，民国36年后隶属华洋乡。新中国成立后隶属古蛟区；1961年6月隶属华佳公社，1965年4月华佳公社并入蛟洋公社后，先后隶属蛟洋公社、蛟洋乡、蛟洋镇。

元末明初，中村张姓始祖张六一和张友安，从江西赣州安远县平阳苎皮村迁来，至今已有600多年历史。

清代，“中村”称忠村，又名“中社”，因村中溪流曲折处“社路前”供奉“金精光禄大夫”神位，四周邻村群众每到时令，齐集朝拜，故名中社；该村原有12姓氏居住；周围各村有事都聚集在此地商议，故名叫中村。

中村有个民谣：“张张邱卓傅，叶壳煎豆腐。”其中两个张姓是一个来自江西、一个是连城丰图迁徙而来。此民谣说明在旧社会，中村人民生活极端困苦，也证明历史上有邱、卓两姓在此繁衍生息，但是邱、卓两姓消失原因无从考究。清光绪年间（1875—1908年），村中纸业兴盛，其间，有林姓纸农从武平中堡悦洋迁徙而来，从此，有张、傅、林三姓村民聚居，劳动生息，繁衍子孙。

中村人民具有光荣的革命传统。土地革命战争时期，人民群众积极生产支前，参军参战。全村为革命光荣牺牲的烈士25人；其中有红十二军政治部主任张芝龙、上杭县苏维埃政府粮食科长张锡和、上杭县苏维埃政府文化馆主任张梦熊等。

中村人民弘扬客家人崇文重教，耕读传家精神，秉承耕读家风，造就了不少人才。清乾隆十九年（1754年）至三十一年，12年间考中进士3人，其中文进士张国宝委任浙江省温州府乐清县正堂；武进士2人，张攀龙钦赐御前花翎侍卫，张虎臣任山东高唐营游击署澶州参将。考中举人4人，其中文举人张虎步任浙江省大平县正堂，张虎榜任闽县儒学教谕敕授文林郎，武举人张长泰任督标右营千总出师台湾捕盗，张印忠任江南淮安澶标督运大仓上千总。晚清秀才张镜蓉出任永安县知事，他在民国2年创办中村成德小学校。新中国成立后，先后办起中村初级小学、中村小学（完小）。1976—1989年，办有七年制学校（含初中班），此时，学校规模扩大，招收再兴、邹坑、坪上、再嘉等村学生，学生达380余人。1989年取消初中班，恢复中村小学。2013年，学校占地面积3865平方米，校舍建筑面积1050平方米，保持2个班。据不完全统计，全村有留学生2人，有博士2人、硕士6人、处级干部2人、正科级干部4人，高级职称19人、中级职称16人、本科毕业生123人。

中村村民文娱活动也非常活跃，历来盛行舞船灯，亦有组织锣鼓队、腰鼓队、民间乐队等。

中村的基础设施、公共设施不断完善。20世纪50年代至70年代，先后设中村保健室、医疗室、保健站、合作医疗站。由于水力资源丰富，1974年，建设中村小水电站一座，装机容量为12千瓦，白天加碾米，晚上照明。1982年，在城门寨建成一座坝高7米、库容4万立方米的水库。1984年，村里自筹和国家补助建成装机容量为75千瓦、年发电量为46.2万千瓦时的中村水电站。1982年，在上级政府的支持下，村民投工投劳开通中村至华家的公路，从此改变中村交通不便的状况。2008年，完成总造价为47万元的饮水工程，用6万元在仙角峦建造容量为100立方米的蓄水池一个，铺设自来水管6公里，让村民饮用上了清洁干净的自来水。2013年，上级政府拨款100万元，建筑全长750米的中村溪防洪堤。同年，对村内三条旧水圳进行加固整理。2010年始，分期分批建设村内主道8条，均为水泥路面，主干道安装太阳能灯83盏。2012年，新建一座占地500平方米三层的砖混结构文化活动中心大楼，内设影视大厅、农家书屋、阅览室、老年活动室、老年协会等，门外设立篮球场、活动场，配备健身器材等。2013年，重修占地130平方米高二层的砖混结构村部大楼。开始建设永盛公园，为村民提供良好的休闲场所；新建日处理5吨的垃圾焚烧池一座。

村民长期以农业生产为主。但90%以上村民都会手工造纸，部分人到外地去造纸谋生。土纸生产是村民经济收入的主要来源，20世纪30年代，全村有土纸生产厂家40多家，生产的成品纸靠肩挑到旧县后，由水路运往上杭、汕头、潮州等地，然后销往东南亚各国。新中国成立后，特别是1981年实行家庭联产承包责任制后，极大地激发了农民种田积极性，村民不断调整农业产业结构，大力拓宽生产渠道，除外出打工外，以种养为主。2011年，村办竹器加工厂一家，每天上场工人7—8人，主要生产竹凉席半成品（拉丝），每天需用原竹7—8吨，年产值180万元。2013年，全村年末生猪存栏984头，年产值98.4万元；养羊专业户18户，年末存栏1800只，年产值126万元；养兔专业户3户，年末存栏900只，年产值54万元；食用菌种植户16户，年产值96万元；种植豇豆85亩，年产值24万元；劳务运输收入200余万元。1990年后，每年劳务输出约为800余人，可收入2000多万元。农村经济不断发展，村民收入逐年增加，生活水平显著提高。全村90%以上的村民都住上了砖混结构的小洋楼，村民生活逐渐从温饱型转为富裕型。电冰箱、洗衣机、厨房电器、电脑、液晶电视等家用电器已进入“寻常百姓家”，100%村民用上了安全卫生的自来水，全村拥有货运汽车18辆、小汽车37辆，80%以上家庭有摩托车。2013年，全村经济总收入2370万元，农民人均纯收入9612元。

清乾隆年间（1736—1795年），村民集资在村水口建筑七层“六角塔”一座，取名“永丰宫”，极为壮观。“文化大革命”期间，“永丰宫”遭“破四旧”废掉，1982年，村民自发捐资从废墟上重建三层阁楼，重新雕塑佛像。

若干年份中村村主要经济指标情况表

表 22-43

年　份	农村经济总收入（万元）	农民人均纯收入（元）	年　份	农村经济总收入（万元）	农民人均纯收入（元）
1989	70.41	400	2002	438	3453
1990	71.98	369	2003	570	—
1991	74.27	320	2005	719	3889
1992	107.28	461	2006	787	4187
1993	120.00	498	2007	1156	4517
1994	212.74	1068	2008	1082	4789
1995	233.84	1038	2009	1155	5126
1996	305.08	2026	2010	1354	5744
1997	508.00	2522	2011	1670	6626
1998	368.00	2788	2012	2015	8285
1999	502.50	2963	2013	2370	9612

中村村历任主要负责人名表

表 22-44

	姓　名	职　务	任职时间		姓　名	职　务	任职时间
党支部负责人	张兆祥	书　记	1959—1960	大队、村委会负责人	华荣玉	大队长	1959—1960
	华荣玉	书　记	1960—1962		张声玉	大队长	1960—1962
	张兆祥	书　记	1962—1966		张基善	大队长	1962—1966
	傅必求	书　记	1966—1982		张开光	大队长	1966—1982
	傅必求	书　记	1982—1986		张显忠	大队长 主　任	1982—1986
	张显忠	书　记	1986—1988		张崇钦	主　任	1986—1988
	张显忠	书　记	1988—1991		张应辉	主　任	1988—1991
	张显忠	书　记	1991—1994		张依祥	主　任	1991—1994
	张敢荣	书　记	1994—1995		张佛云	主　任	1994—1995
	张依祥	书　记	1995—2000		张佛云	主　任	1995—2000
	张德洪	书　记	2000—2003		张先林	主　任	2000—2003
	张德洪	书　记	2003—2006		张先林	主　任	2003—2006
	张德洪	书　记	2006—2009		张洪如	主　任	2006—2009
	张富财	书　记	2009—2012		张炳元	主　任	2009—2012
	张富财	书　记	2012—		张小锋	主　任	2012—

第二十三节　邹坑村

邹坑村位于蛟洋镇西部，地处大眉崬北麓，距蛟洋镇政府 18 公里。东与再兴村相连，南与华家村毗邻，西接白砂镇早康村，北靠中村村。全村由邹坑、陈洋、陈坊、暖水、芙蓉 5 个自然村，12 个村民小组组成。2013 年，全村有 229 户，841 人。聚居姓氏以张、马姓居多，还有吕、黄、吴 3 个姓氏。全村总面积 10 平方公里，一条小溪从邹坑、陈坊北流经中村、坪上、再嘉至矶头，注入旧县河。2013 年，全村有耕地面积 708 亩，林地面积 12461 亩，其中生态公益林 1364 亩。

邹坑村平均海拔 668 米，年平均气温 20 摄氏度，气候温和、雨量充沛，农作物以水稻为主，经济作物有蔬菜和烤烟。

明清时期，邹坑村隶属白砂里；民国 18 年（1929 年）隶属北三区苏维埃政府；民国 36 年隶属华洋乡；1949 年隶属古蛟区共和村；1956 年 3 月，隶属白砂区中村乡；1958 年公社化后隶属上游公社；1960 年 3 月隶属白砂公社；1961 年 6 月隶属白砂工委华佳公社；1965 年 4 月华佳公社与蛟洋公社合并后隶属蛟洋公社；1984 年隶属蛟洋乡；2012 年撤乡设镇后隶属蛟洋镇。

相传，邹姓、马姓祖先都是从连城四堡迁来蛟洋定居，曾拜结金兰，友好如兄弟，互相往来，起初，邹姓人居住在蛟洋的邹坑，马姓人居住在塘厦；因马姓人喜欢管山，看到山林茂密的邹坑就到邹坑住下来以管山为业；而邹姓人习惯养鸭，就来到塘厦养鸭。其后，双方劳作与居住增添了不少麻烦，为了方便劳作与居住，于是邹、马两姓祖先经过一番商议，便互换村庄定居下来，于是邹姓人到塘厦居住，马姓人到邹坑居住，为了留下一种天长地久的“印记”与“情谊”，双方盟誓：马姓人居住在邹坑，永远保留“邹坑”的村名；邹坑人住在塘厦，将祖祠称为“马齐堂”，此后，这一“互换”传记代代相传，直至如今。

邹坑村在明代开始就有开采瓷土矿制作瓷器工艺的传统。瓷窑集中在村口的碗子窑下。明清时期瓷窑都是属个体所有，私人建造瓷窑其工人大多是自家人（个别也有请外地人做工）。新中国成立后，实行社会主义改造，陶瓷手工业都按自愿原则组织生产合作社（组），组建陶瓷厂，成为集体所有制。陶瓷业逐步发展，技术也逐渐先进，组织陶瓷工人到外地参观学习，逐渐加大瓷土矿的开采，陶瓷产品花样逐渐增多，质量也逐步提高，产品畅销周边各县市场，还销往龙岩、连城、武平等各县市。20 世纪 80 年代后，随着陶瓷工业发展，化学工业的兴起，手工陶瓷产品销售滞后；1992 年，邹坑村陶瓷业消亡。

民国 35 年至 1951 年间，邹坑陈坊自然村曾设立过共和圩，交易商品主要是土纸、烟草、食盐和农副产品。

邹坑村人民具有光荣的革命传统。在第二次国内革命战争时期，全村为革命牺牲烈士 8 人，其中烈士张子明于民国 18 年加入中国共产党，曾任杭武县北三区苏维埃政府秘书和团委书记等职，民国 20 年在所谓“肃清社会民主党”运动中被错杀，于 1955 年 7 月追认为烈士。同年被追认为烈士的还有张道贯。

邹坑村民弘扬客家传统，崇文重教，耕读传家。新中国成立前，陈洋自然村曾办初级小学，直至 1979 年并入邹坑小学后才停办。1987—1999 年，陈洋、陈坊、芙蓉三个自然村在陈坊合办陈洋分班。暖水自然村从 1970 年开始办初小班、至 1984 年冬停办。邹坑小学始建于 1951 年，2000 年后，教育体制改革撤点并校后，学生到华家小学就读。2012 年，村委会设立奖学基金会，对每年考上大学本科的学生给予奖励。从 1977 年恢复高考后，每年都有考上大学的青年，截至 2013 年，全村有大学毕业生 19 人，正科级以上干部 3 人。

清乾隆年间（1736—1795 年），邹坑村马道隆授封为巡抚，并在马氏祠堂（敬爱堂）前立石桅杆一对，每只石桅杆高约 10 米，7 米高处设一个桅杆斗，此对石桅杆至今保存完好，列为文物。

邹坑村基础设施不断完善。1980 年，村自筹资金建设一座库容为 10.2 万立方米的邹坑水库，同时在邹坑、陈坊各建10千瓦水电站1座。陈洋电站1968年开工兴建，1970年建成，只用于碾米加工，1972年至1975年改装发电，只供陈洋村民照明。暖水电站始建于1981年，1984年冬停办。邹坑电站始建于1975年，1976年完工。1983年与乡电站联网供电，1987年停办。2004年，实施华家至邹坑道路硬化。2013年，连接各个自然村的路面实施硬化，铺设"烟基工程"1.5公里水泥路面，开通了陈坊自然村至再兴行政村公路3公里；砌筑防洪堤960米，水坝2座；年上级拨款160多万元对邹坑水库进行除险加固，解决了饮水工程；新建邹坑村村部楼一栋；6月初，兴建垃圾填埋场，动物化尸池，聘请专业人员收集处理，安装了太阳能路灯，美化了村容村貌。

1981年实行家庭联产承包责任制后，村民不断调整农业结构，大力发展种植养殖业，全村经济得到较快发展，村民生活显著改善；1989年，村民人均纯收入470元；2013年，全村种植烤烟270亩，年产值26万元；种植蔬菜200亩，年产值13万元；种植香菇35亩，年产值429万元；牛蛙养殖30亩；生态乌龟养殖一家；森宝全作养殖25000羽，年产值68万元；养羊专业户4户，年出栏600只，年产值60万元；养兔专业户4家，年出栏1200只，年产值5.4万元。全村农村经济总收入1034万元，村财收入77.01万元，农民人均收入9590元。

随着村民生活水平的改善，邹坑村90%以上的村民新建了砖混结构的楼房，摩托车、电视机、电脑、微波炉、洗衣机、太阳能热水器等家用电器进入百姓家庭。2013年，全村拥有大中型运输车15辆，小汽车35部。全村有13户村民在蛟洋集镇建有住房，有25户在上杭、龙岩、厦门等地有住房。

2002年，邹坑村被上杭县人民政府授予"文明村"光荣称号；2009年4月，被授予"信用村"称号。

保存完好的石桅杆

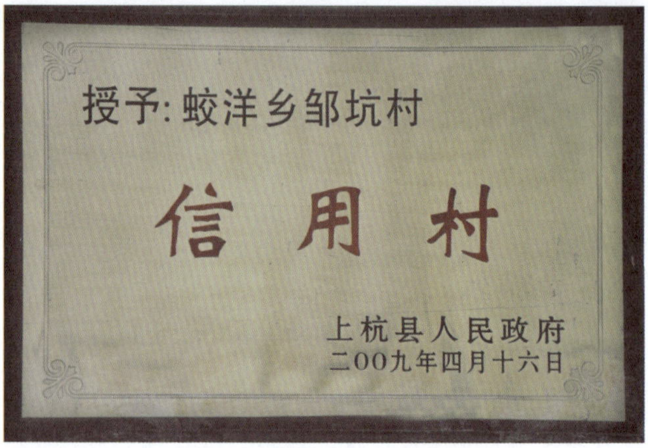

若干年份邹坑村主要经济指标情况表

表 22-45

年　份	农村经济总收入（万元）	农民人均纯收入（元）	年　份	农村经济总收入（万元）	农民人均纯收入（元）
1989	44.26	470	2002	265	3163
1990	39.35	442	2003	393	—
1991	63.61	543	2005	431	3886
1992	81.75	602	2006	463	4180
1993	114.00	911	2007	604	4521
1994	158.17	1205	2008	538	4790
1995	197.80	1616	2009	622	5124
1996	235.70	2109	2010	719	5739
1997	274.00	2854	2011	698	6623
1998	238.00	2828	2012	829	8285
1999	339.00	3128	2013	1034	9590

邹坑村历任主要负责人名表

表 22-46

党支部负责人	姓　名	职　务	任职时间	大队、村委会负责人	姓　名	职　务	任职时间
	张炳铿	书　记	1964—1984		张焕中	大队长	1964—1966
	马占宏	书　记	1984—1997		马占雄	大队长	1966—1979
	张寿东	书　记	1997—2006		吕贵棠	大队长	1984—1987
	黄富昌	书　记	2006—2009		张寿林	大队长	1987—1993
	张德智	书　记	2009—2012		黄富昌	大队长	1993—1997
	张立明	书　记	2012—		马华声	大队长	1997—2000
					张立洲	主　任	2000—2003
					张琼生	主　任	2003—2006
					马兆文	主　任	2006—2009
					张立洲	主　任	2012—

第二十四节 坪上村

坪上村位于蛟洋镇西北部，地处南离石北麓，距镇政府27公里，东与中村相连，南靠连城县丰图村，西接高地村，北与再嘉毗邻。全村总面积6平方公里，中村溪由南向北流至葛坊后又曲折向西注入旧县河。地势平坦，四面环山。全村由坪上、葛坊2个自然村7个村民小组组成，聚居姓氏有王、赖两个姓氏。2013年，有192户、712人，全村山地面积7589亩，耕地面积624亩。

坪上村海拔430米，年平均气温18℃，无霜期280天，雨量充沛，气候温和，农作物以水稻为主，经济作物有烤烟、香菇、蔬菜等。

明清时期，坪上村隶属白砂里；民国18年（1929年）隶属北三区苏维埃政府；民国36年隶属华洋乡。1949年10月隶属古蛟区共和乡；1956年隶属白砂区中村乡；1958年公社化后隶属上游公社；1961年隶属华佳公社；1965年4月华佳公社与蛟洋公社合并后，先后隶属蛟洋公社、蛟洋乡、蛟洋镇。

坪上村具有光荣的革命传统。第二次国内革命战争时期，村民积极拥护和支持工农红军，积极参军参战，其中王占柱等人参加了二万五千里长征，赖乾标作战负伤，成为伤残红军。新中国成立后，王占柱任河北省军区卫生处处长，上校军衔。全村为革命牺牲的烈士有25人。

新中国成立后，在中国共产党领导下，经过土地改革，成立互助组、合作社，生产发展，村民的生活逐步好转。1981年农村实行家庭联产承包责任制后，不断调整产业结构，大力拓展生产门路，村民除外出打工外，还以发展种养业为主，如养家禽家畜，种香菇、木耳、烤烟等，经济得到较好发展，村民们生活显著改善，2013年，全村农村经济总收入821万元，农民人均纯收入9610元。

随着生活水平的提高，60%以上的村民建造了砖混结构的住房。摩托车、电视、电磁炉、微波炉、洗衣机、太阳能热水器等家用电器逐渐进入每个村民的家庭，有些村民还购买了大中型运输车和小轿车。据不完全统计，2013年，全村拥有大中型运输车3辆，小轿车20辆。

2009年，村委设法筹集资金，建起了砖混结构的村部大楼一栋，占地面积约80平方米，内设办公室、会议室、计生室、老年活动室、娱乐室和图书室。为满足村民的需求，2013年，在坪上村松树坝建了农民公园和操场、篮球场、活动场，在公园里种了花、草、树木，造了假山，设置了“双杠”“单杠”等体育活动器材，使村民乐有所在。

2012年，全村开通了内环路，实施了亮化工程。2011年，贯通了坪上到连城丰图的公路，贯通了至石碑、长坑、迎坑、庵坑等农作物区的便道。

新中国成立前，开设了一所私塾。新中国成立后，党和政府重视教育，1950年创办一所公办初级小学，新建了土木结构的平房校舍一栋，招收适龄儿童入学就读，学生人数逐年增加，开设1–4年级的复式班。1998年，新建一座砖混结构的学校，包括教室、教师住房、操场等，除小学外，还开设了幼儿班。

进入21世纪以来，村“两委”和村民们重视培养人才，对初中毕业考上上杭一中的、高中毕业考上大学的，都给了适当的奖励。2013年，全村大学毕业生22人，其中博士生1人，硕士生3人。

1970年，坪上村和高地、再嘉等自然村联合创办了合作医疗站，有赤脚医生1人。1981年落实农业生产责任制后，合作医疗站改称为卫生所，2006年，实行新农合医疗保障制度，减轻了村民患病住院医疗经济负担，使村民得到实惠。

若干年份坪上村主要经济指标情况表

表22–47

年　份	农村经济总收入（万元）	农民人均纯收入（元）	年　份	农村经济总收入（万元）	农民人均纯收入（元）
1989	30.50	590	2002	230	3390
1990	27.91	342	2003	280	—
1991	33.57	301	2005	314	3882
1992	46.56	428	2006	333	4172
1993	51.00	455	2007	362	4507
1994	91.18	1008	2008	378	4781
1995	116.70	1093	2009	—	—
1996	141.40	2030	2010	489	5738
1997	226.00	2563	2011	577	6623
1998	179.00	2503	2012	696	8282
1999	218.50	3109	2013	821	9610

坪上村历任主要负责人名表

表 22–48

	姓　名	职　务	任职时间		姓　名	职　务	任职时间
党支部负责人	王李生	书　记	1985.8—1988.8	大队、村委会负责人	王相进	大队长	1982.9—1985.8
	王芳进	书　记	1988.8—1991.8		王作明	主　任	1985.9—1988.8
	王芳进	书　记	1991.8—1994.8		王李生	主　任	1988.9—1991.8
	王芳进	书　记	1994.8—1997.8		王李生	主　任	1991.9—1994.8
	赖兰昌	书　记	1997.8—2000.8		王作奎	主　任	1994.9—1997.8
	王作奎	书　记	2000.8—2003.8		王上进	主　任	1997.9—2003.8
	王上进	书　记	2003.8—2006.8		王作云	主　任	2003.9—2006.8
	王上进	书　记	2006.8—2009.8		王润虎	主　任	2006.9—2009.8
	王上进	书　记	2009.8—2012.8		王初炎	主　任	2009.9—2012.8
	王初炎	书　记	2012.8—		王满寿	主　任	2012.9—

第二十五节　再嘉村

再嘉村位于蛟洋镇西北部，东与坪上村毗邻，南连旧县乡福村，西接南阳镇矶头水电站，北靠南阳镇下车村，距镇政府35公里，是蛟洋镇最边远的一个行政村。全村由再嘉、高地两个自然村组成，分3个村民小组。2013年，全村有184户、740人；全村有两个聚居姓氏，再嘉自然村为朱姓，高地自然村为赖姓。全村总面积12.74平方公里，山地面积17796亩，耕地面积516亩。

明清时期，再嘉村隶属白砂里；民国18年（1929年）隶属北三区苏维埃政府；民国36年隶属华洋乡；1949年9月—1950年5月，隶属古蛟区共和乡；1956年3月隶属白砂区中村乡；1958年公社化后隶属上游公社坪高大队；1961年6月隶属华佳公社；1965年4月华佳公社与蛟洋公社合并后，隶属蛟洋公社；1984年9月撤社建乡后隶属蛟洋乡；2012年10月隶属蛟洋镇。

再嘉村海拔450米，年平均气温摄氏18度，气候温和，雨量充沛，农作物以水稻为主，经济作物有烤烟、蔬菜等。村民长期以农业生产为主，并依托丰富的毛竹资源从事土纸生产。新中国成立后，特别是中共十一届三中全会后，再嘉村民解放思想、开拓进取，不断调整农业产业结构，经济得到较快发展，村民生活显著改善。至2013年，全村95%以上的村民盖起了砖混结构的楼房，电视机、电冰箱、电磁炉、洗衣机、太阳能热水器等家用电器已进入大部分家庭；全村拥有各类货车3部，小汽车63部；2013年，全村农村经济总收入798万元，村民人均纯收入9608元。村民生活由温饱型逐渐过渡到小康型。

山羊养殖

再嘉村人民具有光荣的革命传统。土地革命战争时期，人民群众积极生产支前，踊跃参军参战，全村为革命光荣牺牲的烈士、革命群众、革命干部共有6人。其中朱善进在红军北上抗日途中在战斗中负伤，为退伍老红军，新中国成立后享受一级残废供养待遇。

新中国成立后，再嘉村人民重视教育事业。截至2013年，全村有大学毕业生14人，其中硕士生2人，正科级以上干部4人，中高级职称人员3人。

再嘉村基础设施、公共设施不断完善。1971年，由村民集资投工投劳建了一座装机12千瓦的小型水电站，村民照明和农副产品加工的条件改善。1991年，村民再次集资20多万元，架设矶头水电站高压线进村；1998开通了华家至再嘉的简易公路，改善了交通状况。2001年，开通程控电话。2005年，上级政府拨款150多万元，村民集资10多万元，铺设了从坪上到再嘉全长8公里的水泥路；2007年，政府投资20多万元，建起二层砖混结构的村部和小学教学楼；2008年，兴建自来水厂一座，铺

设自来水管1200米，让村民喝上了干净清洁的自来水；2013年，政府投资10多万元，安装了35盏太阳能路灯。

再嘉渡口，古称观音潭渡口，地处中村溪流与旧县河交汇处，北岸是南阳镇矶头村，南岸便是再嘉村。该渡口是再嘉村以及邻近的中村、坪上、邹坑等村与外界联系最为重要的交通要道。明清时期，中村溪流域各村生产的木材、土纸等都经矶头渡口由水路运往上杭直至广东潮汕地区。2000年再嘉渡口，由木船换成机动船，航运效率得到提高；2007年，村里通往渡口的道路铺设了水泥路。2013年11月，再嘉渡口“渡改桥”项目开工。

“渡改桥”工程

清末，朱姓第十五世朱兆雄建造“树德居”，房屋为二进厅，二摆横屋木结构，大门横楣“光涵北曙”门联为“卿云颂起乾坤泰，彩凤祥开日月华”。该古民居至今保存完好。

若干年份再嘉村主要经济指标情况表

表22-49

年 份	农村经济总收入（万元）	农民人均纯收入（元）	年 份	农村经济总收入（万元）	农民人均纯收入（元）
1989	27.98	389	2002	198	3091
1990	28.75	359	2003	239	—
1991	28.48	254	2005	281	3884
1992	44.55	427	2006	321	4176
1993	52.00	484	2007	355	4507
1994	103.56	1053	2008	367	4780
1995	132.30	1549	2009	416	5117
1996	147.80	2074	2010	488	5733
1997	210.00	2538	2011	571	6621
1998	154.00	2767	2012	694	8281
1999	222.50	3036	2013	798	9608

再嘉村历任主要负责人名表

表 22-50

	姓　名	职　务	任职时间		姓　名	职　务	任职时间
党支部负责人	朱寿山	书　记	1958—1965	大队、村委会负责人	朱友禄	村　长	1958—1965
	朱友禄	书　记	1981—1987		赖久应	大队长	1966—1968
	赖如荣	书　记	1988—1993		朱友禄	大队长	1969—1980
	朱五星	书　记	1997—2003		赖久桂	大队长	1981—1984
	赖久茂	书　记	2003—2006		赖久应	主　任	1984—1987
	赖沛芳	书　记	2006—2009		朱铭生	主　任	1987—1991
	朱碧钦	书　记	2009—		赖久加	主　任	1991—1994
					朱金华	主　任	1994—1997
					朱学华	主　任	1997—2000
					赖久茂	主　任	2000—2003
					朱兆河	主　任	2003—2006
					朱碧钦	主　任	2006—2009
					朱兆辉	主　任	2009—2012
					赖荣福	主　任	2012—

附　　录

一、文献选录

上杭县人民政府关于撤销
蛟洋乡旧县乡设立蛟洋镇旧县镇的批复

杭政〔2012〕36号

蛟洋乡、旧县乡人民政府：

根据《福建省人民政府关于上杭县撤销蛟洋乡旧县乡设立蛟洋镇旧县镇的批复》（闽政文〔2012〕2号）和《龙岩市人民政府关于上杭县撤销蛟洋乡旧县乡设立蛟洋镇旧县镇的批复》(龙政综〔2012〕78号)精神，经研究，批复如下：

一、同意撤销蛟洋乡、旧县乡，设立蛟洋镇、旧县镇。管辖范围不变，以原乡管辖的行政区域为现镇管辖的行政区域，政府驻地不变。

二、请及时做好更换印章、牌匾等相关后续工作，确保各项工作顺利衔接。

三、要妥善处理机构设置、人员调配等问题，实施镇管村体制；要以撤乡设镇为契机，加强镇域规划建设，加快推进城镇化进程，促进经济社会全面发展。

四、要求于5月1日前完成相关后续工作，5月1日开始实施镇管村体制。撤乡设镇所需经费由你们自行解决。

此复。

二〇一二年三月三十一日

二、《蛟洋镇志》主要参考书目

1.宋《临汀志》；清《汀州府志》
2.清康熙版、民国版、1993年版《上杭县志》
3.《龙岩地区志》、2006年版《龙岩市志》
4.《闽西革命根据地史》
5.《闽西客家志》
6.《龙岩地区邮电志》
7.《上杭县民政志》《上杭县军事志》《上杭县粮食志》《上杭交通志（稿）》《杭川风物志》
8.《中国共产党福建省上杭县组织史资料（1926年12月—1987年12月）》
9.《上杭革命基点村简史》
10.《上杭县地名录》
11.《上杭县年鉴》1995—2013年各卷
12.《上杭县统计年鉴》1981—2014年卷
13.《上杭县蛟洋镇（乡）统计年鉴》1989—2013年卷
14.《傅柏翠》《傅柏翠前半生》
15.《沧桑闽西》
16.《冬韵心曲》
17.《上杭苏区永流芳》
18.《品味上杭》
19.《上杭人在台湾》
20.上杭县《官庄畲族乡志》《湖洋乡志》《南阳镇志》
21.新罗区《适中镇志》；连城县《新泉镇志》
22.《闽西山歌歌谣选》
23.《上杭美丽基点村》
24.《上杭90年》
25.《上杭红色遗址》
26.《扬州画派书画全集·华喦》
27.《杭川百韵》
28.《闽西客家古代文学作品辑注》
29.《历代客家名人诗词选》
30.《福建客家著名民居》
31.民国33年版《古蛟诗选》
32.《琴岗对联选》
33.《定光古佛与客家民间信仰》
34.《客家百姓源流郘望堂联汇考》
35.《历史记忆——闽西文化遗产》
36.《客家地名文化》
37.1988年《上杭文史资料》第一期
38.《张史青诗文选》《嘤徨集》
39.《共和国税收摇篮》

40.《闽西苏区法制史料汇编》

41. 蛟洋《再兴村史》

42. 漳平市《香寮村史》

43.《蛟洋傅氏族谱》《蛟洋傅氏盛公脉系谱》

44.《福建上杭张氏联谱》、再兴《张氏族谱》、苏康《张氏族谱》、中村《张氏族谱》

45.《闽西杨氏族谱》；《丘氏族谱》；2002 年 10 月版达理、桃源《丘氏族谱》；《林氏联谱》；《苏氏族谱》；《闽汀华氏族谱》；2003 年版《赖氏族谱》

编纂始末

2013年3月，蛟洋镇党委、镇政府根据《上杭县2012—2015年乡镇（部门）志编纂规划纲要》的要求，开始酝酿编纂《蛟洋镇志》。7月15日，镇党委、镇政府成立《蛟洋镇志》编纂委员会；7月23日，召开《蛟洋镇志》编纂动员大会，镇领导、镇直各单位负责人、各村党支部书记、村主任等70余人参加大会。会议对编修工作进行安排部署，并邀请龙岩市方志委前主任林汉扬作“地方志基础知识和镇志编修基本要求”的辅导。这次会议标志镇志编修工作正式启动。

动员大会后，镇党委、镇政府聘请林汉扬同志担任《蛟洋镇志》总纂；编纂办公室陆续聘请其他编修人员。林汉扬负责整理地方志基本常识、志稿编纂的基本要求和方法、志书行文规范等资料；编修人员加强政治和业务学习，增强事业心、责任感，努力提高综合素质。

10月始，编修人员明确分工，落实任务，各司其责，着手收集资料、编写初稿，《蛟洋镇志》编修工作逐步走上正轨。经过编修人员艰苦努力，至2015年7月，《蛟洋镇志（征求意见稿）》基本完成。编委会将征求意见稿分送专家学者和镇领导审阅，并送辖区内的机关、企事业单位、各行政村征求意见。8月8日，镇党委、镇政府召开《蛟洋镇志（征求意见稿）》评审会；龙岩市委宣传部副部长、研究员傅柒生，龙岩市方志委科长游友荣，上杭县方志委主任袁秀芳、原主任唐鉴荣、编辑蓝晓东，上杭县党史研究室主任黄尔贤，新罗区方志委副总编刘可明等专家、学者参加会议。与会人员充分发扬民主，畅所欲言，实事求是，充分肯定了志稿的成功之处，认为志稿指导思想正确，符合志书的编纂原则和体例要求，结构合理，归属得当，资料翔实，内容丰富，特色鲜明，语言简练，总体质量好；同时，对有关问题进行了积极的研讨，对志稿的完善提出许多宝贵意见。评稿会后，编修人员综合各方意见，认真分析，择善而从，对志稿进一步修改完善。9月下旬，《蛟洋镇志（送审稿）》基本完成；后分送上杭县方志委、宣传部、党史研究室、保密局审查验收。10月18日，送方志出版社审编出版。其间，编修人员对志稿进行认真核校；蛟洋中学教师陈燕香、蛟洋中心小学教师张明天，对志稿作个别文字修改。2016年1月16日，方志出版社完成审稿，对志稿的质量给予充分肯定，认为《蛟洋镇志》资料翔实，体例完备，记述完整，内容丰富，坚持实事求是，客观真实反映出该地自然、政治、经济、文化、社会的全貌；同时，对出版规范、行文规范等方面提出进一步完善的意见。1月下旬，编修人员根据方志出版社的意见，对志稿作最后的修改定稿；经镇党委、镇政府审核同意后，2月16日，《蛟洋镇志》正式付印。

在《蛟洋镇志》编修过程中，编修人员注意重点把握和突出蛟洋是闽西革命根据地的重要组成部分、闽粤赣边的现代交通枢纽、新兴的闽西工业重镇、迅速崛起的生态型工贸新城、闻名遐迩的诗书画之乡等特色。把握方志特征，广泛搜集资料；主要收集宋代《临汀志》，清康熙版、民国版、1993年版《上杭县志》，《龙岩地区志》《龙岩市志》，历年《上杭年鉴》《上杭统计年鉴》，《傅柏翠》《傅柏翠前半生》《闽西革命根据地史》《扬州画派书画全集·华喦》《古蛟诗史》《中共上杭县组织史》《上杭革命基点村简史》以及各主要姓氏族谱等志、鉴及其他书刊资料；走访县方志委、党史研究室、档案馆、统计局等部门，查阅档案资料；走访镇直有关部门，深入25个行政村，访问社会贤达人士，掌握一手资料；通过广泛搜集文字、图片、口碑、实物资料，志稿基本达到“横不缺要项”的要求。严把总纂关口，保证志稿质量。即由总纂采用提前介入法、统贯法，即总纂提前对编辑的初稿进行审读，从观点、体例、资料、特色、记述、行文等方面提出修改意见；经编辑修改后再由总纂“一支笔”，按照《地方志书质量规定》的总体要求，统观点、严体例、核史料、断详略、决取舍、理交叉、抠文辞、正文风，从头到尾循序渐进，前后贯通；编辑人员予以协助。

镇党委、政府加强对修志工作的领导。2013 年 7 月成立镇志编纂委员会，确定分管领导。10 月后，由于人事变动，又及时对常务副主任、分管领导进行调整。2014 年 1 月 9 日，分管领导主持召开蛟洋籍离退休干部会议，请老同志关心和支持镇志编修工作。2015 年年初，镇党委、镇政府聘请龙岩市委宣传部副部长、研究员、蛟洋乡贤傅柒生担任镇志编委会顾问。2014 年 6 月至 2015 年 8 月，镇党委、镇政府多次召开研究镇志编修工作专题会议。其中，2014 年 6 月 5 日，镇志编修工作专题会议确定“正式出版、图文并茂、争取出精品佳作”的总体目标和“2015 年 8 月基本完成”的时间要求，促进镇志编修质量的不断提高和编修工作的有序运行；2015 年 6 月，镇党委召开专题会议，书记吕丁武主持，镇长丘小林、人大主席邹良辉等领导参加，重点研究《蛟洋镇志·人物》有关问题，确定人物立传、人物简介的原则、标准等，并对其他人物入志问题提出原则性意见。2015 年 7 月，镇政府发出《关于做好〈蛟洋镇志〉稿审核工作的通知》，发送各村、镇直单位和驻镇单位，对志稿审核工作提出具体要求。主要领导经常过问编修工作情况；分管领导工作抓得细、抓得实，及时协调解决编修工作中的具体问题。镇党委、镇政府的重视、关心和支持，保证编修工作的顺利进行。

《蛟洋镇志》的编修，得到蛟洋镇直部门、驻镇单位、各村“两委”、离退休干部、外出乡贤和广大人民群众的关心、支持。他们有的积极提供宝贵资料；有的认真审读稿件、提出宝贵意见；有的干部为志稿录入做了大量工作；福建丰农食品股份有限公司（驻蛟洋工业区余坑小区，董事长陈宣年）提供了宽敞明亮、安静舒适的办公室和宿舍，为镇志编修人员营造良好的工作和生活环境。

自 2013 年 7 月启动至 2015 年 10 月付梓，镇志的编修历两度春秋。《蛟洋镇志》的出版，是蛟洋镇党委、政府高度重视的结果；是龙岩市、上杭县地方编纂委员会和专家、学者悉心指导的结果；是全镇广大贤达人士、社会各界热心人士关心支持的结果；更是镇志编修人员团结协作、默默奉献、奋力拼搏的结果。当志书出版之际，在此一并表示衷心的感谢！

限于资料和水平，《蛟洋镇志》难免有疏漏和不尽人意之处。欢迎广大读者批评指正！

《蛟洋镇志》编纂委员会

2016 年 2 月 16 日